古籍研究所首任所長姜亮夫先生

1983年4月18日古籍所成立大會
（左三姜亮夫先生，左四原杭州大學黨委書記黃逸賓同志）

姜亮夫、陶秋英夫婦和崔富章（從右至左）

1984 年，所長姜亮夫先生和副所長徐規、平慧善先生
（左起：平慧善、姜亮夫、徐規）

二十世紀八十年代古籍所師生春游

二十世紀九十年代古籍所教職工合影

2003 年古籍所師生龍井春游

浙江大學古籍研究所 2015 年度研究生論文報告會頒獎

浙江大學古籍研究所 2015 届碩士論文答辯合影

2016 年 4 月 15 日南京大學張伯偉教授主講"成均國學講壇"

2016 屆畢業生歡送會

2016 年"紀念沈文倬先生百年誕辰暨東亞禮樂文明國際學術研討會"開幕式

浙江大學古籍研究所 2017 年度研究生論文報告會

2018 年浙江大學古籍研究所與上海古籍出版社支部共建活動

2018 届畢業生歡送會（一）

2018 届畢業生歡送會（二）

浙江大學古籍研究所 2019 屆畢業生師生合影

浙江大學古籍研究所 2020 年度研究生論文報告會

2022 年浙江大學古籍研究所教職工合影（一）

2022 年浙江大學古籍研究所教職工合影（二）

四十不惑

浙江大學古籍研究所建所四十周年慶祝文集

浙江大學古籍研究所 編

商務印書館
The Commercial Press
創于1897

圖書在版編目（CIP）數據

四十不惑：浙江大學古籍研究所建所四十周年慶祝文集 / 浙江大學古籍研究所編 . — 北京：商務印書館，2023

ISBN 978-7-100-22066-8

Ⅰ . ①四… Ⅱ . ①浙… Ⅲ . ①社會科學—文集 Ⅳ . ① C53

中國國家版本館 CIP 數據核字（2023）第 037943 號

封面題簽：任少波

四十不惑

浙江大學古籍研究所建所四十周年慶祝文集

浙江大學古籍研究所　編

商　務　印　書　館　出　版
（北京王府井大街 36 號　郵政編碼 100710）
商　務　印　書　館　發　行
南京新洲印刷有限公司印刷
ISBN　978-7-100-22066-8

2023 年 4 月第 1 版　　　開本 787×1092　1/16
2023 年 4 月第 1 次印刷　　印張 33½　插頁 6
定價：280.00 元

序　言

　　1933 年,胡適出版了自己的傳記作品,名曰《四十自述》。1941 年,"孟夏之夜",姜亮夫先生在杭州成均樓也寫下《四十自述》一文,追叙自己的學術和事業。"四十"對於一個人的重要,由此可見一斑。對於一個機構來講,"四十"同樣是一個具有象徵意義的節點。1983 年,浙江大學古籍研究所(當時屬杭州大學)正式成立,至今,已走過整整四十個春秋。爲紀念這四十個春秋的崢嶸歲月,我所編輯《四十不惑——浙江大學古籍研究所建所四十周年慶祝文集》。這,既是對過往的紀念,更是向學界彙報,接受各方面的指導與批評。

　　浙江大學古籍研究所在四十年的發展歷程中,建立了穩定的研究方向,形成了鮮明的研究特色。建所之初,古籍所就在楚辭學、敦煌學、宋史、語言學等方面確立了主攻方向與優勢地位。2001 年,古籍所成立先秦文獻、中古語言文獻、敦煌學、宋學四個研究室。經過重組的古籍所,研究力量更爲集中,研究特色更加鮮明。經過四十年的發展,古籍所在楚辭學、敦煌語言文字、三禮經學、中古漢語、職官科舉制度、宋明理學等方向上均成績斐然。近年來,又在域外文獻、佛道文獻、寫本文獻方面形成新的增長點。古籍所中國古典文獻學學科於 2007 年被評爲國家重點學科,實現了我校乃至我省文科國家重點學科零的突破。

　　浙江大學古籍研究所在四十年的發展歷程中,建立了穩定的學術隊伍,形成了浙江大學的人才高地。四十年中,古籍所建立了老中青結合、年齡結構合理的學術梯隊。現有研究人員 15 人,其中五〇後 3 名,六〇後 4 名,七〇後 4 名,八〇後 4 名。四十年中,1人獲聘浙江大學文科資深教授,1 人獲聘浙江大學敦和講席教授,3 人入選教育部長江學者特聘教授,4 人入選浙江省特級專家,3 人獲評浙江大學求是特聘教授,2 人入選浙江大學文科領軍人才,1 人入選教育部長江學者青年學者。各項人才入選人數均居學校文科研究機構前列,形成了浙江大學文科人才高地。

　　浙江大學古籍研究所在四十年的發展歷程中,產出了高品質的學術成果,產生了重要的學術影響。建所初期,姜亮夫、徐規、沈文倬、劉操南等先生坐鎮東南,創造出許多代表學界最高水準的研究著作。其後,龔延明主編的《中國歷代登科總録》,被學界譽爲二十一世紀科舉學研究第一大工程。張涌泉主編的《敦煌文獻合集》是"敦煌文獻整理研究的集大成之作"。王雲路主編的《中華禮藏》,擬對海内外現存全部傳統禮學文獻(截至1911年底)進行整理、點校和研究,項目位列浙江大學"十大學術進展"。近五年來,古籍所教師承擔國家級、省部級課題二十餘項,在《中國社會科學》《中國語文》《歷史研究》《哲學研究》《考古學報》《文史》《"中研院"歷史語言研究所集刊》等重要刊物上發表論文二百餘篇,出版著作六十餘部,各優勢學科保持着强勁的發展態勢。

　　浙江大學古籍研究所在四十年的發展歷程中,培養了大量優秀學生,其中不少成爲學界中堅。建所之初,古籍所先後開辦了全國首屆敦煌學講習班、"先秦兩漢文學"講習班和"元明清文學"講習班,培養了全國的敦煌學、先秦文學和元明清文學研究的學者,産生了深遠的影響。自1983和1984年設立碩士、博士學位點以來,共培養畢業360名研究生,其中博士164人,碩士196人,另有博士後50餘人出站。這些畢業生知識全面、基礎扎實,在各自的工作崗位上表現出色,受到普遍好評,許多已成長爲各條戰綫上的骨幹力量。其中包括中國社會科學院學部委員、教育部長江學者、全國百篇優秀博士論文獲得者、全國高校青年教師教學競賽文科組一等獎獲得者、全國五一勞動獎章獲得者等多人。

　　"四十不惑",未來可期。過去的四十年中,在姜亮夫、徐規、平慧善、崔富章、龔延明、張涌泉諸位所長的引導與帶領下,在全所同仁的共同努力下,古籍所從無到有,披棘斬荆,奮發前行。回首來路,前賢事業輝煌燦爛;瞻視前方,吾輩正有一片高遠藍天!

王雲路　貫海生　馮國棟　王　誠

2022年7月

目　録

劉向紀昀文獻學成就比較分析

崔富章

我國有五千年以上的文明史,有豐富的文化典籍,傑出的文獻學家。禮樂文明,倫理本位,重在實行,世俗大衆的身體力行,乃是文明生成、發展、傳承之大本大根。知識精英,士庶百姓,互鑒互補,相伴而行,源遠而流長。世界古文明,唯有我中華文明綿延五千年以上,生生不息,絕非偶然。本文討論的,是知識精英,以劉向、紀昀爲代表的文獻學家,留在歷史上的足迹。

一 劉向、紀昀業績之比較

劉向(公元前79—前8)與紀昀(1724—1805),兩位相隔一千八百餘年的文獻學家,在他們的生命歷程中,都有二十年左右的時段(五十歲左右至七十歲前後),其所致力的事業,乃至作業流程、業績成就,都高度相似,如出一轍。

(1)公元前一世紀後期,劉向奉漢成帝之命,領導專家組,整理國家藏書,歷二十餘年,校定六百零三家著作。在今天看來,那就好比是中國文化的基因庫。公元十八世紀後期,紀昀奉乾隆皇帝之命,領導專家組,纂修《四庫全書》,歷二十餘年,遴選校寫三千四百七十餘家著作,尊藏七閣。在今天看來,那就好像是中國文化的大成殿。

(2)劉向、劉歆(公元前50—23)善於總結文獻整理實踐經驗,賡續數十代文獻學家之勞績,辨章學術,考鏡源流,推出目錄學專著《別錄》《七略》,那是我國文獻學趨向成熟期的標志性作品。紀昀主持總結四庫館實踐經驗,承續兩千年間文獻學家之業績,辨章學術,考鏡源流,推出《四庫提要》《四庫全書總目》,爲我國目錄學發展史上集大成的作品。

(3)劉向面對的,是手寫簡册,大多篇卷不完。他的工作流程如下:第一步聚集公私藏本,一篇篇比對,除復重,依學理判定各書篇目;第二步校讎各篇文字,完成定本;第三步轉寫帛書,並與簡册定本對校,“一人持本,一人讀書,若怨家相對,曰讎”[①]。紀昀面對的,主體是刊版印刷的圖書,篇卷大多完好,整理工作没有劉向那麽繁重,他着重致力於鑒定級别:一等作品,校讎繕寫,全本輯入《四庫全書》;二等的僅存其目;三等廢棄。鑒别不易,校讎亦煩,紀昀曾被多次記過。

　　(4)劉向與紀昀,治理側重有别,最終殊途同歸:每完成一部,兩人都要鄭重其事地寫一篇報告,連同本書,上奏皇帝。劉向的報告稱"録","每一書已,向輒條其篇目,撮其指意,録而奏之"②。班固(32—92)始曰"目録",《漢書·叙傳》:"劉向司籍,九流以别。爰著目録,略序洪烈。述《藝文志》第十。"③紀昀的報告稱"提要","每書先列作者之爵里,以論世知人;次考本書之得失,權衆説之異同;以及文字增删、篇帙分合,皆詳爲訂辨,巨細不遺"④。劉向的"録",紀昀的"提要",名異實同,要在論其旨歸,辨其訛謬,給皇帝一個"明白"。

　　(5)從《别録》到《七略》,目録學業績高度升華。阮孝緒(479—536)《七録序》:"劉向校書,輒爲一録,論其指歸,辨其訛謬,隨竟奏上,皆載在本書。時又别集衆録,謂之'别録',即今之《别録》是也。子歆撮其指要,著爲《七略》。其一篇,即六篇之總最,故以《輯略》爲名。次六藝略,次諸子略,次詩賦略,次兵書略,次數術略,次方伎略。"⑤《别録》不可能亂堆,當以六略三十八種(類)排序。六略各冠以大序(即《七録序》所謂"六篇"),總論各略學術源流;三十八種各冠以小序,分論各類學術源流;六百餘篇書録,闡述各書篇目指意淵源。大序、小序、衆録,三者有機組合,構建《七略》。"會向亡,喪〔哀〕帝使歆嗣其前業,乃徙温室中書於天禄閣上,歆遂總括群篇,奏其《七略》。"⑥哀帝下令把劉向、劉歆先後呈送的各書,從"温室"移貯天禄閣,劉歆遂得"總括群篇,奏其《七略》"。"群篇"者,六百三篇《録》是也⑦。班固《藝文志》總序(前言),與阮孝緒《七録序》相關段落,輪廓相近,語句相似,應該共有所本,當是源出《七略》總序⑧。

　　(6)從《提要》到《總目》,目録學傳統之集大成。紀昀别録"提要",是爲《四庫提要》,必以四部四十三類六十五子目排序。"四部之首,各冠以總序,撮述其源流正變,以挈綱領。四十三類之首,亦各冠以小序,詳述其分併改隸,以析條目。如其義有未盡,例有未該,則或於子目之末,或於本條之下,附注案語,以明通變之由。"⑨經、史、子、集四篇總序(大序),四十三篇小序暨案語,一萬又二百五十四篇提要(含存目提要六千七百九十三篇),大序、小序(案語)、提要三者有機組合,構建《四庫全書總目》二百卷。

　　(7)從《别録》到《七略》,從《四庫提要》到《四庫全書總目》,技術路綫,高度一致;從《七略》到《總目》,劉向、紀昀,如出一轍,若有數者存焉。

表1　《七略》《總目》要素一覽

別録→七略		四庫提要→四庫全書總目
六略大序		四部總叙
三十八種(類)小序(存三十三篇)		四十三類小序
六百〇三篇書録		三千四百七十餘篇庫書提要
無存目		六千七百九十三篇存目提要
輯略	六篇大序,撮述六藝、諸子、詩賦、兵書、數術、方技等六略之源流正變,以挈綱領。	四部之首,各冠以總叙,撮述其源流正變,以挈綱領。
	三十八篇小序,分述易、書、詩、禮、樂、春秋、論語、孝經、小學;儒家、道家、法家等三十八類之始末源流,以析條目。	四十三類之首,各冠以小序,詳述其分併改隸,以析條目。
		如其義有未盡,例有未該,則或於子目之末,或於本條之下,附注案語,以明通變之由。

　　文獻整理之需求,實爲文獻學發生、發展的動力之源。古今繁星般的文獻學家,大多具圖書整理實踐履歷。但是,國家規模的圖書文獻整理,機會不多,乃至多數正史藝文志由抄撮舊目而成,跟本色的文獻整理也是脱節的。《隋書·經籍志》是個例外,魏徵以《大業正御書目録》爲主綫,以清理隋代藏書爲基礎,實體著録,同時加注蕭梁藏書資訊,以顯示唐初見存的隋季藏書存佚實況,文獻價值特高。《漢書·藝文志》更好,那是因爲它的母體——《別録》《七略》,是以劉向、劉歆爲代表的數十位專家,投入巨大的體力、精力,用心血凝成。像劉向、紀昀這樣,既長期投身國家文獻整理實踐,又深入學理探究,凝煉自老子以來歷代圖書館長的體驗心得,推出高水準的國家目録,爲學界所宗尚,非常難得。在文獻學發展史上,如曾鞏、王堯臣、晁公武、陳振孫、馬端臨諸名家,亦不能望其項背。論辨章學術,論始末源流,高居榜首的大家,非劉向、紀昀莫屬。

二　“六略”爲“四部”之根基

　　班固《漢書·藝文志》前言云:漢成帝“詔光禄大夫劉向校經傳⑩、諸子、詩賦,步兵校尉任宏校兵書,太史令尹咸校數術,侍醫李柱國校方技”⑪。從事前分工看,六略之分,應該源自西漢國家藏書,庫房配給,各有標識,不會是劉向新創。但凡書目,無論公私,均具公共産品性能,以揭示藏書、導引閲讀爲原則。自定類目,自説自話,或過度創新,無異於自我邊緣化,既有違藏書家、目録家之初衷,當不會如此逞能。劉向、劉歆即使有所調整,也不會很多,更不會很大,不可能"創新"再"創新"。

西漢藏書體系的形成,自有很長的歷史過程。遠紹周秦,如六藝,如諸子,等等,是一定的。漢代亦有所發展,最顯著的是設置"詩賦"書庫。六藝略詩部,詩三百,爲詩賦之祖,詩賦作品理應認祖歸宗。然自戰國屈原賦問世,奇文蔚起。漢皇好藝文,"漢之賦"成爲一代之文學,詩賦圖書量猛增,擁擠尾大,祇好另辟庫房,設個標識,"六藝附庸,蔚成大國"(《文心雕龍·詮賦》)。老祖宗"詩三百"却不能跟進,仍留在"六藝"庫内,做留守老人,因爲"六藝"家族,歷史久遠,地位尊崇,且相互依存,一個都不能少。"數術"自諸子陰陽家析出獨立,"亦由數術之書過多,六種百九十一家,二千五百二十八卷,猶之詩賦之於《三百篇》耳"[12]。而"數術"的老祖宗"陰陽家",也不能跟進,仍須留在"諸子"庫中,因爲諸子略也源自先秦的大户人家,陰陽家是主要成員之一。司馬談《論六家要旨》,陰陽家名列第一。章學誠(1738—1801)批評"劉向父子校讎諸子,而不以陰陽諸篇付之太史尹咸,以爲七種之綱領,固已失矣"[13],殊非通人之論。由是言之,圖書文獻分類,要講學理分科,也須兼顧事實(庫存實體,書過多則分,過少則合),還得照應傳統,多方考量,求得最大公約數而已。《七録序》曰:"劉氏之世,史書甚寡,附見《春秋》,誠得其例。……《七略》詩賦不從六藝詩部,蓋由其書既多,所以別爲一略。"[14]阮孝緒分析甚是。鄭樵(1104—1162)不認這個理,對六略類例多所批評:"《漢志》以《世本》、《戰國策》、秦大臣《奏事》、漢《著記》爲'春秋類',此何義也?"[15]脱離藏書實體,高論"類例",雖不無小成,終究是無人響應,千年寂寞,遠不如"六略"光鮮,生生不息,"四部"之根基,中國古典文獻學分類法之母體也。請看圖示(並注記):

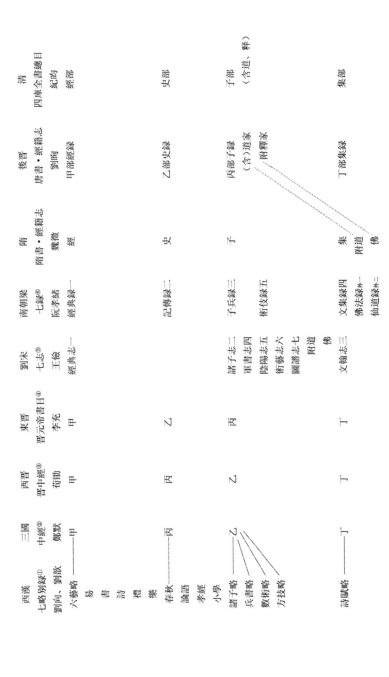

西漢 七略別錄① 劉向、劉歆	三國 中經② 鄭默	西晉 晉中經③ 荀勗	東晉 晉元帝書目④ 李充	劉宋 七志⑤ 王儉	南朝梁 七錄⑥ 阮孝緒	隋 隋書·經籍志 魏徵	後晉 唐書·經籍志·劉昫	清 四庫全書總目 紀昀
六藝略 易 書 詩 禮 樂	甲	甲	甲	經典志一	經典錄一	經	甲部經錄	經部
春秋 論語 孝經 小學	丙	乙	乙		記傳錄二	史	乙部史錄	史部
諸子略 兵書略 數術略 方技略	乙	丙	丙	諸子志二 軍書志四 陰陽志五 術藝志六 圖譜志七 附道 佛	子兵錄三 術伎錄五	子 附道 佛	丙部子錄 （含道家） 附釋家	子部 （含道、釋）
詩賦略	丁	丁	丁	文翰志三	文集錄四 佛法錄外一 仙道錄外二	集	丁部集錄	集部

注：詩賦略本樂諸子略，爲表示計，移後。

①《七略別録》。《隋書·經籍志·史部·簿録》著録:"《七略別録》二十卷,劉向撰。《七略》七卷,劉歆撰。"⑯《七略》含衆録,本向、歆父子接力完成,因取"七略別録"標題,向、歆並署。

②《中經》。阮孝緒《七録序》:"魏晋之世,文籍逾廣,皆藏在秘書中外三閣。魏秘書郎鄭默,删定舊文,時之論者,謂爲朱紫有别。晋領秘書監荀勗,因魏《中經》,更著《新簿》,雖分爲十有餘卷,而總以四部别之。"⑰阮序末附《古今書最》,統計古今典籍總量,其中有"《晋中經簿》四部書一千八百八十五部"。晋簿冠名"中經",必沿《中經》舊制,直可視作《中經》續編耳。"因魏《中經》,更著《新簿》"之表述,源流更爲明晰。《隋書·經籍志》著録《晋中經》十四卷,體量大於魏《中經》,"雖分爲十有餘卷,而總以四部别之",阮序行文語氣,以"四部"爲《中經》舊制,毫不含糊。余嘉錫謂"王隱《晋書》叙鄭默著《魏中經簿》,亦不言其於類例有所變更。至荀勗《晋中經新簿》,始分四部"⑱,余先生判斷失實。荀勗創爲四部,爲何定名《晋中經新簿》? 加"新"字,以其體制沿《中經》之舊也。《隋書·經籍志》總序曰:"魏祕書郎鄭默,始制《中經》,祕書監荀勗,又因《中經》,更著《新簿》,分爲四部,總括群書。一曰甲部,紀六藝及小學等書;二曰乙部,有古諸子家、近世子家、兵書、兵家、術數;三曰丙部,有史記、舊事、皇覽簿、雜事;四曰丁部,有詩賦、圖讚、《汲冢書》,大凡四部合二萬九千九百四十五卷,但録題(崔按:'題'指書名),及言'盛以縹囊,書用緗素',至於作者之意,無所論辯。"⑲鄭《中經》云亡,由此可上溯其體制大端。

鄭默(213—280),東漢、三國間經學家,鄭衆(後人習稱鄭司農)六世孫。"起家祕書郎,考覈舊文,删省浮穢。中書令虞松謂曰:'而今而後,朱紫别矣。'轉尚書考功郎,專典伐蜀事,封關内侯,遷司徒左長史。武帝受禪,……太康元年卒,時年六十八。"⑳"考覈舊文,删省浮穢",應是叙述編制《中經》的技術路綫。"考覈舊文",當指《七略別録》等漢代書目。"删省浮穢",應包括將諸子、兵書、數術、方技四目(魏世存書已經大大少於舊目所載)删減合併爲乙部(《晋元帝書目》改"丙部",《隋書·經籍志》改稱"子部")。馬王堆漢墓出土一批醫簡,有的與《黄帝内經》近似,還有古醫方、巫醫術等,都不見於《漢書·藝文志》,侍醫李柱國已開"删省浮穢"之先例矣。

③《晋中經》十四卷。阮孝緒《七録序》:"晋領秘書監荀勗,因魏《中經》,更著《新簿》,雖分爲十有餘卷,而總以四部别之。"序末附《古今書最》,著録有"《晋中經簿》四部書一千八百八十五部,二萬九百三十五卷。其中十六卷佛經,《書簿》少二卷,不詳所載多少"㉑。《隋書·經籍志·史部·簿録》著録"《晋中經》十四卷,荀勗撰"。余嘉錫曰:

"然《七録序》云:《晋中經簿》,‘書簿少二卷,不詳所載多少’。則勘原書當有十六卷。蓋四部各得四卷,正是因書之多寡分合之,以使之匀稱。自梁時亡其二卷,《隋志》不注明殘缺,而後世多不曉其意矣。"㉒崔按:阮孝緒藏《晋中經簿》有幾卷,十二卷還是十四卷,不可知也。余先生設定阮藏十四卷,推定全書十六卷,因而批評"《隋志》不注明殘缺"。考《隋志》於殘缺典籍,皆小字注明全本,不加注者,即全卷也。《隋書·經籍志》以《隋大業正御書目録》九卷爲主綫,"遠覽馬《史》、班《書》,近觀王、阮《志》《録》",對照《梁天監六年四部書目録》六卷等,大題小注,幾可與班固《藝文志》媲美。阮序既稱"十有餘卷",應該在十卷以上,十五卷以内。余先生"四部各得四卷,以使之匀稱"云云,當屬猜測,不足憑也。

《隋書·經籍志》序云:"魏氏代漢,采掇遺亡,藏在祕書中、外三閣。魏祕書郎鄭默始制《中經》。晋祕書監荀勖,又因《中經》,更著《新簿》,分爲四部,總括群書。一曰甲部,紀六藝及小學等書;二曰乙部,有古諸子家、近世子家、兵書、兵家、術數;三曰丙部,有史記、舊事、皇覽簿、雜事;四曰丁部,有詩賦、圖贊、《汲冢書》。大凡四部合二萬九千九百四十五卷。但録題及言,盛以縹囊,書用緗素。至於作者之意,無所論辯。"㉓余嘉錫解讀曰:"其曰甲乙丙丁者,甲乙丙丁非名也,因其中所收之書爲例不純,無可指名,而姑以是名之也。"㉔崔按:甲乙丙丁,是名非名,暫且不論。要説甲、乙、丙、丁之下是雜亂堆放在一起的圖書,則斷非事實。《隋志》明言,甲部即《七略》六藝,其後發展成經部。乙部即《七略》"諸子、兵書、數術、方技"之合體。《七略》著録之書,經"王莽之末,又被焚燒";東漢之末,董卓西遷,兩京大亂,"掃地皆盡",至三國魏氏,采掇遺亡,存者了了,鄭默編纂《中經》,把見於《七略》著録、書已失傳,特別是大部佚亡的子類四略,合併爲乙部。這就是"考覈舊文,删省浮穢"(《晋書》本傳)之所指,亦阮孝緒《七録序》所謂"時之論者,謂爲朱紫有别"之由來也。《晋中經》因之,其後發展爲子部。丙部圖書,大致入史。丁部圖書,以《七略》詩賦爲主,後發展爲集部。兩部《中經》,分别以魏、晋國家藏書實體爲憑,將《七略》六部調整充實爲四部,正是以圖書性質爲主軸,子目載於《隋志》,甲、乙、丙、丁,斷非"無可指名"的四堆圖書標號。果爲亂堆,東晋李充"換其乙、丙之書",就没有意義了。或有"爲例不純"者,則有待於長期的完善、細化。至於"汲冢書與詩賦同部",則又有説。汲冢出土之簡册,形制與晋世圖書殊異,勉強插入四部各類之中,大小長短,參差不一,視覺不爽,且"多燼簡斷札,文既殘缺,不復詮次"㉕,分插難度更大,而抱團置於四部之尾,也不委屈,它們本有共名"汲冢書",後面還有形制更獨特的梵筴佛經作陪,也不算太邊緣化。《中經》據庫藏實體著録,與"爲例不純"不搭界。清人王鳴盛説"四部之名,起晉秘書監荀勗《中經簿》。……尋前後著録家,皆分爲七,如劉歆《七略》……王儉《七志》……阮孝緒《七録》……此皆雜亂繁碎。惟荀勗稍近理。然子不當先史,詩賦等下忽有汲冢,亦不可解","且甲、乙、丙、丁,亦不如直名經、史、子、集。故《隋志》依用而又改移之"㉖。趙翼則批評"汲書又雜詞賦內,位置俱未免失當"㉗。王、趙兩人,仰屋著書,不知庫藏實況爲何物,跟鄭樵同科,不足置辯。余嘉錫評曰:"王氏嘗謂'目録之學,學中第一緊要事',故其所著《蛾術篇》第一門即説録,皆言目録之事。然實於此學所得不深。如此條所言,都無是處。其謂經史子集爲《隋志》所改移,亦不免泪於俗説。王氏以博洽名,然尚如此,其餘諸家,更不勝其駁,故皆略之。"㉘

　　④《晉元帝書目》。阮孝緒《七録序》:"惠懷之亂,其書略盡。江左草創,十不一存。後雖鳩集,淆亂已甚。及著作佐郎李充,始加删正。因荀勗舊簿四部之法,而換其乙、丙之書;没略衆篇之名,總以甲乙爲次。自時厥後,世相祖述。"㉙按:《魏中經》不見於《隋書·經籍志·史部·簿録》著録,"《晉中經》十四卷"條下亦無"梁有魏中經"之語,是鄭默《中經》亡於西晉末"惠懷之亂,其書略盡"之中,獨有《七略別録》《晉中經》傳至江左,著作郎李充遂"因荀勗舊簿四部之法",更著新簿,這就是《晉元帝書目》,總計著録四部三百五帙三千二十四卷(阮孝緒《七録序》附《古今書最》)。李充撰集《晉元帝書目》,最關鍵的一着,是"換其乙、丙之書",把《魏中經》《晉中經》的"丙"部(史)前移爲乙部,將魏、晉《中經》的"乙"部(子)推後爲丙部。《晉元帝書目》甲、乙、丙、丁四部,與後世之經、史、子、集四部,序列一致,名異實同,阮孝緒説"自時厥後,世相祖述",魏徵説"自爾因循,無所變革"(《隋書·經籍志》大序),皆著眼於此。余嘉錫曰:"考顏之推《觀我生賦自注》(見《北齊書》本傳),則梁元帝時校書,已分經史子集四部。後人信歐陽修《新唐志序》之謬説,以爲名起於唐者,非也。"㉚《七録序》"没略衆篇之名,總以甲乙爲次"二語,余嘉錫解讀云:"衆篇之名,謂荀勗之六藝、小學、古諸子家、近世子家等分類之名也。……蓋當時僅有書三千一[二]十四卷,古今著録,未有更少於此者,若復强分門類,則一類之中,不過數卷,故總而録之,不復條別,亦不得已之變例也。(李充)本傳言其以類相從,則其次序之間仍按書之體例,所異者,不標類名耳。"㉛李充《晉元帝書目》著録圖書總量雖説是"未有更少於此者",然其"換其乙、丙之書"一着,實爲經史子集序列之定格,影響深且遠矣。

　　⑤《七志》云亡,其部目依阮孝緒《七録序》懸擬。

　　⑥《七録》云亡,其部目據阮孝緒《七録序》附《七録目録》㉜。

綜上圖示並注記所述,我國圖書之區分部類,總以六略爲基礎。從六略到甲乙丙丁,從甲乙丙丁到經史子集,圖示顯示的是大趨勢。其間回環往復,也是有的,《七志》《七錄》皆爲著例。王儉分經典、諸子、文翰、軍書、陰陽、術藝、圖譜等七志,"以全七限"(《七錄序》)。阮孝緒《七錄》除方外二錄,内篇實有"經典、記傳、子兵、文集、術伎"五錄,前四錄相當於《晉元帝書目》之甲、乙、丙、丁,區別是《晉元帝書目》合"諸子、兵書、數術、方技"四略爲一,《七錄》合四略爲二(子兵、術伎),也是趨向"合"的,"劉氏之世,史書甚寡,附見《春秋》,誠得其例。今衆家記傳,倍於經典,猶從此《志》(指王儉《七志》)㉝,實爲繁蕪。且《七略》詩賦,不從六藝詩部,蓋由其書既多,所以別爲一略。今依擬斯例,分出衆史,序記傳録爲内篇第二……兵書既少,不足別録,今附於子末,總以‘子兵’爲稱"㉞。分合取捨的基本理念,《七略》《中經》《晉元帝書目》《七錄》,並無二致。約而論之,圖書文獻之分類原則是:内容學理優先,存量舉足輕重,照應舊目傳統,以求得最大公約數,約定俗成耳。章學誠執著於"道器合一,理數同符"(《校讎通義·漢志諸子篇》),鄭樵強調"類例既分,學術自明"(《通志》卷七十一《校讎略》),雖有所成就,但是千餘年間,公私書目無響應者,終不如"六略"光鮮,"四部"之根基,中國典籍分類法之母體。文獻學家也需要"戰略眼光",統籌兼顧。

從六略到四部,氣機貫通,脉絡清晰,没有革命性巨變,主要是子部四略的整合。秦漢中央集權政治制度建立以後,子學衰變是必然趨勢,不僅體量銳減,基因都在變異,有學者調侃"牛繼馬後"。數術、方技、兵書三略,早早地與諸子略抱團,乃務實之舉;六藝春秋類衍生史部,天籟自然,没有多麽深奧的"道器""理數"之辨,用不着故作深沉,誤用聰明。我們可以明確地表述:"六略"乃"四部"之根基,《七略》爲中國圖書文獻分類之母體。從《漢志》六部三十八類,到《隋志》四部四十二類,再到《四庫全書總目》四部四十三類,其間的繼承和發展,歷歷可數。"劉向《七略》,門目孔多。後併爲四部,大綱定矣。中間子目,遞有增減,亦不甚相遠。"㉟兩千餘年間,中國文獻分類體系基本穩定,"不甚相遠",這一現象,全世界獨一無二。文獻體系深度趨穩,實爲文化高度成熟之表層體現。事實上,文獻分類往往滯後於文化發展實況。《別録》《七略》著録的六百餘家,其骨幹核心,都是先秦著作,那時的中國文化已經趨向成熟。"我們學術發展到今天,對傳説史學、文獻史學構建的三皇五帝夏商周這樣一個系統,應該做出基本的肯定和尊重。"㊱舟車,指南車,制定嫁娶、禮儀制度,等等,都是從黄帝時期開始的。考古學興起以後對石器時代的表述,仰韶文化後期的廟底溝類型到龍山文化早期,距今 4500—5300 年前,呈現的面貌和文獻記載黄帝時期的狀況,是基本契合的。現在一般認爲,山西的陶寺遺址可能就是唐堯的都城所在地,河南登封的王城崗遺址是禹都陽城的所在地。這個情況説明,從傳説的史學與後來有了文獻記載的史學一脈相承,是可以從考古學上得到支持的。在中原地區,仰韶文化之後,龍山文化,二里頭夏文化,夏、商、周一代一代接續的是建立在血緣關係之上的以祖先崇拜信仰爲主的先進文化,中華文化的核心文化,中華文化的代表性文化。武王滅商之後,“武王追思先聖王,乃褒封神農之後於焦,黃帝之後於祝,帝堯之後於薊,帝舜之後於陳,大禹之後於杞”[37]。武王、周公以超凡的政治倫理境界,繼承發揚優良傳統,制禮作樂,積極推行。以祖先崇拜信仰爲核心的禮樂制度,重在實行,事關家家户户,人人踐行,乃是以禮樂文明爲精髓的中國傳統文化特色之所聚,力量之所在。文明的傳承,典籍載體是不可少的。但是必須認識到,民間大衆的身體力行、言傳身教,纔是至爲關鍵的根基。文明的生成、發展、傳播,無不以此爲第一推動力。禮樂文明的基因,融入社會生活之中,世代傳習,於倫理觀念、價值趨向之養成,至關重要。“三歲看大,七歲看老”,成人身教,言談舉止,影響幼兒幼童,至深且遠。知識精英,士庶百姓,相向而行,與時俱進。這樣的文明,是不會中斷的。猶太人被趕得滿世界跑,以色列文明却不絶如縷,《舊約》固不可少,而民間實行,纔是最根本的基石。《舊約·創世記》第三日,上帝説:“地要發生青草和結種子的菜蔬,並結果子的樹木,各從其類,果子都包着核。”[38]成熟的果實具有再生能力,成熟的文明生生不息,並且造就穩定的文獻體系,其理一也。

三　《七略别録》踪影

老子爲柱下史,疑似國家圖書檔案館館長也。老聃前後,商周以來,一代又一代的館長館員們,長年累月,孜孜矻矻,致力於文獻的收集、整理、編目,梳理典籍源流,紬繹藏書精神,形成優良傳統。至西漢河間獻王劉德,修學好古,實事求是;向、歆父子領導整理國家藏書,推出《七略别録》。我國文獻學由此步入成熟期。劉向以前的有關著述,如今大多散佚,而先賢的心血,部分儲存在《漢書·藝文志》中。班固“今删其要,以備篇籍”顔師古注:“删去浮冗,取其指要也。”[39]《漢書·藝文志》的確删去“衆録”,但班固的本意,未必以爲“浮冗”,祇是受《漢書》體制所限,不得已而省,有些條目還加了簡注,源出“衆録”。向、歆父子的《别録》《七略》,唐顔師古、孔穎達、司馬貞、張守節諸家,無不徵引,視同枕寶,後來竟失傳,爲中國目録學史的第一大損失。

唐僖宗廣明元年十二月初五(881年1月8日),黃巢軍隊攻入長安,部衆“各出大掠,焚市肆,殺人滿街,巢不能禁"⑩。韋莊被困長安兩年餘,作詩云:"昔時繁盛皆埋没,舉目凄凉無故物。内庫燒爲錦繡灰,天街踏盡公卿骨。"⑪"禄山之亂,兩都覆没。乾元舊籍,亡散殆盡。……廣明初,黄巢干紀,再陷兩京,宫廟寺署,焚蕩殆盡,曩時遺籍,尺簡無存。"⑫五代後晋劉昫編《舊唐書·經籍志》、北宋歐陽修編《新唐書·藝文志》,皆著録"《七略別録》二十卷,劉向撰。《七略》七卷,劉歆撰"。劉昫、歐陽修乃抄撮舊目(《開元群書四部録》二百卷、《古今書録》四十卷等),並非目睹原書之實體著録。宋初李昉等編纂《太平御覽》,徵引《七略別録》數十例,亦轉抄撮唐代多種類書,觀其卷首《太平御覽經史圖書綱目》並列"劉向《別傳》、劉向《七略別傳》、劉歆《七略》、劉向《別録》"等書目,又將同書異名的《博雅》《廣雅》並列,如此迭加,必非目睹原書之實體著録,是可斷言者也。"《七略》亡於北宋"之説⑬,缺乏文獻支持。考《新唐書·藝文志·總序》云:"貞觀中,魏徵、虞世南、顔師古繼爲祕書監,請購天下書,選五品以上子孫工書者爲書手,繕寫藏於内庫,以宫人掌之。"⑭韋莊詩云"内庫燒爲錦繡灰",《經籍志》云"曩時遺籍,尺簡無存",則《七略別録》不亡於安史之亂,即葬身黄巢部衆"焚蕩"之中,從此失傳。

　　尋覓《七略別録》身影,首選《漢書·藝文志》。班固把《七略別録》之總序(前言)、大序(六篇)、小序(應有三十八篇,實存三十三篇),全體迻録,分别置於各略、各類之結束部,雖稍有增飭,精神不二;六百餘篇書録,節取其要,主要是書名、篇卷、著者三項,或摘加小注,提示圖書内容,著者平生⑮。可以這樣説,《七略別録》的精氣神,《七略別録》的骨架肉身,《漢書·藝文志》都是當之無愧的第一載體。"章學誠《校讎通義》謂班固删《輯略》而存其六略,非也。"⑯

　　班固之後,王充《論衡·變虚篇》亦見《七略別録》踪影:

　　　　傳書曰:"宋景公之時,熒惑守心,公懼,召子韋而問之曰:'熒惑在心,何也?'子韋曰:'熒惑,天罰也;心,宋分野也,禍當君。雖然,可移於宰相。'公曰:'宰相,所使治國家也,而移死焉,不祥。'子韋曰:'可移於民。'公曰:'民死,寡人將誰爲也?寧獨死耳。'子韋曰:'可移於歲。'公曰:'民饑,必死。爲人君而欲殺其民以自活也,其誰以我爲君者乎?是寡人命固盡也,子毋復言!'子韋退走,北面再拜曰:'臣敢賀君!天之處高而耳卑。君有君人之言三,天必三賞君。今夕星必徙三舍,君延命二十一年。'公曰:'奚知之?'對曰:'君有三善,故有三賞,星必三徙。三徙行七星[崔按:依文意,此句當爲"星徙三舍,舍行七星"],星當一年,三七二十一,故君命延二十一歲。臣請伏於殿下以伺之。星必不徙,臣請死耳。'是夕也,火星果徙三舍。"如子韋之言，則延年審得二十一歲矣。星徙審則延命，延命明則景公爲善，天祐之也，則夫世間人能爲景公之行者，則必得景公祐矣！此言虛也。……宋無晏子之知臣，故子韋之一言，遂爲其是。案《子韋書録序奏》亦言：“子韋曰：‘君出三善言，熒惑宜有動。’於是候之，果徙舍。”不言“三”。或時星當自徙，子韋以爲驗。實動離舍，世增言“三”，既空增“三舍”之數，又虛生二十一年之壽也。㊼

“《書録序奏》”，即劉向《別録》也。㊽“序奏”，底本作“序秦”，張宗祥校曰：“《漢書·藝文志》有‘《宋司星子韋》三篇’，則‘秦’疑‘奏’譌，言序録奏進也。”㊾奏進者，《宋司星子韋》三篇校定本並劉向整理報告——《録》一篇，王充《論衡》所謂“書録序奏”者是也。

西晉初，應貞（吉甫）爲司馬炎《華林園集詩》“五德更運，膺籙受符”作注，引《七略》曰：“鄒子有終始五德，言土德從所不勝，木德繼之，金德次之，火德次之，水德次之。”㊿應貞所引，當是《漢書·藝文志》著録“鄒子終始五十六篇”之書録，先載在本書，復別集衆録（《別録》），後編入《七略》，即《隋志》著録“《七略別録》二十卷”之中。

梁阮孝緒《七録序》附《古今書最》：“《七略》書三十八種六百三家一萬三千二百十九卷，五百七十二家亡，三十一家存。《漢書·藝文志》書三十八種五百九十六家一萬三千三百六十九卷，五百五十二家亡，四十四家存。”㊑

《七略別録》失傳九百餘年之後，清人輯佚者多家：（1）洪頤煊輯《別録》一卷，編入其《經典集林》三十二卷中，嘉慶中承德孫氏刊入《問經堂叢書》。（2）嚴可均輯《全漢文》卷三十七劉向《戰國策書録》等十篇、卷三十八劉向《別録》、卷四十含劉歆《上山海經表》、卷四十一含劉歆《七略》，原稿存上海圖書館，光緒間黃崗王毓藻校刊《全上古三代秦漢三國六朝文》，1958 年 12 月由中華書局影印出版。（3）馬國翰輯《七略別録》一卷，清光緒十年章邱李氏據馬氏刊版重印《玉函山房輯佚書》本。（4）王仁俊輯《七略別録》一卷、《別録補遺》一卷，上海圖書館藏《玉函山房輯佚書續編》稿本。（5）陶濬宗輯《劉向別録》一卷、劉歆《七略》一卷，上海圖書館藏《稷山館輯補書》手稿本。（6）姚振宗輯《七略別録佚文》一卷、《七略佚文》一卷，民國二十年（1931）浙江圖書館輯印《快閣師石山房叢書》本。

清人輯本之亮點，在書録，有八篇還是全文。這八篇書録，多載在本書。《管子》《晏子春秋》《列子》《鄧析》《荀子》《韓非子》《山海經》《戰國策》等，本常見之書，自非難得，然集中展示，引發關注，促進研討，亦不無裨益。我們且讀《晏子八篇書録》：

内篇諫上第一，凡二十五章。

內篇諫下第二,凡二十五章。

內篇問上第三,凡三十章。

內篇問下第四,凡三十章。

內篇雜上第五,凡三十章。

內篇雜下第六,凡三十章。

外篇重而異者第七,凡二十七章。

外篇不合經術者第八,凡十八章。

右《晏子》凡內外八篇,總二百十五章。護左都水使者、光禄大夫臣向言:所校中書《晏子》十一篇,臣向謹與長社尉臣參校讎太史書五篇,臣向書一篇,臣參書十三篇,凡中外書三十篇,爲八百三十八章。除復重二十二篇、六百三十八章,定著八篇二百一十五章。外書無有三十六章,中書無有七十一章,中外皆有以相定。中書以夭爲芳,又爲備,先爲牛,章爲長,如此類者多。謹頗略揥,皆已定以殺青書,可繕寫。

晏子名嬰,謚平仲,萊人。萊者,今東萊地也。晏子博聞强記,通於古今,事齊靈公、莊公、景公,以節儉力行,盡忠極諫,道齊國君得以正行,百姓得以附親。不用則退耕於野,用則必不詘義,不可脅以邪,白刃雖交胸,終不受崔杼之劫。諫齊君懸而至,順而刻,及使諸侯,莫能詘其辭。其博通如此,蓋次管仲。內能親親,外能厚賢。居相國之位,受萬鐘之禄,故親戚待其禄而衣食五百餘家,處士待而舉火者亦甚衆。晏子衣苴布之衣,麋鹿之裘,駕敝車疲馬,盡以禄給親戚朋友,齊人以此重之。晏子蓋短。其書六篇,皆忠諫其君,文章可觀,義理可法,皆合六經之義。又有復重,文辭頗異,不敢遺失,復列以爲一篇;又有頗不合經術,似非晏子言,疑後世辨士所爲者,故亦不敢失,復以爲一篇,凡八篇。其六篇可常置旁,御觀。謹第録。臣向昧死上。㊾

一篇篇全鬚全尾的《録》,把劉向的"條其篇目,撮其旨意"八字方針,詮釋得淋漓盡致,讓我們明白,在簡冊時期,篇篇相傳,"條其篇目"是何等重要!而"論其指歸,辨其訛謬"的前提是"論世知人",《晏子書録》足補《史記·管晏列傳》之闕失。"其六篇可常置旁,御觀",言外之意,七、八兩篇就算了,這是在指導成帝讀書。所謂"辨章學術",學術已然存在,辨章者自有情懷。"燕迷新畫屋,春識舊花叢。"劉向指歸,紀昀會心。劉向警示:"惑者既失精微,而辟者又隨時抑揚,違離道本,苟以嘩衆取寵,後進循之,是以五經乖析,儒學寖衰,此辟儒之患。"㊿紀昀驚呼:"無植黨,無近名,無大言而不慚,無空談而鮮用,則庶幾孔孟之正傳矣!"㊾隨時抑揚,嘩衆取寵,辟儒之患;門戶朋黨,蠅蠅苟苟,大言不慚。同爲儒家類小序，劉向、紀昀，所見略同呀！

　　清人輯本最爲糾結者，莫過於分別向、歆，切割《録》《略》。姚振宗（1842—1906）以《七略別録》二十卷歸諸劉向，《七略》七卷歸諸劉歆，分別輯成《七略別録佚文》一卷，《七略》佚文一卷。《七略別録佚文》自"輯略佚文"始，《七略佚文》亦自"輯略佚文"始。《輯略》一也，強拆爲二，違離著作原貌，何談求真黜僞？向、歆父子領導專家組的整理工作是連續不斷的過程，相互交叉，整體推進，《別録》中有劉歆，《七略》中有劉向。《別録》不可能亂堆，類目之分，必有理念在其中。從事前分工看，六略體系早已形成，並非向、歆父子所創[55]。我國文獻學源遠流長，猶如長河，爲方便治理，可以分段表述，但是不可能切斷。《諸子略》九流小序，無不溯源學説本義，經世致用，繼而揭舉異化變種，批判"辟者"之患，此乃數百年實踐經驗之總結，集體智慧之結晶，啓示永遠，斷非一手一眼所能成就。早在姚振宗輯本問世三十餘年之前，章太炎先生輯《七略別録佚文徵》一卷[56]，一以輯略、六藝略、諸子略、詩賦略、兵書略、數術略、方技略爲綱，不事更張。有自《序》曰："向時雖未著《七略》，其與任宏、尹咸、李柱國分職校書，業有萌芽。故《隋志》已稱《七略別録》。（隋《經籍志》史部簿録篇有'《七略別録》二十卷'，署劉向撰；又有'《七略》七卷'，署劉歆撰。此非二書，蓋除去叙録奏上之文，即專稱《七略》耳。）固知世業聯事，同於《公羊》五世之傳，談、遷、彪、固二世之史，舉一事以徵作者，孰因孰革，無以質言矣"，"亦以餘暇，慮［臚］綴佚文，用父子同業不可割異，故仍題《七略別録》"[57]。

　　章太炎先生《訄書·徵七略》斷言："其書領録群籍，鴻細畢備，推迹俞脉，上傅六典，異種以明班次，重見以箸官聯，天府之守，生生之具，出入以度，百世而不惑矣。"[58]章先生推重《七略別録》，高屋建瓴，足以領袖群倫。余嘉錫先生《四庫提要辨證》序録曰："今《四庫提要》，叙作者之爵里，詳典籍之源流，別白是非，旁通曲證，使瑕瑜不掩，淄澠以別，持比向、歆，殆無多讓，至於剖析條流，斟酌今古，辨章學術，高掲群言，尤非王堯臣、晁公武等所能望其項背。故曰自《別録》以來，纔有此書，非過論也。故衣被天下，沾溉靡窮，嘉、道以後，通儒輩出，莫不資其津逮，奉作指南，功既鉅矣，用亦弘矣。"[59]余先生褒揚《四庫提要》，推迹俞脉，上傅《別録》，彰往知來，足以津逮後學！

四　《四庫全書總目》善本

　　乾隆四十六年（1781）七月，第一部《四庫全書》告成，送入文淵閣尊藏。其中含圖書三千四百七十部左右，每部皆冠《提要》一篇；《四庫全書》之首，有《四庫全書總目》二百卷(別録庫書提要加存目提要)。此後,文源、文溯、文津、文滙、文宗、文瀾六閣《四庫全書》陸續竣工,入藏,亦如其例。

　　紀昀手頭有一部"别録"——《四庫提要》,《四庫全書總目》(含存目提要),他天天改,月月改,年年改[⑩],一直修改到乾隆六十年(1795)九月,乾隆皇帝宣示三個月後下臺,改元"嘉慶",紀昀纔松了一口氣,算是"校勘完竣",曹文埴也督促武英殿"加緊刊刻畢工",十一月十七日印出一百零四部,"恭呈御覽"[⑪]。乾隆下臺以後,一百部大書閒置,自生自滅,那四部零頭,是紀昀關照曹文埴加印分送北四閣收貯的,他把南三閣給忘了。二十世紀八十年代初,臺灣影印《文淵閣四庫全書》,其中的《四庫全書總目》二百卷卷首四卷,底本正是乾隆六十年十一月十七日武英殿刊版刷印的本子(文淵閣原藏四庫館鈔本《總目》二百卷失踪),源出紀昀的最終修訂稿,水準很高。論《總目》善本,自然是紀昀最終修訂稿本第一(國家圖書館藏殘本六十三卷),武英殿刊本第二,浙本第三。所謂浙本,是乾隆五十九年開刻、乾隆六十年十月竣工的杭州翻刻本,底本是文瀾閣尊藏四庫館原鈔本《欽定四庫全書總目》二百卷卷首一卷,乾隆五十八年頒發入閣。浙江人刻《總目》,開工晚於殿本,竣工早於殿本一兩個月,論年資,浙本纔是《總目》第一刻本,論功勞,浙本也是當仁不讓的頭號功臣。浙本由民間集資發行,銷路廣,數量大,供不應求。同治七年(1868),廣東書局重刊浙本,清末民國間,上海漱六山莊等五家先後石印出版,民國二十年(1931)上海商務印書館排印輯入《萬有文庫第一集·國學基本叢書》,1965年中華書局影印浙本,連連重印,浙本遍天下,爲《總目》贏得"良師"美譽的就是浙本,獨領風騷二百年。反觀殿本,則命運多舛。甫一出世,就閉鎖冷宫,猶如太上皇,自生自滅。北四閣宮禁之地,學人免進。光緒年間,福建、廣東兩度翻刻殿本,偏偏與規模龐大的《武英殿聚珍版叢書》捆綁,學人購置維艱。殿本傳播不暢,學界徒聞其名,不識盧山真面目。1895年,傅以禮在廣東(廣雅書局)主持翻刻殿本,面對底本——豐順丁氏舊藏武英殿刊本,竟誤認成"聚珍本"(木活字排印本),又説"浙刻系從文瀾閣藏本鈔出,則與聚珍本亦應無不吻合"。傅以禮話中有話,他已經發現殿本、浙本"所載不盡相符,或此有而彼遺,或彼存而此闕,而卷數之多寡,字句之詳略,更無論已",打算作《校勘記》[⑫]。但是他不知道紀昀安排殿本衹送北四閣,朦朧中設定文瀾閣藏的也是殿本,被接力者抓住放大,演繹出"浙本翻刻殿本"誤説,炒作壯大,竟成爲二十世紀的主流觀點,至今不絕於耳,並世學者,咸受其累[⑬]。

　　如上所述,浙本《總目》比殿本早出世兩個月,當然無緣"翻刻殿本"。它是由謝啓昆等"恭發文瀾閣藏本,校刊以惠士人"(浙本附刻阮元跋)。文瀾閣藏本,是乾隆五十八年頒發至文瀾閣的四庫館繕寫本《欽定四庫全書總目》二百卷卷首一卷，原鈔尚存二十七卷，跟浙本比對，基因吻合，連個別錯字亦傳承有序。在翻刻過程中，"同時也參考了其他較新的《總目》修訂稿"[64]。浙江人跟四庫館具深度關聯。原任兵部侍郎沈初，擔任四庫館副總裁；翰林院編修祝德麟，擔任翰林院提調官；校勘四庫全書數十年如一日的周廣業，也是浙江海寧人。翻刻《總目》的發起人、內閣中書秦瀛，乃四庫館繕書處分校官之一，還有翰林院編修孫希旦，浙江瑞安人。深厚的人脉資源，民營項目的市場考量，浙江人的千方百計，獲知紀昀持續修改中的《總目》新稿本，自在情理之中。但不是全部。今國家圖書館藏《四庫全書總目》紀昀修訂稿本存六十三卷，其間的改動，不見於浙本，而全載於殿本之中。所以，論純學術，論善本，傳播《總目》的頭號功臣浙本，還是要排在紀昀修訂稿本、武英殿刊本之後，屈居第三。浙本自有其優勢。例如，跟乾隆禁書有關的人物著述，殿本清洗得乾乾净净，浙本則拖泥帶水，卷六十四李日華《禮白岳記》，引"《因樹屋書影》曰：'嘗見檇李李君實所爲《禮白岳記》，分視之各爲一則，合視之共爲一記；而詩即連綴於中，分視之則詩，合視之詩亦記也。詩文照映，使山水神情無所遁於其間，真是合作。今人爲遊記者，意在謀篇，終難逐境。章法固自貫串，境地終未分明。且記自記，詩自詩，使讀者因記以憶詩，持詩以尋記，筆墨間隔，神情不屬，不數行，欠伸欲卧矣。故余以爲李公之記，可爲今人法也。'"[65]此一大段文學批評，傳神入化，而殿本全删，都衹爲周亮工入圍黑名單，他的《因樹屋書影》，連同另外三種已經繕寫入《四庫全書》的，硬生生被掣出銷燬。浙本照引，以其有尊藏於文瀾閣的"欽定"《總目》做靠山，也没人敢興風作浪。如果設計爲"翻刻殿本"，麻煩可大了，不僅性命不保，還要株連親朋故舊，哪有如今的"浙本翻刻殿本"論者那般輕鬆自在。文瀾閣《四庫全書》中還附有乾隆禁書，如周亮工《同書》並提要，完好無缺，中華書局1965年影印浙本《總目》附《四庫撤燬書提要》，至今仍闕《同書》一篇。文瀾閣還有原鈔本《總目》二十七卷，七閣中唯一幸存的四庫館原鈔本，這些都不是殿本、文淵閣所能比擬的了。

餘　論

中華文明源遠流長，傳承有序，文化典籍豐富多彩，浩如淵海。獨特的歷史傳統，爲中國特色文獻學、目録學的發生、發展，提供了廣闊的平臺。辨章學術，考鏡源流，没有終點，必須持續接力。試以經部爲例，閱讀《六藝略大序》《經部總叙》兩篇文獻，比較以明之。

《七略別録》六藝略大序：

六藝之文，《樂》以和神，仁之表也；《詩》以正言，義之用也；《禮》以明體，明者著見，故無訓也；《書》以廣聽，知之術也；《春秋》以斷事，信之符也。五者，蓋五常之道，相須而備，而《易》爲之原。故曰"《易》不可見，則乾坤或幾乎息矣"，言與天地爲終始也。至於五學，世有變改，猶五行之更用事焉。古之學者耕且養，三年而通一藝，存其大體，玩經文而已，是故用日少而畜德多，三十而五經立也。後世經傳既已乖離，博學者又不思多聞闕疑之義，而務碎義逃難，便辭巧説，破壞形體，説五字之文，至於二三萬言，後進彌以馳逐，故幼童而守一藝，白首而後能言。安其所習，毀所不見，終以自蔽。此學者之大患也。序六藝爲九種。⑥⑥

《四庫全書總目》經部總叙：

經稟聖裁，垂型萬世，删定之旨，如日中天，無所容其贊述，所論次者，詁經之説而已。自漢京以後，垂二千年，儒者沿波，學凡六變。其初專門授受，遞稟師承，非惟詁訓相傳，莫敢同異，即篇章字句，亦恪守所聞，其學篤實謹嚴，及其弊也拘。王弼、王肅，稍持異議，流風所扇，或信或疑，越孔、賈、啖、趙，以及北宋孫復、劉敞等，各自論説，不相統攝，及其弊也雜。洛閩繼起，道學大昌，擺落漢唐，獨研義理，凡經師舊説，俱排斥以爲不足信，其學務别是非，及其弊也悍。學脉旁分，攀緣日衆，驅除異己，務定一尊，自宋末以逮明初，其學見異不遷，及其弊也黨。主持太過，勢有所偏，材辨聰明，激而橫決，自明正德、嘉靖以後，其學各抒心得，及其弊也肆。空談臆斷，考證必疏，於是博雅之儒，引古義以抵其隙，國初諸家，其學徵實不誣，及其弊也瑣。要其歸宿，則不過漢學、宋學兩家，互爲勝負。夫漢學具有根柢，講學者以淺陋輕之，不足服漢儒也；宋學具有精微，讀書者以空疏薄之，亦不足服宋儒也。消融門户之見，而各取所長，則私心祛而公理出，公理出而經義明矣。蓋經者非他，即天下之公理而已。今參稽衆説，務取持平，各明去取之故，分爲十類：曰易、曰書、曰詩、曰禮、曰春秋、曰孝經、曰五經總義、曰四書、曰樂、曰小學。⑥⑦

向歆父子主持整理國家藏書，撰著《七略別録》的年代，上距孔子整理六經五百年，漢武帝獨尊儒術百餘年，經學尚處於發軔期，或曰初級階段。經過兩千餘年的發展，紀昀面對的已經是星河璀璨、波瀾壯闊的歷史長卷，"自漢京以後，垂二千年，儒者沿波，學凡六變"。第一變繼往開來，《經部總叙》對向歆《六藝略大序》有所揚棄。《大序》嚴厲批評"經傳乖離、碎義逃難、便辭巧説"之不良傾向；《總叙》闡發"專門授受、篤實謹言"之主流精髓。相反而適相成，漢學風采，盡在其中。至以"五常之道"捆綁五經之論，"猶五行之更用事焉"緯候虛無之談，《總叙》一概摒棄，智識進步，境界升華。魏晋以後之五變，"雜""悍""黨""肆""瑣"諸弊端及其生成背景之分析，提綱挈領，比較經學史之類，明白許多，起碼是一家之言，名副其實的創新之論，辨章學術、考鏡源流之範例，紀昀爲首的專家組堪稱文獻學家之典型。清初至今，又是三百餘年過去了，世事巨變，政治時勢與以儒學爲代表的傳統文化激烈碰撞，火焰山、煉丹爐、九九八十一難，打翻在地，再踏上一萬隻脚，一旦撥亂反正，重新確立"實事求是"的思想路綫，儒學立馬復活，蓬蓬勃勃，老少咸宜，勢不可當。改革開放，原來被我們自己抹黑的孔子，竟是國際認可的中國第一思想家，世界文化偉人。似這般冰火兩重天的高速轉換，應該有一部啓示録，深層次思索中國精神、中國力量。以"修學好古、實事求是"爲本色的文獻學家，不應該缺席。禮樂文明，以孔子爲代表的優秀傳統文化，不僅早已進教材、進課堂、進頭腦，而且融入民衆生活，入住百姓心坎，人民日用而不知，暴力清除是無效的。辛亥革命前夕，章太炎先生開辦國學講習會，明確宣示："夫國學者，國家所以成立之源泉也。吾聞處競争之世，徒恃國學，固不足以立國矣；而吾未聞國學不興，而國能自立者也。"⑧學界矚目的《續修四庫全書》出版二十年了，其《經部總叙》，至今闕如。事關傳統文化之核心，新文化建設之參照，辨章學術，考鏡源流，彰往知來，當務之急呀！

① 《太平御覽》卷六一八《學部十二》引劉向《別傳［録］》，《四部叢刊》三編影宋本。按：《太平御覽》卷六〇六引《風俗通》曰："劉向《別録》'殺青'者，直治竹作簡書之耳。……劉向爲孝成皇帝典校書籍二十餘年，皆先書竹，改易刊定，可繕寫者，以上素也。"余嘉錫曰："所謂'本'者，謂殺青治竹所書，改治已定，略無訛字，上素之時，即就竹簡繕寫，以其爲書之原本，故稱曰'本'。其後竹簡既廢，人但就書卷互相傳録，於是'本'之名，遂由竹移之紙，而一切書皆可稱'本'矣。"（《目録學發微》，北京：中華書局，1963 年，第 68—69 頁）筆者以爲："一人持本，一人讀書"者，"持本"指第二步完成之校定本，寫在竹簡上；"讀書"指第三步轉寫帛書，與簡册定本對校之後，帛書上奏漢成帝（書尾附整理報告，"條其篇目，撮其旨意，録而奏之"）。參見拙作《版本釋名》，《浙江大學學報（人文社會科學版）》，2002 年第 2 期。

② 《漢書》卷三〇《藝文志》第十，北京：中華書局，1962 年，第 1701 頁。

③ 《漢書》卷一〇〇下《叙傳》第七十下，第 4244 頁。

④ 《四庫全書總目卷首·凡例》，北京：中華書局 1965 年影印清乾隆六十年浙江翻刻文瀾閣《四庫全書》本，第 17 頁。

⑤ 阮孝緒：《七録序》，載唐釋道宣編纂：《廣弘明集》卷三，上海：上海古籍出版社 1991 年據《影印

宋磧砂版大藏經》縮頁影印，第 112 頁。

⑥　阮孝緒：《七録序》，載唐釋道宣編纂：《廣弘明集》卷三，第 112 頁。

⑦　《漢書·藝文志》總序："會向卒，哀帝復使向子侍中奉車都尉歆卒父業。歆於是總群書而奏其《七略》。"（《漢書》卷三〇《藝文志》第十，第 1701 頁）《藝文志》"總群書而奏其《七略》"，《七録序》"總括群篇，奏其《七略》"，略有差異。班固先阮孝緒四百年，但阮目睹《七略》全本，兩人機會均等，而保存《七録序》的《廣弘明集》有宋本傳世，就版本而言，優於《漢書》傳本。更重要者，在内容。《七略》的内容，包括六篇大序、三十八（或曰三十三）篇小序、六百〇三篇書録，《七録序》"總括群篇，奏其《七略》"之表述，堪稱精準。《漢書·藝文志》傳世本作"總群書而奏其《七略》"，總"六百〇三部書"而"奏其《七略》"？殊爲隔膜。且《輯略》之文，從何而得？"子歆撮其指要，著爲《七略》。其一篇，即六篇之總最，故以《輯略》爲名。"還是《七録序》記得明白，"撮其指要"就是"總括群篇"，而不是《藝文志》"總群書"所能了的。就此而言，愚以爲《七録序》更接近劉向劉歆《七略》前言原貌，《漢書·藝文志》"總群書而奏其《七略》"，"書"字當爲"篇"之訛。

⑧　《漢書·藝文志》總序"於是建藏書之策"顔注引如淳曰："劉歆《七略》曰，外則有太常、太史、博士之藏，内則有延閣、廣内、祕室之府。"（《漢書》卷三〇《藝文志》第十，第 1702 頁）《北堂書鈔》《初學記》《藝文類聚》《太平御覽》並引自《七略》。阮孝緒《七録序》亦保存之。

⑨　《四庫全書總目卷首·凡例》，第 18 頁。

⑩　經傳（chuán），指五經及其傳（chuán）記。《漢書·藝文志》六藝略有九個類目：易、書、詩、禮、樂、春秋、論語、孝經、小學。其中，易、書、詩、禮、春秋爲"經"；論語、孝經爲"傳"，《樂記》等六家亦傳記之屬。在五經名目之下，還著録有多種傳記。《漢書·韋賢傳》元帝永光四年（公元前 40），下詔罷郡國宗廟（崔按：指分布在郡國地方的太上、太祖、太宗、武宗四廟），元帝稱引"傳不云乎？'吾不與祭，如不祭'"作爲理據説辭。顔師古注"《論語》載孔子之言。與，讀曰預"（《漢》卷七三《韋賢傳》第四十三，第 3116 頁）。"傳不云乎"之"傳"，正是《論語》。如讀作 zhuàn，則名實不符。趙岐《孟子題辭》云："《論語》者，五經之錧鎋，六藝之喉衿也。"（《十三經注疏》，中華書局 1980 年影印清阮元校刻本，第 2662 頁）魏徵《隋書·經籍志》論語類小序云："《論語》者，孔子弟子所録。孔子既叙六經，講於洙、泗之上，門徒三千，達者七十。其與夫子應答，及私相講肄，言合於道，或書之於紳，或事之無厭。仲尼既没，遂緝而論之，謂之《論語》。"（《隋書》卷三二《經籍志一》，北京：中華書局，1973 年，第 939 頁）"孔子既叙六經，講於洙、泗之上"，釋"傳記"之義至明。章太炎《國故論衡·文學總略》："傳曰'博學於文'，不可作'彣'。"語見《論語·雍也》篇。"博文者，詩、書、禮、樂與凡古聖所傳之遺籍是也。"（劉寶南：《論語正義》，北京：中華書局，1990 年，第 243—244 頁）《禮記·曲禮疏》："傳謂傳述爲義，或親承聖旨，或師儒相傳。"龐俊疏證："《論語》爲孔子應答時人及弟子相與言而接聞於夫子之語，是即親承聖旨，師儒相傳之典籍。又其書以八寸策，不同於二尺四寸之經，故謂之傳也。"（北京：中華書局，2007 年，第 248 頁）又，王充《論衡·對作篇》："楊、墨之學不亂儒義，則《孟

子》之傳不造。"（劉盼遂：《論衡集解》，見黃暉：《論衡校釋》，北京：中華書局"新編諸子集成"本，1990 年，第 1177 頁）在漢人心目中，《孟子》亦輔翼經書之"傳"。《漢書·劉向傳》《後漢書·梁冀傳》《説文解字》等書，引《孟子》亦稱"傳曰"。把"《孟子》之傳"讀作 zhuàn，同樣名實乖離。《漢書·武帝紀》建元五年春（公元前 136），"置五經博士"（《漢書》卷六《武帝紀》第六，第 159 頁）。《玉燭寶典》卷一引崔寔《四民月令》："漢武帝建元五年，立五經博士，罷傳記博士。"（杜臺卿《玉燭寶典》，《古逸叢書》影刻日本鈔卷子本）趙岐《孟子題辭》："孝文皇帝欲廣遊學之路，《論語》《孝經》《孟子》《爾雅》，皆置博士。後罷傳記博士，獨立五經而已。"（《十三經注疏》，第 2663 頁）王國維《觀堂集林》卷四《漢魏博士考》："傳記博士之罷，錢氏大昕以爲即在'置五經博士'時，其説蓋信。"（《王國維遺書》第一册，上海：上海古籍書店 1983 年據商務印書館 1940 年版影印）姚振宗《七略别録佚文叙》："《漢書·儒林傳》依功令，但載《易》《書》《詩》《禮》《春秋》五經，其餘謂之傳記。故《論語》、《孝經》、小學三家，唯見《藝文志》。"（姚振宗：《七略别録佚文叙》，杭州：浙江圖書館 1931 年輯印《快閣師石山房叢書》本）《漢書·劉歆傳》："河平中（公元前 28—前 25），受詔與父向領校祕書，講六藝傳記，諸子、詩賦、數術、方技，無所不究。"（《漢書》卷三六《劉歆傳》第六，第 1967 頁）余嘉錫解讀曰："於六藝、諸子之間忽著'傳記'兩字。明六藝之中，除五經以外，皆傳記也。班固之記事，可謂苦心分明矣。"（余嘉錫：《目録學發微·目録類例之沿革》，北京：中華書局，1963 年，第 131 頁）《論語》《孝經》《孟子》《爾雅》，大小戴《禮記》，固屬傳記；而傳世《儀禮》本書，實經、傳並存。章太炎《春秋左氏疑義答問》："桓譚《新論》稱《左氏傳》與《經》，猶衣之表裏，相持而成，《經》而無《傳》，使聖人閉門思之十年，不能知也（《史通》《太平御覽》皆引此）。言相持而成，則《經》《傳》同修可知。"（《章太炎全集》第六册，上海：上海人民出版社，1986 年，第 272 頁）《左氏傳》致力於載録文獻故實，大多首尾完整，與史部紀事本末猶相契合，讀曰《左傳》（zhuàn），世無異議者，亦在情理之中。《公羊傳》則不同，高頭講章，爲"何"爲"何"，連珠炮似的，論議爲主導。《春秋公羊傳》者，《春秋》經文，固自有本，"漢代學者，説經或有是非，至于文字，則無肊決之事"（《1931 年 11 月 13 日章太炎致吳承仕函》，載章炳麟：《章炳麟論學手札》，北京：北京師範大學出版社，1982 年，第 485 頁。詳參章太炎《漢儒識古文考》二首）。《公羊傳》爲公羊先師説經、傳經之記，原自單行，後學合經、傳爲一體，漢人所謂"具文飾説"者也。"文"者經，"説"者《公羊傳》。

⑪　《漢書》卷三〇《藝文志》第十，第 1701 頁。

⑫　余嘉錫：《目録學發微·目録類例之沿革》，第 133 頁。

⑬　章學誠：《校讎通義·漢志諸子第十四》，上海：上海書店 1988 年影印商務印書館《文史通義（附校讎通義）》，第 90 頁。

⑭　阮孝緒：《七録序》，載唐釋道宣編纂：《廣弘明集》卷三，第 112 頁。

⑮　鄭樵：《通志·校讎略·編次不明論》，北京：中華書局，1987 年，第 836 頁。馬端臨針鋒相對："《春秋》即古史，而《春秋》之後，惟秦、漢之事，編帙不多，故不必特立史部。"（《文獻通考》卷一九一，北京：中華書局，1986 年，第 1619 頁）

⑯　《隋書》卷三三《經籍志二》,第 991 頁。

⑰　阮孝緒:《七録序》,載唐釋道宣編纂:《廣弘明集》卷三,第 112 頁。

⑱　余嘉錫:《目録學發微·目録類例之沿革》,第 134 頁。

⑲　《隋書》卷三二《經籍志一》,第 906 頁。"但題題(崔按:'題'指書名),及言'盛以縹囊,書用細素'",中華書局點校本標點有失誤,今予校正。

⑳　《晋書》卷四四《鄭袤傳》附《鄭默傳》,北京:中華書局,1974 年,第 1251 頁。

㉑　阮孝緒:《七録序》,載唐釋道宣編纂:《廣弘明集》卷三,第 112 頁。

㉒　余嘉錫:《目録學發微·目録類例之沿革》,第 136 頁。

㉓　《隋書》卷三二《經籍志一》,第 906 頁。

㉔　余嘉錫:《目録學發微·目録類例之沿革》,第 134 頁。

㉕　《晋書》卷五一《束皙傳》,第 1433 頁。

㉖　王鳴盛:《十七史商榷》卷六七,北京:中華書局,1985 年,第 694—695 頁。

㉗　趙翼:《陔餘叢考》卷二二,北京:中華書局,1963 年,第 423 頁。

㉘　余嘉錫:《目録學發微·目録類例之沿革》,第 139 頁。

㉙　阮孝緒:《七録序》,載唐釋道宣編纂:《廣弘明集》卷三,第 112 頁。

㉚　余嘉錫:《目録學發微·目録類例之沿革》,第 140 頁。

㉛　余嘉錫:《目録學發微·目録類例之沿革》,第 139 頁。

㉜　阮孝緒:《七録序》,載唐釋道宣編纂:《廣弘明集》卷三,第 112 頁。

㉝　《七録序》通篇讀來,阮孝緒推崇《七略》,"劉氏之世,史書甚寡,附見《春秋》,誠得其例",是正面肯定。"今衆家記傳,倍於經典",今王儉仍把記傳史書置於《七志·經典志》框架内,"實爲繁蕪"。"繁蕪"者,今《七志·經典志》,而非五百年前的《七略·六藝略》,阮《序》矛頭所向,非王儉"此《志》"莫屬。批判是爲了前進。阮孝緒《七録》正是依擬《七略》詩賦不從六藝詩部之創格,"分出衆史,序記傳録爲内篇第二"。文獻分類顧及存量實體,藏書目録更應與庫書庋置一致。阮《序》嚴屬批評今《七志》"繁蕪",而絶非以"今衆家記傳,倍於經典"去掊擊五百年前的《七略》。相反,阮孝緒是劉向、劉歆目録學傳統的發揚光大者之一。

㉞　阮孝緒:《七録序》,載唐釋道宣編纂:《廣弘明集》卷三,第 113—114 頁。

㉟　《四庫全書總目》卷一〇五子部譜録類《小序》,第 981 頁。

㊱　李伯謙:《黄帝時代:從原始社會向國家社會的轉型》,載《光明日報》2014 年 1 月 7 日第 16 版《中國早期文明路綫圖——黄帝於具茨之山·"具茨山與中華文明學術研討會"發言摘要》。以下至《史記·周本紀》,亦主要參見李先生宏論。

㊲　《史記》卷四《周本紀》,北京:中華書局,1959 年,第 127 頁。

㊳　中國基督教三自愛國運動委員會、中國基督教協會出版發行:《聖經·舊約·創世記》,南京愛德印刷有限公司承印,2004 年,第 1 頁。

㊴　《漢書》卷三〇《藝文志》第十,第 1702 頁。據顔注,顔氏所見《漢書·藝文志》原作"删取其

要",唐以後傳本脫"取"字。《説文解字》:"删,剟也。從刀、册。册,書也。"段注:"凡言删剟者,有所去即有所取。如《史記·司馬相如傳》曰'故删取其要,歸正道而論之'。删取,猶節取也。……'删其要',謂取其要也。不然,豈劉歆《七略》之要,孟堅盡删去之乎?"(段玉裁:《説文解字注》,上海:上海古籍出版社1991年,第180頁)《隋書·經籍志》經部書類小序"孔子觀書周室,得虞、夏、商、周四代之典,删其善者","删"字正是"取"義。

㊵　《資治通鑑》卷二五四《唐紀七十·僖宗惠聖恭定孝皇帝中之上廣明元年》,北京:中華書局1997年縮印本,第2089頁。

㊶　《秦婦吟》,載聶安福箋注:《韋莊集·浣花集補遺》,上海:上海古籍出版社,2002年,第315—319頁。

㊷　《舊唐書》卷四六《經籍志·總序》,北京:中華書局,1975年,第1962頁。

㊸　董治安主編:《兩漢全書》第九册,濟南:山東大學出版社,2009年,第5990頁。

㊹　《新唐書》卷五七《藝文志·總序》,北京:中華書局,1975年,第1422頁。

㊺　劉知幾《史通·采撰篇》:"至班固《漢書》,則全同太史;自太初已後,又雜引劉氏《新序》《説苑》《七略》之辭。"(劉知幾:《史通》,上海:上海古籍出版社,2002年,第84頁)余嘉錫云:"《漢書·王褒傳》,所言九江被公誦楚辭,及丞相魏相奏知音善鼓琴者趙定、龔德事,均與《七略》《別録》同。知《漢書》諸著述家列傳,多本之《別録》,所謂'太初以後,雜引劉氏',不獨《儒林傳》也。"(余嘉錫:《目録學發微》卷四《目録類例之沿革》,第134頁)源自《別録》,且滲透《儒林傳》暨諸著述家列傳之中。

㊻　姚振宗:《七略佚文·叙》,浙江省立圖書館1931年排印《快閣師石山房叢書》第二種。

㊼　張宗祥:《論衡校注》卷四,浙江圖書館藏稿本。

㊽　余嘉錫:《目録學發微·目録類例之沿革》,第134頁。

㊾　張宗祥:《論衡校注》卷四,浙江圖書館藏稿本。

㊿　《文選注》卷二〇,鄭州:中州古籍出版社1990年影印胡克家刊本,第271頁。

51　阮孝緒:《七録序》,載唐釋道宣編纂:《廣弘明集》卷三,第113頁。

52　《七略別録佚文·七略佚文》,姚振宗輯録、鄧駿捷校補,上海:上海古籍出版社,2008年,第39—40頁。

53　《漢書》卷三〇《藝文志》第十,第1728頁。

54　《四庫全書總目》卷九一子部儒家類《小序》,第769頁。

55　《隋書·經籍志·史部·簿録》小序曰:"古者史官既司典籍,蓋有目録以爲綱紀。體制堙滅,不可復知。孔子删書,別爲之序,各陳作者所由;韓、毛二詩,亦皆相類。漢時劉向《別録》,劉歆《七略》,剖析條流,各有其部,推尋事迹,疑則古之制也。自是之後,不能辨其流別,但記書名而已。"《隋書》卷三三《經籍志二》,第992頁。

56　《七略別録佚文徵》,沈延國點校,輯入《章太炎全集》第一册,上海:上海人民出版社,1982年版,第359—380頁。

(57) 章炳麟:《訄書·徵七略》,載《訄書詳注》,徐復注,上海:上海古籍出版社,2000年,第816—824頁。

(58) 章炳麟:《訄書·徵七略》,載《訄書詳注》,徐復注,第816—824頁。

(59) 余嘉錫:《四庫提要辨證》,北京:中華書局,1980年,第48—49頁。

(60) 參見拙作《四庫提要諸本分析——以〈四庫全書總目〉本爲優》,《文獻》,2012年第3期。

(61) 中國第一歷史檔案館編、張書才主編:《纂修四庫全書檔案·原户部尚書曹文埴奏刊刻〈四庫全書總目〉竣工刷印裝潢呈覽摺》,上海:上海古籍出版社,1997年,第2374—2375頁。

(62) 清光緒二十一年廣雅書局校刊殿本《四庫全書總目》附傅以禮跋。

(63) 參見拙作《〈四庫全書總目〉版本考辨》,《文史》,1992年第35輯;《關於〈四庫全書總目〉的定名及其最早的刻本》,《文史》,2004年第67輯;《文瀾閣〈四庫全書總目〉殘卷之文獻價值》,《文獻》,2005年第1期;《〈四庫全書總目〉武英殿本刊竣年月考實——"浙本翻刻殿本"論批判》,《浙江大學學報(人文社會科學版)》,2006年第1期;《〈四庫全書總目〉傳播史上的一段公案——從傅以禮的〈跋〉談起》,《文史知識》,2007年第12期。

(64) 夏長璞《〈四庫全書總目〉"浙本出于殿本"說的再檢討》,有翔實之論述。2012年10月中國社會科學院歷史所主辦第三屆古文獻與中國傳統文化國際研討會論文,經修訂,2013年發表於《臺大中文學報》第40期,第249—290頁。

(65) 《四庫全書總目卷首·凡例》,第17頁。

(66) 《漢書》卷三〇《藝文志》第十,第1723頁。按宋刻本陸德明《經典釋文·序録·條例》引班固云:"後世經傳既已乖離,傳學者又不思多聞闕疑之義。"今本《漢書·藝文志·六藝略大序》"博學者"當爲"傳學者"之誤。

(67) 《四庫全書總目》卷一,第1頁。

(68) 署名"國學講習會序發起人":《國學講習會序》,原載《民報》第七號,1906年9月5日;又收入《章士釗全集》第一卷,上海:文匯出版社,2000年,第176頁。

(原載《國學研究》第35卷,2015年6月第一版)

作者簡介:崔富章,浙江大學古籍研究所教授、浙江省特級專家
通訊地址:浙江大學紫金港校區古籍研究所　郵編:310063

花間詞人張泌與南唐張佖、張泌事迹作品考辨

方建新

一　衆説紛紜的花間詞人張泌與南唐張佖、張泌

五代後蜀趙崇祚所編《花間集》,選録自唐温庭筠至五代李珣十八位詞人的詞作四百九十八首,其中列第六位,即在牛嶠之後、毛文錫之前的是張泌,收詞二十七首。《花間集》對收録的詞人生平均未做介紹,於張泌僅稱之爲張舍人。另據宋人有關著作記載,在五代末宋初的南唐境内,又同時有名爲張泌、張佖者。清吳任臣於康熙八年(1669)編撰的《十國春秋》卷二五《南唐列傳》有《張泌傳》,謂:"張泌,事元宗父子,官句容縣尉。建隆二年七月,憤國事日非,上書後主,幾數千言。""……後主覽書大悦,優詔慰答;然亦未竟用其言,遂至於亡。"①同書卷三〇《南唐一六·列傳》又有《張佖傳》,稱"張佖,常州人。後主朝仕爲考功員外郎,進中書舍人。開寶五年,貶損制度,改内史舍人"。②又稱佖隨後主入宋,太宗朝在史館,後官河南。

稍晚於《十國春秋》,於康熙四十五年(1706)編成的《全唐詩》卷七四二收録張泌詩一卷,其小傳謂:"泌,一作佖,字子澄,淮南人。仕南唐爲句容縣尉,累官至内史舍人。"③是書卷八九八在"張泌"名下,又收録詞二十七首,即爲《花間集》中張泌之詞。《全唐詩》共九百卷,後十二卷爲詞。全書收録作者二千二百餘人,基本上都撰有一簡短小傳,介紹其姓名字號,里貫仕履。其中,詞作者在收録其詩作時已撰有小傳的,不再立小傳介紹。依據這一體例,在《全唐詩》的編纂者看來,南唐張泌,即爲花間詞人張泌,且稱泌一作佖,仕南唐爲句容縣尉,累官至内史舍人,則將《十國春秋》卷二五之上書人句容尉張泌與卷三〇所載開寶五年爲内史舍人之張佖視作一人。也就是說,《花間集》中之張泌與南唐之張泌、張佖被視作同一人。

在《全唐詩》編成之次年,康熙四十六年(1707),由沈辰垣等編成《歷代詩餘》一百二十卷,分詞一百卷,詞人姓氏及詞話各十卷。是書於卷一、卷三、卷四、卷六共收録張泌詞

六首,均見之於《花間集》。又是書在卷一〇一《詞人姓氏·南唐》下載有《張泌傳》:

> 張泌,一作佖,字子澄,淮南人。初官句容尉,上書陳治道,後主徵爲監察御史。歷考功員外郎,進中書舍人,改内史舍人。隨煜歸宋,仍入史館,遷郎中,歸。寓家毗陵,有集一卷。

據此,《歷代詩餘》更加明確認爲南唐張泌、張佖是同一人,即花間詞人張泌。在這以後,由鄭方坤補輯的王士禎《五代詩話》補列的“張泌”條、王國維《唐五代二十一家詞輯》據《花間集》所輯《張舍人(泌)詞》一卷均將上述三人合而爲一,並認定其是南唐人④。

清李調元編《全五代詩》卷三六《南唐·張佖》載:“佖,字子澄,常州人,仕南唐爲考功員外郎。累官至内史舍人。歸宋。官虞部郎中卒。”下又引《嫏嬛記》所述佖與鄰女浣衣相戀的愛情故事及佖爲鄰女所作詩詞,這些詩詞亦均見於《全唐詩》《花間集》中張泌詩詞。但李調元最後案:“同時有張泌,淮南人,爲句容縣尉,憤國事日非,上書數千言極諫,後主不納。非此佖也,他書誤作一人者,非。”《全五代詩》收張佖詩十七首,較《全唐詩》少《寄人》《經舊游》《贈韓道士》三首。以《全五代詩》對照上引各家,不同的是《全五代詩》認爲南唐有兩個名爲張佖、張泌者,其中張佖字子澄,常州人,隨後主入宋,即爲《花間集》中張舍人泌,有詩一卷;另一名張泌者,即《十國春秋》卷二五中上書人句容尉。

今人傅璇琮等先生所編《唐五代人物傳記資料綜合索引》一四七頁列有張佖,下用小字注云:常州人。其傳記資料索引僅列《十國春秋》卷三〇一條。同頁又立有張泌,稱“見張泌”;而是書一五三頁“張泌(子澄)”名下所列傳記資料索引有:《全唐文》卷八七二;《全唐詩》卷七四二、卷八九八;《十國春秋》卷二五。查《全唐文》卷八七二收張泌《上後主書》一文,其小傳僅數字:“泌事南唐,官句容縣尉。”聯繫是書上列其他幾條傳記資料索引,則傅璇琮等先生的意見又不同於李調元《全五代詩》,認爲在《全唐詩》中收録詩作、詞作的花間詞人張泌,就是《十國春秋》卷二五上書後主的句容尉張泌,而《十國春秋》卷三〇隨後主入宋的張佖爲另一人。

上引各家對三張泌(佖)及其作品歸屬問題的不同意見,真可謂衆説紛紜,莫衷一是。當然,也有個别先生提出過不同看法,如一九五七年四月七日,黄清士先生在《光明日報》上發表了《花間詞人張泌》一文,指出《花間集》不收録南唐人的作品,故花間詞人張泌不可能是南唐人。可惜黄先生的文章篇幅較短,未深入論述,材料稍感不足,故他的這一觀點未被學術界重視與接受⑤,如上引二十世紀八十年代初編成的《唐五代人物傳記資料綜合索引》及最近編輯出版的《全宋詩》（第一冊）等權威書籍中，仍依照《全唐詩》等所載，將花間詞人張泌與南唐張泌（佖）視作一人。至於在衆多的唐五代宋詩詞作品選集及辭書中，對以上三人的生平事迹與作品歸屬的記述，更是十分混亂，故有必要對這一問題做更深入的探究，以弄清這一撲朔迷離的千古疑案。

二　從《花間集》《才調集》的編集收録範圍及張泌作品看張泌其人

如所周知，關於《花間集》的編集經過，由於缺乏材料，不得其詳。現存唯一的根據是歐陽炯（896—971）所撰的《花間集·序》。《花間集·序》作於後蜀廣政三年（940），《花間集》的編集當還要早些。徐知誥（李昪）廢吳建立南唐是在後晉天福二年即後蜀明德四年（937），僅早歐陽炯寫《花間集·序》三年，故《花間集》不可能收録主要活動在南唐時期的詞人作品，這一點當可肯定且無容置疑。再從《花間集》收録的作者範圍來分析，除了温庭筠（？—約866）、皇甫松二人生平活動在王建建立前蜀前、不是蜀人外，其餘凡知其生平里貫者，均爲蜀人或在蜀入仕爲官者。這是否是趙崇祚編選《花間集》的主觀意圖：不選録蜀地以外的詞人作品。對此，《花間集》不選録當時地位顯赫、在詞壇上聲名很高的韓偓、馮延巳的詞作，或可作爲我們以上推測的佐證。韓偓（約842—923），字致光，京兆萬年（今陝西西安）人。唐昭宗時官至翰林學士承旨。唐亡，“挈其族南依（閩）王審知而卒”⑥。馮延巳（903—960），廣陵（今江蘇揚州）人，吳時任秘書郎，隨李昪入南唐，官至左僕射同平章事⑦。他們二人落選《花間集》，可能正是因爲既不是蜀人，又未在蜀任職。

根據以上的分析，入選《花間集》的應是蜀人或在蜀入仕爲官；又當爲在廣政三年前在西蜀詞壇上有很高聲譽、其詞作廣泛流傳的詞人。那末，張泌也當符合這兩個條件。

《花間集》收録的二十七首張泌詞，其内容大致分三個方面：一是以婦人的妝扮、傷春、閨怨爲題材。這些詞沿襲了温庭筠、韋莊開創的花間詞人的風格，除了説明張泌是温庭筠式的風流才子外，對其生平行實的瞭解無多幫助。二是以出游過程中寫景抒情爲題材。在這些詞中，未有一處涉及江南南唐地區地名、風景，難得出現的幾處都在蜀、湘。如著名的《江城子·浣花溪上》就是描寫成都浣花溪畔一對男女邂逅並互生愛慕之情的故事；《臨江仙·煙收湘渚》描寫的是作者憑吊湘北洞庭湖畔湘妃祠的故事。雖然僅憑這一點不能説明作者不是江南南唐人而是蜀人，但至少説明他在蜀、湘生活過。張泌詞的第三種題材的詞是懷舊抒情。如《浣溪沙·馬上凝情》：“馬上凝情憶舊游，照花淹竹小溪流。鈿箏羅幕玉搔頭。早是出門長帶月,可堪分袂又經秋,晚風斜日不勝愁。"《浣溪沙·獨立寒階》:"獨立寒階望月華,露濃香泛小庭花。綉屏愁背一燈斜。雲雨自從分散後,人間無路到仙家。但憑魂夢訪天涯。"從詞意分析,表達的是對昔日戀人的懷念,與張泌的其他幾首詞相比較,語氣凝重,感情深沉,决非一般多情而輕浮的少年之作,當是歷經生活與感情磨難後的中老年人懷舊心理的流露。據此分析,即使《花間集》成書時張泌還在世,則他起碼已步入中老年。

花間詞人中明確記載入宋的有歐陽炯、孫光憲(?—968)[8]、毛熙震[9]三人。他們去世最晚,其年齡亦當較其他花間詞人小。而張泌於《花間集》中排在牛嶠之後,毛文錫之前。牛嶠,乾符五年(878)已中進士。[10]毛文錫唐時就已入仕,後仕前蜀,通正元年(916)拜司徒,天漢元年(917)貶茂州司馬。[11]張泌的生年當與牛嶠、毛文錫二人相近,比歐陽炯、孫光憲、毛熙震早,其生平活動主要在唐末、前蜀時期。

作爲花間詞人的張泌生平活動的區域、時間大致如上,那末,《全唐詩》《全五代詩》收録的詩人張泌的情况又是怎樣的呢? 他與花間詩人張泌又是怎樣的關係? 在考察這一問題時,有必要强調一點,《全唐詩》《全五代詩》收録的所謂南唐張泌詩,極大多數見之於後蜀韋縠所編《才調集》[12],甚至同《全唐詩》的目録順序也完全一致。這説明清時編《全唐詩》收録張泌詩是照抄《才調集》的。因此,弄清《才調集》的成書時間、收録範圍對瞭解詩人張泌是十分必要的。

《才調集》共十卷,每卷録詩一百首,共一千首,入選作家約二百人,全部爲唐五代時人,署名爲"蜀監察御史韋縠集"。《十國春秋》卷五六《後蜀》九《韋縠傳》稱縠"仕高祖父子(孟知祥、孟昶),累遷監察御史,已又陞□部尚書。縠常輯唐人詩千首,爲《才調集》十卷,其書盛行當世"。衹是何時編《才調集》未有説明。傅璇琮先生《〈才調集〉考》謂:

> 此書署"蜀監察御史韋縠集",由此可以測知其編選的時代。根據《十國春秋》所述韋縠仕宦的概略,則書當編成於五代孟蜀時,而且是韋縠爲□部尚書之前。看來韋縠不大可能會由五代入宋。[13]

筆者認爲傅先生的分析推測是很有道理的。而通過對《才調集》收録的二百餘位詩人的排隊考析,發現凡生平事迹可考或約略可考者,無一是後蜀及與之相應的後唐閔帝、南方其他各國這一時期的人,且除了本文討論的張泌外,更無有後來入宋者。例如不見選録由後唐、吳入南唐的著名文人韓熙載(902—970)、馮延巳、徐鉉(917—992)的詩作。這説明,《才調集》的編集成書要比《花間集》早,或者韋縠在選録作品時,不選當時人的作品,就如陳振孫所說的,《才調集》是"後蜀韋縠集唐人詩"[14];也如《十國春秋·韋縠傳》所說:"縠常輯唐人詩千首,爲《才調集》"[15]。也許以上二點就是韓熙載、馮延巳、徐鉉等南唐詩人未入選也不可能入選的原因。由此可以明確《才調集》裏的張泌的生平活動時期要比以上三人早,最晚在唐末前蜀。《全唐詩》《全五代詩》將其作爲南唐入宋的張泌(佖),顯然是未加審慎考察,張冠李戴。

再看張泌的詩作,其中有組詩是游歷湘桂地區時所作,如《洞庭阻風》《秋晚過洞庭》《春日旋泊桂州》。另《晚次湘源縣》一詩云:

> 煙郭遥聞向晚鷄,水平舟静浪聲齊。高林帶雨楊梅熟,曲岸籠雲謝豹啼。二女廟荒汀樹老,九疑山碧楚天低。湘南自古多離怨,莫動哀吟易慘凄。

按:據《舊唐書》卷四《地理志》三、《新唐書》卷四一《地理志》五載,湘源縣屬永州。《文獻通考》卷三一九《輿地考》五"永州":"(隋)煬帝初,州廢,置零陵郡。唐爲永州,或爲零陵郡,屬江南道。領縣四:零陵、祁陽、湘源、灌陽。(後)晋以湘源、灌陽兩縣屬全州。""全州,(後)晋天福中,馬希範以永州湘源縣置州,以灌陽來屬";又稱"清湘,隋湘源縣,(後)晋改,有湘山、乳穴"[16]。據以上記載,湘源縣,隋時置,唐時因之,原屬永州,後晋天福間以馬希範之請,以湘源、灌陽二縣置全州而湘源縣改爲清湘縣,爲州治所。又查《舊五代史》卷七八《晋書·高祖本紀》四,確有因馬希範之請改湘源縣置全州的記載,時間在天福四年(939)四月。這就是説,五代時自天福四年後已無湘源縣,但張泌詩中仍稱湘源縣,故此詩最遲作於天福四年前,由此可進而推斷,張泌的這次游歷湘桂至遲在後晋天福中,即後蜀廣政元年(938)之前。這是最晚的斷限,實際當要早得多。

張泌詩中另有幾首是以愛情爲題材的懷舊之作,據説是懷念昔日戀人鄰女浣衣之情。元伊世珍《嫏嬛記》卷下載:"張泌,江南人,字子澄,仕南唐爲内史舍人。初與鄰女浣衣相善,經年不復覯,精神凝一,夜必夢之。嘗有詩寄云:'別夢依依到謝家……'浣衣計無所出,流淚而已。"[17]又據説其《江城子·浣花溪上》詞亦爲浣衣所作[18]。姑且抛開《嫏嬛記》等筆記小説將張泌作爲南唐人不顧,有一點似可信據,即這些詩詞是出於同一人,都是爲懷念昔日的戀人所作。對此,我們在上面引述到的張泌憑吊湘妃祠《臨江仙·煙收湘渚》詞和《才調集》裏的張泌游歷湘湖的幾首詩,亦可驗證這一點。而《晚次湘源縣》中"二女廟荒汀樹老"指的正是湘妃祠。顯然,這些詞與詩同是張泌游歷湘湖時所作。

通過上面的考察分析,我們可以明確以下三點:

　　（一）《花間集》中的詞人張泌與《才調集》裏的詩人張泌係同一人，他是蜀人或寄寓蜀地曾在蜀人仕爲官，而不是江南南唐地區人。

　　（二）此張泌的生平活動主要是在唐末、前蜀時期，年歲與牛嶠、毛文錫相仿而要早於歐陽炯、孫光憲、韓熙載、馮延巳、徐鉉等人。

　　（三）張泌作爲花間派詞人是一個多情的風流才子，青年時期曾有過一段令其終身難忘的真摯的愛情故事。中年以後，曾游歷過湘、桂、長安等地。

三　關於隨後主入宋的南唐張佖的家世與生平

　　關於隨後主入宋的南唐張佖，《十國春秋》卷三《張佖傳》稱其爲常州人。爾後，除了《全唐詩》《歷代詩餘》説其是淮南人外，其他各書都沿襲《十國春秋》作常州人。至於其家世，包括《十國春秋》在内均未言及。兹從蔡襄《端明集》卷四〇發現載有張佖子張昷之的墓志銘，對張昷之家世有較詳細記述。《墓志》略云：

> 公諱昷之，字景山，其先黄帝之孫……其居東南，繼爲大姓。曰簡者，廣陵人，生昇，仕唐爲滁州清流令。昇生約，金吾衛長史。約生訓，公之曾祖也，以勇謀事楊行密，爲黄州刺史。祖諱璆，仕僞唐，校書郎，後典親兵，贈尚書屯田郎中。祖妣顏氏。考諱佖，右内史學士。太祖平金陵，從後主歸京師，授贊善大夫。在太宗朝建言時務，評讞法令，多所施用。終給事中，累贈太尉。[19]

　　按：李燾《續資治通鑑長編》（以下簡稱《長編》）卷一二二寶元元年四月甲戌條紀事：“授（張）昷之廣南東路轉運使……昷之，佖子也。”[20]宋無名氏所撰《道山清話》則明確稱張佖有子三人：益之、昷之、沓之。據此，張昷之確係張佖之子。[21]故《張昷之墓志銘》所載張氏家世里貫具有重要參考價值。根據《張昷之墓志銘》中提供的綫索，我們在宋路振所撰《九國志》中查閲到張昷之曾祖、張佖祖張訓的傳略。是書卷一《張訓傳》謂：訓，字克明，滁州清流人。中和三年（883）歸楊行密於合肥，官終黄州刺史，贈太傅、清河郡公。《十國春秋》卷五《張訓傳》謂張訓其先廣陵人，祖昇，唐末官清流令，卒葬滁，遂爲清流人。所載與《九國志》同。但末尾稱訓“孫原泌，登南唐保大中進士，累官户部侍郎，知制誥。歸宋。歷大理寺卿”。與張佖名、仕履不合，不知何據。

　　據上引《九國志·張訓傳》，聯繫《張昷之墓志銘》，得知張佖的先祖爲廣陵人，其高祖張昇爲唐滁州清流令，卒後葬於清流，自祖張訓後遂爲清流人。則廣陵是其郡望，其里貫當是清流。廣陵,即揚州,唐時設揚州大都督府,以江都爲治所。清流則屬滁州,並爲州治所(今安徽滁州市)。又揚州、廣陵、清流唐時均屬淮南道(治揚州),唐末楊行密據地封吴王,又爲唐方鎮之一[22]。《歷代詩餘》《全唐詩》謂張泌淮南人,當是通稱。那末,《十國春秋》緣何説他是常州人呢?《咸淳毗陵志》卷一七《人物·寓賢·張訓傳》主要依據《九國志·張訓傳》所載云:

> 張訓,字克明,滁之清流人,與楊行密號三十六英雄。孫儒爲亂,從行密擒儒,有土軍陳可兒竊據毗陵,訓受命克常州……景福中,行密由毗陵入利港,赴廣陵。中途,謂左右曰:張訓以一劍下此郡,未嘗自伐其功。即授檢校右散騎常侍,守常州刺史,今子孫皆家焉。[23]

宋佚名撰《道山清話》載作者自述曰:

> 予一日道過毗陵,舍於張郎中巷。見張之第宅雄偉,園亭臺榭之勝,古木參天。因愛而訪之,問其世家,則知國初時有張泌者,隨李煜入朝,太宗時泌在史館……時號菜羹張家。泌三子,益之、昷之、沓之,皆嘗爲郎官,至今彼人呼其所居曰張郎中巷。

據上引二則材料,因張泌祖張訓吴時任常州刺史,其後子孫就定居常州。《張昷之墓志銘》謂張昷之晚年“除光禄卿致仕,還老常州,以嘉祐七年十一月二十九日終,年七十八。遣命葬滁州清流縣昌城鄉杜沛村,從先人之域”。《十國春秋》稱張泌爲常州人,就是自張訓以後,其子孫移居常州之故。

由上可知,張泌自五世祖簡以下家世、里貫可考:先世爲廣陵人,廣陵爲其郡望;自高祖張昇起,定居清流,是爲清流人,則清流爲其里貫,而常州爲移居地。從中可得知張泌祖先及他本人與蜀地無任何聯繫。

上引《道山清話》稱張泌有子三人:益之、昷之、沓之。益之、沓之子孫不詳,《張昷之墓志銘》載昷之有三子:次卿、次山、次元。綜合以上材料,張泌家族世系延衍如下:

簡——昇(唐滁州清流令)——約(唐金吾衡長史)

　　　　　　　　　　　　　　　　　　益之

訓(吴楊行密常州刺史)——璆(南唐校書郎)　昷之(子:次卿　次山　次元)

　　　　　　　　　　　　　　　　　　沓之

關於張泌的生卒年,史籍無明確記載,僅知其仕履活動始於南唐,後主朝累官内史舍人,隨後主入宋後,歷太祖、太宗兩朝。據《宋史》《十國春秋》及宋代一些筆記記載,張佖與另一入宋的南唐文臣張洎關係密切。張洎,字師黯,改字偕仁,全椒人[24]。全椒、清流同屬滁州[25]。司馬光《涑水紀聞》卷三據《國史》載:"張洎爲舉人時,張佖在江南已通貴,洎每奉謁求見,稱從表姪孫;既及第,稱姪;稍貴,稱弟;及秉政,不復論中表,以庶僚遇之。"[26]《涑水紀聞》此條記載,又見《續資治通鑑長編》(卷三九),並爲《宋史·張洎傳》《十國春秋·張洎傳》引用。據此,張佖與張洎爲中表親,張佖當稍年長於張洎。《宋史·張洎傳》《十國春秋·張洎傳》均稱洎卒於至道三年(996),年六十四,以此推算,洎生於後唐長興四年(吳大和五年,933)。另李燾《續資治通鑑長編》載:"江南平,士大夫歸朝,(李)昉多與游,雅厚善張洎而薄張佖。及昉罷相,洎草制,多攻昉之短,佖朔望嘗詣昉第。"[27]從這條記載可以看到,張佖人品較高,對李昉十分尊重。李昉除了曾爲相外,年紀亦當大於張佖。李昉卒於至道二年(995),年七十二,生於後唐同光二年(924)[28]。據上引《張昷之墓志銘》推算,張昷之生於雍熙二年(985),如以張佖與李昉年紀相近或稍小於李昉,生於後唐同光三年(925)推算,生張昷之時,張佖已六十一歲;而昷之還有弟沓之,則張佖生沓之時年齡更大,這似不合古人生理常情。以此推測,張佖的生年當不會早於後唐同光三年(925),但也不會晚於吳大和四年(932)。

《十國春秋·張佖傳》未載佖曾中科舉事,但鄒浩撰張佖孫《張次元行狀》稱:"祖佖,擢進士第一,爲右内史學士。金陵既平,從後主歸朝。"[29]徐鉉的《送張佖郭僓二先輩序》則可確定張佖考中進士且名列高第。其序略云:

> 君子所以章灼當時,焜耀來裔者,必曰進士擢第,畿尉釋褐。斯道也,中朝令法雖不王不移者也。自聖歷中興,百度漸貞,能興此美者,今始見張郭二生矣……鉉也不佞,生於先賢之後,進在二子之前,此美不兼,可以嘆息。[30]

按:先輩非前輩。唐人極重進士舉,"通稱謂之秀才,投刺謂之鄉貢,得第謂之前進士,互相推敬謂之先輩,俱捷謂之同年"[31]。徐鉉稱張、郭爲先輩,是因二人中進士高第。但觀徐鉉此序,似張佖、郭僓二人考中進士後,未被及時擢用,於是徐鉉勸勉二人所作,故序還說:"願二君子反己正身,開懷戢耀,無望人以不知,無強人以不能。"要他們等待時機,"懷才待用"。

據《資治通鑑》卷二九〇後周太祖廣順二年(南唐保大十年,952)二月記事,南唐主好文學。"當時(後)唐之文雅於諸國爲盛,然未嘗設科舉,多因上書言事拜官。至是,始命翰林學士江文蔚知貢舉。進士廬陵王克貞等三人及第。""時執政皆不由科舉,相與沮毀,竟罷貢舉。"[32]南唐此次初設科舉罷後,至保大十二年,因徐鉉言"貢舉初設,不宜遽罷,乃復行之"[33]。此後凡十七榜[34]。所以,張佖中進士的時間最早當在保大十年。而根據徐鉉保大十二年請求繼續恢復科舉以及他的《送張佖郭僨二先輩序》中對張、郭二人的勸勉之意,張、郭二人很有可能是保大十年初恢復科舉後三名考取進士中的二人。由於隨即暫停科舉,二人不及擢用,故徐鉉一邊請求恢復科舉,一邊對張、郭安慰、鼓勵。另據徐鉉《序》,張佖保大中考取科舉時,正值"調高才逸,年少氣盛"。

上引《十國春秋·張佖傳》,佖在後主朝仕爲考功員外郎,進中書舍人。而宋龍袞《江南野史》又載佖在後主朝曾爲尚書郎[35]。開寶五年(972)南唐貶損制度,改詔爲教,中書、門下省爲左、右内史府,尚書省爲司會府等,張佖爲内史舍人,知禮部貢舉[36]。開寶八年(975),宋平江南。明年正月,佖隨後主入宋,以右贊善大夫判刑部,八月,權知榮州[37]。太平興國初,太常博士通判河南府[38],雍熙三年(986),在再判刑部任上[39]。端拱元年(988),以虞部郎中判大理寺。錢俶薨,爲謚議,與張洎不合,受罰俸一月的處分[40]。淳化三年(992)七月,初置三司都勾院,張佖以右諫議大夫判之[41]。五年,以史館修撰與范杲等同修國史[42]。此後,其事迹未見記載,蓋在這以後,歸常州居第,終其天年,但確切卒年不詳。

通過以上考察,我們也基本清楚了張佖的生平。他約生於後唐同光三年(吳順義五年、前蜀咸康元年,925)後,後唐長興三年(吳大和四年,孟知祥建立後蜀之前二年,932)前,卒於宋太宗淳化五年(994)後。《花間集》《才調集》結集時,張佖最多不過是一個十餘歲的少年,不可能收錄其作品;他也不可能填寫出那些細膩描寫婦女妝扮慵態及纏綿愛情題材的詞、詩。由此可以肯定,他與我們上節考察的入選《花間集》《才調集》的唐末前蜀時期的張泌毫無關係,《花間集》《才調集》裏張泌的詞、詩不能歸屬到此南唐張佖名下。

四　關於南唐上書人句容尉張泌

如本文第一節所述,《十國春秋》分立有《張泌傳》《張佖傳》,但絕大多數著作都視二人爲一人,即花間詞人張泌;《全五代詩》等少數著作雖視之爲兩人,但認爲其中建隆二年(961)向後主上書的張泌即爲花間詞人張泌。由於記載對上書人張泌事迹的材料太少,其家世生平無法瞭解。我們所能考察分析的衹能是以下二點:一是他與上節所述的張佖是一人還是兩人;二是此張泌是不是花間詞人張泌。

有關建隆二年南唐句容尉上書後主一事，見諸宋人著作的有陳彭年（961—1017）《江南別録》，僅謂後主即位後，“句容尉張佖上書言爲理之要，詞甚激切，後主手詔慰諭，徵爲監察御史”[43]。此處稱上書人是張佖。而對此事記載最早、最詳細的是鄭文寶（953—1013）的《江表志》卷三，上書人作張泌，並全文載録了張泌上書十事的内容。末云：“臣幸承勛緒，忝逢昭代，書賢能於鄉老，第甲乙於宗伯。由文章而進詩，待詔於金門，比八年於兹矣。”後又載後主御批曰：“卿居下位，而首進讜謀，觀詞氣激揚，決於披覽，十事焕矣，可舉而行。”[44]

鄭文寶的《江表志》共三卷，分記烈祖李昇、元宗李璟、後主李煜三朝事，對諸王大臣並標其名於各朝下。在卷三記載句容尉張泌上書事及上書全文前，所列重要文臣有徐鉉、徐鍇、韓熙載、張洎等二十四人，張佖亦在其中。顯然，鄭文寶是將上書人張泌與重臣張佖作爲兩人。鄭文寶係南唐舊臣，在南唐時曾任校書郎[45]。他的記載當可信據。

從張泌上書自稱“臣幸承勛緒”“第甲乙於宗伯”“待詔於金門，比八年於兹矣”，可得知，他考中過科舉，時間在建隆二年上推八年，約南唐保大十三年（955）左右。令人費解的是，張泌考中進士八年後，還祇是將仕郎守句容尉。當時張泌的職位是什麽，無確切記載。但據《資治通鑑》卷二九四載，後周顯德六年（959）九月丙午，張洎由句容尉擢上元尉[46]。建隆二年（961）李煜即位後，洎擢爲工部員外郎、試知制誥[47]。以此推算，很有可能上書人張泌是接替張洎爲句容尉的。祇是，句容尉是下級縣官，如果此張泌即爲張佖的話，顯然與上引《涑水記聞》據《國史》的記載“張洎爲舉子時，張佖在江南已通貴”不符；更加不可能的是，比張洎“早顯貴”的張佖在張洎已爲工部員外郎試知制誥時，却祇任居下位的縣尉。且依照我們上節對張佖生年的推測，其時他已三十多歲了。

根據以上幾點，筆者認爲，建隆二年向後主上書的張泌與本文第三節考察的張佖爲兩人，當可以肯定。吳任臣在《十國春秋》中爲二人分別立傳是正確的。自陳彭年《江南別録》將此張泌誤書爲張佖，李燾《長編》將張泌、張佖事迹相混之後，以訛傳訛，沿誤至今。

除了《十國春秋·張泌傳》所載及張泌在《上後主書》中的自述外，其他有關其家世、生平情况的記載不詳。《長編》稱他是廣陵人，是與張佖相混所致，不足爲據。但筆者認爲，對此張泌，僅根據他在建隆二年（晚《花間集》成書二十餘年）還祇擔任南唐句容尉這一點，就可斷定他不可能是《花間集》中至少在廣政三年前就已任蜀中書舍人（或起居舍人）的張舍人泌。另外，從他《上後主書》中口口聲聲的“本朝”“我國家”等分析，他也不可能在南唐以外的蜀國做過官，也沒有任何材料證明他是蜀人或曾經流寓蜀地、游歷過湘桂。因此,將此張泌當作《花間集》裏的張泌,或將《才調集》中張泌的詩歸屬於他,都是缺乏證據的附會之説。

　　通過以上考證分析,筆者認爲千百年來衆説紛紜的五代、宋初時期三張泌(佖)是互不相關的三人。其一是唐末前蜀時期人張泌,即《花間集》與《才調集》中的張舍人泌;另一爲南唐重臣張佖,即隨後主入宋,歷仕太祖、太宗兩朝被稱爲"菜羹張家"者;再一爲建隆二年上書後主的南唐句容尉張泌。南唐張佖、張泌無詩詞作品流傳下來。《全唐詩》《歷代詩餘》《全宋詩》等將前蜀張泌詩詞歸屬南唐張佖或張泌名下,誤。

①　吳任臣:《十國春秋》,北京:中華書局,1983 年,第 356 頁。

②　吳任臣:《十國春秋》,1983 年,第 435 頁。

③　《全唐詩》,北京:中華書局,1999 年,第 8535 頁。

④　《五代詩話》卷三"張泌"條引《全唐詩録》:"張泌,淮南人,初官句容尉,上書言治道,後主徵爲監察御史,官至内史舍人。入宋後,歸家毗陵,詩一卷……。"又引《詞苑叢談》:"張泌仕南唐爲内史舍人。初,與鄰女浣衣相善,作《江神子》詞云:'浣花溪上見卿卿……。'後經年不復相見。張夜夢之,寄絶句云:'别夢依依到謝家……。'"(王士禛原編:《五代詩話》,鄭方坤删補,戴鴻森校點,北京:人民文學出版社,1998 年,第 160 頁)按:由此可見,《五代詩話》亦將花間詞人張泌與南唐張佖、張泌視作一人。

⑤　關於《花間集》不收南唐詞人這一點,近年來,少數著作亦已指出。如《唐宋詞鑒賞辭典》(上海:上海辭書出版社,1988 年)《附録·詞人小傳》,吳熊和、沈松勤選注《唐五代詞三百首》(長沙:嶽麓書社,1994 年)等。

⑥　歐陽修、宋祁:《新唐書》卷一八三《韓偓傳》,北京:中華書局,1975 年,第 5390 頁。

⑦　參吳任臣:《十國春秋》卷二六《南唐十二·馮延巳傳》,第 364—367 頁。

⑧　《十國春秋》卷一〇二《荆南》三《孫光憲傳》謂孫光憲"唐時爲陵州判官,有聲"。哀帝天祐四年(907)朱溫滅唐時光憲已入仕爲判官,以時二十餘歲估算,當生於唐僖宗光啓(885—887)間。《宋史》卷四八三《孫光憲傳》謂光憲"乾德六年(987)卒。時宰相有薦光憲爲學士者。未及召,會卒"(脱脱等:《宋史》,北京:中華書局,1977 年,第 13956 頁)。如據《十國春秋》所載推算,乾德六年光憲卒時已八十有餘,而八十老翁還當宰相薦爲學士,於宋代官制與情理不合。故《十國春秋·孫光憲傳》所説唐時爲陵州判官疑爲後唐(初)之誤。

⑨　據黃休復《茅亭客話》卷三載,毛熙震好書,能詞。宋太祖乾德間(963—967)曾至王文昌家觀其所藏王羲之真蹟及晋唐法帖。津逮秘書本。

⑩　計有功:《唐詩紀事》卷七一《牛嶠》,上海:上海古籍出版社,1965 年,第 1053 頁。

⑪　吳任臣:《十國春秋》卷四一《前蜀七·毛文錫傳》,第 609 頁。

⑫　《才調集》收張泌詩十八首,較《全唐詩》少《送客州中丞赴鎮》《贈韓道士》二首(後一首繫于戴

叔倫名下）。較《全五代詩》少《送容州中丞赴鎮》。《全五代詩》較《才調集》少《寄人》之二

《經亂遊》二首。

⑬ 傅璇琮：《唐詩論學叢稿》，臺北：文史哲出版社，1995 年。

⑭ 陳振孫：《直齋書録解題》卷一五，徐小蠻、顧美華點校，上海：上海古籍出版社，1987 年，第 443 頁。

⑮ 吳任臣：《十國春秋》卷五六《後蜀九・韋穀傳》，第 811 頁。

⑯ 馬端臨：《文獻通考》，北京：中華書局，1986 年，第 2508 頁中。

⑰ 伊世珍：《嫏嬛記》卷下，明萬曆刻本。

⑱ 徐釚：《詞苑叢談》卷七，叢書集成初編本。

⑲ 蔡襄：《蔡襄集》卷四〇《光禄卿致仕張公墓志銘》，上海：上海古籍出版社，1996 年，第 724 頁。

⑳ 李燾：《續資治通鑑長編》，北京，中華書局，2004 年，第 2871—2872 頁。

㉑ 《宋史》卷三〇三《張昷之傳》："張昷之，字景山，父秘，自有傳。"（第 10033—10034 頁）但遍查《宋史》，無有《張秘傳》，當是《宋史》誤張佖爲張秘且遺漏其傳。

㉒ 參《舊唐書》卷四〇《地理志三・淮南道》，北京：中華書局，1975 年，第 1571 頁。

㉓ 史能之：《咸淳毗陵志》卷一七，北京：中華書局，1990 年，第 3123 頁。

㉔ 參見《宋史》卷二六七《張洎傳》，第 9208 頁。《十國春秋》卷三〇《張洎傳》作南譙人。南譙即滁故州，參司馬光《資治通鑑》卷二九四，顯德六年九月丙午條紀事注，北京：中華書局，1956 年，第 9604 頁。

㉕ 參見劉昫：《舊唐書》卷四〇《地理志三・淮南道・滁州》第 1574 頁。又參歐陽修、宋祁：《新唐書》卷四一《地理志》五，第 1053 頁。

㉖ 司馬光：《涑水紀聞》卷三，北京：中華書局，1989 年，第 46 頁。

㉗ 李燾：《續資治通鑑長編》卷三九，第 828—829 頁。又見《宋史》卷二六五《李昉傳》，第 9139 頁。

㉘ 李燾：《續資治通鑑長編》卷三九：至道二年二月壬申朔，"贈司徒、諡文正李昉卒"，第 828 頁。《宋史・李昉傳》所載同，並謂李昉卒年七十二。以此推算，李昉生於後唐同光二年（924）。

㉙ 鄒浩：《道鄉集》卷四，上海：上海古籍出版社影印文淵閣四庫全書本，1987 年。

㉚ 徐鉉：《徐公文集》卷一九，北京：文物出版社影印四部叢刊初編本，2015 年。

㉛ 李肇：《國史補》卷下，揚州：廣陵書社影印津逮秘書本，2015 年。

㉜ 參見司馬光：《資治通鑑》卷二九〇，第 9475—9476 頁。

㉝ 司馬光：《資治通鑑》卷二九一，第 9498 頁。

㉞ 吳任臣：《十國春秋》卷一六《南唐二・元宗本紀》保大十年二月甲辰紀事注，第 218 頁。

㉟ 龍袞：《江南野史》卷七《陳省躬傳》載："邑豪龍氏誘殺郴衡歸明人户迨百口，取其貨並婦女。事露，後主遣尚書郎張佖就案之。"豫章叢書本。

㊱ 吳任臣：《十國春秋》卷一七《南唐三・後主本紀》，第 246—247 頁。

㊲　李燾:《續資治通鑑長編》卷一七,第 374 頁。

㊳　徐松輯:《宋會要輯稿·儀制》七之一七,北平:北平圖書館,1936 年,第 1958 頁。

㊴　李燾:《續資治通鑑長編》卷二七,第 623 頁。《宋史》卷一九九《刑法志》一,第 4971 頁。

㊵　《宋大詔令集》卷二〇三《張佖奪俸詔》,北京:中華書局,1962 年,第 756 頁。又見《宋史》卷二六七《張泊傳》,第 9213 頁。

㊶　李燾:《續資治通鑑長編》卷三三,淳化三年七月壬辰條紀事,第 737 頁。

㊷　李燾:《續資治通鑑長編》卷三五,淳化五年四月丙戌條紀事,第 778 頁。另見《宋史》卷二六七《張泊傳》,第 9213 頁。

㊸　陳彭年:《江南別錄》,揚州:廣陵書社影印學海類編本,2007 年。

㊹　鄭文寶:《江表志》卷三,揚州:廣陵書社影印學海類編本,2007 年。

㊺　脫脫等:《宋史》卷二七七《鄭文寶傳》,第 9425 頁。

㊻　按:後周顯德五年五月辛巳朔,"(南)唐主避周諱,更名景。下令去帝號,稱國主,凡天子儀制皆有降損,去年號,用周正朔"。見《資治通鑑》卷二九四,第 9583 頁。

㊼　脫脫等:《宋史》卷二六七《張泊傳》,第 9208 頁。

（原載中華書局《文史》2000 年第 1 輯）

附記:本文初步解決了千百年來衆説紛紜的五代宋初三張泌(佖)的問題。兹稍加修訂(個别引文調整了版本,采用 2000 年後出版的圖書),以奉呈本所建所四十周年紀念文集。

作者簡介:方建新,浙江大學古籍研究所教授

通訊地址:浙江大學紫金港校區古籍研究所　郵編:310058

由簡本《詩經》的超音節特點論詩在先秦的傳習方式

賈海生

安大簡《詩經》抄録了《國風》中的五十七首詩,清華簡《耆夜》《周公之琴舞》分别保存了可與今傳《毛詩》中的《蟋蟀》《敬之》對讀而篇章結構、文字特點皆與傳本略有差異的兩首詩,郭店簡、上博簡《緇衣》引録了《詩經》中十七首詩(含逸詩)的五十句詩,郭店簡《五行》引録了《詩經》中六首詩的十五句詩(含殘句)證理,《語叢三》引用了《詩經·駉》中的三句詩爲文而《語叢四》引録了《詩經·抑》中的兩句詩以爲説理之證,上博簡《孔子詩論》既摘引了五十八首詩(含逸詩)中的語詞詩句以爲篇名,又引録了九首詩中的十六句詩爲釋理的依據,上博簡《民之父母》引録了《詩經》中三首詩的五句詩。諸簡皆是戰國時代據流傳於中原地區的文獻抄入楚國的文本,所抄所引《詩經》的篇章詩句反映了戰國時代《詩經》的文本面貌。其中兩種簡本《緇衣》與傳本《禮記》中的《緇衣》有共同的祖本而祖本的作者相傳是子思子[①],一人之撰作理應没有任何差異,然而僅就簡本與傳本所引《詩經》而言,却時見文中所引相同詩句的文字不盡相同而互爲異文的現象,可見《緇衣》成書之後,在輾轉傳抄的流傳過程中,不免滲透了"言語異聲,文字異形"的傳抄者對祖本所引《詩經》的體認結果。異文的産生雖有非常複雜的原因,但仍可據以覘見、辨析祖本所引《詩經》的文本面貌。子思子是戰國時代的人物,其撰寫《緇衣》時所引《詩經》必是戰國時代廣泛流傳的文本,可與安大簡、清華簡、上博簡、郭店簡所抄所引同一時代的《詩經》文本相提並論,探討戰國時代《詩經》的文本特點,衡量其是否具備通過字面閲讀而直達詩義的閲讀功能及其傳習方式等諸多以往因材料不足而無法論證闡釋的重要問題。

一 簡本《詩經》所見超音節現象綜理

合觀以上屬於戰國時代的楚簡所見《詩經》文本,以今傳《毛詩》、三家《詩》遺文爲參證,僅就釋讀不存在任何爭議的常見字而論,字無定音、音隨義轉的現象比比皆是。概括而言，主要包括以下幾種類型：

第一，同一聲符在同一首詩或同一種文本中所諧、所通之本字不同，或可換讀爲字義相同而聲韻絶異之字。通檢簡本《詩經》，最能説明聲符没有定音、隨義轉音的例子見於安大簡《鴇羽》。詩中“古”字凡四見，一章、二章、三章之“王事林古”對應《毛詩》的“王事靡盬”，則句中的古字讀爲盬，王引之認爲盬當讀爲《爾雅·釋詁下》訓苦爲息之苦②，一章之“父母可古”對應《毛詩》的“父母何怙”，則此句中的古字讀爲怙。同一首詩中的同一古字既可讀爲盬，又可讀爲怙，則古字隨語境的不同而不定於一音的現象尤爲明顯。聯繫簡本《詩經》中其他詩篇來看，古字不唯讀盬、怙，還可讀爲姑、叿、胡、岵、故。安大簡《卷耳》之“我古勺金罍”、《小戎》之“古肰余念之”、《陟岵》之“陟皮古可”、《伐檀》之“古取尔禾三百坦可”、《羔裘》之“佳子之古”，《毛詩》分别作“我姑酌彼金罍”“胡然我念之”“陟彼岵兮”“胡取禾三百廛兮”“維子之故”，而《説文》《玉篇》叿字下引《卷耳》作“我叿酌彼金罍”。安大簡整理者謂姑、胡、岵、故皆從古聲，諧聲可通③，王先謙認爲叿是沽之正字而姑又是沽之借字④。實際上，古字及其所諧之字、所通之字雖然韻部相同，但在具體的語境中，仍以聲紐、韻尾的細微差異分别語義，否則音義不相對應，無法表情達意，甚至會因字音相同而誤會詩義。《詩經》中的《風》詩皆來自民間，最初都是通過歌唱的形式口耳相傳，不依賴於目治其字以分别語義，則所謂諧聲可通，僅僅是以音近之字記録了詩歌的基本形態而已，實際歌唱、口傳時必是讀本字之音，可見古字在簡本《詩經》中不定於一音一義而是音隨義轉的假字。在陸志韋的上古音擬音系統中，古（公户切）、盬（公户切）、叿（公户切）、姑（古胡切）、故（古暮切）$^*k\alpha g > kwo(u)$，胡（户吴切）、怙（侯古切）、岵（侯古切）$^*\gamma\alpha g > \gamma wo(u)$；在白一平、沙加爾構擬的上古音系統中，古、盬、叿$^*k^\Omega a\Omega > kuX$，姑$^*k^\Omega a > ku$，故$^*k^\Omega a\Omega$-s$> kuH$，胡$^*g^\Omega a > hu$，怙、岵$^*g^\Omega a\Omega > huX$⑤。中外學者的擬音雖不盡相同，可據以直接觀察到古字及其所諧之字、所通之字在簡本《詩經》中並非同音。

再如安大簡《關雎》中的“疋鳩”⑥，《毛詩》作“雎鳩”，上博簡《孔子詩論》摘引詩中“關雎”二字以爲篇名而“雎”字亦作“疋”；安大簡《定之方中》之“作爲疋宮”，《毛詩》作“作于楚宮”。同一疋字在簡本《詩經》中，既可讀爲“雎”，亦可讀爲“楚”。上博簡整理者認爲，“雎”和“疋”音近通用是因爲同部雙聲⑦。安大簡整理者指出，“疋”可通“雎”，是因爲二字古音相近；“疋”可通“楚”，是因爲“楚”從“疋”得聲，諧聲可通⑧。戰國時代的古文字材料中有“烏疋”“負疋”“疋莟”“疋縷”，何琳儀讀爲“烏蘇”“負夏”“籍姑”“疏屢”⑨。郭店簡《老子》甲本第28簡“亦不可得而疋”之“疋”、《窮達以時》第9簡“子疋前多功"之"疋",整理者分別讀爲"疏"和"胥"⑩。"疋"及從"疋"聲之字與"且"及從"且"聲之字相互通作的例證,程燕已有董理,如《周易·夬·九四》之"其行次且",漢代帛書本"且"作"胥",新蔡簡甲三第 24 號簡之"沮章"讀爲"雎漳"⑪。就古文字材料而言,"疋"字在戰國時代所通之字甚廣,不拘於一音一義。《說文》云:"疋,足也。上象腓腸,下從止。《弟子職》曰:問疋何止。古文以爲《詩·大雅》字,亦以爲足字,或曰胥字。一曰:疋,記也。"根據段注的解釋,古文以"疋"爲雅是因爲古音韻部相同,又以"足"字是因爲字形相似,又以爲"胥"字則是同音假借⑫。"疋"字不拘於一音一義,傳世文獻中亦是如此。在陸志韋的上古音擬音系統中,疋(所菹切)＊sɪag > ʃɪo,雎(七余切)＊tsʻɪag > tsʻio,楚(創舉切)＊tsʻɪag > tʃʻɪo;在白一平、沙加爾構擬的上古音系統中,疋＊sra > srjo,雎＊tsʰa > tshjo,楚＊s.r̥aʔ > tsrhjoX。就中外學者的擬音來看,"疋"可通"雎""楚",乃是因爲韻部相同而聲紐同屬齒音,聲紐的不同恰是字義有別之所在,則同一"疋"字在簡本《詩經》中本有不同的音讀。

簡本《詩經》中同一聲符在同一首詩或同一種文本中所諧、所通、所換之字不同而聲符隨文有不同音讀的現象隨處可見。爲避免繁瑣考證以節省篇幅,徑直選取隸定、釋讀皆無疑議的聲符與其所諧、所通、所換之字列表於下,以見此類現象之普遍而非偶然。

表 1　同一聲符所諧、所通、所換之字不同的現象

佳	白	才	韋	皮	正	女	它	易	加	余	肅	寺	亡	丌
誰15	白9	在28	違3	彼44	丁2	女8	它4	陽2	珈1	餘1	肅18	寺1	無14	其75
維23	伯2	哉13	洄3	其1	征2	汝7	佗2	揚5	駕1	予2	繡1	時2	不1	期1
唯1	柏2		游1		正2	如18				我2		詩16		我1
其3					政1									之1
														厥1

表端橫行爲簡本《詩經》的用字,直行則爲《毛詩》或三家《詩》遺文的用字,字下數字表示聲符所諧、所通、所換之字的次數,如"誰"下 15 表示"佳"在簡本《詩經》中讀爲"誰"有 15 次。其中丌或作亓,丌之於之、我、厥,皮之於其,余之於我,佳之於其,似無音韻關係可尋,當是同義換讀的現象⑬。簡本《詩經》的"韋"字在《毛詩》中作"游",僅見於

《蒹葭》一詩，二字聲韻遠隔，傳世文獻中不見可以相互通假的例證，安大簡整理者認爲《毛詩》的"游"是誤字[14]。

第二，同一形符所代之字不同，或不同的形符所代之字相同而不同的形符又各有不同的音義，本字皆從形而不從音。如安大簡《葛覃》之"言告帀氏"，《毛詩》作"言告師氏"；清華簡《周公之琴舞》所見《敬之》之"天佳㬎帀，文非易帀"，《毛詩》作"天維顯思，命不易哉"；郭店簡、上博簡《緇衣》引《節南山》之"赫赫帀尹"，《毛詩》作"赫赫師尹"。何琳儀指出，"帀"字最早見於西周的師裛簋銘文，構形不明，在春秋時的蔡太師銘文中，字上加短橫以爲飾筆，戰國時代的齊系、晉系、楚系文字中，字形略有不同，各具地域特點[15]。虞萬里指出，"帀"字亦見於上博簡《容成氏》《曹沫之陣》《融師有成氏》，與戰國金文一致，爲當時通行之字形[16]。"帀"字《説文》訓"周也"，段注云"古多假襍爲帀"[17]，《廣雅·釋詁》訓"徧也"，諸義皆與前引簡本詩句中的"帀"字之義無涉。在陸志韋的上古音擬音系統中，帀（子荅切）*tsəp > tsɒp[18]，師（疏夷切）*b̥ɪɐ > ʃɪɐi（> ɪ），思（息茲切）*sɪəɡ > si(ə̌)i（> i），哉（祖才切）*tsəɡ > tsɒi；在白一平、沙加爾構擬的上古音系統中，帀 *tsˤəp > tsop，師 *srij > srij，思 *sə > si，哉 *tsˤə > tsoj。從諸家上古音構擬來看，"帀"與"師""思""哉"之間的聲韻關係或近或遠，似有通假之理，然而傳世文獻中不見可以通假的例證，則不得以通假論之。《説文》分析"師"字的字形是"從帀從𠂤"會意，則以"帀"代"師"當是取其偏旁以爲本字而已。依此而推之，"帀"字在簡本《詩經》中皆是作爲形符代替本字而非作爲聲符諧其本字，在具體的詩句中"帀"字之音讀皆隨義而轉，不定於一音一義。

再如安大簡《關雎》之"晶篸芺菜"，《綢繆》之"厽曐才天"，《毛詩》分別作"參差荇菜""三星在天"而《説文》"槮"字下引《關雎》作"槮差荇菜"。段注釋"槮"字下所引詩句不以今古文論之而僅云"見《周南》，今詩作'參'，許所據作'槮'，謂如木有長短不齊也"[19]，王先謙據孔疏認爲"參"是借字[20]，則其意以爲三家《詩》作"槮"是用本字。"參差"是雙聲聯緜詞。凡聯緜詞本無正字，不同的字皆記其音而已。木之長短不齊固可用"槮差"表之，若泛言不齊之貌用"參差"亦可，似不必分別何者是本字、何者是假字。毛傳於"參差"未著一字以釋其義，而訓"三星"爲"參也"。《説文》云："曑，商星也。從晶㐱聲。曑，曑或省。"徐鉉僅云"㐱非聲"而未明言所以然，段注不僅認爲"商"當是"晉"字之誤，斷"㐱聲"當作"㐱象形"，還據文闡釋字義，疑彡象三星而其外象其畛域，同時還明確指出，曑和曑隸變皆作參，用爲參兩、參差字，凡槮、篸、驂字用爲聲[21]。實際上，曑和曑不僅僅隸變爲參而用爲參兩、參差之字，戰國以來還往往省作晶、厽等形。如信陽楚墓所出 1.03 號簡云"教箸晶戠"，晶戠即三歲；馬王堆漢墓帛書《易之義》云"此鍵川之厽説也"，厽説即參説；《二三子問》云"二厽子問曰"，二厽子即二三子。援此之類的用字之例爲參證，可以斷定簡本《關雎》《綢繆》中的晶、厽皆是代替曑或參字的形符。曑或參隸變皆作參，則晶、厽可視爲代替參字的形符。安大簡整理者就指出，晶、厽都是參字之省[22]。若晶、厽不在具體的語境中，則各有本音本義。在陸志韋的上古音擬音系統中，晶（子盈切）＊tsien > tsiɛŋ，厽（力委切）＊lɪwæd > lɪwei；在白一平、沙加爾構擬的上古音系統中，晶＊tseŋ > tsjeng，厽＊ruj? > ljweX。然而在安大簡《關雎》《綢繆》中，晶讀爲楚簪切之參，用其參差之義，厽讀爲蘇甘切之參，用其參兩之義，則在陸志韋的上古音擬音系統中晶＊tsɪɐm > ʧʰɪɐm，厽＊sam > sɑm，在白一平、沙加爾構擬的上古音系統中晶＊tsʰrum > tsrhim，厽＊s.rum > sam。在簡本《關雎》《綢繆》中，晶、厽以形符代替本字，超越了形符的音與義，變耳治之字爲目治之字，失去了因聲循義、音義相應的用字原則，字無定音的特點尤其突出。至於槮字，從木參聲，與楚簪切之參音義相同，晶在簡本《關雎》中讀爲參差之參，以形符代其本字，而其本字亦可寫作槮差之槮。

第三，同一字符在簡本《詩經》中，既可以充當聲符，也可充當形符，而不定於一音一義。如安大簡《碩鼠》之"石䶅石䶅"，《毛詩》作"碩鼠碩鼠"。《説文》云："碩，頭大也，從頁石聲。"段注云："碩與石二字互相借。"[23]碩從石聲，石字固可通碩，新見文獻亦見以石通碩的用例。漢代神獸鏡外緣有銘文一周，凡八十餘字，係《詩經·碩人》第一、二、三章及第四章六字[24]，首句"石人姬姬"，《毛詩》作"碩人其頎"。羅福頤斷鏡銘所鑄《碩人》屬於《魯詩》[25]，李學勤則認爲，就銘文中的通假及錯字之類的現象而言，不能遽然斷定就是某家經文的原貌[26]。鏡銘所鑄《碩人》，無論是《魯詩》，還是《詩經》別本，石可通碩，則是不容置疑的事實。馬王堆漢墓帛書《周易·剝·上九》之"石果不食"，《蹇·上六》之"往蹇來石"，今本《周易》分別作"碩果不食""往蹇來碩"，《莊子·外物》云"嬰兒生無石師而能言"，《釋文》云"石師，石者，匠名也。……又作碩師"，凡此皆可證石通碩。因此，安大簡整理者明確指出，石與碩二字諧聲可通[27]。

石字在簡本《詩經》中不僅是諧其聲可通於本字的聲符，而且還是代替本字的形符。郭店簡《緇衣》引《抑》之"白珪之石"，上博簡《緇衣》引作"白珪之砧"，傳本《緇衣》引作"白圭之玷"，《毛詩》與傳本所引相同。李零謂郭店簡引詩作石當是砧字之誤書[28]。《説文》有點、刮而無砧，砧則在新附之列，刮字下引詩作"白圭之刮"，王先謙認爲《韓詩》如此[29]。歷代學者大多以爲砧是刮或點之假借字，臧琳却認爲詩本作刮字，俗人因文連白圭，遂改從刀之刮爲從玉之砧[30]。虞萬里指出，歷代學者之説均有可議之處，簡本《緇衣》

引詩,其字作砳作石,是因爲美石爲玉,賤玉爲石,所以透露出砧字形義皆有所本,亦有所易[31]。砳、砧皆從占聲,與石字聲韻不同,則不當以假借論詩用石字之理。若據簡本《關雎》《綢繆》中以晶、厽代參的現象例之,郭店簡《緇衣》引詩作石,當亦是省文而未必是誤書,在詩中僅僅充當形符,所代之字是砳字而砧、刮又皆是由砳字變易而來,因爲詩既言"白珪",無論在詩人的觀念中是美石還是賤玉,都不當再以石字明其質地。在簡本《詩經》中,石字作爲聲符通於所諧之碩字共有 3 例,作爲形符代替砳字僅有 1 例。在陸志韋的上古音擬音系統中,石、碩(常隻切)＊dǐɛk > dʒǐɛk,砧(知林切)＊tǐɛm > ʧǐɛm;在白一平、沙加爾構擬的上古音系統中,石、碩＊dAk > dzyek,砧＊trim > trim。從中外學者的擬音來看,石、碩古音相同,固可相互通作,而分別語義不得不依賴於目治其字,石與砳聲韻遠隔,必是以省形之符代替砳字。同一石字,在簡本《詩經》中,即可作爲聲符通於碩,也可作爲形符代替砳,則石字不定於一音一義的特點十分突出,亦是音隨義轉的顯例。

第四,同一字符在不同的詩篇中,諧其聲可通於不同的本字,又可讀爲表示不同語氣、語助的語詞。如安大簡《卷耳》之"員可無矣"、《小戎》之"方可爲亓"、《終南》之"宲南可又"、《伐檀》之"河水清叔繺可",《毛詩》分別作"云何吁矣""方何爲期""終南何有""河水清且漣猗",則可字在上引簡本詩句中,當分別讀爲何、猗而不讀可之本音,亦不取其本音之義。因何、猗皆從可聲,三字同在古音歌部,固可相通,而以聲紐之差異分別語義。先秦文獻中可讀爲何的例證,舉不勝舉,戰國時代的古文字材料中亦見其例,如杕氏壺銘文所言"可是金契"之"可",何琳儀讀爲何,引《説文》證其義[32]。然而可在簡本《詩經》中作爲字符又讀爲兮、也、矣、敢,安大簡《葛覃》之"葛之覃可"、《柏舟》之"母可天氏"、《桑中》之"爰采葛可"、《揚之水》之"不可以告人",《毛詩》分別作"葛之覃兮""母也天只""爰采唐矣""不敢以告人"。安大簡整理者指出,根據古文字材料,可、兮二字皆從丂得聲,故可通用,安大簡《螽斯》《伐檀》等和上博簡第八冊收録的《李頌》《蘭賦》《有皇將起》《鶹鷅》等亦以可爲兮[33]。若可與兮果是皆從丂聲,則可、兮亦同在古音歌部,亦以聲紐之差異分別語義、語氣。《尚書·秦誓》云"斷斷猗",《禮記·大學》引作"斷斷兮",漢石經《魯詩》碑圖第四面第十五行有"兮,不稼不嗇,胡取禾三百廛兮,不狩不"十五字,前一兮字對應安大簡《伐檀》"河水清叔繺可"之"可"與《毛詩·伐檀》"河水清且漣猗"之"猗",猗從可聲,似亦可證可與兮、猗古音同在歌部。段玉裁曾指出:"有假猗爲兮者,如《詩》'河水清且漣猗'是也。"[34]至於"可"與"敢",聲紐同屬牙音而韻部遠隔,是否因聲紐同類而有相通之理,頗難貿然做出判斷,因爲文獻中不見可字可以通敢的例證。《荀子·臣道》引逸詩證理,所引之詩作"國有大命,不可以告人,妨其躬身"[35],其中“不可以告人”與前引安大簡《揚之水》中的詩句完全相同,無論是引自《揚之水》還是偶然的巧合,都透露了安大簡所抄《揚之水》是原本《詩經》的面貌。王先謙因荀子傳詩於浮丘伯而爲《魯詩》之祖,遂疑《魯詩》原文蓋如《臣道》所引[36]。《毛詩·揚之水》中可字作敢,則反映了戰國至於秦漢間在通語或方言中可字可以讀爲敢,而敢字恰恰被認爲更符合詩義,所以纔有敢之異文見於《毛詩》,可字通敢之媒介或是因爲聲紐同類。

　　“可”字可以讀爲“也”,是因爲韻部相同,而也字在簡本《詩經》中,亦是最常見的語詞之一。就其在具體的詩句而言,或爲句中助詞,或在句末助氣,而語末所助之氣,或表示語已,或表示感嘆。安大簡《樛木》之“樂也君子”、《摽有梅》之“亓實七也”、《山有樞》之“𣩂亓死也”,《毛詩》分別作“樂只君子”“其實七兮”“宛其死矣”,阜陽漢簡《摽有梅》(S015)作“亓實七也”,與安大簡相同。王引之既釋也字有句中助語作用,又謂“也猶矣也”“也猶兮也”,更進一步指出,“只亦句中語助也”,舉大量傳世文獻爲證[37],可據以辨析簡本《詩經》中也字的語助、語氣之不同作用。胡平生、韓自强亦指出,阜陽漢簡《摽有梅》之也字,《毛詩》作兮,語氣顯然不同[38]。在簡本《詩經》中,同一也字兼只、兮、矣之語氣助成詩句,則也在詩句中當是隨文臨時强制性地讀爲只、兮、矣,否則語氣不順、詩意不明。風詩皆來源於民歌,而民歌中的語氣詞無不諧於口吻,却未必皆擬其音而爲之造字,書於簡策時以同一語詞表示多種語詞的語氣作用在所難免。安大簡整理者指出,根據古文字材料,也、只二字或是一字之分化,又據孔廣森、嚴可均之説視兮爲歌部字,斷也與兮同屬歌部,叠韻可通[39]。若其説不誤,則也通只、兮亦有字形、聲韻之踪迹可尋。趙平安謂《毛詩》的只字是也字的形訛,則是值得重視的新見[40],而鄔可晶則認爲趙説仍可商榷[41]。實際上,先秦簡本《詩經》中語助、語氣之詞不定於一音一義的現象,在漢代流傳的《詩經》文本中仍不乏其例。如長沙馬王堆三號墓葬出土《老子》甲本卷後《五行》引《鳲鳩》之“叔人君子,其宜一氏”,《淮南子·詮言》作“淑人君子,其儀一也”,《毛詩》則作“淑人君子,其儀一兮”,氏、也、兮皆是語氣詞,語氣有輕重之别而音讀未必有相通之理。

　　在簡本《詩經》中,可讀爲何有 23 例,讀爲猗有 3 例,讀爲兮有 38 例,讀爲也有 3 例,讀爲矣有 11 例,讀爲敢僅 1 例;也讀爲只 2 例,讀爲兮 8 例,讀爲矣 2 例。在陸志韋的上古音擬音系統中,可(枯我切)*k$\cdot\alpha_d$ > k$\cdot\mathrm{p}$,何(胡歌切)$^*\gamma\alpha_d$ > $\gamma^w\mathrm{p}$,猗(於綺切)*I$æ_d$ > ^{w}Iei,兮(胡雞切)$^*\gamma\varepsilon$d > $\gamma\varepsilon$i,也(羊者切)*jiag > jia,矣(于紀切)$^*\gamma$Iəg > γI($\check{e}$)i(>i),敢(古覽切)*kαm > k^{w}am,只(諸氏切)*ti$æ$g > tεiei;在白一平、沙加爾構擬的上古音系中,可*k$^{h\varsigma}$aj$\mathfrak{P}$ > khaX,何*g$^\varsigma$aj > ha,猗*Cə. q(r) aj$\mathfrak{P}$ > 'jeX,兮*g$^\varsigma$e > hej,也*lAj$\mathfrak{P}$ > yaeX,矣*qə$\mathfrak{P}$ > hiX,敢*k$^\varsigma$am$\mathfrak{P}$ > kamX,只*ke$\mathfrak{P}$ > tsyeX。從中外音韻學家的擬音來看,可字在

簡本《詩經》中作爲字符,隨文義改變音讀以通於本字而本字又不限於一音一義,則可字亦是音隨義轉、字無定音的顯例;可字可讀爲兮、也、矣,而也字亦可讀爲只、兮、矣,雖相互交織而聲韻遠隔,即使可、也、兮果然存在同部關係,仍不當以通假論證相通之理,可見古人運用語詞極其隨意,其音讀必不定於一字一音,而是同一語詞兼有多種語詞之讀音以表不同的語助、語氣。

第五,同一假字在不同的詩篇中所通之本字不同。如安大簡《柏舟》之"死矢杕弋",《毛詩》作"之死矢靡慝";郭店簡、上博簡《緇衣》引《鳲鳩》之"亓義不弋",傳本《緇衣》引作"其儀不忒",《毛詩·鳲鳩》同;郭店簡《緇衣》引《下武》之"下土之弋",上博簡、傳本《緇衣》引作"下土之式",《毛詩·緇衣》同。弋字《説文》訓"橜也",其義與詩義無涉,則弋在上述簡本《詩經》中皆是假字,在不同的詩中分別讀爲慝、式、忒。弋可讀爲慝而毛傳訓慝爲邪,安大簡整理者認爲在上古音中,弋屬喻紐職部,慝屬透紐職部,二字音近可通[42]。弋可讀爲式而毛傳訓式爲法,根據虞萬里的研究,舌上音章昌船禪在上古與端系字關係密切,在長江沿綫及其以南地區多讀成端系音,大量多聲、者聲、周聲字皆可爲證,弋字古音餘紐職部,古歸定紐,式從弋聲,則弋、式古音同讀近似定紐之音,與郭店簡出土之地湖北荊門之古代方音相應[43]。弋可讀爲忒而毛傳訓忒爲疑,是因爲忒從弋聲,弋字固可讀爲忒。在簡本《詩經》中,弋通慝1例,通式1例,通忒2例。在陸志韋的上古音擬音系統中,弋(與職切)*jiək > jiěk,慝、忒(他得切)*t·ək > t·ək,式(賞職切)*t·iək > çiěk;在白一平、沙加爾構擬的上古音系統中,弋*lək > yik,慝*n̥ˤək > thok,式*lək > syik,忒*l̥ˤək > thok。據中外學者的擬音,可見弋在簡本《詩經》中不定於一音而是隨詩義轉其音讀,而音隨義轉的條件則是聲韻有密切的關係。

在簡本《詩經》中,此類同一假字在不同的篇章詩句中讀爲不同之本字的現象亦是隨處可見,爲節省篇幅,亦選擇隸定、釋讀皆無疑議的常見例證列表於下,亦以見音隨義轉在簡本《詩經》中不限於一種類型而是有各種不同的表現形態。

表 2　同一假字所通之字不同的現象

此	羕	悳	州	氏	備	橐	尨	無	尻	是	象	俉	義	猷
晢 1	永 6	德 1	洲 2	是 1	棨 1	包 1	蒙 1	吁 1	居 1	之 4	輖 1	寤 1	儀 12	猶 2
是 1	泳 3	特 1	周 1	只 4	服 5	苞 2	龍 1	罔 1	處 2	實 2	暢 1	禦 1	我 2	醜 1

（續表）

斯2	景1	直2		兮1	佩1	鴞1		荒3				職3

　　表例與表 1 相同，就表中所列之字來看，簡本《詩經》所用之字皆是假字，所通之本字不止一字，或見於《毛詩》，或見於三家《詩》遺文，因皆有聲韻關係可尋，諸家皆以通假論之，可證同一假字在不同的篇章詩句中有不同的音讀，皆是音隨義轉的顯證。唯猷之通職，需略做説明。安大簡《蟋蟀》之"猷思亓外"，《毛詩》作"職思其外"，猷與職聲韻遠隔，是否是通假關係頗難論定。整理者認爲猷與猶屬一字之分化，而楚文字多以戠表示職，猶與戠在包山 206 號簡、郭店簡《老子》甲本第 8 簡中字形相似，職當是猷字之誤[44]。若其説不誤，則猷之於職，不當以通假視之。另一值得注意的現象是氐可通是，而是又可通之、寔，諸字相通雖有音韻關係可尋，實際上反映了古人用字之隨意。

　　第六，不同的假字所通之本字相同而不同的假字各有不同的音與義。如安大簡《渭陽》之"喬至于昜"，《毛詩》作"曰至渭陽"；安大簡《蟋蟀》之"戠喬亓逝"，清華簡《耆夜》所見《蟋蟀》作"戠喬員□"，《毛詩》作"歲聿其逝"，《魯詩》與《毛詩》同[45]。安大簡整理者認爲，"喬至于昜""戠喬亓逝"之"喬"皆當讀爲遹而遹字在詩中用作語氣助詞[46]，則在簡本《詩經》中喬或遹既可讀爲曰，亦可讀爲聿。曰字見於商代卜辭，從口從一而一在口外，象話從口出，卜辭用作私名，或用作動詞表示謂説之義；聿字亦見於商代卜辭，字形象手持筆形之狀，卜辭用作地名[47]。遹字見於西周時代的牆盤、善夫克鼎等銅器銘文，研金諸家大多以爲是語氣詞。遹、曰、聿相互通用，恒見於傳世文獻，如《毛詩·七月》云"曰爲改歲"，《漢書·食貨志》引作"聿爲改歲"；《角弓》云"見晛曰消"，《荀子·非相》引作"宴然聿消"而《漢書·劉向傳》引作"見晛聿消"；《文王有聲》云"遹追來孝"，《禮記·禮器》引作"聿追來孝"；《載見》云"曰求厥章"，《墨子·尚同中》引作"聿求厥章"。實際上，就前引簡本《詩經》的詩句而言，喬、曰、聿皆是假字，諸字所通之本字作欥，許多學者對此皆有論述。戴震在列舉大量書證後指出："《説文》有欥字，注云'詮詞也，从欠从曰，曰亦聲'，引《詩》'欥求厥寧'，然則欥蓋本文，省作曰，同聲假借用聿與遹。詮詞者，承上文所發端，詮而釋之也。"[48]《説文》欥字下所引"欥求厥寧"，陳喬樅認爲《齊詩》如此[49]，《毛詩·文王有聲》則作"遹求厥寧"，可證遹通欥，而欥爲正字，遹爲假字。王引之亦云："《説文》曰'欥，詮詞也'，字或作聿，或作遹，或作曰，其實一字也。"[50]在簡本《詩經》中，喬讀爲曰 1 例，讀爲聿 4 例。在陸志韋的上古音擬音系統中，喬、遹、聿（餘律切）*jiwĕt > jiwĕt，曰（王伐切）*ɤɪwɐt > ɤɪwɐt，欥（餘律切）*jiwɐt > jiwĕt；在白一平、沙加爾的上古音構擬系統中，矞 * G^wit > ywit，曰 * G^wat > hjwot，聿 *［m-］rut > ywit，欥 * G^wit > ywit。在簡本《詩經》中，矞、曰、聿各有音義而皆讀爲欥，亦是字無定音、音隨義轉的一種類型。然而令人不免心生疑惑的問題是，商代以來的古文字材料日益豐富，却不見欥字而聿、曰已見於殷商卜辭，遹字已見於西周金文，似可斷定表示詮詞之義的語辭一直都是以假字行於世，欥是後世所造正字，出現的時代晚於曰、聿、矞、遹等字。《漢書·叙傳》云："欥中龢爲庶幾兮。"顔師古注云："欥，古聿字也。"其意以爲欥是古字而聿是今字，與殷商以來的古文字材料所見情形恰恰相反，其説有待於更多新見古文字材料的驗證。

安大簡《兔罝》一章云"糾糾武夫"，二章、三章皆作"繆繆武夫"，《毛詩》則三章同作"赳赳武夫"，毛傳云"赳赳，武貌"，與詩義相合，則赳是本字而糾、繆皆是假字；安大簡《葛覃》之"備之無斁"，郭店簡《緇衣》引作"備之亡懌"，上博簡《緇衣》引作"備之亡罯"，《禮記·緇衣》引作"服之無射"，《毛詩》作"服之無斁"，毛傳釋斁爲厭，鄭玄亦就斁訓厭箋詩，則斁爲本字而罯、懌、射皆是假字；郭店簡《緇衣》引《節南山》之"不自爲貞"，上博簡《緇衣》引作"〔不自爲〕正"，傳本《緇衣》引作"不自爲正"，《毛詩》作"不自爲政"，據《毛序》，《節南山》是家父刺幽王之作，全詩所論皆屬政事而鄭箋釋政爲政教，則固當以政爲正字而貞、正皆是假字。凡此亦皆是不同的假字所通之本字相同而假字各有音義的現象，爲節省篇幅，不展開論證。

第七，假字與其所通之字聲音遠隔而假字各有音義。如安大簡《駉駪》之"四駪孔屖"、《小戎》之"屖＝惪音""駉牡孔屖"，《毛詩》作"駉駪孔阜""秩秩德音""四牡孔阜"，屖與阜、秩的音義關係頗難尋繹。《説文》云"屖，屖遲也"，段注謂屖遲即《陳風》之棲遲，引毛傳證棲遲是游息之義，則屖之本義與詩義無涉，在簡本《詩經》中必是假字。屖字已見於西周時代的五祀衛鼎、春秋時代的王孫鐘銘文，而戰國時代的嗣子壺、曾樂律鐘銘文分别有"屖屖康盤""屖則"之語，則屖當是自古流傳下來而爲歷代沿用不替的文字。郭沫若謂嗣子壺銘中的屖屖猶遲遲，舒徐寬綽之意[51]。何琳儀謂銘文中的"屖則"當讀爲典籍中的"夷則"[52]。在簡本《詩經》中，屖通阜2例，通秩2例。在陸志韋的上古音擬音系統中，屖（先稽切）*sǝd > sɐi，阜（房久切）*biuɡ > bɪəu，秩（直一切）*dɪɐt > dɹɪět；在白一平、沙加爾構擬的上古音系統中，屖 *s-l^{ˤ}əj > sej，阜 *b(r)uʔ > bjuwX，秩 *lrit > drit。從中外學者的擬音來看，屖與阜、秩聲韻遠隔，不具備通假的條件，則簡本《詩經》與《毛詩》互爲異文，必有不同於通假之理的特殊原因。安大簡整理者據李家浩之説指出，簡文屖字當讀爲夷而訓大，上古音系統中，屖屬心紐脂部，夷屬餘紐脂部，二字音近可通，逨盤銘文云"克匍保氒辟孝王、夨王"，夨王即夷王，可爲有力的佐證，《詩經·有客》云"降福孔夷”，馬瑞辰謂古夷字必有大訓，降福孔夷猶云降福孔大耳，毛傳訓皐爲大，孔疏謂詩説馬之壯大而云孔皐，故知皐爲大，夷、皐訓同○。依此而言，簡本犀字《毛詩》作皐，當是同義換讀。至於簡本《詩經》中的犀字《毛詩》作秩，韻部陰入對轉方有可以相通的可能。然而傳世文獻中不見犀可讀爲皐、秩的例證，簡本《詩經》中的犀字，《毛詩》或作皐或作秩，可據以窺見簡本《詩經》中犀字不定於一音而是音隨義轉的現象。

　　凡是聲符、形符、假字都有固定的本音本義，一旦進入具體的詩句中，若不用其本音本義而用其聲符所諧、形符所代、假字所通之字的語音語義，則必須在具體的語境中臨時強制性地改變其本音以就其所諧之字、所代之字、所通之字的語音對應的語義。若聲符、形符、假字被臨時強制改變的語音形式，穩定地對應所諧之字、所代之字、所通之字的語音語義，因約定俗成的習慣或許在閱讀文本時不致於造成誤解，如“又”（*［ɢ］^{w}ə?-s > hjuwH）字在簡本《詩經》中共出現 50 次以上，皆對應《毛詩》中的“有”（*［ɢ］^{w}ə? > hjuwX）字，用其有無之義而没有例外○。若同一聲符、形符、假字可以對應兩個以上所諧之字、所代之字、所通之字而所諧、所代、所通之字既没有約定俗成的穩定性，又各有不同的音義，不免在閱讀文本時因誤判對應之字而造成曲解詩義的現象。因此，凡隨具體語境臨時強制性地改變聲符、形符、假字的本音以就所諧、所代、所通之字的音義，無論聲符、形符、假字與所諧之字、所代之字、所通之字是否具有穩定的對應關係，大多都超越了聲符、形符、假字固有的音義，則詩中的聲符、形符、假字可概稱爲超音節字符，猶如語言中的變調或連續變調是超出記録音節符號範圍之外的音質而被稱爲超音節音符。楚簡所見《詩經》文本中的超音節現象，若不計前文陸志韋、白一平和沙加爾擬音所見聲紐的單複、元音的多寡、韻尾的開閉等細微差别，依音韻學的普遍原則概括而言，主要包括三種情況：一是同一聲符與其所諧之字的韻部相同，聲紐則未必盡同，此即段玉裁所謂“同聲必同部”，而聲紐的不同恰恰是字義有别之所在；二是形符與其所代之字聲韻截然不同，偶見聲韻可以通轉的條件往往屬於巧合；三是假字與其所通之字或雙聲叠韻，或聲同韻異，或韻同聲異，亦不乏常規之外的對轉、旁轉、合韻等。三者的共同特點皆是以有限之字符通於無限之本字，而所以相通之樞紐，既可以是聲韻，也可以是字形，亦有超出聲韻、字形之外而難以尋繹的原因。之所以借用語言學中的超音節一詞，既是爲了表明聲符、形符、假字的性質，也是爲了便於概括稱述前文所述字無定音、音隨義轉的各種現象。

　　若以爲楚簡所見《詩經》文本中因聲符所諧之字、形符所代之字、假字所通之字的結構繁複，抄寫或引録時出於趨簡的心理，所以就僅以聲符、形符、假字代替本字，然而楚簡所見《詩經》文本中又屢見以增加義符或飾筆的字代替本字、聲符、形符、假字的現象。

如安大簡《車鄰》第三章云"今者不樂,逝者亓耋"、第二章云"含者不樂,逝者亓忘",《毛詩》作"今者不樂,逝者其耋""今者不樂,逝者其亡",仔細體味詩旨,簡本中的含字、忘字的本義在詩中與詩旨不符,況且簡本二章的"含者不樂"在三章中作"今者不樂",則簡本中的含字、忘字顯係今字、亡字之增加飾筆和義符的繁寫形式。整理者已指出,簡文含字爲今字之繁文[55]。再如安大簡《園有桃》之"不我智者",《毛詩》作"不我知者",聯繫上下文義,顯然作知字契合詩意而簡本則從其繁寫形式作智。再如郭店簡《緇衣》引《鹿鳴》之"人之好我,旨我周行",上博簡《緇衣》引作"人之好我,覗我周行",傳本《緇衣》引作"人之好我,示我周行",《毛詩》與傳本所引相同。雖然鄭玄注《緇衣》箋《毛詩》訓示有置、告之不同,然而以示與旨、覗相較,示字於詩義爲安,況且《毛詩》、傳本《緇衣》所引皆作示,似可推斷戰國時流傳於世的《詩經》文本作示而不作旨、覗。簡本引録之詩之所以用旨、覗而不用示,或是在傳抄者所操方言中三字音同或音近而旨、覗則是其用字的偏好。虞萬里因簡本、傳本引詩所見異文的音義近同,推想歧出的原因在於師弟傳授之間,退而書於竹帛之際,或是諧其音而記作旨,或是循其義而録作示[56],《毛詩·敬之》之"示我顯德行",清華簡《周公之琴舞》中的《敬之》作"覗告余煢惎之行",亦以覗通示,似可見覗字流行之廣。然而旨與覗的筆畫皆較示字爲繁則是顯而易見的事實,可見抄録引用時選字並非全出於趨簡的心理則是不爭的事實。就簡本《詩經》而言,除了書寫時用字或簡或繁而不明書寫心理的情形外,尚可見書寫時因用字極爲隨意而產生大量異文的現象。如安大簡《詩經》中屢見以"才"通"哉""在"的情形,可斷才是超音節的聲符,然而哉字亦見於簡本《殷其雷》,詩共三章,與《毛詩》相同,簡本第一章之"歸哉歸哉",第二、三章作"歸才歸才",哉與才平行共見一詩而皆取感嘆之義,才是聲符而哉是本字,書寫時舍本字而用聲符,可見書寫時用字之隨意。因此,簡本《詩經》中運用超音節的聲符、形符、假字,既不可遽然斷定全出於書寫時趨簡的心理,亦有難以揣測的複雜原因。

揭示了簡本《詩經》文本中充滿了大量超音節字符,則不容回避的另外兩個問題便接踵而至:一、閲讀充滿超音節字符的文本,必備的前提條件是能夠以聲符諧本字、以形符辨本字、以假字通本字,而西周以來學中以《詩》《書》爲教,是否同時也傳授過據聲符、形符、假字通本字的技藝而使人人可以獨立閲讀充滿大量超音節字符的文本;二、若充滿超音節字符的文本不具備獨立閲讀的功能,則必須運用特殊的傳習方式直達聲符所諧之本字、形符所代之本字、假字所通之本字,方可據本字之義進而領悟詩義,否則被奉爲聖賢之作的《詩經》不可能流傳下來,則先秦時代伴隨着充滿超音節字符的文本代代沿用不替的傳習方式亦必須揭而明之。

　　實際上，隨着郭店簡、上博簡等新見材料的不斷刊布，簡文所引詩篇引起了中外學者對早期《詩經》文本的形態、性質以及其傳習方式等問題的關注與討論，其中柯馬丁（Martin Kern）、宇文所安（Stephen Owen）等西方學者根據文本用字的不穩定性以及西方的口述理論，認爲《詩經》在經歷了很長一段時間的口頭創作與口頭流傳之後纔逐漸憑記憶書於簡策，集合性的書寫文本直到漢代纔出現於世，在《詩經》的早期流傳過程中，書寫並未發揮記録與傳播的作用[57]。夏含夷（Edward L. Shaughnessy）在其最近的一篇論文中，對柯馬丁、宇文所安等學者的觀點提出了質疑，聯繫上博簡、清華簡所引《詩經》以及相關的銅器銘文，認爲書寫在《詩經》的創作、傳授、編纂過程中都曾發揮過非常重要的作用[58]。西方學者關注與討論的話題以及所持觀點、所用方法，雖然都頗具啓發與借鑒意義，却並未吸引國內外更多的學者參與討論，加之西方學者的研究大都在安大簡《詩經》刊布之前，因而留下了可以在中外學者研究的基礎上繼續探討的空間。

二　先秦時代學中六書之教的真相

　　前文的論述，不僅揭示了簡本《詩經》中字無定音、音隨義轉的各種表現形態，同時也對文本的性質做出了判斷，認爲簡本《詩經》的文本皆充滿了大量超音節的字符。繼而當進一步根據楚簡所見《詩經》的文本性質，對其是否具備基本的閱讀功能做出公允的判斷。衡量一個文本的閱讀功能，可以有不同的標準與角度。若僅就文本中的文字是否達意而言，凡是通過字面閱讀即可直接領悟文義的文本都具備了基本的閱讀功能，凡是通過字面閱讀不能直接領悟文義而主要的障礙來自文本中的聲符、形符、假字傳達的字義皆不是詩文所要表達的文義以及夾雜在文本中的脱字、誤字等因素，則是不具備基本閱讀功能的文本。楚簡所見《詩經》，不僅文本中充滿了大量與詩義不相對應的聲符、形符、假字，而且還時見削弱其閱讀功能的脱字、誤字，如安大簡《汾沮洳》之“亓＝敡＝女玉”，《毛詩》作“美如玉，美如玉”，整理者指出，簡本亓、敡下有重文符號，依照簡本的句式關聯上文當讀爲“彼其之子，亓美，亓美如玉”，“亓美”不成句，疑“如玉”二字下脱重文符號，簡本似應爲“彼其之子，亓美如玉，亓美如玉”[59]。再如上博簡《緇衣》引《文王》之“於幾義止”，裘錫圭據郭店簡、傳本《緇衣》所引及《毛詩》之相同詩句對勘，斷“幾義”爲誤摹之字[60]。因此，綜合文本字面現象呈現出來的特點，可以斷定楚簡所見《詩經》恰恰是不具備基本閱讀功能的文本。若要實現其文本的閱讀功能，閱讀時除了糾正文本中的譌字、誤字外，還必須臨時强制性地將超音節的聲符、形符、假字改爲本字讀之方可達其詩義。實際上,漢魏經師稱以超音節字符通於本字的方法爲訓詁而有"讀爲""讀作""讀曰"等條例,透露了自先秦至於漢代傳詩過程中臨時强制性地改讀超音節字符爲本字是自古以來始終遵循的方法與原則,而在具體的訓詁實踐中所言"當作"等條例,往往又是爲了糾正文本中的譌字、誤字,目的皆是實現文本的閱讀功能。

漢魏經師的傳記注解中所言"讀爲""讀作""讀曰"等條例,唐宋以後皆視爲明假借、通本字的方法,而近代以來隨着音韻學取得的成就逐漸被廣泛接受,則凡言假借大多以爲聲韻是以此通彼之媒介。然而楚簡所見《詩經》文本中的超音節字符,既有聲符所諧之本字、假字所通之本字,亦有形符所代之本字,而形符與其所代之本字並非以聲韻爲以此通彼之媒介,則形符是否可以與聲符、假字相提並論亦須略做説明。通於本字之聲符、假字,合乎假借之理在於借此字之音托以彼字之義的原則,固可以假借稱之,而通於本字之形符,僅以簡單的形符代替其結體繁複之本字,並不要求形符與本字在聲韻上相同或相近,但在具體的語境中仍當臨時强制性地以所代之字的音讀讀之。據此而言,則其性質與通於本字之聲符、假字相同。因此,若泛而言之,通於本字之形符亦可以假借稱之。許宗彥云:"假借者,假此字爲彼字,假其體也。"[61]釋假借之旨,不稱"假其音"而言"假其體",則視形符爲假借體現了先賢的認知結果,並非無根之談,可見就楚簡所見《詩經》文本而言,論假借未必拘執於音同音近,借形亦可蒙假借之名。若因爲形符與其所代之字不合聲韻通轉的普遍規律,或主觀地斷形符爲字之誤,或別釋形符以就音轉規律,皆不免强古從今之嫌。當然,就形符而言,也不排除在先秦時代與其所代之字本有以聲韻爲媒介實現相互通假的可能性,祇不過在語言的發展過程中,形符可以通於本字的聲韻條件早已消失在了歷史的長河之中。假如簡本《詩經》所見形符果然本有遺失在歷史之中的音讀,猶如秦簡中集字之樵音早已消失而不爲人知一樣[62],則形符與其所代之字亦屬假字與本字的通假關係,視形符爲假借就更加沒有疑問了。因此,簡本《詩經》中的超音節字符概以假借稱之並無不妥。

楚簡所見《詩經》文本中的假借與常見於傳世文獻中的假借相同,皆是有本字之假借,與造字之初的無本字之假借不同[63]。如安大簡《詩經》文本中以"又"通"有"而"有"字亦見於文本,以"員"通"云"而"云"字亦見於文本,皆是有力的明證,不可謂"又""員"是無本字之假借。爲示區別,或將有本字之假借稱爲通假以別於專享假借之名的無本字之假借,但亦時見混而不別概以假借之名稱呼有本字之通假的現象,如鄭玄注《周禮·玉人》之"衡四寸"云"衡,古文横,假借字也",注《弓人》之"寬緩以荼"云"荼,古文舒,假借字",注《禮記·儒行》之"起居竟信其志"云"信,讀如屈伸之伸,假借字也",衡、荼、信皆有本字而鄭玄仍以假借稱之。無本字之假借與有本字之假借雖可共享假借之名,但二者的性質本不相同。王引之對此有明確的闡釋:"許氏《説文》論六書假借曰:'本無其字,依聲託事,令長是也。'蓋無本字而後假借他字,此謂造作文字之始也。至於經典古字聲近而通,則有不限於無字之假借者,往往本字見存而古本則不用本字而用同聲之字,學者改本字讀之,則怡然理順,依借字解之,則以文害辭。是以漢世經師作注,有讀爲之例,有當作之條,皆由聲同聲近者以意逆之而得其本字。"⑥依此而言,無本字之假借與有本字之假借的區別主要在於前者是就造字而言,後者是就用字而言。造字之初,凡假借皆無本字,其後循假借之聲爲其造作本字,逐漸積累,當初無本字之假借後世大多都陸續有了本字,於是初創假字與後出本字並行於世。據段玉裁的觀察,《説文》九千餘字中僅有來、烏、朋、子、韋、西六字屬於始終無本字之假借,一直以假字流行於世,其餘造字之初的無本字假借皆已有本字⑥。因此,就《詩經》時代的情形而言,除來、烏等六字仍屬於無本字之假借外,始終有本字之假借與以往無本字之假借合流爲一,共同的特點是假字之後都隱藏着本字而相通之理都是以聲音爲樞紐。正因爲二者有共同的特點,若能辨識造字之旨的假借以通其本字,必能辨識用字之旨的假借以通其本字。因爲無本字之假借與有本字之假借的性質雖然不同,以假字通於本字的方法却無二致,不外乎以文字定聲韻,以聲韻求本字,以本字得義訓。以形符求本字而得義訓,所據雖非聲韻而是本字所從之偏旁點畫,若改讀形符使其通於所代之字的音讀,仍可視爲據形定音以求本字而得義訓。

　　孟子生當戰國時代,所見《詩經》的文本面貌當與楚簡所抄所引《詩經》的文本面貌相同,其倡導的説詩之法是"不以文害辭",朱熹云"文,字也;辭,語也"⑥,則孟子所倡説詩之法,必是針對文本中的超音節字符而言,其意以爲害辭之文即文本所用不合詩義的字,若拘泥於文本之字説詩而不知其背後隱藏着符合詩義的本字,則是以文害辭而不得詩句所要表達的意義,進而誤解詩義。因此,欲明詩之意藴或申其義理,實現超音節文本的閲讀功能,須先辨識假字,循其聲音,通其本字,得其義訓。然而假字與本字並非都是一時一地所造之字,就古文字材料而言,既有據通語定音所造之字,亦有依方音諧聲所造之字,如旖、旂、旝皆是見於西周時代銅器銘文的字,在表示祈福的祝嘏之辭中皆通於祈字,其中從訧言聲的旖字就是據方音所造之字,體現了河間地區的方音特點⑥,則假字與本字的音讀就未必完全相同,大多都是音近而已,甚至還有湮没於歷史之中而難以鈎沉的音理。因此,據假字之音通其本字並非輕易就能掌握的方法,加之《詩經》中來自不同方言區域的風詩不免滲透了當地的方言,如安大簡《關雎》中"左右教之"之"教"之所以可以通"芼"或"覒",就是因爲在岐周方言中教與芼或覒聲韻相同⑥,方言的滲入更增加了據假字之聲韻通其本字的困難。因此,若無融會貫通文字、音韻、方言、義訓、文例的能力,根本就做不到正確地識假借、通本字、得義訓。更何況在《詩經》流行的時代尚無字書、韻書,據假字通其本字,如何既能得本字之義訓,又能保持假字與本字因雙聲、叠韻、對轉、旁轉、合韻可以相通而又不違當時共同遵循的音韻條例呢? 凡此之類的疑惑,皆令人百思不得其解而難以質正於往古之人。

　　《顔氏家訓·勉學》記載了一則故事,頗能説明識假借、通本字、得義訓之不易,其文云:"吾在益州,與數人同坐,初晴日晃,見地上小光,問左右:'此是何物?'有一蜀豎就視,答云:'是豆逼耳。'相顧愕然,不知所謂。命取將來,乃小豆也。窮訪蜀土,呼粒爲逼,時莫之解。吾云:'《三蒼》《説文》,此字白下爲匕,皆訓粒,《通俗文》音方力反。'衆皆歡悟。"⑥⑨蜀豎謂豆粒爲豆逼,逼是有本字的假借而文人雅士竟不能破之,以至於相顧愕然,顔之推據《三蒼》《説文》得其本字是皀,《説文》引或説訓皀爲粒,於是衆人歡悟,可見破假借之難。另外,從清人運用因聲求義的法寶孜孜矻矻不懈於揭示《毛詩》所用假字之後的本字以達其訓詁而難以得出共同的結論,亦可據以窺見通假借以求本字並非輕而易舉之事。如《毛詩·關雎》之"左右流之",依《説文》訓"流"爲"水行也"觀之,詩中流字必是假借字,至於所通之本字爲何,歷代學者的説法並不相同。陳奐據毛傳、《爾雅·釋言》訓流爲求,徑謂流是求之假借字⑦⑩。馬瑞辰則據《後漢書·張衡傳》注、《廣雅·釋言》訓捄爲求爲捊,又謂詩中流字爲捊之假借字⑦①。因此,楚簡所見充滿超音節字符的《詩經》,是否是人人通過獨立閱讀,就可以識其假借、通其本字、達其義訓、解其詩意的文本,實現其閱讀功能,頗值得懷疑。

　　然而《周禮·保氏》中的一則記載,經過漢代人的闡釋,先秦時代幼童的文字啓蒙教育就已達到可以識假借、通本字的程度了,則不得不辨其真僞虛實。其文云:"保氏掌諫王惡而養國子以道,乃教之六藝:一曰五禮,二曰六樂,三曰五射,四曰五馭,五曰六書,六曰九數。"國子所習之業,除五禮、六樂、五射、五馭、九數外,與本文論題相關的記載就是"六書"。根據《周禮》的記載,大司徒以鄉三物教萬民,三物之一是六藝而六藝之一是"書"。無論《保氏》所言六書,抑或《大司徒》所言六藝之一的書,《周禮》中不見可以證實其具體內容的記載,祇能徵諸其他的文獻以明其實。《漢書·藝文志》云:"古者八歲入小學,故《周官》保氏掌養國子,教之六書,謂象形、象事、象意、象聲、轉注、假借,造字之本也。"班固撰作《藝文志》,全本於劉歆的《七略》,所謂"今删其要,以備篇籍",歷代學者對此皆無異議,則以象形、象事、象意、象聲、轉注、假借爲六書或書之具體內容當源自劉歆。許慎在《説文解字序》中既明言"《周禮》八歲入小學,保氏教國子,先以六書",

又立指事、象形、形聲、會意、轉注、假借爲六書之實，並在各名目之下列舉二字爲例闡釋其意。鄭玄注《保氏》引鄭司農云"六書，象形、會意、轉注、處事、假借、諧聲也"，其注《大司徒》僅言"書，六書之品"，雖未列舉具體名目，相互參證，則"六書之品"當亦指鄭司農所言象形、會意等六書。值得特別注意的現象是，鄭司農釋《保氏》所言六書，雖立假借、轉注等六書的具體名目，然而從鄭玄注《周禮》所引六百多條鄭司農之說來看，竟不見鄭司農以假借、轉注解經文中之字，而《周禮》是先秦舊籍，文中多古字古言，又絕無代代相承的師說，若不通其假借不能得其經義。據《後漢書·鄭范陳賈張列傳》和許冲《上說文表》，鄭司農之父鄭興、賈逵之父賈徽皆曾受業於劉歆，而鄭司農、賈逵又悉傳父業，許慎從賈逵受古學，博問通人，考之賈逵而作《說文解字》。張政烺據以指出，鄭司農、許慎關於《保氏》所言六書的具體內容爲間接出於劉歆，六書之命名雖不相同，涵義則無二致，斷爲劉歆一家之說當無疑問㉒。

經過劉歆、鄭司農、許慎、鄭玄等人的闡釋，《周禮·保氏》所記六書，不僅落實爲造字與用字的象形、指事、會意、形聲、轉注、假借，而且還明確指明是八歲國子入學所習之業。然而《保氏》所言六書，是否就是劉歆以來諸人所言象形、指事等造字與用字的六項條例，涉及楚簡所見《詩經》文本如何閱讀、如何傳習等重要問題。爲了能够得出合理的判斷，將先秦兩漢文獻典籍所記先秦時代學中自幼童至於成人所習之業列表於下，以便總覽、討論，進而做出合乎歷史事實的判斷。

表 3　先秦國學、私學中各年齡段所習之業

學校	受業者	年齡	所習之業	出處	說明
王朝國學	小子、服、小臣、夷僕		射	《靜簋》	銘文記小子、服、小臣、夷僕在學宫學射等事。
		六歲	數、方名	《禮記·內則》	鄭注云："方名，東西。"
		八歲	讓	《禮記·內則》	鄭注云："示以廉恥。"
		八歲	小藝、小節	《大戴禮記·保傅》	據鄒漢勛《讀書偶志》，小藝謂書計，小節謂幼儀。
		八歲	書計	《白虎通·辟雍》	關於書計之書，詳見下文。
		九歲	數日	《禮記·內則》	鄭注謂數日指朔望與六甲。
		十歲	書計、幼儀、簡諒	《禮記·內則》	據鄒漢勛《讀書偶志》，計謂九數中之加減乘除。
		十三	樂、詩、勺舞	《禮記·內則》	據孔疏，勺謂舞篇之文舞。

（續表）

學校	受業者	年齡	所習之業	出處	説明
王朝國學	天子至於元士之適子	十三	小節、小義	《尚書大傳》	細審《大傳》上下文，知小義謂父子之道，長幼之序。
		十五	經籍	《白虎通·辟雍》	
		成童	象舞、射御	《禮記·内則》	鄭注云：“成童，十五以上。”
		束髮	大藝、大節	《大戴禮記·保傅》	盧注謂束髮指成童。據鄒漢勛《讀書偶志》，大藝謂射御，大節謂士禮鄉禮。
		二十	禮、大夏	《禮記·内則》	鄭注云：“大夏，樂之文武備者也。”
	天子至於元士之適子	二十	大節、大義	《尚書大傳》	細審《大傳》上下文，知大義謂君臣之義，上下之位。
			習舞、習樂、大合樂、合禮樂、習吹	《禮記·月令》	據孔疏，習舞樂吹、合禮樂皆在學中，則舞樂吹當是學中所習之業。
	世子		禮、樂	《禮記·文王世子》	
	世子、學士		干戈、羽籥、夷樂、詩、禮、書、祭祀、養老乞言、合語	《禮記·文王世子》	據鄭注，干戈謂武舞，羽籥謂文舞；祭祀、乞言、合語謂三者之威儀。
	天子至於元士適子、國之俊選		詩、書、禮、樂	《禮記·王制》	經言樂正掌詩、書、禮、樂之教，鄭注謂樂正是樂官之長。
	國子		三德、三行	《周禮·師氏》	據經文，三德謂至德、敏德、孝德，三行謂孝行、友行、順行；六藝謂五禮、六樂、五射、五馭、六書、九數，六儀謂祭祀、賓客、朝廷、喪紀、軍旅、車馬之容。
	國子		六藝、六儀	《周禮·保氏》	
	國子		樂德、樂語、樂舞	《周禮·大司樂》	
	國子		小舞、樂儀	《周禮·樂師》	
	學士		合舞、合聲	《周禮·大胥》	
	國子		舞羽歙籥	《周禮·籥師》	
王朝鄉學		八歲	六甲、五方、書計	《漢書·食貨志》	五方猶如《内則》所言方名。
		十五	禮樂	《漢書·食貨志》	
	餘子	十五	小節、小義	《尚書大傳》	鄭玄注云：“餘子猶衆子也”

（續表）

學校	受業者	年齡	所習之業	出處	説明
王朝鄉學	餘子	十八	大節、大義	《尚書大傳》	
	鄉民		鄉飲酒禮、鄉射禮	《周禮·州長》	鄭注謂禮行於州黨之學，明是以鄉飲、鄉射之禮施教。
	鄉民		飲酒正齒位	《周禮·黨正》	經言禮行於序，則亦是以禮施教。
	不帥教者		射禮、鄉飲酒禮	《禮記·王制》	經言禮行於庠，則亦是以禮施教，感化不帥教者。
			孝悌	《孟子·梁惠王上》	經言謹庠序之教，明是鄉學。
諸侯國學	太子彪		春秋	《國語·晉語》	晉悼公使習於《春秋》的羊舌肸傅太子，明是以《春秋》施教。
	太子箴		春秋、世、詩、禮、樂、令、語、故志、訓典	《國語·楚語上》	據韋注，《世》謂世繫，《令》謂官法時令，《語》謂治政善語，《故志》是成敗之書，《訓典》是五帝之書。
孔門私學	弟子		詩、書、禮、樂	《史記·孔子世家》	高第又益之以《周易》《春秋》，詳見下文。
	七十子		篇籍	《淮南子·要略》	
	弟子		詩、書、禮、樂	《孔叢子·雜訓》	

　　表中所列出土與傳世文獻對先秦時代各類學中自幼童至於成人所習之業的記載，概括而言則稱經籍篇籍、小藝小節、大藝大節、六藝六儀、三德三行、六甲五方等，具體細數則稱詩、書、射、御、勺舞、象舞等，而各類學中所置科目又略有不同。王朝國學的小學、大學至於鄉遂州黨的庠序，所習之業不過方名、書計、數日、詩、書、禮、樂等科目以及政治生活和社會生活要求的行爲規範，畿外諸侯的國學教太子則以詩、禮、樂、世、語、春秋、故志、訓典等爲其所習之業，孔門私學除以詩、書、禮、樂施教外，高第又益之以《周易》《春秋》。《禮記·經解》記孔子之言以《詩》《書》、樂、《易》、禮、《春秋》並舉，郭店簡《六德》是七十子後學所記精言萃語，亦並列《詩》《書》、禮、樂、《易》《春秋》爲論，皆可證孔門私學中曾以《周易》《春秋》施教。方觀旭曾指出："攷《孔子世家》，孔子以《詩》《書》、禮、樂教，弟子蓋三千焉。此遵樂正四術之常法，至及門高業弟子，方授以《易》《春秋》，故身通

六藝者僅七十二人。"[73]劉師培亦曾明言:"六藝之學,即孔門所編訂教科書也。"[74]就表中所列各種文獻的記載來看,無論是王朝國學、鄉學,還是諸侯國學、孔門私學,分科授業以《詩》《書》爲基礎教材而加之以演習爲主的禮、樂[75],四者共同構成造就選士、俊士、造士、進士的教學内容,皆不見以象形、指事、會意、形聲、轉注、假借爲六書之實而爲學中所習之業的記載。若疑表中不同文獻所言"書計"之"書"與《漢書・藝文志》所言"六書"名異實同,則不得不略做辨析。

鄭玄、孔穎達等皆未明言幼童所學"書計"之"書"的具體内容爲何,江永云:"馬氏曰:'書,文字也。文言其形,字言其法,以其始於一二而生之,至無窮,故曰字。'案,書,古人謂之名,秦漢以來乃謂之字。字即名之變,如人有字也,謂孳生無窮爲字,後人臆説,非字之本義。"[76]釋"書計"之"書"爲文字,則其意以爲學書即識字而已。鄒漢勛云:"所學者書,謂六書。古之六書,今無其書。周宣王時有《史篇》,今佚。漢代有《説文解字》,凡文字九千餘。古六書之數不是過,學童日學十字,辨其形,攷其聲,解説其誼訓,三年可畢。"[77]仔細尋味其意,雖明言"書計"之"書"指六書,卻並不認爲是象形、指事等所謂的六書,而是指幼童的識字之書有六篇或六卷,猶如許慎《説文解字》立五百四十部繫以九千餘字而分十五卷,以《史篇》《説文》爲喻,可證其意亦是以"書計"之"書"爲識字課本而已。綜合江、鄒之説,可知《内則》等所言書計之書與《漢書・藝文志》所言六書不能相提並論,各有所指。至於文獻中關聯幼童年齡與所習之業的記載,偶見相互違異之處,如《内則》言十歲出就外傅學書計而《白虎通》謂八歲入學學書計,則是各記所聞不足爲怪的現象。以情理而論,蓋八至十歲皆可爲始入學學書計之大限,不定在八歲或十歲,九歲未嘗不可。

正因爲《保氏》所記六書,空有其名而不記其實,漢代劉歆以來的學者遂以象形、指事、會意、形聲、假借、轉注爲六書之實,斷爲八歲幼童所習之業,既不符合幼童心智的發展水平,也不見於先秦文獻的記載。因此,張政烺以漢簡、甲骨所書六甲爲據,結合傳世文獻的記載,相互參驗,綜合判斷,得出了《保氏》所言六書即六甲的結論,而所謂六甲即天干、地支二十二字組合而成的六旬干支字譜,分別以甲子、甲戌、甲申、甲午、甲辰、甲寅爲首,共爲六篇,分別習之,自其體言之則曰六甲,自其用言之則曰六書,因漢代小學以書法爲主,六甲遂有六書之名,六書即六甲在戰國秦漢間的著述中並非絶無踪迹可尋,實際是周代小學教育課程之一[78]。以情理而論,幼童八歲入小學,以貼近日常生活的六甲爲其所習之業,符合其心智未成的水平,況且習文字之假借,若脱離了具體的文本更是難以通其本字,絶非幼童可以輕易掌握之業。因此,以《保氏》所言六書爲六甲,實屬撥雲見日的卓見。六甲本是學中幼童所習之業,《漢書·食貨志》有明確的記載而鄭玄注《內則》之"九歲,教之數日"也以六甲爲釋,顧炎武明言"六甲者,四時六十甲子之類"[79],皆可證張政烺的判斷與歷史事實相符。實際上,識字教育總是與文本的誦習結合在一起,古時絕不可能在小學中專設六書之類的文字語言學課程以爲幼童所習之業。

先秦時代,析字說義,僅有"止戈爲武"(《左傳·宣公十二年》)、"反正爲乏"(《左傳·宣公十五年》)、"皿蟲爲蠱"(《左傳·昭公元年》)、"自環者謂之私,背私者謂之公"(《韓非子·五蠹》)數條記載,所見例證既不足以歸納出造字、用字的規律,更無會意、指事之類的六書名目以概其實。漢代字學大盛,析字說義、正其音讀、分析偏旁、聲訓比附,蔚然成爲一代風氣。苗夔云:"宣帝召能通《倉頡》讀者,張敞、杜業、秦近、爰禮。孝平帝徵禮等百餘人,令說文字未央庭中,以禮爲小學元士,黃門侍郎即揚雄,采以作《訓纂》篇,份份稱極盛焉。"[80]西漢時代,字學雖盛,猶不免以巧說邪辭、荒謬之論解說字義。如《春秋元命苞》云:"刑字從刀從井,井以飲人,人入井爭水,陷於泉,以刀守之,割其情欲,人畏慎,以全命也,故字從刀從井也。"再如《春秋考異郵》云:"陰合於八,八合陽九,八九七十二,二爲地,地主月精,月精爲馬。月數十二,故馬十二月而生。人乘馬以理天下,王者駕馬,故字以王爲馬頭。"[81]此類說解屢見於西漢時流行的緯書,劉歆痛斥當時的經師云:"往者綴學之士不思廢絕之闕,苟因陋就寡,分文析字,煩言碎辭,學者罷老且不能究其一藝。"[82]因此,從理論上對先民造字與用字的實踐做出實事求是的總結勢在必然,則六書之象形、指事、會意、形聲、假借、轉注當是漢代人對造字之法與使用規律的理論總結,決不是倉頡之類的賢人先立了六書的名目而後依六書的準則創造、使用漢字。章太炎云:"或言六書始於保氏,殊無徵驗。《管子·輕重戊》曰:'處戲作九九之數以合天道。'經典九數見名,則始保氏。保氏非作九數,知亦不作六書。意者古有其實,周定其名,非倉頡時遽無六書也。"[83]言造字與用字的準則,遠古已有其實,符合歷史事實,而斷周代已定象形、指事等六書之名,並無徵驗。漢代人既從先民造字與用字的實踐中總結出了六書的理論,若將其用於學中以爲識字的啓蒙教學內容,最早也在漢代。爲了表明六書的理論遠源有自,因《保氏》所記國子所習六藝中恰恰空有六書之名目而不記其實,於是劉歆等人就將漢代所言六書與《保氏》所言六書聯繫在了一起,實際上《保氏》所言六書與漢代字學之六書名同實異。

《禮記·學記》云:"比年入學,中年考校,一年視離經辨志。"根據萬斯大的解釋,"比年入學"是專就升入國學者而言,十五歲入大學後方有"中年考校"之事,如是五次乃爲大成而足以化民易俗[84]。以表3所列學中所習之業而論,則所謂"離經辨志",當是針對

《詩》《書》等經籍而言,是否涉及識假借、通本字也是不容迴避的問題。鄭注云:"離經,斷句絶也。辨志,謂別其心意所趣鄉也。"黄以周則有進一步的闡釋:"古離經有二法:一曰句斷,一曰句絶。句斷今謂之句逗,古亦謂之句投,斷與逗、投皆音近字。句斷者,其辭於此中斷而意不絶也。句絶者,則辭意俱絶也。鄭注離訓斷絶,兼兩法言。"⑧漢代經師於"離經"大多以"章句"稱之,如西漢《易》有施、孟、梁丘之《章句》,《書》有歐陽、大小夏侯之《章句》,《春秋》有公羊、穀梁之《章句》,東漢鄭興有《左氏章句》,鍾興有《春秋章句》,劉表有《五經章句》,蔡邕有《月令章句》等。黄侃認爲,章句之旨雖在析言句讀,然而句讀並非如先儒所説,語意已完爲句,語意未完爲讀,讀亦句之異名,句讀連言乃複語而非有異義⑧。就上述諸家所論而言,離經並不涉及識假借、通本字,而僅僅關乎句逗、句絶。以楚簡所見《詩經》相參,《學記》所言"離經"之"經"的文本面貌當一如楚簡,必是充滿了大量超音節字符的文本。值得注意的是,安大簡《詩經》時見在句逗之處施以點號、在句絶之處施以墨釘。文本中的點號、墨釘當是離經的標識,與《説文》釋、字所言"有所絶止、而識之"相符,據以斷定離經就是辨識句逗、句絶,有當時的實物爲證,則上述諸家之説誠爲不容置疑的判斷,可見所謂的識假借、通本字在先秦時並非專門之學,而是寓於《詩》《書》的誦讀與辨志之中。

綜上所論,在先秦時代,無論是王朝、諸侯的國學,還是孔門的私學,皆未設置過以象形、指事、會意、形聲、轉注、假借爲具體内容的六書之學,幼童的識字教育寓於《詩》《書》的誦讀與辨志之中,《保氏》所言六書之學,實際是六甲之學。漢代學者將當時從先民造字、用字的實踐中總結出來的六書附會爲《保氏》所言六書,不過是以今况古的推想而非歷史的真實面貌。學中受業者自幼時入學以來既不曾傳習過識假借、通本字的方法,則面對楚簡所見《詩經》之類的超音節文本,根本没有能力將其中的聲符所諧之字、形符所代之字,假字所通之字——正確地辨識出來而得其本字之音義,實現超音節文本的閲讀功能,則《詩經》在先秦時的傳習必不依賴於獨立的閲讀而是别有途徑與方法。

三　先秦時代《詩經》的傳習方式

楚簡所抄所引《詩經》的篇章詩句,呈現了戰國時代《詩經》的文本面貌,是目前所知最早且未經後人有意無意改動的文本,可據以推知自古流傳下來至於秦火之前的《詩經》文本中,除了許多早已廢棄的古文字外,還充斥着大量代替本字的聲符、形符、假字等不能正確傳達詩義的超音節字符,加之《詩經》文本在先秦時代的輾轉傳抄過程中不免滲透同字異構、譌字誤字、方音別字等種種變化不定的因素。因此,先秦時代的《詩經》文本並不具備基本的閱讀功能。若要實現其閱讀功能,祇能借助於識假借、通本字、辨譌誤等所謂的訓詁手段。然而識假借、通本字既非當時各類學中所習科目,亦非人人可以輕易掌握的方法,前文已有詳細的論證,可見先秦時代各類詩歌的傳授並不依賴於文本的閱讀而是以口傳耳受的方式習其音讀以明瞭詩義。既然《詩經》的傳習是以口傳耳受的方式規範其音讀,則所傳所受必是本字之音讀。實際上,若以詩篇的本字之音讀歌之誦之,不借助訓詁手段,詩義往往已不言自明。即使後來因教學等各種社會生活的需要,以超音節字符將本是口傳耳受的詩歌書於簡策,也仍有口耳相傳的本字之音讀始終伴隨着充滿超音節字符的文本一起流傳。因此,詩歌固有的本字之音讀與後出的超音節文本相依相伴纔是《詩經》自周初以來流傳不衰的真實狀況。

先秦時代各類詩歌的本字之音讀,主要通過耳濡與耳受兩條途徑深入人心。耳濡歌詩之聲所得本字之音讀,指的是在各種儀式典禮上瞽矇之類的樂官回環往復地歌唱各類詩歌而行禮者和觀禮者因受到歌聲的感染不經意之間默記於心中的音讀。耳受誦詩之聲所得本字之音讀,指的是在以詩篇施教的國學、私學中授詩者依據超音節的文本誦詩釋詩時臨時强制性地將文本中的超音節字符改爲本字讀之而承學之士有意識模仿接受的音讀。若追本溯源,國學至於私學中傳習的詩篇及其本字之音讀實際上皆來源於王朝踐行的各種儀式典禮,因爲瞽矇之類的樂官既在儀式典禮上歌詩行禮,亦在學中承擔詩歌的教學任務,保持了詩歌的本字之音讀一脉相承。詩歌的本字之音讀,既承載着正確傳達詩義的功能,也是詩歌賴以傳之久遠的前提條件,無論是耳濡於禮典,還是耳受於學中,早已成爲詩歌傳習者共同遵循的準則,而充滿超音節字符的文本僅僅大略記載了詩歌的章節句式用於學中備忘而已。之所以做出上述判斷,就在於簡本《詩經》透露了文本不具備閱讀功能而可據以探討《詩經》在先秦時代的傳習方式。以往雖心知其意,苦於證據不足而難以堅人之信。下面就圍繞着本文提出的論點,綜合傳世文獻與新見材料展開論證,揭示《詩經》在先秦時代不依賴於文本的傳習方式。

自西周初期制禮作樂以來,王朝中瞽矇之類的樂官在各種儀式典禮上誦歌弦舞各類樂歌,而習禮者和觀禮者耳濡其音讀韻律、默識其句式章節,是當時傳習樂歌的主要途徑與方法。《國語・周語上》記厲王時召公言天子聽政,使"瞽獻曲","瞍賦,矇誦",韋注云"無目曰瞽","無眸子曰瞍","有眸子而無見曰矇",《周禮・瞽矇》亦明言其職掌有"諷誦詩"一事,可證當時各種儀式典禮所用樂歌全憑記憶留存於瞽矇之類樂官的腦海之中,瞽矇目無所見則完全不依賴於文本。因是口傳耳受而無文本的約束,奠定了各類樂歌皆是以約定俗成的本字之音讀歌之於各種儀式典禮之上，而本字之音讀又是以雅言爲繩尺出於口吻。《風俗通義·聲音》云"雅之爲言正也"，則所謂雅言，指以王都所在之區域的語音爲正。西周王朝都於鎬京，則圍繞鎬京形成的通語就是雅言。陸志韋通過考察《詩經》的用韻、形聲字與其聲符的音讀差異，推斷在周代的西北方言中蒸部、中部皆收 *-m 而其他方言則收 *-ŋ，侵部的主要元音是 *-ʌ-而其他方言則是 *-ə-[87]。其説雖非普遍接受的定論，但能够揭示周代西北方言與其他方言存在差異，猶如王國維推斷戰國時西方的秦國用籀文而東方諸國使用古文[88]，仍當許爲超越前人的卓見。隨着周初各種儀式典禮上所奏樂歌的流傳，士大夫所作雅詩、采自民間的風詩等各類新的詩篇不斷被附益於最初製作的頌歌。根據《史記·孔子世家》的記載，古時流傳於世的詩歌有三千餘篇，經孔子删定而被視爲"思無邪"的《詩經》僅保存了三百一十一首詩。鄭樵論夫子編詩云："得詩而得聲者三百篇，則繫於風、雅、頌；得詩而不得聲者則置之，謂之逸詩，如《河水》《祈招》之類，無所繫也。"[89]依此而言，孔子是以傳世之詩是否有聲相伴爲存留删汰的標準，凡得其聲者必在存留之列而失其聲者必屬删汰之詩，而所謂聲，不僅僅指諧於律吕的曲調，亦包括自古相傳的本字之音讀。

就《詩經》中的三百一十一首詩而言，儀式典禮與各類樂歌的關聯，莫顯明完備於美盛德之形容、以成功告於神明的《周頌》。爲了直觀地顯示《周頌》三十一首樂歌奏唱於儀式典禮之上的情形，綜合有關頌歌與禮典關係的研究結果[90]，依詩之作時與其相關的儀式典禮列表於下，以見周初以來詩歌的傳習主要通過在儀式典禮上耳濡瞽矇之類樂官的歌唱而得其本字之音讀。

表 4　周初制禮作樂時各種儀式典禮所用樂歌

儀式典禮		周公行禮所奏樂歌	成王行禮所奏樂歌	康王行禮所奏樂歌
郊祀	南郊祭天	《昊天有成命》	《噫嘻》	
	以后稷配天	《思文》		
	以先王配天	《天作》		
	繹祭款待祭天之尸	《絲衣》		
烝祭			《豐年》《潛》	
明堂之祭		《我將》	《閔予小子》《訪落》《小毖》《烈文》《敬之》	

（續表）

儀式典禮		周公行禮所奏樂歌	成王行禮所奏樂歌	康王行禮所奏樂歌
祭於文王廟		《清廟》《維天之命》《維清》	《雝》	
祭於武王廟		《時邁》《武》《酌》《桓》《賚》《般》	《載見》	《執競》
春祈社稷			《載芟》	
秋報社稷			《良耜》	
饗禮	優待二王之後		《振鷺》《有客》	
	合樂		《有瞽》	
	遣助祭諸侯歸國		《臣工》	

　　表中祭於文王廟所奏《清廟》《維天之命》《維清》是表現文王武功的《象》舞所用樂歌，而祭於武王廟所奏《武》《酌》《桓》《賚》則是表現武王武功的《大武》所用樂歌，若祭祀典禮行於"祖文王而宗武王"（《禮記·祭法》）的明堂，則合《象》《大武》爲一，共同表現周王朝的文治武功[91]。合觀表中儀式典禮及其所用樂歌，可據以想見以樂歌行禮時必是據本字之音讀歌之誦之，否則在場之人，無論是主祭者如周公、成王或康王，還是各地前來助祭的諸侯以及行禮、觀禮的卿大夫列士等，皆無法明瞭詩之大義，則西周王朝以神道設教的儀式典禮如同虛設而樂歌的教化作用亦化爲烏有。陳振孫云："古之爲詩學者，多以諷誦，不專在竹帛。竹帛所傳，不過文字，而聲音不可得而傳也。"[92]唐順之云："六籍皆以文傳，而詩獨以聲傳。"[93]陳第云："夫詩以聲教也。"[94]凡此之類的論斷，都已揭示了先秦時代詩的傳習完全依賴於聲音而不關乎文本的事實。詩既是以聲傳，則傳詩之聲，除了屬於音樂範疇的曲調外，固然還包括以雅言所歌文辭的本字之音讀。惠周惕指出："既比其音，復誦其辭，俾在位者皆知其義，所以彰先王之盛德，故曰頌。"[95]在儀式典禮上，瞽矇之類的樂官誦歌詩之文辭而使聞者皆知其義，必是據本字之音讀歌之誦之，若據代替本字的聲符、字符、假字之音讀歌之誦之，字音與字義不相對應，則必使詩義陷於不可理喻的境地。當然，也不可否認，傳詩之聲對應的本字，未必自始至終都有完全一致的共識，不同時代、不同的人據傳詩之聲録爲文本時，不免互爲異文的現象，如《左傳·襄公二十七年》引君子之言云："'何以恤我，我其收之'，向戌之謂乎！"楊樹達謂君子所引品評向戌的詩句實即《周頌·維天之命》所言"假以溢我，我其收之"之變文[96]，《說文·言部》誐字下引作"誐以溢我"，《廣韻·七歌》誐字下引作"誐以謐我"。記錄相同的詩句而互爲異文，四者之中必有一則記載體現了本字之音讀，而另外三則記載則反映了以超

音節字符録詩的現象。至於何之與假或誐、恤之與溢或謐,何者爲本字,何者爲假字,若心中不存左袒右護的成見,實際上頗難遽然做出明確的判斷,因爲周初以來在儀式典禮上口傳《維天之命》的歌聲早已消失而無從取證以爲判斷本字、假字的標準。

　　周公、成王、康王時所作行禮的樂歌,因製作於西周王朝的鎬京,其本字之音讀固是以所謂的雅言歌於儀式典禮之上,即使來自各方侯國以觀時世風俗升降的十五國風,若王朝采之而用於各種儀式典禮,也必經樂師的潤飾改編以諧律吕。《左傳·襄公十四年》引《夏書》云:“遒人以木鐸徇於路,官師相規,工執藝事以諫。”遒人徇路的目的,文中没有明確的説明,《漢書·食貨志》則有稍詳的記載:“孟春之月,群居者將散,行人振木鐸徇于路,以采詩,獻之大師,比其音律,以聞於天子。”相互比勘,則遒人即行人,而徇路的目的則是爲了采詩以觀民風。關於大師調次詩之音律,綜合《周禮·大師》及鄭注、賈疏而言,凡樂歌必使瞽矇爲之,命其賢知者以爲大師、小師,大師以吹律爲聲,又使人作聲以合之,聽人聲與律吕之聲諧合謂之爲音。鄒漢勛關於采風詩以諧律吕則有更加深入的論述:“風之以國别,别以聲耳。聲之所由别,别以土耳。天下之人,人人能爲詩也。然能有其詞義而不能有其聲曲,必采之於間巷,會之於方岳之國而以五音六律七始出内之,而其聲曲乃明。”⑤繫於五方之土的風詩,不僅音律各有地域特點,而且詩之文辭也無不以方音出之。戴震所言“列國之音即各爲正音”⑧,揭示了風詩中字之音讀各有方音疆域且皆與雅言之音讀不同的歷史事實。王朝對於所采列國之風詩,無論是比其音律,還是以五音六律七始出内之,目的都是使聲曲諧於律吕且合於人聲,則詩中文辭的方音特點必隨之磨滅殆盡,轉而以雅言歌唱於各種儀式典禮之上,《詩經》三百五篇非一時一地之作而韻字之分别部居若出一人之口即是有力的明證。顧炎武曾指出:“《詩》三百五篇,上自《商頌》,下逮陳靈,以十五國之遠,千數百年之久,而其音未嘗有異。帝舜之歌,皋陶之賡,箕子之陳,文王、周公之繫,無弗同者。”帝舜以來的詩歌、韻文之所以“其音未嘗有異”,當是在比其音律的過程中磨滅了方音差别而歸於一統的結果,因爲顧炎武也並不否認古詩中有方音的存在:“古詩中間有一二與正音不合者。……此或出於方音之不同,今之讀者不得不改其本音而合之。雖謂之叶亦可,然特百中之一二耳。”⑨恰恰是古詩中存在一二與正音不合的現象,透露了“其音未嘗有異”的詩歌都經過了樂工的潤飾改編以便於用雅言歌唱於各種儀式典禮之上。

　　就傳世禮書與新見楚簡的記載而言,用樂歌詩的儀式典禮尚有鄉飲酒禮、鄉射禮、燕禮、大射、投壺、祭祀、宴饗、飲至之禮等,爲了便於觀察各種儀式典禮所用樂歌,依儀節儀注與樂歌的關聯列表於下,以見在儀式典禮上耳濡之樂歌並不僅僅限於《周頌》三十一首詩,還包括十五《國風》、大小《雅》、《魯頌》《商頌》以及不見於《詩經》的樂章。

表 5　禮書與楚簡所見儀式典禮所用樂歌

儀式典禮			所用樂歌	出處	説明
祀天神、祭地示			《雲門》《咸池》	《周禮·大司樂》	據鄭注,《雲門》至《大濩》分別是黃帝、堯、舜、禹、湯之樂,唯《大武》是周樂。
祀四望、祭山川			《大磬》《大夏》		
享先妣、享先祖			《大濩》《大武》		
大祭祀	王出入		《王夏》	《周禮·大司樂》	鄭注云:"三《夏》,皆樂章名。"
	尸出入		《肆夏》		
	牲出入		《昭夏》		
大射	王出入		《王夏》	《周禮·大司樂》	鄭注云:"《騶虞》,樂章名,在《召南》之卒章。"
	節射		《騶虞》		
射禮	節天子射		《騶虞》	《周禮》之《樂師》《鍾師》《射人》《禮記·射義》	鄭注云:"《騶虞》《采蘋》《采蘩》皆樂章名,在《國風·召南》,惟《貍首》在《樂記》。"
	節諸侯射		《貍首》		
	節卿大夫射		《采蘋》		
	節列士射		《采蘩》		
逆暑、迎寒			《豳詩》	《周禮·籥章》	據鄭注,《豳詩》《豳雅》《豳頌》,皆指《豳風·七月》之詩。
祈年于田祖			《豳雅》		
祭臘			《豳頌》		
鄉飲酒禮	升歌		《鹿鳴》《四牡》《皇皇者華》	《儀禮·鄉飲酒禮》	據經文及鄭注、賈疏,升歌謂樂工升於堂上歌詩以爲樂,笙奏謂堂下以笙吹詩而爲樂,閒歌謂堂上一歌則堂下一吹,合樂謂堂上歌詩與堂下衆聲俱作;笙奏之樂歌,其辭皆亡;酒罷奏《陔》,以防失禮,其辭亦亡。
	笙奏		《南陔》《白華》《華黍》		
	閒歌	歌	《魚麗》《南有嘉魚》《南山有臺》		
		笙	《由庚》《崇丘》《由儀》		
	合樂		《關雎》《葛覃》《卷耳》《鵲巢》《采蘩》《采蘋》		
	賓出		《陔》		

（續表）

儀式典禮			所用樂歌	出處	説明
鄉射禮	合樂		《關雎》《葛覃》《卷耳》《鵲巢》《采蘩》《采蘋》	《儀禮·鄉射禮》	據鄭注,鄉射禮合樂之樂歌屬於鄉樂,分別見於《周南》《召南》,用於房中以及朝廷饗燕、鄉射飲酒。
	節射		《騶虞》		
	賓出		《陔》		
燕禮	常燕	升歌	《鹿鳴》《四牡》《皇皇者華》	《儀禮·燕禮》	據鄭注、賈疏,常燕無以樂納賓的儀節,而盛燕則金奏《肆夏》之樂歌納賓;周公制禮作樂時,采時世之詩以爲樂歌,所以通情相風切而有笙奏《南陔》等六首詩歌,後世衰微,幽、厲尤甚,禮樂之樂,稍稍廢棄,笙奏之詩歌皆亡其辭;《新宮》屬《小雅》逸篇,而《勺》即今本《周頌》中的《酌》,是告成《大武》的樂歌。
		笙奏	《南陔》《白華》《華黍》		
		間歌 歌	《魚麗》《南有嘉魚》《南山有臺》		
		間歌 笙	《由庚》《崇丘》《由儀》		
		歌鄉樂	《關雎》《葛覃》《卷耳》《鵲巢》《采蘩》《采蘋》		
		賓出	《陔》		
	盛燕	賓及庭	《肆夏》		
		公拜受爵	《肆夏》		
		升歌	《鹿鳴》		
		下管	《新宮》		
		合鄉樂			
		若舞	《勺》		
大射	納賓		《肆夏》	《儀禮·大射》	鄭注云:"《驁夏》,亦樂章也。以鍾鼓奏之,其詩今亡。此公出而言入者,射宮在郊,以將還爲入。燕不《驁》者,於路寢,無出入也。"
	公受獻		《肆夏》		
	娛賓 歌		《鹿鳴》		
	娛賓 管		《新宮》		
	節射		《貍首》		
	賓出		《陔》		
	公入		《驁》		
視學養老	登歌		《清廟》	《禮記·文王世子》	鄭注云:"《象》,周武王伐紂之樂也,以管播其聲,又爲之舞,皆於堂下。"
	下管		《象》		
	舞		《大武》		

（續表）

儀式典禮		所用樂歌	出處	説明
以禘禮祀周公	升歌	《清廟》	《禮記·明堂位》	據鄭注、孔疏，《象》謂《周頌·武》，以管播之;《大武》是周代樂舞而屬於武舞，《大夏》是夏禹樂舞而屬於文舞;《昧》是東夷之樂，《任》是南蠻之樂。
	下管	《象》		
	朱干玉戚冕而舞	《大武》		
	皮弁素積裼而舞	《大夏》		
	納蠻夷樂	《昧》《任》		
祭祀		《武宿夜》		綜合孔疏引皇侃、熊安生之説，《武宿夜》即《大武》，表現了武王伐紂，至於商郊，停止宿夜，歌舞待旦的情形，所以又名《武宿夜》。
大嘗、禘	升歌	《清廟》	《禮記·祭統》	
	下管	《象》		
	朱干玉戚舞	《大武》		
	八佾以舞	《大夏》		
兩君相見之大饗禮	升歌	《清廟》	《禮記·仲尼燕居》	據鄭注、孔疏，《夏》即《大夏》，《采齊》《雍》《振羽》皆樂章之名。
	下管	《象》《武》		
	簫奏	《夏》		
	迎賓	《采齊》		
	客出	《雍》		
	徹俎	《振羽》		
投壺	節投	《貍首》	《禮記·投壺》	
投壺	節投	《鹿鳴》《貍首》《鵲巢》《采蘩》《采蘋》《伐檀》《白駒》《騶虞》《商》《齊》《史辟》《史義》《史見》《史童》《史謗》《史賓》《拾聲》《叡挾》	《大戴禮記·投壺》	據《禮記·樂記》，《商》是五帝之遺聲;《齊》是三代之遺聲。《商》《齊》共有七篇。《史辟》以下八篇聲辭俱亡。間歌三篇，不載篇名。
	間歌	（三篇）		
飲至之禮		《樂樂旨酒》《輶乘》《贔贔》《明明上帝》《蟋蟀》	《清華簡·耆夜》	簡文所見五首詩，皆是飲酒至於旅酬時所奏樂歌。

　　從表中所列天子至於列士的各種儀式典禮來看，都有以樂歌樂舞行禮的儀節儀注，呈現了"禮之所及，樂必從之;樂之所及，詩必從之"（蘇轍《詩集傳》卷十八）的面貌。儀式典禮上奏樂歌舞，以樂歌爲本，以人聲爲貴，所以歌詩之樂工必升於堂上而奏詩之樂器

必列在堂下,《禮記·禮器》所言"歌者在上,匏竹在下,貴人聲也"即是明證。然而從表 5
所列儀式典禮與其關聯的各類樂歌來看,有一現象值得特別關注:凡樂工升於堂上所歌
之詩皆流傳了下來而被編輯在《詩經》中,而堂下不同的樂器所奏之詩,絕大多數的文辭
都全部失傳,徒有篇名見於不同的文獻。升歌有三等:天子升歌《清廟》,諸侯升歌《文
王》,卿大夫升歌《鹿鳴》,諸侯上取或升歌《清廟》,卿大夫上取或升歌《文王》,皆隨儀式
禮典的性質與行禮者的身份而定所用升歌之詩。《荀子·禮論》云:"《清廟》之歌,一倡
而三嘆也。"歌《清廟》必升於堂上而一倡三嘆,可據以推知凡升歌皆是一人始倡,他人複
沓,詩句章節,反復疊唱,於行禮者和觀禮者而言,無論是耳濡之曲調,還是耳濡之音讀,
都已深植於記憶之中。堂下樂器所奏之詩,於行禮者和觀禮者而言,祇聞其曲調之抑揚
而不聞其本字之音讀,因無法據本字之音讀以明詩義,固不能深入人心。因此,儀式典禮
所用之詩是否可以流傳下來,主要依賴於是否能夠聞其本字之音讀以明詩義,若失去了
本字之音讀,文辭所要表達的詩義隱晦不明,導致無法傳習的結果,必不免失傳的厄運。
當然,各種儀式典禮在堂下以樂器所奏之詩,尤其是笙奏之詩,或以爲僅有聲曲而無文
辭,朱載堉、毛奇齡、金鶚等皆有辨駁[100],則器奏之詩,本有文辭,禮崩樂壞,相繼失傳,仍
是可以信從的論斷。《儀禮·大射》記諸侯行射禮至於以樂節射的儀節時,樂正命大師
曰"奏《貍首》",言奏而不言歌,明是器奏而非工歌,則《貍首》屬於堂下器奏之詩。其文
辭雖不見於《詩經》,《禮記·射義》卻保存了八句殘辭,徐養原謂《大戴禮·投壺》所載詩
句是其全篇之文[101]。器奏之《貍首》既有文辭,逸於《詩經》而見於記文,雖遍檢文獻僅此
一例,仍可據以斷定凡器奏之詩本皆有文辭,失載的原因就在於不得其音讀而無法傳習。

　　據《左傳·襄公二十九年》的記載,吳國季札聘魯,請觀於周樂,魯國使樂工爲之歌
《周南》以下十五《國風》以及《雅》《頌》,使舞人爲之舞《象箾》《南籥》《大武》《韶濩》《大
夏》《韶箾》而季札針對樂工所歌之詩一一予以評論[102]。若樂工爲季札歌詩不用與詩義相
應的本字之音讀而是用聲符、字符、假字之音讀歌之,季札必不能正確地領會詩義,更不
能針對所歌之詩做出評論。季札生長於吳國,所操吳語與諸夏之語不同,孟子視南蠻爲
"鴃舌之人"即是明證,而聆聽魯國樂工爲之歌詩,領會詩義竟無語言障礙。因此,由季
札觀樂一事,不僅可以推知各類樂歌的流傳始終都有體現雅言特點的本字之音讀相伴,
而且還可證體現雅言特點的本字之音讀是當時王朝至於諸侯共同遵循的準則。鄭玄注
《鄉飲酒禮》,認爲季札觀樂是國君行禮至於無算樂時的情形。鄉飲酒禮、燕禮、射禮等
禮典在行禮至於脫屨升坐後,亦皆有無算樂的儀節。行禮至於無算樂時,奏樂歌詩盡歡
而止。以季札觀樂時所奏樂歌推之,鄉飲酒禮、燕禮、射禮等禮典至於無算樂時所奏樂歌

當亦不受行禮者尊卑的限制而可以上取下就各種性質的詩篇,又可見自古流傳下來的詩歌,無論屬於《頌》還是屬於《風》或《雅》,無一不是合諸音樂舞蹈而可以用於儀式典禮的樂歌。因此,《墨子·公序》明確地説:"誦《詩》三百,弦《詩》三百,歌《詩》三百,舞《詩》三百。"根據《史記·孔子世家》的記載,"《詩》三百五篇,孔子皆弦歌之,以求合於《韶》《武》《雅》《頌》",亦可證《詩經》中的三百一十一首詩皆是可以合樂的樂歌。毛傳於《詩經·子衿》云"古者教之以詩樂,誦之歌之弦之舞之",《鄭志》載鄭玄答張逸云"國史采衆詩明其好惡,令瞽矇歌之",則漢代人仍然堅信《詩經》是先秦時代儀式典禮上所用樂歌。其後的歷代學者對《詩》三百篇本皆是入樂的樂章亦有論述,如朱熹謂《正小雅》是燕饗之樂歌而《正大雅》是會朝之樂歌[103],陳啓源有"詩篇皆樂章"之説[104],馬瑞辰立"詩入樂説"爲論[105],俞正燮以"詩入樂"爲題而有"詩不歌則不采"之言[106]。隨着各種儀式典禮的反復踐行,樂官在儀式典禮上誦歌弦舞的樂歌早已深入行禮者和觀禮者的心中,即使没有記載各類樂歌的文本,仍能長存於記憶之中,加之樂官所操之業往往以世襲爲主。因此,無論是行禮者和觀禮者耳濡於禮典的樂歌,還是各代樂官誦歌弦舞的樂歌,雖代代相傳不已,仍能保持詩之章節句式與本字之音讀始終如一。

　　因用於各種儀式典禮的樂歌不必與作詩之本義相謀,如鄉飲酒禮、鄉射禮、燕禮、投壺禮所歌《周南》《召南》諸詩,詩之文辭與禮之性質不合,馬端臨於此有不可曉之嘆而全祖望以斷章取義爲喻[107],於是又以用於儀式典禮的樂歌爲學中國子所習之業,養其溫柔敦厚之性,導其喜怒哀樂之情。王朝國學至於孔門私學皆以詩施教,觀表3已不辯自明。學中傳授樂歌之篇章者,往往也是儀式典禮上職掌以樂舞行禮的職官。胡匡衷云:"古者教民之事,樂官主之。《虞書》命夔典樂教胄子,《周禮》大司樂、樂師掌教國子,《王制》樂正崇四術,立四教,順先王詩、書、禮、樂以造士,又將出學,小胥、大胥、小樂正簡不帥教者以告於大樂正。是以鄉飲酒禮,賓興賢能,樂正與焉。"[108]爲便於學中施教,將儀式典禮上所誦所歌所弦所舞之詩書於簡策,"呻其佔畢"(《禮記·學記》),以爲諷誦説理之依憑,固在情理之中。西周晚期的史惠鼎銘文中有"日就月將"一語,李學勤認爲當是引自《詩經·敬之》而不僅僅是習語的偶合[109]。據史惠鼎銘文可以推斷儀式典禮上所用樂歌在西周時代就已陸續書於簡策,具體時間當與西周王朝始立國學以詩爲教的時間一致,而據榮仲方鼎銘文的記載,最晚在康王時西周王朝就已設立了名序的學校用於教授國子了[110]。因學中授詩者於各類詩篇本有世代相傳的本字之音讀,起初書於簡策時或取音同音近之字,或僅以字之形符代其結體繁複之本字,並不計較文本所用之字是本字還是假字,書寫詩中諸字時又或改易其偏旁,或增加義符與飾筆,呈現了相當程度的隨意性,於是本字之音讀有定而假字之音讀無方,本字之音讀與文本所用之字漸不相應,楚簡所見《詩經》文本中充滿大量聲符、形符、假字等超音節字符即是明證。

王朝立學以詩施教而由樂官職掌其事,則學中傳授的詩之音讀不僅與儀式典禮上誦歌弦舞的詩之音讀相同,而且必是與詩義相應的音讀,亦即聲符所諧、形符所代、假字所通之本字的音讀而非文本中聲符、形符、假字的音讀,否則詩義隱晦不明,甚或受聲符、形符、假字之蒙蔽而曲解詩義。《周禮·大司樂》記載了王朝學中授業的情形,其中就有以詩之音讀爲教學内容的記載。其文云:"大司樂掌成均之灋,以治建國之學政而合國之子弟焉。……以樂語教國子興、道、諷、誦、言、語。"鄭玄以來的許多學者大都專注於從名義上對興、道等可以概稱爲樂語的六種方法一一做出合理的説明與闡釋,至於樂語的六種方法與國子在學中所習何種内容的學業相關,以往的學者却没有做出明確的論述。虞萬里綜合《禮記·王制》有關學中所習之業的記載和鄭玄、秦蕙田、孫詒讓等學者的論説,揭示了樂語實際上是就傳詩習詩的方法而言,興、道是傳授詩之比喻,諷、誦爲傳授詩之誦讀,言、語則傳授詩之運用,又引張廷玉、朱軾等人之説爲證,進而斷定以興、道等六種方法傳詩習詩是西周以來形成的詩學傳統[⑪]。學中以詩施教而諷誦之法須經傳授方可不失詩之正讀,以楚簡所見《詩經》文本相參,可見傳授的内容必是超出文本字符之外的音讀。學中國子以耳受於大司樂的諷誦之法習詩,不以超音節的文本爲據而詩義已顯豁明白,既可據以興、導,又可用於言、語,則超出文本字符之外的音讀必是正確反映詩義而僅僅流傳於口耳之間的本字之音讀。王朝學中以詩施教、以詩造士,之所以還要傳授共同遵循的諷誦之法,就在於國子傳抄的《詩經》猶如簡本《詩經》,皆是充滿超音節字符的文本,唯有通過諷誦其本字之音讀方可明瞭詩義,又可證《周禮》中以樂語教國子的記載反映了歷史的真實面貌而非出於理想的虛構。

王朝學中受業的國子,除王太子外,還包括王子、群后之大子、卿大夫元士之適子以及國之俊選等。古時世官世爵,國子學成之後,受土則處於鄉遂都鄙之采地而爲卿大夫,受封則爲畿外諸侯而守土一方,將學中所習充滿超音節字符的詩篇文本以及耳濡於禮典、耳受於學中之與文本中超音節字符相應的本字之音讀傳播至於各地,代代相傳不已,當是情理之中的事。春秋時代,宴饗盟會,來自不同方言區域的諸侯、卿大夫賦詩,斷章取義,曲盡心志而聽者皆能領會其意,就在於都曾肄習過共同的文本和口耳相傳的音讀,可證自王朝傳入各地的詩篇始終都未失去對應於文本中超音節字符的本字之音讀。關於賦詩言志,《左傳》《國語》的記載多達二百餘例,歷代學者的研究雖已十分充分,而其真相却祇能依賴於楚簡所見《詩經》方可揭而明之,姑舉一例以窺全豹。據《左傳·襄公二十七年》的記載,鄭伯在垂隴宴享趙孟,子展、伯有、子西、子産、子大叔、印段、公孫段從鄭伯侍宴,趙孟請子展等七人賦詩觀志,子展賦《草蟲》,伯有賦《鶉之賁賁》,子西賦《黍苗》,子産賦《隰桑》,子大叔賦《野有蔓草》,印段賦《蟋蟀》,公孫段賦《桑扈》,每人所賦之詩皆有志意寓於其中,而趙孟則以數語點評以揭其賦詩之意。幸運的是《草蟲》《鶉之奔奔》《蟋蟀》皆見於安大簡《詩經》而《蟋蟀》還見於清華簡《耆夜》,簡本的用字呈現了明顯的超音節特點,如安大簡《草蟲》之“陟皮南山”、《鶉之奔奔》之“人之亡良,義以爲兄”、《蟋蟀》之“蟋蟀才堂,歲喬亓逝”、清華簡《蟋蟀》之“蟋蟀才尚,役車亓行”等,以《毛詩》相較,皮、亡、義、才、喬、尚等字在文本中皆屬超音節的字符,可據以推知《黍苗》《隰桑》《野有蔓草》《桑扈》的文本中也充斥了超音節的字符。雖然子展等七人口中所賦之詩與文本中超音節字符的音讀不同,傳達、領會詩義却必是以口中所賦之詩的本字之音讀爲據,則宴享賦詩時必是臨時強制性地將皮、亡、義、才、喬、尚等超音節字符改讀爲彼、無、我、在、聿、堂等表達詩義的本字之音讀,决非文本所用超音節字符的音讀,否則在場的人物不能理會詩義,甚至會因超音節字符誤解詩義,可見口耳相傳的本字之音讀早已深入人心,成爲當時共同遵循的傳統。需要説明的是,《左傳》是先秦流傳下來的古文經典,其文本面貌當一如楚簡,記子展等七人所賦之詩皆出篇名,除《鶉之賁賁》今本《毛詩》作《鶉之奔奔》外,其餘皆與《毛詩》篇名相同,竟不見代替本字的超音節字符,或是後人據《毛詩》所改,既不足爲怪,也不足深辨。

　　春秋戰國之際,禮崩樂壞,曾經不斷踐行的儀式典禮漸趨荒廢,王朝職掌以樂歌行禮、以詩篇授學的樂官散在四方。《左傳・昭公十七年》記孔子之言云:“吾聞之,天子失官,學在四夷,猶信。”盧文弨不僅指出石經作“天子失官,官學在四夷”,而且還認爲“所謂官學,猶今言通經者爲經學,通史者爲史學”[12]。樂官既是通樂、通詩者,則其所掌亦是官學,天子失官後,其學亦不免散在四方的命運。《論語・微子》於樂官散在四方的情形有更加具體的記載:“大師摯適齊,亞飯干適楚,三飯繚適蔡,四飯缺適秦,鼓方叔入於河,播鼗武入於漢,少師陽、擊磬襄入於海。”何晏注引孔安國云:“魯哀公時,禮壞樂崩,樂人皆去。”顔師古注《漢書・古今人表》謂鄭玄以大師摯等八人爲周平王時的人物,沈濤認爲鄭玄之説“當亦古《論語》家相傳舊説”而孔安國之説則不知所本[13]。綜合《左傳》與《論語》的記載,可以斷定大師摯之類的樂官在禮崩樂壞之後曾將既歌於禮典又授於學中的各類樂歌傳入四方各地,而所傳樂歌不僅僅是文本,還包括體現雅言特點的本字之音讀。從此之後,各類詩歌的文本與音讀不再爲王朝專有。《漢書・藝文志》云:“春秋之後,周道浸壞,聘問歌詠不行於列國,學詩之士逸在布衣,而賢人失志之賦作矣。”若曾經職掌以樂歌行禮、以詩篇授學的樂官没有散在四方,寄身於學中招徒授詩,何嘗有學詩之士散在布衣的事實? 因此,自古流傳下來的樂歌以及伴隨着其文本一起流傳的本字之音讀並未失傳,衹不過在禮崩樂壞之後傳習方式與途徑都發生了巨大的變化而已。制禮作樂以來,各類樂歌的本字之音讀,既可耳濡於典禮又能耳受於學中,禮崩樂壞之後,傳詩習詩變爲以研習文本爲主而各類樂歌的本字之音讀衹能耳受於學中了。

《禮記·學記》記載了禮崩樂壞之後學中習詩的情形,與前引《大司樂》所述相較,已能觀察到明顯的變化。其文云:“大學之教也,……不學博依,不能安詩。”郝敬認爲此篇“有聖門默識務本、不厭不倦之意”,則其意以爲《學記》是七十子後學所撰[114]。宋育仁則明確指出:“今《禮記》出淹中,漢稱爲淹中古記。劉子政考訂,謂七十子後學所記也。《學記》《樂記》《坊記》《表記》特題爲記,其爲七十子後學所記尤明。”[115]從《學記》所述與前引《大司樂》之文來看,七十子後學所處時代,雖仍以自古流傳下來的詩歌爲學中所習之業,却已由原來習其興、道、諷、誦、言、語變爲以博依安詩了。關於博依,自鄭玄以至於清儒,各有解説,莫衷一是,唯輔廣之説略具啓發意義:“蓋古之學詩者,先學歌詩,使其歌依於聲律,故云博依。博謂有其聲者,清濁高下不一也。先能歌,然後能安之而求其義。”[116]歌詩不僅要依於聲律,還要能安之而求其義。若順其理路聯繫禮崩樂壞之後習詩以文本爲主的事實而言,則所謂安詩而求其義,當指安於文本中字之正讀而求其義,而正讀必是本字之音讀。若結合楚簡所見《詩經》文本就安詩始於博依而言,又可斷博依當指文本中聲符所諧、形符所代、假字所通之字雖廣博無限而必須依止於本字之一音一義,方可據本字之音讀而求得詩之意蘊而反映詩義的本字之音讀來自禮崩樂壞之後散在四方的樂官之口授。

先秦時代學中授業完全依賴於口耳相傳的情形,《管子·弟子職》有記載:“先生施教,弟子是則。温恭自虚,所受是極。……危坐鄉師,顔色毋作。……始誦必作,其次則已。……趨進受命,所求雖不在,必以反命。反坐復業,若有所疑,捧手問之。”《漢書·藝文志》於《孝經》類中著録“《弟子職》一篇”,顔注引應劭曰“管仲所作,在《管子》書”。《弟子職》一文既屬於《孝經》類的著作,本又是單篇流行於世,則其作者未必一定是管仲,也許因爲被編入《管子》中,纔有“管仲所作”之説。黎翔鳳云:“齊稷下之學,宣王時復盛,則其盛在宣王之前,而由初立規模以至於盛,又非旦夕所能奏功,則管子時有《弟子職》,無可疑矣。”[117]斷管子時有《弟子職》而不明言是管子所作,則其意或以爲作者已不可考。依黎氏所言,《弟子職》僅僅記載了稷下學中弟子所行之禮,反映了齊宣王前後稷下之學的盛況。若聯繫《禮記·文王世子》所記“大司成論説在東序,凡侍坐於大司成者,遠近間三席,可以問,終則負墻"數語而言,不僅可以推斷《弟子職》所記是自古以來王朝、諸侯學中共同遵行的禮儀規範,而且還可據以想見學中先生施教、弟子受業時口耳相傳的情形。假如學中所習之業皆有文本而文本面貌猶如安大簡《詩經》一樣充滿了超音節的字符,則"所受是極"當是就弟子必須以先生口授的本字之音讀爲準則而言;"始誦必作"不僅規定了弟子誦讀文本時必須遵守的禮儀,而且還透露了必須遵循先生示範的本字之音讀;"若有所疑,捧手問之"則當是就弟子對文本中字面之意不解請益於先生而言,自然包括聲符所諧、形符所代、假字所通之本字等内容。

實際上,上博簡《孔子詩論》最能證明學中習詩不以文本中的超音節字符爲據而别有本字之音讀在師弟間口耳相傳的事實。簡文中六次出現"孔子曰"云云,表明簡文所録皆是孔子口傳、弟子耳受的釋詩之語,而釋詩之語又不免意有重複的現象,又表明不是出自一人之手而是不同弟子所記後被合爲一編的釋詩之作,可證學中習詩之音讀、明詩之大義完全依賴於口耳相傳的教學方法[⑩]。就簡文所録釋詩之語而言,孔子爲弟子釋詩,或引詩中的詩句而釋其意藴,或摘取詩中語詞語句以爲篇名而釋全詩之主旨,可據孔子所引詩句、所摘語詞語句窺探孔門師弟所持《詩經》的文本面貌。爲便於觀察,僅將孔子引自《詩經》以爲篇名的語詞語句與《毛詩》篇名用字之異同表之如下。

表6　上博簡《孔子詩論》所見《詩經》篇名與《毛詩》篇名之異同

簡號	詩論篇名	毛詩篇名	簡號	詩論篇名	毛詩篇名	簡號	詩論篇名	毛詩篇名
5	《清宙》	《清廟》	10	《鵲樔》	《鵲巢》	25	《腸腸》	《君子陽陽》
6	《剌旻》	《烈文》	10	《甘棠》	《甘棠》	25	《又兔》	《有兔》
6	《昊＝又城命》	《昊天有成命》	10	《绿衣》	《绿衣》	25	《大田》	《大田》
8	《十月》	《十月之交》	10	《躳＝》	《燕燕》	25	《少明》	《小明》
8	《雨亡政》	《雨無正》	16	《蒿軸》	《葛覃》	26	《北白舟》	《邶柏舟》
8	《即南山》	《節南山》	17	《東方未明》	《東方未明》	26	《浴風》	《谷風》
8	《少旻》	《小旻》	17	《牺中》	《將仲子》	26	《蓼莪》	《蓼莪》
8	《少翕》	《小宛》	17	《湯之水》	《揚之水》	26	《陸有萇楚》	《隰有萇楚》
8	《少叏》	《小弁》	17	《菜葛》	《采葛》	27	《七衛》	《蟋蟀》
8	《考言》	《巧言》	18	《木芯》	《木瓜》	27	《中氏》	《螽斯》
8	《伐木》	《伐木》	18	《折杜》	《杕杜》	27	《北風》	《北風》
9	《天保》	《天保》	21	《贅大車》	《無將大車》	27	《子立》	《子衿》

（續表）

簡號	詩論篇名	毛詩篇名	簡號	詩論篇名	毛詩篇名	簡號	詩論篇名	毛詩篇名
9	《誶父》	《祈父》	21	《審雩》	《湛露》	28	《牆又薺》	《牆有茨》
9	《黃卸》	《黃鳥》	21	《亩丘》	《宛丘》	28	《青蟲》	《青蠅》
9	《靖=者莪》	《菁菁者莪》	21	《於差》	《猗嗟》	29	《涉秦》	《涉溱》
9	《裳=者芌》	《裳裳者華》	22	《㠯鵨》	《鳲鳩》	29	《角幡》	《角枕》
10	《閘疋》	《關雎》	22	《文王》	《文王》	29	《河水》	《河水》
10	《梂木》	《樛木》	23	《麞卸》	《鹿鳴》			
10	《灘㠯》	《漢廣》	23	《兔虘》	《兔罝》			

　　從表中所列來看，孔子摘取詩中語詞語句以爲篇名之例，大體與《毛詩》相同。鄒漢勛總結《毛詩》命篇之例有七，“摘首句一也，摘篇中二也，加小三也，加大四也，加氏五也，官之異號六也，別立名七也”，同時還對表面看來的例外情況，如《潛》《武》《桓》《雨無正》《常武》之命名，作了可以入例的論證⑲。安大簡第 99 號簡中部書“甬九白舟”四字，下端書“九十九”三字。整理者指出，此簡是《鄘》之最後一簡，出現“白（柏）舟”二字，表明《鄘》是以《柏舟》爲首篇，由簡文所書標示，可以斷定各詩原來皆有篇名，而已標出的篇名與《毛詩》一致，又表明當時《詩經》三百篇已經編定，各篇定名也廣爲人知⑳。安大簡第 117 號簡上部有“魏九”二字，中下部有“葛婁”二字，下端有“百十七”三字，則“葛婁”二字當亦是書於竹簡用爲篇名的標示。《孔子詩論》所述篇名，安大簡《詩經》所出篇名，皆符合《毛詩》命篇之例，可見戰國時代《詩經》各詩的命名已有約定俗成的準則。

　　從《孔子詩論》所見引自《詩經》以爲篇名的語詞語句來看，字間都夾雜着聲符、字符、假字等超音節的字符，如“中”（＊truŋ > trjuwng）字兩見於孔子視爲篇名的語詞語句中，既可讀爲“螽斯羽”之“螽”（＊tuŋ > tsyuwng），也可讀爲“將仲子”之“仲”（＊N-truŋ-s > drjuwngH），即是顯而易見的例證之一，可據以推定孔子及其弟子手中所持《詩經》與安大簡《詩經》一樣，文本中充滿了大量代替本字的聲符、形符、假字等超音節字符。孔子爲弟子闡釋詩之句意主旨時，必是臨時強制性地將文本中的聲符、形符、假字改爲本字讀之，用本字之義説其在詩中的詩義，否則既無法釋詩，也無法説義。之所以做出這樣的判斷，《論語·述而》中有一則記載可以爲證。其文云：“子所雅言：《詩》《書》、執禮，皆雅言也。”阮元引劉台拱之語云：“雅言者，誦《詩》讀《書》，從周之正言，不爲魯之方言也。執禮者，詔相禮儀，亦以周音説禮儀也。”阮元既引其言爲論，又許爲“足發千古之蒙”的卓識[⑳],可見劉氏之説當是可以信從的論斷。孔子生長於魯國,日常不能不魯語,能用雅言誦詩而雅言是"周之正言",表明《詩經》文本的流傳始終都有口耳相傳的雅言相伴。若非如此,孔子無從習知雅言,更不能操之誦詩。前文已指出,誦詩的雅言是從周初流傳下來體現鎬京一帶語音特點的本字之音讀,則孔子以雅言誦詩,文本中的超音節字符皆被臨時强制性地改爲本字而以體現地域特點的語音出於口吻,不僅是正確領會詩義的不二門法,也是其踐行"吾從周"(《論語・八佾》)的具體表現。因此,孔子據充滿超音節字符的《詩經》文本面授弟子,必是先將文本中的超音節字符所代表的本字之音讀口授弟子,然後據本字之音讀釋詩説義,因爲超音節字符對應的字義與詩義不合,則臨時强制性地將文本中的超音節字符改爲本字以雅言讀之,不僅體現了孔子從周之正的信念,也是其恪守的教學方法。

孔子平時既用雅言誦詩,以詩施教時口授弟子的音讀必是其誦詩的雅言,亦即體現"周之正言"特點的本字之音讀。弟子習詩亦不以文本中的超音節字符爲據,而是以耳受於孔子示範的本字之音讀爲圭臬,操之誦詩,詩義往往已不言自明,則來自西周樂官之口的本字之音讀不絶如縷而爲孔門共同遵循的準則,伴隨着充滿超音節字符而不具備閱讀功能的《詩經》文本流傳至於本字之音讀逐漸失傳。《論語・子路》云:"誦詩三百,授之以政,不達;使於四方,不能專對;雖多,亦奚以爲。"若弟子習詩不用孔子所授體現雅言特點的本字之音讀,而是拘泥於文本中超音節字符的音讀,使於四方,引詩專對,聞者不能據聲會義,亦是習詩雖多而無益於事的表現。因此,孔門師弟傳詩習詩,實際上是以傳習誦詩的雅言爲主。

孔門師弟在崇古觀念的支配下,視自古流傳下來的《詩經》爲先聖、先賢、有德之人所作,雖然明知文本中的聲符、形符、假字等超音節字符皆有所諧、所代、所通之本字,而伴隨着文本一起流傳的本字之音讀恰恰是可以將文本中超音節字符改爲本字的依據,却仍然恪守文本傳統,不敢將其中的超音節字符改爲本字而使其成爲可以獨立閱讀的文本。《孔子詩論》所見引自《詩經》的詩句、語詞語句仍雜有超音節的字符,或許正是崇古觀念施之於文本的結果。需要説明的是,《孔子詩論》中,除孔子所引詩句、所述篇名中雜有超音節的字符外,其餘釋詩論詩的精言萃語也雜有大量超音節的字符,並非全用本字,當是以經典爲準則形成的書寫習慣。

戰國時代,禮崩樂壞,百家爭鳴,紛紛著書,或引詩明志,或引詩證理。根據董治安的統計,《孟子》引詩34次,《荀子》引詩96次,《韓非子》引詩5次,《戰國策》引詩8次,《晏子春秋》引詩19次,《管子》引詩3次,《莊子》引詩1次,《吕氏春秋》引詩14次[⑫]。依引詩次數的多寡，可以觀察到儒家與《詩經》的關係最爲密切。以流行於戰國時代的簡本《詩經》爲參證，孔門後學及諸子百家的著述所引詩句必定亦夾雜着超音節的字符，則伴隨着文本一起流傳的本字之音讀仍不絶於耳。引《詩》明志證理，據口耳相傳的音讀書於簡策，字音與字義是否對應却因人而異。熊朋來以戰國時代的儒家文獻爲例，對當時據聲引詩的情況有所揭示："古人嘗歌詩，故引詩者但記其音，不論其字義。以《禮記》中引詩觀之，《中庸》之'嘉樂、憲憲'，《大學》之'綠竹有斐'，《閒居》之'馳其文德，協此四國'以至'君子好仇''匪革其猶''彼其之子''瑕不謂矣''和樂且耽''嵩高維嶽''后稷兆祀'，字雖異而音本同。"[⑫]其說皆是以《毛詩》爲據做出的判斷，如"嘉樂、憲憲"，《大雅·假樂》作"假樂君子，顯顯令德"，所舉其餘詩句中皆有不同於《毛詩》的異文。戰國時代，在《詩經》傳習與運用過程中產生的異文，既不涉及學派，亦不關乎家法，皆源於據口耳相傳的本字之音讀録於簡策，或用本字，或用假字，而互爲異文的現象透露了自古以來伴隨着文本的本字之音讀仍流傳於口耳之間。

　　無論是禮典上耳濡之音讀，還是學中耳受之音讀，都屬於口耳相傳的本字之音讀，與文本中超音節字符的音讀並不完全一致，將口耳相傳的本字之音讀合諸不具備閱讀功能的超音節文本，猶如秉燭而求物於暗室，方可尋繹聲符、形符、假字背後隱藏的本字及其表達的詩義。因此，在《詩經》的傳習過程中，始終都有口耳相傳的本字之音讀伴隨着超音節的文本一起流傳。

結　語

　　判斷楚簡所抄所引《詩經》的價值，不在於其文本呈現的異文是否有益於校勘，也不在於簡本《詩經》是否可以替代傳誦數千年之久的《毛詩》，而在於通過對其文本性質及相關問題的辨析是否可以獲得新的認知。

　　第一，先秦時代隨時以風詩、雅詩附益於周初儀式典禮所奏頌歌而最終被刪定爲三百篇的《詩經》，本皆是以口耳相傳的方式流傳於世，後因教學等需要書於簡策時，因有歷代口耳相傳的本字之音讀爲共同遵循的準則，就僅以聲符、形符、假字記録了口傳詩歌的基本形態，並不計較文本所用之字是否是與詩義相應的本字，加之口耳相傳的詩歌中混雜的方音方言未必皆能以文字形諸簡策，不得已祇能以音近、形似等超音節的字符記其大概而已，楚簡所抄所引《詩經》即是最有力的證據。以大量超音節字符記録的《詩經》，不僅表明其文本不具備基本的閱讀功能，因爲字面之字的音義與歌詩所呼本字之音義不相對應,而且還透露了口耳相傳的本字之音讀始終伴隨着充滿超音節字符的文本一起流傳於世的事實。若出於時勢變化等各種複雜的原因,曾經傳習流行的詩歌一旦完全失去了口耳相傳的本字之音讀,徒有充滿超音字符的文本見存於世,導致的結果必然是因爲無法傳習而成爲歷史的遺物。清華簡《耆夜》中除《蟋蟀》之外的四首詩,《周公之琴舞》中除《敬之》之外的十首詩,既不見於《毛詩》、三家《詩》,亦不見於先秦文獻的引用,就是最有力的例證,猶如孔壁所出《古文尚書》,因無口耳相傳的師説,無從得其本字之音讀,最終不免因無法傳習而永遠消失在歷史的長河之中一樣,可見在《詩經》的傳習流傳過程中,口耳相傳的本字之音讀遠比充滿超音節字符的文本更加重要,是《詩經》賴以從周初流傳下來的主要方法與途徑。

　　第二,《詩經》最初書於簡策時,因文本中充滿了大量聲符、字符、假字等超音節的字符而使文本失去了基本的閱讀功能,持之用於學中施教,自然離不開以口耳相傳的本字之音讀爲主要的教學內容。然而隨着時間的推移、風氣的轉換、禮樂的崩壞、方言的影響,有些本字之音讀不免失傳或漸趨模糊,對於文本中失去本字之音讀的超音節字符,在輾轉傳抄的過程中,不同的傳抄者因溺於所聞、囿於方音、拘於字形往往有不同的體認結果,以爲超音節字符代替的本字是甲便以甲字書之,以爲是乙便以乙字書之,加之不同的傳抄者有不同的用字習慣而不免以同義之字換讀本字,甚或有信口妄呼文本中超音節字符而以譌謬之字書於簡策的現象,於是出現了異文互見的各種文本,郭店簡、上博簡《緇衣》所引同一首詩的詩句用字截然不同就是明證。即使《詩經》自古流傳下來的本字之音讀沒有失傳,學中師弟之間以口耳相傳的方式傳習《詩經》,弟子據授詩者所誦本字之音讀録爲備忘的文本,也仍然難免異文互見的現象。鄭玄對此有明確的論述:“其始書之也,倉卒無其字,或以音類比方假借爲之,趣於近之而已。受之者非一邦之人,人用其鄉,同言異字,同字異言,於兹遂生矣。”⑭所謂“其始書之也”,並非指最初以超音節字符書寫《詩經》文本,而是指授詩者在學中面授弟子口傳本字時,來自不同地方的弟子據音録詩,倉卒之間不以本字書寫師之所誦,而是臨時以約定俗成的假字或己之方音方言書之,同樣也會產生各種不同的異文。因此,自《詩經》書於簡策之日起,其文本就始終處於變化不定而不斷產生各種異文的狀態。

　　第三,今傳《毛詩》是先秦時代用古文書寫的經典,其文本的原始面貌當一如楚簡所抄所引《詩經》,充滿了聲符、形符、假字等超音節的字符。通檢《毛詩》全部詩作,仍可見許多聲符、假字留存於文本之中。如《魏風·葛屨》云:“糾糾葛屨,可以履霜。摻摻女手,可以縫裳。”經文兩可字在詩中之義,毛傳、鄭箋有不同的理解。俞樾指出:“傳義但言葛屨之不可履霜,女之不可縫裳,並無可以履霜、可以縫裳之説。疑經文兩可字當作何字,古可、何字通用。襄十年《左傳》:'下而無直,則何謂正矣。'《釋文》曰:'何,或作可。'昭八年《傳》:'若何吊也。'《釋文》曰:'何,本或作可。'《石鼓文》:'其魚佳可。'佳可即維何也。此古文以可爲何之證。……至鄭君作箋曰'魏俗至冬,猶謂葛屨可以履霜',則已不知可字爲何字古文矣。"[125]簡本《詩經》中,"可"字作爲聲符,既可諧其聲讀爲"何",亦可諧其聲讀爲"猗",前文已有董理。俞樾讀《葛屨》中的兩"可"字爲"何",詩義曉暢明白,又有簡本爲證,其説固可信從,則詩中兩"可"字當是自古遺留在文本中的超音節字符,而始終伴隨着文本一起流傳於口耳之間的音讀,對應的本字不是"可"字而是"何"字。雖然《毛詩》與簡本《詩經》皆是以先秦古文書寫的文本,相互比勘,不難發現《毛詩》中既不見難以辨識的古文僻字,亦不見代替本字的形符,而與詩義不相對應的聲符、假字又遠遠少於簡本《詩經》所見超音節字符。因此,以簡本《詩經》爲參照,可以斷定《毛詩》系統的文本在先秦時代的流傳過程中,夾雜在文本中的超音節字符不斷被改爲本字,逐漸實現了文本的閱讀功能,甚至不排除文本中還雜有漢代人由古文轉寫爲隸書的過程中改定的文字。

第四,三家《詩》屬於今文,《毛詩》屬於古文,相互參校,字多不同。如《毛詩·芄蘭》之"能不我甲",毛傳云"甲,狎也",《韓詩》作"能不我狎"(《釋文》);《毛詩·小旻》之"是用不集",毛傳云"集,就也",《韓詩》作"是用不就"(《韓詩外傳》卷六);《毛詩·大明》之"倪天之妹",毛傳云"倪,磬也",《韓詩》作"磬天之妹"(《釋文》);《毛詩·采蘋》之"于以湘之",湘爲假借字而《魯詩》用本字鬺(漢石經);《毛詩·綠衣》之"曷維其亡",亡爲假借字而《魯詩》用本字忘(漢石經);《毛詩·正月》之"憂心愈愈",愈爲假借字而《魯詩》用本字瘐(漢石經)。臧琳指出:"古文多假借,故作《詁訓傳》者以正字釋之,若今文則經直作正字。"[126]三家《詩》既用本字,讀本字之音,用本字之義,詩義已不言自明,不必乞靈於訓詁,而《毛詩》多用假字當是承襲了與簡本《詩經》相仿佛的古文文本的形態,以致於不借助於訓詁就不明詩義。三家《詩》多用本字,當是據歷代口耳相傳的本字之音讀寫定的文本,不假訓釋詩義已明白曉暢。毛傳既訓文本中的甲、集、倪爲狎、就、磬,明是改讀假字爲本字,可證毛傳的作者亦曾耳聞過自古流傳下來的本字之音讀,否則改讀的本字未必能與三家《詩》保持一致。鄭樵云:"當漢之初,去三代未遠,雖經生學者不識詩,而太樂氏以聲歌肄業,往往仲尼三百篇,瞽史之徒例能歌也。奈義理之説既勝,則聲歌之學日微。"[127]因此,綜合三家《詩》殘存的文字以及毛傳的訓釋,又可推知自周初以來歷代口耳相傳的《詩經》本字之音讀並未失傳,一直在傳習者的口耳之間流傳,直到

《毛詩》取代三家《詩》而專以章句、訓詁、義理説詩之後方纔逐漸全部失傳。

① 錢大昕：《潛研堂文集·論子思子》，阮元編：《清經解》第三册，上海：上海書店，1988 年，第
330 頁。

② 王引之：《經義述聞》，阮元編：《清經解》第六册，第 813 頁。

③ 安徽大學漢字發展與應用研究中心編：《安徽大學藏戰國竹簡》（一），上海：中西書局，2019 年，
第 75、106、117、121 頁。

④ 王先謙：《詩三家義集疏》，吳格點校，北京：中華書局，1987 年，第 26 頁。

⑤ 字後括號内所標反切，皆采自《廣韻》。又，清初顧炎武以來，諸家上古音的分部與擬音，僅有
解釋能力强弱之分而無是非之别，本文以陸志韋、白一平和沙加爾的擬音爲例，不僅是因爲二
家的擬音較之其他音韻學家的擬音更爲細膩，可據以直接觀察到音讀的細微差異，而且還可以
呈現中外學者以不同的方法研究上古音，其結果雖不盡相同，而仍有殊途同歸之效，並不表明
其他音韻學家的研究不能自洽而不具備解釋能力，讀者心知其意則可。陸志韋的擬音，詳見
《陸志韋語言學著作集》（一）（二），北京：中華書局，1985 年、1999 年；白一平、沙加爾的擬音，
詳見 BaxterSagartOC2015-10-13，http://ocbaxtersagart.lsait.lsa.umich.edu。

⑥ 本文引簡本《詩經》中的語詞語句，除了需要説明、討論的文字保持原貌外，其餘皆以通行字
寫定。

⑦ 馬承源主編：《上海博物館藏戰國楚竹書》（一），上海：上海古籍出版社，2001 年，第 139 頁。

⑧ 安徽大學漢字發展與應用研究中心編：《安徽大學藏戰國竹簡》（一），第 69、134 頁。

⑨ 何琳儀：《戰國古文字典——戰國文字聲系》，北京：中華書局，1998 年，第 581 頁。

⑩ 荆州市博物館編：《郭店楚墓竹簡》，北京：文物出版社，1998 年，第 113、145 頁。

⑪ 程燕：《詩經異文輯考》，合肥：安徽大學出版社，2010 年，第 3 頁。

⑫ 段玉裁：《説文解字注》，上海：上海古籍出版社，1988 年，第 84—85 頁。

⑬ 所謂同義換讀，亦稱義讀之法，與聲讀之法的區别在於無借字、本字之分，僅因字義相同而易爲
他字，大抵以通語換讀異語爲多，詳見沈兼士：《沈兼士學術論文集》，葛信益、啓功整理，北京：
中華書局，1986 年，第 226—255、311—314 頁。

⑭ 安徽大學漢字發展與應用研究中心編：《安徽大學藏戰國竹簡》（一），第 107 頁。

⑮ 何琳儀：《戰國古文字典——戰國文字聲系》，第 1280 頁。

⑯ 虞萬里：《上博館藏楚竹書〈緇衣〉綜合研究》，武漢：武漢大學出版社，2010 年，第 78 頁。

⑰ 段玉裁：《説文解字注》，第 273 頁。

⑱ 依曾運乾分析《廣韻》所揭鴻聲侈韻、細聲弇韻的音理而言，市字子苕切爲細聲侈韻類隔切，不
合音理，苕在合韻，合韻屬侈韻，依例不當以細聲子字爲切，此用紐之疏，《玉篇》市字子合切，
子合與子苕音同，《集韻》市字切語更爲鴻聲侈韻作苕切，當據以改市字切語爲作苕切。

⑲ 段玉裁：《説文解字注》，第 251 頁。

⑳　王先謙：《詩三家義集疏》，第 11—12 頁。

㉑　段玉裁：《説文解字注》，第 313 頁。

㉒　安徽大學漢字發展與應用研究中心編：《安徽大學藏戰國竹簡》（一），第 70、145 頁。

㉓　段玉裁：《説文解字注》，第 417 頁。

㉔　徐鑒梅：《東漢詩經銘文鏡》，《江漢考古》，1985 年第 4 期。

㉕　羅福頤：《漢魯詩鏡考釋》，《文物》，1980 年第 6 期。

㉖　李學勤：《綴古集》，上海：上海古籍出版社，1998 年，第 179 頁。

㉗　安徽大學漢字發展與應用研究中心編：《安徽大學藏戰國竹簡》（一），第 123 頁。

㉘　李零：《郭店楚簡校讀記［增訂本］》，北京：中國人民大學出版社，2009 年，第 82 頁。

㉙　王先謙：《詩三家義集疏》，第 933 頁。

㉚　臧琳：《經義雜記》，阮元編：《清經解》第一册，第 825 頁。

㉛　虞萬里：《上博館藏楚竹書〈緇衣〉綜合研究》，第 141—142、339 頁。

㉜　何琳儀：《戰國古文字典——戰國文字聲系》，第 849 頁。

㉝　安徽大學漢字發展與應用研究中心編：《安徽大學藏戰國竹簡》（一），第 72 頁。

㉞　段玉裁：《説文解字注》，第 204 頁。

㉟　王先謙：《荀子集解》上册，北京：中華書局，1988 年，第 252 頁。

㊱　王先謙：《詩三家義集疏》，第 421 頁。

㊲　王引之：《經傳釋詞》，南京：江蘇古籍出版社，2000 年，第 41—43、91 頁。

㊳　胡平生、韓自强：《阜陽漢簡詩經研究》，上海：上海古籍出版社，1988 年，第 44 頁。

㊴　安徽大學漢字發展與應用研究中心編：《安徽大學藏戰國竹簡》（一），第 77、92 頁。

㊵　趙平安：《對上古漢語語氣詞‘只’的新認識》，《新出簡帛與古文字古文獻研究》，北京：商務印書館，2009 年，第 267—275 頁。

㊶　鄔可晶：《戰國秦漢文字與文獻論稿》，上海：上海古籍出版社，2020 年，第 53—82 頁。

㊷　安徽大學漢字發展與應用研究中心編：《安徽大學藏戰國竹簡》（一），第 128 頁。

㊸　虞萬里：《上博館藏楚竹書〈緇衣〉綜合研究》，第 70 頁。

㊹　安徽大學漢字發展與應用研究中心編：《安徽大學藏戰國竹簡》（一），第 139 頁。

㊺　王先謙：《詩三家義集疏》，第 414—416 頁。

㊻　安徽大學漢字發展與應用研究中心編：《安徽大學藏戰國竹簡》（一），第 112、139 頁。

㊼　趙誠：《甲骨文簡明詞典》，北京：中華書局，1988 年，第 70、122、292、356 頁。

㊽　戴震：《毛鄭詩考正》，阮元編：《清經解》第三册，第 845 頁。

㊾　陳喬樅：《三家詩遺説考》，王先謙編：《清經解續編》第四册，第 1322 頁。

㊿　王引之：《經傳釋詞》，第 18 頁。

○51　郭沫若：《兩周金文辭大系圖録考釋》，《郭沫若全集·考古編》第八卷，北京：科學出版社，2002 年，第 504—505 頁。

(52) 何琳儀:《戰國古文字典——戰國文字聲系》,第1232頁。

(53) 安徽大學漢字發展與應用研究中心編:《安徽大學藏戰國竹簡》(一),第101頁。

(54) 安大簡《詩經》中"有"字出現1次,見於《關雎》之"琴瑟有之",取"友"字之義,則"有"在詩中屬於通假字,與"又"通"有"而取"有無"之義無關。

(55) 安徽大學漢字發展與應用研究中心編:《安徽大學藏戰國竹簡》(一),第100頁。

(56) 虞萬里:《上博館藏楚竹書〈緇衣〉綜合研究》,第160頁。

(57) 張萬民:《〈詩經〉早斯書寫與口頭傳播——近期歐美漢學界的論争及其背景》,《北京大學學報(哲學社會科學版)》,2017年第6期;柯馬丁:《方法論反思:早期中國文本異文之分析和寫本文獻之産生模式》,陳致主編:《當代西方漢學研究集萃·上古史卷》,上海:上海古籍出版社2012年,第369—370頁;柯馬丁:《引據與中國古代寫本文獻中的儒家經典〈緇衣〉研究》,卜憲群、楊振紅主編:《簡帛研究·2005》,第28頁。

(58) 夏含夷、孫夏夏:《出土文獻與〈詩經〉口頭和書寫性質問題的争議》,《文史哲》,2020年第2期。

(59) 安徽大學漢字發展與應用研究中心編:《安徽大學藏戰國竹簡》(一),第116頁。

(60) 裘錫圭:《談談上博簡和郭店簡中的錯别字》,廖名春編:《新出楚簡與儒家思想國際學術研討會·會議論文集》,2002年,第16頁。

(61) 許宗彦:《鑑止水齋集·轉注説》,阮元編:《清經解》第七册,第241頁。

(62) 張政烺:《秦律"集人"音義》,《張政烺文集·文史叢考》,北京:中華書局,2012年,第53—57頁。

(63) 先民創造文字之初,並非先預設六書之目以爲造字之律,則固無假借、轉注等六書之名,文中以後世所造假借之語追述造字之始的情形,全然是因爲其義易曉而便於行文。

(64) 王引之:《經義述聞》,阮元編:《清經解》第六册,第1017頁。

(65) 段玉裁:《説文解字注》,上海:上海古籍出版社,1998年,第756頁。

(66) 朱熹編撰:《四書章句集注》下册,杭州:浙江大學出版社,2012年,第45頁。

(67) 賈海生:《祈福銘文中的方音字》,《文史》,2019年第3輯。

(68) 賈海生:《岐周方音在安大簡〈關雎〉中的遺存——關於教通芼或覒的解釋》,王雲路主編:《漢語史學報》第25輯,上海:上海教育出版社,2021年。

(69) 王利器:《顔氏家訓集解:增補本》,北京:中華書局,1993年,第230頁。

(70) 陳奂:《詩毛氏傳疏》卷一,中國書店1984年影印漱芳齋1851年版。

(71) 馬瑞辰:《毛詩傳箋通釋》,陳金生點校,北京:中華書局,1989年,第32頁。

(72) 張政烺:《六書古義》,《張政烺文集·文史叢考》,第148頁。

(73) 方觀旭:《論語偶記》,阮元編:《清經解》第七册,第545頁。

(74) 劉師培:《國學發微》,《劉申叔遺書》,南京:江蘇古籍出版社,1997年,第477頁。

(75) 《禮記·曲禮下》云:"居喪,未葬讀喪禮,既葬讀祭禮,喪復常讀樂章。"喪禮、祭禮、樂章既可讀,表明皆有文本傳世。《雜記下》云:"恤由之喪,哀公使孺悲之孔子學士喪禮,《士喪禮》於是乎書。"據此而言,士之喪禮書於簡策是在孔子之時。根據沈文倬的研究,《儀禮》是孔子弟子陸續記載下來的禮典,撰寫時代在春秋之末、戰國之初,詳見其《禮典的實行與〈儀禮〉書本的撰作》(《菿闇文存——宗周禮樂文明與中國文化考論》上册,北京:商務印書館,2006年,第1—58頁)。因此,根據文獻的記載和學者的研究,似可推測學中的禮教早期以演習爲主,春秋之後方有文本用於學中施教。至於樂是否有過文本,歷代爭論不休,迄今尚無定論。

⑦ 江永:《禮記訓義擇言》,王先謙編:《清經解續編》第一册,第369頁。

⑦ 鄒漢勛:《讀書偶志》,王先謙編:《清經解續編》第五册,第804頁。

⑦ 張政烺:《六書古義》,《張政烺文集·文史叢考》,第146—174頁。

⑦ 顧炎武著、黄汝成集釋:《日知録集釋》,長沙:嶽麓書社,1994年,第959頁。

⑧ 苗夔:《説文聲讀表叙》,王先謙編:《清經解續編》第四册,第413頁。

⑧ 趙在翰:《七緯·附論語讖》,《齊文化叢書·文獻集成》第四册,濟南:齊魯書社,1997年,第736、856頁。

⑧ 班固:《漢書》卷三六《楚元王傳》,北京:中華書局,1962年,第1970頁。

⑧ 章太炎:《文始叙例》,《章太炎全集》第七册,上海:上海人民出版社,1999年,第161頁。

⑧ 萬斯大:《禮記偶箋》,王先謙編:《清經解續編》第一册,第111頁。

⑧ 黄以周:《經説略》,王先謙編:《清經解續編》第五册,第1346頁。

⑧ 黄侃:《文心雕龍札記》,上海:上海古籍出版社,2000年,第127—136頁。

⑧ 陸志韋:《古音説略》,北京:中華書局,1985年,第187—194頁。

⑧ 王國維:《戰國時秦用籀文六國用古文説》,《觀堂集林》第二册,北京:中華書局,1959年,第305—307頁。

⑧ 鄭樵:《通志二十略》,王樹民點校,北京:中華書局,1995年,第884頁。

⑨ 賈海生:《周代禮樂文明實證》,北京:中華書局,2000年,第160—228頁。

⑨ 賈海生:《周代禮樂文明實證》,第133—159頁。

⑨ 陳振孫:《直齋書録解題》卷三,影印文淵閣四庫全書本。

⑨ 唐順之:《荆川集·送陸訓導序》卷七,影印文淵閣四庫全書本。

⑨ 陳第:《毛詩古音攷自序》,影印文淵閣四庫全書本。

⑨ 惠周惕:《詩説》,阮元編:《清經解》第一册,第766頁。

⑨ 楊伯峻編著:《春秋左傳注》,中華書局,1990年,第1136頁。

⑨ 鄒漢勛:《讀書偶志》,王先謙編:《清經解續編》第五册,第785頁。

⑨ 戴震:《聲韻考》,戴震研究會、徽州師範專科學校、戴震紀念館編纂:《戴震全集》第五册,北京:清華大學出版社,1997年,第2281頁。

⑨ 顧炎武:《音學五書》,北京:中華書局,1982年,第2、37—38頁。

⑩ 朱載堉:《樂律全書·辯笙詩六篇舊謂有聲無辭亦非》卷三一,影印文淵閣四庫全書本;毛奇

齡：《白鷺洲主客説詩》，王先謙編：《清經解續編》第一册，第 87 頁；金鶚：《笙詩有聲無辭辨》，王先謙編：《清經解續編》第三册，第 326 頁。

⑩ 徐養原：《頑石廬經説》，王先謙編：《清經解續編》第二册，第 1281—1282 頁。

⑩ 樂工爲季札歌《頌》，季札有“盛德之所同也”之評，則所歌之《頌》不僅指《周頌》，當還包括《魯頌》和《商頌》，楊伯峻已有説明，詳見其《春秋左傳注》，第 1165 頁。

⑩ 朱熹集注：《詩集傳》，上海：上海古籍出版社，1980 年，第 99 頁。

⑩ 陳啓源：《毛詩稽古編》，阮元編：《清經解》第一册，第 451 頁。

⑩ 馬瑞辰：《毛詩傳箋通釋》，第 1—2 頁。

⑩ 俞正燮：《癸巳存稿》，王先謙編：《清經解續編》第三册，第 1349 頁。

⑩ 馬端臨：《文獻通考》上册，北京：中華書局，1986 年，第 1244—1245 頁；全祖望：《經史問答》，阮元編：《清經解》第二册，第 511 頁。

⑩ 胡匡衷：《儀禮釋官》，阮元編：《清經解》第五册，第 99 頁。

⑩ 李學勤：《新出青銅器研究》，北京：文物出版社，1990 年，第 123 頁。

⑩ 賈海生、蔡雨彤：《榮仲方鼎銘文所見諸子之官及其職掌——兼論周初學校的設立及學中所習之業》，《中國文學研究》，2019 年第 2 期。

⑪ 虞萬里：《從〈詩經〉授受、運用歷史看〈緇衣〉引〈詩〉》，《傳統中國研究集刊》第二輯，上海：上海人民出版社，2006 年，第 277—279 頁。

⑪ 盧文弨：《鍾山札記》，阮元編：《清經解》第二册，第 825 頁。

⑪ 沈濤：《論語孔注辨僞》，王先謙編：《清經解續編》第三册，第 151 頁。

⑪ 郝敬：《禮記通解》，《續修四庫全書》第 97 册，第 353 頁。

⑪ 宋育仁：《學記箋證序》，《續修四庫全書》第 107 册，第 93 頁。

⑪ 衛湜：《禮記集説》卷八九，影印文淵閣四庫全書本。

⑪ 黎翔鳳撰：《管子校注》下册，梁運華整理，北京：中華書局，2004 年，第 1144 頁。

⑪ 需要説明的是，《孔子詩論》中的孔子，究竟是歷史上真實的孔子，還是托名於孔子，暫且不予辨析，至少可以斷定是戰國中期以前傳授《詩經》的經師。另外，虞萬里根據簡文的内容以及《詩經》學史、經傳源流，認爲《孔子詩論》當更名爲《孔子詩傳》，其説頗有見地，詳見其《〈孔子詩論〉應定名爲“孔子詩傳”論》，《榆枋齋學林》上册，上海：華東師範大學出版社，2012 年，第 57—86 頁。

⑪ 鄒漢勛：《讀書偶志》，王先謙編：《清經解續編》第五册，第 786 頁。

⑫ 安徽大學漢字發展與應用研究中心編：《安徽大學藏戰國竹簡》（一），第 136 頁。

⑫ 阮元：《與郝蘭皋户部論〈爾雅〉書》，《揅經室集》上册，鄧經元點校，北京：中華書局，1993 年，第 124 頁。

⑫ 董治安：《先秦文獻與先秦文學》，濟南：齊魯書社，1994 年，第 64—88 頁。

⑫ 熊朋來：《經説》，納蘭性德輯：《通志堂經解》第 16 册，南京：江蘇廣陵書局刻印社，1996 年，第

629 頁。

⑭ 鄭玄之説,見陸德明《經典釋文》序,北京:中華書局,1983 年,第 2 頁。

⑮ 俞樾:《春在堂全書》第一册,南京:鳳凰出版社 2010 年影印清同治至光緒間刻本,第 136 頁。

⑯ 臧琳:《經義雜記》,阮元編:《清經解》第一册,第 831 頁。

⑰ 鄭樵:《通志二十略》,第 883 頁。

（原載《經學文獻研究集刊》第 26 輯）

作者簡介:賈海生,浙江大學古籍研究所教授

通訊地址:浙江大學紫金港校區古籍研究所　郵編:310058

從辭賦文學到長歌

——試以竹取翁歌爲例

張逸農

儘管在《萬葉集》的某些題詞、旁注中仍可以發現少量充當動詞用法的"賦"一詞,但作爲名詞的"賦"僅僅出現在大伴家持(718—785)及大伴池主(生卒不詳)所創作的通稱爲《越中五賦》中(即大伴家持於出任越中守時所吟詠的叙事詩性長歌合稱"越中三賦"的卷一七·3985—3987"二上山賦"、卷一七·3991—3992"游覽布施水海賦"、卷一七·4000—4002"立山賦",以及與之關聯的大伴池主的唱和之作卷一七·3993—3994"敬和游覽布施水海賦"、卷一七·4003—4005"敬和立山賦"等二歌群,也被稱作"萬葉五賦")[①]。平安朝的《經國集》(成書於827年)之後,"賦"作爲一種文體分類正式出現在日本漢詩文世界。這不由得令人産生疑問,難道除大伴家持、大伴池主以外的萬葉詩人們真的幾乎將辭賦文學無視掉了嗎?對於這一疑問,太田青丘氏指出:

> 從與《萬葉集》幾乎同時代的《懷風藻》未明顯受到賦的影響這一點來看,(《萬葉集》與賦)兩者的關係似乎偏向於否定論。但在這一時代又是"十七條憲法"染指於《文選》《古事記》已産生駢文序文、《日本書紀》中散見鋪陳對偶性叙事文的時代。從這點上來看,對於如此豪華絢爛的《文選》中的賦毫無感覺似乎也是不太可能的。《萬葉集》中業已散見明確標有某某之賦的作品,旅人仿嵇康《琴賦》而作《梧桐日本琴》,憶良作《日本挽歌》等等,即是顯著的表現。固然在這其中包含記紀歌謡以來的傳統,但作爲其素材使之得以急速躍進到如此程度,這其中必然有外來刺激所施加的影響力。《萬葉集》之後的歌壇,隨着自主意識的確立,長歌急速落潮這一事實也可以作爲此事的反面證明。[②]

太田氏此言可謂正中鵠的,《萬葉集》中共收録有長歌二百六十首之多,較之後世的和歌集如《古今和歌集》(佚名、貫之、忠岑、躬恒及伊勢等五首)、《拾遺和歌集》(人麻呂、順、能宣、佚名及兼家等五首)、《千載和歌集》(俊賴、崇德院及待賢門院堀川等三首)、《新千載和歌集》(公能及雅經等二首)、《新拾遺和歌集》(赤人、佚名、經信、花山院及顯輔等五首）、《新續古今和歌集》（經信、後小松院、雅緣及頓阿等四首）（上述歌集中共收録長歌二十四首③），無論在質上還是量上，萬葉長歌都是遠遠勝出，從這一角度來看，可以説長歌恰恰是《萬葉集》獨有的特色之一。那麽太田氏所謂的"外來刺激"尤其來自《文選》中辭賦文學的刺激究竟何在？這一問題引起了許多學者的注意，尤其以《萬葉集》研究的巨擘中西進氏的研究最爲引人關注。中西氏從辭賦的宮廷性、故事性、末尾的抒情、壯麗的辭句、詠物性和民間歌謡的再生等六方面對萬葉長歌進行比較研究，進而得出結論認爲，長歌是以辭賦爲規範而完成的；長歌是盛裝的文學，是《文選》的世界④。本論文的相關研究也多領受其啓發，有關辭賦對長歌的影響尤其在詩學上的具體影響表現在哪些方面，中西氏的相關論述還是給後學留下補足的餘地。今試以《萬葉集》卷一六·3791—3793"竹取翁歌"爲例，圍繞長歌結構和技法兩方面分別加以探討。

一　"竹取翁歌"之結構與辭賦文學

《萬葉集》卷一六·3791—3793 歌中載有著述者不明的習稱"竹取翁歌"一首，原題爲《竹取翁歌一首並短歌》。該長歌歷來以難解著稱，通篇的表記除以訓假名爲主，偏好使用萬葉集中稀見而在中國詩賦中常見的語彙，文末巧妙化用稀覿本《孝子傳》"原穀諫父"典故點出文眼。種種痕迹表明這名不知名的歌人對於中國文學極其熟識且積極導入中國詩賦文學理念來完成長歌的創作，這也是拙文特意選擇竹取翁爲例的原因所在。全歌如下：

竹取翁歌一首並序⑤

　　昔有老翁，號曰竹取翁。此翁季春之月登丘遠望，忽值煮羹之九箇女子。百嬌無儔，花容無匹。於時娘子等呼老翁嗤曰："叔父來乎？吹此燭火。"是翁曰唯唯，漸趍徐行，著接座上。良久，娘子等皆共含咲相讓曰："阿誰呼此翁哉？"爾乃竹取翁謝曰："非慮之外，偶逢神仙。迷惑之心，無敢所禁；近猥之罪，希贖以歌。"即作歌一首並短歌。

　　緑子の　若子が身には　垂乳し　母に懐かえ　襁褓の　平生が身には　結經方衣　ひつらに縫ひ服　頸著の　童子が身には　結幡の　袂著衣　服し我を　丹ひ因る　子等がよちには　三名の錦　か黑髮を　ま櫛持ち　ここにかき垂れ　取り束ね　舉げても纏きみ　解き亂り　童兒に成しみ　さ丹つかふ　色なつか

しき　紫の　大綾の衣　墨江の　遠里小野の　真榛持ち　にほしし衣の　狛錦

紐に縫ひ著け　刺さふ重さふ　并み累ね服て　打麻やし　麻績の子等　あり衣

の　寶の子らが　打栲は　經て織る布　日曝しの　麻手作をに　飛び翔る　す

がるの如き　腰細に　取り餝ほひ　真十鏡　取り雙め懸けて　己が呆　還らひ

見つつ　春さりて　野辺を廻れば　面白み　我を思へ　信巾裳なす　脛裳に取

らし　支屋に經る　稲寸丁女が　妻問ふと　われに遣せし　彼方の　二綾裏遯

飛ぶ鳥の　飛鳥壮士が　霖禁み　縫ひし黒遯　刺し佩きて　庭に立住み　退け

な立ち　障ふるをとめが　髣髴聞きて　我に来せし　水縹の　絹の帯を　引帯

成す　韓帯に取らし　海神の　殿の蓋か　さ野つ鳥　来鳴き翔らふ　秋さりて

山辺を往けば　なつかしと　我を思へか　天雲も　行きたな引く　還り立ち

路を来れば　うちひさす　宮をみな　さす竹の　舎人壮士も　忍ぶらひ　還ら

ひ見つつ　誰が子ぞとや　思はえてある　是の如　爲らえ故し　古へ　ささき

し我や　はしきやし　今日やも子等に　いさにとや　思はえてある　是の如

爲らえ故し　古への　賢しき人も　後の世の　堅監にせむと　老人を　送りし

車　持ち還り来し　持ち還り来し

反歌二首

死なばこそ　相ひ見ずあらめ　生きてあらば　白髪子等に　生ひざらめ

やも

白髪し　子等も生ひなば　是の如　若けむ子等に　是の如罰らえかねめや

娘子等和歌九首[6]

はしきやし　老夫の歌に　おおほしき　九の兒等　やかまけてをらむ

辱を忍び　辱を黙して　事も無く　物言はぬ先に　我は依りなむ

否も諾も　欲しき隨に　赦すべき　兒は見ゆや　我も依りなむ

死も生も　同じ心と　結びてし　友や違はむ　我も依りなむ

何せむと　違ひは居らむ　否も諾も　友のなみなみ　我も依りなむ

豈も在らぬ　自が身のから　人の子の　言も盡くさじ　我も依りなむ

はだすすき　穂にはな出そと　思ひたる　情は知らゆ　我も依りなむ

墨江の岸　野の榛ににほふれど　丹ほはぬ我や　丹ほひて居らむ

春の野の　下草靡き　我も依り　丹ほひよりなむ　友の隨意

　　長歌的序文交代了長歌創作的緣起：竹取翁於季春之月登上山丘遠望，邂逅九個煮羹女子。九個女子先是托他吹滅燭火（或爲篝火），而後却反而嘲笑他。竹取翁按捺不發，委婉表示"近狎之罪，希贖以歌"，作歌以答九個女子。接下來的長歌中，從開頭至"誰家貴公子　尤爲費思量"（誰が子ぞとや　思はえてある）處，竹取翁通過渲染自己幼年、少年時期穿着的華美，表明自己是如何受到重視和精心照料；青年時期貴家小姐主動向其求婚並贈與其鞋襪和衣帶作爲結納，於是竹取翁穿上獲贈的鞋襪和衣帶來到郊野山嶺引來梅花、山鳥的愛憐，在回都城的大路上，又引得出入宫廷的采女和舍人們的連連驚艷回首。逮至"今日却如何　尤爲費思量"（いさにとや　思はえてある）部分，竹取翁感嘆昔日輝煌華麗的自己如今却不知爲何，備受九個女子們的譏諷嘲笑。最後竹取翁援引中國古賢原穀的事迹，諷喻九個娘子當下嫌棄老者，終將爲後來人所嫌棄。在其後兩首反歌中，竹取翁提醒九個女子除非年輕夭折，終將會白髮滿頭，逮到滿頭白髮時，又將如今日嫌惡竹取翁這般爲後來年輕人所嫌惡。接下來的《娘子等和歌九首》中，除第一首回應竹取翁所歌對竹取翁的教訓表示嘆服和接受之外，剩下八首無論結構還是内容都幾近於雷同，都表示追隨附和第一首短歌所表達的觀點。

　　再回到賦的話題上來。就賦的直接源流而言，如《文心雕龍·詮賦》所言："賦也者，受命於詩人而拓宇於楚辭也。"其源頭有兩處，承繼《詩經》的四言形式采取"王曰""對曰"這樣的"主客問答"形式的北方系統荀子的《賦篇》（原應有十篇，現存僅五篇）自是嚆矢，南方系統屈原等人的楚辭是爲濫觴之作。《詩經》中除了《二南》（《周南》《召南》）之外，其他基本上都可以認爲是出自先秦時代中國北方亦即中原附近所吟詠的民歌。儘管也有些異例，但大體上以四言形式爲主。這種四言雖然聲律齊整協調，但不免失於單調。與之相對的，《詩經》結集後，在南方的楚地孕育出來的楚辭充分吸收《詩經》，在四言之外導入了五言、六言、七言等參差錯落的句式，表現出抑揚起伏的聲律。這種長短交錯的句式既克服句式的刻板、聲律的單調，又拓寬了路徑、豐富了表達。這一由句式整齊到句式參差的趨勢也同樣見於和歌的發展歷程。記紀歌謠以及早期萬葉歌謠中出現了大量二言、三言、四言等雜言句式，之後逐漸成熟形成了現在爲人所熟知的七五調。這一跨越中日語言在語言學上的天然區隔的趨同現象自然離不開中日文化、文學交流融合的歷史影響。

　　承繼了《詩經》的楚辭中出現了富於縱横天地般幻想的《天問》、閃爍着所謂"楚地重巫"的巫覡神秘主義的《九歌》，更不用説憤激沉痛的《離騷》等偉大的作品。至與屈原、宋玉等同爲楚地出身的劉邦建立漢王朝之後，繼承上述騷體賦而產生的漢大賦迅速風靡大漢朝野上下。從此以降,前漢的枚乘、司馬相如、東方朔、揚雄,後漢的班固、張衡,六朝的曹植、傅玄等作賦名家輩出,逐漸形成了序、本體、亂的完整結構,相繼產生了詩體賦(亦稱古賦)、大賦(亦稱漢賦)、騷體賦、散賦(亦稱小賦)、俳賦(亦稱駢賦)等一系列賦的新形式,大大促進了賦文學的成熟和豐富。

上面提到賦的結構基本爲序、本體、亂三段式。翻檢《文選》我們會發現,像"竹取翁歌一首並序"這樣的題詞在賦的分類之下屢見不鮮。具體而言有班固《兩都賦並序》、宋玉《高唐賦並序》《神女賦並序》《登徒子好色賦並序》、賈誼《鵩鳥賦並序》、左思《三都賦序》、司馬相如《長門賦並序》、揚雄《甘泉賦並序》《羽獵賦並序》《長楊賦並序》、陸機《嘆逝賦並序》《文賦並序》、孫綽《游天台山賦並序》、王延壽《魯殿靈光賦並序》、潘安《秋興賦並序》《閒居賦並序》《懷舊賦並序》《寡婦賦並序》、禰衡《鸚鵡賦並序》、張華《鷦鷯賦並序》、顏延年《赭白馬賦並序》、向秀《思舊賦並序》、傅玄《舞賦並序》、馬融《長笛賦並序》、嵇康《琴賦並序》、曹植《洛神賦並序》等共二十九篇,幾乎占到《文選》所收賦的總數的一半。其中還不包括像潘安《藉田賦》那樣的題詞中雖未出現但實際上擁有序文的賦,如果加上這類賦的話,那麼沒有序的賦在數量上反而落入少數派。另一方面,《文選》詩類中僅可見陸機《答賈長淵並序》、劉邦《漢高帝歌並序》等極少數題詞中包含序文的例子。如此看來,包括竹取翁歌在內的長歌的題詞表達法應當是受《文選》賦類的影響而非詩類的影響。

繼而來看序文與本體的承接處,竹取翁歌"近猥之罪,希贖以歌。即作歌一首並短歌"。這一承接表達與揚雄《甘泉賦並序》之"奏甘泉賦以風",潘安《寡婦賦並序》之"余遂擬之以叙其孤寡之心焉",顏延年《赭白馬賦並序》"末臣庸蔽,敢同獻賦"在句式結構和行文語義上皆有相似之處。類似的表達還有山上憶良(660—733)的《哀世間難住歌》"其歌曰"、大伴旅人(665—731)的《游於松浦河序》"因贈詠歌曰"等。

至於賦的"亂",無論取"亂,理也。所以發理詞指,總撮其要也"(王逸《楚辭章句》)之說,還是取"亂,樂之卒章也"(朱熹《論語集注》)之說,其地位和作用都與長歌後附的反歌相仿。尤其對於《竹取翁歌》而言,位於其長、反歌後面的與竹取翁唱和呼應的《娘子等和歌九首》,在寬泛意義上也構成一種主客問答的形式。這種問答形式同樣也見於《貧窮問答歌》中,而《石上乙麻呂卿配土佐國之時歌三首並短歌》則類似司馬相如《子虛賦》《上林賦》,以三首長歌爲一組,分別從時人、妻、石上卿三個不同立場作歌,這一三段式手法也同樣爲空海《三教指歸》所采用。

二　竹取翁歌之技法與辭賦文學

《萬葉集》深受中國的六朝文學的影響,而六朝時代就其大體而言正是"爲文尚美"文學理念大爲盛行的時代,靈活巧妙地驅使各類修辭技法極盡辭藻、騁辭競艷的文風可以稱得上是其時代特徵。竹取翁歌也毫無疑問受到其影響,下文將結合賦的特點集中討論該長歌對練字、對句、典故三類技法的運用情況。

(一) 練字

即便皇皇千萬言的文章也是由一字一句連綴而成的。在這一過程中,字詞的選擇、前後文的調配、句式的調整等既是對作者文字功底的考驗,也顯露出作者著述時的心迹和旨趣。古來的"春秋"學常言道"微言大義""一字褒貶",對於這種字字句句的斟酌取捨尤爲推崇。賦的作者更是從心底就對那些平凡庸俗的字詞、常套泛濫的語序甚是排斥,以雕琢、文飾爲己任,大大地促進練字技法的飛躍發展。《文心雕龍·練字》雖指出:"是以綴字屬篇、必須練擇:一避詭異、二省聯邊、三權重出、四調單複。詭異者,字體瓌怪者也。"但除了第三點外,這其實是劉勰對當時流行的屬文措辭情況的批評,實際情況恰恰是與之相反的。或如"芝房菌蠢生其隈、玉膏滵溢流其隅",或如"布濩漫汗、漭沆洋溢",或如"鱏鱣鰅鰫、黿鼉鮫鯔"(皆出自張衡《南都賦》)等不勝枚舉。翻開竹取翁歌,讀者的目光想必很容易被開篇處的"褨襦(ひむつき)の"中的略有些生僻礙眼的"褨襦"一詞所吸引吧。管見所限,筆者翻檢當前的漢籍還未發現此例之外的用例。那麼如此一來,這一詞是否已成爲含義不明的死語了呢? 事實上也不盡其然。先來看"褨"這一字,遍尋字書可以發現其音義有三:

> A《廣韻》:蘇可切、音縒。衣長貌。
>
> B《集韻》:此我切、音瑳。義同。
>
> C《類篇》:鋤加切、音槎。衣見褉。

從原文的文意來看,應當是指竹取翁兒童所穿着的衣物,因此 B 項美玉一義自不必說,A 項也似乎不合原文。那麼就剩下 C 項這一可能,繼續查找 C 項中的"褉"一字,發現其字義又有二:

> a《集韻》:"先的切,音錫。《爾雅·釋訓》:'袒褉,肉袒也。'《玉篇》:'脫衣見

體也。'"

　　b《集韻》："他計切,音替。《詩·小雅》:'載衣之褐',《傳》:'褋也。'《箋》:'褋,夜衣也。'"

　　承前所述,a項裸祖一義也不甚合適,b項更爲妥當。如此一來,就不難發現"褋"="褐"="褋",亦即"褋褋"實際與"褋褋""褋褋"相類。而"褋褋"一詞據《廣韻》:"褋褋、負兒衣。《博物志》云:'織縷爲之。廣八寸、長二尺。以約小兒於背上。'"在此,長歌的著述者有意識地捨棄了"褋褋"較爲常見常用的詞,而精心地運用訓詁方法生造出一個新詞"褋褋"來謀求措辭上的新奇。這一技法通常被稱爲代字。即使用精心雕琢的字詞來代替平凡庸俗的字詞。關於代字,駱鴻凱指出:

　　舉日義言之,曰曜靈(《歸田賦》"於時曜靈俄景",亦用屈子遠遊語)、曰靈暉、曰懸景、曰飛轡(並見《演連珠》)、曰陽烏(《蜀都賦》),皆替代之辭。此外言月則曰素娥、曰望舒、曰玄兔、曰蟾魄,此以典故代也。言山則曰巒、岑、巘、岡、陵,言舟則曰航、艖、艘、舫、舸、艫,言池塘則瀦、沼,言車則曰軺、輦,此以訓詁代也。託始於卿、固(長卿《封禪文》:"導一莖六穗於庖、犧雙觡共觝之獸。"上句代嘉禾、下句代白麟;孟堅《典引》曰:"擾緇文皓質於郊、升黄暉采鱗於沼。"上句代騶虞、下句代黄龍)中興於潘、陸(安仁《藉田賦》"緫犗服於縹軛兮、紺轅綴於黛秅。"緫犗以代青牛;紺轅,六目赤色車)顏、謝繼作,綴緝大繁。[⑦]

　　如駱氏所述,代字技法尤其在六朝時代運用頻繁。究其原因,當與六朝文人刻意規避陳腐、銳意追求新穎表達的群體心態有關。

　　在本長歌中,訓詁代字的例子除了前例之外,尚有霖(意即長雨。《説文》:"雨三日而已往。從雨,林聲。")、某(通梅字。詳見後述)、車(代輿字或輦字。《説文》:"車,輿輪之總名。夏后時,奚仲所造。象形。")、送(代載字。《説文》:"載、乘也""送、遣也。"字義皆相近)、鑑(代鏡字。《干禄字書》:"鑒監,賈陷反。照也。明也。鏡也。察也。戒也。")等。而"以紉縫之"(紉の縫着け)一句中的"紉",據《説文》"繵繩也。從糸、刃聲",很容易聯想到屈原《離騷》中"紉秋蘭以爲佩"(王逸曰:"紉、索也。展而續之也。"),應當認作前述典故代字一類。

　　除代字手法之外,本長歌中還可見剪裁[⑧]這一略爲稀見的練字技法。即從常見的典故、字句中不拘於原文語法和原有含義,徑直截取某些字詞來表示特定的語義。(其意義一般射覆前後字詞之義。)最爲人所熟知的例子恐怕當屬從"子曰:吾十有五而志于學,三十而立,四十而不惑,五十而知天命,六十而耳順,七十而從心所欲不踰矩"(《論語·爲政》)中截取的"志學""而立""不惑""知天命""耳順""從心"等一系列詞語。實際上,這一技法並不僅限於賦文學中,在六朝文章中都有廣泛的應用。例如:

友于(原意爲兄弟友善,轉而意指兄弟)語出《尚書·君陳》:"惟孝友于兄弟,克施有政。"曹植《求通親親表》有"今之否隔,友于同憂"。

貽厥(遺留給子孫,又意指子孫後代)語出《詩經·大雅·文王有聲》:"詒厥孫謀,以燕翼子。"王儉《褚淵碑文》有"貽厥之寄,允屬時望"。

微管(原意爲若無管仲,轉而意指管仲或宰相)語出《論語·憲問》:"微管仲,吾其披髮左衽矣。"謝玄暉《和王融詩》有"阽危賴宗兗、微管寄明牧"。

本長歌中剪裁手法的用例有"平生"和"童兒"兩例。"平生"雖通常訓作"はふご",但實際上其應出自《論語·憲問》"久要不忘平生之言"(孔安國注:"平生猶少時。"),或出自阮籍《詠懷詩八十二首·其五》"平生少年時",意即少年、年少時期。"童兒"一詞應當暗覆陸機《贈陸士龍》"昔並垂髮,今也將老",或者是《後漢書·呂强傳》"垂髮服戎,功成皓首"(李賢注:"垂髮謂童子也")中的"垂髮",抑或是陶潛《桃花源記》"黃髮垂髫,並怡然自樂",或《三國志·魏書·毛玠傳》"臣垂齠執簡,累勤取官"中的"垂齠"。這類剪裁手法往往無視出處原本的文脉和原意,使得讀者不易理解其真正的意味。也正因爲此,讀者不得不反復仔細玩味前後文的文脉乃至去探求典故的原始出處,祇有通過這樣幾番努力方能最終體味其中字詞的三昧。這一手法往往蘊藏着作者獨特的修辭意匠,給讀者帶來趣味及別開生面的感覺。

前文提到六朝時期"爲文尚美"的思想,要使得文章絢麗多彩,最爲直接的辦法莫過於使用華麗辭藻。練字技法中就有這一麗語手法。蕭繹的《采蓮賦》就是一個很好的例子:

紫莖兮文波,紅蓮兮芰荷。綠房兮翠蓋,素實兮黃螺。於時妖童媛女,蕩舟心許,鷁首徐回,兼傳羽杯。(後略)⑨

引文詞語中,有如"紫莖""紅蓮""綠房""翠蓋""素實""黃螺"這樣以"色彩詞＋名詞"構成的詞語,也有如"文波""芰荷"這樣由典雅的"名詞＋名詞"構成的雅詞,也有如"妖童""媛女"這樣表達男女容姿和樣態的詞語,而"鷁首"則是指船首裝飾有鷁鳥(某種傳説中的珍禽)的頭形的船舶,"羽杯"則是指裝飾有鳥羽或帶有鳥翼形狀的酒杯。賦文學往往愛使用這類色彩詞、雅語,以及俊男美女、珍禽、異寶、金銀、美玉、美服、怪獸、神仙、奇山、異水等麗語使文章更加的綺麗多彩。在竹取翁歌中,色彩詞類的有"綠子""紫大綾""二綾裏沓""麻績(白色)""水縹(水色)""黑髮"和"黑沓"等,俊男美女類的有"宮女""舍人""壯士""丁女"等,異寶類的有"高麗錦""唐帶""真十鏡"等,還可見到"海神"這樣的神仙類、"蠃蠃"那樣的異蟲類。

以上,綜觀竹取翁歌中練字技法的運用情況,可知其用字法的特徵大致有三:

①對字詞的改變意欲極其強烈。熱衷於將慣用化、固定化字詞加以替代、剪裁和加工。

②刻意追求詞語的新奇化。

③多方面、綜合性地對字詞進行雕琢。並不僅僅停留在像漢大賦那樣的網羅排列古字、僻字,而是巧妙運用代字、剪裁、麗語等技法,從意義、視覺上對字句進行錘煉。

當然新奇與奇怪僅隔一重紙,練字技法一直備受晦澀難解之類的非難。不可否認其在爲文章增光添彩的同時,的確也給讀者的理解、鑒賞帶來很大的障礙。

(二)對句技法

《文心雕龍·麗辭》中有"造化賦形,支體必雙。神理爲用,事不孤立。夫心生文辭,運裁百慮,高下相須,自然成對"。而空海《文鏡秘府論·北卷·論對屬》也指出:"凡爲文章,皆須對屬。誠以事不孤立,必有配匹而成。"二者皆是從事物若孤立則不能成立、必須對偶的陰陽二元論角度來說明對句的起源。從語言學的角度而言,中國文學中的對句構想應當與漢語本身的特質密切相關。漢語本身帶有"一字一音一義"的三位一體性質,字數、音韻、意義三方面的勻整性對於對句而言是最爲合適不過的。前述《文鏡秘府論·北卷·論對屬》更提到,直到隋唐時期人們都認爲"在於文章,皆須對屬。其不對者,止得一處二處有之。若以不對爲常,則非復文章",反映了當時依然留存的重視對句表現的六朝餘韻。賦文學當然也不能例外,且其對句進一步反映了賦"體物鋪陳""駢散交錯"的特徵。這些特徵在竹取翁歌中也得到很好的體現。

對句例一:

$$
對 \rightarrow
\begin{cases}
緑子の　若子が身には　垂乳し　母に懷かえ \\
襁褓の　平生が身には　結經方衣　ひつらに縫ひ服 \\
頸着の　童子が身には　結幡の　袂著衣
\end{cases}
$$

結→服し我を(散句)

對句例二:

起→か黑髮を　ま櫛持ち　ここにかき垂れ(散句)

對→ {
取り束ね　挙げても纏きみ
解き亂り　童兒に成しみ
}

對句例三：

起→真十鏡　取り雙め懸けて（散句）

對→ {
己が杲　還らひ見つつ　春さりて　野辺を廻れば
面白み　我を思へ
さ野つ鳥　来鳴き翔らふ　秋さりて　山辺を往けば
なつかしと　我を思へか
}

如果再加上序文中出現的對句的話，

對句例四：

對→ {
百嬌儔無く
花容匹無し
}

對句例五：

起→慮はざる外に偶に神仙に逢へり（散句）

對→ {
迷惑とへる心　敢へて禁ふる無し
近く猥れし罪　希はくは贖ふに歌を以ちてせむ
}

上述對句的例子，從對句的内容上來看，既有正對（例一、例三、例四），又有反對（例二、例五）；從對句的形式上來看，既有鼎足對（例一），又有流水對（例二），也有合掌對（例四），還有隔句對（例三、例五）。從這裏不難窺見長歌作者的對句造詣之深。

　　對於志在"逞才競奇"的賦文學而言，對句固然是絶好的表現手段，但與此同時還不應該忘記對句的文意明示機能。實際上哪怕是略顯晦澀難解的對句，如果順着對句的對偶結構進行解讀，詞語與詞語之間的對應關係以及句與句之間的含義也會自然而然地浮現出來。例如對句例三中"枝頭梅"（己が杲）應當與"野中鳥"（さ野つ鳥）是對應關係，"杲"一字通常訓爲"カホ"，這樣一來"顔"與"鳥"的對應就有些不恰當了。繼而調查一下"杲"的字義可知，《説文》"明也。从日在木上。古老切"，同"顔"在字義上也有些偏差。私以爲此處的"杲"當是"某"字之誤。"某"字的俗字常寫作"某"（見於《敦煌俗字譜·木部》⑩）"某"（見於《康熙字典·木部》⑪），與"杲"在字形上非常相似。而"某"字《説文》釋爲"从木从甘。闕。莫厚切"。又據《説文段注》"此是今之梅子正字"。如此

一來,上述對句應當解釋爲"木が梅　還り見つつ　春さりて　野辺廻れば　面白み
我を思へか。さ野つ鳥　来鳴翔らふ　秋さりて　山辺を行けば　なつかしと　我を
思へか"(大意爲"春日到來,徘徊田野,還望枝頭梅,梅花見我應生憐;秋日到來,行走山
麓,野鳥翔來鳴,野鳥見我應生懷")更妥當一些。

(三)典故技法

典故與前述對句技法可以稱得上是中國古典文學的代表性技法,尤其受到喜好誇飾
的賦文學的重視,使用頻繁。其直接的原因應當與漢魏以來貴族階層中廣泛流行的喜好
博學多識的風潮密切相關。也就是謝榛在其《四溟詩話》中所言的"漢人作賦,必讀萬卷
書以養胸次。……又必精於六書,識所從來,自能作用"[12]。更深層次的原因則是中國歷
來的尚古思想。吉川幸次郎在其《支那における古代尊重の思想》一文中指出:

> 這種尊重古代的思想,換而言之是一種將價值的基準置於時間之上的思想。這
> 一思想之所以在中國人中如此强有力,是因爲其與這一民族先天性的尊重感覺的癖
> 好密切結合。在其民族的意識中,理性的力量通常是微弱的,反而感覺纏是最爲確
> 切實際的。因此生活法則與其依靠理性來創造,不如去到所感覺到的過去的事實中
> 來尋求。終日"思"不如"學"(《論語》),多識"前言往行"是爲"君子"的責任(《易
> 經》)。正因爲其生活法則是去到過去的事實中追尋,也因此認爲歷史時代的生活
> 較之現在的生活顯得更具倫理性,這種(崇古)思想自然極其容易地産生出來了。[13]

吉川氏的指摘在我們中國人看來或許有些不中聽,但却是逆耳拂心之言。在這種尊
重"所感覺到的過去的事實"的思維方式之下,記載過去事實的書籍亦即古典就成了人
倫規範,成爲不易的教典。最終,這種認識也影響到文學創作,促進了典故的多用和典故
技法的發達。

另一方面,賦雖屢受到"勸百諷一"的指責,但其始終想去達成諷刺這一目的。前述
對句中長歌作者不厭其煩地鋪陳的衣飾表達,就已經讓我們隱約感覺到枚乘《七發》的
投影。也正與《七發》在極盡一番誇張手法鋪陳事物之後,總要以"論天下精微,理萬物
是非"的聖人賢者的"要言妙道"來曉諭、折服對手的做法相同,本長歌的作者在長歌的
尾聲部分也是如此做的。"古來聖賢人　前言往行今猶在　後來涉世者　得無持作鏡鑒
乎　載父棄山中　其輦還將持來矣"(古への　賢しき人も　後の世の　堅監にせむと
老人を　送りし車　持ち還り来し　持ち還り来し),這一處的出典,自《代匠記》指出
是《令集解》原穀故事以來,後世的注釋大多因襲此説。但據西野貞治的研究[14],其出典

似乎應當認爲是在現存的兩部《孝子傳》古逸本(京大本、陽明文庫本)。其中之一的京大本(原舟橋家本)中原穀故事如下:

> 孝孫原穀者,楚人也。其父不孝,常厭父之不死。時父作輦(明治書院本作"輿")入父,與原穀共擔,棄置山中還家。原穀走還,齎來載祖父輦。呵責云:"何故其持來耶?"原穀答云:"人子老父棄山者也。我父老時入之將棄、不能更作。"爰父思惟之,更還將祖父歸家,還爲孝子。惟孝孫原穀之方便也。與世聞之。善哉! 原穀救祖父之命,又救父之二世罪苦,可謂賢人而已。

《孝子傳》是一部在今日中國除唐宋類書所引個別條目以外難窺全貌的稀覯書。長歌從其中僅僅摘取出"可謂賢人""其持來"等隻言片語,將儒教孝道説教的棄老傳説"原穀諫父"巧妙地化入長歌,並以此來曉諭九個女子,"你們應當學習古來的賢人原穀那樣尊敬老人。不然的話終將爲後來的年輕人所嫌惡拋棄"。借助典故的權威來提升自我主張的正確性和正當性,強化其説服力。最終成功地使得九個女子爲竹取翁所打動,折服於竹取翁的主張。此處的用典堪稱入化。

而且典故不僅對於作者,對於讀者而言也是極具魅力的存在。通過解讀典故的這一過程,讀者可以享受到身爲教養層的知性興味,同時還能體味作者在行文中深藏的真意,達到與作者共融的境界。在當時無論是能夠創作出這樣漢學素養深厚的長歌的人還是能夠鑒賞這樣的長歌的人,想必無一不是同時代傑出的知識階層。因此,不難猜想到本長歌也應當如同漢代大多數辭賦文學作品那樣屬於沙龍文學的產物。

以上,本文以"竹取翁歌"爲例,從長歌的結構和技法兩方面入手,探討了該長歌作者如何借鑒賦的序文、本體、亂的基本結構和導入賦的練字、對句、典故創作技法來完成長歌的創作,同時表明了萬葉歌人遠未打消對辭賦文學的興趣和嘗試,反而在熟練玩味和汲取辭賦文學的營養的基礎上,進一步完成辭賦文學在日本的本土化進程,而且以長歌這一日本文學特有的形態,踏出了對中國辭賦文學吸收消化的穩健一步。當然,隨着《萬葉集》之後整個長歌文學戲劇性的衰退,辭賦文學對和文學的滲透又退回到日本漢文學的框架下。這雖然無礙於辭賦文學在日本的傳承和發展,但在一定程度上亦是一種缺憾。這一缺憾直到松尾芭蕉及其門人所倡導的俳文辭賦的興起纔得到一定程度的彌補。

①　"賦"一詞本身的意思有二：一是作爲名詞表示文體，二是作爲動詞表示吟詠、創作（詩歌）之意。此處談及的僅系前者。

②　太田青丘：《日本歌学と中国詩学》，東京：清水弘文堂書房，1968 年，第 27 頁。

③　其中因《新拾遺和歌集》佚名作實爲《萬葉集》卷三《鴨君足人香具山歌》，再加上人麻呂、赤人二首，實際上出自《萬葉集》之外的長歌僅有 21 首。

④　詳參見中西進：《萬葉集の比較文學的研究》，東京：桜風社，1963 年。部分中文摘譯見中西進：《水邊的婚戀——萬葉集與中國文學》，王曉平譯，成都：四川人民出版社，1995 年，第 160—221 頁。

⑤　《萬葉集④》，小島憲之等校勘，《新編日本古典文學全集》，東京：小學館，1996 年，第 92—99 頁。爲便於下文論述的展開，有部分更改。

⑥　本文討論重點雖在長歌及其後的反歌之上，但也將涉及該長歌、反歌後追和的卷一六·3794—3802《娘子等和歌九首》，因此在這一並揭出。

⑦　駱鴻凱：《文選學》，北京：中華書局，1989 年，第 356 頁。

⑧　亦稱斷語（鈴木虎雄《駢文史序説》）或歇後語（王力《古代漢語史稿》）。

⑨　陳振鵬、章培桓主編：《古文鑒賞辭典（新一版）》，上海：上海辭書出版社，2014 年，第 729 頁。

⑩　潘重規主編：《敦煌俗字譜》，臺北：石門圖書公司，1978 年，第 3231 頁。

⑪　《康熙字典》，北京：中華書局，1958 年，第 1821 頁。

⑫　謝榛：《四溟詩話四卷》卷二，丁福保輯：《歷代詩話續編》，北京：中華書局，1983 年，第 1175 頁。

⑬　吉川幸次郎：《支那における古代尊重の思想》，《吉川幸次郎全集》卷二，東京：築摩書房，1968 年，第 137 頁。譯文系筆者自譯。

⑭　西野貞治：《竹取翁と孝子伝原穀説話》，載萬葉學會編輯委員會編：《萬葉》14 號，1955 年，第 44—49 頁。

（原載於《國際中國文學研究叢刊》2018 年第六集，有删改）

作者簡介：張逸農，浙江大學古籍研究所博士後

通訊地址：浙江大學紫金港校區古籍研究所　　郵編：310058

宋代官品與品官制度

龔延明

　　宋代一命之官,都有官品,且官員地位越高,其官銜所繫官稱越多,如加官、寄禄官、職事官、職名、差遣、兼官、散官、爵、勳等等。不同官稱都有一定的官品。如寄禄官品、職事官官品、勳級官品等。不同官品具有不同職能。可見,品官與官品是不能等同的。論文首先分析了二者之區別。進而論述了宋代複雜的官品的演變階段性,特別指出,宋神宗元豐新官制,一項重要的内容,即是對官品等階制度的改革,由隋唐的九品正從三十階,簡化成九品正從十八階。這個改革,少爲人注意,論文用重墨點了出來。至於官品本身,是抽象的尺規,需通過不同載體(官稱)表示出來,如章服,一、二、三、四品階官服紫,五、六品服緋,八、九品服緑;職事官三省長官正一品;爵、王正一品等。關於宋代官品的功能多元性,論文展開了較充分而深入的研究。

　　官品的作用:第一,是劃分官户與編户的界綫;第二,是確定文、武、内侍等百官章服的一個尺規;第三,有無官品是劃定流内官與流外官的分界綫,即劃定官與吏的分界綫;第四,官品高低決定貴官與卑官的等差;第五,官品是協調職務與禄秩雙軌制的調節器;第六,宋代官吏除授任命書,品官給告身,不入品者給黄牒;第七,官品用以定罪、罰俸、抵罪、贖刑;第八,官品施行對象,超出品官範圍,不但向流外官滲透,且向社會滲透,如非官、非吏的黄冠道流等,也出現了"視品"。

　　品官與官品,是中國封建國家行政管理制度發展的產物。自魏晋以來,儘管其品級有疏密,名稱有變化,然而,没有一個王朝的命官,能够抛開這個"官品"的拐棍。[①]宋代也不例外。有的史家斷言:宋前期"官品變得無關緊要"。[②]這個結論,不符合史實,有失於主觀武斷之嫌。與宋代行政管理體制改革相適應,兩宋官品體系,從沿唐五代之舊,經北宋前期至元豐官品改革,處於相對穩定的九品正、從十八品制。如果能從整個發展過程考察,即從官品總體變化上予以把握,那麼,我們就會發現,宋代官品制度比之唐朝,不是衰落,而是革故後之鼎新。朝廷命官,必有品位,因此又稱品官。品位,須通過官品來體現。官品,由唐分九品正從、上下三十階,至宋逐步改定爲九品正從十八階,删其繁冗,顯得更簡練易行。故能爲元、明、清沿用而不廢,直至1911年辛亥革命推翻清政府爲止。

近年來，國內外學者如日本的宮崎市定、梅原郁，國內的俞宗憲、李寶柱、龔延明、李昌憲等，對宋代品階制度、官品制度，相繼進行了專題性的研究與論證，各自做出了不同程度的努力，並已獲得可喜的收穫。③至於宋代官品等級的改革、官品的主要載體與載體之不同、官品的職能的多元性及攀比官品的現象等，尚有待探討和理順。本文之作，期有補於迄今爲止有關宋代官品制度研究的不足之處，江河不擇細流，願有助於全面理解宋的官品制度。下面分三個問題予以論述。

一　官品與品官

在討論宋代官品制度時，首先要理清"官品"與"品官"概念的區別。

閻步克專著《品位與職位：秦漢魏晋南北朝官階制度研究》，專門討論品位與職位的異同，提出：

> 由上述"官""職"兩分或"身份"與"職位"兩分的思路，我們將進而揭著"品位分等"與"職位分等"的概念，它們是從現代行政理論的"品位分類"（personnel rank classification system）和"職位分類"（position classification system）引申而來的……職位確定權責和任務，官階則確定官員自身地位和報酬。品位分類是以"人"爲中心的，結構富於彈性，官階的存在給了文官較大的穩定性和安全之感，即使職務變動也不致喪失位階、待遇下降，而且它比較簡單易行。職位分類則以"事"爲中心，因而避免了同職文官品位不同，因而同工不同酬的現象，它强調專才專用。④

較早出現的官員等級制多呈品位分類，因爲傳統社會裹更重身份，而身份是一種以"人"爲本的地位。

閻氏學術視野開闊，就古今中外的官制進行了探究和比較，認爲現代文官制度，實行"品位分類"和"職位分類"，所謂"品類"就是"官階"，"職位"主要是"權責"；並進而提出傳統社會多行"品位分類"，唐宋施行的就是"階職分立制"，⑤即其前所稱的"品位分類"制。因該專著主要研究漢至唐品階制度，未及討論宋代官品制度，但對研究討宋代官品制度大有啓迪。

筆者主要着眼於宋代官僚制度，屬斷代官制研究，鑒於研究對象的微觀性，覺得首先需要釐清宋代官品與品官的不同概念。這也許於現代行政管理學討論的"品位分類"與"職位分類"的概念討論，具有實證的意義。

宋代官品是什麽？何謂品官？它與宋代官員是什麽關係？諸如官品與散官、寄禄官、職事官、禄秩之關係等是什麽？除此之外，品官據其官品高下的身份，尚能相應享受何等待遇？其内涵是十分豐富而繁雜的。

官品，從狹義、純粹角度上定義，就是按自低向高抽象的等級劃分，可以是周九命、曹魏九品、梁十八班、北魏九品正從、唐、宋九品正從上下三十階、宋元豐新制九品正從十八階等。命與班自一命、一班而上，至最高九命、十八班；反之，北魏至唐宋，自九品而上至最高一品。宋初沿隋唐之制，官品一、二、三品分正、從，共六階，四品至九品正、從又分上、下，共二十四階，總共三十階。⑥

《唐令》：定流内一品至九品，有正、從、上、下階之制……宋初，並因其制。⑦

何謂唐、宋官品？據《舊唐書·職官志》所載"流内九品三十階"，制唐、宋初流内官官品表如下：

	唐代流内九品三十階	宋初流内九品三十階
1	正第一品	正第一品
2	從第一品	從第一品
3	正第二品	正第二品
4	從第二品	從第二品
5	正第三品	正第三品
6	從第三品	從第三品
7	正第四品上階	正第四品上階
8	正第四品下階	正第四品下階
9	從第四品上階	從第四品上階
10	從第四品下階	從第四品下階
11	正第五品上階	正第五品上階
12	正第五品下階	正第五品下階
13	從第五品上階	從第五品上階
14	從第五品下階	從第五品下階
15	正第六品上階	正第六品上階
16	正第六品下階	正第六品下階
17	從第六品上階	從第六品上階
18	從第六品下階	從第六品下階

（續表）

	唐代流内九品三十階	宋初流内九品三十階
19	正第七品上階	正第七品上階
20	正第七品下階	正第七品下階
21	從第七品上階	從第七品上階
22	從第七品下階	從第七品下階
23	正第八品上階	正第八品上階
24	正第八品下階	正第八品下階
25	從第八品上階	從第八品上階
26	從第八品下階	從第八品下階
27	正第九品上階	正第九品上階
28	正第九品下階	正第九品下階
29	從第九品上階	從第九品上階
30	從第九品下階	從第九品下階

注：表據後晉劉昫等撰《舊唐書》卷四二《職官志一·永泰二年官品》（北京：中華書局，1975 年，第 1791—1803 頁）。並參《宋史》卷一六九《職官志八·文散官二十九》《武散官三十一》所繫官品（第 4049—4051 頁）。然，《宋史》卷一六九《職官志九》所載文、武散官皆缺正一品，這不等於宋初官品非三十階，如宋孫逢吉《職官分紀》卷八《尚書令》載："國朝《官品令》，尚書令正一品。"（中華書局影印，1988 年，第 197 頁上）

官品，是等級的一種符號，是衡量等級的尺規。它不是孤立存在的。它的功能在於，依附於某品官官銜中其他各種不同職官名號載體，顯示它們的等級差別，從而確定該品官身份高低，以決定他在官員管理制度內可以得到的權利及位遇。官品本身，是抽象的符號，不代表什麼。"官品"在官場中所發揮的作用，近似於經濟流通領域中的等價物——貨幣；但又不能與"等價物"等同視之，這是由於官品是抽象的，不繫於官銜之中，它袛能通過諸種載體予以體現。

品官之名，源於周之命官。周官，"一命受職"，有"命"即有"職"，先有"命"而後有職。有職有命，即是"命官"。《通典》載：

> 一命受職。（始命爲正吏，謂公侯伯之士也，於子、男爲大夫。）[8]

宋代，流内一命之官即獲官品，有品之官，即爲"品官"。"凡預品官，各設資考，課其殿最，歸於有司。或歷階以升，或越次而補。"[9]"品官"之稱，列入宋代條法。如《慶元條法事類》稱"品官色役聽免""品官之家納色役錢自若"等[10]。

歐陽修，原是一個普通民户的布衣。北宋仁宗天聖二年（1024）正月，二十四歲的歐陽修，應進士科科舉試，禮部會試得第一名，爲會元。三月，赴崇政殿殿試，進入甲科前十四名。宋科舉制不同於唐,一旦進士及第,就釋褐授官。於是,五月,歐陽修初授將仕郎、試秘書省校書郎、充西京留守推官⑪,即成爲品官。然,從歐陽修初授官銜上,並没有直接的官品顯示:

　　　　將仕郎、試秘書省校書郎、充西京留守推官歐陽修。

　　其實,歐陽修的官品,寓於文散官將仕郎中。宋沿唐制,文散官二十九階,都有官品,⑫將仕郎屬起步階,從九品下,試把歐陽修官銜的各項名號注釋如下:

　　　　將仕郎(文散官,從九品下)、試秘書省校書郎(試銜官,選人寄禄本官階)、充西京留守推官(幕職差遣,實際職務)。

　　可見,官品是一種規定等級的抽象符號,祇能通過某一載體,如文散官等來體現。歐陽修初授官銜之後,憑其品官身份,於天聖九年(1031)三月,"至西京(洛陽)"赴任。宋前期,文散官關係章服,八品、九品服青。歐陽修在西京留守司當幕職官時,所著官服顔色爲青色。官品,就這樣在品官身份上體現出來,而不可能游離於品官之外。也就是説,品官歐陽修初入仕的官品,是通過文散官將仕郎這一載體體現出來的。

　　顯然,官品與品官,是兩個不同的概念。這是研究宋代官品階位制度,首先要理清的問題。

　　没有官品的官,稱流外官,屬吏胥,屬無品官。

　　品官與無品官之別是一條鴻溝,任命書(官告、告身)格式就有區別:

　　　　(元豐五年)詳定官制所言:"唐制,内外職事有品者,給告身,其州、鎮辟置僚佐止給使牒。本朝亦以品官給告身,無品及一時差遣,不以職任輕重,皆中書門下給黄牒,樞密院降宣。今若盡如唐制例給告身,則職卑而事微,恐不盡勝給。今擬階官、職事官、選人,凡入品者皆給告身,其無品者若被敕除授,則給中書黄牒,吏部奏授則給門下黄牒,樞密院差則仍舊降宣,於事簡便。"從之。⑬

北宋神宗元豐六年九月《定各品官詣尚書省六曹就位處》詔:

　　　　各品官詣尚書省六曹上、下馬……即太中大夫(從四品)以上就第一貯廊,監察御史(從七品)以上過道門……即太中大夫以上就本廳,監察御史以上就客位,餘並過道門外。⑭

　　南宋初,京師開封府規定"非品官不許乘馬"⑮。乘馬成爲品官擅利。

　　品官之家,列入官户,與民户區分開來。官品有無,與官品高低,作用甚大,決定官吏之"流內"與"流外"之别,侍從官與庶官之異,官品高低與俸禄行、守、試等級之定,官品與朝儀雜壓排位之聯等,皆有賴於官品這一尺規。而且火祆教、佛教、道教之階别,也攀比官品。至於品官能否享有録入國史、議謚號、喪葬賻贈、贈官、贖刑、蔭子,及衣、食、住、行等種種特權,無不以官品之高下而定奪。官品,在宋代官理制度中,可謂無處不在。宋岳飛之孫岳珂名著《愧郯録》稱:

> 《淳熙官品令》:自太師而下至翰林醫學列爲九品,皆有正從。蓋見行之制。故著令所載,凡叙蔭、儀制、罪贖,不以高下,概謂之品官。⑯

上引岳珂此論之意爲:《淳熙官品令》是現行官品令,其所定官品仍是正從九品十八階。百官自太師至伎術官最低等翰林醫學官,各有相應官品,都是品官。因而在"叙蔭、儀制、罪贖"等制度上,概以品官官品之高下,而得到法定的、相應的待遇。

在此基礎上,可進一步探究,品官的官品,不止係於某個職官名號,隨着品官的升遷,其官銜所繫職官名號逐漸增多,作爲官品載體的名號,也由文散官擴大至本官階、職名、差遣、勳、爵等。這是官品的另一個問題:官品的不同載體與功能。

二　宋代官品的等級變化

宋代官品,不是一成不變的。宋初,"太祖設官分職,多沿襲五代之制,雖稍有增損,而大體俱舊制也"⑰。五代官制,無創新,多沿唐;而唐代官品,又因襲隋。唐朝史家杜祐稱:"大唐自流内以上並因隋制""隋置九品,品各有從。自四品以下,每品分爲上、下,凡三十階。自太師始焉,謂之流内。流内自此始焉……大唐自流内以上,並因隋制"⑱。據此,宋初官品總爲九品正從、上下三十階(三品以上有正從,無上下)。宋代最早一部《官志》稱《開寶官志》。南宋趙善沛謂:係宰相趙普受宋太祖之命,"定百官品秩,删其繁冗,正其階級,題爲《開寶官志》"⑲。惜《開寶官志》已佚,宋初完整之《官品令》遂不可尋。然《宋史·職官志》言:

> 《唐令》:定流内一品至九品,有正、從、上、下階之制……宋初,並因其制。⑳

今存宋初文、武散階二十九階之定品,已可窺見其全貌,唯缺正一品。北宋孫逢吉撰《職官分紀》,記載有宋初尚書令爲正一品,説明正一品在宋代仍在行用。九品三十階官品,在元豐改制之前,是否有過變動、改革? 因没有留一部完整的《官品令》,難以推斷。

太祖、趙普主持修訂《開寶官志》時，有無行新官品呢？

據《職官分紀》載：太宗太平興國間（976—984），"始置諮議，正五品上，其後不置"㉑。這説明，太宗朝仍實行九品正從三十階官品制。這就排除了《開寶官志》推行新官品的可能。

真宗大中祥符六年（1013）二月一日，"〔令〕特置司宫令一員，正四品，班在尚宫之上，著於令式"。説明内職女官除授，皆命以品。

仁宗朝所定《内命婦品》爲㉒：

官品	内命婦稱號
正一品	夫人——貴妃、淑妃、德妃、賢妃
從一品	嬪——淑儀、淑容、順儀、順容、婉儀、婉容
正二品	昭儀、昭容、昭媛、修儀、修容、修媛、充儀、充容、充媛
正三品	婕妤
正四品	美人
正五品	才人
無視品	貴人

仁宗朝《宫人女官品》㉓：

女官品	宫人六尚二十四司女官名（入品女官）
正四品	司宫令
正五品	六尚書——尚宫、尚儀、尚服、尚食、尚寢、尚功
正七品	二十四司——司記、司言、司簿、司闈、司籍、司樂、司賓、司贊、司寶、司衣、司飾、司仗、司膳、司醖、司藥、司饎、司設、司輿、司苑、司燈、司製、司珍、司彩、司計
正八品	二十四掌——掌記、掌言、掌簿、掌闈、掌籍、掌樂、掌賓、掌贊、掌寶、掌衣、掌飾、掌仗、掌膳、掌醖、掌藥、掌饎、掌設、掌輿、掌苑、掌燈、掌製、掌珍、掌彩、掌計
流外	女史

以上内職官品，屬視品，與外朝文武官官品有異。這尚難以證明，真、仁間已推行正、從官品不分"上、下"制。例如：

仁宗朝，時任知制誥的張方平上《請立醫官定員奏》㉔：

臣按《官品令》，尚藥奉御四員。國朝故事，翰林醫官院雖無定員，然至奉御者率不過三數員而已。今點勘本臺班簿，直醫官院七員，尚藥奉御十二員，合二十七員。自餘醫官、醫藥祇候輩，故不勝其冗且濫也！按今奉御正五品下，以其供奉至尊,故得列於殿中省,備"六尚"之職。

"(尚藥)奉御正五品下",此例,有力地説明官品正從分上、下之制,未變。這又排除了仁宗朝《天聖官品令》推行新官品的可能。

兹據《職官分紀》不完全記載,尚能看到的宋初官品例示(殘):

官品	官名	注
正一品	尚書令　同中書門下平章事	
從一品	太子太師、太傅、太保	
正二品	參知政事　吏部尚書　御史大夫	
從二品	資政殿學士　户部尚書、兵部尚書	
正三品	王傅　太子詹事　左、右散騎常侍　御史中丞	
從三品	上州刺史　司天監　吏、户、兵部侍郎	
正四品上	中州刺史　太子清道路率府率	
正四品下	下州刺史	
從四品上	太子左、右監門率府副率	
從四品下	上州別駕　司天少監	
正五品上	上州長史　王府諮議參軍事　赤縣令	
正五品下	中書堂後官　中州別駕	
從五品上	赤縣令　上州長史　下州別駕	
從五品下	上州司馬　王友	
正六品上	三京縣令　中州長史	
正六品下	中州司馬	
從六品上	上縣令　下州司馬	
從六品下	通直郎	文散階品,沿唐制。 《群書考索・後集・文階類》
正七品上	開封府司録參軍事　中縣令　司天監丞	
正七品下	開封府諸曹參軍事	除名叙法,正四品從正七品下叙從;從四品於正八品上叙。 《夢溪筆談》卷十一引《律》
從七品上	上州録事參軍事　中、下縣令　赤縣丞	
從七品下	下縣令　司天監主簿　上州録事參軍	
正八品上	中州録事參軍、司户參軍	
正八品下	中州司法參軍	
從八品上	下州録事參軍　赤縣主簿　上縣丞	

（續表）

官品	官名	注
從八品下	下州司户　司法參參軍　中縣丞　赤縣尉	
正九品上	三京縣主簿　中、下縣丞	
正九品下	下州醫博士　三京縣尉　中上縣主簿　下縣丞	
從九品上	中、上縣尉　中、下縣主簿	
從九品下	下縣尉	

注：此表據《職官分紀》卷六《門下省》、卷九、卷一〇《列曹尚書》、卷一七《太史局》、卷二九《左諭德》、卷三〇《太子左右清道率府率副率》《太子左右監門率府率副率》、卷三二《諸王府僚屬》、卷三八《開封府》、卷四〇《總州牧·國朝刺史》、卷四二《縣令·國朝》，沈括《夢溪筆談》卷一一《官政》，章如愚《群書考索》後集卷一九《官制門·文階類》等製成。

　　《職官分紀》以上所載官品，係據宋朝元豐改官制之前的官品令。

　　元豐改制後，官品從九品正從上下三十階減爲九品正從十八階。元豐寄禄官，除無正一品階之外，自開府儀同三司（從一品）至承奉郎（從九品）二十四階，皆依制官品定品級：

官品	元豐文臣寄禄官　武臣武官階官	注
正一品	【加官、職事官、宗室官】三師、三公，宰相，王	元豐文臣無正一品寄禄官。
從一品	1 開府儀同三司；2 特進	
正二品	3 金紫光禄大夫	
從二品	4 銀青光禄大夫	
正三品	5 光禄大夫	
從三品	6 正議大夫	
正四品	7 通議大夫	
從四品	8 太中大夫	
正五品	9 中大夫	
從五品	10 中散大夫	
正六品	11 朝議大夫	
從六品	12 朝請大夫；13 朝散大夫；14 朝奉大夫	
正七品	15 朝請郎；16 朝散郎；17 朝奉郎	
從七品	18 承議郎	
正八品	19 奉議、通直郎	
從八品	20 宣德郎；21 宣義郎	

（續表）

官品	元豐文臣寄禄官　武臣武官階官	注
正九品	22 承事郎;23 承奉郎	
從九品	24 承務郎	

注:此據校點本《宋會要輯稿·職官八》之三、四《吏部》引《神宗正史·職官志》,並參《宋史》卷六八《職官志八·官品》、卷一六九《職官志九·元豐寄禄格》製成。

　　據《神宗正史·職官志·吏部》所載,元豐五年改官制,"酌古御今,名實始正。(吏部)尚書從二品,侍郎從三品,郎中從六品,員外郎正七品,參掌選事而分治之。凡序位有品,選官有格,分任有職,寓禄有階……總為品十有八"㉕。

　　新官制官品分九品正從十八階,將之前九品正從三十品階進行了改革,這是官品史上的一個里程碑。從北宋元豐新制後,確立了九品正從十八品,至明、清而不廢。

　　元豐新制職事官官品示例:

官品	職事官	出處
正一品	侍中、中書令、尚書令(三省省長,宰相職)	抄本《元豐官志》
從一品	尚書左、右僕射	抄本《元豐官志》
正二品	門下、中書侍郎(參知政事職),尚書左、右丞御史大夫	抄本《元豐官志》《宋會要輯稿·職官》一七之三《御史臺》引《神宗正史·職官志》
從二品	吏、户、禮、兵、刑、工部尚書	《宋會要輯稿·職官》六之三引《神宗正史·職官志》,手抄本《元豐官志》
正三品	左、右散騎常侍(兩省官),御史中丞,龍圖、天章、寶文閣學士	手抄本《元豐官志》
從三品	吏、户、禮、兵、刑、工部侍郎,御史中丞,龍圖、天章、寶文閣直學士	手抄本《元豐官志》《宋會要輯稿·職官》一七《御史臺》引《神宗正史·職官志》
正四品	給事中、中書舍人(中書後省長官),秘書省監,宗正卿,太常卿	抄本《元豐官志》,《宋會要輯稿·職官》一八《秘書省》,卷二〇《宗正寺》
從四品	左、右諫議大夫,龍圖、天章、寶文閣待制光禄卿,衛尉卿	手抄本《元豐官志》
正五品	觀察使	
從五品	秘書省少監,太常卿,宗正少卿	《宋會要輯稿·職官》卷一八《秘書省》,手抄本《元豐官志》

（續表）

官品	職事官	出處
正六品	尚書省左、右司郎中,光禄卿、衛尉卿	手抄本《元豐官志》
從六品	起居郎、起居舍人、(左、右史,小兩省官),尚書左、右司員外郎,尚書省六部二十四司郎中,侍御史	手抄本《元豐官志》《職官分紀》卷一四《御史臺》《宋會要輯稿·職官》一七之三《御史臺》引《神宗正史·職官志》
正七品	左、右司諫,尚書省六部二十四司員外郎殿中侍御史	手抄本《元豐官志》《宋會要輯稿·職官》一七之三《御史臺》引《神宗正史·職官志》
從七品	左、右正言,秘書省丞、著作郎,監察御史,太常寺丞、博士	手抄本《元豐官志》《宋會要輯稿·職官》一七之三《御史臺》引《神宗正史·職官志》
正八品	秘書省郎、著作佐郎,光禄丞、衛尉丞京畿縣丞	手抄本《元豐官志》
從八品	秘書省校書郎、正字,御史臺檢查法官、主簿,太常寺太祝、奉禮郎簽書判官廳公事,節度掌書記,觀察支使,州録事參軍,上州司理參軍,諸州縣丞	《宋會要輯稿·職官》一八《秘書省》、一七《御史臺》,手抄本《元豐官志》
正九品	太學正　太官令	《宋會要輯稿·職官》二一之二《光禄寺》引《神宗正史·職官志》
從九品	中下州司理參軍,諸州軍屬縣主簿、縣尉	《職官分紀》卷四一,手抄本《元豐官志》

元豐官制改革,並非全面的官制改革。像武選官名、選人官名、内侍官名等,未予正名。元祐時,基本上遵循元豐官制,但做過一些小修小補。如改三省、樞密院分班奏事爲合班奏事;户部右曹侍郎不復專掌常平事,而歸總於户部尚書等。影響稍大者,即於元祐三年(1088),將寄禄官金紫光禄大夫、銀青光禄大夫、光禄大夫、正議大夫、中散大夫、朝議大夫六階分左、右。元祐四年,自朝請大夫至承務郎十四階,又分左、右。至此,元豐寄禄官二十四階,除開府儀同三司、特進、通議大夫、太中大夫、中散大夫五階,餘均分左右,總爲四十五階。進士出身加"左"階,餘人加"右"階,用以區分流品。紹聖二年(1095)四月三日又罷元祐四年之分,而複元祐三年分左、右之制(金紫光禄大夫罷分)㉖。

文、武散官階,至神宗元豐頒行新官制時罷去。元豐三年九月十七日,中書省言:

　　官制所申:朝旨除三公、三師外,余檢校官並散階並罷。所有宗室及文武臣正任至内常侍以上内臣供奉官以下,選人、技術官、將校、中書、樞密院主事以下,及諸司吏人所授勒留官、衙校等,各帶文散階、檢校官及憲衛,欲並除去。㉗

文散官所繫九品正從三十階,與之共存亡。即是説,宋初九品三十階官品制,一直沿用至神宗行新官制之前。

宋神宗元豐五年(1082)四月甲戌:"詔中書五月朔行官制""《官制格目》,是爲元豐不刊之典,蓋與《周官》並傳而無遺"㉘。《官制格目》重新訂定官品,分九品正、從,"總爲品十有八"㉙,並罷去文、武散階。九品正從、上下三十階之官品,到此廢除。元豐改制之後,《官品令》雖經元祐、政和、紹興、乾道、淳熙、慶元、嘉定等朝屢次修訂,然迄南宋,九品正從十八階官品制,行用不變。如:"《淳熙官品令》,自太師而下至翰林醫學,列爲九品,皆有正從,蓋現行之制。"㉚《慶元條法事類》所保存的《官品令》,自三公(太師、太傅、太保)、左右丞相正一品,至諸州上、中、下主簿、尉,翰林醫學從九品,共九品正從十八階,不變。㉛

宋代官品變化表

	北宋前期(960—1082)	元豐新制後(1082—1276)	
1	正一品	正一品	1
2	從一品	從一品	2
3	正二品	正二品	3
4	從二品	從二品	4
5	正三品	正三品	5
6	從三品	從三品	6
7	正四品上	正四品	7
8	正四品下		
9	從四品上	從四品	8
10	從四品下		
11	正五品上	正五品	9
12	正五品下		
13	從五品上	從五品	10
14	從五品下		
15	正六品上	正六品	11
16	正六品下		
17	從六品上	從六品	12
18	從六品下		

（續表）

	北宋前期（960—1082）	元豐新制後（1082—1276）	
19	正七品上	正七品	13
20	正七品下		
21	從七品上	從七品	14
22	從七品下		
23	正八品上	正八品	15
24	正八品下		
25	從八品上	從八品	16
26	從八品下		
27	正九品上	正九品	17
28	正九品下		
29	從九品上	從九品	18
30	從九品下		

為便於瞭解元豐改制後官品行用情況，特製《元豐改制後官品表及例示》，供參看：

元豐改制後官品表及例示表

官品	元豐官品令官品	元祐官品令官品	紹興乾道後官品	慶元官品令官品
正一品	侍中、中書令、尚書令	侍中、中書令、尚書令	左、右丞相	左、右丞相
從一品	尚書左、右僕射	尚書左、右僕射	樞密使	樞密使
正二品	門下侍郎，中書侍郎，尚書左、右丞	門下侍郎，中書侍郎，尚書左、右丞，吏部尚書	參知政事（副相）	參知政事（副相）
從二品	吏、户、禮、兵、刑、工部尚書	户、禮、兵、刑、工部尚書	吏、户、禮、兵、刑、工部尚書	吏、户、禮、兵、刑、工部尚書
正三品	龍圖、天章、寶文閣學士	龍圖、天章、寶文閣學士	龍圖、天章、寶文、顯謨、敷文閣學士	龍圖、天章、寶文、顯謨、敷文、焕章、華文閣學士
從三品	尚書省六部侍郎	尚書省六部侍郎	尚書省六部侍郎	尚書省六部侍郎
正四品	秘書省監	秘書省監	秘書省監	秘書省監
從四品	龍圖、天章、寶文閣待制	龍圖、天章、寶文閣待制	龍圖、天章、寶文、顯謨、敷文閣待制	龍圖、天章、寶文、顯謨、敷文、焕章、華文閣待制

（續表）

官品	元豐官品令官品	元祐官品令官品	紹興乾道後官品	慶元官品令官品
正五品	觀察使	觀察使	觀察使	觀察使
從五品	秘書少監	秘書少監	秘書少監	秘書少監
正六品	尚書省左、右司郎中	尚書省左、右司郎中	尚書省左、右司郎中	尚書省左、右司郎中
從六品	尚書省左、右司員外郎，六部諸司郎中	尚書省左、右司員外郎，六部諸司郎中	尚書省左、右司員外郎，六部諸司郎中	尚書省左、右司員外郎，六部諸司郎中
正七品	六部諸司員外郎	六部諸司員外郎	六部諸司員外郎	六部諸司員外郎
從七品	秘書省丞、太常博士	秘書省丞	秘書省丞	秘書省丞
正八品	秘書郎、著作佐郎	秘書郎、太常博士	秘書郎、著作佐郎、太常博士	秘書郎、著作佐郎、太常博士
從八品	秘書省校書郎、正字	秘書省著作佐郎、正字、校書郎	秘書省校書郎、正字	秘書省校書郎、正字
正九品	太學正	光禄寺太官令	太學正	太學正
從九品	諸州軍所屬縣主簿	諸州軍所屬縣主簿	翰林醫學	翰林醫學

注：此表據《宋會要輯稿·職官》所引《神宗正史·職官志》、《職官分紀》所載《元祐令》、《宋史》卷一六八《職官志八·官品》、《慶元條法事類》卷四《官品》及《玉海》卷一一九《元豐新定官制》、手抄本《元豐官志》（不分卷）等製成。

令人意外的是，在廢除九品正從三十階官品制後，徽宗朝居然尚有"從九品下米芾"之記載。米芾在其親筆所撰《跋顏書》中，自稱"崇寧丙戌六月六日，從九品下米芾記"[32]。此"從九品下"，絕對不能説明徽宗朝仍行用三十階官品制。何以有"從九品下"之題銜？蓋崇寧五年，米芾爲書畫學博士[33]。而唐書學博士，官品"從九品下"[34]米芾借此以自稱，文人戲謔之意也。

三　官品的不同載體

官品的載體，自不能與官品本身等同。官品的載體有多種，如文、武散官，職事官，職名，本官，寄禄官，勳，爵，内外命婦，内侍官等。

官品通過載體體現，非宋之創置。唐代官品令，就已有不同載體的表示。如《舊唐書·職官志》所載：

從第二品

尚書左、右僕射，太子少師、太子少傅、太子少保，京兆、河南、太原等七府牧，大

都督揚、幽、潞、陝、靈,大都護單于、安西。以上職事官。光禄大夫,文散官。鎮軍大將軍,武散官。開國縣令,爵。柱國,勳。㉟

上引唐代官品從二品,其載體就有"職事官""文散官""武散官""爵""勳"五種官銜名號,凡繫官品的官,就是品官。

宋官品同樣以品官爲載體,有多種名號。以元豐新制爲例:"翰林學士承旨爲正三品""光禄大夫爲正三品""觀文殿學士爲正三品""上護軍爲正三品"。我們可以看出:"某官爲正三品"或"某勳爲正三品"等,都是個體;唯有"正三品"纔是以上諸職官的共體——官品。顯然,這兩者之間是有區別的,這就是官品與官品載體之別。"正三品"是官品,"翰林學士承旨"則是正三品的一個載體。"官品"的概念搞清楚了,我們就能夠注意到官品與品官的區別,品官與非品官之區別,官品與官階的區別,官品與勳級、爵級等的區別。本文所討論的,正是官品與官品不同載體的關係。

如上所述,官品本身,不代表什麼,它是衡量等級的尺規。官吏高低貴賤的地位,及與之相應所能得到的權利,必須通過官品來劃分與體現。"官品"在官場中所發揮的作用,近似於經濟流通領域中的等價物——貨幣;但又不能與"等價物"等同視之,這是由於官品是抽象的,不繫於官銜之中,它祇能通過諸種載體予以體現。而諸種載體之中,又有主次之別,有積極意義與無積極意義之分。爲説明問題,且以司馬光在《資治通鑑》首卷署銜爲例:

　　朝散大夫(文散階:從五品下)、右諫議大夫(正官本官階,從四品下)、權御史中丞、充理檢使、上護軍(勳,正三品)、賜紫金魚袋(文散官三品服紫,不及三品,賜紫)臣司馬光。㊱

司馬光在治平四年(1067)任右諫議大夫、權御史中丞。㊲"權御史中丞"係差遣官,依例,御史中丞兼充理檢使。㊳差遣爲實際職務,但不決定該官章服、俸禄的品級:"若以差遣,則有官卑而任要劇者,有官品高而處冗散者,有一官而兼領數局者,有徒以官奉朝請者,有分局蒞職特出於一時、隨時立名者,是差遣又不可用也。"除差遣之外,能表示官品的有文散階朝散大夫從五品下,正官(本官階)右諫議大夫(正五品上)㊴,勳級上護軍,爲正三品。㊵我們可視散階、正官、勳級等爲諸官品之載體。然諸載體中,"護軍、柱國全是虛名"㊶。散階呢,真宗朝時楊億説:"臣又以勳、散之設,名器實繁。《律》文以勳、散爲二官,已經删定。故事,加散官五品,必以上聞。今朝散、銀青,猶關命服。護軍、柱國,全是虛名。"散官官品關係品官官服之等,如"身紆三品之服章"。㊷

回頭看司馬光治平年間所署一連串官銜,官品載體有文散官、正官(本官階)、勳級。能代表其品位的官銜是右諫議大夫(四品)。載體有輕、重之別。宋前期,文散官定章服,三品以上服紫、佩金魚袋。司馬光資品不及,朝廷特許服紫佩金,故官銜中帶一"賜"字——賜紫佩金魚袋。本官階決定俸禄,這是官品主要載體。司馬光其間所得俸禄,按右諫議大夫階月支料錢四十貫,春、冬綾各三匹,絹十五匹,春羅一匹,冬綿五十兩。[43]可見,正官作爲品位的標志,在宋前期成了官品的主要載體。誠如宋末史家馬端臨所言:"至於官人授受之別,則有官、有職、有差遣,官以寓禄秩、敍位著,職以待文學之選,而差遣以治内外之事,其次又有階、有勳、有爵。"[44]原係職事官之正官,用以表示品秩,而不莅職,頗爲不便。司馬光發牢騷説:"今之所謂官者,古之爵也;所謂差遣者,古之官也。官以任能,爵以疇功;今官爵渾淆,品秩紊亂,名實不副,員數濫溢。是以官吏愈多,而萬事益廢。……莫若於舊官九品之外,別分職任差遣,爲十二等之制。"[45]士大夫紛紛上言,要求對因循五代、並予以制度化的現行官制加以改革。"官名自宰相而下至於百執事,循用五季之舊,而不知改,天子臨朝太息於上,而公卿大夫咨嗟悼嘆、發憤於下者,不知其幾十年矣!"[46]

元豐五年(1082),在宋神宗趙頊主持下制訂的新官制,付諸實施。"以階易官"的《元豐寄禄新格》,使官復原職;正官所繫官品主要載體俸禄收入的職能,轉而由"寄禄官"所代替。"使臺省寺監之官,實典職事,領空名者一切罷去,而易之以階,……以階易官《寄禄新格》。"[47]即是説,元豐新制確定了寄禄官爲官品的主要載體的地位。今以元豐改制後文臣所繫官銜爲例:

朝散大夫(寄禄官:從六品)、試尚書兵部侍郎(職事官:從三品)、兼直學士院(兼官)、兼太子詹事(兼官:從三品)、兼侍讀(兼官)、管城縣開國子(爵:正五品)、食邑五百户賜紫金魚袋(章服:資寄禄官資品不及四品,如許服紫佩金魚袋,帶"賜"字)周必大。[48]

此爲孝宗淳熙三年(1176)周必大所署官銜,諸凡寄禄官、職事官、爵、均有官品,可視爲官品之諸載體。但其中能決定周必大章服、俸禄料錢(官員基本工資)的祇有一項——寄禄官。寄禄官是反映官員品位的標志。儘管官員的變動存在諸多規制,但最終都要以寄禄官之官品爲標準定秩品、階位、章服。"元豐元年,去青不用。階官至四品服紫,至六品服緋,皆象笏、佩魚,九品以上則服綠,笏以木。"[49]如周必大,淳熙三年時職務已升爲從三品之兵部侍郎兼太子詹事,可是,寄禄官品朝散大夫纔從六品,尚没有資格服紫色官服,形成了職事官高階卑的情況,從而約束了周必大之章服不能服紫佩金,雖朝廷雖特許服紫佩金,還得在官銜中繫上一個"賜"字,以示資品不夠。周必大兵部侍郎之職錢分"行、守、試"三級,亦須參照官品之主要載體——寄祿官品高低領取。因其寄祿官官品(從六品)低於職事官兵部侍郎(從三品)官品,所謂職高階卑,"兵部侍郎"之前必須帶一"試"字,按"試"一級領取職錢,以別於階高職事官卑的"行"級待遇(五十五貫)。以是言之,周必大試兵部侍郎職錢爲月支四十五貫,寄祿官朝散大夫料錢月支三十五貫,衣賜春、冬絹各十三匹,春羅一匹,冬綿三十兩。⑤⓪

由此可見,官品的主要載體名稱有變化,其表示品位之職能並沒有變化。元豐改制解決了文臣官品載體的正名問題,武臣官品載體的正名,遲至政和二年(1112)九月纔予以解決。《宋大詔令集》卷一六三《改武選官名》,即以新的武選階——自太尉至下班祗應五十二階,取代了由班官、橫行官、諸司使副、三班使臣等武臣所組成的北宋前期武官階。⑤①

寄祿官雖是九品官品的主要載體,然載體有多種。且以《慶元條法事類》所載"官品令"所載爲例(有選擇性轉錄):

官品	寄祿官	職事官	侍從官	貼職	武官階	內侍官	爵	勳	散官
正一品		左、右丞相 無職事加官: 太師、太傅、太保,少師、少傅、少保					王		
從一品	開府儀同三司、特進	樞密使					嗣王、郡王、國公		
正二品	金紫光祿大夫	參知政事、知樞密院事			太尉		開國郡公	上柱國	
從二品	銀青光祿大夫、光祿大夫	簽書樞院事、六部尚書,殿前都指揮使	觀文殿大學士		節度使		開國縣公	柱國	
正三品	宣奉大夫、正奉大夫	翰林學承旨、翰林學士,權六曹尚書	觀文殿學士、資政殿學士、殿閣學士等					上護軍	

官品	寄祿官	職事官	侍從官	貼職	武官階	內侍官	爵	勳	散官
從三品	正議大夫、通奉大夫	御史中丞、開封府尹，六部侍郎	諸閣直學士				開國侯	護軍	
正四品	通議大夫	給事中、中書舍人，太常、宗正卿、秘書監，殿前副都指揮使			承宣使		開國伯	上輕車都尉	
從四品	太中大夫	左、右諫議大夫、七寺卿、國子祭酒	殿閣待制					輕車都尉	
正五品	中大夫	馬步軍都、副指揮使			觀察使，通侍大夫至中侍大夫		開國子	上騎都尉	
從五品	中奉大夫、中散大夫	太常、宗正少卿，樞密都承旨，殿前馬步軍都虞候，龍神衛四廂都指揮使			防禦使、團練使、刺史，中亮、中衛、翊衛、親衛大夫	內客省使、延福宮、景福殿使	開國男	騎都尉	
正六品	朝議大夫、奉直大夫	七寺少卿，尚書左右郎中，國子司業		集英殿修撰	拱衛、左武、右武大夫	入內、內侍二省都知、副都知，押班		驍騎尉	
從六品	朝請、朝散、朝奉大夫	侍御史，起居郎、舍人，諸司郎中		右文殿修撰，秘閣修撰				飛騎尉	
正七品	朝請、朝散、朝奉郎	殿中侍御史，左右司諫，諸司員外郎		直龍圖、天章、寶文閣	武功至武翼大夫			雲騎尉	
從七品	承議郎	監察御史，左右正言，太常、宗正、秘書丞		直顯謨、徽猷、敷文、煥章、華文閣	正侍郎至右武郎，武功郎至武翼郎閣門宣贊舍人	內符寶郎		武騎尉	

（續表）

官品	寄禄官	職事官	侍從官	貼職	武官階	内侍官	爵	勳	散官
正八品	奉議、通直郎	七寺丞、秘書郎、著作佐郎，太史局五官正，京府判官		直秘閣	訓武郎、修武郎、閤門祗候	内常侍			
從八品	宣教、宣義郎，承直、儒林、文林、從事、從政、修職郎	寺監主簿，州府幕職、諸曹參軍縣令			從義郎、秉義郎	供奉官			節度副使，行軍司馬，防、團副使
正九品	承事、承奉郎	太官令、國子太學正、録，太醫局丞			忠訓郎、忠翊郎、成忠郎、保義郎	殿頭高品			州別駕、長史、司馬
從九品	承務郎、迪功郎	縣主簿、尉，翰林醫學			承節郎、承信郎	高班，黄門内品			諸州司士，文學，助教

　　按：選人七階承直郎、儒林郎、文林郎、從事郎、從政郎、修職郎、迪功郎"爲階官"，不列入自開府儀同三司至承務郎的文臣"寄禄官"。故京官最低階"承務郎"與選人最低階"迪功郎"同品（從九品），説明這是二個不同官品序列載體。

　　從上表可以大略地看出，除差遣（如知州、宣撫使之類）、流外胥吏等之外，不同的官銜名號，諸如文臣寄禄官（自開府儀同三司至承務郎）、選人階官（承直郎至迪功郎）、文武職事官（丞相、樞密使、三衙管軍至翰林醫學）、侍從官（觀文殿學士至諸閣待制）、貼職（自集英殿修撰至直秘閣）、武階（自太尉至承信郎）、内侍官（自入内内侍省、内侍省都知至内品）、技術官（五官正、翰林醫學等）、爵（王至開國男十等）、勳（上柱國至武騎尉十二級）、散官（節度副使至文學、助教）都有官品等級。抽象的官品，就是通過以上不同載體，區分官僚的身份、地位的尊卑高下，及與之相應的權益與位遇。

　　以武將岳飛爲例：

　　（紹興十一年四月二十三日）少保（加三少官：正一品）、武勝定國軍節度使（正任武階：從二品）、充湖北京西路宣撫使（差遣：實職）、兼河南招討使、兼營田大使、

武昌郡開國公(爵:從二品)、食邑五千四百户、食實封二千三百户。㊷

岳飛軍職爲湖北京西路宣撫使,這是他實際所掌的軍權,相當於現在大軍區司令。但這個軍職究有多大? 本身没有品級,然通過其官銜少保、兩鎮節度使、爵位、食邑、食實封,可以看出,他是正一品少保(三少官),故史稱"岳少保",從二品正任節度使。這是岳飛巔峰時期的品官官位。據此,岳飛的物質待遇是:

少保:俸錢四百千,春服羅三匹、小綾三十匹、絹四十匹;冬服小綾三十四匹、絹四十匹、綿二百兩。禄粟一百五十石。

節度使:四百千。元隨傔人五十人衣糧。

食實封:2300×25 文 = 57500 文,折 57.5 貫。㊾

以上是岳飛明的收入,至於宣撫使之軍職,是否另有津貼,未明。然從正一品、從二品官階待遇,已能明瞭其月入俸 857.5 貫。

相比較,帶從九品的承節郎、承信郎,月俸錢祇有四貫,春服、冬服給絹各三匹,制軍服錢二貫,其月總收入是一、二品頂層軍官岳飛 857.5 貫的一個零頭。差距何等之遠! 由此,亦可看出中國古代社會品級高下不同,決定着高下懸殊的待遇。

紹興十一年(1141)四月二十四日,高宗、秦檜收三大宣撫使韓世忠、張俊、岳飛宣撫使兵權,明升暗降,納節(交還使節,即罷去節度使之正任階),升爲樞密使、副,岳飛拜樞密副使,㊾其官銜如下:

少保(加三少官:正一品)、樞密副使(職事官:正二品)、武昌郡開國公(爵:正二品)、食邑六千一百户、食實封二千六百户。㊻

岳飛升爲樞密副使,官品正二品,比節度使從二品升了一階。但,樞密副使月俸爲二百千,節度使月俸爲四百千。岳飛納節、解除統兵權升爲樞密副使(相當於國防部副部長)之後,月俸少了二百貫。官品通過載體的變化,即解除節度使,改授樞密副使,在岳飛"明升暗降"中,居然還起着待遇降低的作用。

文官官品舉例。

南宋紹興二十一年(1151)周必大二十六歲,中進士第,初授:

左迪功郎(選人最低階,從九品)、徽州司户參軍(州曹官,從八品)。

淳熙十四年(1187),周必大六十二歲,由樞密使拜相,制書先列舊官銜,再"特授"新官銜:

> 正議大夫、樞密使、滎陽郡開國公、食邑五千六百戶、食實封一千八百戶周必大
> ……可特授：光禄大夫（正二品）、右丞相（正一品）、依前滎陽郡開國公（正二品）、加
> 食邑一千戶（五千六百戶加一千戶爲六千六百戶）、食實封四百戶（一千八百戶加四
> 百戶爲二千二百戶）。㊶

周必大拜相時，官至正一品。經三十六年宦海沉浮，周必大從一個州僚佐官，終於登
頂至正一品的丞相。其月俸由從九品迪功郎選人階時十二千（貫），升至寄禄官光禄大
夫六十千，外加宰相俸錢三百千。從九品與正一品之待遇，何其懸殊！

官品離不開載體，載體等級少不了官品。

四　宋代品官的多元位遇尺規作用

凡命官身份，必須通過其所繫官銜的官品，得到條法確認。宋代官品的多元職能，就
在於它是表示品官官銜中各種不同官稱的"尺規"。官品不同，代表着命官相應的位遇
之不同。諸如官品通過散官階、職事官、勳、爵、職名、寄禄官、章服等定位，決定品官的高
下尊卑、俸禄位遇，從而決定品官官戶、非官戶，親屬蔭官，贈官，品官贖刑等等社會地位
與依法可享受的待遇。其官本位的影響力波及吏胥、庶民，甚至於黄冠道流，也以官品爲
等。官品在宋代政治、社會生活中具有重要意義，是無可置疑的。官品在官僚社會是不
或缺的官制組成部分，其標示官員位遇的尺規作用如下。

（一）劃分官戶與編户的界綫

官品，首先是劃分官戶與編户的界綫。不過，"官戶"的概念，宋初並非是指有官人
之家。歷史是複雜的，"官戶"於隋、唐代命名之始，恰恰與家中有無官員無關。《唐律疏
議》：

> 官戶者，亦謂前代以來，配隸相生，或有今朝配没，州縣無貫，唯屬本司。
> 官戶者，亦是配隸没官，唯屬諸司，州、縣無貫。㊺

宋初，仍沿唐制，没入官府的配隸，没有州、縣籍貫，隸屬司農寺，稱"官戶"：

> 官户奴婢犯罪。【議曰】官户隸屬司農，州縣元無户貫。㊻

其意爲户口隸屬官府的配隸户，地位卑下。《宋刑統》成於太祖建隆四年（963）。此
法定"官户"之名，行用多久，於何時廢止？史無明證。據朱家源、王曾瑜《宋朝的官户》

所論,認爲:"我們在太祖、太宗、真宗三代,尚不見有品官之家作官戶的記載。"[59]現查檢史料,宋代出現與宋初"官戶"概念截然不同的"官戶"(品官之家),見於蔡襄《乞複五塘劄子》:

> 天聖年中,陳潭知軍日,其陳清却與官戶、形勢計會,同共請上件塘內地土,州縣徇私曲理,先次給却屯前、太和、東塘陂塘三所,去水爲田。舊日仰塘水灌注之地,盡皆焦旱……若以民間利害,即貧困却八千餘家,祇豐瞻得官戶三十餘家。[60]

因官戶出於私利,勾結官府,將原灌溉民田的陂塘塘水抽乾,變爲地,使尋常百姓因得不到塘水灌溉,靠天吃飯,常因天旱顆粒無收。爲此,"前後百姓論訟不絕"。蔡襄就此事特上奏朝廷,爲民請命,要求恢復陂塘。顯然,此官戶,已非彼官戶,乃可恣意欺凌百姓的品官之戶了。然據蔡襄之奏提及仁宗天聖間有品官官戶之稱,不等於仁宗朝纔出現法定新"官戶"之稱。但可以肯定,仁宗朝之"官戶",已全然不是宋初無貫隸屬於審府的奴婢官戶了。

"官戶謂品官。"[61]也就是説,有品官纔有官戶。

法定的官戶定義,《慶元條法事類‧名例敕》明確劃定:

> 諸稱"品官之家"者,謂品官父、祖、子、孫及與同居者。品官母、妻之乳母同居者,準此。[62]

此《慶元條法事類》所定法規,當非皆甯宗朝慶元所定,蓋沿前代之制增删修訂而已。關於官戶之法定名例,紹興初,李彌孫上《繳劉光世免差科狀》所引《常平免役令》中已有規定:

> 官戶,謂品官,其亡歿者、有蔭皆同。[63]

一人做官,官員及祖孫五代皆受官戶免差科、蔭補子弟做官、贖刑等特權:

> 諸品官之家,鄉村田産免差科,其格外數並同編戶。[64]

仕人一旦躋身品官行列,其家庭則劃入法定的"官戶"(或稱"品官之家"),從而獲得較高的社會地位。據《政和令格》:

> 品官之家,鄉村田差得免差科:一品一百頃,二品九十頃,下至八品二十頃,九品十頃。其格外數,悉同編戶。[65]

仁宗皇祐四年,李覯就官戶與編戶之間的不平等,予以強烈抨擊:

今之品官及有蔭子孫,當户差役,例皆免之,何其優也……一人通籍,則旁及兄弟,下至曾孫之子,安坐而已。⑥

官户與民户差別之大,已使官户與編户之間形成難以逾越的社會鴻溝。紹興二十九年(1159),大理評事趙善養上言:"官户田多,差役並免;其所差役,無非物力低少貧下之民。"⑥岳州、復州州民上訴説:"總所歲糴我米,不與我錢。我非官户也!"⑥因官户待遇優厚,致使民間冒充官户事屢有發生,遂滋訴訟。紹興三十六年(紹興無三十六年,恐二十六年之誤),衡州人民告發鄉人胡厚昌以高祖之銜校(吏胥)告命冒充官户,官府從胡厚昌家索取官告對證,一查,原來是宋太祖乾德四年(966),胡氏高祖爲衡州押衙、銀青光禄大夫、檢校太子賓客、監察御史、武騎尉。省部判定:"元豐五年以前,官制未行時,銜校各帶憲銜,止是吏職,不合理爲官户。"官府依法判定"不合理爲官户"⑥。

品官,是一種身份,在宋代社會中亦稱"官人",與社會其他身份的群體區分開來,並居於高出民户一等的社會地位,如南宋朱熹《潭州約束榜》稱:

官人、進士、僧道、公人,聽親書狀,其餘民户並各京書鋪寫狀投陳。⑦

(二)確定文、武、内侍等百官章服的一個尺規

其次,宋代官品,是確定文、武、内侍等百官章服的一個尺規。《宋史·輿服志》:

隋、唐冠服皆以品爲定,蓋其時官與品輕重相準故也。⑦

宋代官品,仍然是確定章服等級的標準。但由於宋初官與品輕重失準,致使士大夫官品與冠服等級產生不相符的不合理狀況。於是士大夫有"品不可用也"之嘆。這不是説要廢除官品,而是建言改革不合理的官與品不相符的狀況。如"太子中允、贊善大夫與御史中丞同品;太常博士品卑於諸寺丞,太子中舍品高於起居郎,内常侍纔比内殿崇班,而在尚書諸司郎中之上,是品不可用也"。究其意,指文臣在宋初作爲本官階遷轉系列中,存在階高反而品卑、階低反而品高的不平衡情況。如太常博士位在遷轉序列中高出諸寺丞一階,官品呢,太常博士爲六品,冠服等級却低於諸寺五品;起居郎在遷轉官階系列中,高出太子中舍四階,官品却相反,起居郎六品低於太子中舍五品。⑦豈不矛盾? 這就是所謂"品不可用也"之所由。於是,對朝服冠服進行了改革,即由以品而定改爲以官而定。如果據此就得出結論,認爲宋代官品沒有實際意義,則是一種誤解。因以官而定,官仍有品級高下之分,決定官員章服。宋因唐制,三品以上服紫,五品以上服朱,七品以上服綠,九品以上服青。

太平興國七年正月，翰林學士李昉準詔定車服之制，李昉即依《禮部式》上奏，詔從之：

> 三品以上服紫，五品以上服朱，七品以上服緑，九品以上服青。流外官及庶人並衣黄……自今流外官及貢舉人、庶人，通服皂衣、白袍。[73]

流外官即無品之吏胥，其服色與庶人同，爲黑衣、白袍。

神宗元年改制，"去青不用"，改爲：

> 階官至四品服紫，至六品服緋，皆象笏、佩魚；九品以上則服緑。

即一品至四品服紫，五品至六品服緋，七品至九品服緑。[74]

顯然，宋初士大夫所嘆"品不可用"，絶非指作爲"官本位"拐棍的官品本身不可用，無非由於歷史沿襲，在朝服冠帶上出現與現實脱節，致正官之品與正官之階不相稱之謬。它説明這樣一個問題：隨着宋代政權的建立與鞏固，及機構的調整，全盤沿用唐、五代的正官官品已不可行，即不能適應正官本身地位與職能的變化，需要制訂能夠反映實際地位的《官品令》。

以官品高下定章服表：

官品	北宋前期		元豐新制	
	服色	笏	服色	笏
一品	紫（佩金魚袋）	象笏	紫（佩金魚袋）	象笏
二品	紫（佩金魚袋）	象笏	紫（佩金魚袋）	象笏
三品	紫（佩金魚袋）	象笏	紫（佩金魚袋）	象笏
四品	緋（佩銀魚袋）	象笏	紫（佩金魚袋）	象笏
五品	緋（佩銀魚袋）	象笏	緋（佩銀魚袋）	象笏
六品	緑	木笏	緋（佩銀魚袋）	象笏
七品	緑	木笏	緑	木笏
八品	青	木笏	緑	木笏
九品	青	木笏	緑	木笏

注：此表據《宋史》卷一五三《輿服志五》製成。

（三）劃定流内官與流外官的標準

官品又是劃定流内官與流外官的標準，即劃定官與吏的標準。"流内九品以上"，皆是品官，稱流内官。流内官之官稱，始於隋、唐。《舊唐書·職官志》："流内九品三十階之内。"[75]而不入九品以内，即無品之吏，稱流外官，"流外官，謂勳、品以下"。[76]宋代流内與流外界限是十分嚴格的。據《宋刑統》議曰："吏謂流外官以下。"[77]在官衙内，"流外見流内官，皆趨庭"。也就是不能行揖禮，而是上堂趨前行拜見禮。[78]

凡胥吏，統屬流外，與九品官相比，其政治地位無異於兩個世界。吏職"不合理爲官户"[79]。

流内官都有月俸，流外官無常俸。流外官處處受到品官欺凌。《州縣提綱》謂：無常俸，廩給不均，"夫貴者不爲吏，而爲吏者皆貧。亡請給於公，悉藉贓以爲衣食"[80]。

有無官品，劃出了官與吏的鴻溝。葉適《水心別集·吏胥》：

> 秦漢之弊法，屈天下之豪傑，由刀筆選而至三公，今幸已甄別流品，而其餘弊未盡去。[81]

此論是説，秦漢時官、吏，無官品之别，吏可官至三公；而今官與吏有"流品"之别，即有品官與無品官之别。吏不能爲官（出職除外）。所謂"其餘弊未盡去"，指宋代吏胥之貪。陳襄對此提出："今之爲官者，皆曰吏之貪，不可不懲。……（然）大夫（指品官）受君之命，食君之禄，尚或亡厭，而竊於公，取於民，私家色色，勒吏出備，乃反以彼爲貪、爲頑，何耶？"[82]九品之外的吏，也不是絶對不能做官，極少數吏遇恩賞或年勞而"出職"，但出職吏所任官皆爲低品之選人，有止限，"吏職補官至從政郎（從八品）止"[83]。

（四）劃分貴官與卑官的標準

官品是劃分貴官與卑官的標準。宋代文武官員等級森嚴。按宋初之制，職事官、階官、爵、勳等，大體上可依官品劃爲兩大類：貴官與卑官。一至五品爲貴官，六至九品爲卑官。"五品以上一官當徒二年，九品以上官當徒一年。"

【議曰】：九品以上官卑，故一官當徒一年。五品以上官貴，故一官當徒二年。[84]

貴官又可分爲"議貴"與"通貴"兩種。凡職事官三品以上、散官階二品以上及爵一品以上爲"議貴"。[85]"五品以上之官，爲通貴。"[86]卑官亦可劃分爲兩等：一爲"七品以上"，謂六品、七品文武職事官，相當於中級官員；一爲"九品以上"，謂八品、九品，屬低級

官員。^⑧

　　元豐改制後,等級稍寬,六品以上爲貴官,服紫或服緋。但,宋初等級之分影響猶存,如武官階以從五品正任刺史至從二品節度使"爲貴品"。^⑧文臣職事官無正五品之設,以示此臺階之不能輕易畀人。元豐新制,大體按官品劃分爲兩類:一至四品爲貴官,也稱侍從官,簡稱從官,待制以上屬之。五品至九品爲庶官,即非侍從官,屬磨勘階官^⑧。侍從官與庶官界限分明,常調百官,磨勘遷轉至五品止,四品以上無磨勘法,即須特旨方能升遷:"契勘元豐更定官制,以左、右諫議爲太中大夫(從四品),秘書監爲中大夫(正五品),雖兩官相去一間,然官制既定,則諫議者侍從也,秘書監庶官而已。故《吏部法》,自承務郎以上應遷官者,至中大夫止;若太中大夫,非侍從不得轉行,謂之'礙止法'。"^⑨庶官之不得超轉侍從官,宋制立法極嚴,所謂"庶官中大夫之不可轉行太中大夫,乃祖宗之法,萬世不可改易"。庶官,五品至九品,又可按品細分爲五品、六品之高官,與七品至九品之卑官。前者服緋,後者服綠。"六品以上"是一條重要界綫,六品朝請大夫以上文臣許蔭子。^⑨

　　"武臣諸司使(正七品)八階爲常調",右武大夫(正六品)以上至正侍大夫(正五品)"橫行十三階,爲要官";"正任六階(刺史、團練使、防禦使,從五品;觀察使,正五品;承宣使,從四品;節度使,從二品)爲貴品"^⑨。六品以上,皆非常調可得。顯然,以官品劃等,即使在元豐改制之後,也是十分明顯的。唯其以官品劃等,與之相應,品高之官所享有的權利與位遇亦高,品卑之官所能得到的權利與位遇自低。

　　官品高者,遇恩許蔭補一子。初,一品官宰相蔭子,始授爲水部員外郎(朝官),後改爲六品京官:"近制宰相子起家即授水部員外郎、加朝散階。呂蒙正固讓,止授六品京官,自是爲例。"^⑨遇恩,中書、門下兩省五品以上官,尚書省四品以上官,許賜一子出身入仕。

　　百官遇五品以上官於途中,"斂馬側立",即駐馬靠路邊,讓道待其過。左、右散騎常侍(正三品)以下遇正一品三公、三師、尚書令,引隨從避路。太宗太平興國八年正月十五日下詔,令開封府及諸州府,於道路要害處立木牌,上刻字:"《儀制令》:賤避貴,少避長,輕避重。"^⑨

　　喪禮,亦是據官品定。一品、二品官死,皇帝罷朝二日,以示哀悼,帝、後服喪服。三品官死,皇帝輟朝一日,三品以上官死,贈以謚號,揚名於身後。舉行喪禮,敲喪鐘。顯示貴官與中、下品官的區別。^⑨

（五）協調職務與禄秩雙軌制的調節器（行、守、試）

官品還有一種功能，即品官官銜相連，需依據散官與差遣（職事官）的官品高下，系"行""守""試"之等差，如：

> （仁宗天聖四年春三月）文林郎（從九品上）、守蕭山縣尉兼主簿（正九品）王式。
>
> （仁宗天聖四年春三月）儒林郎（正九品上）、行蕭山縣尉兼主簿（正九品）宋昌期。
>
> （熙寧十年）將仕郎（從九品下）、守長洲縣尉兼管勾河塘溝洫王昌虞。
>
> （熙寧十年）將仕郎（從九品下）、守陳州司法參軍、充州學教授霍漢英。[96]

北宋前期官銜之間帶"行、守、試"，與北宋元豐官制，寄禄官有"行""守""試"之等不同，不能相混。北宋前期官銜之間有"行、守、試"，乃依唐制，以職事高者爲守，以職事卑者爲行，未爲正命者爲試。宋代職事官多爲空名，故以文散官爲高下之準。[97]

宋代官員職務（差遣官、職事官）的升遷與俸禄官（決定月俸）的升遷實行分途的雙軌制。因人因事而異，有的官員可能職務擢升很快，而按年資磨勘的寄禄階却提升較慢；有的官員或乏吏才，或受壓制，職務難以提升，而寄禄官却按部就班地一級一級調了上去。這兩者之間的不平衡，比之於職務與俸禄合二爲一階的單軌制的平衡，顯然更有利於人才的選用、抑制冗禄。可是體現在一個官員身上職事官與寄禄官一頭高、一頭低的"剪刀叉"，如果没有一種統一的標準衡量，勢必引起混亂。這個標準，衹能是官品。通過官品比較，纔能清楚地看出兩者之間的不平衡。以元豐新制爲例，規定以寄禄官階之官品爲準，凡寄禄官品高於職事官官品一品以上，在職事官前繫一"行"字，作爲標志；如低於職事官一品，則繫一"守"字；低於二品以下，繫一"試"字；同品不帶"行""守""試"字。與之相應，職事官之職錢（俸禄之一種），依"行""守""試"之高下，分爲三等，同品與"行"同等：

> （元豐四年）十月二十七日詔："自今除授職事官，並以寄禄官品高下爲法，凡高一品以上者爲行，下一品者爲守，下二品以下者爲試。品同者，不用行、守、試。"[98]

寄禄官高一品於職事官，帶"行"之例：

> 太師（寄禄官，正一品）、兼侍中（加官，正一品）、行僕射（職事官，從一品）文彦博。[99]

徐自明《宋宰輔編年録校補》注："元豐官制,三公、三師與諸大夫均爲寄禄官,不復有階。"

同品之例,淳熙十六年周必大官銜:

> 少保(寄禄官,正一品)、左丞相(職事官,正一品)、益國公(爵,從一品)周必大。[100]

寄禄官低一品於職事官,帶"守"之例:

> 朝散郎(寄禄官,正七品)、守軍器監(職事官,正六品)、總領浙西江東財賦(兼差遣職事)[101]岳珂。

寄禄官低二品於職事官,帶"試"之例,如淳熙六年十月周必大官銜帶"試"字:

> 淳熙六年十月十日,大中大夫(從四品)、試禮部尚書(從二品)、兼翰林學士、兼侍讀、兼太子詹事、兼修國史、管城縣開國伯食邑八百户周某。[102]

職事官職錢,依"行""守""試"分三等,且以軍器監爲例:行軍器監職錢月支三十二貫,守三十貫,試二十八貫,見《宋史·職官志一一·職錢》。上引岳珂現職爲"守軍器監",則合得二十八貫。如加上寄禄官朝散郎之月俸,尚有月支料錢三十貫,衣賜春、冬服絹各十三匹,春羅一匹、冬綿三十兩。[103]以是言之,官品存在之意義甚大,決非徒具形式而已。

(六)官品區分官吏除授任命書的等級(告身或黃牒)

宋代官吏除授任命書,品官給告身,不入品者給黃牒。

神宗元豐五年四月二十三日,詔中書五月朔(一日)行官制。同日,詳定官制所言:

> "唐制,内外職事官有品者給告身,其州鎮辟置僚佐止給使牒。本朝亦以品官給告身,其無品及一時差遣,不以職任輕重,皆中書門下給黃牒,樞密院降旨……今(新官制)擬階官、職事官、選人,凡入品者,皆給告身。其無品者,若被敕除授則給中書黃牒,吏部奏授則給門下黃牒,樞密院差則仍舊降宣,於事簡便。"從之。[104]

告身,需由官告院按規定的綾紙(有十八張、十七張、十五張、十二張、七張、六張之等)、錦褾、軸(大犀軸、大牙軸、中牙軸之等)、繫帶(有色帶、青帶之别)等法物製造,可卷成筒狀。黃牒,不用褾、軸等,僅用黃色綾紙寫命詞。品官告身與非品官黃牒,在形制上,等級尊卑分明。[105]

南宋建立之初,戎馬倥傯,除授品官不可能都按規定製造就官告,於是官品低的命官祇能由吏部給敕牒,則爲黃牒。後經臣僚奏請。詔"俟法物成時,逐等依舊給誥"。結果這些臨時授黃牒的品官,未能得到更換官告的兌現。元宋濂《劉參軍黃牒跋尾》記載了一則有趣的故事。宋建炎二年(1128)進士劉在中,當時初授永州録事參軍,雖爲品官,未能依制授予官告,時僅文武官自太中大夫(從四品)、正任觀察使(正五品)以上侍從官方給告身。其餘皆授以黃牒。之後亦一直未換官告。到了元朝後期,劉在中八世從孫職方郎中劉崧,將這一祖宗黃牒遺物,請裱匠"演飾以成卷軸"官告,聊以告慰先祖。宋濂見此,感慨萬分,於是在劉參軍黃牒後寫了一則"跋":

　　(西昌劉氏)諱在中,字伯正者,四被薦送,方登建炎二年進士第,授文林郎、永州録事參軍。此蓋其九月所授黃敕也。宋舊制,告與敕多兼給。思陵(高宗)以建炎元年五月一日即位於應天府,戎馬紛紜,庶事草創,其月十七日,始詔文武官,自太中大夫、正任觀察使以上,並命辭給告,餘則令吏部具鈔降敕,則當時給敕者頗衆,不特初入官令録而已。後因臣僚奏請,洊詔:"已給敕官,俟法物成時,逐等依舊給告。"則三年三月九日也。牒後所書:中大夫、守右丞朱(勝非),中大夫、守左丞顏(岐),而不著名……參軍八世從孫職方郎中崧,出此於破壞之餘,演飾以成卷軸。然自宋迄今已歷二百四十有五年矣![⑩]

宋濂此《劉參軍黃牒尾跋》,實爲難得,有助於理解宋人何等重視品官除授用官告之制,至後代子孫,對其先祖因遭時艱未能得官告而授予黃牒,始終耿耿於懷。

黃牒,別稱敕牒,或略稱"敕",因由吏部具鈔上奏降敕,屬奏授,不給告身給黃牒。制授、敕授,分別由翰林學士、中書舍人草制詞、敕命詞奏除,中書或三省同奉敕降麻制或敕命除授,皆給告身。所謂"告敕並行",指的就是上述三種不同除授之制。兹迻録《宋代真迹官告檔書的解讀與研究》所述如下:

　　被敕命除授,即敕授。宋代除授官員分制授、敕授、奏授三個等等級。制授等級最高,由翰林學士草制白麻,其宣制不經三省。奏授等級最低,由吏部上奏得旨除授不給告身,祇給黃牒。凡品官除授,中書省以文字上皇帝,得旨後,抄録於黃紙上,稱畫黃,經宰相書押,當制中書舍人"書行",畢,過門下省,給事中"書讀",然後由尚書省出命爲敕命,此乃敕授,敕授一律給告身。[⑩]

需要補充説明的是,吏胥除授不給告身給給牒之外,臨時差遣,"不以職任輕重,皆中書門下給黃牒,樞密院降旨"[⑩]。

（七）寬刑、定罪、罰俸、抵罪、贖刑的一種依據

官品用以寬刑、定罪、罰俸、抵罪、贖刑。

宋代品官特批不下詔獄，則品官享有寬刑特權。戴建國《秩序之間：唐宋法典與制度研究》稱：

> 熙寧時，品官犯罪，如須下詔獄，通常需經皇帝批準。熙寧七年，神宗詔："品官犯罪，按察之官並奏劾聽旨，毋得擅捕繫、罷其職俸。"⑩

這就意味着非品官犯罪毋須經皇帝批準，即要逮捕下獄。對品官的寬刑，顯然可見。又，品官與定罪尺度關聯。《慶元條法事類·當贖門》：

> 諸以官品定罪者，令四品依《律》三品，六品依五品，八品依七品。……罰俸：每月，一品八貫，二品六貫五百文，三品五貫，四品三貫五百文，五品三貫，六品二貫，七品一貫七百文，八品一貫三百文，九品一貫五十文。⑪

《宋刑統·以官當徒除名免官所居官》：

> 五品以上一官當徒二年，九品以上一官當徒一年。【議曰】：九品以上官卑，故一官當徒一年；五品以上官貴，故一官當徒二年。⑪

《宋刑統·請減贖》：

> 【疏】諸應議、請、減及九品以上之官，若官品得減者之祖父母、父母、妻、子孫犯流罪以下，聽贖。⑫

品官，在刑法中享有無品官與庶人不能享受的特權，許以官品當、贖。官品愈高，當、贖罪刑愈多。在專制王朝統治下，在法律面前官、民不平等，官官相護，是法律公然維護的。

官品是定官員罰俸的一個尺規。據《罰俸例》：一品八貫，二品六貫，三品五貫，四品三貫五百，五品三貫，六品二貫，七品一貫七百五十，八品一貫三百，九品一貫五十。也就是説，如官員犯法被判以"罰俸"，按《例》，一品貫罰俸錢最高，八貫。九品決以罰俸，罰俸錢最低，交一貫五十文。⑬

然宋代官中罰俸，多以一月優點、一季俸、一歲俸爲計。如元豐五年三月，規定宗室親王、郡王、節度使等赴太廟祠祭，若不赴者，"罰俸一月"⑭。以品官定罰俸錢，罕見，似出於宋初之例。

官品還可贖刑。三品以上官犯死罪,須經朝議並奏皇帝裁決。流罪以下,罪減一等。官品贖刑,每品正、從各計一官(即一品當二官計),五品以上官,一官頂徒二年。九品以上,一官當徒一年。

【議曰】:九品以上官卑,故一官當徒一年;五品以上官貴,故一官當徒二年。⑮

(八)社會比附官品、强化官本位的手段

官品施行對象超出品官範圍,不但向流外滲透,且向社會滲透,成了加强官本位的手段。按情理揆之,官品衹能施用於文武百官。可是,在宋朝,由於品官及其高下等級之劃分,與相應的各種特權直接掛鈎,官品就成了全社會企羨和追逐的目標。攀比風隨之刮起,諸如吏胥之以檢校、試官爲"帶衔",選人以"階紫""階緋"爲章服,以緩解其難熬之"官癮";薩寶、祆正(火祆教頭目)、和尚、道士,比附品官,有"視流内品""同寄禄官"等名目,所謂"黄冠道流,亦預朝品"⑯等,不一而足。南宋時,"湖州有《胡夫人墓志》,載其夫履歷,細考之,方知爲衙前。今台州凡吏人妻必自稱夫人,蓋亦沿襲也"⑰。浙江東路台州一帶,吏人之妻,模仿品官之妻夫人封號,"必自稱夫人",攀比品官之風,其盛如此。

宋代選人,陷於"選海",有終身不獲改京官者,然企羨服緋、紫,登四品侍從官、貴官之心,至死不滅。於是,"國初,選人有服緋、紫,或加階至大夫",如節度、觀察判官,任一年即加帶"朝散大夫(從五品下)、試大理司直兼監察御史"官衔,並許服緋,稱"階緋",再過十五年許服紫,稱"階紫",但不改京官:"(選)人以此爲榮,雖老於選調不悔。"⑱

又有非官非吏而稱"視品官"之名目。如宋初,朝廷著令:"贈官及視品官與正官同。【議曰】:視品官,依《官品令》,薩寶府(火祆教徒組織機構)薩寶、祆正等視流内品。"⑲所謂"視品","稍異正官",則可比正官之意,通常不許如正官那樣享有"蔭其親屬"之權。但宋代對火祆教特別開恩,視五品官之薩寶,"聽蔭親屬"。視品官犯罪,許與正官一樣,用官品贖刑。⑳

徽宗朝,崇尚道教,道士比附品官,有官品、有道階"比視寄禄官",有道職"如文臣帶貼職"等。道士官品爲:"元士(正五品)、高士(從五品)、大士(正六品),上士(從六品)、方士(從七品)、志士(從九品)。"又定道階,如"六字先生、太虛大夫""視品中大夫(正五品)""四字先生、清虛大夫""視品奉大夫(從五品)"等。㉑受到徽宗特別寵信的溫州道士林靈素,特賜"太中大夫(正四品)"入衔:太中大夫、冲和殿侍晨、金門羽客、通真達靈玄妙先生、在京神霄玉清萬壽宮管轄、提舉通真宫林靈素。㉒黄冠道流,濫入朝品,可謂不倫

不類,然這却是歷史的真實畫面。

它留給後人以深思:官本位如何通過官品,滲透進封建社會人們的意識深層中去。

① 閻步克:《品位與職位:秦漢魏晋南北朝官階制度研究》第五章《官品的創制》,北京:中華書局,2002 年,第 211—296 頁。

② 俞宗憲:《宋代職官品階制度研究》,《文史》,1983 年第 21 輯,北京:中華書局,第 101—133 頁。

③ 宮崎市定:《宋代官制序説》之八《雜壓與官品》,佐伯富編:《宋史職官志索引》,東京:同朋舍出版部,1974 年;梅原郁:《宋代官僚制度研究》,東京:同朋舍出版部;俞宗憲:《宋代職官品階制度研究》,《文史》,1983 年第 21 輯;李寶柱:《〈宋史・職官志〉官品制度補正》,《中國史研究》,1988 年第 3 期;龔延明:《論宋代官品制度及其意義》,《西南師範大學學報(人文社會科學版)》,1990 年第 1 期,收入龔延明《中國古代職官科舉研究》,北京:中華書局,2006 年,第 250—273 頁;李昌憲:《宋朝官品令與合班之制復原研究》,上海:上海古籍出版社,2013 年。

④ 閻步克:《品位與職位:秦漢魏晋南北朝官階制度研究》第一章《品位與職位》,第 5、9 頁。

⑤ 閻步克:《品位與職位:秦漢魏晋南北朝官階制度研究》第四章《漢代禄秩附麗於職位》,第 225 頁。

⑥ 馬端臨:《文獻通考》卷六六《職官二〇・官品》,北京:中華書局,1986 年,第 595—602 頁。

⑦ 脱脱等:《宋史》卷一六六《職官志六・唐令》,北京:中華書局,1985 年,第 3996 頁。

⑧ 杜佑:《通典》卷三六《職官十八・秩品・周官》,王文錦等點校,北京:中華書局,1998 年,第 981 頁。

⑨ 脱脱等:《宋史》卷一六八《合班之制》咸平四年楊億之言,第 4006 頁。

⑩ 《慶元條法事類》卷四八《支移折變》引《紹興常平免役令》,戴建國點校,收入楊一凡、田濤主編:《中國珍稀法律典籍續編》第 1 册,哈爾濱:黑龍江人民出版社,2002 年,第 662 頁。

⑪ 胡柯編:《歐陽修年譜》,收入《歐陽修全集》第 6 册《附録》卷一,李逸安點校,北京:中華書局,2001 年,第 2595 頁。

⑫ 脱脱等:《宋史》卷一六五《職官志五・文散官》,第 4050 頁。

⑬ 李燾:《續資治通鑑長編》卷三二五,神宗元豐五年四月甲戌,北京:中華書局,2004 年 2 版,第 7826 頁。

⑭ 李燾:《續資治通鑑長編》卷三三九,神宗元豐六年九月癸丑,第 8165 頁。

⑮ 李綱:《梁谿集》卷五二《乞括馬劄子》,收入曾棗莊、劉琳主編:《全宋文》第 169 册,卷三六九五《李綱一五》,上海:上海辭書出版社,合肥:安徽教育出版社,2006 年,第 236 頁。

⑯ 岳珂:《愧郯録》卷七《官品名意之訛》,許沛藻、劉宇整理,收入上海師範大學古籍整理研究所編:《全宋筆記》第 7 編第 4 册,鄭州:大象出版社,2016 年,第 76 頁。

⑰ 章如愚:《群書考索・後集》卷四《總論國初元豐官制》,收入《四庫類書叢刊》第 937 册,上海:

上海古籍出版社,1992 年,第 60 頁。

⑱　杜祐:《通典》卷一九《職官典一·歷代官制要略·官品》,第 481、482 頁。

⑲　趙善沛:《元豐官志·序》(不分卷),臺北:"國立中央圖書館"藏本。

⑳　脫脫等:《宋史》卷一六八《職官六·唐令》,第 3996 頁。

㉑　孫逢吉:《職官分紀》卷三二《諸王府僚屬·諮議參軍事》注文,北京:中華書局,1988 年,第 598
頁下欄。

㉒　《宋會要輯稿·後妃四》之一、二《內職》,上海:上海古籍出版社,2014 年,第 323 頁。

㉓　《宋會要輯稿·後妃四》之一、二《內職》,第 323 頁。

㉔　曾棗莊、劉琳主編:《全宋文》第 37 冊,卷七九二《張方平一一·請立醫官定員奏》,上海:上海
辭書出版社,合肥:安徽教育出版社,2006 年,第 159 頁。

㉕　《宋會要輯稿·職官八》之三《吏部》引《神宗正史·職官志》,第 3232 頁。

㉖　《宋會要輯稿·職官五六》之一九、二一。

㉗　《宋會要輯稿·職官五六》之三、四《官制別錄》,第 4528 頁下欄。

㉘　李燾:《續資治通鑑長編》卷三二五,元豐五年四月甲戌,第 7825 頁;《宋會要輯稿·職官五六》
之三一《官制別錄》,第 4544 頁。

㉙　《宋會要輯稿·職官八》之三《吏部》,第 3232 頁下欄。

㉚　岳珂:《愧郯錄》卷七《品官名意之訛》,收入《全宋筆記》第 7 編第 4 冊,第 76 頁。

㉛　《慶元條法事類》卷四《職制門一·官品雜壓·官品令》,收入《中國珍稀法律典籍續編》,第
17 頁。

㉜　米芾:《米襄陽遺集》卷一《跋顔書》,收入《全宋文》第 121 冊,卷二六〇一《米芾五》,第 13 頁。

㉝　脫脫等:《宋史》卷四四四《米芾傳》,第 13123 頁。

㉞　劉昫等:《舊唐書》卷四三《職官一·官品·從第九品下階》,第 1803 頁。

㉟　劉昫等:《舊唐書》卷四四《職官志一·官品》,第 1791 頁。

㊱　司馬光:《資治通鑑》卷一,北京:中華書局,1956 年,第 1 頁。

㊲　司馬光:《司馬公文集》卷六六《送李明公序·治平四年》,收入《全宋文》第 55 冊,卷一二一六
《司馬光四五》,第 96 頁;並參梁太濟:《從每卷結銜看〈資治通鑑〉各紀的撰進時間》,收入《梁
太濟文集(文獻考辨卷)》,上海:上海古籍出版社,2018 年,第 2 頁。

㊳　孫逢吉:《職官分紀》卷一四《御史臺·理檢使》,第 333 頁。

㊴　王禹偁:《王禹偁一〇·上太保侍中書》:"舊制,諫議大夫五品。"收入《全宋文》第 7 冊,卷一五
〇,第 384 頁;劉昫等:《舊唐書》卷四二《職官志一·官品》,第 1794 頁。

㊵　脫脫等:《宋史》卷一六八《職官志八·官品》,第 4014 頁。

㊶　岳珂:《愧郯錄》卷七《品官名意之訛》,收入《全宋筆記》第 7 編第 4 冊,第 76 頁。

㊷　楊億:《武夷集》卷七《次對奏狀·咸平四年》,收入《全宋文》第 14 冊,卷二八八《楊億七》,第
268 頁;《武夷集》卷八《陳乞奏狀·不曾上》,收入《全宋文》第 14 冊,卷二八九,第 279 頁。

㊸ 脱脱等:《宋史》卷一七一《職官志一一・俸禄》,第4102頁。

㊹ 馬端臨:《文獻通考》卷四七《職官考一・官制總序》,第438頁。

㊺ 司馬光:《温國文正司馬公文集》卷一九《十二等分職任差遣劄子・嘉祐六年閏八月八日上》,收入《全宋文》第54册,卷一一七九《司馬光八》,第230頁。

㊻ 畢仲遊:《上哲宗論官制之失蔭補之濫》,收入《全宋文》第111册,卷二四〇〇《畢仲遊一二》,第63頁。

㊼ 王應麟:《玉海》第3册,卷一一九《元豐新定官制》,南京:江蘇古籍出版社,上海:上海書店,1987年,第2201頁;《宋史》卷一六九《職官志九・元豐寄禄格》,第3051頁。

㊽ 周綸:《周文忠公年譜》,《景印文淵閣四庫全書》第1147册《文忠集》卷首,。《宋史》卷一五三《輿服志五・公服》(第3562頁):"元豐元年,去青不用。階官至四品服紫,至六品服緋,皆象笏、佩魚,九品以上則服緑,笏以木。"

㊾ 脱脱等:《宋史》卷一五三《輿服志五・公服》,第3562頁。

㊿ 脱脱等:《宋史》卷一七一《職官志一一・俸禄・職錢》,第4113頁。

(51) 《宋大詔令集》卷一六三《改武選官名詔・政和二年九月二十五日》,第620—622頁。

(52) 龔延明:《民族英雄岳飛仕履官銜繫年考釋》,收入《中國古代制度史研究》,杭州:浙江大學出版社,2013年,第308頁。

(53) 趙升編:《朝野類要》卷三《爵禄》,王瑞來點校,北京:中華書局,2007年,第73頁。

(54) 岳珂撰編:《鄂國金佗稡編續編校注》卷八《行實編年五・紹興十一年四月二十四日》,王曾瑜校注,北京:中華書局,1989年,第620頁。

(55) 龔延明:《民族英雄岳飛仕履官銜系年考釋》,收入《中國古代制度史研究》,第308頁。

(56) 周綸:《周文忠公年譜》,《景印文淵閣四庫全書》第1147册《文忠集》卷首,。

(57) 長孫無忌等:《唐律疏議》卷三《名例》、卷一二《户婚上・養雜户爲子孫》,劉俊文點校,北京:中華書局,1983年,第57、238頁。

(58) 竇儀等:《宋刑統》卷六《名例律・官户奴婢犯罪》,吴翊如點校,北京:中華書局,1994年,第96頁。

(59) 朱家源、王曾瑜:《宋朝的官户》,收入鄧廣銘、程應鏐主編:《宋史研究論文集》,上海:上海古籍出版社,1982年,第1頁。

(60) 蔡襄:《蔡忠惠集》卷二六《乞複五塘劄子》,收入《蔡襄集》,吴以寧點校,上海:上海古籍出版社,1996年,第439—440頁。

(61) 李彌遜:《繳劉光世免差科狀》,收入《全宋文》第180册,卷三九四九,第225頁。

(62) 《慶元條法事類》卷八〇《雜門・諸色犯奸・旁照法・名例敕》,第923頁。

(63) 李彌遜:《繳劉光世免差科狀》,收入《全宋文》第180册,卷三九四九,第225頁。

(64) 《慶元條法事類》卷四八《賦税門・科敷・賦役令》,第667頁。

(65) 《宋會要輯稿・食貨六》之一《限田雜録》,第6087頁上欄。

(66) 李覯:《李覯集》卷二八《寄上孫安撫書》,王國軒點校,北京:中華書局,1981 年,第 312 頁。

(67) 《宋會要輯稿·食貨六》之一《限田雜録》,第 6087 頁下欄。

(68) 葉適:《葉適集》卷二五《朝請大夫、提舉江州太平興國宫陳公墓志銘》,劉公純、王孝魚、李哲夫點校,北京:中華書局,1981 年,第 505 頁。

(69) 趙彦衛:《雲麓漫鈔》卷三,傅根清點校,北京:中華書局,1996 年,第 38、39 頁。

(70) 朱熹:《晦庵先生朱文公文集》卷一〇〇《公移·約束榜》,《朱熹全集》(六),劉永翔、朱幼文點校,上海:上海古籍出版社,合肥:安徽教育出版社,2002 年,第 4630、4631 頁。

(71) 脱脱等:《宋史》卷一五二《輿服志》四《朝報》,第 3554 頁。

(72) 《宋會要輯稿·輿服四》之一三《朝服》,第 2239 頁上欄;《宋史》卷一五二《輿服志四·朝報》,第 3554 頁。

(73) 《宋會要輯稿·輿服四》之二八《公服》,第 3255 頁下欄、3256 頁上欄。

(74) 脱脱等:《宋史》卷一五二《輿服志四·朝報》,第 3562 頁。

(75) 劉昫等:《舊唐書》卷四二《職官志一》,第 1803 頁。

(76) 竇儀等:《宋刑統》卷二二《流内毆議貴者》、卷二一《毆皇親·流外及庶人毆貴官》,第 336、337 頁。

(77) 竇儀等:《宋刑統》卷二二《流内毆議貴者》卷一《十惡·九曰不義》,第 13 頁。

(78) 脱脱等:《宋史》卷一一八《禮志二十一·百官相見之儀制》,第 2789 頁。

(79) 趙彦衛:《雲麓漫鈔》卷三,第 38、39 頁。

(80) 陳襄:《州縣提綱》卷一《責吏須自反》,收入《叢書集成初編》第 932 册,北京:中華書局,1985 年,第 5 頁。

(81) 葉適:《葉適集》卷一四《吏胥》,第 808 頁。

(82) 陳襄:《州縣提綱》卷一《責吏須自反》,收入《叢書集成初編》第 932 册,第 5 頁。

(83) 李心傳:《建炎以來朝野雜記》乙集卷一四《吏職補官至從政郎止》,徐規點校,北京:中華書局,2000 年,第 784 頁。

(84) 竇儀等:《宋刑統》卷二《請減贖·疏議》《請減贖·以官當徒除名免官免所居官》,第 21、27 頁。

(85) 竇儀等:《宋刑統》卷二《八議·六曰議貴》。第 15 頁。

(86) 竇儀等:《宋刑統》卷二《請減贖》,第 21 頁。

(87) 竇儀等:《宋刑統》卷二《請減贖》,第 18—19 頁。

(88) 脱脱等:《宋史》卷三八九《尤袤傳》,第 11927 頁。

(89) 脱脱等:《宋史》卷三七三《洪遵傳》,第 11566 頁。

(90) 《宋會要輯稿·帝系八》之六、七《宗室雜録》引《經進總類會要》,第 143 頁下欄、144 頁上欄。

(91) 脱脱等:《宋史》卷一七〇《職官志》一〇《文臣蔭補》,第 4067 頁。

(92) 脱脱等:《宋史》卷三八九《尤袤傳》,第 11927 頁。

(93) 李燾:《續資治通鑑長編》卷二九,太宗端拱元年閏五月己丑,第 653 頁。

⑭ 《宋會要輯稿・儀制五》之一、二、三《群官儀制》,第 2381、2382 頁。

⑮ 江少虞編:《宋朝事實類苑》卷三二《品官喪許敲鐘》,上海:上海古籍出版社,1981 年,第 412 頁。

⑯ 曾棗莊、劉琳主編:《全宋文》卷一七六二《葛蘩・校刻韋應物集後序・熙寧十年》,第 81 册,第 29、30 頁。

⑰ 林駉:《古今年源流至論・續集》卷八《試守權行》,《四庫類書叢刊》第 942 册,第 480 頁下欄。

⑱ 《宋會要輯稿・職官五六》之七《官制別録》,第 4530 頁。

⑲ 徐自明:《宋宰輔編年録校補》卷九,王瑞來校補,元祐元年四月壬寅條,第 559 頁。

⑳ 周綸:《周文忠公年譜》,《景印文淵閣四庫全書》第 1147 册《文忠集》卷首,第 19 頁。

㉑ 岳珂:《鄂國金佗稡編續編校注》卷一五《禁止墳山鑿石省劄一・嘉定十六年四月》,第 1360 頁。

㉒ 周必大:《文忠集》卷三五《省齋文稿・墓志銘墓表三十五・朝散郎致仕郭公彌約墓表》,《景印文淵閣四庫全書》卷一一〇一《文忠集》,第 1147 册,385 頁。

㉓ 脱脱等:《宋史》卷一七一《職官志一一・職錢》。

㉔ 《宋會要輯稿・職官五六》之八《官制別録》,第 4531 頁上欄。

㉕ 脱脱等:《宋史》卷一六三《職官志三・官告院》,第 3942、3843 頁。

㉖ 宋濂:《劉參軍黄牒跋尾》,收入《江西通志》卷一四三《藝文・題跋》,《景印文淵閣四庫全書》第 518 册,第 244 頁。

㉗ 龔延明:《宋代真迹官告文書的解讀與研究:以首次面世的司馬伋吕祖謙真迹官告爲中心》,《中華文史論叢》,2016 年第 1 期。

㉘ 《宋會要輯稿・職官五六》之八《官制別録》,第 4531 頁上欄。

㉙ 戴建國:《秩序之間:唐宋法典與制度研究》第十一章《祖制的微調》,上海:上海人民出版社,2020 年,第 247 頁。

㉚ 《慶元條法事類》卷七六《當贖門・總法・敕一》,第 811、819 頁。

㉛ 竇儀等:《宋刑統・以官當徒除名免官所居官》,第 27 頁。

㉜ 竇儀等:《宋刑統》卷二《請減贖》,第 19 頁。

㉝ 江少虞:《宋朝事實類苑》卷二七《官職儀制・罰俸例》,第 334 頁。

㉞ 李燾:《續資治通鑑長編》卷三二四,神宗元豐五年三月戊戌,第 7803 頁。

㉟ 竇儀等:《宋刑統》卷二《名例律・以官當徒》,第 27 頁。

㊱ 馬端臨:《文獻通考》卷四七《職官考》一《官制總序》,第 438 頁中欄。

㊲ 趙彦衛:《雲麓漫鈔》卷三,第 38 頁。

㊳ 王栐:《燕翼詒謀録》卷一,誠剛點校,北京:中華書局,1981 年,第 4 頁。

㊴ 竇儀等:《宋刑統》卷二《請減贖》,第 23 頁。

㊵ 竇儀等:《宋刑統》卷二《請減贖》,第 23 頁。

㉑　《宋大詔令集》卷二二四《天下學校諸生添治內經等御筆手詔·政和八年八月二十一日》，第865 頁。

㉒　趙與時:《賓退錄》卷一,齊治平點校,上海:上海古籍出版社,1983 年,第 6 頁。

（原載《中華文史論叢》2022 年總第 146 期）

作者簡介:龔延明,浙江大學古籍研究所兼宋學研究中心教授

通訊地址:浙江大學紫金港校區古籍研究所　　郵編:310058

宋代譯經制度新考

——以宋代三部經録爲中心

馮國棟

對於佛教譯經及其制度之考察,前賢時彦論者夥矣。梁啓超、湯用彤、賀昌群、牟潤孫諸公對此問題皆有論列。至於專論,則有五老舊侣《佛教譯經制度考》、[①]藍吉富《貝葉傳經——佛書的翻譯》諸文。[②]而論述最爲詳贍者,則推曹仕邦《論中國佛教譯場之譯經方式與程序》,此六萬字長文,分八個方面對中國佛教譯經進行了全面考察,論述了譯經與宣講的關係,隋前譯經與隋唐以後譯經方式的轉變。而對譯經之職守尤爲究心,分别考察了傳語、筆受、證義的歷史淵源與演變。[③]然而由於資料缺乏,前賢對宋代譯經、特别是宋代譯經制度論述甚少,五老舊侣對宋代譯經之論述,廖廖數行。而曹仕邦先生論述宋代佛教譯經制度也僅據《宋高僧傳》《佛祖統紀》的記載,未能參稽其他資料。

北宋年間,爲配合國家譯經,曾編撰三部佛教經録:即《大中祥符法寶録》(以下簡稱《祥符録》)、《天聖釋教總録》(以下簡稱《天聖録》)、《景祐新修法寶録》(以下簡稱《景祐録》)。《祥符録》二十二卷,趙安仁、楊億撰。此録由三部分組成:卷一至卷二十爲"别明聖代翻宣録",收載自北宋太平興國七年(982)重開譯場以來,迄大中祥符五年(1012)新譯之經典及東土著述;卷二十一爲"總排新經入藏録",按經、律、論分類排列新譯經典;卷二十二總録則爲全書之總目録。此録現僅有金藏廣勝寺本,存十六卷,即卷三至卷八,卷十至卷十八,卷二十,其餘六卷亡佚。《景祐録》二十一卷,吕夷簡、宋綬等編。此録卷一爲"聖代翻譯繼聯前式録",收録太宗、真宗、仁宗三朝新譯經律論之總數;卷二至卷十九爲"隨譯年代區分藏乘録",詳細載録大中祥符五年五月至景祐四年(1037)三月之出經情況及大事;卷二十爲"復準八例排經入藏録",即入藏目録;卷二十一爲總目。此録也僅有廣勝寺金藏本,存十四卷,卷三、五、七、十一、十五、十九、二十缺,現存各卷亦有殘缺。此二録體例基本相同,由别録與入藏録組成,别録部分詳細記載宋代新譯各經之時間、譯主、證梵、筆受、綴文、證義、監譯、潤文之人,以及上進之表章,爲瞭解宋代譯經提供了詳盡之史料。《天聖録》,惟净等撰,爲通紀各代入藏經典之目録,卷一、卷二爲

《開元録》入藏録部分,卷三爲《貞元録》入藏録部分及宋代新譯入藏經論。此録也僅有金藏廣勝寺本,上卷已亡佚,現存中、下二卷。此録卷三所載宋代新譯經,雖然僅列有經名與譯者,所收之宋代譯經多與《祥符録》及《景祐録》相同,然後二録現皆有闕卷,可據此録略做補充,故仍有其參考價值。此三部經録與《宋會要》、成尋《參天台五臺山記》對宋代譯經多有涉及,爲吾人研究宋代譯經及其制度提供了許多寶貴的資料。

1966 年,冉雲華(Jan Yun-hua)首先利用《祥符録》《景祐録》以及《宋會要輯稿》等材料研究宋代譯經,側重對譯主天息災、施護等人生平的考察。④黄啓江《北宋的譯經潤文官與佛教》考察了宋代譯經院的設立與職掌,重點論述了譯經潤文官與佛教之關係。⑤此後,沈丹森(Tansen Sen)在冉、黄二氏研究的基礎上,對宋代的譯經進行了研究,旨在分析宋代新譯經未能對中國佛教産生影響的原因。⑥

對宋代譯經及其制度進行深入研究者,首推香港學者梁天錫。其《北宋漢譯佛經之類別、部卷、譯者及譯成時間考——北宋傳法院研究之一》分三期對宋代七朝(太宗、真宗、仁宗、英宗、神宗、哲宗、徽宗)的譯經情況進行了詳明的考察與統計。⑦《北宋傳法院及其譯經制度——北宋傳法院研究之二》一書則更側重從制度層面討論宋代譯經:分別從北宋譯經制度的産生與發展,傳法院之建築物、相關機構與公文程式,譯院編制,譯席、譯材的來源,譯經暨其前後程序,譯席俸賜,傳法院人員之兼差與院藏官修宋人佛學文字八個方面,對北宋譯經制度進行了比較全面的考察,的爲研究宋代譯經的鴻論巨篇。⑧雖然如此,宋代譯經制度尚有諸多問題未能解決,有些問題尚待進一步澄清。故不揣譾陋,以宋代三部經録爲中心,結合其他史料,稍做補苴,以見宋代譯經之盛。

一　譯經院之建制

歷代國家譯經多有專門之場所,姚秦之逍遥園,李唐之大慈恩寺、翠微宮是其著者。宋代譯經則有譯經院之建設。《宋會要》記太平興國五年,天息災、施護至京師,通曉華、梵文字。宋太宗有意於譯經,即有譯經院之興建:

> 是年,詔中使鄭守鈞就太平興國寺大殿西度地作譯經院。中設譯經堂,其東序爲潤文堂,西序爲正義堂,譯經僧以次分設堂室。至七年六月院成,召天息災等三人入院。⑨

由《宋會要》所載,結合其他相關史料,宋代譯經院之建設可得而言之者,有如下數端:

第一,譯經院位於太平興國寺大殿之西。[⑩]太平興國寺,初名龍興寺。據《續資治通鑑長編》記載:"(太平興國二年正月)辛卯,幸講武池,以新龍興寺爲太平興國寺。"[⑪]可知,太平興國寺原名"新龍興寺",太平興國二年始改"太平興國"寺額。而龍興寺於周世宗時廢,宋代重興。志磐《佛祖統紀》載:"初,周世宗廢龍興寺以爲官倉。國初,寺僧擊鼓求復,至是不已。上遺使持劍詰之曰:'前朝爲倉日久,何爲煩瀆天廷?'且密戒:懼即斬之。僧辭自若曰:'前朝不道,毀像廢寺,正賴今日聖明興復之耳。貧道何畏一死?'中使以聞,上大感嘆,勅復以爲寺。"[⑫]新龍興寺之復建,或在開寶八年(975)左右。據《宋史》記載,宋太祖於開寶八年(975)十一、十二月,開寶九年八月三次臨幸"新龍興寺"。[⑬]

《東京夢華録》載,太平興國寺在右掖門西,背對西角樓大街,南臨汴河,河上有興國寺橋。[⑭]《汴京遺迹志》載:"興國寺有二,一在馬軍橋東,北宋太平興國間創建,金季兵燬。"[⑮]由此可知,金代末年,太平興國寺毀於戰火。太平興國寺(龍興寺)爲東京重要之佛教寺院,太祖、太宗多次臨幸。

除譯經院外,太平興國八年六月,又於太平興國寺譯經院西建印經院,印製《開寶藏》及新譯之經典。真宗大中祥符三年,又於太平興國寺設立戒壇。《佛祖統紀》載:"三年,詔京師太平興國寺立奉先甘露戒壇。"[⑯]仁宗天聖年間,又於太平興國寺建開先殿,以安太祖御容。王應麟《玉海》載:"開先殿,天聖八年三月建太祖神御殿於太平興國寺之後。十月成,壬辰奉安。"[⑰]宋代譯經院除翻譯佛經之外,還是接待安置外來僧侶之場所。雍熙元年,日本國僧奝然來朝,"太宗召見奝然,存撫之甚厚,賜紫衣,館於太平興國寺"。[⑱]真宗大中祥符三年,"中天竺沙門覺稱、法戒來朝,進舍利、梵夾、金剛座真容、菩提樹葉,召見便殿,尉勞甚厚,館於譯經院"。[⑲]而日僧成尋於神宗熙寧五年兩入東京,皆駐錫於太平興國寺傳法院。

第二,譯經院由三堂構成。如《宋會要》所言:譯經院由三堂構成,即譯經堂、潤文堂與證義(正義)堂。譯經堂在正中,東爲潤文堂,西爲證義堂。志磐《佛祖統紀》亦言:太平興國五年,"二月,北天竺迦濕彌羅國三藏天息災、烏填曩國三藏施護來,召見,賜紫衣,勅二師同閲梵夾。時上盛意翻譯,乃詔中使鄭守均於太平興國寺西建譯經院,爲三堂:中爲譯經,東序爲潤文,西序爲證義"。[⑳]由此可證:當時譯經院包括三堂,即中間爲譯經堂,爲譯主、證梵等人所居;東邊爲潤文堂,爲譯經潤文官所居;西邊爲證義堂,爲譯經證義僧侶所居。

此外,譯經院中尚有太宗、真宗御製《聖教序》《繼作聖教序》巨碑刻石。太宗《聖教序》立於雍熙三年(986),據《玉海》記載:"三年十月戊午,御製《新譯三藏聖教序》以冠經首,令刊石御書院。"㉑真宗《繼作聖教序》作於咸平二年(999),當時僅冠於新譯經之首。大中祥符二年(1009),施護等請求將《繼作聖教序》刊石於譯經院,得真宗許可。其年九月,立石於譯經堂上,與太宗所製序西面相對安置。㉒成尋熙寧五年入京,十月十四於傳法院親見此二碑,其文云:"未時,見太宗皇帝御筆碑石,高二丈,立三階大閣内,無他佛等。次見真宗皇帝御筆碑文,立三間大殿之内,額名乾明之殿,無他佛。"㉓太宗、真宗御製碑高二丈,立於三間大殿之中,氣勢之宏偉可見。

二　譯經原本之語言與形制㉔

宋代譯經之展開,肇啓於梵夾之搜集,太祖、太宗、真宗三朝對西行、東歸之僧侶,多有獎顧。據《宋會要》載,自雍熙三年,"自是梵僧至者,悉召見,賜以紫服、束帛,華僧自西域還者亦如之"。除優禮西行東歸之僧侶外,太宗又兩次下詔,搜訪梵經。雍熙三年,接受天息災建議,下詔購求搜訪散落於民間之梵夾。淳化四年(993)復下詔:"西面緣邊及黎、階、秦、廣州,應梵僧自天竺來及中國僧游天竺還者,所齎梵經並先具奏聞,仍封題進上。"㉕梵夾葉書的搜求,爲譯經事業奠下基礎。

宋代譯經原本梵夾之形制,日僧成尋熙寧年間寄居太平興國寺譯經院,頗有親睹,且有所記錄,據其所見,可略知一二。熙寧五年十二月廿八日,成尋見《月燈三昧經》《無量壽經》及《彌勒授化經》梵夾,其文曰:

> 齋了,天吉祥三藏召請予與新來中天二人、通事,共喫茶。次見《月燈三昧經》梵夾、《無量壽經》梵夾、《彌勒授化經》梵夾,字甚妙也。貝葉長一尺六寸,廣三寸,各入金筥,兩重裹錦綾。㉖

熙寧六年正月廿六日,又見中天竺貝葉梵本數種:

> 次參三藏房,點茶,令出見《父子合集經》梵本。且出來廿五卷,未徹。《祕密名字三摩地分》梵本、《青焰明王儀軌》梵本、《房莊嚴寶王經》梵本,皆中天竺貝葉,最優美也。㉗

二月廿七日,又見《父子合集經》及《法華經》貝葉梵夾:

> 拜見《父子合集》二卷了……雖廿五卷譯出,第三以下未清書進覽,因之不能拜見。廿五以下,貝葉向有其殘,未譯。進覽經以錦爲標紙,以金爲軸,莊嚴甚妙。

見丈夫國梵本《法花經》，八寸，廣二寸五分。貝葉，第一卷四枚，第二卷五枚半，第三卷四枚，文字頗小字也。《父子合集經》貝葉長一尺五寸，廣三寸，四十枚，譯出廿五卷。雖多羅葉文少，漢字譯出，枚數多也。㉘

其中《月燈三昧經》《無量壽經》《彌勒授化經》《父子合集經》皆爲寬三寸、長一尺五、六寸的貝葉。而丈夫國梵本《法華經》甚小，寬二寸五分，長僅八寸。唐惠沼《成唯識論了義燈》言："北天竺境富婁沙富羅，此云丈夫國。"㉙可知，成尋所見小字本《法華經》乃北天竺梵本。

熙寧五年十二月廿八日，又見東天竺梵本，與中天竺梵本頗爲不同：

> 丈夫國三藏來座，以照大師取紙梵經兩卷來，令見予。東印度梵字全不似中天，不知何經。㉚

正如成尋所見，宋代譯經之原本既有中天竺梵本，復有東天竺、北天竺丈夫國等地方書體書寫之梵本，而宋代經錄也記載有不同地方書體書寫的梵經。

據《祥符錄》與《景祐錄》記載，宋代譯經確知其原本者共 189 種，㉛其中譯自中天竺梵本者 164 種，占了 86.8% 。譯自西天竺梵本者共 9 種，譯自北天竺梵本者 1 種，譯自中天竺語師子國書者 2 種，譯自中天竺語龜茲國書者 13 種（統計見表 1、2、3）。

表 1　北宋譯經原本比例表

原本語言	中天竺梵本	西天竺梵本	北天竺梵本	中天竺語龜茲國書	中天竺語師子國書	總計
數量	164	9	1	13	2	189
百分比	86.8%	4.8%	0.5%	6.9%	1.0%	

表 2　北宋譯經中天竺梵本類別表

部類	數量	百分比
大乘經藏秘密部	72	43.9%
大乘經	30	18.3%
大乘律	2	1.2%
大乘論	11	6.7%
小乘經	25	15.2%
小乘律	2	1.2%
小乘論	0	0.0%

（續表）

部類	數量	百分比
西方聖賢集	22	13.4%
合計	164	

表 3　北宋譯經非中天竺梵本表

原本語言	譯經時間	經典名稱	卷數	所屬類別	資料出處
西天竺梵本	淳化元年十月	《七佛經》	1	小乘經	《祥符録》卷7
		《毗婆尸佛經》	2	小乘經	
		《大三摩惹經》	1	小乘經	
		《長者施報經》	1	小乘經	
	淳化五年四月	《金剛香菩薩大明成就儀軌經》	3	大乘經秘密部	《祥符録》卷8
	至道三年十一月	《大正句王經》	2	小乘經	《祥符録》卷10
	咸平四年四月	《大生義經》	1	小乘經	《祥符録》卷11
	咸平五年五月	《輪王七寶經》	1	小乘經	《祥符録》卷12
	大中祥符五年五月	《白衣金幢二婆羅門緣起經》	3	小乘經	《景祐録》卷2
北天竺梵本	淳化五年正月	《金剛手菩薩降伏一切部多大教王經》	3	大乘經秘密部	《祥符録》卷8
中天竺語龜茲國書	咸平元年七月	《頻婆娑羅王經》	1	小乘經	《祥符録》卷10
		《舊城喻經》	1	小乘經	
		《人仙經》	1	小乘經	
		《信佛功德經》	1	小乘經	
		《信解智力經》	1	小乘經	
		《善樂長者經》	1	大乘經秘密部	
	咸平元年十一月	《四品法門經》	1	小乘經	《祥符録》卷10
		《解夏經》	1	小乘律	
	咸平三年十一月	《分別緣生經》	1	小乘經	《祥符録》卷11
	咸平四年四月	《園生樹經》	1	小乘經	《祥符録》卷11
	大中祥符元年十一月	《月喻經》	1	小乘經	《祥符録》卷14
	大中祥符二年五月（原本殘,推測）	《蟻喻經》	1	小乘經	《祥符録》卷14
	大中祥符三年十一月	《灌頂王喻經》	1	小乘經	《祥符録》卷16

（續表）

原本語言	譯經時間	經典名稱	卷數	所屬類別	資料出處
中天竺 語師子 國書	雍熙四年	（《妙臂菩薩所問經》）	4	大乘經秘密部	《祥符録》卷6
	咸平三年十一月	《未曾有正法經》	6	大乘經	《祥符録》卷11

由以上三表可知如下數事：

第一，宋代譯經原本多爲中天竺梵本，共有164部。在中天竺梵本中，大乘經藏秘密部共72部，占43.9％；大乘經30部，占18.3％。兩者合計占62.2％。大乘律2部，占1.2％；大乘論11部，占6.7％。小乘經25部，占15.2％；小乘律2部，占1.2％。西方聖賢集22部，占13.4％。中天竺梵本中，没有小乘論。

第二，除中天竺梵本外，中天竺語龜兹國書、西天竺梵本數量不少，而北天竺梵本和中天竺語師子國書的原本則較少。

第三，據邵瑞琪的研究，從四世紀至六世紀，梵語的各種地方性字體興起，至六世紀，梵語的書寫形式有多種，比如北印度的悉曇體、南印度的帕拉瓦體等。[32]宋代經録中記載的非中天竺梵本可能主要指這些地區性字體書寫的梵文。比如中天竺語師子國書可能就是用僧伽羅文書寫的梵文文本。翻譯這些非標準梵本，其程序是：先將地方性字體轉寫爲中天竺標準字體，然後再譯爲華文，而不是直接將這些非中天竺梵本譯爲華文。《祥符録》卷六載譯自中天竺語師子國書的經典，下注云：“上一部，本中天竺語師子國，今先翻爲天竺字，然後譯之，下皆同此。”[33]“下皆同此”説明《祥符録》中所載地方性字體書寫的梵本皆要先轉寫爲中天竺字。再如《景祐録》所載《白衣金幢二婆羅門緣起經》，下記曰：“上一部，本西天竺書，今先翻爲中天竺字，然後譯從華文。”[34]同樣説明，《景祐録》所載非中天竺梵本也要先經轉寫，再譯爲華文。

第四，從這些非中天竺梵本經典的性質來看，小乘經、律所占的比例極高。其中“西天竺梵本”9種，除《金剛香菩薩大明成就儀軌經》屬於“大乘經秘密部”外，其餘8種皆爲小乘經。“中天竺語龜兹國書”13種，除《善樂長者經》屬“大乘經秘密部”外，其餘12種皆爲小乘經、律。這與中天竺梵本大乘經、論占多數，形成對比。另外，與整個宋代譯經相比，這些非天竺梵本中小乘經、律所占比例也是極高的。《天聖録》記載宋代譯經232部569卷，其中，大乘經140部286卷；大乘律1部1卷；大乘論11部19卷；小乘經44部69卷；小乘律5部5卷；聖賢撰述21部29卷。小乘經占總數的比例，依部數爲18.96％，依卷數則爲12.12％。而這些非中天竺梵本共25部41卷，小乘經則有19部23

卷,小乘經所占比例,依部數爲76%,依卷數57.5%。由此可見,在這些非中天竺梵本中,小乘經所占比例遠遠超過宋代全部譯經中小乘經所占比例。

而在這些經典中,小乘經所占比例尤以中天竺語龜兹國書和西天竺梵本爲高。何以如此？ 衆所周知,龜兹自鳩摩羅什時代之後,小乘逐漸流行,"玄奘時代,龜兹已全爲小乘教所占有"。[35]據唐惠英所撰《大方廣佛華嚴經感應傳》載:聖曆年中,于闐三藏實叉難陀云:"龜兹國中,唯習小乘。"[36]可知在唐代,龜兹也爲小乘教之化區。而西、北天竺向爲小乘説一切有部和正量部的化區。玄奘時代,正量部由中印度向西印度發展,而説一切有部則盛行於西北印度與西域。在義净時代,西天竺正量部最具優勢,而西北印度則以説一切有部最盛。[37]由此可見,大約四至九世紀,在龜兹國、西印度、北印度,小乘佛教一直非常興盛,那麼宋代所譯的以這些地方字體書寫的梵本多爲小乘經典也就可以理解了。

三　譯經程序與人員

宋代譯經持續了131年,譯出經典263部,740卷,[38]涉及的人員甚夥。夏竦《傳法院碑銘》言及宋代譯場設立至景祐二年的譯經人員:翻宣表率則有天息災等三藏五人(西土四人:天息災、施護、法賢、法護;東土一人:惟净),筆受、綴文、證義等義學僧79人,監譯17人,貢獻梵經者138人。[39]足見宋代譯經人員之衆。

(一)各書所載譯經人員之職守

佛經譯傳,自南北朝以來,形成了譯場共譯的制度。譯場中譯經人員各有所司,共同翻譯經典。對宋代及以前譯場中人員職守的記載,共有以下數種文獻,即《宋高僧傳》卷三《譯經篇總論》、《佛祖統紀》卷四十四、《宋會要輯稿·道釋二·傳法院》以及《祥符録》《景祐録》。《宋高僧傳》所載雖反映了宋代的狀況,但所舉各例多爲前朝人物,與其他三種資料性質略有不同。兹列表對比如次:

表4　譯場職守異同表

《祥符録》《景祐録》	《宋會要輯稿》	《佛祖統紀》	《宋高僧傳》
1. 譯主	1. 譯主	1. 譯主	1. 譯主
2. 證梵義	2. 證梵義	2. 證梵義	5. 證梵義
3. 證梵文	3. 證梵文	3. 證梵文	4. 證梵本

（續表）

《祥符録》《景祐録》	《宋會要輯稿》	《佛祖統紀》	《宋高僧傳》
4. 筆受	5. 筆受	5. 筆受	2. 筆受（綴文）
5. 綴文	6. 綴文	6. 綴文	
6. 證義	7. 證義	7. 參譯	6. 證禪義
7. 潤文	9. 潤文	9. 潤文	7. 潤文
8. 監譯			10. 監護（監譯）
	4. 書梵	4. 書梵	3. 度語
			8. 梵唄
			9. 校勘
	8. 刊定	8. 刊定	11. 正字（字學）

　　從表中可以看出，各書所載皆有譯主（主持譯經之人）、證梵義（與譯主商討梵文文義之人）、證梵文（《宋高僧傳》稱"證梵本"，與譯主商討梵文文字、語言之人）。可以説，此三人爲一組，皆需梵、漢兩通的譯才擔當。筆受（記録漢語譯文之人），《宋高僧傳》將筆受、綴文合爲一職，反映出唐代以前筆受與綴文相兼的情況。[40]證義（與譯主商討漢文文義之人）一職，《佛祖統紀》稱爲"參譯"，或即《宋高僧傳》中所稱"證禪義"。《宋會要輯稿》與《佛祖統紀》皆載有"書梵"（將梵文語音用漢字書寫下來，即用漢字標梵音）與"刊定"（校定經典文字），而《宋高僧傳》尚載有"度語"（幫助譯主將梵文釋爲漢文，主要用於譯主不熟悉漢文的譯場）、梵唄（在譯場中讀誦經典之人）、正字（或稱"字學"，譯經場中熟悉漢文語言、文字之人，或可與《宋會要輯稿》《佛祖統紀》中的刊定相兼）。《祥符録》與《景祐録》詳細記載每部經典的翻傳時間、内容性質及其翻譯、進呈之過程，是宋代譯經的忠實記録。書中每部經典皆詳載翻譯人員，有譯主、證梵義、證梵文、筆受、綴文、證義、潤文、監譯，應當説，兩部經録所載譯經僧職是對北宋譯場僧職最真實的記録。[41]

　　如將宋代經録所載譯場職位與隋唐譯經進行比較，梵唄、度語、正字、讀梵本似不見於宋代譯經。梵唄是指譯經前進行的儀式活動，如下所述，宋代譯場譯經前做"法曼荼羅"道場，當也有梵唄之事，然不見於經録的記載。度語主要用於譯主不通華文情況，實爲譯主之私人翻譯。宋代天息災、施護、法護皆華梵兼通，而惟净本爲華人，兼習梵語，故宋代前期並無度語之設。後期主持譯經之金總持，似華語不嫻，設有度語。正字，在唐代譯場多設，宋代譯場未見設置。讀梵本一職，數種文獻皆不載，然唐代義净翻經，多置此職。如景龍四年譯《根本説一切有部尼陀那目得迦》及《成唯識寶生論》，由西涼州白塔寺慧積、右驍衛翊府中郎將員外置宿衛李釋迦、東天竺國左領軍右執戟直中書省頗具三人讀梵本。宋代譯經，據成尋之記載，熙寧六年譯經"先大卿取梵文一紙談了，次筆受智寶取梵文一句讀之"，[42]則由筆受讀梵文，此時或已由筆受兼讀梵文之職也未可知。

（二）譯經壇場之布置與譯經之程序

據《祥符錄》記載，真宗景德二年九月二十五日，"上幸譯筵，命施護等坐，賜茶慰勞。詢問譯經儀範，仍頒束帛。翌日，施護等詣便殿稱謝，遂以譯經儀式備錄上進"。[43]由此可知，施護等人曾進"譯經儀式"於真宗，惜今無傳，內容不可詳知。然《宋會要輯稿》《佛祖統紀》曾記天息災所述"譯經儀式"，夏竦曾作譯經潤文官，撰有《傳法院碑銘》，對宋代譯場之儀式也有記載，由此可略知宋代譯經壇場之布置與譯經之程序：

表 5　《佛祖統紀》與《宋會要輯稿》所記譯經程式

《佛祖統紀》	《宋會要輯稿》
天息災述譯經儀式：於東堂面西粉布聖壇（作壇以粉飾之，事在藏經）。開四門，各一梵僧主之，持祕密呪七日夜。又設木壇，布聖賢名字輪（壇形正圓，層列佛、大士、天神名位，環遶其上，如車輪之狀），目曰"大法曼拏羅"（此云"大會"）。請聖賢阿伽沐浴（阿伽，此云"器"，凡供養之器，皆稱曰"阿伽"。今言"阿伽"，乃是沐浴器），設香華、燈水、殽果之供，禮拜遶旋，祈請冥祐，以殄魔障。	天息災等所述自古譯經儀式：將欲翻經，於本院建立道場。施護請於東堂面西粉布聖壇，壇開四門，梵僧四，各主其一，持秘密咒七晝夜。又設木壇，作聖賢位，布聖賢字輪，目曰"大法曼拏"。衆迎請聖賢閼伽沐浴，香花燈塗。菓實飲食，二時供養，禮拜旋繞，請祈民祐，以殄魔障，僧羅日二時虔禱。
第一譯主正坐面外，宣傳梵文。 第二證義坐其左，與譯主評量梵文。 第三證文坐其右，聽譯主高讀梵文，以驗差誤。 第四書字梵學僧，審聽梵文，書成華字，猶是梵音（紇哩第野，初翻爲"紇哩第野"；爲"素怛覽"）。 第五筆受，翻梵音成華言（"紇哩那野"，再翻爲"心"；"素怛覽"，翻爲"經"）。 第六綴文，回綴文字，使成句義（如筆受云："照見五蘊彼自性空見此。"今云："照見五蘊皆空。"大率梵音多先能後所，如"念佛"爲"佛念"，"打鐘"爲"鐘打"。故須回綴字句，以順此土之文）。 第七參譯，參考兩土文字，使無誤。 第八刊定，刊削冗長，定取句義（如"無無明無明"，剩兩字。如"上正遍知"，上闕一"無"字）。 第九潤文官，於僧衆南向設位，參詳潤色（如《心經》"度一切苦厄"一句，元無梵本。又"是故空中"一句，"是故"兩字，元無梵本）。	譯日，第一譯主當面正坐，前梵學。 其左，第二證梵義梵僧，與譯主評量梵義。 第三證梵文梵僧，聽譯主高讀梵本，以驗差誤。 其右，第四梵學僧，觀梵夾，當聽譯主宣讚讀書，爲隸字。 第五梵學僧筆受， 第六梵學僧刪綴成文， 第七證義僧，參詳向義，[44] 第八字梵學僧，刊定字， 第九潤文官，於僧衆南別設位，參詳潤色。

（續表）

《佛祖統紀》	《宋會要輯稿》
僧衆日日沐浴，三衣、坐具，威儀整肅。所須受用，悉從官給。[45]	譯僧每日沐浴，嚴潔三衣、坐具，威儀整肅。凡入法筵，依位而坐，不得紊亂。翻譯應須受用，悉從官給。譯之日，別設齋席。[46]

《宋會要輯稿》與《佛祖統紀》所載天息災之譯經儀式略可分爲三節：第一節記譯經聖壇之布置，第二節記譯經僧職之座次與職守，第三節記譯經僧之威儀。其中第三節僧衆之威儀問題不多，現詳考前二節如次。

1. 聖壇布置：

譯經之前，先於東堂（當爲潤文堂）向西布置聖壇，聖壇四角設立四門，每門一梵僧主之，念咒語七晝夜。又立木壇，設立聖賢名字輪，輪之形制，志磐言"壇形正圓，層列佛、大士、天神名位，環遶其上，如車輪之狀"，也即於圓形壇上，書寫佛、菩薩和天神之"名位"。聖壇布置完畢之後，有迎請佛、菩薩及天神之儀式，並用香花、水燈供養。

關於聖壇布置，夏竦《傳法院碑銘》言："由是憲前軌，稽秘藏，依金剛界扸種子壇，書字源，布聖位，三成藻飾，四事莊嚴。"[47]此處之"扸"爲"揩擦"義，如《漢書·禮樂志》："扸嘉壇，椒蘭芳。""扸嘉壇"就是畫出美好的壇場。文中"依金剛界扸種子壇"，即依據金剛界粉畫"種子壇"。所謂"種子壇"，又稱"種子曼荼羅""法曼荼羅"，爲四種曼荼羅之一，[48]係用梵文字母表示諸尊而形成的曼荼羅，文中所言"書字源，布聖位"正是指布置種子壇。《佛祖統紀》所言"大法曼拏羅"，《宋會要輯稿》所謂"大法曼挐"，即是夏竦所説"種子壇（種子曼荼羅）"。

2. 譯經僧職之座次

譯經之日，譯經僧侶入座譯經，各有其位，"依位而坐，不得紊亂"。譯主"當面正坐""正坐面外"，皆指譯主坐北向南，居於譯場正中。夏竦《傳法院碑銘》亦言："三藏主譯於壇北。"譯經潤文官則與譯主對面向内而坐，也就是"於僧衆南向設位""於僧衆南別設位"。而監譯的位置，則在西南，《傳法院碑銘》"潤文東南以資筆削，監譯西南以肅儀律"是也。[49]

除譯主、潤文、監譯外，其他僧職之位次，《宋會要輯稿》與《佛祖統紀》之記載頗爲不同，《宋會要輯稿》言："其左，第二證梵義梵僧……第三證梵文梵僧……其右，第四梵學僧……第五梵學僧筆受，第六梵學僧删綴成文，第七證義僧，参詳向義，第八字梵學僧，刊定字。"亦即是説：以譯主爲中心，分爲左、右二班，左邊有證梵義、證梵文；右邊則有書梵、筆受、綴文、證義、刊定。位次如下圖(圖1)：

圖1　《宋會要輯稿》所載譯場位次

而《佛祖統紀》則言："第二證義坐其左……第三證文坐其右……第四書字梵學僧……第五筆受……第六綴文……第七參譯……第八刊定。"除前二員外,其餘皆未注明位次。然依其證義在左,證文在右之例,似乎下面諸員應分列左右,亦即如下圖所示(圖2)：

圖2　《佛祖統紀》所載譯場位次

然則,二者以何爲是,以何爲非? 筆者認爲,《宋會要輯稿》之文,當有所據,何以言之?

第一,從史料的來源與時間來說,《宋會要輯稿》之文或直接來自天息災、施護所上之譯經儀式,或來源於大中祥符元年所編《譯經院實録》[50],時間上早於《佛祖統紀》。而《佛祖統紀》之文,即來自宋代會要。《佛祖統紀》書前所列參稽書籍"儒宗諸書"中有"國朝會要"。而上引此條記載宋代譯經僧職之文,出自其書"法運通塞志",此志"乾德三年"條後注曰："此後不注出處者,大約多國朝會要。"[51]也即是説此卷中不出注者,皆引自"國朝會要"。而記載譯經僧職這一條正好無注,説明志磐《佛祖統紀》對譯場僧職位次之記載,來源於宋代的會要。

　　既然志磐之文來源於宋代會要,何以與現《宋會要》之記載不同? 筆者認爲,可能是志磐誤讀了《會要》之文,因爲據《會要》的記載,譯主之右有書梵、筆受、綴文、證義、刊定五員,而其左僅有證梵義、證梵文兩員,左右甚不均衡。而《會要》言:“其左,第二證梵義梵僧……第三證梵文梵僧……其右,第四梵學僧……”志磐將本屬領起下文的“其右”上屬,於是就成了《佛祖統紀》中“第二證義坐其左……第三證文坐其右”的樣子。將本屬統領下文的“其右”,安在了第三證梵文之上。而第四員以下,可能志磐也覺得並無絶對之信心,故不書其餘僧職之位次。

　　第二,就譯經工作的程序而言,《宋會要輯稿》所記較《佛祖統紀》更爲合理。因爲據《宋會要輯稿》所記,證梵文、證梵義在左,因爲他們所處理的都是梵本的問題,梵本傳閲比較方便。而書梵、筆受、綴文、證義、刊定所處理的都是“華言”,依次傳閲,甚爲方便。也即是説,按《宋會要輯稿》所載,梵本、漢本,僅需依位置相次傳遞,即可完成譯經的工作。而如依《佛祖統紀》之記載,證梵義在左,證梵文在右,則證梵義閲完的梵文文本,必須傳給坐於對面的證梵文,頗費周章。而漢本華文的傳遞就更爲複雜,先由在右的書梵傳給在左的筆受,再由在左的筆受傳給在右的綴文,然後由在右的綴文傳給在左的參譯,再由參譯傳給在右的刊定,一個本子經過四次左右轉遞,纔能最終完成,何其費時費力?以下是《宋會要輯稿》與《佛祖統紀》梵漢文本傳遞的路綫圖(圖3、圖4):

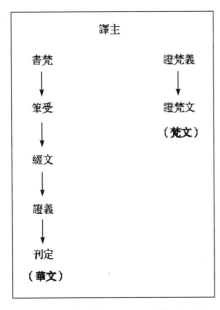

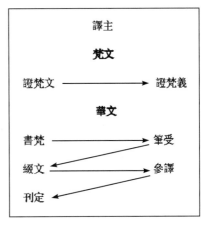

圖3　《宋會要》位次圖文本傳遞示意　　　　**圖4　《佛祖統紀》位次圖文本傳遞示**

第三,據夏竦《傳法院碑銘》的記載,"三藏主譯於壇北,梵僧證梵義、證梵文,義學僧證義、刊定華字於左右",也將梵僧與義學僧分開,説他們分列左右。由此可知,譯經僧職位次之排列並非出於均衡考慮,而是出於僧人的身份及譯經工作的方便。今所存《西夏譯經圖》(圖5)及元代普寧藏前扉畫《萬壽殿譯經圖》(圖6)譯位皆采用了左右對稱的結構,實際都是出於構圖的需要,而非對譯場位次的忠實記録。

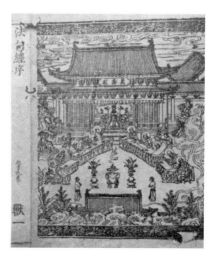

圖5　西夏譯經圖[52]　　　　圖6　萬壽殿譯經圖(擬)[53]

綜上所考,筆者認爲志磐《佛祖統紀》中關於譯場僧職位次的記載,來源於宋代的會要,志磐所記之所以與現存《宋會要》不同,或是志磐出於位次排列均衡的考慮而誤讀了宋代會要之文,將本該總領下文的"其右"二字安在了"第三證梵文僧"之上,出現了僧職依次左右排列的情況。然而,處之於譯經情景之中,志磐所記於譯經之程序頗顯不便,需要多次越過譯經堂,左右傳遞文本。而《宋會要》所記,則僅需按位置依次傳遞文本即可完成譯經。職是之故,筆者認爲《宋會要》所記譯經僧職的位次更爲合理有據。

對於譯經之具體情狀,文獻記載不多。成尋熙寧六年三月二十八日居譯經院,親見其時之譯經,爲瞭解當時譯經具體情狀提供了寶貴史料:

　　廿八日(辛未),天晴,卯二點,御藥來。今日新譯《父子合集經》三、四卷,潤文右諫議參知政事馮京來,有僧俗齋。……御藥云:"列譯經證義座,看譯經,並可喫食由者。"隨使來出譯庭。先大卿取梵文一紙談了,次筆受智寶取梵文一句讀之,梵才三藏唱漢語,筆受書了。次讀梵文一句如前。如此一紙譯了,詔同譯少卿讀漢語了。前後燒香、薰香,有手水散。下座,證義一人發願廻向,唱寶號,奉祈皇帝。[54]

文中"大卿"即試鴻臚寺卿日稱,"少卿"即試鴻臚寺少卿慧賢。"梵才三藏"即惠詢,爲證義僧。智寶爲慈教寺僧人,譯經筆受。[55]由此可知,當日譯經,先由主譯日稱翻譯講解一紙大義。接下來再做分句翻譯,先由筆受智寶讀梵文一句,由證義僧惠詢讀漢語,然後筆受書寫。一紙譯完,再由惠賢通讀漢語。可見,一方面,譯經程序並非嚴格按照九位僧職依次作業,而采用比較隨意的形式。另一方面,譯經前後,皆有燒香儀式,譯經完畢,還要由證義僧發願回向,念佛,並爲皇帝祈福。

(三)譯經僧的選任與變動

宋代譯經人員按其職守可分爲四類:一類主要處理梵文,包括譯主、證梵義、證梵文,也即夏竦在《傳法院碑銘》中稱爲"梵學僧"者;另一類主要處理華文,包括綴文、證義,也即夏竦所謂"義學僧"者;第三類華梵皆要處理,如書梵、筆受;第四類則是由朝臣、宦者兼任的潤文官與監譯。綜觀《祥符録》與《景祐録》的記載,譯經僧職選任主要有以下特點:

1. 除譯主等重要人物外,進入譯場之僧侶多要經過考察程序。最初進入譯場,率由推薦。如太平興國七年,譯場初設,"又詔鳳翔梵學沙門建盛充筆受,京師義學沙門慧達、可瓌、善祐、法雲、智遜、惠温、守巒、道真、實顯、慧超等十人充證義"[56]。天禧四年之後,采用法護、惟净之建議,實行舉薦加考試之形式,"三藏法護、惟净上言:譯席有闕員,臣等於京城寺院訪求名德舉奏,深慮品藻未精,自今望令開封府遣官,集兩街僧職及見講經律論僧三十人僉定,試本學十道,如對答得通,即奏名差補。詔從之"[57]。所謂"兩街僧職",在宋代主要有僧録、僧正、副僧録、首座和鑒義,左右各五,合爲十員。由此可知,當時譯場僧職選任之程序爲:先由譯主、名德推薦,後由兩街僧職及講經律論僧面試,各試本業十道,通過方能奏補。而至仁宗天聖六年,"是時譯席有闕,本院請依試僧職例選試,遂令兩街保舉深達經論,素有名行,衆所推服者凡五人。詔翰林學士章得象,精加考試,乃得潛政等"[58]。此時之差補先由兩街保舉,再加考試。由此可見,進入譯場之程序先由舉薦,後期制度加密,采用薦舉加考試的形式。

2. 梵學僧必須有梵、漢雙語的修養,義學僧如果没有梵語學習的經歷,幾乎不可能升爲譯主、證梵義與證梵文。從宋代的情況來看,譯主、證梵義、證梵文三職可以互相兼任、輪任。如太平興國八年三月譯《大乘莊嚴王經》,主譯爲天息災、證梵義爲法天、證梵文爲施護;同年七月譯《大方廣總持寶光明經》時,法天爲主譯,天息災爲證梵義,施護仍爲證梵文;同年十月,譯《守護大千國土經》等經時,施護爲譯主,天息災爲證梵義,法天爲證梵文。[59]再如,咸平三年,法賢(天息災)入滅,其年十一月譯《未曾有正法經》等經時,法天爲譯主,施護兼證梵文、證梵義兩職。四年四月,譯《分别布施經》等時,施護爲主譯,法天兼證梵文、證梵義。[60]由此可見,梵學僧之間的職守可以互相兼任,而義學僧由於没有梵學基礎,不可能升爲譯主、證梵文、證梵義。咸平四年十一月,法天入滅,由傳法院培養的梵學僧惟浄證梵文。

3. 義學僧職雖不能與梵學僧職相互兼任,但義學僧職之間可以互相兼任。從宋代經録的記載來看,義學僧中最低者爲證義,其次爲綴文,最高者爲筆受。初入譯場,多任證義之職。待熟習譯場工作之後,可升爲綴文或筆受。

(1)義學僧職常可相兼。如太平興國七年譯《聖佛母小字般若波羅蜜多經》等三經時,"沙門常謹、法進筆受兼綴文"[61],説明筆受與綴文可互相兼任。再如《參天台五臺山記》記録熙寧年間譯場僧職:左街副僧録同知教門公事譯經證義兼綴文文鑒大師賜紫用寧、右街副僧録同知教門公事譯經證義兼綴文澄鑒大師賜紫文素[62],説明證義與綴文也可兼任。

(2)證義爲譯場中最初職守,證義可升爲綴文。如慧達、實顯,太平興國八年三月、七月、十月的譯經中,皆爲證義,而在雍熙元年三月的譯經中,升爲綴文。智遜,於太平興國八年七月、十月皆爲證義,至雍熙元年三月,升爲綴文。再如仁徹,最初在淳化五年至咸平元年,一直任證義一職,咸平元年十一月升任綴文。再如啓冲,從咸平六年開始任綴文,而在咸平五年十一月最初任證義一職。另如簡長,自天禧元年至天聖五年任綴文,而自大中祥符四年十一月即入譯場任證義一職。説明綴文多是由證義中擢升,也説明譯場中證義爲最低之職守。

(3)早期筆受可從綴文中擢任,但後期則多由譯經院培養的梵學僧充任。早期的筆受,如令遵、法定,在雍熙元年五月皆任綴文,其年九月二人開始任筆受。太平興國八年,譯場初興,天息災等人即請求太宗於譯經院培養梵學人才,至淳化年間,培養的梵學人才已漸能擔任譯場僧職,而筆受一職,在傳譯中十分重要,故自淳化年間開始,筆受一職就由譯經院培養的梵學僧惟浄、智江、致宗等人擔任。

綜上所考可知,宋代譯經僧侣進入譯場例經考察,初由薦舉,後改爲薦舉加考試之形式。宋代譯場僧職之中可分梵學僧與義學僧兩類,梵學僧主要包括譯主、證梵文、證梵義;而義學僧主要包括筆受、綴文與證義。梵學僧職與義學僧職由於對語文知識掌握的不同,通常不能互相兼任。梵學僧僧職内部可以互相兼任,義學僧僧職内部也可互相兼任。義學僧職中,證義一職是最基本的僧職,證義僧可以升爲綴文,而綴文僧也可以升爲筆受。但在譯經後期，由於譯經院自己培養的梵學僧開始參與譯經，故筆受一職也由具有梵學知識的梵學僧充任。

（四）監譯之任用

宋代譯經之監譯例由宦官充任，據《祥符録》《景祐録》之記載，共有二十一人充任監譯：太平興國七年七月至八年三月由殿直劉素獨任；太平興國八年七月至雍熙二年五月，由殿頭高品王文壽與劉素並任；雍熙二年十月至三年二月，由王文壽、殿前承旨東慶並任；雍熙四年，由王文壽、殿頭高品楊繼詮、殿直張美三人並任。自端拱元年十月至至道三年，由楊繼詮、張美二人並任；由至道三年十一月直至景德三年五月，由鄭守鈞一人獨任。景德三年十一月至四年五月，由殿頭高品周文質一人獨任。景德四年十一月至大中祥符元年，由内供奉官張廷訓一人獨任。大中祥符元年五月至五年五月，由羅自賓一人獨任。大中祥符五年十一月至七年，由李懷信擔任；祥符七年至天禧元年五月，由李知和一人獨任。天禧元年十一月至三年，由衛承序一人獨任。天禧三年十一月由李希及獨任。天聖元年則由楊懷志、楊懷愍二人並任，其年十二月，由王熙素一人獨任。天聖二年十二月至天聖五年四月，由王熙素、陳文一二人並任。天聖五年十二月至八年四月，由陳文一獨任。天聖八年十二月至明道元年十二月，由陳文一、黃元吉並任。明道二年，朱若水任同監院。景祐二年，裴湘監院，閻士良同監院。

另據金藏廣勝寺本《父子合集經》及《參天台五臺山記》卷六，神宗熙寧年間，李允恭、李舜舉、陳承禮都曾任監譯。綜而言之，宋代譯經任監譯可考者共二十四人。考宋代譯場監譯，可得而言之者有如下數端：

1. 監譯之官職變化：宋代宦官機構以景德三年二月爲界發生重要的調整與變化，即將原來的宦官機構改組爲内侍省與入内内侍省。[63]入内内侍省因更接近帝后，地位更爲崇高。[64]因譯場監譯皆由宦者充任，兹以景德三年爲界，分别論述：

（1）景德三年前，任監譯者有殿直（劉素、張美）、殿頭高品（王文壽、楊繼詮、鄭守鈞）；有殿前承旨（東慶）、供奉官（張美）；有右内率府副率（張美）、右監門衛率府率（張美）。據孫逢吉《職官分紀》載：太平興國四年，分内省屬官爲入内殿頭高班、殿頭高品、殿頭小底三等；雍熙三年，增置入内供奉官、入内高班内品。[65]形成供奉官、殿頭高班、殿頭高品、高班内品、殿頭小底五等。前期任監譯者多爲殿頭高品，王文壽、楊繼詮、鄭守鈞皆以此職任監譯。殿直一官，前期情況雖不明，景德三年之後則爲地位較低之宦官。同時，任殿直的劉素、張美在譯經進表中列名在殿頭高品王文壽、楊繼詮之下。從後期的情況對比與列名的位次來看，殿直應該是地位較低的宦官。雍熙三年，增置入内供奉官，張美端拱元年即以供奉官任監譯。右内率府率府率、副率與右監門衛率府率、副率皆爲東宮導引儀仗、武衛官，"官存而無職司"[66]。張美淳化五年至至道三年，以此二官職任監譯。殿前承旨，宋初爲三班祗應使臣，爲武官階官，雍熙二、三年東慶以此職任監譯。

（2）景德三年，分内侍省與入内内侍省之後，監譯類皆來自入内内侍省，地位頗爲崇高。大中祥符二年之前，入内内侍省設左右班都都知、左右班都知、副都知，屬官有供奉官、殿頭高班、殿頭高品、高班内品、黄門。祥符二年二月，改供奉官爲東、西頭供奉官，殿頭高班爲内侍殿頭，殿頭高品爲内侍高品，高班内品爲内侍高班，黄門爲内侍黄門[67]，形成東、西頭供奉官，殿頭，高品，高班，黄門六等[68]。

景德三年至大中祥符二年，任監譯者有供奉官（張廷訓）、殿頭高品（鄭守鈞、周文質），入内内侍高班（羅自賓）。大中祥符二年之後，任監譯者有内侍高品（羅自賓、衛承慶、楊懷志、王熙素、陳文一、黄元吉、朱若水）、内侍殿頭（羅自賓、李知和、李懷信、李希及、楊懷愍、黄元吉、陳文一）、西頭供奉官（黄元吉、陳文一）、供奉官（裴湘）、東頭供奉官（李舜舉、陳承禮）、副都知（李允恭）。

景德三年之後，任監譯之宦官品階有逐漸上升之趨勢。真宗朝多以内侍高品、内侍殿頭充任；仁宗朝任監譯之黄元吉、陳文一、裴湘皆爲供奉官或西頭供奉官；而神宗朝任監譯之李舜舉、陳承禮皆爲東頭供奉官，李允恭更爲副都知。據《參天台五臺山記》之記載，李舜舉爲"入内内侍省内東頭供奉官，勾當御藥院監譯經"[69]、陳承禮爲"入内内侍省東頭供奉官，勾當御藥院，權勾當傳法院陳承禮"[70]。知二人之差遣，皆以勾當御藥院之身份，兼任監譯、傳法院主事。勾當御藥職掌按驗秘方真僞、應時配置藥品、宣傳詔命、奉使督視，實爲皇帝之親信。司馬光《言王中正劄子》言"御藥一職，最爲親密"[71]，足見其地位之重要[72]。神宗朝以勾當御藥之李舜舉、陳承禮監譯，足見對譯經之重視。

2. 監譯或勾當譯經傳法院皆爲差遣，故其在任期間官職有升降。如張美，雍熙四年至至道三年，一直任監譯一職，然其官職則有變化：雍熙四年爲殿直，端拱元年之後爲供奉官，至淳化五年，則升任爲右内率府副率，至道三年又升任右監門率府率。再如羅自賓，自大中祥符元年至五年獨任監譯，其官職元年爲入内内侍高班，二年爲入内内侍高品，至四年則升爲入内内侍殿頭。

3. 任監譯之宦官，多也參與過其他佛教事務。如王文壽，太平興國八年，天息災等上言選兩街童子習梵學，太宗"命高品王文壽集京城童行五百人，選得惟淨等十人"[73]。而鄭守鈞則領導了譯經院之建設，太平興國五年，太宗"詔中使鄭守鈞就太平興國寺大殿西度地作譯經院”(74)。再如張廷訓,太平興國五年至七年,於五臺山真容院修造金銅文殊萬菩薩像(75)。大中祥符六年,趙安仁等編《大中祥符法寶録》,則由李知和勾當其事(76)。天聖五年,惟净等人編訂《天聖釋教總録》,文末編刊人員有“入内内侍省内侍高品勾當印經院傳法院提點七寶塔臣陳文一”的署名,可知陳文一參與了《天聖釋教總録》的修刊事宜(77)。

再如,監譯黄元吉也參與了諸多佛教事務。天聖四年,在慈雲遵式的努力之下,天台教典編入大藏(78)。天台教典入藏,黄元吉功不可没。遵式撰《天台教隨函目録並序》言:“遵式叨生台嶺,濫預桑門,刳心嘗習於斯宗,白首敢言於精業,志願此教編入大藏,俾率土咸益。天禧三年,會相國太原王公欽若出鎮錢唐,因以宿志聞於黄閣,遂許陳奏。事未果行,俙焉薨逝。至天聖紀號,幹當玉宸殿高班黄元吉以玆法利,上聞天聽。皇帝、皇太后體堯仁以覆物,奉佛囑以護法,爰擇梵侶,精校於真筌;旋繫竺墳,廣頒於秘藏。”(79)可知天台教典入藏,遵式雖於天禧三年即通過王欽若上奏其事,然未能成功。直至天聖元年,纔通過黄元吉上奏,得以成就。另外,明道元年,沙門懷問再游天竺,願爲真宗皇帝建塔於天竺金剛座旁,當時爲懷問出行進行物資準備的也是黄元吉。“勾當傳法院入内内侍省内西頭供奉官黄元吉寔被宸旨,録賜三聖御製,仍俾尚方塗金於大衣,爲賢劫千佛像,飾以金塗銀條,鈠御飛白書‘佛法清净’字於其裏,印以御前龍紐之文。並製塗金千佛幡六、塗金五百羅漢幡二以副之。”(80)再如朱若水,景祐三年,王隨節録《景德傳燈録》的《傳燈玉英集》摹印頒行,朱若水總其事(81)。另據成尋之記載,熙寧六年大旱,神宗詔高僧祈雨,勾當其事者即爲入内内侍省内東頭供奉官勾當御藥院兼後苑陳承禮(82)。

由此可見,監譯之宦者,或領導譯經院之建設,或參與佛教經書之刊刻;或奏請佛典入藏,或塑佛像於五臺。可見他們多與佛教有相當之關係。宋代譯經人員的具體情况參表6。

表6　宋代譯經人員表

年份	主譯	證梵義	證梵文	筆受	綴文	證義	潤文	監譯	校勘及其他
太平興國七年七月	天息災、法天、施護、			常謹、法進	常謹、法進		光禄卿湯悦、兵部員外郎張洎	殿直劉素	

（續表）

年份	主譯	證梵義	證梵文	筆受	綴文	證義	潤文	監譯	校勘及其他
八年三月	天息災	法天	施護	清沼、常謹	法進	惠溫、守巒、道真、實顯、慧超、慧達、可瓖	光禄卿湯悦、兵部員外郎張洎	殿直劉素	法雲、智遜、善祐
八年七月	法天	天息災	施護	清沼	常謹	惠溫、守巒、道真、實顯、智遜、法雲、慧超、可瓖、慧達、善祐	光禄卿湯悦、兵部員外郎張洎	殿頭高品王文壽、殿直劉素	建盛、參詳
八年十月	施護	天息災、法護	法天	建盛	常謹、清沼	惠溫、守巒、道真、實顯、智遜、法雲、慧超、可瓖、慧達、善祐	光禄卿湯悦、兵部員外郎張洎	殿頭高品王文壽、殿直劉素	
雍熙元年三月	天息災	法天	施護	清沼、法定、令遵	常謹、智遜、慧達、實顯	惠溫、守巒、道真、慧超、法雲、可瓖、善祐	兵部員外郎張洎	殿頭高品王文壽、殿直劉素	
元年五月	法天	天息災	施護	清沼	令遵、法定、慧達、智遜	惠溫、守巒、道真、實顯、慧超、法雲、可瓖、善祐	兵部員外郎張洎	殿頭高品王文壽、殿直劉素	
元年九月	施護		法天	清沼、令遵、法定	智遜、慧達、實顯	惠溫、守巒、道真、慧超、法雲、可瓖、善祐	兵部員外郎張洎	殿頭高品王文壽、殿直劉素	
二年五月	法天	天息災	施護	清沼、令遵、法定	實顯、慧達	惠溫、守巒、道真、智遜、慧超、法雲、可瓖、善祐	兵部員外郎張洎	殿頭高品王文壽、殿直劉素	
二年十月	天息災	法天	施護	清沼、令遵、法定	智遜、善祐、慧達	惠溫、守巒、道真、實顯、慧超、法雲、可瓖	禮部郎中張洎	殿頭高品王文壽、殿前承旨束慶	

（續表）

年份	主譯	證梵義	證梵文	筆受	綴文	證義	潤文	監譯	校勘及其他
三年二月	施護	天息災	法天	清沼、令遵	慧達、實顯	惠溫、守巒、道真、智遜、慧超、法雲、可璟、善祐	禮部郎中張泊	殿頭高品王文壽、殿前承旨東慶	
四年?月⑧	法天	天息災	施護	清沼、令遵	智遜、慧達	惠溫、守巒、道真、實顯、慧超、可璟、善祐、歸省	禮部郎中張泊	殿頭高品王文壽、楊繼詮，殿直張美	
四年十月	天息災	法天	施護	清沼、令遵	智遜、慧達	惠溫、守巒、道真、實顯、慧超、可璟、善祐、歸省	禮部郎中張泊	殿頭高品王文壽、楊繼詮，殿直張美	
端拱元年十月	施護、法天			法進、令遵	智遜	惠溫、守巒、道真、慧超、知則、善祐、歸省、守遵	户部郎中張泊	殿頭高品楊繼詮、供奉官張美	
二年四月	施護			令遵	智遜	惠溫、守巒、道真、慧超、知則、善祐、歸省、守遵	户部郎中張泊	殿頭高品楊繼詮、供奉官張美	
二年十月	法賢	法天	施護	清沼、令遵	智遜、慧達	惠溫、守巒、慧超、知則、守遵、顯丕、雲勝	户部郎中張泊	殿頭高品楊繼詮、供奉官張美	
淳化元年十月	法天	法賢	施護	清沼、令遵、惟净	慧達	惠溫、守巒、智遜、慧超、知則、守遵、歸省、雲勝	太僕少卿張泊	殿頭高品楊繼詮、供奉官張美	
二年七月	施護	法賢	法天	清沼、惟净	慧達、智遜	惠溫、守巒、慧超、守遵、道文、歸省、雲勝、全永	太僕少卿張泊	殿頭高品楊繼詮、供奉官張美	
二年十月	法賢	法天	施護	清沼、惟净	智遜、慧達	惠溫、守巒、慧超、守遵、道文、歸省、雲勝、全永	右諫議大夫張泊	殿頭高品楊繼詮、供奉官張美	

（續表）

年份	主譯	證梵義	證梵文	筆受	綴文	證義	潤文	監譯	校勘及其他
五年正月	法天	法賢	施護	清沼、惟净	智遜	惠温、仁徹、守貞、從志、慧達、守遵、道文、處圓、雲勝	翰林學士中書舍人張洎	右内率府副率張美、殿頭高品楊繼詮	
五年四月	施護	法賢	法天	清沼、惟净	慧達、智遜	惠温、仁徹、守貞、從志、守遵、道文、處圓、雲勝	翰林學士中書舍人張洎	右内率府副率張美、殿頭高品楊繼詮	
至道三年？	法賢	法天	施護	清沼、惟净、智江、致宗	智遜	仁徹、守貞、從志、道文、懷哲、雲勝、句端、守贊、道澄	給事中楊礪	右監門衛率府率張美、内供奉官楊繼詮	
三年十一月？	法賢	法天	施護	清沼、惟净、智江、致宗	智遜、道澄	仁徹、守貞、從志、道文、懷哲、雲勝、句端、守贊	翰林學士給事中楊礪	殿頭高品鄭守鈞	
真宗咸平元年七月	法賢	法天	施護	清沼、惟净、智江、致宗	智遜、道澄	仁徹、守貞、從志、道文、雲勝、懷哲、句端、守贊	翰林學士給事中楊礪	殿頭高品鄭守鈞	
元年十一月	法賢	法天	施護	清沼、惟净、智江、致宗	智遜、仁徹	守貞、從志、道文、雲勝、懷哲、句端、守贊、道一	樞密副使工部侍郎楊礪	殿頭高品鄭守鈞	
二年十一月	法賢	法天	施護	清沼、惟净、智江、致宗	仁徹、句端	守貞、從志、道文、雲勝、紹琛、懷哲、守贊、道一	司封郎中知制誥朱昂	殿頭高品鄭守鈞	
三年十一月	法天	施護	施護	清沼、惟净、智江、致宗	仁徹、句端	守貞、從志、道文、雲勝、懷哲、紹琛、守贊、道一	翰林學士吏部郎中知制誥朱昂	殿頭高品鄭守鈞	

（續表）

年份	主譯	證梵義	證梵文	筆受	綴文	證義	潤文	監譯	校勘及其他
四年四月	施護	法天	法天	清沼、惟淨、智江、致宗	仁徹	守貞、道文、雲勝、紹琛、守贊、道滿、希晝、道一、修靜	翰林學士吏部郎中知制誥朱昂	殿頭高品鄭守鈞	
四年十一月	施護		惟淨	清沼、智江、致宗	仁徹、道滿	守貞、道文、雲勝、紹琛、守贊、希晝、道一、修靜	翰林學士駕部郎中知制誥梁周翰	殿頭高品鄭守鈞	
五年五月	施護		惟淨	清沼、致宗	仁徹、道滿	守貞、道文、守贊、希晝、道一、修靜	翰林學士駕部郎中知制誥梁周翰	殿頭高品鄭守鈞	
五年十一月	施護		惟淨	清沼、致宗	仁徹、道滿	守貞、繼隆、啓沖、守贊、希晝、道一、修靜	翰林學士駕部郎中知制誥梁周翰	殿頭高品鄭守鈞	
咸平六年春景德元年冬	施護		惟淨	清沼、致宗	仁徹、道滿、啓沖	守貞、繼隆、希晝、道一、紹溥、修靜、智宣、重珣、文祕	翰林學士駕部郎中知制誥梁周翰	殿頭高品鄭守鈞	
景德二年五月	施護		惟淨	清沼、致宗	仁徹、啓沖	守貞、繼隆、希晝、道一、紹溥、修靜、重珣、文祕	翰林學士駕部郎中知制誥梁周翰	殿頭高品鄭守鈞	
二年十一月	施護		惟淨	清沼、致宗	仁徹、啓沖	繼隆、希晝、道一、紹溥、修靜、重珣、文祕	給事中梁周翰	殿頭高品鄭守鈞	
三年五月	施護		惟淨	清沼、致宗	仁徹、啓沖	繼隆、希晝、道一、紹溥、修靜、重珣、瓊玉、文祕	右諫議大夫參知政事趙安仁	殿頭高品鄭守鈞	
三年十一月	施護	惟淨	惟淨	清沼、致宗	啓沖、希晝	仁徹、繼隆、道一、紹溥、修靜、重珣、瓊玉、文祕	右諫議大夫參知政事趙安仁	殿頭高品周文質	

（續表）

年份	主譯	證梵義	證梵文	筆受	綴文	證義	潤文	監譯	校勘及其他
四年五月	施護	惟淨	法護	清沼、致宗	啓冲、希晝	仁徹、繼隆、道一、紹溥、修静、重珣、瓊玉、文祕	右諫議大夫參知政事趙安仁	殿頭高品周文質	
四年十一月	施護	惟淨	法護	清沼、致宗	啓冲、希晝	仁徹、繼隆、道一、紹溥、修静、重珣、瓊玉、文祕	右諫議大夫參知政事趙安仁	内供奉官張廷訓	
大中祥符元年五月	施護	惟淨	法護	清沼	啓冲、希晝	仁徹、繼隆、道一、紹浦（當作溥）、修静、重珣、瓊玉、文祕	右諫議大夫參知政事趙安仁	入内内侍高班羅自賓	
元年十一月	施護	惟淨	法護	清沼	啓冲、希晝	仁徹、繼隆、道一、紹溥、修静、重珣、瓊玉、文祕	右諫議大夫參知政事趙安仁	入内内侍高班羅自賓	
二年五月？	施護	惟淨	法護	清沼	啓冲、希晝	仁徹、繼隆、道一、紹溥、修静、重珣、瓊玉、文祕	尚書工部侍郎參知政事趙仁安	入内内侍高品羅自賓監	
二年十一月？	施護、法護、惟淨			清沼、澄珠、文一	啓冲、希晝	仁徹、繼隆、道一、紹溥、修静、重珣、瓊玉、文祕	工部侍郎參知政事趙安仁	入内内侍高品羅自賓	
三年五月	施護、法護、惟淨			清沼、澄珠、文一	啓冲、希晝	仁徹、道一、紹溥、修静、重珣、瓊玉、文祕、慧測	刑部侍郎參知政事趙安仁	入内内侍高品羅自賓	
三年十一月	施護、法護、惟淨			清沼、澄珠、文一	啓冲、希晝	仁徹、道一、紹溥、修静、重珣、瓊玉、文祕、慧測	工部侍郎參知政事趙安仁	入内内侍高品羅自賓	
四年五月	施護、法護、惟淨			清沼、澄珠、文一	啓冲、修静	仁徹、道一、紹溥、重珣、瓊玉、文祕、慧測	刑部侍郎參知政事趙安仁	入内内侍高品羅自賓	

（續表）

年份	主譯	證梵義	證梵文	筆受	綴文	證義	潤文	監譯	校勘及其他
四年十一月	施護、法護、惟净			清沼、澄珠、文一	啓冲、修静	道一、紹溥、重珣、瓊玉、守晏、慧測、智臻、簡長	刑部侍郎參知政事趙安仁	入内内侍殿頭羅自賓	

以上據《祥符録》

年份	主譯	證梵義	證梵文	筆受	綴文	證義	潤文	監譯	校勘及其他
大中祥符五年五月	施護、法護、惟净			清沼、澄珠、文一	啓玄（當作冲）、修静	道一、紹溥、重珣、瓊玉、守晏、玄測、智臻、簡長	刑部侍郎參知政事趙安仁	入内内侍省内侍殿頭羅自賓	
五年十一月至八年六月	施護、法護、惟净			澄珠、文一	修静、啓冲	道一、紹溥、重珣、智臻、簡長、行肇、德雄、自初	兵部侍郎趙安仁	入内内侍省内侍殿頭李知和、李懷信	
九年十一月至天禧元年五月	施護、法護、惟净			澄珠、文一	啓冲	道一、紹溥、智臻、簡長、行肇、德雄、自初、智遠、重杲	尚書右丞趙安仁	入内内侍省内侍殿頭李知和	
天禧元年十一月	施護、法護、惟净			澄珠、文一	簡長	啓冲、道一、智臻、行肇、德雄、自初、智遠、重杲	尚書右丞趙安仁	入内内侍省内侍高品衛承序	
天禧三年十一月至天聖元年四月	法護、惟净			澄珠、文一	簡長、行肇	啓冲、道一、智臻、德雄、禪定、智遠、重杲、義賢、令操、善慈、紹才	譯經使守司空兼門下侍郎太子少師平章事丁謂、翰林學士刑部侍郎知制誥晁迥、翰林學士承旨尚書左丞知制誥李維	入内内侍省内侍殿頭李希及、楊懷愻　入内高品楊懷志	

（續表）

年份	主譯	證梵義	證梵文	筆受	綴文	證義	潤文	監譯	校勘及其他
仁宗天聖元年十二月	惟净、法護			澄珠、文一	簡長	禪定、令操、善慈、紹才、惠真、遇榮、法凝、紹源、鑒玉	翰林學士承旨尚書左丞知制誥李維	入内内侍省内侍高品王熙素	
二年十二月至五年四月	法護、惟净			澄珠、文一	簡長	紹才、禪定、令操、善慈、惠真、遇榮、法凝、鑒玉	譯經使守司徒兼門下侍郎平章事王欽若、樞密副使右諫議大夫夏竦、翰林學士承旨工部尚書知制誥李維	入内内侍省内侍高品王熙素、陳文一	
五年十二月至八年四月	惟净、法護			文一	簡長	法凝、禪定、令操、善慈、惠真、遇榮、鑒玉、志純、鑒深、清才、慧濤、潛政	樞密副使刑部侍郎夏竦	入内内侍省内侍高品陳文一	
八年十二月至明道元年四月	法護、惟净	不動護	忍吉祥	文一	遇榮	法凝、志純、鑒深、慧濤、善慈、潛政、清滿、善初、義崇、清才	樞密副使兵部侍郎夏竦	入内内侍省内侍高品陳文一、黃元吉	
明道元年十二月起至？	法護			文一	遇榮	法凝、鑒深、慧濤、善慈、潛政、清滿、善初、義崇	樞密副使尚書左丞夏竦	入内内侍省内西頭供奉官黃元吉、陳文一	
明道二年								朱若水同監院	
以上據《景祐錄》									

（續表）

年份	主譯	證梵義	證梵文	筆受	綴文	證義	潤文	監譯	校勘及其他
仁宗景祐元年二月至四年三月	法護、惟净			文一	遇榮	法凝、鑒深、慧濤、善慈、潛政、清滿、善初、義崇、崇連、慧素、行存、鑒微	吕夷簡充譯經使兼潤文、王曙同潤文	供奉官黄元吉、裴湘、閻士良、朱若水	
金藏廣勝寺本《佛説如來不思議秘密大乘經》									
英宗治平元年至四年	日稱、惠賢、惠詢	天吉祥		惠明、明遠	善初、用寧	清振、清衍、智孜、智聰、智普、顯静、文素、潛政	韓琦充譯經潤文使、歐陽修同潤文		
金藏廣勝寺本《諸法集要經》									
神宗熙寧元年至四年	日稱、惠賢、惠詢	天吉祥		惠明、明遠	用寧、文素	清振、清衍、智孜、智普、顯静、法秀、可熙、超榮	富弼、曾公亮充譯經潤文使，趙扑、韓絳、馮京同潤文	入内内侍省副都知李允恭、入内内侍省内東頭供奉官李舜舉	
《參天台五臺山記》卷六									
熙寧五年至十年	日稱、惠賢、惠詢	天吉祥		明遠、智寶	用寧、文系	清振、清衍、智孜、智普、顯静、法秀、可熙、文正、方信、惠倫	王安石充譯經潤文使，馮京、王珪同潤文	入内内侍省内東供奉官勾當御藥院李舜舉、入内内侍省東頭供奉官陳承禮	
金藏廣聖寺本《父子合集經》									

四　皇室政府對譯經僧侶之獎顧

太平興國七年，譯場初開，經典譯成之後，"太宗皇帝臨幸譯筵，親加慰諭"。《祥符録》言"自是釋門之選，咸重譯筵"[84]。"釋門之選，咸重譯筵"，説明參與譯場對一個僧人的重要性。而參與譯場之僧侶，也多受朝廷之獎顧，或賜紫衣封號，或擢爲僧官。

（一）賜紫衣師號

僧人紫衣之賜始於唐代[⑤]，宋代譯場僧人受賜紫衣則始於證義沙門慧達。據《祥符錄》載，太平興國八年十月，"詔賜證義沙門慧達紫衣"。然則，何以慧達成爲譯場受賜第一人？ 太平興國七年，太宗皇帝臨幸譯筵，並命"京師義學沙門慧達、可璘、善祐、法雲、智遜、惠溫、守巒、道真、寘顯、慧超等十人充證義"。慧達在十位證義中位列首位，極有可能因其年臘較長，故有次年紫衣之賜。此後，譯經沙門受賜紫衣、師號者甚多。

1. 賜紫衣師號之時間與數量

據《祥符錄》《景祐錄》之記載，太宗在位期間，賜紫衣師號較少，時間也相對不固定。自太平興國八年（983）至淳化三年（992），十年之間，賜紫衣師號僅五次，且數量不定：太平興國八年十月，賜紫衣一人；雍熙元年三月，賜紫衣三人；端拱元年十月，賜師號一人；端拱二年，賜紫衣一人；淳化三年十月，賜師號一人。

真宗繼位之後，譯經僧賜紫衣師號之時間與數量逐漸制度化。從咸平元年至天禧五年，除資料闕載及特殊情況外，每年皆有師號與紫衣之賜，時間均在十一月真宗誕辰承天節前。而賜紫衣師號之數量，也多爲三人。仁宗在位期間，也是每年皆有紫衣師號之賜，時間多在四月仁宗誕節乾元節前後，賞賜的數量也多爲三人。仁宗天聖九年四月"三藏沙門法護、惟净上言：本院每歲誕聖節，例奏紫衣、師號共三人。内一人，望許別擇高行僧奏舉，詔從之"[⑧]。從此條材料可知兩點：首先，至少在仁宗年間，譯場僧人賜紫衣師號已成定制：即時間在皇帝誕節前後，賞賜的數量爲三人。其次，天聖九年之後，由於法護、惟净的請求，受賜三人中有一人於譯場外另選品行高潔者，故譯場受賜配額減爲二人。

由此可知，真宗、仁宗朝，譯場僧侶賜紫衣師號漸成制度，即每年皇帝誕節頒賜，一般配額爲三人，天聖九年之後，減爲二人。

2. 賜紫衣、師號之標準

從《祥符錄》《景祐錄》的記載來看，太宗在位期間，賜紫衣師號的標準比較嚴格，譯場的筆受、證義方可獲賜紫衣、師號。而真宗、仁宗在位期間，標準漸寬，譯場證義一般可獲師號之賜，而譯主、綴文、證義的門弟子即可獲賜紫衣。如景德四年、大中祥符元年、三年，施護六位弟子先後獲紫衣之賜。不僅譯主弟子可獲紫衣，證義的弟子也有紫衣之賜。如大中祥符七年，證義僧德雄二弟子澄珪、志真獲賜紫衣；大中祥符九年，證義僧行肇弟子澄誨、志璋也分别獲紫衣。而參與譯場時間稍久之證義，一般皆賜與師號；參與譯場時間甚短的證義僧，則賜紫衣。如天禧元年，證義僧重杲、志澄獲賜紫衣，二人皆於此年二月方參與譯場，列證義之位。再如善慈，天禧四年十一月充證義，天禧五年十一月即獲賜紫衣，兩年之後的天聖元年四月，即獲賜"演教大師"師號，而其弟子志淳則獲賜紫衣。

由此可見，真宗之後，譯場賜紫衣師號日漸頻繁，而賜與的標準也漸趨寬松：參與譯場的證義僧一般賜四字師號，而紫衣則頒賜於剛入譯場不久的證義僧，甚至譯主、證義僧的門弟子。

3. 職掌沙門受賜紫衣師號

"職掌僧""職掌沙門"之稱，僅見於宋代兩部經録，其具體情況不甚明朗。然二録中提到職掌僧、職掌沙門常與證義僧人同列，故應屬譯經院僧人。又參考世俗官制，職掌或職掌人爲胥吏之稱號，即無官職但幹辦具體事務的吏人。如《宋會要輯稿》載"（尚書省）職掌有：都事、主事、令史、驅使官、散官五等"⑧。又載："（天禧）五年正月十七日，詔命官使臣犯贓，諸司職掌人吏因罪停職，累經赦宥，不該叙理。情輕者許於刑部及所在投狀，當議收叙。"⑧由此可知，職掌爲具體經辦事務之人。以此類推，所謂"職掌僧"或"職掌沙門"當爲供職於譯經院，不從事經典譯傳，而從事雜務的僧人。

據兩部經録記載，太宗年間，無職掌沙門受賜之記載。真宗、仁宗在位期間共有21位職掌沙門獲賜紫衣，4人獲賜師號。真宗在位期間共有12人獲賜紫衣：澄寶、澄清（咸平二年），文雍（景德元年），志永（景德二年），文元、文涉（大中祥符二年），志拱、志江（大中祥符八年），志璘（天禧二年），志曦（天禧四年），澄諫、文詳（天禧五年）。仁宗在位期間共有9人獲賜紫衣：道月、志瑝（天聖二年），道廣、慧明（天聖三年），慧宣（天聖四年），慧妙（天聖五年），志嚴、慧光（天聖八年），慧住（明道元年）。真宗時，獲師號者3人，澄緒（咸平二年），澄寶（咸平四年），文雍（景德二年）。仁宗時，獲賜師號1人，文超（天聖六年）。職掌沙門多獲賜紫衣，獲師號者甚少，僅有4人，而且其中澄寶、文雍，皆是先獲紫衣之後，纔獲得師號的。從此可知，職掌沙門在譯場中的地位相對不高。宋代譯經僧受賜紫衣師號見下表（表7）：

表 7　宋代譯經僧賜紫衣、師號表

時間	受賜人	受賜人僧職、身份	所受師號、紫衣	資料來源
太平興國八年十月	慧達	證義	紫衣	《祥符錄》卷 3
雍熙元年三月	法定	筆受	紫衣	《祥符錄》卷 3
	令遵	筆受	紫衣	
	可瓊	證義	紫衣	
端拱元年十月	善祐	證義	演教大師	《祥符錄》卷 6
端拱二年	惟净	筆受	紫衣	《祥符錄》卷 15
淳化三年十月	惟净	筆受	光梵大師	《祥符錄》卷 15
咸平元年十一月	智江	筆受	宣密大師	《祥符錄》卷 10
	致宗	筆受	總持大師	
咸平二年十一月	道一	證義	紫衣	《祥符錄》卷 11
	懷哲	證義	辯才大師	
	澄寶	職掌僧	紫衣	
	澄清	職掌僧	紫衣	
	澄緒	職掌僧	廣慧大師	
咸平三年十一月	句端	證義	慧辯大師	《祥符錄》卷 11
	紹琛	證義	宣法大師	
	守贊	證義	彰法大師	
咸平四年十一月	修静	證義	紫衣	《祥符錄》卷 12
	道滿	證義	智藏大師	
	道一	證義	圓照大師	
	希晝	證義	慧日大師	
	澄寶	職掌僧	海慧大師	
景德元年十一月	修静	證義	普智大師	《祥符錄》卷 12
	文雍	職掌僧	紫衣	
景德二年十一月	重珣	證義	法智大師	《祥符錄》卷 13
	文雍	職掌僧	智悟大師	
	志永	職掌僧	紫衣	
景德三年十一月	澄珠	梵學	演法大師	《祥符錄》卷 14
	文一	梵學	慧悟大師	
	瓊玉	證義	法慧大師	
	文祕	證義	崇教大師	

（續表）

時間	受賜人	受賜人僧職、身份	所受師號、紫衣	資料來源
景德四年十一月	法護		傳梵大師	《祥符録》卷 14
		施護弟子二人	紫衣	
大中祥符元年十一月		施護弟子二人	紫衣	《祥符録》卷 14
大中祥符二年十一月	文元	職掌僧	紫衣	《祥符録》卷 15
	文涉	職掌僧	紫衣	
大中祥符三年十一月	志恭	施護弟子	紫衣	《祥符録》卷 16
	道實		紫衣	
大中祥符四年十一月	慧測	證義	演教大師	《祥符録》卷 16
	簡長	證義	紫衣	
	志淵	施護弟子	紫衣	
大中祥符六年十一月	簡長	證義	智印大師	《景祐録》卷 16
	行肇	證義	紫衣	
大中祥符七年十一月	澄珪	證義德雄弟子	紫衣	《景祐録》卷 16
	志真		紫衣	
大中祥符八年十一月	自初	證義	紫衣	《景祐録》卷 16
	志拱	職掌沙門	紫衣	
	志江	職掌沙門	紫衣	
大中祥符九年十一月	行肇	證義	慧觀大師	《景祐録》卷 16
	澄誨	行肇弟子	紫衣	
	志璋		紫衣	
天禧元年十一月	志緘	梵學	宣梵大師	《景祐録》卷 16
	重杲	證義	紫衣	
	志澄	證義	紫衣	
天禧二年十一月	德雄	證義	明義大師	《景祐録》卷 16
	義賢	證義	紫衣	
	志璘	職掌沙門	紫衣	
天禧三年十一月	智遠	證義	净照大師	《景祐録》卷 16
	慧珍	智遠弟子	紫衣	
	道成		紫衣	

（續表）

時間	受賜人	受賜人僧職、身份	所受師號、紫衣	資料來源
天禧四年十一月	重杲	證義	法海大師	《景祐錄》卷16
	慧燈	梵學	紫衣	
	志曦	職掌沙門	紫衣	
天禧五年十一月	善慈	證義	紫衣	《景祐錄》卷16
	澄諫	職掌沙門	紫衣	
	文詳	職掌沙門	紫衣	
乾興元年四月	道昌	證義紹才弟子	紫衣	《景祐錄》卷17
	慧通		紫衣	
天聖元年四月	令操	證義	寶印大師	《景祐錄》卷17
	善慈	證義	演教大師	
	志淳	善慈弟子	紫衣	
天聖二年四月	惠真	證義	紫衣	《景祐錄》卷17
	道月	職掌沙門	紫衣	
	志瑝	職掌沙門	紫衣	
天聖三年四月	紹才	證義	慧日大師	《景祐錄》卷17
	道廣	職掌沙門	紫衣	
	慧明	職掌沙門	紫衣	
天聖三年十二月	遇榮	證義	紫衣	《景祐錄》卷17
	法凝	證義	紫衣	
	紹源	證義	紫衣	
天聖四年三月	道隆	梵學沙門	智照大師	《景祐錄》卷17
	鑒玉	證義	紫衣	
	慧宣	職掌沙門	紫衣	
天聖五年四月	慧妙	職掌沙門	紫衣	《景祐錄》卷17
	道深	慧聰弟子	紫衣	
天聖六年四月	文超	職掌沙門	圓教大師	《景祐錄》卷17
	道詳	文超弟子	紫衣	
	慧本		紫衣	
天聖七年四月	慧燈	梵學沙門	明智大師	《景祐錄》卷17

（續表）

時間	受賜人	受賜人僧職、身份	所受師號、紫衣	資料來源
天聖八年四月	潛政	證義	紫衣	《景祐録》卷18
	志嚴	職掌沙門	紫衣	
	慧光	職掌沙門	紫衣	
	不動護	證梵義	紫衣、流教大師	
天聖九年四月	志江	法護、惟净弟子	廣慈大師	《景祐録》卷18
	惠妙		崇行大師	
明道元年四月	道月	施護、惟净弟子	真性大師	《景祐録》卷18
	慧住	職掌沙門	紫衣	

（二）擢升僧官

除紫衣師號之頒賜外，如參與譯場較久，地位稍高，則有可能擢升爲僧官，甚至直接管理左右街宗教事務。譯場僧侶擢升僧官之情況見下表（表8）：

表8　宋代譯經僧賜僧官表

時間	擢升人	擢升前僧職	擢升僧官官職	資料來源
淳化五年四月	慧達	綴文	右街鑒義	《祥符録》卷8
景德二年五月	仁徹	綴文	右街副僧録	《祥符録》卷13
	繼隆	證義	右街講經首座	
大中祥符八年十一月	修静	綴文®	右街講經首座	《景祐録》卷16
	重珣	證義	左街鑒義	
	啓冲	綴文	右街鑒義	
天禧四年六月	簡長	綴文	右街鑒義	《景祐録》卷16
天聖三年十一月	紹才	證義	右街鑒義	《景祐録》卷17
天聖五年九月	法凝	證義	左街鑒義	《景祐録》卷17
天聖八年五月	志純	證義	右街講經首座	《景祐録》卷18
	鑒深	證義	左街鑒義	
	慧濤	證義	右街鑒義	

從上表可以看出：第一，自淳化五年（994）至天聖八年（1030）三十五年間，譯場僧人擢爲僧官者僅十二人，較賜紫衣、師號爲難，而其所代表之榮譽也較高，其中多人皆先有

紫衣、師號之賜後獲僧官之擢。如慧達,太平興國八年獲紫衣之賜,淳化五年升右街鑒義。修静,咸平四年獲賜紫衣,景德元年獲賜"普智大師"四字師號,大中祥符八年升爲右街講經首座。簡長,大中祥符四年賜紫,六年獲"智印大師"師號,天禧四年升右街鑒義。由此二人經歷也可知,譯場中僧侣受獎顧之序列爲:賜紫衣—賜師號—擢僧官。

第二,擢升之人,類皆多年供職譯場,真宗朝擢升僧官之前,受賜人多就綴文之職(如前所考,綴文多由證義僧升遷)。如慧達太平興國八年三月起爲證義,至雍熙元年三月升爲綴文,淳化五年賜受左街鑒義。仁徹,自淳化五年起任證義,咸平元年七月至景德三年五月任綴文,景德二年升爲右街副僧録。修静,咸平四年至大中祥符三年任證義,祥符四年後任綴文,祥符八年升右街講經首座。啓冲,咸平五年十一月任證義,咸平六年任綴文直至天禧元年,也於祥符八年升僧官。簡長,大中祥符四年十一月即入譯場任證義一職,自天禧元年至天聖五年任綴文,天聖四年升僧官。此五人在擢升僧官之前,皆任綴文一職。繼隆、重珣雖擢升之前爲證義,但皆多年供職譯場。繼隆從咸平五年直至大中祥符二年,任證義七年。重珣,景德元年至大中祥符五年,任證義九年。仁宗年間,擢升標準漸寬,法凝天聖元年充證義,五年即升左街鑒義。志純、鑒深、慧濤三人,天聖五年始充證義,而天聖八年已擢爲僧官,供職譯場僅四年時間。

(三)賜與官職

賜紫衣師號、擢升僧官,多是對義學僧職證義、綴文、筆受的賞顧,而對於主譯及同譯經之梵學僧,除紫衣師號之賜外,還有官職之封賞。雍熙二年十月,授主譯天息災、法天、施護朝散大夫、試鴻臚少卿。[⑨]太宗詔曰:"以爾右街太平興國寺傳法院西天譯經三藏明教大師賜紫天息災、傳教大師賜紫法天、傳法大師賜紫施護等並深悟真空,遠離絶域。能紹隆於佛事,爰演譯於經文,宜光被於朝恩,俾參榮於卿寺,可並特授朝散大夫,試鴻臚少卿,餘如故。"[⑨]朝散大夫,宋前期爲文散官二十九階之十二階,從五品下。試,表示試秩、試銜,無職事。鴻臚少卿,宋代初年無實除,但品在從四品下。由此可見,宋廷對主譯人員待遇頗爲優厚。

端拱二年十月,又特授天息災(法賢)試光禄卿,法天、施護試鴻臚卿。詔曰:"西天譯經三藏朝散大夫試鴻臚少卿明教大師法賢、傳教大師法天、傳法大師施護等,並金河名胄,柰苑高流,夙探了義之宗,深樂同文之運,而自遠趨帝闕,光啓梵筵,繼白馬之遐蹤,暢青蓮之祕旨。……法賢可特授試光禄卿,法天、施護可並特授試鴻臚卿,餘如故。"[⑫]光禄卿,宋前期無職事,爲文官遷轉官階,從三品。鴻臚卿,宋前期也爲無職事官,從四品。咸平三年、天息災入寂;次年,法天入滅。咸平五年十一月,詔授施護試光禄卿。詔曰:"西天譯經三藏朝奉大夫試鴻臚卿傳法大師賜紫施護,……可特授試光禄卿,依前傳法大師充西天譯經三藏散官如故。"⑧由此可知,宋前期譯經僧天息災、施護初授從四品下之鴻臚少卿,再遷從四品之鴻臚卿,終升爲從三品試光禄卿。而法天初授試鴻臚少卿,後遷鴻臚卿。

真宗後期和仁宗時期,主持譯經者爲法護與惟净,二人也皆授除官階。大中祥符八年,特授法護、惟净朝散大夫,試鴻臚少卿。詔曰:"傳法院同譯經西天傳梵大師賜紫法護、光梵大師賜紫惟净,……並可特授朝散大夫、試鴻臚少卿,餘如故。"⑭而在神宗時期譯經的日稱、惠賢在熙寧五年的職衔,也分别是朝散大夫、試鴻臚卿和試鴻臚少卿⑮。

綜上所述,宋代諸帝對譯經事業頗爲重視,特别對主譯之人尤爲優賞。太宗、真宗時期的天息災、法天、施護,真宗、仁宗時期的法護、惟净皆授除官階。而由試鴻臚少卿——試鴻臚卿——試光禄卿,此即主譯升遷之序次。

對於譯經僧之賞顧,除賜紫衣、師號,擢升僧官,授與官職外,尚有賜月俸、給假旅行,生病期間的御醫診視,死後的賜葬哀榮等。如咸平三年八月,法賢(天息災)入寂。"法賢初被疾,上遣中使護國醫霍炳等三人診視。及以不起聞,深嗟悼之,復遣中使馮仁俊監護襄事,所須官給。"⑯景德三年七月,"筆受沙門惟净以疾聞,上遣中使撫問,仍領太醫診視之,尋愈"。⑰景德四年十一月,"筆受沙門致宗以疾聞於上,詔遣中使押翰林醫官診療"。⑱天禧元年,"三藏沙門施護有疾,上遣中使監太醫霍炳、趙拱、左皓診視,是月二十六日以趣寂聞,上頗憫悼。遣入内殿頭王克讓監護葬事,所須官給。内出繒帛製法衣。葬日,左右街備威儀,賜諡曰'明悟'"。⑲由此皆可見出,宋代諸帝對譯經僧人之眷顧。

小　結

宋代開設譯場以來,翻譯經典的同時,對譯場歷史資料的搜集也頗爲用心,不僅編有《譯經院實録》,還撰修了三部佛教目録,即《大中祥符法寶録》《天聖釋教總録》與《景祐新修法寶録》。此三部目録詳細記述了宋代譯場的設立、譯經的程式、參與譯場的僧職、監譯與潤文的朝臣宦者以及譯經上進的章表奏議,爲研究宋代譯經制度,甚至整個中國古代的譯經制度提供了珍貴的資料。本文以宋代三部經録爲基礎,結合相關史料,從宋代譯經院的建制、譯經原本的形制與語言、譯經的程式、皇室政府對譯經人員的賞顧幾方面對宋代譯經制度進行探析,力圖將佛教目録與譯經歷史聯繫起來,展現更爲細緻的歷史圖景。

① 張曼濤:《佛典翻譯史論》,《現代佛教學術叢刊》第 38 輯,臺北:大乘文化出版社,1978 年,第 171—186 頁。

② 藍吉富:《聽雨僧廬佛學雜集》,臺北:現代出版社,2003 年,第 84—106 頁。

③ 張曼濤:《佛典翻譯史論》,《現代佛教學術叢刊》第 38 輯,第 186—282 頁。

④ Jan Yun-hua, "Buddhist Relations between India and Sung China", *History of Religions*, 6. 1, 1966, pp. 24-42.

⑤ 黄啓江:《北宋的譯經潤文官與佛教》,《北宋佛教史論稿》,臺北:臺灣商務印書館,1997 年,第 68—92 頁.

⑥ Tansen Sen, "The Revival and Failure of Buddhist Translations during the Song Dynasty", *T'oung Pao*, 88. 2, 2002, pp. 27-80.

⑦ 梁天錫:《北宋漢譯佛經之類别、部卷、譯者及譯成時間考——北宋傳法院研究之一》,張其凡主編:《歷史文獻與傳統文化》,蘭州:蘭州大學出版社,2003 年。

⑧ 梁天錫:《北宋傳法院及其譯經制度——北宋傳法院研究之二》,香港:香港志蓮淨苑出版,2003 年。

⑨ 《宋會要輯稿·蕃夷道釋》,郭聲波點校,成都:四川大學出版社,2010 年,第 658 頁。

⑩ 贊寧《宋高僧傳》亦言:"迨我皇帝臨大寶之五載……因勅造譯經院於太平興國寺之西偏。續勅搜購天下梵夾,有梵僧法護、施護,同參其務。"由此可證,譯經院確在太平興國寺之西。

⑪ 李燾:《續資治通鑑長編》卷一八,北京:中華書局,1992 年,第 396 頁。

⑫ 志磐:《佛祖統紀校注》卷四四,釋道法校注,上海:上海古籍出版社,2012 年,第 1027 頁。

⑬ 脱脱等:《宋史》卷三,北京:中華書局,1985 年,第 45、48 頁。

⑭ 孟元老:《東京夢華録箋注》卷二《河道》、卷三《大内西右掖門外街巷》,伊永文箋注,北京:中華書局,2006 年,第 25、274 頁。

⑮ 李濂:《汴京遺迹志》卷一〇,《景印文淵閣四庫全書》第 587 册,臺北:臺灣商務印書館,2008 年,第 619 頁。

⑯ 志磐:《佛祖統紀校注》卷四五,第 1054 頁。

⑰ 王應麟:《玉海》卷一六〇,揚州:廣陵書社,2003 年,第 2950 頁。

⑱ 脱脱等:《宋史》卷四九一,第 14134 頁。

⑲ 志磐:《佛祖統紀校注》卷四五,第 1054 頁。

⑳ 志磐:《佛祖統紀校注》卷四四,第 1029 頁。

㉑ 王應麟:《玉海》卷一六八,第 3080—3081 頁。

㉒　楊億等編：《大中祥符法寶録》卷一五,《中華大藏經（漢文部分）》第 73 册,北京：中華書局,
　　1994 年,第 493—497 頁。

㉓　成尋：《新校參天台五臺山記》卷四,王麗萍校點,上海：上海古籍出版社,2009 年,第 282—
　　283 頁。

㉔　梁天錫《北宋傳法院及其譯經制度——北宋傳法院研究之二》中第五章專論"釋材來源",然其
　　所論爲獻梵夾之人,如"宋僧遊天竺取經還""番僧及南海使貢經"等,未涉及梵夾語言的問題。

㉕　《宋會要輯稿・蕃夷道釋》,第 662 頁。

㉖　成尋：《新校參天台五臺山記》卷五,第 450 頁。

㉗　成尋：《新校參天台五臺山記》卷六,第 524 頁。

㉘　成尋：《新校參天台五臺山記》卷六,第 566—567 頁。

㉙　惠沼：《成唯識論了義燈》卷一,《大正藏》第 43 册,第 659 頁。

㉚　成尋：《新校參天台五臺山記》卷五,第 452 頁。"令見予",原作"令見印",據《大藏經補編》
　　本改。

㉛　由於《祥符録》《景祐録》皆屬殘本,故所列非宋代全部譯經。

㉜　Richard Salomon（邵瑞琪）,*Indian Epigraphy*,New York：Oxford University Press,1998,pp. 38-42.

㉝　楊億等編：《大中祥符法寶録》卷六,《中華大藏經》第 73 册,第 432 頁。

㉞　吕夷簡等編：《景祐新修法寶録》卷二,《中華大藏經》第 73 册,第 530 頁。

㉟　羽溪了諦：《西域之佛教》,賀昌群譯,北京：商務印書館,1999 年,第 197 頁。

㊱　惠英：《大方廣佛華嚴經感應傳》卷一,《大正藏》第 51 册,第 176 頁。

㊲　水野弘元、中村元等：《印度的佛教》,許洋主譯,臺北：法爾出版社,1988 年,第 101—110 頁。

㊳　梁天錫：《北宋傳法院及其譯經制度》,第 158—159 頁。

㊴　夏竦：《傳法院碑銘》,收入《文莊集》卷二六,《景印文淵閣四庫全書》第 1087 册,第 263—
　　264 頁。

㊵　曹仕邦《論中國佛教譯場之譯經方式與程序》認爲綴文一職本由筆受分化而出,初期筆受、綴
　　文多相兼。張曼濤：《佛典翻譯史論》,《現代佛教學術叢刊》第 38 輯,第 224—234 頁。

㊶　曹仕邦先生未見宋代三部經録,認爲《宋高僧傳》上進於端拱元年,而《佛祖統紀》則成於宋度
　　宗咸淳七年(1269),"二書相去二百八十四載。且贊寧身居汴京,親覩盛事,故所記之價值,實
　　遠在《統紀》之上",實不足爲憑。曹仕邦：《論中國佛教譯場之譯經方式與程序》,《現代佛教學
　　術叢刊》第 38 輯,第 259 頁。

㊷　成尋：《新校參天台五臺山記》卷七,第 647 頁。

㊸　楊億等編：《大中祥符法寶録》卷一三,《中華大藏經》第 73 册,第 482 頁。另《法苑珠林》卷一
　　○○載隋代翻經沙門明則曾撰《翻經法式論》十卷,當爲隋代譯經儀軌之記録。

㊹　"向義",疑當作"句義"。

㊺　志磐：《佛祖統紀校注》卷四四,第 1031 頁。

㊻ 《宋會要輯稿·蕃夷道釋》,第658—659頁。

㊼ 夏竦:《文莊集》卷二六,《景印文淵閣四庫全書》第1087册,第262頁。

㊽ 除種子曼荼羅外,其餘三種:1. 大曼荼羅,用諸尊具足相好容貌的圖畫來表示。2. 三昧耶曼荼羅,將表示本尊的法器、持物,以圖示象徵的三昧耶圖繪表示。3. 羯磨曼荼羅,將諸尊的威儀事業鑄造成像,形成立體、行爲的三度乃至四度空間的行動性曼荼羅。

㊾ 夏竦:《文莊集》卷二六,《景印文淵閣四庫全書》第1087册,第262—263頁。

㊿ 楊億等編:《大中祥符法寶録》卷一四:"(景德四年)詔曰:修史院奏:竺乾之教,列聖攸崇,大慈均守位之仁,善救協好生之德。闢金田而構宇,翻貝葉以騰文,用攝民心,有資邦治。伏覩太宗興置譯經院,因依及後來翻譯經文等事,乞下譯經院實録供報。明年七月,編成一十卷,送上修史院。"《中華大藏經》第73册,第488頁。

(51) 志磐:《佛祖統紀校注》卷四四,第1019頁。

(52) 《西夏譯經圖》現存中國國家圖書館,參史金波:《〈西夏譯經圖〉解》,《文獻》,1979年第1期,第215—229頁。

(53) 《萬壽殿譯經圖》(擬)爲普寧藏《法句經》前扉畫,爲雲南陳璞先生所藏,參陳璞、尹恒編:《昆明元寧齋藏雲南古本經籍遺珍十種》,昆明:雲南美術出版社,2013年。此經,上海師範大學侯冲先生見告,當爲元代所印磧砂藏,待考。

(54) 成尋:《新校參天台五臺山記》卷七,第646—647頁。

(55) 《參天台五臺山記》卷四(第283—284頁)記録了當時譯經僧人之姓名與職守。

(56) 楊億等編:《大中祥符法寶録》卷三,《中華大藏經》第73册,第416頁。

(57) 吕夷簡等編:《景祐新修法寶録》卷一六,《中華大藏經》第73册,第575頁。

(58) 吕夷簡等編:《景祐新修法寶録》卷一七,《中華大藏經》第73册,第582頁。

(59) 楊億等編:《大中祥符法寶録》卷三,《中華大藏經》第73册,第416—418頁。

(60) 楊億等編:《大中祥符法寶録》卷一一,《中華大藏經》第73册,第466—467頁。

(61) 楊億等編:《大中祥符法寶録》卷三,《中華大藏經》第73册,第415頁。

(62) 成尋:《新校參天台五臺山記》卷四,第284頁。

(63) 《宋會要輯稿·職官三十六》,劉琳等校點,上海:上海古籍出版社,2014年,第3888—3889頁。

(64) 《宋史》言:"通侍禁中、役服褻近者,隸入内内侍省。拱持殿中、備灑掃之職、役使雜品者,隸内侍省。"《宋史》卷一六六,第3939頁。

(65) 孫逢吉:《職官分紀》卷二六,北京:中華書局,1988年,第535—536頁。

(66) 脱脱等:《宋史》卷一六二,第3826頁。

(67) 《宋會要輯稿·職官三十六》,第3889頁。

(68) 《宋會要輯稿·職官三十六》,第3887頁。

(69) 成尋:《新校參天台五臺山記》卷六,第558頁。

(70) 成尋:《新校參天台五臺山記》卷六,第511頁。此處,原作「陳遂禮」,誤,據卷七(第596

頁）改。

⑦ 司馬光：《傳家集》卷三九，上海：商務印書館，1937 年，第 510 頁。

⑦ 梁天錫《北宋傳法院及其譯經制度》中“相關官司”一節，認爲譯經院設有御藥院的派出機構，所依據的材料即《參天台五臺山記》中李舜舉兼御藥之事。其實，此説不確，李舜舉之差遣兼勾當御藥院及監譯，一身二職，據此並不能説明傳法院内有御藥院的派出機構。

⑦ 《宋會要輯稿·蕃夷道釋》，第 660 頁。

⑦ 《宋會要輯稿·蕃夷道釋》，第 658 頁。

⑦ 志磐：《佛祖統紀校注》卷四四，第 1028 頁。延一：《廣清凉傳》卷二，《大正藏》第 51 册，第 1110 頁。

⑦ 《宋會要輯稿·蕃夷道釋》，第 664 頁。

⑦ 惟净等編：《天聖釋教總録》卷末，《中華大藏經》第 72 册，第 947 頁。

⑦ 吕夷簡等編：《景祐新修法寶録》卷一七載：（天聖四年），“内出天台智者科教經論一百五十卷，令三藏惟净集左右街僧職、京城義學、文學沙門二十人同加詳定，編録入藏”。第 579 頁。

⑦ 遵式：《天竺别集》卷一，《卍續藏》第 101 册，第 264 頁。

⑧ 吕夷簡等編：《景祐新修法寶録》卷一八，第 586 頁。

⑧ 王隨：《傳燈玉英集》卷一五，《中華大藏經》第 72 册，第 849 頁。

⑧ 成尋：《新校參天台五臺山記》卷七，第 596—597 頁。

⑧ 有問號者，皆因底本殘闕，不可確定，下同。

⑧ 楊億等編：《大中祥符法寶録》卷三，《中華大藏經》第 73 册，第 416 頁。

⑧ 贊寧：《大宋僧史略校注》，富世平校注，北京：中華書局，2015 年。卷三“賜僧紫衣”條：“案《唐書》：則天朝有僧法朗等重譯《大雲經》，陳符命，言：則天是彌勒下生，爲閻浮提主，唐氏合微……法朗、薛懷義九人並封縣公，賜物有差，皆賜紫袈裟、銀龜袋。其《大雲經》頒於天下，寺各藏一本，令高座講説。賜紫自此始也。”第 158—159 頁。

⑧ 吕夷簡等編：《景祐新修法寶録》卷一八，《中華大藏經》第 73 册，第 585 頁。

⑧ 《宋會要輯稿·職官四》，第 3095 頁。

⑧ 《宋會要輯稿·職官七十六》，第 5101 頁。

⑧ 《祥符録》卷一六載，大中祥符四年五月譯《佛母般若波羅蜜多圓集要義論》等經論時，修静已與啓冲同任綴文之職。然而《景祐録》卷一六却載修静於大中祥符八年以“證義沙門”身份升爲“右街講經首座”。筆者認爲，《祥符録》之記載爲確：第一，《祥符録》載有大中祥符四年五月、十一月兩次奏進新經，皆稱修静爲“綴文”，而非“證義”。《景祐録》載有大中祥符五年、八年的兩次奏進新經，修静也皆爲“綴文”。如果説一次可能是失誤，四次都是失誤的可能性比較小；如果一書可能失誤，兩書皆失誤的可能就比較小。第二，上面所舉四次奏進新經，皆附有上進之表文，亦皆言修静爲“綴文”。上進皇帝的表文非常重要，不容有誤，數次上表，所言一致，所以修静大中祥符八年爲“綴文”一職當是事實。第三，言修静在祥符八年任“證義”的僅有《景祐録》卷一六，此卷爲“嗣續興崇譯場詔令”，是以編年體的形式，記載歷年譯經的大事，

是在前面十五卷基礎上形成的譯經史綱目,可以説是次生的史料,故而卷一六發生錯誤的可能性更大。綜上所述,筆者取修静大中祥符八年爲綴文之説。下面的启冲、簡長皆有前後記載任職不一的情況,基於同樣的原因,對於此數人擢任僧官時的任職,筆者皆不取《景祐録》卷一六的記載。

⑳　《宋會要輯稿·蕃夷道釋》,第 660 頁。

㉑　楊億等編:《大中祥符法寶録》卷四,《中華大藏經》第 73 册,第 427—428 頁。

㉒　楊億等編:《大中祥符法寶録》卷七,《中華大藏經》第 73 册,第 442 頁。

㉓　楊億等編:《大中祥符法寶録》卷一二,《中華大藏經》第 73 册,第 473 頁。

㉔　吕夷簡等編:《景祐新修法寶録》卷一六,《中華大藏經》第 73 册,第 571 頁。

㉕　成尋:《新校參天台五臺山記》卷四,第 283 頁。

㉖　楊億等編:《大中祥符法寶録》卷一一,《中華大藏經》第 73 册,第 466 頁。

㉗　楊億等編:《大中祥符法寶録》卷一四,《中華大藏經》第 73 册,第 486 頁。

㉘　楊億等編:《大中祥符法寶録》卷一四,《中華大藏經》第 73 册,第 488 頁。

㉙　吕夷簡等編:《景祐新修法寶録》卷一六,《中華大藏經》第 73 册,第 573 頁。

(原載《"中研院"歷史語言研究所集刊》第 90 本第 1 分[2019 年])

作者簡介:馮國棟,浙江大學古籍研究所教授、教育部長江學者特聘教授

通訊地址:浙江大學紫金港校區古籍研究所　郵編:310058

重文政策下的北宋科舉變革

祖　慧　費習寬

北宋初定天下，有鑒於唐末五代藩鎮割據、武人專權的分裂局面帶來的危害，太祖、太宗確立了與士大夫共治天下的國策，推行文官政治。這需要選拔大批讀書人進入官僚機構。於是，隋唐以來的科舉取士制度受到重視，成爲國家選才最重要的途徑。爲了選拔經世致用的治國良才，提高文官隊伍的整體素質與治理水準，朝廷必須對科舉制度進行大刀闊斧的改革，以適應新形勢下國家治理的需求。

北宋從太祖、太宗開始，就不斷對科舉制度進行調整。科舉改革一直圍繞着以文治國這個核心展開，主旨是建立起一套完善的文官政治體系，維護政權的穩定。有關北宋科舉改革的論著頗豐[①]，本文擬在已有研究基礎上，以文官政治與國家管理爲出發點，從重文政策與登科人數變化、經世致用與考試科目内容調整、科舉取士與學校教育相結合這三方面，探討北宋科舉變革的内在動因及其影響。

一　重文政策與登科人數變化

科舉取士制度起源於隋、確立於唐，早期録取人數很少。唐高祖時期，每榜録取進士大多不超過 10 人；唐太宗以後，録取人數有所增加，通常在 20—30 人，故有"桂樹祇生三十枝"之説[②]。據統計，唐代録取進士最多的是玄宗先天二年(713)榜，共録取 71 人；最少的是高宗永徽五年(654)榜，祇有 1 人。五代後唐時期，進士録取人數波動很大，長興二年(931)録取 4 人，長興四年(933)録取 24 人[③]。到了後周世宗時，每榜人數也祇維持在 10—20 人。從總體上講，唐代明經科録取人數約爲進士科的 2—3 倍，"平均每年録取進士、明經大約爲 80 人"[④]。晚唐、五代時期，科舉録取人數在波動中不斷下降，直到後周世宗時期纔逐步上升，基本恢復到唐時規模，平均每榜録取 80 人。

從表 1 所列數據看：第一，科舉制度在晚唐、五代時期的發展受到限制，影響力下降。第二，進士録取人數減少，意味着官僚隊伍中科舉出身的文臣比例縮小，才學之士難有晉升之途,這種變化與唐末、五代時期武人控制權力的現狀有密切聯繫。

表 1　唐憲宗朝與五代後唐、後周時期登科人數比較

時間	進士	諸科	時間	進士	諸科、明經
唐憲宗朝			後唐明宗朝		
元和元年(806)	23	36	天成二年(927)	23	諸科 9
元和二年(807)	28	11	天成三年(928)	15	諸科 4
元和三年(808)	19	24	天成四年(929)	13	諸科 2
元和四年(809)	20	7	長興元年(930)	15	諸科 1、明經 4
元和五年(810)	32	12	長興二年(931)	4	
元和六年(811)	20	13	長興三年(932)	8	諸科 81
元和七年(812)	29	14	長興四年(933)	24	諸科 1
元和八年(813)	30	12			
元和九年(814)	27	11	後周世宗朝		
元和十年(815)	30	14	顯德元年(954)	20	諸科 121、明經 1
元和十一年(816)	33	14	顯德二年(955)	16	諸科 116
元和十二年(817)	35	14	顯德三年(956)	6	諸科 29
元和十三年(818)	32	13	顯德四年(957)	10	諸科 35
元和十四年(819)	31	12	顯德五年(958)	15	諸科 72
元和十五年(820)	29	13	顯德六年(959)	10	諸科 50

注:據徐松《登科記考》(北京:中華書局,1984 年)卷一六、卷二五、卷二六製成。

　　宋太祖趙匡胤出身行伍,經陳橋兵變建立起趙宋王朝,他對軍閥割據、武將專權的危害有着極爲深刻的認識,“五代以來,典刑弛廢,州郡掌獄吏不明習律令,守牧多武人,率恣意用法”[⑤]。武人治國是摧殘社會經濟,導致戰亂頻仍、政權更迭的禍根。宋初,地方州牧多以武臣爲之,節度使、觀察使、防禦使、團練使爲名副其實的藩守之臣。太祖決心革除藩鎮之弊,收回武人任州牧之權,派文臣取代武臣知州,以文治國。他曾對趙普説:“五代方鎮殘虐,民受其禍。朕今選儒臣幹事者百餘分治大藩,縱皆貪濁,亦未及武臣一人也。”[⑥]

　　爲了確保政權的平穩過渡,太祖初期並未對後周官僚體系進行大刀闊斧的改革,而是采用漸進方式,先保留後周舊臣,再采取文臣填闕的方式,推行以文代武的削藩行動。每遇“州鎮有闕,則或遣文朝官權知”[⑦]。若刺史節帥因死亡、遷改、致仕等原因出闕,朝

廷即派文臣權知。

以文臣替代武將出知地方，朝廷需要選拔大批讀書人進入官僚機構，“藝祖革命，首用文吏而奪武臣之權。宋之尚文，端本乎此”⑧。於是，太祖將目光轉向了科舉取士制度。科舉制在太祖朝的變革主要體現在增加殿試，改唐、五代二級考試爲發解試（地方州府試）、省試（禮部試）、殿試（皇帝親試）三級。開寶六年（973），落第舉人徐士廉等擊登聞鼓，訴權知貢舉李昉取士不公，太祖於講武殿覆試新及第進士宋準及徐士廉等下第者，得進士 26 人、諸科 101 人，“自茲殿試遂爲常式”⑨。科舉考試增加殿試，由皇帝親自主持並確定録取進士名單，這對防止勢家權貴壟斷科舉、保障科舉公平公開、擇優取士等有積極作用，也説明國家對讀書人的重視。“自唐以來，進士皆爲知舉門生，恩出私門，不復知有人主”，實行殿試後，“御試進士不許稱門生於私門”⑩，登第者遂稱“天子門生”。這不僅提升了登第入仕人的身份地位，也提高了讀書人經科舉步入仕途的積極性。

北宋初立，重文抑武的國策尚處於摸索階段，科舉每榜録取人數延續五代之規模，未有大的變化。原因主要在於：第一，全國尚未統一，國家的重心放在消滅割據、穩固政權上。太祖制定先易後難、先南後北的統一方針，先後滅荆南、南漢、南唐等割據政權，但仍有吳越、北漢未能歸宋。第二，爲了穩定局勢，國家在派儒臣出任地方官、清除武人勢力方面比較謹慎，通常做法是對新征服地區的官員全盤接收，暫不觸動舊官僚利益。如開寶四年（971），太祖滅南漢後，詔“僞署官並仍舊”⑪。因此，太祖朝官闕問題尚不突出。第三，在用人方面，太祖本身出自行伍，他雖然考慮用文官替代武臣，但並沒有絕對打壓、抑制武臣的想法。鄧小南認爲，太祖“提倡武臣讀書、鼓勵文臣通達武事”，大興文教、重文抑武的國策彼時尚未確立⑫。

科舉制度出現重大調整是在太宗朝。太平興國四年（979）五月，隨着北漢政權被滅，統一大業基本完成，加快對新歸併地區官員的整頓也提上了日程。太祖朝，以文臣填闕替代武人進展緩慢。到了太宗朝，“疆宇至遠”，需要加快由武人專權到文官治理的新舊更替進程。因此，大量派遣文臣掌管地方，改變割據時代武人把控地方政權的局面，強化中央對地方的管理，已經成爲擺在太宗面前最迫切需要解決的問題之一。據李燾《續資治通鑑長編》記載：

> 上初即位，以疆宇至遠，吏員益衆，思廣振淹滯，以資其闕。顧謂侍臣曰：“朕欲博求俊乂於科場中，非敢望拔十得五，止得一二，亦可爲致治之具矣。”⑬

爲此，太宗將希望寄托於科舉考試，他明確提出“興文教、抑武事”，希望通過擴大科舉取士規模，用新進士和諸科登科人來補充和更新官僚隊伍。錢穆認爲，宋代增加取士、優待士人，"無非想轉移社會風氣，把當時積習相沿驕兵悍卒的世界，漸漸再換成一個文治的局面"[14]。太平興國二年（977），太宗即位後的第一次開科舉，共錄取進士、諸科、特奏名進士、特奏名諸科 500 名：

> 戊辰，上御講武殿，内出詩賦題覆試進士……得河南吕蒙正以下一百九人。庚午，覆試諸科，得二百七人，並賜及第。又詔禮部閲貢籍，得十五舉以上進士及諸科一百八十四人，並賜出身。《九經》七人不中格，上憐其老，特賜同《三傳》出身。凡五百人，皆先賜緑袍、鞾笏，錫宴開寶寺……第一、第二等進士並《九經》授將作監丞、大理評事、通判諸州，同出身進士及諸科並送吏部免選，優等注擬初資職事判司簿尉。寵章殊異，歷代所未有也。[15]

一榜錄取 500 人，並且全部免選授官，得高第者初入仕途即委以一州通判之重任，錄取人數之多、授權之重，以前是不可想象的。在科場中博求俊乂、大興文教，成爲北宋推行文官政治的"致治之具"。

太祖朝共開科 15 次，錄取進士 190 人，平均每榜錄取不到 13 人。至於諸科與特奏名錄取人數，因史料缺乏，難以統計[16]。太祖朝錄取進士最多的是開寶八年（975）榜，也祇有 31 人。然而，兩年之後的太宗太平興國二年，錄取人數驟增，僅正奏名進士就錄取了 109 人，是開寶八年的 3 倍多。當時的宰相薛居正曾提出批評，認爲"取人太多，用人太驟"，然太宗"欲興文教、抑武事，弗聽"[17]。端拱元年（988），太宗先後多次殿試禮部放榜、落榜進士，原因之一就是地方上闕多官少，需要不斷擴大取士規模，以填地方官闕。"時郡縣缺官甚多，前詔禮部放榜，帝慮有司遺才。"[18]最終錄取進士 160 人、諸科 811 人，總數近千人。然而這並不是最多的，太宗朝錄取人數最多的是淳化三年（992）榜，進士科 353 人、諸科 964 人，總計 1317 人。由於連續取士人數太多，淳化四年（993）以後的五年内一直没有再開科取士[19]，直到真宗咸平元年（998），纔再次開科。見表 2。

表 2　《宋代登科總録》録太祖、太宗朝登科人數

時間	進士	諸科	特奏名	時間	進士	諸科	特奏名
太祖朝				太宗朝			
建隆元年（960）	19			太平興國二年（977）	109	207	184
建隆二年（961）	11			太平興國三年（978）	74	82	
建隆三年（962）	15			太平興國五年（980）	121	534	

（續表）

時間	進士	諸科	特奏名	時間	進士	諸科	特奏名
建隆四年(963)	8			太平興國八年(983)	229	764	
乾德二年(964)	8			雍熙二年(985)	255	620	
乾德三年(965)	7			端拱元年(988)	160	811	
乾德四年(966)	6	9		端拱二年(989)	186	478	
乾德五年(967)	10			淳化三年(992)	353	964	
乾德六年(968)	11						
開寶二年(969)	7						
開寶三年(970)	8		106				
開寶四年(971)	10						
開寶五年(972)	11	17					
開寶六年(973)	28	101					
開寶八年(975)	31	34					

注：據龔延明、祖慧編著《宋代登科總録》第 1 册統計，桂林：廣西師範大學出版社，2014 年，第 2、34 頁。

太祖朝 15 榜：進士 190 人、諸科與特奏名 267 人，總計 457 人，平均每榜 30 人。

太宗朝 8 榜：進士 1487 人、諸科 4460 人、特奏名 184 人，總計 6131 人，平均每榜 766 人。

通過數據統計分析，可以直觀看到太祖、太宗兩朝科舉取士政策的不同。到了真宗朝以後，登科人數依然呈現出波動上升的趨勢。以進士科爲例，平均每榜録取人數爲：真宗朝 147 人、仁宗朝 351 人、英宗朝 253 人、神宗朝 410 人、哲宗朝 534 人、徽宗朝 693 人[20]。這些數據説明，北宋自太宗朝以後，科舉入仕人數一直維持在高位。

大量讀書人通過科舉考試進入官僚機構，使地方治理中以文臣替代武人的政策得到落實，也爲推進文官政治的形成奠定了堅實基礎。朝堂之上，科舉出身的官員比例也大幅提高。真宗朝以後，"爲人臣者，自宰相以至令録，無不擢科，海内文士彬彬輩出焉"[21]。宰相爲百官之長，令、録爲州縣最底層的文職，屬選人階。太祖晚年好讀書，曾言"宰相須用讀書人"[22]。據遲振漢統計，北宋共有 71 名宰相，登第者 65 人，加上舉茂才異等的富弼，科舉出身的宰相占比高達 93%[23]。這説明自太宗朝以後，科舉入仕逐漸替代恩蔭，取得了主流正途的地位。宋人蔡襄曾感慨道：

今世用人，大率以文詞進。大臣，文士也；近侍之臣，文士也；錢穀之司，文士也；邊防大帥，文士也；天下轉運使，文士也；知州郡，文士也。雖有武臣，蓋僅有也。[24]

宋代被譽爲科舉社會,經科舉入仕的官僚士大夫受傳統儒家忠孝仁義思想的熏陶,大多有家國情懷,期望能爲天地立心、爲萬世開太平,涌現出一批如范仲淹般"先天下之憂而憂,後天下之樂而樂"的精英人才。"宋有天下三百載,視漢唐疆域之廣不及,而人才之盛過之。"[25]這與宋代文官政治、擴大科舉取士規模之國策是分不開的。

二　經世致用與考試科目内容調整

在重文政策引導下,北宋讀書人紛紛加入科考大軍,踏上科舉入仕征途。從國家治理層面來説,官僚士大夫不僅要有文學之才,還要兼具經世致用的管理之才。唐以來的進士科考試重詩賦不重經義、策論,明經諸科重帖經、墨義不重策論,考試科目内容與國家治理所需之間有着不小的差距。這與唐代科舉的性質有關。唐代科舉衹是選才而非選官,進士衹是身份,若要爲官,還需要參加吏部的銓選,而吏部則是選官之所[26]。而宋代進士登第即爲官,"故事,登科皆有選限,近制,及第即命以官"[27]。近制指太宗朝;登第即命官,模糊了禮部選才與吏部選官之間的界綫。爲了選出才學與能力兼具的文官,就要在科舉考試中更注重能力的考察。

唐代科舉有秀才、明經、進士等幾十個科目[28]。宋初承唐制,常科設進士、九經、五經、三史、三禮、開元禮、三傳以及學究、明經、明法等科。其中,進士科最受尊崇,號"將相科";而《九經》以下各科的地位、待遇都遠不及進士,一律歸入諸科。故《宋史·選舉志》曰:"宋之科目,有進士,有諸科。"[29]

總體上講,與進士科相比,諸科很難選拔出經世致用之才。諸科考試主要試帖經、墨義。帖經是從儒經中截取片段,將兩端掩蔽,中間開一行,考生將掩蔽的字寫出;墨義是從儒經中抽出一句,考生按經疏中的原文作答。如宰相吕夷簡參加鄉試時的墨義題目爲:"見有禮於其君者,如孝子之養父母也。請以下文對。"吕夷簡答曰:"下文曰:'見無禮於其君者,如鷹鸇之逐鳥雀也。'謹對。"[30]帖經、墨義注重背誦經文與注疏,無須通經明理,不能有個人的思想與觀點,這些内容往往脱離實際,對邦國大計、治國要務没有多大裨益。時人曰:"諸科徒專誦數之學,無補於時。"[31]因此,國家一方面精簡諸科考試科目,另一方面對考試内容進行調整,以更好地適應選拔人才的新標準新要求。

仁宗天聖三年(1025),頒詔貢院:"將來考試諸科舉人,有明習經義、長於講説及三經以上者,許經主司自陳,量加試問。"[32]第二年,正式設立説書舉[33]。關於國家新設説書舉的原因,胡宿在所上《論增經術取士額狀》奏摺中有比較詳細的説明:

舊制試進士，止以詩、賦、策、論，簡拔才俊，其實少有專門名學之人。諸科雖能誦記章句，復又不通大義，施於有政，則又面牆……進士、諸科過落外，許自陳嘗於某處講授某經，貢院別試經義十道，直取聖賢意義，解釋對答。或以《詩》《書》引證，不須全具注疏，以六通爲合格。講誦精通，具名聞奏。㉞

從胡宿所奏內容看，説書舉並不是一個單獨的考試科目，它類似於一種附加試，凡是擅長講經、曾於某處講經的考生，若詩、賦、策、論考試有一項不合格，可自行申請參加説書考試，"別試經義十道"，合格者仍可視爲考試過關。如皇祐元年（1049），劉恕殿試不中格，因省試時試説書爲第一，"更下國子監試講經，復第一，釋褐巨鹿主簿、和川令"㉟。又如嘉祐二年（1057），蘇軾在禮部省試時"落賦"，自陳善講經義，遂別試《春秋》大義十道，居第一，勉强通過省試㊱。

説書舉初設於天聖四年（1026），廢罷於嘉祐二年㊲，存在了短短的 31 年，這是科舉考試內容的一次小調整，説明國家越來越重視經義之學。善於闡釋儒家經義、有獨立思考能力的讀書人，相比於以詩賦、帖經、墨義見長者，更符合國家對人才的要求。

嘉祐二年，罷説書舉，詔"別置明經科"㊳。明經之稱始於兩漢，爲明習經學之意。唐代明經科科目繁多，有五經、三經、二經、三禮、三傳以及學究一經、史科等。五代時期，明經演變成獨立的科目，與其他科目（即諸科）並列。但此時分裂出來的明經科與諸科在考試內容、考試方法及取人標準上並無太大區別，明經科與諸科名異而實同，不受重視，後晉天福五年（940）曾下詔罷明經，後周顯德初一度恢復，又很快下詔罷去㊴。據表1，五代有記錄的明經登科者祇有 5 人：後唐明宗長興元年取明經 4 人，後周顯德元年取明經 1 人。

宋承前制，有進士、諸科，無明經科。到仁宗嘉祐二年，下詔新開明經科：

業經爲儒，要在傳道，徒能口誦名數，而或心昧指歸，摘句摘文，有乖舊學……其明經科，並試三經，謂大經、中經、小經各一也。以《禮記》《春秋左氏傳》爲大經，《毛詩》《周禮》《儀禮》爲中經，《周易》《尚書》《穀梁傳》《公羊傳》爲小經。其習《禮記》爲大經者，許以《周禮》《儀禮》爲中小經；習《春秋左氏傳》者，許以《穀梁傳》《公羊傳》爲小經。每經試墨義、大義各十道，仍帖《論語》《孝經》十道，分八場，以六道爲合格。又試時務策三道，以文詞典雅者爲通，其出身與進士同。㊵

從詔書內容來看，國家新設明經科的初衷，是希望糾正或彌補宋代諸科取士祇重經文（口誦）而輕經義之弊。宋代諸科以試帖經、墨義爲主，專注"背功"，宋人孫覺曰："學究諸科多不通經義,而猥以記誦爲工。記誦不能,則或務爲節抄,至斷裂句讀,錯謬文辭,甚可閔笑。仁宗患其如此,始立明經科。"[41]北宋中期,隨着儒學的復興,原有章句訓詁之學遭到士大夫厭棄,"自漢儒至於慶曆間,談經者守訓故而不鑿……自慶曆後,諸儒發明經旨,非前人所及"[42],講究義理、闡發經典大義的新風氣也影響到科舉取士。可以説,仁宗朝新開明經科是順應時代發展的潮流,而説書舉是明經科設立前的預演和嘗試。

北宋明經科考試内容在保留傳統的墨義、帖經的同時,增加大義十道,加試時務策三道。明經科的取人標準是既要通曉義理,又要瞭解時政;既要懂經,又要通史。這樣的人才相比諸科取人更符合以文治國的理念,更具有經世致用的特質,故而受到重視。宋代試明經出身者,地位要高於諸科,"出身與進士同"。

從説書舉到明經科,國家通過改變唐、五代科舉考試科目與内容,選拔通曉儒家經義、有經世之才的文人來治理天下。經過不斷調整,到神宗熙寧四年,科舉制迎來巨變,朝廷正式頒詔,"罷詩賦及明經、諸科,以經義、論、策試進士"[43]。需要説明的是,嘉祐二年新開明經科考經義、策,熙寧四年新調整的進士科也考經義、策,二者同質化明顯,明經科被廢是情理之中的。王安石科舉改革最重要的兩點是:第一,廢除以記誦爲主的諸科和重經義的明經科;第二,把詩賦剔出進士科考試,以經義取代之。這項改革對後世科舉制度影響深遠,自此以後,科舉常科衹保留進士一科,以經義取士,詩賦不再重要,直至清末廢科舉。

進士科考試重詩賦是唐朝遺風。唐自玄宗開元以來,進士科以詩取士,"開元以後,四海晏清,士無賢不肖,恥不以文章達"[44]。唐文宗開成二年(837),高鍇知貢舉,所取前五名進士均以詩賦勝出:

> 其今年試詩賦,比於去年,又勝數等。臣日夜考較,敢不推公? 進士李肱《霓裳羽衣曲詩》一首最爲迥出,更無其比……兼是宗枝,臣與狀頭第一人,以獎其能。次張棠詩一首,亦絶好,亞次李肱,臣與第二人。其次沈黄中《琴瑟合奏賦》,又似《文選》中《雪》《月》賦體格,臣與第三人。其次王牧賦,自立意緒,言語不凡,臣與第四人。其次柳棠詩、賦,興思敏速,日中便成,臣與第五人。[45]

當然,進士科以詩賦爲重,並不意味着衹考詩賦。唐文宗太和八年(834)十月禮部奏:"進士舉人,自國初以來,試詩賦、帖經、時務策五道。"[46]但是,主考官高鍇在閲卷時衹重詩賦而忽略帖經與時務策,主觀傾向性尤爲明顯。南宋嚴羽曰:"唐以詩取士,故多專門之學。"[47]唐末重詩賦的傳統一直延續至北宋前期。

　　宋承唐制,進士科試詩賦、論、策、帖經、墨義。"凡進士,試詩、賦、論各一首,策五道,帖《論語》十帖,對《春秋》或《禮記》墨義十條。"[48]而在這些考試內容中,帖經、墨義形同具文,"進士帖經、墨義一場,從來不曾考校,顯是虛設"[49]。論、策也不受重視,進士科被譽爲"文學之科",依然延續着唐以來重詩賦的傳統。

　　隨着社會逐步穩定以及科舉取士人數的成倍增長,越來越多的讀書人進入各級政府,文官隊伍日益龐大。在這種背景下,國家對進士身份官員的治政能力提出了更高的要求,僅憑文學才華不足以治理天下。宋初,進士科以詩賦爲初場試,在隨場淘汰機制下,處於首場的詩賦占據絕對優勢。考生如果詩賦不合格,直接黜落,不再有機會參加接下來的策、論考試。太宗朝以後,這種考試方式受到質疑,官員紛紛建議於詩賦之外兼考策論。大中祥符元年(1008),馮拯建議:"比來省試,但以詩賦進退,不考文論……望令於詩賦人內兼考策論。"[50]天禧元年(1017),真宗頒詔,令"進士兼取策論"[51],目的就是改變以詩賦定去留的舊規,強調詩賦與策論並重。仁宗設説書舉,讓詩賦考試不合格者可以有一次彌補的機會。在這方面,蘇軾省試"落賦",但因説書舉第一而勉強通過省試,是最好的證明。

　　對國家而言,科舉考試內容中最關乎治國理政的,當屬通知古今的策論,而不是以文學見長的詩賦。真宗天禧元年,右正言魯宗道言,"進士所試詩賦,不近治道"[52]。當時,持這種觀點的官員不在少數。宋高宗也曾對科舉考詩賦給出這樣的評價:"詩賦止是文詞,策論則須通知古今,所貴於學者修身齊家治國以治天下。"[53]也就是説,詩賦考的是文學才華,與國家治理關係不大,而策論關注的是古今治道、現實治亂,能檢驗一個人的真才實學。

　　王安石罷詩賦的根本原因在於,他認爲詩賦於文官政治無有裨益:"今以少壯時正當講求天下正理,乃閉門學作詩賦,及其入官,世事皆所不習,此乃科法敗壞人才。"[54]以詩賦取士,對於發展文學、造就詩人賦家或許有一定作用,但對於培養和選拔經世人才多爲無益。策問是一種政務諮詢類的考試,國家就當前的政治、經濟、軍事、文化各方面提出疑問,應試者書面回答,一般也稱"時務策"。至於論,考試內容也與國家治理相關。如太宗朝,殿試論題有《登講武臺觀習戰》《文武何先》《文武雙興》《玄女授兵符》等,聚焦國家的統一戰爭與文官政治[55]。嘉祐二年,蘇軾參加禮部試,寫下著名的《刑賞忠厚之至論》,以史爲鑒,闡述儒家的仁政思想。經義指考試"先列注疏,次引先儒異説,末乃斷以己意"[56],要求考生引據聖人言論或經典材料來闡發有關政治、經濟、道德和修身方面的思想理論,並結合社稷民生等社會現實問題,進行創造性的回答,"斷以己意"。用王安石的話説:"經術者所以經世務也,果不足以經世務,則經術何所賴焉?"[57]

總之,王安石變法罷諸科、明經,祇保留進士一科,進士科考試罷詩賦,以經義代之,是自唐以來科舉史上里程碑式的改革。它不但對選拔通經致用人才參與國家管理有積極意義[58],而且對北宋以後及明清科舉政策的制定也具有深遠的歷史意義。自此,進士科考試由以試詩賦定去留轉變爲經義、策、論並重,科舉取士也由文學之選轉入才華與能力並重的軌道。無論科舉如何發展,王安石改革科舉的初衷與務實的治國理念還是值得肯定的。

三　科舉取士與學校教育相結合

投牒自舉是科舉制區别於兩漢察舉制與魏晋九品中正制的一項重要標準。隋唐以來,鄉貢和學館構成科舉取士的兩大來源,"由學館者曰生徒,由州縣者曰鄉貢"[59]。宋承唐制,無論是學館培養的生徒,還是未經正規教育的貢生,都可以參加科舉考試。隨着糊名謄録法的推行,"一切以程文爲去留"成爲現實,天下讀書人無論背景出身,都可以通過科舉考試步入仕途,這就是歐陽修所稱讚的"至公如權衡"。

宋代以文治國,必須不斷地培養有治國理政能力的文官。科舉考試爲國家選拔輸送人才,讀書人通過學習提高自己的文化知識水準並參與科考競爭,畢業優秀者登科入仕,成爲國家文官隊伍中的一員。但科舉考試是指揮棒,考試内容就是讀書人的畢業,國家缺乏對人才的系統教育與培養,祇重個人讀書,不重舉子的品德行爲與辦事能力。科舉取士無論是試詩賦,還是試經義、策論,均爲以言取人,以程文定去留,"賢否邪正,未可遽判"[60],正如御史中丞李定所言:"藝可以一日而校,行則非歷歲月不可考。"[61]才學與能力同樣重要。然而經科舉入仕的讀書人大多無做官經歷,於政務民事缺乏足夠認識,也無基本訓練;而且,在文化繁榮、學派紛起的北宋,不同教育背景下培養出來的讀書人對世界的認知不同、觀點各異。這也不利於中央集權統治。從國家治理層面講,官員特别是基層官員是政權穩定的根基,必須提高文官隊伍的整體素質與治理能力。爲此,國家開始關注教育,鼓勵官方辦學,希望將學校教育與科舉選才結合起來,以"教之、養之、取之、任之"[62],把學校作爲國家人才培養基地。

宋承唐、五代之制,於建國之初在開封設國子監。慶曆四年(1044)四月,判國子監王拱辰、田况、王洙、余靖等官員紛紛建言,仿唐制立四門學,招收八品以下官員子弟或

“庶人之俊異”者,被仁宗采納。國家又頒詔,以錫慶院爲太學之所[63],此爲宋代太學獨立建校之始。不過,此時的學校教育與科舉取士並不掛鈎,北宋除了國子監有發解試外,州縣學並沒有獨立發解試,州縣學生要參加州府軍監發解試或轉運司發解試。而且,國家對讀書人的學習方式沒有任何要求,他們可以自由選擇,或自學,或拜師,或經學校教育,或進私塾書院,或入寺廟住讀。這顯然不利於提高整個社會對學校教育的重視程度。

宋神宗熙寧元年(1068),新任翰林學士王安石上書,對“以詩賦、記誦求天下之士,而無學校養成之法”[64]的選官制度提出批評。熙寧四年,王安石主持變法期間,創“三舍法”:

> 其生員分三等,以初入學生員爲外舍,不限員;自外舍升內舍,內舍升上舍,上舍以百員,內舍以二百員爲限。其生員各治一經,從所講之官講授。主判官、直講逐月考試到優等畢業,並申納中書。[65]

按規定,太學諸生分外舍、內舍、上舍三等,隨直講學習,每月一私試、每年一公試,成績優異者,參考平時行藝校定積分,差次升舍。初入太學爲外舍生,外舍生考校合格升入內舍,內舍生成績優異進入上舍。元豐二年(1079),頒布太學學令:“上舍分三等:俱優爲上,一優一平爲中,俱平若一優一否爲下。”[66]上舍生依據考試成績的高低,享受不同待遇:上等授官,謂之“兩優釋褐”或“上舍釋褐”;成績中等者,可享有免省試的恩遇,直接參加殿試。由於嘉祐二年“殿試不黜落”之制已經形成[67],這意味着上舍中等生殿試時若無大的過失,均登第授官。至於下等的上舍生,則享有免解的待遇,待下次開科舉時徑赴省試[68]。於是,政府就把文官選拔與學校教育直接關聯,把養士和取士統一起來,這是科舉改制的一次嘗試,對後世科舉影響深遠。不過,由於太學規模不大,上舍釋褐授官人數有限,在當時社會影響並不大。

北宋前期,國家對地方州縣學教育重視不夠,學校不興。仁宗慶曆四年,范仲淹推行新政十條,對學校教育與科舉取士政策做出調整,主張加強對地方學校的建設,“今諸道學校如得明師,尚可教人《六經》,傳治國治人之道”,但這不是長久之計,應該興建學校,廣納明師,“教以經濟之業,取以經濟之才,庶可救其不逮”[69]。范仲淹也身體力行,將自己在蘇州的私宅捐出,建蘇州州學。王安石在推行三舍法的同時,也進一步加大對地方州學的建設。

隨着科舉罷詩賦,地方州學的教育內容也緊跟科舉考試內容的變化做出調整:生員各治一經,不再教授詩賦;所授經定爲《詩》《書》《易》《周禮》《禮記》,兼授《論語》《孟子》[70]。熙寧八年(1075)六月,《三經新義》[71]編纂完成,神宗頒詔賜宗室、太學及諸州府學,《三經新義》成爲學校的統一教材與科舉考試的取人標準。同時,學校置律學教授生員,培養精通律法的專門之才,規定:公試"習律令生員義三道,習斷案生員一道,刑名五事至七事";私試"義二道,案一道,刑名五事至三事"[72]。"元祐更化",學校教育內容重新修訂,除經義、策論外,恢復詩賦,並剔除律義。哲宗親政後,教學內容又逐步恢復到神宗時期。可以説,自仁宗朝以後,學校的教學內容與科舉考試內容相匹配,學校已成爲人才培養基地和重要科舉生源地,更好地服務於文官政治。國家希望通過加强學校教育來選拔經世之才的意圖日益顯現。徽宗朝,當州縣學普遍建成後,學校教育與科舉取士相結合的改革正式開始。

崇寧元年(1102),徽宗采納蔡京之言,擴大太學建置規模,並於太學外別置辟雍,用來安置各地升貢的學生。崇寧三年(1104),詔:"將來科場,如故事外,並嚴州郡發解及省試法,其取士並由學校升貢。"[73]這條詔令實際上是要停科舉,改由學校考校升貢。緊接着,朝廷又頒布《歲貢法》,於地方州縣推行三舍貢士法,並在各地設諸路提舉學事官,專門負責對州學生員的考校。據記載,當時全國三舍培養學生多達21萬餘人[74]。於是,選官與學校教育合而爲一,具體方式是:地方舉子先就讀地方縣學,考試合格後升入州學;州學教養仿中央太學分爲三舍,外舍升內舍,內舍升上舍,上舍生再經地方官員考校,合格者貢入辟雍;辟雍考校合格再貢入太學,太學上舍生經殿試合格者賜及第、出身,稱"貢士及第"或"上舍及第"[75]。

國家停科舉、興學校,推行三舍貢士法的初衷是爲官僚隊伍培養、輸送人才,但是政策的急劇變動也招致大量的質疑聲。爲解決衆多未能進入學校、一直在準備科舉考試舉子的出路問題,緩解社會矛盾與壓力,朝廷決定在推行三舍貢士法的同時,重開科舉。"(崇寧)五年三月八日,上御集英殿,試禮部奏名進士……得蔡薿以下六百七十一人,賜及第、出身、同出身。"[76]到了宣和三年(1121),詔罷天下三舍貢士法,規定:"開封府及諸路並以科舉取士,惟太學仍存三舍,以甄序課試,遇科舉仍自發解。"[77]國家選才又恢復到徽宗以前的科舉取士制度,三舍貢士法以失敗告終。

三舍貢士法自崇寧三年確立到宣和三年廢罷,前後存在了17年。在這期間,貢士試與科舉試並行,共舉行了5次科舉試、12次貢士試。貢士試是專門面向學校三舍升貢生員的考校,屬於中央太學與地方州縣學考試範疇[78]。貢士試每榜錄取人數較少,一般在十數人,最多的是宣和二年(1103),也祇錄取66人[79]。貢士試登第者稱貢士及第,按成績高低賜予上舍及第、上舍出身。在三舍貢士法推行期間的5次科舉考試錄取人數,馬端臨《文獻通考》卷三二《選舉五・宋登科記總目》有詳細記載：

> 崇寧五年，進士六百七十一人。省元吳倜，狀元蔡薿。
>
> 大觀三年，進士六百八十五人，宗室、上舍四十二人。上舍魁李彌遜，狀元賈安宅。
>
> 政和二年，進士七百一十三人。上舍魁師驥，狀元莫儔。
>
> （政和）五年，進士六百七十人，宗子、上舍十七人。上舍魁傅崧卿，狀元何㮚。
>
> （政和）八年，進士七百八十三人，上舍魁何奎，狀元王嘉。[80]

上舍魁是指參加禮部省試並榮登第一的生員。如政和二年（1112）上舍魁師驥，以學生身份參加禮部省試，奪得第一名[81]。按規定，在科舉考試年份，不舉行貢士試，地方州學生及太學生與無學籍的舉子共同參加科舉試，按照 7：3 的比例分別録取，有學籍的生員占七成，無學籍的舉子占三成[82]。爲了配合定期舉行的科舉考試，大觀二年（1108）規定，諸路在執行貢舉條例的同時，要預留十分之三的名額，用以發解地方上未由學校升貢的舉子。"其應舉人除太學已有專法外，其諸路不以曾係學籍不係學籍，自合取應，依貢舉元條施行。"[83]也就是説，地方發解名額中，有學籍者至少占到了七成。這也意味着更多經由學校培養的人才通過科舉考試進入文官系統。

對於科舉考試在選拔文官方面存在的問題，王安石有着比較清醒的認識，他曾説："文吏高者，不過能爲詩賦，及其已仕，則所學非所用，政事不免決於胥吏。"[84]認爲"朝廷禮樂行政之事，皆在於學"[85]。這應該是王安石創三舍法的初衷，希望能把學校教育與國家選才結合起來，一方面可以分層次逐步培養符合國家需要的經世之才，另一方面也能起到"一道德"的作用，統一思想，穩固統治。徽宗朝興學校、定三舍貢士法，踐行了王安石的治國理念。三舍貢士法廢除後，太學三舍生仍維持了較大規模，南宋以後有所減少，太學三舍生基本維持在 800 人左右[86]。到了明清時期，科舉考試與學校教育已融爲一體。"科舉必由學校，而學校起家可不由科舉。學校有二：曰國學，曰府、州、縣學。府、州、縣學諸生入國學者，乃可得官，不入者不能得也。"[87]

科舉考試從投牒自舉到"必由學校"，衹有入國學者方能入仕爲官，究其源頭，則是北宋王安石的三舍法與徽宗朝的三舍貢士法。

結　語

北宋以文治國,重視科舉取士,太祖創立殿試,將選才大權控制在自己手中,舉子登科即爲天子門生,讀書人科舉入仕的積極性大大提高。太宗朝以後,擴大科舉取士規模,科舉出身的官員在官僚體系中的比例不斷提高,形成文治的局面。在重文政策引導下,國家通過科舉考試科目與考試内容的調整,引導讀書人關注社會現實。在此情形下,諸科與進士科的帖經、墨義、詩賦等,因脱離現實、無益於時用而被淘汰,與現實政治關係密切的經義、論、策等,越來越成爲考試的重心。仁宗朝新開明經科,是詩賦取士向經義取士的過渡,而説書舉則是新開明經科的前奏,這些變革在中國科舉發展史上意義重大。

從王安石創立三舍法,到徽宗朝定三舍貢士法,這是北宋政權將學校教育與科舉取士相結合的一種有益嘗試,雖然這種新型的取士模式存在時間很短,但影響深遠。南宋太學延續了北宋的三舍法並有所調整,減少乃至隔斷地方升貢的路徑,州學生與無學籍舉子都可以經考試混補入太學,或者共同參加地方發解試。到了明代,"科舉必由學校"終成現實。

當然,北宋基於文官政治而進行的科舉改革也有矯枉過正之處。科舉使普通人看到了改變命運的希望,對很多從事舉業的讀書人而言,讀書爲了考試,考試爲了做官,目的性和功利色彩強。在利益驅動下,讀書人往往熱衷於做科舉文章,閉門祇讀聖賢書,較少關注現實,這與國家選拔經世之才的設想並不完全一致。所以,在蘇軾看來,科舉考詩賦、考經義、考策論並没有太大差别,"自文章言之,則策論爲有用,詩賦爲無益;自政事言之,則詩賦論策均爲無用"⑧。學校教育與科舉取士相結合,規範了國家培養人才、選拔人才、任用人才的一整套制度,但其産生的負面效果也不容忽視,特别是到了明清,煩瑣的考試流程、僵化的考試内容使無數讀書人深陷其中不能自拔。

①　關於北宋科舉改制,參見張希清:《中國科舉制度通史·宋代卷》,上海:上海人民出版社,2019年;劉海峰、李兵:《中國科舉史》(修訂本),上海:東方出版中心,2021年;賈志揚:《宋代科舉》,臺北:東大圖書股份有限責任公司,1995年;甯慧如:《北宋進士科考試内容之演變》,臺北:知書房出版社,1996年;等等。其他成果尚多,兹不備舉。

②　李昉等編:《文苑英華》卷二六六《赴舉寄别所知》,北京:中華書局,1982年,第1340頁。

③　金瀅坤:《中國科舉制度通史·隋唐五代卷》,上海:上海人民出版社,2019年,第879—897頁。

④　張希清:《中國科舉制度通史·宋代卷》緒論,第 19 頁。

⑤　李燾:《續資治通鑑長編》卷二,北京:中華書局,2004 年,第 46 頁。

⑥　李燾:《續資治通鑑長編》卷一三,第 293 頁。

⑦　孫逢吉:《職官分紀》卷四〇,北京:中華書局,1988 年,第 734 頁。

⑧　脫脫等:《宋史》卷四三九,北京:中華書局,2017 年,第 12997 頁。

⑨　李燾:《續資治通鑑長編》卷一四,第 297—298 頁。

⑩　王栐:《燕翼詒謀錄》卷一,誠剛點校,北京:中華書局,1981 年,第 2 頁。

⑪　李燾:《續資治通鑑長編》卷一二,第 261 頁。

⑫　鄧小南:《祖宗之法:北宋前期政治述略》,北京:生活·讀書·新知三聯書店,2006 年,第 180 頁。

⑬　李燾:《續資治通鑑長編》卷一八,第 393 頁。

⑭　錢穆:《國史大綱》(下册),北京:商務印書館,2010 年,第 543 頁。

⑮　李燾:《續資治通鑑長編》卷一八,第 393—394 頁。

⑯　龔延明、祖慧編著:《宋代登科總錄》卷一,桂林:廣西師範大學出版社,2014 年,第 2 頁。

⑰　李燾:《續資治通鑑長編》卷一八,第 394 頁。

⑱　徐松輯:《宋會要輯稿》選舉七之五,劉琳等校點,上海:上海古籍出版社,2014 年,第 5389 頁。

⑲　龔延明、祖慧編著:《宋代登科總錄》卷二,第 34 頁。

⑳　參見龔延明、祖慧編著:《宋代登科總錄》,第 157、356—358、950、1020、1350、1638—1640 頁。需要說明的是,神宗朝以後,每榜進士錄取人數比真宗朝以前有大幅增加,這與熙寧四年(1071)罷諸科、明經科,只保留進士一科的政策有關。

㉑　脫脫等:《宋史》卷四三九,第 12997 頁。

㉒　李燾:《續資治通鑑長編》卷七,第 171 頁。

㉓　遲振漢:《北宋宰相制度》,臺北:麗文文化事業股份有限公司,2010 年,第 65 頁。

㉔　蔡襄:《蔡襄集》卷二二,徐燉等編,吳以寧點校,上海:上海古籍出版社,1996 年,第 384 頁。

㉕　范仲淹:《范仲淹全集》附錄 7,李勇先、王蓉貴校點,成都:四川大學出版社,2007 年,第 1196 頁。

㉖　王勛成:《唐代銓選與文學》,北京:中華書局,2001 年,第 1 頁。

㉗　李燾:《續資治通鑑長編》卷六〇,第 1343—1344 頁。

㉘　歐陽修、宋祁:《新唐書》卷四四,北京:中華書局,1975 年,第 1159 頁。

㉙　脫脫等:《宋史》卷一五五,第 3604 頁。

㉚　馬端臨:《文獻通考》卷三〇,北京:中華書局,2011 年,第 877 頁。

㉛　王珪:《華陽集》卷七,北京:中華書局,1985 年,第 7 頁。

㉜　《宋會要輯稿·選舉十二》之二九,第 5508 頁。

㉝　李燾:《續資治通鑑長編》卷一八六,第 4496 頁。

㉞　胡宿:《文恭集》卷八,北京:中華書局,1985 年,第 99 頁。

㉟　司馬光:《司馬光集》卷六五,李文澤、霞紹暉點校整理,成都:四川大學出版社,2010 年,第 1350 頁。

㊱　蘇轍:《欒城後集》卷二二,《蘇轍集》,陳宏天、高秀芳點校,北京:中華書局,1990 年,第 1117 頁。

㊲　脫脫等:《宋史》卷一二,第 242 頁。

㊳　李燾:《續資治通鑑長編》卷一八六,第 4496 頁。

㊴　何忠禮:《略論宋代的明經科》,《杭州大學學報(哲學社會科學報)》,1992 年第 4 期。

㊵　《宋會要輯稿·選舉三》之三三,第 5302 頁。

㊶　趙汝愚編:《宋朝諸臣奏議》卷八〇,上海:上海古籍出版社,1999 年,第 868 頁。

㊷　王應麟:《困學紀聞》卷八,欒保群、田松青點校,上海:上海古籍出版社,2015 年,第 291 頁。

㊸　脫脫等:《宋史》卷一五,第 278 頁。

㊹　杜佑:《通典》卷一五,王文錦等點校,北京:中華書局,1988 年,第 357 頁。

㊺　董誥等編:《全唐文》卷七二五,北京:中華書局,1983 年,第 7466—7467 頁。

㊻　王欽若等編:《册府元龜》卷六四一,北京:中華書局,1982 年,第 7684 頁。

㊼　嚴羽:《滄浪詩話》,北京:中華書局,1985 年,147 頁。

㊽　脫脫等:《宋史》卷一五五,第 3604 頁。

㊾　司馬光:《司馬光集》卷二八,第 700 頁。

㊿　李燾:《續資治通鑑長編》卷六八,第 1522 頁。

51　李燾:《續資治通鑑長編》卷九〇,第 2082 頁。

52　李燾:《續資治通鑑長編》卷九〇,第 2082 頁。

53　《宋會要輯稿·選舉四》之二五,第 5330 頁。

54　馬端臨:《文獻通考》卷三一,第 907 頁。

55　《宋會要輯稿·選舉七》之三至四,第 5398 頁。

56　脫脫等:《宋史》卷四四四,第 13118 頁。

57　《宋史全文》第 3 册,卷一一,汪聖鐸點校,北京:中華書局,2016 年,第 645 頁。

58　張希清:《論王安石的貢舉改革》,《北京大學學報(哲學社會科學版)》,1986 年第 4 期。

59　歐陽修、宋祁:《新唐書》卷四四,第 1159 頁。

60　馬端臨:《文獻通考》卷三一,第 912 頁。

61　李燾:《續資治通鑑長編》卷三〇一,第 7327 頁。

62　王安石:《臨川先生文集》卷三九,王水照主編:《王安石全集》第 5 册,上海:復旦大學出版社,2017 年,第 752 頁。

63　李燾:《續資治通鑑長編》卷一四八,第 3589 頁。

64　呂祖謙編:《宋文鑒》卷五一,齊治平點校,北京:中華書局,1992 年,775 頁。

㉕ 《宋會要輯稿崇儒一》之三一,第 2744 頁。

㉖ 馬端臨:《文獻通考》卷四二,第 1225 頁。

㉗ 龔延明、何平曼:《宋代"殿試不黜落"考》,《西北師範大學學報(社會科學版)》,2005 年第 1 期。

㉘ 《宋會要輯稿·職官二八》之六,第 3754 頁。

㉙ 李燾:《續資治通鑑長編》卷一四三,第 3435 頁。

㉚ 李燾:《續資治通鑑長編》卷二二○,第 5334 頁。

㉛ 《三經新義》由王安石總領編撰,包括王安石的《周禮新義》,王雱、呂惠卿的《毛詩義》《尚書義》。

㉜ 馬端臨:《文獻通考》卷四二,第 1224 頁。

㉝ 《宋會要輯稿·選舉四》之四,第 5318 頁。

㉞ 彭百川:《太平治績統類》卷二八,揚州:江蘇廣陵古籍刻印社,1990 年。

㉟ 祖慧:《兩宋"上舍釋褐"考述》,《文史》,2007 年第 4 期。

㊱ 《宋會要輯稿·選舉七》之三二,第 5405 頁。

㊲ 馬端臨:《文獻通考》卷三一,第 918 頁。

㊳ 龔延明:《中國古代制度史研究》,杭州:浙江大學出版社,2013 年,第 647 頁。

㊴ 《宋會要輯稿·選舉一》之一五,第 5255 頁。

㊵ 馬端臨:《文獻通考》卷三二,第 946 頁。

㊶ 脫脫等:《宋史》卷四六○,第 13484 頁。

㊷ 李垕:《皇宋十朝綱要校正》(下冊),燕永成校正,北京:中華書局,2013 年,第 456 頁。

㊸ 《宋會要輯稿·選舉四》之五,第 5319 頁。

㊹ 李燾:《續資治通鑑長編》卷二二一,第 5386 頁。

㊺ 王安石:《臨川先生文集》卷三九,《王安石全集》第 5 冊,第 753 頁。

㊻ 李心傳:《建炎以來朝野雜記》甲集卷三一,徐規點校,北京:中華書局,2000 年,第 278 頁。

㊼ 張廷玉等:《明史》卷六九,北京:中華書局,1974 年,第 1675 頁。

㊽ 馬端臨:《文獻通考》卷三一,第 907 頁。

(原載《浙江大學學報(人文社會科學版)》2021 年第 6 期)

作者簡介:祖慧,浙江大學古籍研究所教授;費習寬,浙江大學古籍研究所在讀博士研究生

通訊地址:浙江大學紫金港校區古籍研究所　郵編:310058

南宋基層文官履歷文書考釋

——以浙江武義縣南宋徐謂禮墓出土文書爲例

周　佳

文書作爲政務運行的重要信息載體,近些年來日益受到宋史學界關注。但已有研究多集中在政府高層公文書領域①,對基層官府公文書、中央與地方官府間公文往來方面的研究相對欠缺②。原因是文獻記載與文書原件保存稀少且散亂③,故對這一層級文書的體式復原及相關研究展開,顯得十分困難。具體到宋代基層官員履歷文書方面,現有研究比較關注授官文書(告身、敕牒)的體式和製作頒發過程,但是官員拿到授官文書後,如何赴任交割、履行職事、接受考核、任滿離任?這些具體過程又如何反映在文書上?關於這一點,目前研究尚有較多空白。

2011年,在浙江省金華市武義縣(屬於南宋後期婺州武義縣境內)發掘的一座南宋墓葬中,新發現一批文書,爲我們提供了一份關於南宋地方政府公文書的珍貴史料。2012年,這批文書經整理後出版,書名爲《武義南宋徐謂禮文書》④,本文便以"徐謂禮文書"統稱之。墓主人徐謂禮是南宋寧宗、理宗時期的一名普通文官,一生主要在地方州縣任職。徐謂禮文書字迹相近,各按年代順序依次抄錄,這很可能是徐謂禮後人將其生前相關文書匯總謄錄後,作爲陪葬物品放入墓中。雖然原件已不可見,但由於這些文書均是按照原有體式謄錄的副本,故而基本保存了文書內容與格式的原貌,爲我們研究宋代中央與基層文書運行、南宋地方官員管理制度等,提供了十分寶貴的檔案材料。

徐謂禮文書共計十五卷,均是在徐謂禮任職期間,與其職務相關的公文書,其中告身兩卷,敕黃一卷,印紙十二卷,內容涉及中央、州府、縣三個行政層級。其中有些文書圍繞同類事件,形成一道較爲完整的文書行政環節。筆者選取紹定二年(1229)至端平元年(1234)期間的九件文書爲例,這九件文書首尾完整,均是徐謂禮在吳江縣丞任職期間的相關履歷材料,包括磨勘、差遣除授、到任交割、發放俸禄、年終考課、任滿離職等數道環節,內容前後銜接,恰好構成一個"任職單元",能够大致呈現出徐謂禮在這一職任上從就職到任滿的基本面貌。本文主要做兩方面工作,一是對文書內容予以考訂、闡釋;二是通過這幾份文書與現有文獻記載的相互參照,勾勒出南宋普通地方文官就職的基本程序,並通過這一實例,發現一些單純從制度條文記載中不易看到的問題。

爲行文方便,本文將所引文書按照時間順序排列,並用"1、2、3……"數字標明,以示區別。數字後所注明的文書名稱、序號、頁碼,均以《武義南宋徐謂禮文書》原書目錄爲準。

1 録白敕黄二《紹定二年五月　日差知平江府吴江縣丞牒》(第200—201頁)

1 尚書省牒

2　　承事郎徐謂禮

3 牒:奉

4 敕,宜差知平江府吴江縣丞,替曾㧑紹定貳年拾貳月

5 滿闕,牒至,準

6 敕　　　　　　　　故牒。

7　　　紹定貳年伍月　　日牒

8 參　知　政　事　　葛　　押

9 知樞密院事兼參知政事　　薛　　押

10 少師右丞相魯國公　　　　　　假

按:這是紹定二年(1229)尚書省下發的一份敕牒,命徐謂禮接替曾㧑,擔任"知平江府吴江縣丞"這一差遣。這件文書卷子外封上題作"録白敕黄",敕牒大概是用黄紙寫的,可稱"敕黄""黄敕";這裏的"録白"應當衹是"將敕牒原件抄録在白紙上"之意。敕牒是宋代宰相機構協助皇帝處理政務的文書形式。第3至4行"牒奉敕"表明這是奉皇帝敕命轉發的牒文。敕牒末尾是宰執的列銜和簽押,其署銜排列順序遵循"以後列爲重"的原則,即按照職務、資歷等由低到高告到的次序排列。繫銜下通常衹注姓而不書名⑤。

將這文書與第4份文書結合可知:紹定二年五月,朝廷已下牒文命徐謂禮出任平江府吴縣丞,但要等現任曾㧑於紹定二年十二月滿闕離任後,徐謂禮纔可赴任,故實際上徐謂禮是在紹定三年(1230)正月纔正式到任的。這裏涉及宋代差遣闕額性質的問題,宋代"成資"與"滿任"不是同一個概念,故差遣闕額也有"成資闕"與"年滿闕"的區别。"成資闕"是指官員在某一差遣任內達到一定年限、積累了一定考數,即可"成資",亦即被承認已具備了該差遣職務的資序。宋代的文職京朝官一般是"三考滿任而兩考成

資",官員多希望能在任內成資,這樣即可理爲一任,這直接關係到今後轉官的階次、特別是差遣的升陟。而"年滿闕"則必須任滿一定年限方可,滿任時間長短根據不同地區、職務而有所不同,有三年滿、三十月滿、兩年滿等⑥。從牒文來看,徐謂禮須等到曾揆任職年滿後纔能接替他,故這一差遣應該屬於"年滿闕"。

牒文末尾的押字,"葛"是葛洪,他在紹定元年(1228)十二月出任參知政事,至紹定四年(1231)四月罷。"薛"是薛極,他於紹定元年十二月進知樞密院事兼參知政事,至紹定六年(1233)進樞密使,罷兼參知政事。末行押字應是史彌遠,史彌遠在寶慶二年(1226)自右丞相兼樞密使拜少師,寶慶三年(1227)進封魯國公⑦。據末行"假"字推測,史彌遠當時應正在告假。據宋代文書慣例,文書原件中,繫銜之下,是該官員所畫押字符號。而在文書抄件或碑刻中,通常並不描摹相關符號,祇用"押"字表示一下。以下文書中的"押"字用法同此。

2 録白告身附録《紹定二年七月二十六日轉宣義郎告》(第 197—198 頁)

1　尚書吏部

2　　磨勘到承事郎新差知平江府吳縣丞徐謂禮,

3　　右壹人,擬轉宣義郎,差遣如故。

4　　　　左　　丞　　相　　闕

5　　　　少師右丞相魯國公臣彌遠

6　　　　知樞密院事兼參知政事臣極

7　　　　參知政事臣洪分書

8　　　　尚書臣燁等言

9　　謹件:張鎰等貳人,擬官如右,謹以申

10 聞,謹奏。

11　　　紹定二年七月　日金部郎中兼權臣司馬　述

12　　　　　　郎　　　　中　　　　　　闕

13　　　給　　　事　　　　中臣陳卓　　　讀

14　　　參　　知　　政　　　事臣葛洪　省

15　　　知樞密院事兼參知政事臣薛極　　　審

16　　　少師右丞相魯國公臣彌遠　　　免書

17　　　　聞

18　　　　　七月二十六日午時都事王　　　　受

19　　　司農少卿兼左司林　介　　　　　付吏部

20　吏部尚書

21　吏部侍郎

22　　告：宣義郎知平江府吳縣丞徐謂禮，計奏被

23　　　旨如右，符到奉行。

24　　　　　　　　　　　　主事王　　佺

25　　　金部郎中兼述　　令史楊　　克勤

26　　　　　　　　　　　書令史王　　處義

27　主管院

28　　　　　紹定二年七月二十六日下

　　按：這是一份尚書省吏部頒發的奏授告身，證明紹定二年七月，徐謂禮的寄禄官由承事郎（正九品）升至宣義郎（從八品）。告身是朝廷頒給官員的作爲委任憑證的文件，出現於南北朝時期，在唐代已普遍使用。唐代告身一般格式是：正文寫明某某人爲某官；然後是制敕機關中書省長官、次官的簽名；附文是門下省審查的意見及長官、次官的簽名；最後是尚書省吏部奉敕執行的命令及其長官、次官的簽名。官員品級不同，告身授予形式和用紙規格也不同⑧。北宋元豐改制恢復了三省六部職事，官告也仿照唐代樣式加以修訂。南宋中書、門下二省合一，但在文書形式上仍然保留三省程序。

　　這則奏授告身格式完整，反映出當時告身形成不同程序的全過程⑨。第 1 至 12 行大致是尚書省吏部上報的奏鈔，其中第 2 至 3 行是擬遷轉內容；第 4 至 10 行表示宰執將包括徐謂禮、張鑑二人在內的擬遷轉內容一並奏請皇帝批準。然後第 13 至 16 行是門下省審核奏鈔（"讀、省、審"）之後的簽署，此時中書、門下二省合一，故職銜名稱也有所改變，原門下侍郎等職銜，被副長官參知政事、長官右丞相所代替，但文書格式還是和元豐三省體制下的情形一脉相承。第 17 行"聞"是皇帝畫聞，對覆奏事宜表示同意。第 18 至 21 行是尚書都省收到御畫奏鈔後付部，具體是尚書省都事（吏名）先收到，交付尚書省左司郎中，再由左司郎中發給吏部尚書、侍郎，然後交付官告院製作告身。第 22 至 23 行是告身主體內容。第 24 至 28 行是官告院官吏的簽押及頒布日期。官告院是隸屬於吏部，有主管官員，還有主事、令史、書令史等屬吏。其中第 27 行"主管院"是"主管官告院"的省稱。

3 録白印紙一〇《紹定二年八月　日磨勘轉宣義郎》(第 211—212 頁)

1 臨安府

2 據新授宣義郎、新知平江府吴縣丞徐謂禮狀:"元係承事郎,因該磨勘,準

3 紹定二年七月二十六日

4 告,轉授宣義郎,已於八月初三日在本府龍山,望

5 闕遥

6 謝祗授訖。合行批書印紙證會,申乞批書實行。"須至批書者。

7 右今批上本官印紙證會。

8 　　　　　紹定二年八月　　　日典級鄭昌宗、何佐、陳珙、俞友信　批

9 　　　　　儒林郎、左司理參軍權節推　姜⑩

10 　　　　　迪功郎、特差充觀察推官　　余

11 　　　　　從事郎、特差充觀察判官　　黄

12 　　　　　奉議郎、特差僉書節度判官廳公事、權通判　黄

13 　　　　　通直郎、特差通判臨安軍府事　　婁

14 　　　　　承議郎、特添差通判臨安軍府事　　王

15 　　　　　朝請大夫、太府少卿兼知臨安府趙　　押

　　按:這份題爲"臨安府"的文書,是徐謂禮磨勘轉官的臨安府批文。結合第 2 件文書可知,紹定二年七月二十六日,徐謂禮的寄禄官由承事郎(正九品)升至宣義郎(從八品)。徐謂禮於八月初三日收到告身,隨後向臨安府遞交申狀,請批書印紙。《慶元條法事類》卷六云:"在任官轉官循資者,三日內申所在州批書印紙。"⑪印紙是一種記録官員任職功過等情況的表格。批書是主管部門按照格式,爲官員批寫或填寫有關印紙⑫。批書印紙的做法,使功過一一記録在案,便於朝廷掌握官員的治事實績,並據此進行考核黜陟⑬。本文書第 6 行"證會"以及後面第 4 件文書第 5 行"證應"等字眼,便有"審核、審驗"之意。批書例由吏人據定式所書,故末有"典級鄭昌宗、何佐、陳珙、俞友信批"字樣,其後爲臨安府官員按官銜由低到高依次押字。

　　徐謂禮原任監臨安府糧料院一職,當時雖已新授知平江府吴縣丞,但由於現任吴縣丞曾揆尚未滿闕,徐謂禮暫時無法赴任,仍在臨安府,故這封磨勘遷轉的印紙,是由臨安府批書證明,末尾官員押字自然也是由臨安府官員具名。末行"朝請大夫、太府少卿兼知臨安府趙　押",據《咸淳臨安志》卷四九,紹定元年十二月趙立夫以朝請大夫、尚書右司

郎中除太府少卿、兼知臨安府,紹定三年十二月除太府卿兼删修敕令官⑭。吳泳《鶴林集》卷八有《趙立夫授守太府卿兼删修勅令官兼知臨安府制》⑮。《宋史全文》卷三一,紹定二年九月壬辰條云:"進知臨安府趙立夫官一等,以和糴有勞也。"同卷是年十一月己巳條亦有"太府少卿、知臨安府趙立夫進對"的記載⑯。據此,末行押字爲趙立夫所畫,趙立夫在紹定元年十二月至紹定三年十二月間,任朝請大夫、太府少卿兼知臨安府。

　　徐謂禮任吳縣丞,即從紹定二年五月尚書省下發任命敕牒算起,到端平元年(1234)三月任滿,期間差遣不變,而寄禄官共遷轉過三次。第一次即本次紹定二年七月,由承事郎(正九品,第二十八階)升至宣義郎(從八品,第二十七階)。第二次是紹定四年(1231)六月,由宣義郎升至宣教郎(從八品,第二十六階)。第三次是紹定六年(1233)十一月,由宣教郎升至通直郎(正八品,第二十五階)。後兩次遷轉同第一次一樣,各有告身與印紙批書一份⑰,其内容差別在於:紹定四年遷轉,據印紙云是"元係宣義郎,因該遇慶壽赦恩,準告:特(受)【授】宣教郎"⑱。"慶壽"一般是指皇帝、太后等壽辰,此處應指紹定四年正月楊太后七十大壽之事⑲。因此紹定四年遷轉是朝廷因太后壽辰而給予的格外恩典。而紹定六年遷轉,則與紹定二年一樣,都屬於正常情況下的磨勘遷轉。

4 録白印紙一一《紹定三年二月　日知平江府吳縣丞到任》(第212頁)

1 平江府

2 據宣義郎、知平江府吳縣丞徐謂禮狀:"昨準

3 敕授前件差遣,替文林郎曾揆年滿闕,已於紹定三年正月十二日到任,交割職事,望

4 闕遥

5 謝袛受訖。所有到任月日乞送案批書印紙證應者。"

6 右今批上本官印紙證應。

7　　　　　　紹定三年二月　　日手分因　覥

8　　　　　　　儒林郎、平江府觀察推官趙

9　　　　　　　承直郎、平江府節度推官耿

10　　　　　　通直郎、特差僉書平江府節度判官廳公事趙

11　　　　　　朝奉郎、權通判平江軍府事石

12　　　　　　朝議大夫、寶謨閣待制、知平江府軍府事朱　　　押

　　按:這份題爲"平江府"的文書,是新知吳縣丞徐謂禮到任並交割職事完畢後,由其

上級平江府給出的批書證明。《慶元條法事類》卷五云:"諸命官赴任,委長吏限當日照驗,初補及見任付身別無僞冒,聽上。仍於十日内取索出身以來文字,長吏辨驗訖,批上印紙,方許放行請給。"㉑同書卷六又云:"諸州縣闕官,而依法合差罷任待闕官權攝者,並令本州取印紙,批書到任月日。"後小字注:"如無印紙,即取告勑、宣劄,於背後慎謹批書,當職官具銜、書押、用印。"㉑由此可知,州縣官員到任後,需在十日内出示證明身份的文件,經長吏檢驗後,纔能領取俸禄。同時,上級州府還需在印紙上寫明其到任月日,並具銜、押字、用印,以作爲其今後磨勘等的履歷證明。

據第 1 件文書可知,紹定二年五月,尚書省已經下發了任命徐謂禮爲知吳縣丞差遣的勑牒。但直到紹定三年正月十二日,等待其前任曾揆任滿後,徐謂禮纔赴吳縣就任。交割完畢後,是年二月,由其上級部門即平江府出具了證明其到任月日的批書。由於批書由吏人所書,故有"手分因覬"字樣。另據《吳郡志》,該文書最後一行押字應是朱在所畫,他於紹定二年十一月知平江府,紹定三年十一月離任㉒。

5 録白印紙一三《紹定三年二月　日知平江府吳縣丞幇放請給》(第 213 頁)

1　平江府知、通㉓

2　據宣義郎、知平江府吳縣丞徐謂禮狀:"昨準

3　勑授前件差遣,替文林郎曾揆年滿闕,已於紹定三年正月十二日到任,交割職事,望

4　　闕遥

5　謝祇受訖。所有出身以來文字,申乞辨驗批書,幇放請給。"本府知、通已取索本官出身以來文字,逐一辨

6　驗訖,及行下所屬,從

7　條施行外,須至批書者。

8　右今批上本官印紙證應。

9　　　　　　　紹定三年二月　　　日人吏練　民

10　　　　　　　朝奉郎、權通判平江軍府事石　　押

11　　　　　　　朝議大夫、寶謨閣待制、知平江府軍府事朱　　押

按:這份文書與第 4 件文書一樣,都是紹定三年二月,新授吳縣丞徐謂禮到任交割後,其上級行政部門平江府出具的批書,但針對事件不同。該文書應是徐謂禮就任後,經資格審核通過,由上級行政部門即平江府開具的、證明其可以領取俸禄的一份批文。本

文在第 4 件文書中曾引《慶元條法事類》卷五,説明當時州縣官員到任後,需在規定時限內出示證明身份的文件,經長吏檢驗後,纔能領取俸禄。此規定在本文書中可得印證:徐謂禮到任後,即將"所有出身以來文字,申乞辨驗批書,幫放請給",經平江府知府、通判審核後,批文同意"行下所屬"給徐謂禮發放俸禄,徐謂禮可憑此批文,前往平江府下屬糧料院領取俸禄。由於這份批書也是由吏人按照規定格式書寫,故先有"人吏練　民"字樣,然後是平江府通判、知府的押字,此時知府還是朱在。

文書中"幫"同"旁",應是唐宋時期官府發放錢物的收支文字憑證。"幫"字原本含有"審驗"之意,即依據俸禄歷紙(類似今之工資卡)進行審驗,驗證無誤後發放俸禄,本文書第 5 行亦有"辨驗批書"字樣。後逐漸簡化爲"發放"之意。現存文獻中有不少此類用法,如朱熹《乞追還焕章閣待制奏狀二》後貼黄云:"臣今雖已拜命繫銜,然尚未敢幫勘請給,恭俟報可,伏乞聖照。"[23]魏了翁《鶴山先生大全文集》卷二四《牒糧料院契勘供職月日幫行請給》中云:"昨爲患告假……所有九月分以後至十月初五日以前有在假乞祠及未供職日分,合行住幫,却自十月初五日供職以後再行幫支,方敢祇領,須至公文。"[25]真德秀亦曾在奏疏中説道:"某守臣也,到任六月而僅幫兩月之俸,其他可知。"[26]其中"幫勘請給""幫行請給""幫支"等,與本文書中"幫放請給"應是同義,當時發放請給須憑公文,發放機構是糧料院等部門。

6 録白印紙一四《紹定四年三月　日知平江府吳縣丞第一考成》(第 214—215 頁)

1 平江府

2 據吳縣申:"據宣義郎、知平江府吳縣丞徐謂禮狀申:'昨準

3 敕授前件差遣,替文林郎曾揆年滿闕,已於紹定三年正月十二日到任,交割職事。至紹定四年正月十一日終,成

4 第壹考。所有考内合批書事件,乞保明備申使府,批書印紙施行。'縣司除已押引差人監勒諸案人吏,供

5 具到本官考内即無未了事件,責立罪賞文狀附案外,所有本官考内合批書事件,開具下項,本縣保明

6 詣實,申乞送案,批書本官印紙施行。"府司尋行勘會到本官考内合批書事件,送委儒林郎、平江府司法參

7 軍趙汝渠,遵從已降

8 指揮,證應

9 條式,點對項目圓備,保明詣實,須至批書者:

10　　　一勞績推賞;

11　　　一不曾請假;

12　　　一不曾差出;

13　　　一不曾轉官;

14　　　一不曾應舉若試刑法;

15　　　一不曾經取勘或追攝,及住公事並責罰案後收坐,及去官、自首、釋放

之類[27];

16　　　一考内所催常平官租錢米及秋苗米,並夏秋兩料役錢等,並於

17　　　　　省限内催納數足。

18 右今批上本官印紙證應。

19　　　　紹定四年三月　　日手分宋顯祖　　批

20　　　　儒林郎、平江府司法參軍趙

21　　　　儒林郎、平江府觀察推官趙

22　　　　承直郎、平江軍節度推官張

23　　　　宣教郎、僉書平江軍節度判官廳公事沈

24　　　　奉議郎、特添差通判平江軍府事項

25　　　　承議郎、通判平江軍府事趙

26　　　　宣教郎、直煥章閣、權發遣平江府軍府事吳　　押

　　按:這是平江府對其所屬吳縣丞徐謂禮的一份年度考課文書。宋代考課制度中規定每一年爲一考,對於縣級官員的考核,每年由所屬州府長官根據縣裏申報的材料判定,並批書印紙、書寫考詞,任滿方呈報吏部,作爲黜陟的依據[28]。目前我們能夠看到相關史料,主要是收錄在宋人文集中的考詞約五十餘份,且基本屬於北宋時期[29]。因此這份體式完整的南宋考課文書實屬珍貴難得。

　　據此文書内容看,徐謂禮於紹定三年正月十二日到任吳縣丞,至紹定四年正月十一日剛好任滿一年,需接受年度考核。故吳縣將徐謂禮本人申狀、以及縣司衆吏的證明擔保,一併送呈平江府,由平江府長官審核後在印紙上批示。《慶元條法事類》卷六《考課式》有一份“命官批書印紙”,其所列格式如下:

　　某處

　　據某官狀或牒，自某年月日到任至某年月日合成第幾考，乞批書者，今勘會到功過事件如後：

　　　一勞績推賞；

　　　一請假參假月日；

　　　一差出月日；

　　　一曾應舉若試刑法月日；

　　　一經取勘或追攝及住公事。

　　右六項命官通用。如考内有上件事，則批書月日、事因。如無，則稱無或不曾。㉚

　　其中“右六項命官通用”，説明除此以外，還有其他不是“通用”的考核項目。《慶元條法事類》在上述文字之後，還羅列了通用項目之外各官司的其他項目。對照徐謂禮印紙與《慶元條法事類》所列南宋官員考課批書印紙的格式，二者高度吻合。唯徐謂禮印紙在六項之外又多加了一項，即第16至17行“一考内所催常平官租錢米及秋苗米，並夏秋兩料、役錢等，並於省限内催納數足”。查《慶元條法事類》同卷“考課令”下提到令文“諸縣令、丞及酒税官應書考者，本州取索考内催科二税若課利有無虧欠，覆實批書”㉛，應該就是徐謂禮印紙多出第16至17行文字的緣故所在。可見，《慶元條法事類》中已有明確規定。《慶元條法事類》成於寧宗嘉泰二年（1201），本文書成於紹定四年，相隔三十年，這一制度仍然保持不變。

　　另外，文書末行押字應是吳淵，他以宣教郎、直焕章閣、知平江府事，於紹定三年十二月到任，紹定四年七月離任㉜。

7 録白印紙一八《紹定五年二月　日知平江府吳縣丞第二考成》（第217頁）

1　平江府

2　　據吳縣申：“據宣義郎、知平江府吳縣丞徐謂禮狀申：‘昨準

3　　敕授前件差遣，替文林郎曾揆年滿闕，已於紹定三年正月十二日到任，交割職事。至紹定四年正月十一日終，成

4　　第壹考。已蒙批書印紙訖。再自當年正月十二日管幹至紹定五年正月十一日終，成第貳考，所有考内

5　　合批書事件，乞保明俻申使府，批書印紙施行。’縣司除已押引差人監勒諸案

人吏,供具到本官考內即無不

6　了事件,責立周松等罪賞文狀附案外,所有本官考內合批書事件,開具下項,本縣保明詣實,申乞送

7　案,批書本官印紙施行。"府司尋行勘會到本官考內合批書事件,送委儒林郎、平江府司法參軍莫

8　埴,遵從已降

9　指揮,證應

10　條式,點對項目圓俻,保明詣實,須至批書者:

11　　　一無勞績推賞;

12　　　一不曾請假;

13　　　一不曾差出;

14　　　一轉官,元係宣教郎[33],因該遇

15　　　　　慶壽赦恩,準

16　　　　　告,特授宣教郎。已批書印紙訖;

17　　　一不曾應舉若試刑法;

18　　　一不曾經取勘或追攝,及住公事並責罰案後收坐,及去官、自首、釋放之類;

19　　　一自紹定四年正月十二日止紹定五年正月十一日終,合催夏稅秋苗米、夏秋兩料

20　　　　　　役錢、常平夏稅秋苗、官租錢米等,並於

21　　　　　　省限內催納數足;

22　　　一任內不曾兌借常平義倉錢米。

23 右今批上本官印紙證會。

24　　　　　　紹定五年二月　　　日典級權劉允　　批

25　　　　　　儒林郎、平江府司法參軍莫

26　　　　　　承直郎、平江府觀察推官趙

27　　　　　　承直郎、平江軍節度推官張

28　　　　　　通直郎、僉書平江軍節度判官廳公事沈

29　　　　　　朝奉大夫、通判平江軍府事趙

30　　　　　　朝奉大夫、直祕閣、知平江府軍府事鄒　　押

按:這是平江府對其所屬吳縣丞徐謂禮在任第二年度的考課文書。徐謂禮從紹定三年正月十二日到任至紹定四年正月十一日,成第一考。又從紹定四年正月十二日至紹定五年正月十一日,成第二考。由此可見,當時地方基層官員從到任這一天算起,滿一年爲一考。

第二考文書與第一考文書的内容、格式基本相同,不同處有五:一是第四行吳縣呈遞給平江府的申狀中多出“再自當年正月十二日管幹至紹定五年正月十一日終,成第貳考”數字。二是第11行“一無勞績推賞”多一“無”字。三是第14至16行,對第二考期間寄禄官曾遷轉一階的説明。四是第22行多一“一任内不曾兑借常平義倉錢米”的説明。五是文書末尾押字官員因人事變動等原因而略有調整。但從整體看,第一考與第二考文書格式乃至文字基本一致。

文書末行押字應是鄒應博,他以朝奉大夫、直祕閣、知平江府事,於紹定四年九月十四日到任,六年十一月離任[34]。

8 録白印紙一九《紹定五年五月　日知平江府吳縣丞零考成》(第218—219頁)

1　平江府

2　　據吳縣申:“據宣教郎、前知平江府吳縣丞徐謂禮狀申:‘昨準

3　　敕授前件差遣,替文林郎曾揆年滿闕,已於紹定三年正月十二日到任,交割職事。至紹定四年正

4　　月十一日終,成第壹考,再自當年正月十二日管幹至紹定五年正月十一日終,成第貳考,並已具申

5　　使府批書印紙訖。至紹定五年四月二十六日,得縣丞文林郎季江到任,交割職事訖。所有謂禮自紹定

6　　五年正月十二日至四月二十五日終,計叁箇月零壹拾肆日,零考内合批書事件,申乞俙申使府,批書印

7　　紙施行。’縣司尋押引差人監勒諸案人吏,供具到本官零考内即無不了事件,責立典押方智等罪

8　　賞文狀附案外,所有本官零考内合批書事件,開具下項,本縣保明詣實,申乞送案,批書本官印紙

9　　施行。”府司尋行勘會到本官零考内合批書事件,送委儒林郎、平江府司法參軍莫埴,遵從已降

10　指揮，證應

11　條式，點對項目圓俻，保明詣實，須至批書者：

12　　一無勞績推賞；

13　　一不曾請假；

14　　一不曾差出；

15　　一不曾轉官；

16　　一不曾應舉若試刑法；

17　　一不曾經取勘或追攝，及住公事並責罰案後收坐，及去官、自首、釋放
之類；

18　　一自紹定五年正月十二日止四月二十五日終，計叁箇月零壹拾肆日，零
考内合催夏税、夏料、役

19　　　　　　　　錢、常平夏税，並催納數足。

20　　一零考内不曾兌借常平義倉錢米。

21　右今批上本官印紙證會。

22　　　　　紹定五年五月　　　日典級權劉允　　批

23　　　　　儒林郎、平江府司法參軍莫

24　　　　　承直郎、平江府觀察推官趙

25　　　　　承直郎、平江軍節度推官張

26　　　　　通直郎、僉書平江軍節度判官廳公事沈

27　　　　　朝奉大夫、通判平江軍府事趙

28　　　　　朝奉大夫、直祕閣、知平江府軍府事鄒　　押

按：這份考課文書與第6件（第一考）、第7件（第二考）在内容與格式上也是高度一致。結合三份文書來看，徐謂禮在第一考、第二考之後，又繼續任職了三個月零十四天，即從紹定五年正月十二日至四月二十五日。並在紹定五年四月二十六日這一天正式離任，由其繼任者文林郎季江接替。因爲最後的三個月零十四天尚不足一年，不能構成爲"一考"，所以文書中稱爲"零考"，"零"字可理解爲"零餘"之意。這份批書仍由平江府出具，文末押字與第二考文書押字一致。據三份考課文書統計結果，徐謂禮在吳縣丞任上供職時間共計是二十七個月零十四天。

9 録白敕黄三《端平元年三月　日差權知建康府溧陽縣牒》(第 201 頁)

1 尚書省牒

2　通直郎徐謂禮

3 牒:奉

4 敕,宜差權知建康府溧陽縣、主管勸農

5 營田公事兼弓手寨兵軍正,替徐耜端

6 平元年叁月滿闕。牒至準

7 敕,　　　　　　　故牒。

8　　　端平元年叁月　　日牒

9 參　知　政　事　　陳　　假

10 參　知　政　事　　喬　　假

11 右　　丞　　相　　押

按:這是一份端平元年尚書省下發的授予徐謂禮知溧陽縣差遣的牒文。即徐謂禮於紹定五年(1232)四月二十六日從平江府吳縣丞這一職務上滿任後。又於端平元年三月獲得權知建康府溧陽縣這一新差遣。中間隔了近兩年時間。

據《景定建康志》卷二七《溧陽縣題名》記載:"徐謂禮:通直郎,端平元年五月三日到任,三年十月丁母憂。"㉟與此牒文吻合。牒文末尾押字,"陳"是陳貴誼,他在紹定六年除參知政事兼簽署樞密院事,端平元年十月致仕。"喬"是喬行簡,他也是在紹定六年除參知政事兼同知樞密院事,端平元年六月除知樞密院事。"右丞相"是鄭清之,他於紹定六年任右丞相,至端平二年(1235)遷左丞相㊱。據"假"字推測,此牒簽發之日,參知政事喬行簡、鄭清之二人正在告假中。

結　語

以上對徐謂禮從紹定二年五月至端紹定五年五月在平江府吳縣丞任職期間的九件文書,做了考釋,並對其中涉及的宋代文書制度與官員選任管理制度等内容,稍作引申説明。將文書體式、内容、押字、官員姓名等與現存文獻比對後,均能得到印證。綜合上述文書,整理出徐謂禮在這一時期的大致仕途履歷如下:

紹定二年(1229)五月,任命徐謂禮爲吳縣丞;七月,磨勘轉官,寄禄官由承事郎(正九品)轉宣義郎(從八品)。

紹定三年(1230)正月,就任吳江縣丞;二月,開始領取俸禄。

紹定四年(1231)正月,任吳江縣丞滿一年,成第一考;六月,太后慶壽赦恩轉官,寄禄官由宣義郎升至宣教郎(從八品)。

紹定五年(1232)正月,又任吳江縣丞滿一年,成第二考;五月,再任吳江縣丞三個月零十四日,成零考。

紹定六年(1233)十一月,磨勘轉官,寄禄官由宣教郎升至通直郎(正八品)。

端平元年(1234)三月,任命徐謂禮爲建康府溧陽縣知縣。

這九件文書圍繞徐謂禮知平江府吳縣丞這一"任職單元",呈現出一名普通南宋基層官員從就任到離職過程中遭遇的各個履歷審查環節,其中涉及的文書類別、格式、術語等,均能與現存文獻構成印證,爲我們研究宋代基層官員差遣授受、官階遷轉的實際狀態,提供了一份生動的實例。另外,某些文書制度在現存文獻中雖有記載,但較爲簡略,相關文書實物又比較罕見,比如第 5 件文書是一份地方官員到任交割完畢後,允許發放俸禄的批文;第 6 件、第 7 件文書是對地方官任内第一考、第二考的審核批文,這三份文書不僅印證了文獻記載,而且提供了許多文獻記載所没有的詳細信息。除此之外,這几卷文書也爲我們復原南宋地方公文格式、考解宋代公文術語提供了第一手材料。

從南宋基層文官管理制度這一角度審視上述九件文書,可以發現一些有意思的問題。

第一,尚書省早在紹定二年五月便已頒發了任命徐謂禮爲吳縣丞的敕牒,但因現任吳縣丞曾揆尚未滿任,所以徐謂禮祇能等到次年正月纔能到任。而徐謂禮於吳縣丞任滿後,等待了近兩年時間,纔得到朝廷新任命爲溧陽知縣的通知。這一現象反映出,南宋因員多闕少而導致官員任命後無法立即就任、滿任後又無法立即得到新職務的尷尬局面。早在北宋英宗時,判吏部流内銓蔡抗便已提出"今天下員多闕少,率三人而待一闕"[㉜]的問題。這一問題至南宋更加嚴峻,"渡江以來,員多闕少,中外久患之"[㉝]。本文第 3 件文書第 14 行有"承議郎、特添差通判臨安軍府事王"押字,第 6 件文書第 24 行有"奉議郎、特添差通判平江軍府事項"押字,這類"添差官",便是宋代朝廷爲緩解員多闕少難題而采取的辦法之一。另外,正如南宋高宗朝參知政事張綱所言:"國家稽古建官,舊以三年爲任,近歲員多闕少,率二歲爲成資。"[㉞]不少"成資闕"差遣的出現,在一定程度上也是爲了應對員多闕少問題。

第二,徐謂禮從紹定二年至五年期間,其差遣一直是"吳縣丞"未變,但其寄禄官却經兩次遷轉。從離任後到再次任命之前的待闕期間，寄禄官再次升遷。在四年内，徐謂禮從承事郎（正九品，第二十八階）升至宣教郎（從八品，第二十六階）。而這三次遷轉，除兩次是正常磨勘外，第二次是因太后慶壽的特恩。這反映出宋代寄禄官與差遣分離的制度，寄禄官遷轉自成系統，獨立於職務與任期之外，與差遣的任罷不再發生直接關係。這種辦法，是朝廷對基層官員的一種重要驅策激勵手段，通過定期或額外的寄禄官升遷，保證官員的地位、待遇可以隨其官階循序漸進，從而鼓勵更多地方官安於現任差遣。在宋代員多闕少情況下，這種辦法也爲不少待闕官員提供了出路，不失爲一種安撫[40]。

　　第三，上述九件文書中，同類型、同内容的文書在行文上相似度很高，不僅是格式，而且内容也大致雷同。以考課文書爲例，第 6、7、8 件文書分别是平江府給予徐謂禮第一考、第二考、第三次零考的批書。宋代考課法號稱嚴密，統治者希望通過“法密文繁”來達到“循名責實”。但這三件文書除個别句子略有差别外，從格式到内容幾乎相同。除姓名、職務、年月等文字之外，其餘行文幾乎可以説是對《慶元條法事類》卷六《考課式》“命官批書印紙”的照抄。單純從三份考課批書中，實在難以看出徐謂禮在吴縣丞任上有何實際表現。很難想象，中央人事部門僅僅靠審核這些文件證明，是如何得知官員實際任職情況的。與其説它們反映了徐謂禮的“個人業績”，不如説更多體現了南宋地方官府應對中央考課的一種普遍做法。文書從格式到内容的程式性叙述，反映出考課條文“嚴密”背後的紙面化、程式化，主管部門對轄下官員的個人能力和政績缺乏實際瞭解，衹能參照條文照抄一遍，對其中的真實性也無從考察。而從被考核官員角度來看，絶大多數基層官員在任職期間表現都較爲平穩，實際不可能每年都有令人矚目的業績或過失，面對每年固定的常規考核項目（如是否出差、請假、按時完成催繳賦税任務等），他們衹能按照格式要求填寫，所謂的個人能力和業績，也衹能通過這些量化考核指標來體現，因此表現在文書上，雷同是必然的。另外，這三份考課文書最後幾行的押字部分，都是以“手分宋顯祖　批”“典級權劉允　批”字樣開頭。“手分”“典級”是宋代州縣吏人職位名稱，一般由當地百姓充役，需要具備一定的書算能力[41]。這些對地方官個人來説十分重要的履歷文書，實際上都是出自胥吏之手。宋代胥吏在各級官府中發揮的作用，不僅超過隋唐，也爲明清所不及。宋代官員任期一般衹有三年左右，但胥吏則長期在職，對本職事務和行程流程瞭如指掌，所以經常出現官不知法而吏知的情況。宋代隨着中央集權統治的不斷加强，各項制度條文日趨繁密，對官員的管理力度也逐漸增强，這使得官府中處理文書的胥吏在日常政務中的作用越來越突出，甚至出現代官理政、越權行事的現象[42]。

　　本文選取的九件文書,涉及敕牒、告身、印紙,它們共同組成爲一名宋代官員的個人檔案。從這九件文書所構成的"任職單元"看來,徐謂禮這一"個案",更多體現出的是南宋基層文官管理制度中"紙面化、程式化"的一面。官員數年任職期限内的表現,被精簡爲"是否存在勞績、請假、差出、責罰、欠款、税收未完"等數條,官員們用類似"逐項打勾"的方式填完印紙,再由地方(州)匯總後,製成"考賬"(類似總表),提交中央人事部門,這些印紙和考賬就成爲官員將來任滿後被中央人事部門評定最終等級("考詞")的原始檔案和依據。這些履歷文書所呈現的,是宋代地方普通官員在真實的官場生態環境中,如何應對層層行政審核程序時的普遍做法,以及中央、州府面對官員衆多、職位缺少、行政程序繁密等行政問題時的應變之策和矛盾尷尬。這些是單純從現有制度條文記載中所難以感受的。

①　目前宋史學界的文書研究以下行文書居多,主要圍繞中央頒行命令的文書類型、體式以及相關處理常式,藉以考察國家政務決策與運行機制等問題。參見傅禮白:《宋代的章奏制度與政治決策》,《文史哲》,2004 年第 4 期;李文以:《宋代公文傳達與公布制度研究》,鄭州大學碩士學位論文,2006 年;朱瑞熙:《宋朝"敕命"的書行和書讀》,《中華文史論叢》,2008 年第 1 期;張禕:《制詔敕札與北宋的政令頒行》,北京大學博士論文,2009 年;久保田和男:《宋代に於ける制勅の伝達について:元豐改制以前を中心として》,《宋代社會のネットワーク》,東京:汲古書院,1998 年;德永洋介:《宋代の御筆手詔》,《東洋史研究》,第 57 卷第 3 號,1998 年。與下行文書相比,學界對上行文書的研究相對較少,但也逐漸打開局面,目前多以君主爲中心,側重向禁中的文書通進。參見李全德:《通進銀臺司與宋代的文書運行》,《中國史研究》,2008 年第 2 期;王化雨:《宋朝宦官與章奏通進》,《歷史研究》,2008 年第 3 期;王化雨:《南宋宮城布局與御前文書運行》,《史學月刊》,2011 年第 5 期。

②　新近相關研究有劉江:《北宋公文形態考述——以地方公文及其運作爲中心》,北京大學博士論文,2012 年。另有相關論文集中收録於鄧小南主編:《政績考察與信息渠道:以宋代爲重心》(北京:北京大學出版社,2008 年)一書,其中涉及中央政令信息的收發傳遞、州縣官府政令傳布等問題,但側重"傳遞渠道",而對文書本身(如體式等)缺乏研究。

③　宋代保存至今的公文書原件很少,相對豐富、集中的資料當數二十世紀初在黑水城發現的宋代西北邊境軍政文書(參見史金波主編:《俄藏黑水城文獻》,上海:上海古籍出版社,1996 年)。此外爲學界所使用的,目前主要有:一、傳世法帖;二、元祐元年(1086)《司馬光拜相告身》,原件現藏臺北故宮博物院;三、元祐三年(1088)《范純仁拜相告身》(參見何忠禮:《介紹一件現存日本的宋代告身》,《紹興師專學報(社會科學版)》,1988 年第 1 期)等。與其他斷代史,尤其是秦漢簡牘、唐代吐魯番文書的大量出土相比,宋代文書研究領域尚十分缺乏此類新材料的發

現與帶動。

④ 包偉民、鄭嘉勵:《武義南宋徐謂禮文書》,北京:中華書局,2012 年。這批文書是當地公安部門從盜墓者手中追回,經鑒定屬於"國家一級珍貴文物"(參見該書後記)。

⑤ 參見張禕:《制詔敕札與北宋的政令頒行》第三章第一節《敕牒的文書體式》,第 107—108 頁。

⑥ 鄧小南:《宋代文官選任制度諸層面》,石家莊:河北教育出版社,1993 年,第 103—104 頁。

⑦ 脫脫等:《宋史》卷二一四《宰輔表五》,北京:中華書局,1977 年,第 5610—5612 頁;徐自明:《宋宰輔編年錄校補》卷五,王瑞來校補,北京:中華書局,1986 年,第 1430—1436 頁。

⑧ 參見毛原:《從"告身"看唐代官吏的任用制度》,《內蒙古社會科學》,1998 年第 2 期;王銘:《告身文種鈎沉》,《浙江大學學報(人文社會科學版)》,2011 年第 3 期。

⑨ 《武義南宋徐謂禮文書·前言》對這則告身所反映的取旨、覆奏、執行過程有較爲詳細的論述,可參見該書第 10 頁。另關於北宋後期至南宋的告身的格式,具體可見清水浩一郎:《南宋告身の文書形式について》,《歷史》第 109 輯,2007 年;張禕:《制詔敕札與北宋的政令頒行》第一章第二節《告身》部分,第 30—45 頁。

⑩ 原書官銜均未點斷。本文引用時,凡遇官銜中本官、差遣、貼職等銜號,均點斷,下同。

⑪ 《慶元條法事類》卷六,戴建國點校,哈爾濱:黑龍江人民出版社,2002 年,第 82 頁。

⑫ 參見魏琳:《〈宋人佚簡〉所收須知册申狀公文研究初探》,《學理論》,2010 年第 26 期,第 158—160 頁。

⑬ 鄧小南:《宋代文官選任制度諸層面》,第 77 頁。

⑭ 潛説友:《咸淳臨安志》,《宋元方志叢刊》第 4 册,北京:中華書局,1990 年,第 3783 頁。

⑮ 吳泳:《鶴林集》卷八,影印文淵閣《四庫全書》本。

⑯ 《宋史全文》,影印文淵閣《四庫全書》本。

⑰ 見《武義南宋徐謂禮文書》之録白告身六《紹定四年六月二十六日授宣教郎告》(第 191—192 頁)、録白印紙一七《紹定四年八月　日慶壽赦恩轉宣教郎狀》(第 216 頁)、録白告身七《紹定六年十一月八日轉通直郎》(第 192—193 頁)、録白印紙二四《端平元年正月　日磨勘轉通直郎》(第 220 頁)。因這 4 件文書在內容與格式上,同本文所引第 2、3 件文書類似,故不再引用原文,僅將其異同之處在正文中做一交代。

⑱ 《武義南宋徐謂禮文書》之録白印紙一七《紹定四年八月　日慶壽赦恩轉宣教郎狀》,第 216 頁。

⑲ 脫脫等:《宋史》卷二四三《后妃傳》,第 8658 頁。

⑳ 《慶元條法事類》卷五,第 55—56 頁。

㉑ 《慶元條法事類》卷六,第 82 頁。

㉒ 范成大:《吳郡志》卷一一《題名》,陸振嶽校點,南京:江蘇古籍出版社,1999 年,第 155 頁。

㉓ 原書作"知通",按"知"是知州,"通"是通判,故本文作"知、通",下同。

㉔ 朱熹:《晦庵先生朱文公文集》卷二三《乞追還煥章閣待制奏狀二》,四部叢刊本。

㉕　魏了翁:《鶴山先生大全文集》卷二四《牒糧料院契勘供職月日幇行請給》,四部叢刊本。

㉖　真德秀:《西山先生真文忠公文集》卷一五《申尚書省乞撥降度牒添助宗子請給》,四部叢刊本。

㉗　"去官、自首、釋放",原作"去官自首釋放",按此爲三事,故本文點斷,下同。

㉘　鄧小南:《宋代文官選任制度諸層面》,第77—80頁。

㉙　鄧小南:《宋代文官選任制度諸層面》,第80頁。

㉚　《慶元條法事類》卷六,第85—86頁。

㉛　《慶元條法事類》卷六,第81頁。

㉜　范成大:《吳郡志》卷一一《題名》,第155頁。

㉝　"宣教郎"當作"宣義郎",見《武義南宋徐謂禮文書》之録白告身六《紹定四年六月二十六日授宣教郎告》(第191—192頁)、録白印紙一七《紹定四年八月　日慶壽赦恩轉宣教郎狀》(第216頁)。

㉞　范成大:《吳郡志》卷一一《題名》,第156頁。

㉟　《景定建康志》卷二七《官守志四·諸縣令》,《宋元方志叢刊》第2冊,,第1796頁。

㊱　脱脱等:《宋史》卷二一四《宰輔表五》,第5613—5614頁。

㊲　脱脱等:《宋史》卷一六〇《選舉六》,第3745頁。

㊳　佚名編:《續編兩朝綱目備要》卷七,汝企和點校,北京:中華書局,1995年,第126頁。

㊴　張綱:《華陽集》卷一四《乞久任劄子》,四部叢刊本。

㊵　參見鄧小南:《宋代文官選任制度諸層面》,第174頁。

㊶　《蘇轍集》卷四五《論衙前及諸役人不便劄子》云:"臣看詳四方風俗不同,吳、蜀等處,家習書算,故小民願充州縣手分,不待招募,人争爲之。至於三路等處,民間不諳書算,嘉祐以前,皆係鄉差,人户所憚,以爲重於衙前。"(蘇轍:《蘇轍集》,陳宏天、高秀芳點校,北京:中華書局,1990年,第791頁)

㊷　參見祖慧:《論宋代胥吏的作用及影響》,《學術月刊》,2006年第6期。

（原載《文史》2013年第4期,有修訂）

　　附記:本文得到浙江大學龔延明老師、首都師範大學張禕老師的大力指正,謹致謝忱。

　　作者簡介:周佳,浙江大學古籍研究所副教授

　　通訊地址:浙江大學紫金港校區古籍研究所　　郵編:310058

説"卜煞"

張涌泉

　　宋趙彦衛《雲麓漫鈔》卷三云："古人書字有誤,即墨塗之。今人多不塗,旁注云'卜',諺語謂之'卜煞',莫曉其義。近於范機宜華處,見司馬温公與其祖議《通鑑》書,有誤字,旁注云'卡',然後知乃'非'字之半耳,後人又省云。"宋末葉寘《愛日齋叢鈔》引用之,又云："《項氏家説》亦以温公爲證,謂勘書之法……有當除者,則旁注'非'字而去其半,從省文也。今人……又於'卡'字去其二點,遂有讀'非'爲'卜'者,尤無理之甚也。今獨司馬文正公手稿,凡除去者,皆作'卡'字,猶可考云。余聞見古人書,或於誤字旁注三點,此又省'卡'字之半。南渡前,舊抄文字亦有用'乙''卜'者,《交會談叢》云:'知晋州焦敏謂國子監印《九經》不真,曰:"只如《周易》各字爲甚,却總卜煞。"''卜煞'之語,未詳所始,訛語相承,非必悉自近時。今考趙景安所引諺語,則亦有由來矣。"①其實,删字用"卜"形符號在宋代之前便已行用,這一知識産權自然不應該記到司馬光等宋人的頭上,而且"卡""卜"及旁注三點是否爲"非"字之省實在也是一個疑問。但古書删去誤字多用"卡""卜"號或三點一類的符號,却是實情。本文打算以敦煌寫本爲中心,就古代删字符號的類型、解讀及其淵源流變試作探討。其有誤謬,達者正之。

一

　　敦煌寫本的發現,爲我們考察古人删字符號的來源與演變提供了大量鮮活的實例。本節擬列舉敦煌寫本中删字符號的各種類型,每類下酌舉一至二例加以説明(引例中的着重號皆爲筆者所加),必要時附列寫卷圖版於後,以求徵信。

　　【彡】P.3485 號《目連變文》："目連言訖,大王便唤上殿,**及**乃見地藏菩薩,便即禮拜。""及"爲"乃"字形近而誤書者(同卷下文"天堂地獄及非虚","及"也是"乃"字誤書,可資參證),故原卷右旁注三點表示删除。

　　又 Φ.176 號《佛頂尊勝洗骨靈驗別行法》："(前缺)安壇中上,總呪乳橛等一百八遍,即以木橛釘泉水四邊八處,又乳酪寫於池中,橛等一百八遍即以木橛釘泉水四邊八處又乳酪寫於池中又以金薄葉書呪着荷葉上着泉水中。"後一"橛等一百八遍"以下二十四字涉上而衍,故原卷於衍字右側各加三點(個別字四點,見圖1)表示删除。

【ニ】P. 2718 號《茶酒論》:"𤰞單醪投河,三軍告醉。""𤰞"即"單"的俗字(P. 3666號《燕子賦》"伊且𤰞身獨手","𤰞"亦"單"的俗字),抄手改用正字"單",故原卷於"𤰞"右下部注二點表示删除。

【ヽ】P. 2153 號《觀世音菩薩如意輪陀羅尼章句呪并别行法》:"作此印者,復遣野叉童子爲作給使,遣童子爲作給使遣金童子、藥叉童子、童女等常當衞護。"其中加着重號的"遣童子爲作給使"七字涉前句而衍,原卷每字右上側注一小點(圖2),表示删除。

【ミ】S. 556 號《竺道生傳》:"乃立善不受報及頓悟等義,而守文之徒,多生嫉多生妬。"後"多生"二字原卷右側各標有四點(圖3),表示删除。

【ξ】P. 2718 號《茶酒論》:"狀上只言麤豪酒醉,不曾有茶醉相言,不免求手首杖子,本典索錢。""手"爲"首"字音近而誤書者,故原卷右旁注"ξ"形符號(三點手寫之變,見圖4),表示删除。

圖1 　　　　圖2 　　　　圖3 　　　　圖4

【卜】P. 2193 號《目連緣起》:"其地獄者,黑壁千重,烏門千刃(仞),鐵城四面,銅狗喊呀,紅焰黑煙,從口而 出。""入"爲"出"字的反義而誤書者,故原卷右旁注一"卜"號,表示删除。

【卜】S. 3491 號《百行章·平行章弟十九》:"日月雖明,覆盆難照;時君至聖,微譬難知。人知(之)冥也,何能自説嚴　嚴行章弟廿"。原卷章題前後均留一格空間,此處第十九章末本亦應空一格再接抄"嚴行章弟廿"的"嚴"字,但抄手一時疏忽,"説"後緊接"嚴"字,隨即發現不妥,便於此"嚴"字後標注一"卜"形符號表示删去,空一格後再接寫"嚴行章弟廿"章題(圖 5 左)。

又同卷《義行章弟十六》:"一室三賢,持名何譽廉　廉行章弟十七"。前一"廉"字右側原卷似先作二點再作"卜"號,表示删去(圖 5 中),緣由同上。

S. 1438 號背《書儀·進繡像等》:"或 顏刻(刻)木成形,苞(包)含萬像;方圓咫尺,備寫百靈。""顏"爲"刻"字俗訛(二字俗寫左旁略同),故抄手於其右部注一"卜"形符號表示删去,接寫"刻"字以正之。(圖 6)②

【卜】S. 3491 號《百行章·割行章弟六十》:"細尋斯事,幻化皆空;廢 寐思量,何曾有實。""寐"爲"寐"字誤書,故原卷於右側標注"卜"形符號删去,接寫"寐"以正之(圖 5 右,《龍龕·穴部》以"寐"爲"寐"的俗字)。

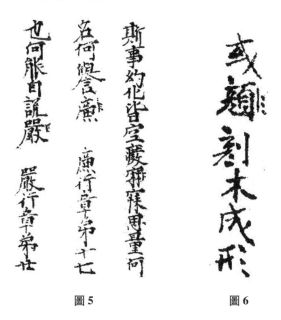

圖 5　　　　　　　　　圖 6

【乛】S. 3366 號《大般涅槃經音》在第二卷末、第三卷首皆出"揣　踰　掠"三字,而又在第二卷末此三字右側用"乛"形符號表示删去(圖 7)。因爲該三字實見於《大般涅槃經》第三卷,而非見於《大般涅槃經》第二卷也。

又唐寫本《唐韻·末韻》子括反:"攛錯書攥手把。""攛"爲"攥"字誤書,其字右上角原標籤一"ᒣ"號,亦爲删字符號,復於小注中用"錯書"二字强調之。

【ᒣ】Φ.171 號《南宗贊》:"了五蘊,躰皆亡,滅六識,不相當,行住坐卧常作應不及意,則知四大是佛堂。"其中的"應不及"三字蓋涉同卷下行"世間造作應不及"句而衍,原卷於其右側加"ᒣ"形的綫條(圖8),表示删除。

又 Φ.230 號玄應《一切經音義》卷二《大般涅槃經》第廿九卷音義"賦給"條下云:"《方言》:賦斂所以擾動也。謂賦斂所以擾動也。"前"斂所以擾"四字蓋涉後句而誤衍,故原卷於其右側加"ᒣ"形的綫條(圖9),表示删除。原文當讀作:"《方言》:賦,動也。謂賦斂所以擾動也。"今本《方言》卷一三:"賦,動也。"郭璞注:"賦斂所以擾動民也。"當即玄應音義所本,可證。

【○】Φ.230 號玄應《一切經音義》卷二《大般涅槃經》第卅八卷音義"蚩笑"條下云:"《字林》:笑,喜也。字從竹、從夭聲,竹爲樂器,君子樂然🈐後笑。"末句當衍一"後"字(宋磧砂藏等刻本玄應《音義》正不重"後"字,又《九經字樣·竹部》引《字統》云"笑"字"從竹從夭,竹爲樂器,君子樂然後笑",後句亦不重"後"字可證),原卷於前一"後"字上加一圓圈,表示删除。

【厶】S.2053 背《禮記音·祭儀第廿四》:"任房而鳩。"注文"房"字右下角原卷注一"厶"號(圖10 上),表示當删。"而鳩"爲"任"字的反切,P.2833 號《文選音·賢臣》"任"字正切"而鳩"。

又同卷《坊記》弟卅:"題醍射。""題"乃"醍"字誤書,原卷"題"字右側注一"厶"號(圖10 下),表示當删。"醍"爲《坊記》"醴酒在室,醍酒在堂"句中文,《釋文》"音體",底卷"射"當是"體"俗字"躰"之形誤。

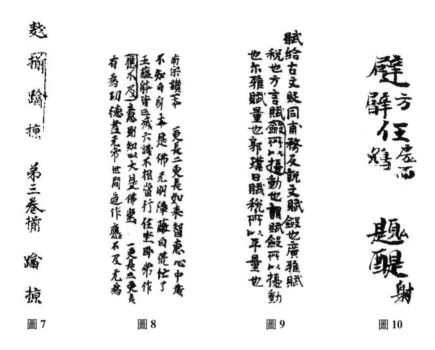

圖7　　　　　圖8　　　　　圖9　　　　　圖10

　　除了上述不同形狀的删字符號以外,還有一些由之産生的變體或交錯的形式。如上博33號《出曜經》卷一〇:"如是經歷反覆數過,自知意志,吾今於息,皆得自在,欲使氣息從左耳出,如意不難。從志吾今於息皆得自在左耳入亦復如是。"末句"志吾今於息皆得自在"九字蓋涉上文"自知意志,吾今於息,皆得自在"句而誤抄者,原卷於該句"志""在"二字右側各標三點,又在其間的"吾今於息皆得自"七字右側各標一點(圖11),表示這九字爲衍文當删。

　　又S.543背《大乘布薩維那文》:"諸仏子等諦聽:此菩薩戒藏,三世諸仏同説,三世菩薩同學。衆中有未發菩提心,未受諸仏大乘戒者出。三説。鳴椎。諸仏子等諦聽,衆中有未發菩提心,未受諸仏大乘戒者已出。汝等仏子,從今身至仏身,盡未來際,於其中間,能捨邪歸正,發菩提心不?"其中前一"衆中有未發菩提心"至"未受諸仏大乘戒者已出"四十五字係提前誤抄下文内容,故原文於每字右側用點號點去,又用一曲綫於"同學"下引至"汝等仏子"之"汝"字(圖12),表示"三世菩薩同學"後應徑接"汝等仏子"句。

　　又S.516號《歷代法寶記》:"見相公坐定言笑。和上説法,相公合掌叩額。諸郎官侍御等憙,門外人聞已,便即無憂。""等"字右側原卷有七點(圖13),表示此字爲誤字當删。同卷上文有"諸郎官侍御觀此禪師必應有道"句,"諸郎官侍御"後正無"等"字。

　　又P.2094號《持誦金剛經靈驗功德記》"靈寂"條。其弟子二人平章:"我等擬煞和尚,各取絹一百疋、取驢一頭,入京遊縱,豈不是一生樂矣!""驢"字原卷始誤書左部作

"盧"形,字未成即發現其誤,遂於誤字右側加十點(分二行,每行五點)表示删去,而於其下接書"驢"以正之(圖14)。

又 S.2071 號《切韻箋注·蒸韻》:"烝,次一曰奉冬祭,又熱氣上。丞,次;一曰奉。""烝"字注文的"次一曰奉"四字涉下條而誤抄,原卷右側有一點和豎綫狀符號(圖15,點形删字符號的草寫連書),表示删去。

又 S.3092 號《歸願文》:"夫欲念佛修行,求生净國者,先於淨處置此尊像,隨分香花以爲供養。每至尊前,冥心合掌,離諸散動,專注一緣,稱名禮敬:……南無極樂世界大慈大悲諸尊菩薩、一切賢聖,一拜。然後專注正坐,一心專注,念阿彌陀佛,或萬或千。"其中加着重號的"專注"二字蓋涉下文而誤(提前誤抄"一心"後的"專注"二字),原卷此二字四周加點狀符號(圖16),表示删除。

又 Дх.1217 號《和菩薩戒文》:"諸菩薩,莫毀他,毀他相將入奈河。……混沌猶如鑊湯沸,一切地獄盡經過。皮膚衆血肉如流水,何時得離此波吒。"其中的"衆"字衍,原卷在該字四周加了六七點,表示删除。

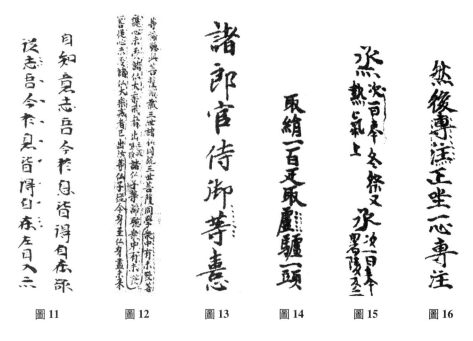

圖11　　圖12　　圖13　　圖14　　圖15　　圖16

又 S.6781 號《丁丑年(917)正月十一日北梁户張賢君乙亥、丙子年貳年課應見納及沿梁破除筭會抄》:"准契見納油數:先乙亥年八月與後,於都師文進年内納油壹㪷肆勝。從丙子年正月一日與後至丁丑年正月一與前諸處雜領及庫見納。都師願惠於賢君手下領亥年秋季油伍㪷,又從丙子年正月一日與後,至年末秋季,於庫門見納油貳㪷陸勝。"其中加着重號的“年正月”至“見納”二十四字除“年正月”三字系雙行增補外,其餘各字右側皆有一“卜”形符號,又前一“從丙子”三字右上側有一“╮”形符號,“及庫見納”四字右側皆有一“」”形符號(圖17),表示“從丙子”至“及庫見納”間的27字爲衍文當删。

又 P.3745 號何晏《論語集解·季氏》:“樂宴樂,損矣。孔曰:宴樂,沈荒淫瀆。此三者,自損之道。孔子曰君子有三或(戒)少之時孔子曰:侍於君子有三愆。”其中加着重號的“孔子曰君子有三或(戒)少之時”十一字蓋提前誤抄下文,原卷用點狀符號圈住(圖18),表示删除。

又 P.2646 號《新集吉凶書儀》:“承賢厶女或弟姪孫未有伉儷,顧存姻好,紙謹楷書緊卷於函用梓木黄顧托高援,謹因媒人厶氏,敢不敬從。厶白。右修前件婚書,切須好紙,謹楷書,緊卷於函,用梓木、黄陽(楊)木、南(楠)木等爲之。”其中的“紙謹楷書緊卷於函用梓木黄”等十二字原卷已圈去,此因原卷“好”字前後二見,抄者走眼,前一“好”字後誤接後一“好”字後的内容,發現後遂將其圈去(圖19)。

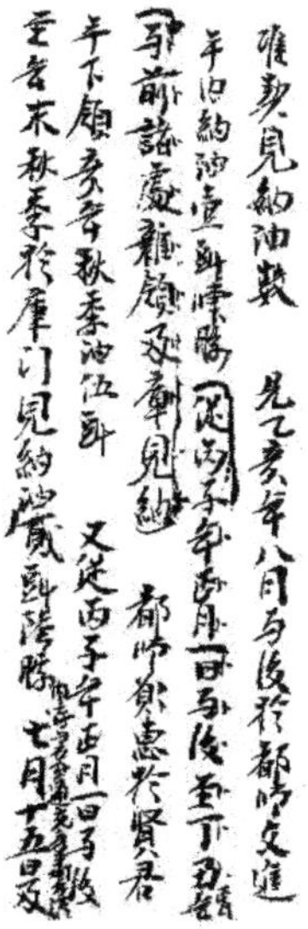

圖17 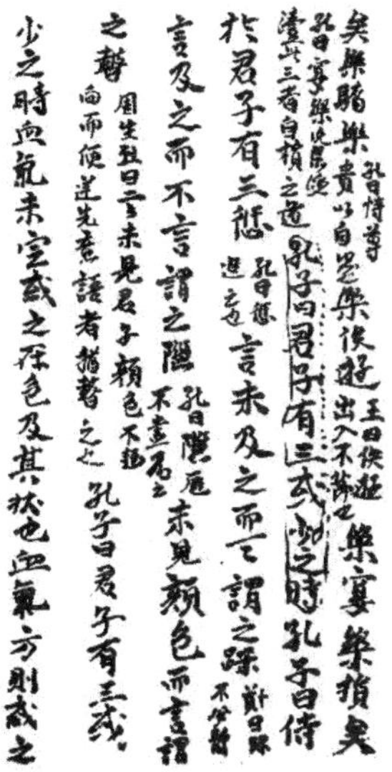　　　　　圖18 　　　　　圖19

有時在同一寫本中也會有各種不同的删字符號交錯出現的情況。如上博48號《佛説北方大聖毗沙門天王經》:“一切留難障難饑饉疫病惡病刀兵饑饉,天下一切衆生一切苦惱、四百四病,一時消滅。”前一“疫”字上原卷加一圓圈,表示删除(S.5560 號同一寫經正無此“疫”字)。同卷下文:“弟一大威德大功德天二十八部諸善神王、護法善神,智昧增長。”前一“護”字右側原卷有一“卜”形符號,表示删除(S.5560 號同一寫經正無此“護”字)。又下文:“滅惡趣真言:唵薩縛播野,惹啥莎婆訶。”前一“婆”字上原卷加一圓圈，右側又有二點，表示刪除（S.5560 號同一寫經正無此"婆"字）。又下文："文殊菩薩襄護身真言⋯⋯。"前一"真"字四周原卷有點狀符號，表示刪除（S.5560 號同一寫經正無此"真"字）。又如 Φ.68 號《維摩疏》卷三（唐儀鳳三年令狐恩約勘定）："梵王因起邪見，謂是己造，餘梵亦逮自謂從梵王生。雖有精粗，私其邪想不異。"又云："如云衆魔外道皆吾侍者，文殊睨身子以略問空室之意。"又云："滅有二種，一伏滅，二斷滅。摧滅煩惱賊，謂伏滅；降伏四種魔，即斷滅也。外國破敵得勝，則豎勝幡；道場降魔，聯雜亦表其相。"又云："復經七饑絃七劫，還一疾病，如是經七七饑劫，一七疫病劫。"這些句子中掃描字右側的"彡""卜""乀""卜"形符號亦皆爲刪除標識（《大正藏》本胡吉藏撰《維摩經義疏》卷五正無相應文字），其中"卜"爲"卜"的繁化寫法或"卜"的變體，"乀"爲"彡"的草體。這兩部各自出於同一抄手的寫經，先後都使用了四種不同的刪字符號，説明這些刪字方法必定都是當時人們所習慣使用的。

　　另外，上引趙彥衛所説古人書字有誤，"即墨塗之"或用朱筆點去的老辦法在敦煌寫本中也仍常可見到。如 Φ.267 號《無常經疏》："經'法雲法力'者，世尊悲智猶若大雲，隨緣説法如雨普潤。"原卷朱筆點去"力"字，旁注"雨"，表示"力"當改作"雨"（《佛説無常經》經本有"法雲法雨潤群生"句）。又云："經'隨其引道'者（按：所引經文《大正藏》本《佛説無常經》經本作"隨機引導"），隨彼他根性而引導之。"原卷朱筆點去"他"字。又："言'真聖衆'者，爲簡外道諸師，自宗謂勝聖，實非真聖。"原卷朱筆點去"勝"字，旁又加卜號表示此爲衍文當刪。

　　值得注意的是有時刪字符號所指示的祇是刪去某字的一個局部。如 Φ.344 號《中本起經》卷下："三者，比丘、比丘尼不得與普居同止。""普"字底卷作"普"，右下部有三點，乃刪字符號，但這並非指應刪去"普"字，而祇是指應刪去"普"下部的"日"旁，原字當録作"並"，《大正藏》所據經本正作"並"。《大正藏》所載《愛道比丘尼經》（附北涼録）卷上："三者，比丘、比丘尼不得相與並居同止。設相與並居同止者，爲不清淨。"亦用"並居同止"語，可參。③

　　刪除符號應該放置在誤字旁邊，從理論上説是不應有疑問的。但由於種種原因（包括抄手識字水平低、當時俗字或通假字流行、承用底本或異本誤字等），敦煌寫本中刪除符號的位置有錯放的現象。如 P.3727 號《靈州龍興寺白草院史和尚因緣記》："昔先賢以懸頭投刺股，明載於典墳。"原卷"頭"字右側有一"卜"形刪除符號。其實當刪去的應是其下的"投"字。P.2680、S.528、S.276 背載同一因緣記正作"懸頭刺股"。

　　又 P.3882 號《孔子項託相問書》："上知天聞（文），下知地理里。"原卷"理"字周邊有點狀符號,似表示此字當删。按《易·繫辭上》:"仰以觀於天文,俯以察於地理。"孔穎達正義:"地有山川原隰,各有條理,故稱理也。"則當以作"地理"爲是,S. 5530號《孔子項託相問書》第二抄本正作"下知地理"。P. 3882號删"理"存"里"者,蓋抄手從誤本妄删耳(該篇凡見於敦煌寫本十余種,其餘各本多作音誤字"里")。

又敦博77號《六祖壇經》:"惠能慈父,本官(貫)范楊(陽),左降遷流嶺南,[作]新州百姓。"原卷"嶺"字作"㠺",右側有一"卜"形删字符號,斯5475號寫本正無此字。而傳世的宋乾德五年(967)惠昕改編本、宋至和三年(1291)契嵩改編本、元至元二十八年(1291)宗寶改編本皆有"嶺"字,鄧文寛認爲有"嶺"字是正確的[④]。但敦博本爲何要删去此字呢? 是根據沒有此字的異本(如斯5475號)呢,還是別有所據(斯5475號也有可能是據敦博本誤删此字的)? 不管如何,都説明原卷的删字符號有些未必可信,需要審慎地加以鑑別。

<h2 style="text-align:center">二</h2>

如上所列,敦煌寫本中的删字符號頗爲紛繁。但在今天的版刻書籍中,却已是蕩然無存。今人校理敦煌遺書,碰上這一類的符號便很容易疏忽,造成失誤。且看以下六例:

例一,P. 3729號《春秋左氏經傳集解·昭公五年》:"晋侯謂汝叔齊曰:'魯侯不亦善於禮乎?'對曰:'魯侯焉知禮!'公曰:'何爲? 自郊勞及贈賄,禮無違者,何故知不知?'"陳鐵凡《法京所藏敦煌左傳兩殘卷綴合校字記》(《書目季刊》第五卷第一期)於"何故知不知"句下校云:"各本無上'知'字。按上'知'字當是動詞。'何故知不知'者,蓋謂'何由知其不知禮也',似亦可通。"王叔岷《左傳考校》云:"敦煌本'故'下衍'知'字。"按:原卷"何故"後的"知"字右側有一點(圖20左),實指此字爲衍字當删。中村138號敦煌寫本正無此字。同卷下文"君子謂叔侯於是[乎]知禮"杜預集解:"時晋侯亦失政,叔齊以此諷謙諫也。"(原卷"諫"字字體較小,當是後加)又下文:"若吾以朝韓起爲闍,以羊舌肹爲司宫,足以辱晋,吾亦得志矣,可乎?"其中的"謙"字、"朝"字右側原卷各有一點(圖20中、右),亦皆爲删字符,刊本正無此二字。可見誤字右側加一點表示廢去乃本卷恒例,而校者不察,乃照録誤字,而又指爲衍文,可謂枉費周折了。

例二,S. 1441號《勵忠節鈔·俊爽部》:"(顧悦曰)蒲柳之姿,望秋先落;松栢之質,凌霜不彫益翠。王道謂賀修云……。"原卷"益"字右上角有一"亅"形符號(圖21)。《敦煌類書》校:"'益翠'二字原卷校改屬下條,今不從。《世説》此句作'經霜彌茂',則'益翠'恐是別本異文,編書者注於'不彫'下,後轉鈔混入本文。"(第 618 頁)《敦煌類書》謂"益翠"恐是別本異文轉鈔混入本文是對的⑤,但原卷的"〢"形符號並非指"益翠"二字改屬下條,而是指此二字爲衍文當删。敦煌寫本中"〢"既可用作條目之間的界隔號,又可用作删字符號,文中乃删字符號也。

　　例三,《敦煌變文集》卷四《難陀出家緣起》:"將身便即送如來,專怕家中□妻怪,不久之間便到寺,難陀辭佛却歸來。"(第 397 頁)《敦煌變文校注》改録作"將身便却送寺,專怕家中妻怪。不久之間便到寺,難陀辭佛却歸來。"(第 591 頁)並於第一句下出校記云:"寺,原録作'如來'二字。按:原卷實作'寺'一字,此據正。"又於次句下出校記云:"原録'妻怪'上有缺文號。按:原卷不缺,此爲六字句,與上六字句相對稱,兹據删。"查原卷 P.2324 號,原文本作"將身便即送寺,難陀辭佛却歸。將身便即送如來,專怕家中妻怪。不久之間便到寺,難陀辭佛却歸來。"但"將身便即送寺""難陀辭佛却歸"二句右側各標有"〢"形符號(圖 22),乃指此二句爲衍文當删(抄手抄"將身便即送如來"句,抄至"送"字走眼誤接"不久之間便到寺"句"寺"字以下内容,及誤抄至"難陀辭佛却歸來"句的"歸"字,發現抄寫有誤,遂加"〢"號廢去此二句)。《敦煌變文集》不録此二句,甚是,唯次句脱字是否在"妻"前或還可斟酌(也有可能是"妻"後脱一"子"字)。而《敦煌變文校注》作者不明原卷"〢"爲删字號,録文及校記皆有疏誤。

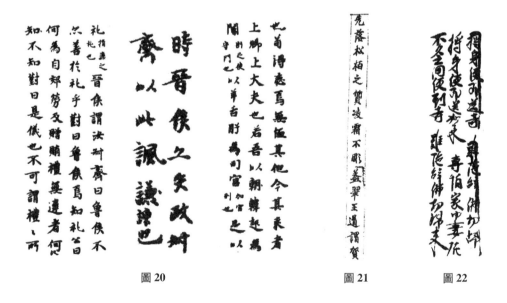

圖 20　　　　　　　　　　　　　　圖 21　　　　圖 22

　　例四,《敦煌變文集》卷七《䴰䴰書》:"勤學不辭貧與賤,發憤長歌十二時。"(第 859 頁)王慶菽校記:"P.2633 號'十二時'下多一'辰'字。"徐震堮校:"按前後韻脚,'時'當作'辰'。"按:"時""辰"義同(《爾雅・釋訓》:"不辰,不時也。"郭璞注:"辰亦時也。"),"十二時""十二辰"義均可通(魏楊衒之《洛陽伽藍記》卷四"白馬寺"條下有"造十二辰歌"之語),但上例前後文韻脚字爲"臣""身""文"等,此聯作"十二時"則失韻,而以作"十二辰"爲宜。P. 2633 號作"十二時辰","時"字右側原卷隱約可見二三小點(圖 23),乃表示"時"爲誤字當删。抄手改"時"爲"辰",正是爲叶韻計。校録者不察,乃謂該卷多一"辰"字,亦失於裁擇。

例五,S. 5961 號《新合六字千文》:"□□(欣奏)塵累自遣,**憂**憂戚謝去歡招。""**憂**"字右側底卷旁注一"**卜**"(圖 24 左),邰惠莉《敦煌本〈六字千文〉初探》[⑥]、張娜麗《〈敦煌本六字千文初探〉析疑》[⑦]、鄭阿財、朱鳳玉《敦煌蒙書研究》[⑧]皆把此"**卜**"定作"人"字,而定作改字之例,邰文、鄭書又漏録"招"字,因録此句作"人憂戚謝去歡";張娜麗"招"字不漏,但因原文多一字,遂又謂"去"字爲"原卷誤加",定作"人優戚謝歡招",皆非是。原卷旁注的"**卜**"實爲"卜"手寫之小變,乃删字符號(原卷"**憂**"字下部有誤,故抄手删去此字重寫正字"憂")。同卷上文"白玉本出崑崗","崗"前原卷亦有一誤書的"崗"字而用"**卜**"形符號删去之例(圖 24 右),可以比勘。故原文實當作"憂戚(感)謝去歡招"("戚"字從智永本校讀),"感謝歡招"爲四字《千字文》原文,"憂感謝去"即"感謝"的雙音化。日本大阪上野淳一氏藏弘安十年(1287)寫本《注千字文》注云"感既去,歡樂招而至也",可參。

例六,S. 2055 號《切韻箋注》卷端"切韻序 陸法言撰"後有"伯加千一字"五字一行,如圖 25 所示,原卷"伯加千一"四字右側及"字"字上部似皆有一點形符號,疑係指此五字爲衍文當删。上田正《切韻殘卷諸本補正》[⑨]及周祖謨《唐五代韻書集存》[⑩]等書都衹注意到"千"字右下側的一點,而定作乙字號,據以録作"伯加一千字";《敦煌經部文獻合集》進而謂原文表示此卷爲某某伯(原注:"伯"蓋爲人名之末字,然《廣韻》及諸家所考知之韻書作者未見作此名者)所加字(第 2617—2618 頁),恐皆不確。

圖 23　　　　　　　圖 24　　　　　　　圖 25

　　因不明古代的删字符號，其他寫本文獻的校録中亦有造成疏誤的。如下舉四例：

　　例七，吐魯番哈拉和卓 39 號墓文書《唐永徽二年（651）後某鄉户口帳》有"口一十
〇"、"口三百一十□"（"一十□"原卷圈住，"百"與"一"間右側注一"八"字）、"口卅〇
一"、"口一百卅◎"（"◎"内的字原卷僅見上部一横畫，右上角注一"二"字）等殘句（圖
26）。《吐魯番出土文書〔叁〕》校記中稱這些句子中的圈形符號原有，至於其具體作
用，則未作説明。

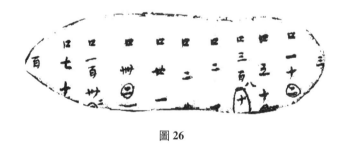

圖 26

　　按：這些圈形符號亦爲删字符號，其右部的旁注字或其下後補的文字則爲應改正的
數字，如"口三百一十□"當改作"口三百八"，"口卅〇一"當改作"口卅一"（"〇"下的
"一"似屬後來補入）、"口一百卅◎"當改作"口一百卅二"。户籍人口是變動不居的，需
要不斷加以更新，所以其具體數字也常在變化當中。

　　例八，吐魯番阿斯塔那 105 號墓《唐馬筠殘文書》："▭值忽當雪西值▭▭"。其中
的"當"字右側有三點，當是删字符號（圖 27）；《吐魯番出土文書〔肆〕》照録此字而未
作任何説明，蓋不明原卷本已删去耳。

例九,《高麗藏》本吳支謙譯《佛説維摩詰經》卷上:"時維摩詰方入城,我即爲作禮,而問言居士所從來。答我言:'吾從道場來。'""問"後的"言"字與《大正藏》本同(《大正藏》以《高麗藏》本爲底本),校記云宋、元、明本無。按姚秦鳩摩羅什譯本《維摩詰所説經》"而問言"句作"而問言:'居士從何所來?'"後者"居士從何所來"係直接引語,"問"後有"言"字是可以的;支謙譯本"居士所從來"則是間接引語,"問"後的"言"字就完全是多餘了。查上博 1 號吳支謙《佛説維摩詰經》後涼麟嘉五年(393)寫本,"而問言"的"言"字作"䪻",右下部有三小點,乃指此字爲衍文當删。很可能《高麗藏》本所據底本與上博本略同,亦誤衍"言"字而已用點式符號删去,傳刻者不明删字符號,照錄"言"字,從而造成衍文。宋《資福藏》等藏經無此"言"字,則是由於中土刻工對此類删字符號相對熟悉,把這個多餘的"言"字删去了。

例十,俄弗 367 號《一切經音義》卷八《妙法蓮華經》第八卷音義引經本咒語:"旃茶唎。摩隥祇。唎旃茶。羯西。""唎旃茶"三字右側原卷皆有"卜"形符號,"祇"字字體筆迹有別,似係後加,其右側有"卜重"二小字(圖28),當是指下文加"卜"形符號的"唎旃茶"三字爲衍文重出,原文當錄作"旃茶唎。摩隥祇。羯西。""摩隥祇"北 5866 號(光18)《妙法蓮華經》經本在卷七,作"摩蹬耆",《添品妙法蓮華經》卷六作"摩登祇",其下皆無"唎旃茶"三字,可證。《磧砂藏》《高麗藏》本玄應音義亦無"唎旃茶"三字,但照錄"卜重"二字("重"作小字注文),《叢書集成初編》本錄作"十重"二字,恐皆不確。

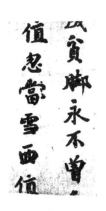 

圖 27   圖 28

還應注意的是,那些用删字符號删去的字句,如果是誤衍的文字,或者誤書後已在其下直接補書正字的,那自然直接删去誤字也就可以了。但也有一些是應寫甲字誤成乙字而正字爲事後旁補的,校錄時便須格外小心。試看下例:

例十一,S. 1441 號《勵忠節鈔·政教部》:"《史記》云:夫理人者,先誘進以仁義,束縛刑獻,所以總一海之內,而整齊萬人。""刑獻"不辭,原卷於"獻"字右側旁加一卜號,而於該行天頭有一"憲"字(圖29),乃指行中"獻"字當改作"憲"("憲"爲"憲"的常見俗字)。《史記·禮書》太史公曰:"人道經緯萬端,規矩無所不貫,誘進以仁義,束縛以刑罰……所以總一海內而整齊萬民也。"應即上揭引文所本。"刑憲"猶"刑罰"也。王三慶《敦煌類書》照録"獻"字,失察。[11]

　　最後我們附帶討論一下 S. 3753 號王羲之《瞻近帖》的一處删字符號。唐張彥遠《法書要録》卷十《右軍書記》收録王羲之《瞻近帖》録文:"瞻近無緣,省告,但有悲嘆,足下小大悉平安也? 云卿當來居此,喜遲不可言,想必果言,告有期耳。"其中的"喜遲不可言"句晦澀不暢。S. 3753 號有該帖臨本的殘字,其中"遲"字右側有二點(圖30),周篤文謂指原字"爲誤書而被點掉"[12],甚是。但周氏據以論定王羲之原文當作"喜不可言",則未必是。筆者曾在研究生課上指出,S. 3753 號卷子上半殘損,根據殘損的情況推斷,這個行末被點去的"遲"字也有可能在次行行首重寫,而且祇有"遲"字在次行重寫,缺字纔能占滿次行所缺部分的空間。從詞義上來看,"遲"字古有等待、期盼等義,故"喜遲"可理解爲喜盼[13],則"喜遲不可言"文意可通。王羲之《嘉與帖》:"得遠嘉與書,計今日必度,喜遲可言。"亦"喜遲"連用,可證。根據我的提示,碩士生蔡淵迪撰寫《"遲"字不應被删》一文,從原卷缺字空間、原帖流傳情況等做了進一步的論證,認爲 S. 3753 號所見的"遲"字應該是臨寫人臨寫此字時草形有誤而特意加兩點表示删除,並在次行起首接書一個草法正確的"遲"字,當是。同卷所載王羲之《龍保帖》臨本亦有"遲"字(圖31),又收刻於《十七帖》中的《瞻近帖》,其中的"遲"字上海博物館藏本(列爲第一批國家珍貴古籍名録第701號)作"遲",美國安思遠藏本作"遲",都與上揭敦煌本《瞻近帖》"遲"字的字形有明顯不同,可以比勘。

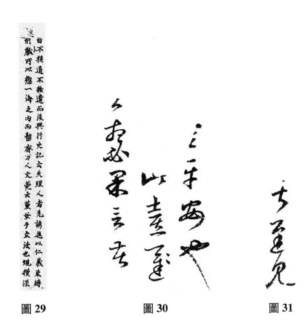

圖29　　　　　圖30　　　　　圖31

三

　　點式或"卜"形删字符號的起源,前引宋趙彦衛語以爲出於"今人",顯然是不準確的。羅振玉《面城精舍雜文甲編·隋甯贊碑跋》:"文末'終傳令名','令'字下衍'傳'字,旁箸三點,以表其誤。今人作字有訛,輒墨注其旁,據此,知隋人已然。"則又把時間提前到了隋。

　　考敦煌寫本的主體抄寫於唐五代時期,但少部分六朝乃至東晋時期的寫本已見點式删字符號。如上博1號吴支謙譯《佛説維摩詰經》卷上後凉麟嘉五年(393)寫本:"言道場者,無生之心是,檢一惡意故;……布施之心是,不望報故;持戒之心是,得願具故;忍辱之心是不心是,不亂人故;精進之心是,無退意故。"其中的"不心是"三字右側原卷各有三點(圖32),表示應當删除,今見傳本《大藏經》正無此三字。浙敦28號《大智度論》卷七二(《浙藏敦煌文獻校録整理》定作東晋寫本):"是甚深法,故不爲受色故説,不爲舍色故説。"前一"故"字右側原卷注有三點,表示應當删除,今見傳本《大藏經》正無此字。又整體抄寫時間較敦煌寫本略早的吐魯番出土文書亦可見點形删字符號。如阿斯塔那524號墓《高昌章和五年(535)取牛羊供祀帳》:"次五月廿八日,取白姚羊一口,供祀清山神。"原卷"祀清"二字右側旁注"涫渾堂"三字,其中"涫"字右側又注有三點(圖33),

表示删去（"溷"當是"渾"的音近誤字）；"渾堂"二字似當補入正文"祀"字之後。又同一
墓出土的義熙寫本《毛詩鄭箋》殘卷删字符號有用三點的，也有用二點、四點的，可見點
式的删字符號當時已頗通行。

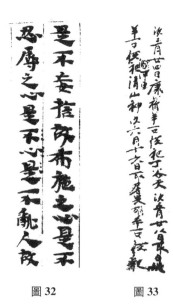

圖 32　　　　　　圖 33

　　又考《後漢書·文苑傳·禰衡》："衡攬筆而作，文無加點，辭采甚麗。"《三國志·魏
書·武帝紀》："他日，公又與遂書，多所點竄，如遂所改定者。"《南史·任昉傳》："（王
儉）乃出自作文，令昉點正，昉因定數字。儉撫几嘆曰：'後世誰知子定吾文！'其見知如
此。"《南史·梁武帝諸子·昭明太子傳》："每游宴祖道，賦詩至十數韻，或作劇韻，皆屬
思便成，無所點易。"《顏氏家訓·名實》："治點子弟文章，以爲聲價，大弊事也。"其中所
謂的"點"，當皆指用點式符號删除文字而言。又《史通·點繁》："昔陶隱居《本草》，藥
有冷熱味者，朱墨點其名；阮孝緒《七録》，書有文德殿者，丹筆寫其字；由是區分有別，品
類可知。今輒擬其事，抄自古史傳文有繁者，皆以筆點其上。（原注："其點用朱粉、雌黄
並得。"）凡字經點者，盡宜去之。"《資治通鑑·陳宣帝太建十二年》："時軍書日以百數，
（李）德林口授數人，文意百端，不加治點。"胡三省注："治，修改也；點，塗點也；不加治
點，不加塗改也。"可參。又《爾雅·釋器》："滅謂之點。"郭璞注："以筆滅字爲點。"《爾
雅》所謂的"點"是否如郭璞所釋還可討論[14]，但至遲東漢前後，"以筆滅字"的"點"確已
成爲當時删除誤字的通例了。

　　陳槃《漢晉遺簡偶述》之柒《誤字塗滅或旁著三點》："本所所藏卜辭，有一事作：'於
翌日，壬日，🔆中畢'（六三八）。此'屮'字如此作，無疑爲史官誤書之標識，但與後來祇

旁著三點者又不同。蓋自古有此法,後人嫌其太繁,故省作三點。"⑮據陳氏此説,抑或甲骨文中即已開誤字點滅的先河了。

　　但寫作"卜"或"ㅏ"形的删字符號的産生時間則似乎要晚得多,唐代之前未聞,早期的敦煌寫本中也未見用例。這種形式的删字符號很可能是由點式演變而來的。作爲删除符號的點可以點在誤字之上⑯,也可以點在誤字的右側。當點在誤字右側時,由於點形不够醒目(《説文·黑部》:"點,小黑也。"),容易被讀者所忽略(如第二節所舉例一、二、五、六、七各例),而且有時由於點的位置的游移,被點去之字存在一定的不確定性,也容易造成誤解,有必要加以顯化和加強針對性,這時抄手就有可能先在誤字右側標注一短豎,以明確需要點去的對象,進而再加上一點或二點、三點,於是删字符號"卜"和"ㅏ""ㅏ"便産生了。上博48號《佛説北方大聖毗沙門天王經》:"九龍施雨真言:曩謨薩嚩怛他,孽他多縛路枳帝。"後一"他"字原卷作"他",右旁是"卜"形删除符號(S.5560號同一寫經正無此"他"字),從這個"卜"號可以看出,這是由一豎加一點組成的一個符號,本非所謂的"卜"字。但由於"卜"與"卜"字形近,久而久之,不成字的"卜"手寫時便與成字的"卜"混而不分了。

　　這樣看來,前引宋趙彦衛以"ㅏ"爲"非"字之半、"卜"又"ㅏ"之省的話,恐怕祇是他想當然罷了。《愛日齋叢鈔》進而以作三點者爲"ㅏ"之省,那更是把本末搞顛倒了。⑰

　　討論至此,我們再回過頭來看趙彦衛所引宋人諺語"卜煞"一詞,也就不難理解了。"卜"顯然是指删字符號;而"煞"同"殺",古有滅、除去之義。《莊子·大宗師》:"殺生者不死,生生者不生。"成玄英疏:"殺,滅也。"(比較上引《爾雅》郭璞注:"以筆滅字爲點。")可見所謂"卜煞"就是指用"卜"形符號删除不必要的字詞。拙見如此,不知讀者諸君以爲然否?

①　《永樂大典》第8册,北京:中華書局,1986年影印本,第7593—7594頁。

②　此例承張小豔提供,謹致謝意。

③　此例承張小豔提供,謹致謝意。

④　鄧文寬《敦煌本〈六祖壇經〉書寫形式和符號發微》,《出土文獻研究》第3輯,北京:中華書局,1998年,第228—233頁。

⑤　《舊五代史·世襲列傳·錢鏐》載錢元瓘上表:"凌霜益翠,始知松柏之心;異日成功,方顯忠貞之節。"即有作"凌霜益翠"者,可參。薛居正等:《舊五代史》卷一三三,北京:中華書局,1976年,第1770頁。

⑥　邰惠莉:《敦煌本〈六字千文〉初探》,《敦煌研究》,1997年第1期,第150—156頁。

⑦　張娜麗:《〈敦煌本《六字千文》初探〉析疑——兼述〈千字文〉注本問題》,《敦煌研究》,2001 年第 3 期,第 100—105 頁;《〈敦煌本《六字千文》初探〉析疑(續)——兼述千字文注本問題》,2002 年第 1 期,第 93—96 頁。

⑧　鄭阿財、朱鳳玉:《敦煌蒙書研究》,蘭州:甘肅教育出版社,2002 年。

⑨　上田正編:《切韻殘卷諸本補正》,東京:東京大學東洋文化研究所附屬東洋學文獻センター刊行委員会,1973 年。

⑩　周祖謨編:《唐五代韻書集存》,北京:中華書局,1983 年。

⑪　比照上句及《史記》原文,"束縛刑憲"似當校補作"後束縛以刑憲"。又"總一海之内"句的"之"字疑爲衍文當删。"總一"爲詞,指統一。

⑫　周篤:《敦煌卷子中發現的王羲之二帖古臨本——兼談"勅字本十七帖"》,《文物》,1980 年第 3 期,第 47—50 頁。周文云:"從這裏,我們也可以看出,敦煌本所據以臨寫的可能正是羲之的手稿,修改之迹,儼然在目,因而更令人感到親切可貴了。"

⑬　美國安思遠藏本《十七帖》所載《瞻近帖》"遲"字寫作"𧲛",於右旁釋讀作"慰",誤。

⑭　郝懿行《爾雅義疏》:"古人書於簡牘,誤則用書刀滅除之,《説文》作'刉'爲是。非如後世誤書用筆加點也,郭氏習於今而忘於古耳。"(上海:上海古籍出版社,1983 年,第 700 頁)

⑮　陳槃:《漢晉遺簡識小七種》,"中研院"歷史語言研究所專刊之六十三,1975 年,第 9—10 頁。

⑯　《史記·梁孝王世家》:"李太后亦私與食官長及郎中尹霸等士通亂。"唐張守節正義:"張先生舊本有'士'字,先生疑是衍字,又不敢除,故以朱大點其字中心。"張先生(指唐崇文館學士張嘉會)於"士"字用"朱大點其字中心",便是點在誤字之上的實例。

⑰　黄徵《敦煌語言文字學研究要論》謂"'卜'其實不是一個字,只是一個符號:'丨'表示被選中的字符,'丶'表示點去該字符。因此在'卜'的右旁可以是點一個點,也可以是點兩個、三個或四個點,意思是一樣的"(《敦煌語言文字學研究》,蘭州:甘肅教育出版社,2002 年,第 23 頁),甚是。但他認爲"彡"等點形删字符號是在"卜"的基礎上省略選中符號"丨"而形成的,同樣是把本末搞顛倒了。

參考文獻

陳槃:《漢晉遺簡識小七種》,"中研院"歷史語言研究所專刊之六十三,1975 年版。

曾榮汾:《敦煌寫卷書寫符號用例試析》,《木鐸》第 8 期,1979 年 12 月版。

李正宇:《敦煌遺書中的標點符號》,《文史知識》,1988 年第 8 期。

郭在貽、張涌泉、黄徵:《敦煌寫本書寫特例發微》,《敦煌吐魯番學研究論文集》,上海:漢語大詞典出版社,1990 年,第 314—316 頁;又載張涌泉《舊學新知》,杭州:浙江大學出版社,1999 年,第 224—227 頁。

林聰明:《敦煌文書學》,臺北:新文豐出版公司,1991 年,第 156—260 頁。

蔣宗福:《敦煌禪宗文獻研究》,四川大學博士學位論文,2002 年。

張小豔:《刪字符號“卜”與敦煌文獻的解讀》,《敦煌研究》,2003 年第 3 期,第 71—73 頁。

(原載《文獻》2010 年第 4 期,有增訂)

作者簡介:張涌泉,浙江大學文科資深教授、浙江省特級專家

通訊地址:浙江大學紫金港校區古籍研究所　郵編:310058

從《尚書》古寫本看《尚書》文本的演變

——兼談今古文《尚書》文字判定的標準

許建平

《尚書》者,上古之書。它不僅是重要的儒家經典,而且是現存最早的史書,是研究先秦歷史的重要文獻資料。但這部書的遭際在"十三經"中可以説是最不幸的了。秦火之後,它的出現以及文本的流變極爲繁雜,成爲"十三經"中存在問題最多的一部經典。如《今文尚書》與《古文尚書》的關係問題,《古文尚書》與晚出《古文尚書》(即東晋時梅頤獻上之隸古定本《古文尚書》①,下簡稱"晚書")的關係問題,《今文尚書》與晚書的關係問題,晚書中的二十五篇是否爲晋人僞造的問題,晚書的隸古定字與今字問題,諸多糾葛,至今仍頭緒紛繁,莫衷一是。對傳世文獻材料的收集利用,清人的研究已達到幾乎不可企及的地步。要解決這些重大問題,祇能寄希望於新材料的發現。利用新材料,雖然不一定能解決"重大"問題,但對前人研究中所存在的問題做一些補弊救偏,還是有可能的。

五代以後的諸經刻本,其經文之祖本即唐石經。雖然後人研究《尚書》,所使用的是傳世刻本,並非唐石經,但諸家所據版本並不相同,我們也不可能知道每家所據的具體版本。但因刻本經文皆出於唐石經,故今以"唐石經"代稱清人所據版本的《尚書》經本内容。

本文擇取唐石經《尚書》與漢石經《尚書》《説文》《史記》所引《尚書》之異文數例,利用敦煌寫本與日本所藏古寫本與之比勘,以考察《尚書》文本演變之軌迹。

一　唐石經《尚書》與漢石經《尚書》之異文

【例一】《尚書·無逸》:"徽柔懿恭,懷保小民,惠鮮鰥寡。"②

漢石經《尚書》存"徽柔懿共,懷保小人,惠于矜"十一字③。

段玉裁《古文尚書撰異》云:

《隸釋》載石經，"嚴恭寅畏"作"恭"，"維正之共"作"共"，分別如是。而"徽柔懿共"亦作"共"，則漢時不作懿美恭敬解也。攷僞《孔傳》釋"徽柔"云："以美道和民。"釋"懿恭"云："以美政恭民。"此必經文作"共"，故云"共民"。"共民"猶給民也，即下文所謂供待也。《正義》曰："以此柔恭懷安小民。"似《正義》始誤解，因之衛包擅改，開寶中擅删《釋文》之"共音恭"矣，今更正作"共"。《尚書》供給字通作"共"，而恭敬字作"恭"，畫然迥别。④

三國魏明帝青龍三年（229）《范式碑》有"徽柔懿恭，明允篤恕"句⑤，因而皮錫瑞《漢碑引經考》云："石經亦止是漢人一家之學，'恭''共'古通用，三家文異，不必盡同，此碑作'恭'，不作'共'，不得謂漢時不作懿美恭敬解也，段説過泥。"⑥王先謙云："'懿恭'與'徽柔'對文，若作'懿共'，串説未合，皮説較長。"⑦

按：P. 2748《尚書》寫卷經文作"共"，《孔傳》作"以美政供待人"⑧；P. 3767《尚書》寫卷經文作"共"，《孔傳》作"以美政供民"。據兩寫卷，知晚書經文原作"共"，與《今文尚書》同，而且《孔傳》釋爲"供"，明經文必作"共"，不作"恭"。《范式碑》作"徽柔懿恭"，是讀"共"爲"恭"也，故後亦有改"共"爲"恭"者，如《唐石經》、足利本、影天正本、八行本皆作"恭"⑨。八行本經文作"恭"，而《孔傳》却作"以美政供民"，可見"恭"字乃據别本而改，而忘改《孔傳》文。因"恭"之古字爲"龔"，遂有改"恭"爲"龔"者，如内野本即是⑩。江聲《尚書集注音疏》作"徽柔懿龔"，蓋以爲漢時《古文尚書》應作"龔"。其實既然晚書作"共"，漢時《古文尚書》亦應是"共"。

《漢書・谷永傳》谷永之對策引《尚書》："懷保小人，惠于鰥寡。"⑪江聲《尚書集注音疏》云："蔡邕石經亦然，當從之。"⑫孫星衍云："'民'作'人'、'鮮'作'于'者，《漢書・谷永傳》所引，亦見《熹平石經》，是今文也。"⑬P. 2748 亦作"人"，朱廷獻《尚書通假字考》云："唐寫本'小民'作'小人'，與《漢石經》同。本篇言民衆皆稱'小人'，惟《楚語》引作'惠予小民'，其書較石經爲早，蓋古文作'民'也。"⑭臧克和云："或以爲唐寫本作'人'是出於避諱的考慮，其實未許一概。《漢石經》即作'懷保小人'。"⑮按《漢石經》作"人"，可見 P. 2748 作"人"字非避諱改字。其作"民"者，如 P. 3767，反而是因避諱因素而改"人"爲"民"。敦煌寫卷即有此例，如《君奭》"故一人有事于四方"，P. 2748"一人"作"一民"，《孔傳》云："一人，天子也。"天子從無稱作"一民"者，此"民"字乃是手民以爲"人"是"民"的避諱字，故把"人"回改爲"民"。其實此處本即作"人"不作"民"。又"武王惟兹四人，尚迪有禄"，P. 2748"四人"作"四民"，四人指閎夭、散宜生、泰顛、南宮括，寫卷作

“民”，亦是誤以此“人”爲避諱字而改。是此“懷保小民”之“民”，亦應是後人誤以爲“人”爲避諱字而改作“民”，内野本、足利本、影天正本、八行本亦皆作“民”，均誤。朱廷獻所謂《楚語》，即《國語·楚語上》所引“文王至於日中昃，不皇暇食。惠於小民，唯政之恭”句[16]，然其所據者爲《國語》傳世版本，非石經以前之出土文獻，不可作爲《古文尚書》爲“民”的證據。

段玉裁云：“‘惠鮮’恐是‘惠于’之誤，‘于’字與‘羊’字略相似，又因下文‘鰥’字魚旁誤增之也。”[17]王先謙、皮錫瑞皆從之。谷永對策所引《尚書》文，在荀悦《漢紀》中作“懷保小民，惠鮮鰥寡”，與《唐石經》同，王先謙認爲是後人所改[18]。查明嘉靖二十七年黄姬水刻本，該頁地脚有批語云：“鮮，舊鈔一，恐誤。”[19]舊鈔本之“一”，會不會是其所據之本“于”之壞字呢？

【例二】《尚書·立政》：“國則罔有立政，用憸人，不訓于德，是罔顯在厥世。”

《漢石經》“訓”下無“于”字[20]。段玉裁《古文尚書撰異》因而謂無“于”者爲《今文尚書》，有“于”者爲《古文尚書》[21]。皮錫瑞、王先謙與段説同[22]。

敦煌寫本 P. 2630、日藏寫本九條本均無“于”字，與《漢石經》同，而 P. 2630 與九條本皆爲晚書，可見晚書與《漢石經》相同。

日藏寫本内野本、足利本、八行本、影天正本亦與《唐石經》相同，皆有“于”字，《唐石經》已是晚唐時期的刻石，而内野本等日本寫本的抄寫更是晚至宋元時期，可見“于”字是後人所加。牟庭云：“《漢石經》無‘于’字，與上經同，當從之删正。”[23]牟氏所言“上經”者，即《立政》前文“謀面，用丕訓德”句，牟氏於此注云：“‘丕’當讀爲‘不’。”[24]不、丕古今字[25]，劉盼遂云：“《尚書》中多‘丕’字，且多作語辭用。疑本爲不字，後人誤釋爲大，因加一其下，改爲丕字耳。”[26]是《立政》之“丕訓德”本應作“不訓德”，與後作“不訓德”者同。訓者，順也。後人所以於“訓”下加“于”字，蓋據《孔傳》“憸人不訓于德”之“于”而添。吳辛丑在分析《老子》的帛書本與傳世本有“於”與無“於”的差别後説：“從漢語發展史的角度看，介詞‘於’字的應用是語法嚴密化的一種表現，是語法發展的大勢所趨，不過，不用‘於’字並没有錯。……在動詞和名詞性詞語之間加進‘於’字，好似加了一個標簽，可使名詞性詞語的補語地位顯現出來，而不致被當作動詞的賓語，……從這一角度而言，……加‘於’字有其合理的一面。”[27]所以《孔傳》用“不訓于德”解釋“不訓德”，正是語法嚴密化的表現。後人因《孔傳》有“于”，遂於經文中添一“于”字，則非晚書之原貌，亦非漢時《古文尚書》之原貌。

　　傳伏生《今文尚書》，著名者有二人，一爲張生，一爲歐陽生。歐陽生傳至其曾孫歐陽高，漢武帝時立於學官，是爲《尚書》歐陽氏學；張生數傳至夏侯勝，漢宣帝時立於學官，是爲《尚書》大夏侯氏學；夏侯勝傳給其姪兒夏侯建，亦宣帝時立於學官，爲《尚書》小夏侯氏學。以上即爲《尚書》今文三家之由來。到東漢熹平年間，刻石歐陽氏學《尚書》經文，立於洛陽太學講堂前，是爲漢石經《尚書》。漢景帝時魯恭王壞孔子宅，得壁藏古文《尚書》四十五篇，比今文《尚書》多出十六篇，是爲《古文尚書》，孔安國以隸書寫定與伏生本相同的二十九篇進行傳授[28]。到武帝末，孔安國家人把四十五篇《古文尚書》原文獻上朝廷，藏於中秘，後世稱孔安國傳授的《古文尚書》爲壁中本。迨西晋永嘉之亂，中秘所藏《古文尚書》《漢石經》及今文三家文本皆亡。東晋時，豫章内史梅頤獻上隸古定《尚書》，謂即西漢孔安國之孔壁《古文尚書》（包括多出的十六篇），此即今傳本《古文尚書》。通過清人閻若璩、惠棟等學者之考訂，認爲除了與《今文尚書》相同的三十三篇（《今文尚書》原爲二十八篇，梅頤本將之分爲三十三篇）外，其餘二十五篇（所謂多出的逸書十六篇）是僞造的。自此以後之學者，考定西漢《今文尚書》與壁中《古文尚書》之文字，皆以此晚書的三十三篇作爲基礎材料。而現存最早的晚書全文文本，即唐開成年間所刻的唐石經《尚書》，而且已經被衛包把隸古定字改成今字。後世諸多《尚書》刻本的文字，都是從唐石經《尚書》而來。

　　學者們一般以唐石經《尚書》爲基礎材料來考證漢時的今古文《尚書》文字，與唐石經《尚書》不同，即認爲是《今文尚書》；如與唐石經《尚書》相同，即認爲是漢時的《古文尚書》。如例一《無逸》“徽柔懿恭，懷保小民”，因爲《漢石經》作“共”“人”，與《唐石經》作“恭”“民”不同，孫星衍遂謂作“共”“人”者爲《今文尚書》，作“恭”“民”者爲《古文尚書》。例二《立政》“不訓于德”爲《唐石經》之文字，段玉裁、皮錫瑞、王先謙皆據此與《漢石經》文字比較，因而認爲有“于”字者爲壁中《古文尚書》，無“于”者爲《今文尚書》。但今據敦煌寫本，則與《今文尚書》相同，《唐石經》文字已非晚書原貌，執此已被改動之文字而論漢時今古文《尚書》之文字，得出的結論自然也是錯誤的。

二　唐石經《尚書》與《説文》所引《尚書》之異文

【例三】《尚書·多方》：“爾尚不忌于凶德，亦則以穆穆在乃位。”

《説文·言部》：“譬，忌也。从言，其聲。《周書》曰：‘上不譬于凶德。’”[29]

段玉裁云：“《玉篇》《廣韵》《集韵》引《説文》皆同，小徐本及汲古所刻大徐本作‘爾尚不蓍于凶德’，誤也。尚、上古通用。僞孔《尚書》本作‘尚’‘忌’，恐是皆以訓詁同音字改其本字。”㉚王鳴盛云：“今僞孔作‘忌’，是以訓詁字代經文也。”㉛孫星衍云：“《玉篇》《廣韻》《集韻》引《說文》皆止作‘上’字，上與尚雖通，當從古文。《說文》‘忌’作‘蓍’，孔壁古文也。”㉜吳棫云：“今僞孔改作‘忌’，是以訓詁字代經文也。說爲可从。至於‘上’字，古與‘尚’通。”㉝王先謙云：“‘爾尚不忌于凶德’，僞古文也；古文作‘上不蓍于凶德’。”㉞馬宗霍云：“今書‘蓍’作‘忌’者，許以‘忌’訓‘蓍’，是二字音義並同。僞《孔傳》‘忌’字無釋，按《說文·心部》云：‘忌，憎惡也。’《書》正義曰：‘怨惡爲凶德，忌謂自怨忌。’穎達以怨申‘忌’，以惡申‘怨’，即用許義。此蓋古文有別本。故許所據與今本異。段玉裁謂‘作忌恐是以訓詁同音字改其本字’，非也。”㉟柳榮宗云：“今據許所引言之，古字尚、上通，此承上言汝能敬和則汝長上不忌嫉女背叛之凶德也。蓋古文假‘尚’爲‘上’，則‘上不蓍于凶德’者，《今文尚書》。如《泰誓》‘未就予忌’，《心部》引‘忌’作‘蓍’，亦今文也。”㊱

　　唐石經《尚書》“爾尚不忌”，《說文》所引《尚書》作“上不蓍”，諸家皆據其異文立論。段玉裁認爲晚書的“尚”“忌”是用訓詁同音字改漢代《古文尚書》所致。王鳴盛、孫星衍、吳棫即承段說。王先謙謂《說文》所引爲漢代《古文尚書》，其實與段說相同，祇是換了一種說法而已。馬宗霍則謂晚書所據與《說文》所引是不同的《古文尚書》文本。而據柳榮宗所言，則他以《說文》所引者爲《今文尚書》，又跟段、王以《說文》所引爲漢代《古文尚書》之說不同。

　　敦煌 S. 2074《尚書》寫本無“爾”字，“尚不忌”作“尚弗蓍”。弗、不二字古多混用，九條本、內野本、八行本作“弗”，足利本、影天正本作“不”。“蓍”即古文“蓍”字㊲。敦煌本無“爾”字，與《說文》所引同；其作“尚”，與《唐石經》同，而與《說文》作“上”不同。但顧野王《玉篇·言部》“蓍”字下云：“渠記反，《說文》：‘忘也。《周書》曰：尚不蓍于凶德。’是也。”㊳張舜徽云：“是顧氏所見許書作‘尚’不作‘上’，無‘爾’字。”㊴九條本亦作“尚”“蓍”，與敦煌本及顧氏《玉篇》同。段玉裁謂晚書以訓詁同音字改其本字，今據敦煌本、九條本及顧氏《玉篇》所引，知其說未爲確論。《大廣益會玉篇·言部》“蓍”字下云：“渠記切，忌也。《書》曰：‘上不蓍于凶德。’”㊵應是陳彭年輩據大徐本《說文》改顧氏《玉篇》所致。

　　九條本、內野本、足利本、影天正本、八行本皆有“尒”字，“尒”即“爾”字㊶，與《唐石經》同。桂馥《說文解字義證》云：“宋本無‘爾’字，本書初刻亦無，後乃加之。”㊷桂氏書所據《說文解字》之本爲毛晉汲古閣刻本，即段玉裁所言“汲古所刻大徐本”也。張舜徽云："今小徐本作'爾尚不蟇于凶德'，蓋據今《尚書·多方篇》文所增改也。"④九條本是日本宮內廳書陵部所藏殘卷，石塚晴通、小助川貞次認爲是七世紀末寫本④。S. 2074 爲高宗朝寫本⑤，其他諸寫本則皆唐以後寫本。九條本與 S. 2074 的抄寫時間接近，但據《説文》與顧氏《玉篇》所引均無"爾"字，與 S. 2074 相同，是晚書與漢代《古文尚書》同。有"爾"者應是後人據《孔傳》"汝庶幾不自忌"之"汝"而增。《多方》此句因爲有異文導致後世之解説多有不同，但無"爾"者自能解釋妥帖，此説可參《尚書校釋譯論》⑯。因而高本漢云："《説文》所引的，當是此句最早的經本，應該采用。"⑰錢宗武《〈説文〉引〈書〉異文研究》將《説文》所引歸入"減字引用例"⑱，其意蓋謂漢代《古文尚書》原即有"爾"字，《説文》引用時删去了此字，其誤不待言而明。

【例四】《尚書·立政》："其在受德暋，惟羞刑暴德之人，同于厥邦。"

《説文·心部》："忞，彊也。《周書》曰：'在受德忞。'"⑲

段玉裁注云："《立政》文，今《尚書》作'敯'⑳，《釋詁》：'敯，强也。'許所據古文不同。"㉑段氏在《古文尚書撰異》中説："此壁中故書也。"㉒是段氏認爲作"敯"者晚書，作"忞"者漢時《古文尚書》也。皮錫瑞云："《説文》引作'在受德忞'，乃古文。若今文，不作'受'，亦不必作'忞'。"㉓其意與段氏同。馬宗霍云："僞《孔傳》釋'暋'爲强。按《説文·攴部》云：'暋，冒也。'義不爲彊，則作'暋'爲叚借字。許引作'忞'，訓彊也，古文正字也。"㉔馬氏以作"忞"者爲《古文尚書》，而晚書改爲借字"暋"。吴稑云："忞、暋蓋古今字。《爾疋·釋詁》'暋，强也'，與許氏訓合。許所據者則古文也。"㉕吴玉搢云："《古文尚書》作'忞'。"㉖馬及二吴之説亦與段氏同。柳榮宗云："蓋暋訓冒，引伸之亦得爲彊，疑許所引今文也。"㉗柳氏以爲晚書作"暋"，漢時《古文尚書》自然亦作"暋"，則作"忞"者爲漢時《今文尚書》。

S. 2074、九條本作"忞"，與《説文》所引同。可見晚書與許慎所見漢《古文尚書》同。柳榮宗以《説文》所引爲《今文尚書》之説不確。P. 2630 作"惛"㉘，應是"暋"之形誤字。內野本、足利本、影天正本、八行本等亦皆作"暋"。S. 2074 爲高宗朝寫本，而 P. 2630 的抄寫時間不可能早於玄宗朝，從其保留隸古字很少這點來看，甚至可能是玄宗朝以後的寫本㉙。《魏石經》此字古文作"忞"，小篆與隸書作"暋"㉚。是晚書所據古文原與《魏石經》同，後人改作"暋"，蓋據《魏石經》之隸書。江聲云："《正義》本作'暋'，衛包所改也。"㉛江氏認爲改"忞"爲"暋"者乃衛包。

許慎受學於古文經學大師賈逵，其《説文解字》中所稱引經籍，乃"《易》孟氏、《書》

孔氏、《詩》毛氏、《禮》、《周官》、《春秋》左氏、《論語》、《孝經》,皆古文也"[62]。故段玉裁、孫星衍、皮錫瑞、王先謙以至近代馬宗霍遂以《説文》所引爲漢代壁中《古文尚書》,如果《説文》所引與唐石經《尚書》有别,即以爲壁中書與晚書的文字不同。柳榮宗因爲所見唐石經本《尚書》文字與《説文》所引不同,遂疑《説文》所引非真《古文尚書》,而是《今文尚書》。今據古寫本,而知晚書與《説文》所引無别,唐石經《尚書》已非晚書原貌。

三　唐石經《尚書》與《史記》所引《尚書》之異文

【例五】《尚書·堯典》:"厥民析,鳥獸孳尾。"

《史記·五帝本紀》:"其民析,鳥獸字微。"[63]

惠棟因《汗簡》以"孳"爲"字"之古字[64],而遂謂"'孳'爲古文'字'也"[65]。段玉裁云:"孳尾,《五帝本紀》作'字微'。按孳、字古通用,尾、微古通用。如微生亦作尾生是也。《説文》《廣雅》皆云'尾,微也',以'微'釋'尾'。未知《今文尚書》本作'微'字抑作'尾',而司馬以訓故之'微'代之。"[66]皮錫瑞據《史記》作"字微",而認爲《今文尚書》作"字微",《古文尚書》作"孳尾"[67]。王先謙同皮説[68],金景芳、吕紹剛《〈尚書·虞夏書〉新解》亦從皮説[69]。古國順云:"孳尾作字微,訓詁字也。……皮氏謂作'字微'者乃今文,然無佐證。"[70]

BD14681"孳"作"字",内野本、足利本、影天正本、八行本皆作"孳"。BD14681爲晚書寫卷,其字作"字",與《史記》同。裴駰《集解》云:"孔安國曰:'春事既起,丁壯就功,言其民老壯分析也。乳化曰字。'"從裴駰引《孔傳》"乳化曰字",可知裴所見本作"字"不作"孳",且裴既引《孔傳》,其所見者必是晚書,而非《今文尚書》也。P. 3315《尚書釋文》第13行"乳化"條前殘存小字注文"字古尾▨曰字"五字,此當是"字尾"條之注文,而"曰字"二字則爲"乳化曰字"之殘存者。今本《釋文》作"孳,音字",乃爲陳鄂因衛包今字本作"孳"而改正文爲"孳",却將原來正文之"字"改爲注文,與陸氏原本正相反。晚書原作"鳥獸字尾",改"字"爲"孳"者,後人所爲,非梅頤本原貌也。

【例六】《尚書·高宗肜日》:"惟天監下民,典厥義。"

《史記·殷本紀》:"唯天監下典厥義。"[71]

皮錫瑞云:"今文'唯天監下',無'民'字。"[72]王先謙云:"今文無'民'字。"[73]是皮、王二氏皆以《史記》所據者爲《今文尚書》。牟庭云:"僞孔本作'惟天監下民',《殷本紀》作

'惟天監下'，此用真孔古文，無'民'字也。今謹據之删正。"[74]則牟庭以《史記》所據者爲漢《古文尚書》。莊述祖云："《史記》無'民'字是。"[75]衹是結論而没有提供證據。

　　P.2516、P.2643以及岩崎本、内野本、元亨本、足利本無"民"字，影天正本、八行本則有。

　　古國順《史記述尚書研究》云："《史記》無'民'字，與敦煌本合，岩崎本、雲窗一本、内野本、神宫本《尚書》亦同，疑本無'民'字，後世據《傳》增補。天監下，蓋即《詩·大明》'天監在下'之義也。皮氏以爲今文，恐非。"[76]顧頡剛、劉起釪《尚書校釋譯論》云："《史記》所引及P.2516本、P.2643本、雲窗本、内野本、岩崎本、神宫本皆無'民'字。皮氏《考證》謂今文本原無民字，證以諸隸古定本，知原無'民'字，應删。"[77]古國順及顧頡剛、劉起釪皆據敦煌本及日本所藏古寫本而認爲晚書之"民"爲衍文。據古氏之説，其意似以《史記》所引爲《古文尚書》；而顧、劉之説，似乎謂《今文尚書》與晚書同，而未言《史記》所引是《今文尚書》還是《古文尚書》。

　　臧克和《〈尚書〉文獻用字劄記》云："敦煌本伯2516經文作'惟天監下'，從該本下面所出傳文作'言天視下民'、《書古文訓》《唐石經》皆有'民'字等情况來看，該寫本殆脱一'民'字。但敦煌本伯2643亦作'惟天監下'，岩崎本、足利本和内野本等諸寫本亦同，'監下'均無'民'字。這是否意味着上述一系列寫本，均源出於一個唐寫本（唐代衛包改字以前的寫本）系統。《唐石經》的避諱方式是將'民'字末筆作缺筆處理，而上述源於唐寫本系統的寫本乾脆省去'民'字。"[78]臧氏因爲不知《史記》所據《尚書》亦無"民"字，遂疑P.2643等無"民"字之寫本爲避諱而省字，誤也。

　　【例七】《尚書·高宗肜日》："降年有永有不永，非天夭民，民中絶命。"

　　《史記·殷本紀》："降年有永有不永，非天夭民，中絶其命。"[79]

　　《漢石經》此處存"民中絶命有不若德不聽罪天既付"諸字，不知"民"前是否有"民"字。

　　江聲云："蔡邕石經'民'字上闕，其文不可知。《史記》載此文，則云'非天夭民，中絶其命'。'民'止一字，不重出，僞孔本于'中絶命'上别出'民'字，殊無謂。故云'民'不當有重文，重者，衍字也。"[80]江聲所謂"蔡邕石經"，即《漢石經》也，據説《漢石經》是蔡邕書丹上石的。孫星衍贊同江聲之説[81]。皮錫瑞以《史記》之"中絶其命"爲《今文尚書》[82]。牟庭云："中絶其命，僞孔本作'民中絶命'，今據《殷本紀》載真孔古文如此，言天意非欲夭折其民，而中道殞絶其命也。"[83]是牟氏以《史記》所據爲《古文尚書》。

　　P.2516、P.2643、岩崎本"民"字不重；内野本、元亨本、足利本、影天正本、八行本"民"下有重文符號，是與《唐石經》同，重"民"字也。

楊筠如云：“疑今本或重出一‘民’字也。”[84]楊氏蓋未見敦煌寫本。古國順云：“江聲以爲‘民’字衍文，是也。岩崎本亦無‘民’字可證。作‘中絕命’，其義已足，‘其’字蓋史公所增。”[85]朱廷獻《尚書正譌》云：“唐寫本《尚書》作‘非天夭民，中絕命’，……今僞孔本重‘民’字者，蓋涉傳文而衍誤也。”[86]顧頡剛、劉起釪《尚書校釋譯論》云：“《史記》引作‘非天夭民，中絕其命’。皮氏《考證》以爲今文本如此。唐寫本 P. 2516 本、P. 2643 本和岩崎本則作‘非天夭民，中絕命’。也衹有一民字。……既唐寫各本衹一民字與《史記》所引合，故應刪去其一。”[87]諸家皆以寫本與《史記》合，而認爲《唐石經》本衍一“民”字。

李運富《〈尚書〉〈論語〉札記十則》云：“江聲、孫星衍以‘民’爲衍字，非。中，身也，自也。中絕命者，自絕民也。”[88]按此衹從訓詁角度來論述“民”字是否爲衍文，而不顧文本校勘之實質，其説難以服人。何況《史記》亦不重“民”字，司馬遷對文本的理解應符合《高宗肜日》篇作者的本意。

《漢書·儒林傳》云：“而司馬遷亦從安國問故。遷書載《堯典》《禹貢》《洪範》《微子》《金縢》諸篇，多古文説。”[89]孫星衍因而以司馬遷用古文説，以《史記》所引《尚書》爲《古文尚書》[90]。段玉裁云：“馬、班之書全用歐陽夏侯字句，馬氏偶有古文説而已。”[91]皮錫瑞云：“《史記》所載《尚書》事實、訓解，與馬、鄭古文説異，與伏生今文説同。史公時，《書》惟有歐陽，蓋習《歐陽尚書》。”[92]是段、皮二氏以《史記》所引《尚書》爲今文。王先謙據《儒林傳》之説，謂《堯典》《禹貢》《洪範》《微子》《金縢》諸篇以外，《史記》所引《尚書》皆《今文尚書》[93]。陳壽祺云：“司馬子長時，《書》惟有歐陽，大、小夏侯未立學官，然則《史記》所據《尚書》，乃歐陽本也。”[94]然陳氏又云：“然以《史記》所採五篇覈之，實有兼用古文者。……遷非經生，而好鈎奇，故雜臚古今，不肯專守一家。”[95]古國順著《史記述尚書研究》，可謂《史記》所據《尚書》文本研究的集大成之作，但由於其時所見敦煌寫卷不多，故仍多有襲前人之誤説者。如例五誤以《史記》作“字微”是以訓詁字改經。又如《禹貢》“濟、河惟兗州”，《史記·夏本紀》“兗”作“沇”，古氏據段玉裁、皮錫瑞之説認爲作“沇”者爲《今文尚書》，而《古文尚書》原作“容”，訛變爲“兗”[96]。但 P. 3615 作“沇”，與《史記》所引同，是晚書本就作“沇”，《史記》所據《尚書》蓋亦《古文尚書》，不可遽斷爲《今文尚書》。

結　論

以上七例，兩例與《漢石經》相關，兩例與《説文》所引《古文尚書》相關，三例與《史記》所據《尚書》相關，前人於其文字所屬，説各不同。究其原因，或與《説文》《史記》所據《尚書》是今文還是古文有關，而最主要的是前人所據以立論的《尚書》的文本問題，他們都是從唐石經《尚書》之文字出發與《漢石經》《説文》《史記》進行比較。但今據敦煌隸古定《尚書》寫本，知唐石經《尚書》並非晚書之原貌，不僅僅是隸古定改爲今字的問題，而是文本已遭改易。單從這七例來看，晚書的文字與《漢石經》《説文》《史記》等並無不同，因而晚書與漢代的真《古文尚書》的文字、與漢代《今文尚書》的文字的關係問題需要更審慎地考慮，它們之間的異文是不是我們原先所看到的那麼多？段玉裁云：

> 當作僞時，杜林之桼書《古文尚書》、衛宏之《古文尚書訓旨》、賈逵之《古文尚書訓》、馬融之《古文尚書傳》、鄭君之《古文尚書注解》皆存，天下皆曉然知此等爲孔安國遞傳之本，作僞者安冐點竄涂改三十一篇字句，變其面目，令與衛、賈、馬、鄭不類，以啓天下之疑，而動天下之兵也？[97]

梅頤獻上隸古定《尚書》時，馬融、鄭玄等所注之《古文尚書》尚存，如果真有這麼多差別，梅頤將如何杜天下悠悠之口？

閻若璩《尚書古文疏證》第23條“言晚出書不古不今非伏非孔”，以今傳本晚書與他書所引鄭玄所注《古文尚書》及《漢石經》殘碑相比較，發現異文所在多有，於是認爲晚書“不古不今，非伏非孔，而欲別爲一家之學”[98]。在第106條“言晚出古文與真古文互異處猶見于釋文孔疏”又摘出晚書與馬、鄭、王三家不同處[99]。然其所據晚書文本已非原貌，他書所引馬、鄭、王所注《古文尚書》也不能保證就是原貌。段玉裁《古文尚書撰異序》云：“僞孔傳本與馬、鄭本之不同，梗概已見於《釋文》《正義》，不當於《釋文》《正義》外斷其妄竄。”[100]段氏此説，蓋認爲晚書與馬、鄭的《古文尚書》之區別應以《釋文》《正義》所引爲準。但陸德明、孔穎達撰作《釋文》《正義》時，距梅頤獻書已有三百年左右，在這三百年中，南齊時姚方興即有僞造《舜典》以取代原王肅注《舜典》之事，其他文字之改易已不可勝舉，陸德明云：“《尚書》之字，本爲隸古，既是隸寫古文，則不全爲古字。今宋齊舊本及徐、李等音，所有古字，蓋亦無幾。穿鑿之徒，務欲立異，依傍字部，改變經文，疑惑後生，不可承用。”[101]是陸德明所見《尚書》，文字已多遭改易。何況現在所見《經典釋文·尚書音義》，又被宋朝陳鄂改動，全非《釋文》原貌。欲以《釋文》《正義》所言作爲晚書與漢代《古文尚書》文字辨別之標準，難免因訛而傳訛。其實即使今所見之敦煌寫卷，基本上是唐代寫本，上距梅頤獻書，亦已數百年，並非梅頤所獻《尚書》原本，其被改易之處亦所在多有，雖然保存若干隸古定《尚書》原貌，但離完全瞭解梅頤本的原貌，還有很大的差距。

　　以上所論，並不是要否定前人特別是清人的研究，祇是想説明，在論定漢朝的今古文《尚書》文字時，以晚書的《唐石經》文本作爲基礎文本是遠遠不夠的，因爲這個文本已遠非梅頤獻上時的原貌，在其後的流傳過程中有過很大的改動，這由今所見敦煌吐魯番寫本及日本所藏古寫本可見。利用這些古寫本可以重新審視前人的研究，糾正他們因爲新資料的缺乏而造成的誤判。其實這些古寫本也非梅頤本原貌，也祇能據此解決部分問題，不可能畢其功於一役，在研究過程中也要認真對待，審慎地下判斷，以免重蹈前人的覆轍。重大問題的解決，則有待於更多新資料的發現與利用。

① 梅頤，又作梅賾、枚賾，虞萬里考定爲梅頤，詳氏著《獻〈古文尚書〉者梅頤名氏地望辨證》，《文史》，2004 年第 4 輯。

② 本文所引《尚書》經文據顧頡剛、顧廷龍輯《尚書文字合編》（上海：上海古籍出版社，1996 年）所收《唐石經》，避諱缺筆字皆改爲正字。

③ 洪适：《隸釋·隸續》，北京：中華書局，1985 年，第 150 頁。

④ 段玉裁：《古文尚書撰異》，四部要籍注疏叢刊《尚書》中册，北京：中華書局，1998 年，第 2000 頁。

⑤ 洪适：《隸釋》，第 192 頁。

⑥ 皮錫瑞：《漢碑引經考》，《石刻史料新編》第 1 輯第 27 册，臺北：新文豐出版公司，1982 年，第 20511 頁。

⑦ 王先謙：《尚書孔傳參正》下册，何晋點校，北京：中華書局，2011 年，第 779 頁。

⑧ 本文所言“孔傳”，指的是晚書之傳，非漢朝孔安國之傳。

⑨ 本文所言日藏寫本九條本、岩崎本、内野本、足利本、元亨本、八行本、影天正本等皆據《尚書文字合編》。

⑩ 内野本之《孔傳》亦作“以美政供民”，是亦改經文而未改傳文。

⑪ 班固：《漢書》卷八五，北京：中華書局，1962 年，第 3449 頁。

⑫ 江聲：《尚書集注音疏》，四部要籍注疏叢刊《尚書》中册，北京：中華書局，1998 年，第 1662 頁。

⑬ 孫星衍：《尚書今古文注疏》下册，陳抗、盛冬鈴點校，北京：中華書局，1986 年，第 518 頁。

⑭ 朱廷獻：《尚書通假字考》，《尚書研究》，臺北：臺灣商務印書館，1987 年，第 273 頁。臺灣的論

著文中多不加書名號及引號,頗不便理解,本文一律爲加上。

⑮　臧克和:《尚書文字校詁》,上海:上海教育出版社,1999 年,第 433 頁。

⑯　《國語》下册,上海:上海古籍出版社,1978 年,第 551 頁。

⑰　段玉裁:《古文尚書撰異》,第 2001 頁。

⑱　王先謙:《尚書孔傳參正》下册,第 779 頁。

⑲　荀悦:《前漢紀》卷二四《孝成皇帝紀一》,明嘉靖二十七年黄姬水刻本,《中華再造善本·明清編》,北京:國家圖書館出版社,2013 年,第 7B 頁。

⑳　洪适:《隸釋》,第 150 頁。

㉑　段玉裁:《古文尚書撰異》,第 2013 頁。

㉒　皮錫瑞:《今文尚書考證》,盛冬鈴、陳抗點校,北京:中華書局,1989 年,第 409 頁。王先謙:《尚書孔傳參正》下册,第 848 頁。

㉓　牟庭:《同文尚書》中册,濟南:齊魯書社,1981 年,第 970 頁。

㉔　牟庭:《同文尚書》中册,第 942 頁。

㉕　徐灝:《説文解字注箋》,《續修四庫全書》第 225 册,上海:上海古籍出版社,1995 年,第 129 頁。

㉖　劉盼遂:《〈説文〉師説》,《劉盼遂文集》,北京:北京師範大學出版社,2002 年,第 326 頁。

㉗　吳辛丑:《帛書〈周易〉〈老子〉虚詞札記》,《簡帛研究》第 3 輯,南寧:廣西教育出版社,1998 年,第 253 頁。

㉘　《史記·儒林列傳》:"孔氏有古文《尚書》,孔安國以今文字讀之,因以起其家。"關於"讀之"二字,歷來理解不一。今從程元敏説(《尚書學史》,臺北:五南圖書出版公司,2008 年,第 651 頁)。

㉙　許慎:《説文解字》,北京:中華書局,1963 年,第 55 頁。

㉚　段玉裁:《古文尚書撰異》,第 2010 頁。

㉛　王鳴盛:《尚書後案》下册,顧寶田、劉連朋校點,北京:北京大學出版社,2012 年,第 509 頁。

㉜　孫星衍:《尚書今古文注疏》下册,第 467 頁。

㉝　吳種:《説文引經異文集證》,《北京師範大學圖書館藏稿抄本叢刊》第 8 册,北京:國家圖書館出版社,2011 年,第 267 頁。

㉞　王先謙:《尚書孔傳參正》下册,第 829 頁。

㉟　馬宗霍:《説文解字引經考》上册,北京:中華書局,2013 年,第 120 頁。

㊱　柳榮宗:《説文引經攷異》,《中華漢語工具書書庫》第 35 册,合肥:安徽教育出版社,2002 年,第 31 頁。

㊲　張自烈:《正字通·言部》:"晉,古文誓。"廖文英編,董琨整理,北京:中國工人出版社,1996 年,第 1055 頁。

㊳　顧野王:《玉篇》,《續修四庫全書》第 228 册,上海:上海古籍出版社,1995 年,第 267 頁。

㊴　張舜徽:《説文解字約注》卷五,鄭州:中州書畫社,1983 年,第 50A 頁。

⑩　顧野王撰、孫强重修:《宋本玉篇》,北京:中國書店,1983 年,第 168 頁。

⑪　"尒"字是截取"爾"字的上部而造的一個簡體字,此二字古多混用。説詳張亞初:《古文字源流疏證釋例》,《古文字研究》第 21 輯,北京:中華書局,2001 年,第 373 頁。

⑫　桂馥:《説文解字義證》,濟南:齊魯書社,1987 年,第 212 頁。

⑬　張舜徽:《説文解字約注》卷五,第 50A 頁。

⑭　東洋文庫監修:《國寶古文尚書》,《東洋文庫善本叢書》7"解題",東京:勉誠出版,2015 年,第 157 頁。

⑮　許建平:《杏雨書屋藏〈尚書〉寫卷校録及研究》,劉進寶、張涌泉主編:《絲路文明的傳承與發展》,杭州:浙江大學出版社,2017 年,第 275 頁。

⑯　顧頡剛、劉起釪:《尚書校釋譯論》第 4 册,北京:中華書局,2005 年,第 1643—1644 頁。

⑰　高本漢:《高本漢書經注釋》下册,陳舜政譯,臺北:編譯館中華叢書編審委員會,1970 年,第 945 頁。

⑱　錢宗武:《〈説文〉引〈書〉異文研究》,《益陽師專學報》1996 年第 3 期,第 41 頁。

⑲　許慎:《説文解字》,第 219 頁。

⑳　"敃"字大徐本《説文》作"暋",段玉裁認爲昏"从日,氏省",不从民,故凡昏旁者均改爲昏旁。

㉑　段玉裁:《説文解字注》,上海:上海古籍出版社,1981 年,第 506 頁。

㉒　段玉裁:《古文尚書撰異》中册,第 2011 頁。

㉓　皮錫瑞:《今文尚書考證》,第 406 頁。

㉔　馬宗霍:《説文解字引經考》上册,第 200 頁。

㉕　吳種:《説文引經異文集證》,第 271 頁。

㉖　吳玉搢:《説文引經考》,《續修四庫全書》第 203 册,上海:上海古籍出版社,1995 年,第 612 頁。

㉗　柳榮宗:《説文引經攷異》,第 31 頁。

㉘　"㟄"字寫卷左上角"民"旁缺筆,乃是"㟄"之缺筆避諱字。

㉙　許建平:《敦煌經籍叙録》,北京:中華書局,2006 年,第 118 頁。

㉚　顧頡剛、顧廷龍輯:《尚書文字合編》第 3 册,第 2494 頁。

㉛　江聲:《尚書集注音疏》,第 1678 頁。

㉜　許慎:《説文解字》,第 314 頁。

㉝　司馬遷:《史記》第 1 册,北京:中華書局,2013 年,第 20 頁。

㉞　郭忠恕:《汗簡》,北京:中華書局,1983 年,第 40 頁。

㉟　惠棟:《九經古義·尚書上》,《清經解》第 2 册,上海:上海書店,1988 年,第 749 頁。

㊱　段玉裁:《古文尚書撰異》,第 1777 頁。

㊲　皮錫瑞:《今文尚書考證》,第 21 頁。

㊳　王先謙:《尚書孔傳參正》上册,第 29 頁。

㊴　金景芳、呂紹剛:《〈尚書·虞夏書〉新解》,瀋陽:遼寧古籍出版社,1996 年,第 44 頁。

⑦ 古國順:《史記述尚書研究》,臺北:文史哲出版社,1985 年,第 57 頁。

⑦ 司馬遷:《史記》第 1 冊,第 133 頁。

⑦ 皮錫瑞:《今文尚書考證》,第 217 頁。

⑦ 王先謙:《尚書孔傳參正》上冊,第 480 頁。

⑦ 牟庭:《同文尚書》上冊,第 536—537 頁。

⑦ 莊述祖:《尚書今古文考證》,《續修四庫全書》第 46 冊,上海:上海古籍出版社,1995 年,第 428 頁。

⑦ 古國順:《史記述尚書研究》,第 256 頁。

⑦ 顧頡剛、劉起釪:《尚書校釋譯論》第 2 冊,第 1004 頁。

⑦ 臧克和:《〈尚書〉文獻用字劄記》,《文史》,2001 年第 3 輯,第 269 頁。

⑦ 司馬遷:《史記》第 1 冊,第 133 頁。

⑧ 江聲:《尚書集注音疏》,第 1582 頁。

⑧ 孫星衍:《尚書今古文注疏》上冊,第 244 頁。

⑧ 皮錫瑞:《今文尚書考證》,第 217 頁。

⑧ 牟庭:《同文尚書》上冊,第 539 頁。

⑧ 楊筠如:《尚書覈詁》,西安:陝西人民出版社,1959 年,第 120 頁。

⑧ 古國順:《史記述尚書研究》,第 256—257 頁。

⑧ 朱廷獻:《尚書正譌》,《尚書研究》,第 183 頁。

⑧ 顧頡剛、劉起釪:《尚書校釋譯論》第 2 冊,第 1006 頁。

⑧ 李運富:《〈尚書〉〈論語〉札記十則》,《古籍整理研究學刊》,1998 年第 4、5 期合刊,第 57 頁。此説又見其《中、身、年音義關係小考》,《中國文字研究》第 1 輯,南寧:廣西教育出版社,1999 年,第 318 頁。

⑧ 班固:《漢書》第 11 冊,第 3607 頁。

⑨ 孫星衍:《尚書今古文注疏》上冊,"凡例"第 1 頁。

⑨ 段玉裁:《古文尚書撰異·序》,第 1764 頁。

⑨ 皮錫瑞:《尚書古文考實》,《皮錫瑞全集》第 1 冊,北京:中華書局,2015 年,第 557 頁。

⑨ 王先謙:《尚書孔傳參正》上冊,"序例"第 6 頁。

⑨ 陳壽祺:《左海經辨》上卷"史記用今文尚書"條,《續修四庫全書》第 175 冊,上海:上海古籍出版社,1995 年,第 385 頁。

⑨ 陳壽祺:《左海經辨》上卷"史記採尚書兼古今文"條,第 385 頁。

⑨ 古國順:《史記述尚書研究》,第 190 頁。

⑨ 段玉裁:《古文尚書撰異·序》,第 1764 頁。

⑨ 閻若璩:《尚書古文疏證》,上海:上海古籍出版社,1987 年,第 194—195 頁。

⑨ 閻若璩:《尚書古文疏證》,第 1041—1045 頁。

⑩　段玉裁:《古文尚書撰異·序》,第 1764 頁。

⑩　陸德明:《經典釋文》,北京:中華書局,1983 年,第 2 頁。

（原載《嶺南學報》復刊 2021 年第 15 輯）

作者簡介:許建平,浙江大學古籍研究所教授

通訊地址:浙江大學紫金港校區古籍研究所　郵編:310058

敦煌寫本《文子》殘卷校證

朱大星

《漢書·藝文志》載《文子》九篇,注云:"老子弟子,與孔子並時。而稱周平王問,似依託者也。"①又《舊唐書·經籍志》録魏李暹注爲十二篇,與今篇次同。晁公武疑爲暹析之②。黄震、章炳麟亦疑《文子》爲僞書③。黄雲眉謂其爲僞書④。而唐蘭認爲《文子》應是先秦重要典籍之一,並非僞書⑤。今人江世榮也認爲其非僞書⑥。辨其文者:柳子厚謂"其渾而類者少,竊取他書以合之者多。凡孟、管輩數家,皆見剽竊,嶢然而出其類。其意緒文辭,又牙相抵而不合。不知人之增益之歟? 或者衆爲聚斂以成其書歟"⑦,因而疑其爲駁書。胡應麟、姚際恒亦謂《文子》爲駁書⑧。孫星衍則力持是書並非駁書⑨。又陶方琦曰:"《文子》雖冠以'老子曰',中間有'故曰',實引《淮南》作爲老子之語。"⑩梁啓超曰:"此書自班氏已疑其依託。今本蓋並非班舊,實僞中出僞也。其大半勦自《淮南子》。"⑪江世榮則認爲《淮南子》取諸《文子》⑫。今取二書勘驗,則尚難遽下斷論。惟《淮南子》一書,傳寫既久,偶有《淮南子》誤而《文子》不誤者,存以互校,不無裨益。

因《文子》成書較早,歷兩千餘年至今,其宋以前傳本已極罕見,故二十世紀初在敦煌藏經洞發現的寫本《文子》尤顯珍貴。《敦煌寶藏》(以下簡稱《寶藏》)收録與《文子》有關者凡六種,詳述如下:

P.2380 《寶藏》題名《開元廿七年寫文子題記》。此卷凡六行,載抄寫年月"大唐開元二十七年二月一日"、抄寫緣由"開元聖文神武皇帝上爲宗廟下爲蒼生内出錢七千貫敬寫"及初校者、再校者、三校者姓名。

P.2456 《寶藏》題名《大道通玄要卷第一並序》《升玄内教經卷第八》《老子道經卷上》《文子道元第一》《妙真經卷上》《靈寶自然經訣》《上清太極寶籤上説卷》《莊子外篇知北遊第廿二》《老子德經卷下》《上清經三天正法卷》《靈寶洞玄法輪經卷》《神仙鉤注經》《妙真經卷上》《文子九守第三》《升玄内教經卷第三》《上清化胎精中經卷》《上清太上帝君九真中經卷》《文子微明第七》,上述内容應當總定名爲《道經雜抄》。《文子》内容散見於其中,計有三處。其中《文子·道元第一》,凡六行,起"老子曰道者虛無平易",迄於"心不憂樂德之至也",卷面較清晰。《文子·九守第三》,凡八行,起"老子曰天地未形”，迄於“沖氣以爲和”，首行第一字較模糊。《文子·微明第七》，凡十行，起“中黄子曰天有五方”，迄於“萬物玄同無非無是”，末行“無是”二字脱落。上述三處《文子》内容雖未集中在一處，但其筆迹、行款均一致。

P.3768　《寶藏》題名《文子·道德第五》。此卷卷面較清晰，凡百五十六行，每行五至二十三字不等，絶大多數爲二十字左右，起“道不戰而克”，迄於“平王曰寡人聞命”。首行自第八字至行末共九字殘損，卷末載有校定日期“天寶十載七月十七日”及校者姓名。此卷篇幅與今本《文子·道德第五》相當，卷中“民”“世”“治”三字皆不諱。

P.2810　（甲）＋ S.2506（甲）＋ P.4073 ＋ P.2810（乙）　（均爲《文子·下德》内容）⑬

P.2810　《寶藏》題名《文子下德篇殘卷》。P.2810 號包含 P.2810（甲）、P.2810（乙）兩個殘卷。P.2810（甲），凡八行，起“人地之生財大本不過五行”，迄於“德有心則險”，自第二行處分段，末行前十三字缺損，“治”字照録，其後當緊接 S.2506（甲）（指 S.2506 前七行内容：起“心有目則眩”，迄於“因物以識”）。P.2810（乙）緊接 P.4073“霸者則四”處，凡八行，起“時君者用六律”，迄於“秋收冬藏取與”，首行第二字至第六字、第十一字、第十五字，末行行首四字及行末兩字皆殘損。卷中“世”字缺筆避諱，而“治”照録，則此卷爲唐寫本。從字體及行款看，它們本當屬同一卷，後被析爲兩個殘卷。但這兩個殘卷並不相連，它們中間約脱去十四行，脱去的這部分内容就是 S.2506（甲）及 P.4073 所載内容。

S.2506　《寶藏》題名《文子》，全卷凡十四行，字體秀美，分別於第三行、第八行、第十二行處分段，第十三行第七字模糊，文中“世”字缺筆避諱，此卷亦當爲唐寫本。爲便於叙述，我們將 S.2506 分爲 S.2506（甲）和 S.2506（乙）。S.2506（甲）：指 S.2506 前七行内容，起“心有目則眩”，迄於“因物以識”。S.2506（乙）：指 S.2506 後七行内容：起“足者因其所有”，迄於“可得而量也明可”。必須指出的是：S.2506（乙）並不緊接 S.2506（甲），黄永武先生誤綴以成文，當據正。今按：S.2506（乙）當居 P.2810（甲）之前，但並不相連，它們中間約脱去二十四行。

P.4073　《寶藏》題名《文子》。此卷前面緊接 S.2506（甲）第七行“因物以識”，後接 P.2810（乙）“時君者用六律”，凡八行，起“物因人以知人也”，迄於“霸者則四”。卷面較模糊，首行殘損嚴重，第五行第三字第四字脱落。

今按：S.2506（乙）、P.2810（甲）、S.2506（甲）、P.4073、P.2810（乙）五個卷子字體都相同；行款也一致，即除分段處外，每行皆爲十七字；均祇諱“世”“民”字；且後四個卷子前後銜接自然。於此可知，上述五個卷子實爲同一卷撕裂而成，且後四個卷子彼此相連，但 S.2506（乙）與後四個卷子不相連。另外需要指出的是：《舊唐書・玄宗本紀》云："（天寶元年）二月丁亥，上加尊號爲開元天寶聖文神武皇帝。……（天寶元年）二月丙申，莊子號爲南華真人，文子號爲通玄真人，列子號爲沖虛真人，庚桑子號爲洞虛真人。其四子所著書改爲真經。"但 P.3768 校定日期爲天寶十載，且校者爲道學博士，其對道經當比較熟悉。按理此卷應定名《通玄真經》，而仍定名爲《文子》。又《寶藏》所録 P.2380 未見《文子》內容，然譚蟬雪先生據 P.2380 指出：尊《文子》爲《通玄真經》在史書記載（742 年）的三年前已行之，並認爲據此可補史書之闕，不知其所據何本⑭。又《舊唐書・玄宗本紀》云："（開元二十七年）二月己巳（即二月七日），加尊號開元聖文神武皇帝。"《新唐書・玄宗本紀》云："（開元二十七年）二月己巳，群臣上尊號曰開元聖文神武皇帝，大赦。"《唐會要》卷一《帝號上》云："開元二十七年二月七日，（玄宗）加尊號開元聖文神武皇帝。"而 P.2380 抄寫年月爲"大唐開元二十七年二月一日"，却已出現尊號"開元聖文神武皇帝"，與史書記載有出入。

　　雖然敦煌本《文子》多有可取之處，却也非字字珠璣，故不揣淺陋，意欲辨其是非。今據敦煌本爲底本，合以《二十二子》本（上海古籍出版社 1986 年縮印浙江書局彙刻本，以下簡稱二十二子本）、《四部叢刊三編》本（上海涵芬樓影印常熟瞿氏鐵琴銅劍樓藏明刊本，以下簡稱叢刊本）、《叢書集成初編》本（據《鐵華館叢書》版影印本，以下簡稱集成本）、《四部備要》本（上海中華書局據守山閣本校刊本，以下簡稱備要本）、道藏本《通玄真經》（文物出版社、上海書店、天津古籍出版社，1988 年版，以下簡稱道藏本）、《群書治要》（以下簡稱《治要》）⑮、《諸子平議補録》⑯、《敦煌古籍叙録》諸書加以考正⑰，得札記若干條，彙爲一編，以求正於方家。

　　1.嗜欲不載，虛之至也；無所好憎，平之至也；一而不變，静之至也；不與物雜，粹之至也；心不憂樂，德之至也⑱。（《道原》）

　　按："心不憂樂"，二十二子本作"不憂不樂"，叢刊本、集成本、備要本、道藏本同。今謂"心不憂樂"於義爲長。《莊子・刻意》："故心不憂樂，德之至也；一而不變，静之至也；無所於忤，虛之至也；不與物交，惔之至也；無所於逆，粹之至也。"《淮南子・原道》："故心不憂樂，德之至也；通而不變，静之至也；嗜欲不載，虛之至也；無所好憎，平之至也；不與物散，粹之至也。"文稍異，義並同敦煌本。蓋即《文子》所本。又徐靈府注云："憂樂不挂於心，喜怒不形於色，觸事即真，故曰玄同者也。"徐氏所見本蓋亦作"心不憂樂"。

2. 聖人者，應時偶變，見形施宜。（《道德》）

按："偶"，二十二子本作"權"，叢刊本、集成本、備要本、道藏本同。"偶變""權變"義近，似皆可通，然此以作"偶變"者義長。偶者，配合也，偶變即應變。《淮南子·齊俗》："此皆聖人之所以應時耦變，見形而施宜者也。""偶"與"耦"同。《文子》蓋取自《淮南子》。又《文子·九守》："是故聖人持養其神，和弱其氣，平夷其形，而與道浮沈，如此則萬物之化無不偶也，百事之變無不應也。"可資比勘。

3. 中五有公人、中人、信人、義人、禮人；次五有士人、工人、庶人、農人、商人。（《微明》）

按：後"中"字及"庶人"二字，二十二子本、叢刊本、集成本、備要本、道藏本分別作"忠""虞人"。今謂："中""忠"二字敦煌本常通假，當以作"忠"爲本字。又謂"庶人"一般與"天子"相對而言。《文子·道德》："自天子以下至於庶人，各自生活。"《文子·自然》："自天子至於庶人，四體不勤，思慮不用，於事求贍者，未之聞也。"《爾雅·釋水》："天子造舟，諸侯維舟，大夫方舟，士特舟，庶人乘泭。"《莊子·漁父》："天子諸侯大夫庶人，此四者自正，治之美也，四者離位而亂莫大焉。"皆其例。上文"士人""工人""農人""商人"則是以行業別之，"庶人"疑當作"虞人"。《史記·貨殖列傳》："夫山西饒材、竹、穀、纑、旄、玉、石……皆中國人民所喜好，謠俗被服飲食奉生送死之具也。故待農而食之，虞而出之，工而成之，商而通之。"又引《周書》曰："農不出則乏其食，工不出則乏其事，商不出則三寶絶，虞不出則財匱少。"皆農、虞、工、商對文。故以"虞人"爲佳。又徐靈府此句下注云："事上曰士，攻器曰工，掌山澤曰虞，治田曰農，通貨曰商。"則徐氏所見唐本亦作"虞"，可爲佐證。

4. 法陰陽者，承天地之和，德與天地參，明與日月並，精與鬼神總。（《下德》）

按：上文二十二子本作"法陰陽者，承天地之和，德與天地參光，明與日月並照，精神與鬼神齊靈"，叢刊本、集成本、備要本、道藏本同，非是。今謂"參""並""總"義近，皆有合或並列義。《書·西伯戡黎》："乃罪多參在上，乃能責命於天？"孔傳："言汝罪惡衆多，參列於上天。"《玉篇·糸部》："總，合也。"《廣韻·董韻》："總，聚束也，合也。"《楚辭·東方朔〈七諫·怨思〉》："冰炭不可以相並兮。吾固知乎命之不長。"王逸注："並，併也。"《廣韻·靜韻》："併，合和也。"是其證。"德與天地參，明與日月並，精與鬼神總"即《文子·精誠》"故大人與天地合德，與日月合明，與鬼神合靈，與四時合信"之意，文義順適。《淮南子·本經》同敦煌本，亦可爲證。若依他本，則文義不暢，又失其儷偶，蓋淺人不明句義而妄增字以求解也。

5. 道有智則亂，德有心則險，心有目則眩。(《下德》)

按："目"字，叢刊本作"眼"，集成本、備要本、道藏本同。雖"眼"與"目"同義，然此處當以"目"字爲是。《文子纘義·舊注》云："智亂，無爲之道；心險，自安之德；目眩，清素之心。"《淮南子·主術》："道有智則惑，德有心則險，心有目則眩。"惑，即亂也，義同。二十二子本亦同敦煌本。且《文子》一書多以"目"字行文。《九守》："故五色亂目，使目不明；五音入耳，使耳不聰；五味亂口，使口生創""清目不視，静耳不聽，閉口不言"。《上仁》："以天下之目視，以天下之耳聽，以天下之心慮，以天下之力争。"故當以"目"字爲佳。

6. 國有亡主，世無亡道，人有窮，而理無不通。(《下德》)

按：上文《淮南子·主術》作"故國有亡主而世無廢道，人有困窮而理無不通"。俞樾校曰："此本作'國有亡而世無亡道'，'國有亡''人有窮'相對成文，衍'主'字，脱'而'字，與下句不一律。且國亡即主亡，不必言主也。《淮南子·主術篇》亦作'國有亡主'，並改下句作'人有困窮'以儷之，非其本文矣。"今謂俞説不可從。上文當讀作"國有亡主，世無亡道，人有窮，而理無不通"。"窮"前當脱一"困"字。上述四句皆四字連文，各相對成文。"人有困窮"承前"國有亡主"，"理無不通"承前"世無亡道"，下句申述上句之意。若依俞説，則"人有困窮"句失其對應矣。今本同敦煌本。

7. 動静調受陰陽，喜怒和受四時。(《下德》)

按："喜"字，二十二子本、備要本、道藏本同，叢刊本、集成本作"嗔"，誤。前句"動""静"爲反義，則此當以作"喜怒"爲是。"喜""怒"常反義連言。《文子·九守》："夫哀樂者，德之邪；好憎者，心之累；喜怒者，道之過。"《文子·道原》："夫喜怒者，道之衰也；憂悲者，德之失也。"又《文子·下德》："理好憎即憂不近也，和喜怒即怨不犯也。"皆其例。另從句意看，亦當以"喜怒"爲是。《淮南子·本經》作"動静調於陰陽，喜怒和於四時"。文稍異，義並同。若作"嗔"，則"嗔怒和受四時"與"動静調受陰陽"義不諧，且失其儷偶。

8. 德施方外，名聲傳於後世。(《下德》)

按："施"，二十二子本作"流"，叢刊本、集成本、備要本、道藏本同。今謂"施"字爲是。《文子》一書多以"德施"行文。《道原》："德施百姓而不費。"《九守》："德施天下守以讓。"《淮南子·本經》作"德澤施於方外，名聲傳於後世"，義同。

9. 戴圓履方，抱表寢繩。(《下德》)

按：叢刊本、集成本並脱"戴"字，且"抱"字作"枹"。今謂有"戴"字是，"枹"字爲"抱"字之形誤。戴圓履方，古之常語。圓，天也；方，地也。抱表寢繩，意謂堅持德操。

“戴圓履方”與“抱表寢繩”相對爲文，無“戴”字，則文不成義。又“戴圓”“履方”“抱表”“寢繩”皆動賓結構詞語，兩兩相對爲文。《淮南子·本經》亦作“戴圓履方，抱表寢繩”，二十二子本、備要本、道藏本同。又《文子·微明》：“是故能戴大圓者履大方，鏡大清者視大明，立大平者處大堂。”可爲佐證。

10. 末世之法，高爲量而罪不及，重爲任而罰不勝，危爲難而誅不敢。(《下德》)

按：二十二子本無“危”字，又二十二子本、叢刊本、集成本、備要本、道藏本“難”前有“其”字，皆非。“高爲量而罪不及”“重爲任而罰不勝”“危爲難而誅不敢”三句排比爲文。王念孫曰：“危，猶高也；難，艱難之事；而責之以必能，乃畏難而不敢爲，則從而誅之。”“危爲難而誅不敢”正與“高爲量而罪不及”“重爲任而罰不勝”同義。《淮南子·齊俗》：“高爲量而罪不及，重爲任而罰不勝，危爲禁而誅不敢。”《莊子·則陽》：“匿爲物而愚不識，大爲難而罪不敢，重爲任而罰不勝，遠其塗而誅不至。”《吕氏春秋·適威》：“煩爲教而過不識，數爲令而非不從，巨爲危而罪不敢，重爲任而罰不勝。”文義並與此同，可證。

11. 獸窮則齧，鳥窮則啄。(《下德》)

按：“齧”，二十二子本作“觸”，叢刊本、集成本、備要本、道藏本、《治要》引同。今謂“齧”字於義爲長。《説文·角部》：“觸，抵也。”《淮南子·兵略》：“凡有血氣之蟲，含牙帶角，前爪後距，有角者觸，有齒者噬。”蓋“觸”者，用角抵也。若無角獸，則不可觸矣，故以作“齧”字爲佳。

12. 故有道即和，無道即荷。(《道德》)

按：“和”，二十二子本、備要本同，叢刊本、集成本作“知”，非是。此句上文云：“小弱有道，不爭而得；舉事有道，功成得福；君臣有道即忠惠；父子有道即慈孝；士庶有道即相愛。”上述之“不爭而得”“功成得福”“忠惠”“慈孝”“相愛”，皆“和”之意也；又“和”“荷”爲韻，作“知”則與文意抵牾且失其韻矣。又按：“荷”字，二十二子本、叢刊本、集成本、備要本皆作“苛”。今謂“荷”“苛”二字互通。《禮記·檀弓下》：“夫子曰：‘何爲不去也？’曰：‘無苛政。’”陸德明釋文：“苛，本亦作荷。”《左傳·昭公十三年》：“苛慝不作。”陸德明釋文：“苛，本或作荷。”可證。

13. 故聖人體道反生，不化以待化，動而無爲。(《道德》)

按：“生”字，二十二子本作“至”，叢刊本、集成本、備要本、道藏本同。錢熙祚校備要本曰：“‘至’字誤，《齊俗訓》作‘性’。”今謂“生”字是。生者，性也。《文子》一書中皆“反性”連用。《上禮》：“是故至人之學也，欲以反性於無，遊心於虚。”《下德》：“夫縱欲失性,動未嘗正,以治生即失身,以治國即亂人,故不聞道者,無以反性。"《道原》:"人生而靜,天之性也。感物而動,性之害也……故通於道者,反於清靜。"反於清靜,即反性也。又"故不聞道者,無以反其性;不通物者,不能清靜"。《淮南子·齊俗》:"故聖人體道反性,不化以待化,則幾於免矣。"皆其證。作"反至"則義不可通。

14. 老子曰:"**至德之世,賈便其市,農樂其野,大夫安其職,處士修其道,人人自樂其間。**"(《道德》)

按:"人人自樂其間",二十二子本作"人民樂其業",叢刊本、集成本、備要本、道藏本同,非是。上文蓋言至德之世,賈、農、大夫、處士各安其職,各樂其樂。《淮南子·俶真》:"古者至德之世,賈便其肆,農樂其業,大夫安其職,而處士修其道。……世之主有欲利天下之心,是以人得自樂其間。"義同。後人爲求與"大夫安其職,處士修其道"儷偶而改"人人自樂其間"作"人民樂其業",則前後語義相複,非其旨也。又按:"修"字當爲"循"之誤。隸書"修""循"形近,故致誤也。

15. **聖人和愉寧靜,生也;志得道行,命也。**(《道德》)

按:敦煌本"靜"字原脱,今據他本補。又"志得"二字,二十二子本作"至德",叢刊本、集成本、備要本、道藏本同。錢熙祚校備要本曰:"'至德'二字誤,《俶真訓》作'志得'。"今謂錢説是。"志得道行""和愉寧靜"皆爲並列短語,作"至德"則不一律也。又"生"讀作"性"。《淮南子·俶真》:"古之聖人,其和愉寧靜,性也;其志得道行,命也。"可證。

16. **故生遭命而後能行,命得生而後能明。**(《道德》)

按:後"生"字,二十二子本作"時",叢刊本、集成本、備要本、道藏本同,非是。生者,性也。命者,天命也。命得其根本清靜之性,所以能明。《淮南子·俶真》:"是故性遭命而後能行,命得性而後能明。"可證。

17. **好與,則無定分。上之分不定,即下之望無上。**(《道德》)

按:後"上"字,二十二子本、備要本、道藏本作"止",叢刊本、集成本作"息"。今謂"上"蓋"止"字之誤。息,亦止也。《淮南子·詮言》:"好與,則無定分。上之分不定,則下之望無止。"可證。

18. **由是觀之,井不足任,道術可因,明矣。**(《道德》)

按:"井"字,二十二子本、叢刊本、備要本、集成本、道藏本皆作"財"。今謂"井"字當作"才",形近致誤也。其上文云:"獨任其智,失必多矣。好智,窮術也。""好勇,危亡之道也。""好與,來怨之道也。"又《文子·下德》云:"故人才不可專用,而度量、道術可世傳也。"《淮南子·詮言》:"仁智勇力,人之美才也,而莫足以治天下。由此觀之,賢能之不足任也,而道術之可修,明矣。"皆其證。二十二子本等本作"財",則當讀作"才"。《孟子·盡心上》:"君子之所以教者五:有如時雨化之者,有成德者,有達財者,有答問者,有私淑艾者。"焦循正義:"財即才也。"

19.執一者,見小也;無爲者,守静也。見小故能成大,守静故能爲天下正。(《道德》)

按:上句二十二子本、備要本作"執者,見小也,見小故不能成其大也。無爲者,守静也,守静能爲天下正"。叢刊本、集成本、道藏本作"執一者,見小也,小故能成其大也。無爲者,守静也,守静能爲天下正"。今謂敦煌本於義爲長。積小成大,聚少成多,古今恒理。《文子·九守》:"夫道大以小而成,多以少爲主,故聖人以道莅天下。柔弱微妙者,見小也。儉嗇損缺者,見少也。見小故能成其大,見少故能成其美。"《文子·自然》:"夫天地不懷一物,陰陽不産一類。故海不讓水潦,以成其大;山林不讓枉橈,以成其崇;聖人不辭負薪之言,以廣其名。"徐靈府注"執一"句曰:"唯一故能總衆以御物,唯大故能見小而不遺。"皆言見小而能成其大。"見小故不能成其大也""小故能成其大也"皆與文義不合。又按:"天下"二字疑衍。"執一者,見小也"與"無爲者,守静也"、"見小故能成大"與"守静故能爲正"各相對爲文。有"天下"二字,則失對。

20.知者不以德爲事,勇者不以位爲暴,仁者不以位爲惠,可謂一也。(《道德》)

按:前"位"字,備要本同,二十二子本、叢刊本、集成本、道藏本皆作"力"。今謂"位"字是,首句"德"字疑亦爲"位"之誤。此句下文云:"人以其位達其好憎,下之徑衢不可勝理。"徐靈府注亦云:"不擇道而妄爲,不在位而濟惠,能全五者,可謂一矣。"《淮南子·詮言》亦作"智者不以位爲事,勇者不以位爲暴,仁者不以位爲患",則爲"位"字明矣。

21.因春而生,因秋而收,所生不德,所殺不怨,即幾於道也。(《道德》)

按:"收"字,二十二子本作"殺",叢刊本、集成本、備要本、道藏本及《淮南子·詮言》同。今謂"殺"字是。殺者,滅也。《莊子·大宗師》:"殺生者不死,生生者不生。"成玄英疏:"殺,滅也。""所生不德"承前"因春而生","所殺不怨"承前"因秋而殺",其意謂春秋無心,生殺有時,皆因自然之性,故生者不以爲德,殺者不以爲怨,如此,則達於道也。又《文子》一書多以"生""殺"對舉爲文。《上禮》:"其德生而不殺,與而不奪。"《下德》:"用六律者,生之與殺也,賞之與罰也,與之與奪也,非此無道也。"皆其證。《太平御覽》卷二十四引亦作"殺"。

22. 上操約少之分，下效易爲之功，是以君臣久久而不相厭也。（《下德》）

按："君臣"，叢刊本、集成本作"居日"，非是。"君臣"承上文之"上""下"二字。又"久久而不相厭也"，二十二子本作"久而相厭也"，叢刊本、集成本、備要本、道藏本、《治要》引皆作"久而不相厭也"。俞樾校曰："是以君臣久而相厭也，'厭'上脱'不'字，當據《淮南子·主術》補。"今謂俞説是。徐靈府注云："在於簡易，故無勞厭。"又舊注云："簡易之道可大可久。"亦其切證。《淮南子·主術》此句作"上操約省之分，下效易爲之功，是以君臣彌久而不相猒"，與敦煌本義近。

23. 莫不仰德而生。（《下德》）

按："仰"，二十二子本、備要本同，叢刊本、集成本、道藏本作"依"。今謂"仰德"爲長。《後漢書·鄧禹傳》："今吾衆雖多，能戰者少，前無可仰之積，後無轉饋之資。"李賢注："仰猶恃也，音魚向反。"《説文·人部》："依，倚也。从人，衣聲。""仰""依"義近，然"仰德"常見。《文子·上禮》："上古真人，呼吸陰陽，而群生莫不仰其德以和順。"《淮南子·泰族》："四海之内，莫不仰上之德，象主之指。"《淮南子·本經》亦作"莫不仰德而生"，皆用"仰德"一詞。

24. 故守分修理，失之不憂，得之不善。（《道德》）

按："修"，二十二子本作"循"，叢刊本、集成本、備要本、道藏本同。今謂"循""修"敦煌本常互誤，此以"循"字是。循者，因也，順也。又"善"字，二十二子本、叢刊本、集成本、備要本、道藏本作"喜"。"喜"字是，當據正。《淮南子·詮言》："守其分，循其理，失之不憂，得之不喜。"亦用"喜"字。

① 《文子》一書，北魏以來，有李暹、徐靈府、朱弁三家注，今存唐徐靈府注十二卷與宋朱弁注七卷。清代俞樾《諸子平議補録》偶有涉及《文子》例，又清代錢熙祚曾校備要本《文子》，近代著名學者王重民曾校《文子·道德第五》，然皆祇列出異文而已。

② 參晁公武：《昭德先生郡齋讀書志》卷三上，《四部叢刊三編·史部》，上海：商務印書館，民國二十四年（1935）。

③ 黃震：《黃氏日鈔》卷五五《讀諸子一》，乾隆三十二年刻本，第12—13頁。章炳麟：《菿漢微言》，民國五年（1916）鉛印本，第65頁。

④ 黃雲眉：《古今僞書考補正》，濟南：齊魯書社，1980年，第232—235頁。

⑤ 唐蘭：《馬王堆出土〈老子〉乙本卷前古佚書的研究——兼論其與漢初儒法鬥爭的關係》，《考古學報》，1975年第1期。

⑥ 江世榮：《先秦道家言論集、〈老子〉古注之一——〈文子〉述略——兼論〈淮南子〉與〈文子〉的

關係》,《文史》,1983 年第 18 輯,第 247—259 頁。

⑦　柳宗元:《柳河東全集》,北京:中國書店,1991 年,第 47—48 頁。

⑧　胡應麟:《少室山房筆叢》卷三一《四部正訛》,光緒二十二年廣雅書局校刊本,第 4 頁;姚際恒:
《古今偽書考》,北平:景山書社,民國十八年(1929),第 51—52 頁。

⑨　孫星衍:《問字堂集》卷四《文子序》,北京:中華書局,1996 年,第 88 頁。

⑩　轉引自張心澂:《偽書通考》,上海:上海書店,1998 年,第 699 頁。

⑪　梁啓超:《飲冰室合集》之八十四《漢書藝文志諸子略考釋》,北京:中華書局,1989 年,第 21 頁。

⑫　江世榮:《先秦道家言論集、〈老子〉古注之一——〈文子〉述略——兼論〈淮南子〉與〈文子〉的
關係》,《文史》,1983 年第 18 輯,第 247—259 頁。

⑬　爲便於叙述,筆者將 S. 2506 分爲 S. 2506(甲)與 S. 2506(乙)兩部分,將 P. 2810 分爲 P. 2810
(甲)與 P. 2810(乙)兩部分,其具體所指見行文。

⑭　譚蟬雪:《敦煌道經題記綜述》,陳鼓應主編:《道家文化研究》第 13 輯,北京:生活·讀書·新
知三聯書店,1998 年,第 13 頁。

⑮　魏徵:《群書治要》,上海:商務印書館,民國二十五年(1936)。

⑯　俞樾:《諸子平議補録》,北京:中華書局,1956 年。

⑰　王重民:《敦煌古籍叙録》,北京:中華書局,1979 年。

⑱　敦煌寫本《文子》與今本《文子》"即""則"常互換,因其例多,故不一一出校。又敦煌寫本中的
俗字、常見異體字皆徑行改正,也不再出校。

（原載《文史》2001 年第 4 輯,略有改動）

作者簡介:朱大星,浙江大學古籍研究所副教授

通訊地址:浙江大學紫金港校區古籍研究所　郵編:310058

寫本視角的版本思維觀察

——以敦煌寫本爲中心

竇懷永

敦煌藏經洞發現的六萬多件寫本文獻,爲世人生動展示了魏晉六朝至五代宋初間寫本在紙張、字體、裝潢、内容、形式等方面的豐富性,促使人們開始關注這種曾被雕版印刷奪去光芒的典籍形態。隨後吐魯番文書、黑水城文獻、宋元契約文書等陸續公之於世,再加上清朝末年在甘肅、新疆、陝西一帶發現的晋代《戰國策》《三國志》古抄本等,寫本文獻在總體數量上的快速增長,吸引了越來越多的關注。寫本文獻在抄寫時間上的天然價值,更促使諸多學人各就其不同方面進行整理與研究。

一 問題的提出

2007 年初,我在張涌泉師的指導下,開始着手校理敦煌文獻中留存的符合古代小説特點的寫本。在進行到《金光明經》的感應記部分時,我從當時業已公布的敦煌藏品中,梳理出 S. 364、P. 2099 等 31 件寫本[①]。在對各寫本逐一録文後,我發現,這些寫本至少在首尾題寫的卷名、抄接的佛經譯本、具體文句的用字等方面有着非常明顯的不同,不僅存在某幾件寫本之間大體相似,却與其他寫本完全不同的常規情況,也存在類似於表面上取兩種寫本的文字相互拼合而形成另一種寫本文字的特殊現象。因此,倘若持刻本文獻積累的常規"善本"標準或思路,選取這些寫本中的某一件爲底本、其他 30 件爲校本,整理出一個定本,不僅需要在校記中以大量的篇幅描述各寫本之間的具體不同以及某幾件寫本之間的雷同,未免過於繁瑣;即使是整理出來的"定本"文字,似乎也難以直觀反映出敦煌寫本《金光明經》感應記在語句表達方面的多樣性與豐富性。

這種困惑與困難,也在我拜讀學界前輩對該感應記的整理成果中得到進一步驗證。周紹良先生在二十世紀八十年代撰寫《敦煌文學》之"小説"部分時,以《金光明經》感應記的内容爲例,順手逐録了開頭小段,並説是根據"S. 4487、S. 6035 等"録成[②]。九十年代,鄭阿財先生撰《敦煌寫卷〈懺悔滅罪金光明經傳〉研究》③,對其時發現的 25 件感應記寫本作簡要叙録,重點對小説的內容特色與意義做考察。在其中的"録文"部分,鄭先生似乎並未明確指出是以哪件寫本作爲底本進行整理,僅言首尾完整的計有 S.3257 等七件,"文字無甚差異",遂"將校定後之全文逐録如下,以資參考",云云。從具體文字的比對來看,鄭先生應當是至少將北 1426 號和 P.2099 兩件寫本的文字整合後逐行寫定。2000 年,楊寶玉先生發表《〈懺悔滅罪金光明經冥報傳〉校考》④,對其時發現的 26 件寫本進行叙録,討論研究價值,進而"依據保存完整的 S.3257、北 1361、北 1362、北 1367、北 1424、北 1426、P.2099、L.735(即 Ф.260)等卷校録,並斟酌參考其餘各卷",仔細校注,"諸卷文句差異較大者,於校注中作適當説明,而文義相同,僅用詞用字小有區別者,則擇善而從,不復一一標注"。

　　倘若以表格的方式,選取感應記中的幾處描述文字,將鄭、楊兩位先生整理的定本略做橫向對比,則相互之間在同一個文句上的具體不同,可能會表現得更加直觀一些:

表 1　鄭、楊兩種感應記定本橫向對比表

鄭阿財先生整理本	楊寶玉先生整理本
願造《金光明經》四卷,盡身供養,願怨家解釋。	願造《金光明經》四卷,盡形供養,願怨家解怨釋結。
王即帖五道大神檢化形案。	王即又帖五道大神尋檢化形文案。
既無報對,偏辭不可懸信,判放居道再歸生路。	既無執對,偏詞不可懸信,判放居道再歸生路。
此經天下少本,詢訪不獲,躬歷諸方,遂於衛州禪寂寺撿得,抄寫隨身供養。	此經天下少本,詢訪不獲,躬歷諸方,遂於衛州禪寂寺檢得諸經目録,抄寫此經,隨身供養,受持讀誦。
狀如夢惛惛,常有雞、豬、鵝、鴨,一日三回,競來咬嚙,痛不可當。	狀如眠夢惛惛,常有雞、豬、鵝、鴨,一日三回,競來咬嚙食啖,痛不可當。
從來應其到時遂乃不見。	應其時到,乃不見。
或衒賣與人,取其財價,以爲豐足,皆須一本一造,分明懺唱,令此功德,資及怨家,早生人道。諸訟自休,不復執逮。	或衒賣與人,取其財價以爲豐足,須生悔過,速寫《金光明經》。懺悔功德,資益怨家,早生人道,拷訟自休,不復執逮。
善男女等,明當誡之。	善男子善女人等,明當誡之!

　　誠然,各個寫本和具體文本之間存在的些許差異,基本不會影響對該篇感應記的文學意義、佛學價值、史學意義等多角度的探討,這可能也是前輩們直接寫定文本的原因之一。不過,各版本之間相互關係的辯證分析與各文本之間差異文字的妥當處理,以及居

於版本和文本背後的内在促成原因的探索,却又是古典文獻研究的一個重要内容。在這種情境之下,我不禁産生了一個疑問:寫本形態文獻的版本梳理,有着不同於刻本的特點,那麽,在整理敦煌寫本時,是否一定要沿襲整理刻本文獻的普遍做法,從幾個甚至幾十個敦煌寫本中選定某一件寫本作爲唯一的底本,進而校理成唯一的一篇定本?

基於這樣的疑問,我又産生了兩個方面的疑慮:

(1)敦煌寫本發現的晚清時期,雕版印刷技術已經高度成熟,刻本文獻已經成爲占據絶對優勢的載體形態,其學術研究是在刻本及其版本系統爲主導思維的學術氛圍下逐漸起步和發展的,突出表現爲秉承漢學傳統、兼容宋學而又出新,重視考據,推崇文字訓詁與版本考證。敦煌學發軔之初,以羅振玉、劉師培爲代表的晚清學者飽受傳統學術之浸染,在獲睹中古時期的寫本文獻資料後,自然而然地會將其在研究刻本文獻中所形成的分析方法、思維習慣、整理經驗等應用於敦煌寫本的研究與整理上,則難免存在着忽略刻本與寫本形態各具自身特點的可能性。我想,這對後來學者應當會有不同程度的示範性影響。

(2)如果直接將刻本時代形成的文獻整理思維施之於寫本,所帶來的最直接的負面影響可能是:比較容易將同一種文獻内容的多個寫本在版本上視爲均源自同一個底本,進而在校録時以某一個寫本爲底本、其他多個寫本爲校本,最終寫定生成一個相對更善的文本。那麽,這樣的思維方式與校理方法,則容易造成兩個問題:其一,從多個寫本之中選取某一個寫本作爲底本時,文本之間的近似性容易成爲干擾因素。其二,以不同寫本作爲底本而整理校勘後的定本文字之間,文字差異比率會相對較高。

有鑒於此,當時我個人"自告奮勇"地將31件寫本的《金光明經》感應記文字做了縱向差異性和横向一致性的對比,進而劃分出了六個傳抄系統,希望既能彰顯出各個不同的傳抄系統之間在重點語句方面的明顯區别,又體現出各個傳抄系統内部在特徵字詞方面的相對一致性[⑤]。

系統甲以北1426爲代表,可歸入同一系統者尚有北1367、S.462、S.6514、S.4487、Дx5755,共計六個寫卷。

系統乙以P.2099爲代表,可歸入同一系統者尚有S.3257、北1424、北1362、北1363、北1365、S.364、北1425、Дx4363+北1360、北1369、S.9515、S.6035、Дx6587、Дx2325、石谷風藏品、Дx5692,共計十七個寫卷。

系統丙以北1361爲代表,可歸入同一系統者尚有S.4984、北1364,共計三個寫卷。

系統丁以 Φ260 爲代表，可歸入同一系統者尚有 P. 2203、S. 2981，共計三個寫卷。

系統戊僅一件，編號爲 S. 4155。

系統己僅一件，編號爲 S. 1963。

這種嘗試將寫本分出傳抄系統來整理的方式，還應用在敦煌寫本《黃仕强傳》上。根據編撰《敦煌小説合集》時的統計，在當時業已公布的敦煌文獻中共發現了《黃仕强傳》寫本 12 件，綴合後得到 P. 2136、Дх. 1672 + 1680、浙敦 26 等 10 件，經過細緻比勘典型文句、用字習慣和區分表述口吻、行文方式等，並適當兼顧寫本各自的殘存情況，進而劃分出了甲、乙、丙、丁四個文本傳抄系統[6]。2016 年 9 月，方廣錩教授編著的《濱田德海蒐藏敦煌遺書》出版。在這批公布的 36 件敦煌寫本中，有一件編號爲伍倫 27 號 1 的《黃仕强傳》寫本可以與 P. 2136 歸爲同一個傳抄系統（系統丁），並且在文本完整程度上明顯要優於後者[7]。這樣一來，四個文本傳抄系統又得到了一些豐富：

系統甲，涉及卷號有浙敦 26 號、大谷大學藏品乙 71 號、P. 2186、Дх. 4792 + 北8290 和 P. 2297。

系統乙，涉及卷號有上圖 84 號、中村不折藏本 68 號和 Дх. 1672 + 1680。

系統丙，涉及卷號有北 8291。

系統丁，涉及卷號有伍倫 27 號 1 和 P. 2136。

當然，必須要承認的是，這樣通過劃分傳抄系統來分別校理的方法，一方面是基於同一文獻内容的不同傳抄寫本之間，存在着比較明顯的文本差異性的事實，另一方面是希望能夠在尊重文本差異性的前提下，從目前數量可見的寫本中，比對出内在的一致性特點，努力梳理（至少可以接近）文本傳抄的枝幹規律。很顯然，同一種文獻内容存在多個寫本，且各寫本之間又各具特點，在根本上是該文獻内容的原始文本在流傳過程中形成新的謄抄本，後又“變身”爲新的底本繼續流傳，不斷循環同時又不斷分化所致。這個分化的誘導因素，既包括了文獻的内容性質、抄寫載體、傳播方式、流傳區域等客觀因素，也包括了文獻誦讀者、文獻抄寫者、文獻修改者、文獻保存者等主觀因素，是各種主客觀誘因在共時層面與歷時層面交叉發揮影響的結果。每一個以人工手抄爲基本特點的寫本，既具有作爲文獻載體在文獻傳承中所表現出的普遍性，更具有寫本這種載體形態本身固有的獨特性。

　　平心而論,這些有關寫本的客觀問題與影響因素,在刻本文獻占據數量優勢、版本系統作爲主導思維的學術背景下,很難有充分的機遇表現出來,以至於非常容易被忽略。隨着百餘年來敦煌寫本研究的不斷深入,以及契約文書等其他寫本形態的文獻在數量上不斷擴大,以人工手抄爲基本要素的寫本文獻日益彰顯出其有別於刻本的自身特點。因而,我個人認爲,或許有必要居於寫本的視角,重新觀察雕版印刷的産生與發展所帶來的版本主導思維的形成過程,理性分析刻本在替代寫本進程中對版本遞變的正負面影響,或可有利於重新估量寫本文獻校理與刻本文獻校理在版本系統上的不同處理方式。

二　版本與版本思維的形成

　　版本,初作"板本",大約出現於五代宋初,其本義是針對以雕版方式印刷的書籍而言。不過,這個詞語的産生,本身就已經至少説明了兩個問題:一是以施之木板、雕刻上墨、折葉裝訂爲基本特徵的雕版印刷,在技術上漸趨成熟,並開始成爲主流的文獻傳播方式;二是以寫之紙張、手工謄抄、卷軸裝幀等爲一般特點的寫本文獻,在生產速度與數量上已經明顯不具優勢,逐漸進入淘汰區間。

　　新技術的相對高效及其所激發的新熱情,促使大量寫本形態的文獻至遲從北宋開始就被爭先刊印成刻本形態,刊印文獻數量的增加又反過來促進了刊刻經驗的成熟,而刊刻經驗所帶來的技術水平提升又進一步刺激了刊刻熱情的提高。良性循環所生發出來的巨大作用力,有力地推動了雕版印刷的發展。無論是據社會階層而分爲官刻、家刻、坊刻,還是據地域特點而分爲浙本、蜀本、閩本,在北宋及以後的宏大經濟背景下,雕版印刷對於文獻流傳所帶來的正面促進甚至一度完全掩蓋了其不可避免的負面效應。這種雙重影響,也可以從生活於兩宋之交的葉夢得的感慨中看出來[⑧]:

> 　　唐以前,凡書籍皆寫本,未有模印之法,人以藏書爲貴。人不多有,而藏者精於雠對,故往往皆有善本。學者以傳錄之艱,故其誦讀亦精詳。五代時,馮道始奏請官鏤《六經》板印行。國朝淳化中,復以《史記》、前後《漢》付有司摹印,自是書籍刊鏤者益多,士大夫不復以藏書爲意。學者易於得書,其誦讀亦因滅裂,然板本初不是正,不無訛誤。世既一以板本爲正,而藏本日亡,其訛謬者遂不可正,甚可惜也。

　　在我個人看來,倘若將葉夢得的上述親歷與感受放置於古代文獻繼承與傳播的大背景下,或許可以得出以下幾個方面的共識:

（1）在"未有模印之法"的寫本時代，文獻内容的傳承與傳播是靠手工謄抄完成的，"人不多有"，因此，參與人員的文化水平、主觀動機等因素對於文獻的文本面貌、流傳範圍等有着決定性的影響，間接促進了具備各自特點的寫本傳抄系統的形成。

（2）"傳録之艱"的客觀事實與"藏書爲貴"的主觀心理，不僅帶動了"誦讀精詳"這一基本的文獻傳承功能更好發揮，也提高了寫本時代"精於讎對"這一類善本的産生概率和存世概率，甚至也爲雕版印刷時代校勘學的成熟完善做了前期實踐與經驗上的積累。

（3）雕版印刷的高效率製作，使得至遲在北宋時期就已經有條件將寫本時代傳承下來的大量文獻陸續刊刻發行，"刊鏤益多"的有利局面相對改變了寫本時代文獻"人不多有"境況，以致"易於得書"。這不僅提高了文獻的傳播數量，也擴大了文獻的傳播範圍和影響力。當然，雕版刊刻的方便性與傳播的高效性，同時也不可避免地會帶來雕刻版本的多樣化，甚至是分化。

（4）相對於北宋雕版印刷文獻數量的日益增加，"板本初不是正，不無訛誤"，文獻底本的前期遴選工作則似有日益滯後之感。在《宋史》中，時常能够見到當時的學人"手自校讎"的記載，如記畢士安"年耆目眊，讀書不輟，手自讎校，或親繕寫"⑨，記劉摯"家藏書多自讎校，得善本，或手鈔録，孜孜無倦"⑩。不過，"藏本日亡"的現實，顯然也減少了刊刻所據寫本形態底本的存世數量和傳世概率，反過來又加劇了版本遴選工作的進一步惡化。

應當看到，雕版印刷漸趨代替紙本抄寫的事實，固然從對立面反映了寫本時代的没落，暗示出刻本流行之前的手寫紙本文獻勢必大量消亡，更爲重要的是，它也在一定程度上促成了僅以古籍中刻本形態的版本爲研究對象的狹義版本學的興起與發展。例如清人葉德輝在《書林清話》中，曾承接"先祖宋少保公《石林燕語》"之論，對版本名稱加以討論⑪：

> 雕板謂之板，藏本謂之本。藏本者，官私所藏，未雕之善本也。自雕板盛行，於是板本二字，合爲一名。而近人言藏書者，分目録、板本爲兩種學派。大約官家之書，自《崇文總目》以下，至乾隆所修《四庫全書總目提要》，是爲目録之學。私家之藏，自宋尤袤《遂初堂》、明毛晉《汲古閣》，及康雍乾嘉以來各藏書家，斷斷於宋元本舊鈔，是爲板本之學。然二者皆兼校讎，是又爲校勘之學。本朝文治超軼宋元，皆此三者爲之根柢，固不得謂爲無益之事也。

這段文字經常在討論狹義版本學的概念時被引用。"雕板盛行，於是板本二字，合爲一名”,業已刊刻實物的明顯增加與存而未刻寫本的隱性減少,倒逼“板本”中的“本”不斷弱化,而“板”則不斷强化。是故“近人言藏書者”,“板本”已足可與“目録”抗衡而視作“兩種學派”。這樣也就容易理解,在狹義版本學的範疇里,自然是將時間定在宋元明清時期,對象則限於刻本。

誠然,版本學的概念有狹義與廣義之分。不過,如果換一個角度,我個人更願意認爲,葉德輝的論述一方面概括出了雕版印刷的出現對於傳統文獻學的推動作用,特別是明顯地促進了目録學、版本學、校勘學的發展,另一方面也暗示出,伴隨着雕版印刷的成熟和相關學科的發展,“版本優先”的思維借助於“板”的現實物質形態不斷固化,從而助長了心理層面的適應性與習慣性,即在心理與思維上首先以“版本”區分文獻,再運用考證手段論述這種區分的合理與否,進而再考慮版本的研究與使用問題。這樣一種自覺的思維過程以及隨之産生的自覺實踐行爲,我姑且稱之爲“版本思維”。

在我看來,“版本思維”是在刻本時代對於文獻版本重要性的突出强調,是在主觀理想上爲了追求文獻文本的歷史原貌和文獻内容的盡善盡美,在客觀行爲上形成的對文獻版本的重視,從而逐漸形成和固化的優先强調文獻版本,且以版本學方法研究和使用文獻的思維。因此,在具體的表現形式上,“版本思維”大約可以表現爲:一方面,以目録學爲主要工具,借助著録、題跋等各種渠道,對文獻的版本生成、版本流傳、版本遞變等情況進行調查與考證,對文獻的早期版本、珍貴版本等進行探訪、購求與保護;另一方面,是運用校勘、訓詁、輯佚等多種“技術手段”,對文獻的當前可見版本進行文本比對與整理,並在此基礎上力求“生成”新的“更優”版本。容易看出,就這兩個方面而言,前者是爲後者的更好開展而服務的,後者是對前者的進一步發揮。從古文獻學史來看,這兩方面内容的交織作用對兩宋以後圖書的刊刻、流通、收藏等産生了意義非凡的影響:

(一)私家藏書在北宋以後成爲新潮流,文獻版本的影響因素和影響效應漸趨巔峰,而藏書經驗的積累也提升了版本意識。

藏書制度與藏書文化濫觴於商周、成型於兩漢,在寫本時代自然以官府藏書爲主體,集中庋藏和深藏秘閣成爲兩個重要的特點,但也相應存在着容易遭受毀滅性災難和藏書功能被削弱的缺陷[12]。雕版印刷帶來的圖書數量增加和獲取容易程度提高,使私家藏書獲得了充足的成長動力,進而借助科舉制度的深入實施、藏書目録的自覺編制等諸多有利因素,與官府藏書相互補充文獻種類、相互借鑒經營技術,從而逐漸形成官、私藏書並駕齊驅、各領風騷的良好格局,也一度在明清時期以江南地區爲中心而漸臻黄金時代。

略窺諸多藏書史料即可發現,無論是在圖書的謄抄、校理、編纂、刊刻,還是在圖書的存放、搜求、管理、保護甚至捐獻等方面，"版本"被宋元以後的私家藏書推崇到了極爲重要的原則高度。例如南宋進士尤袤著有《遂初堂書目》，楊萬里在序文中記尤氏"於書靡不觀，觀書靡不記，每公退，則閉户謝客，日記手抄若干古書，其子弟及諸女亦抄書"，且記尤氏曾自稱"吾所抄書今若干卷，將彙而目之"云云[13]。又如明代藏書家趙琦美校理五卷本《洛陽伽藍記》，前後用時八年之久，計以五種版本校讎，訂訛補漏近九百處。清人黄丕烈收藏宋代刻本逾百部，自號"佞宋主人"，書齋取名"百宋一廛"，以至顧廣圻特撰《百宋一廛賦》以記之[14]。再如清代藏書家孫從添在《藏書記要·鑑別》開篇就説，"夫藏書而不知鑑別，猶瞽之辨色、聾之聽音，雖其心未嘗不好，而才不足以濟之"[15]，寥寥數語，其對於版本鑑定的重視心態，躍然於紙上。《書林清話》卷六有"宋元刻本歷朝之貴賤"篇，是知宋元刻本幾乎以頁計價，卷十有"藏書偏好宋元刻之癖"篇，更知其時嗜宋元版本而近乎偏執。這其中固然有文人雅士偏愛古物的風潮，但也反映出這些藏書家、文獻學家對於版本的重視。

（二）以考據學爲代表的治學方法，在版本時代獲得了新的發展空間，同時又促進了版本學的發展。

考據之學自然以清代尤其是乾嘉年間最爲興盛。以顧炎武、戴震、孫詒讓爲代表的各派別考據學者，以經學文獻爲主，以漢儒注解爲宗，治學嚴謹，博通經史，重證據，考真偽，正訛誤，辨音讀，釋字義，校異同，運用校勘、辨僞、輯佚、注疏和考訂史實等多種手段，對四部文獻、尤其是儒家典籍進行了細緻的爬梳、整理和研究，努力消除衆多文獻在流傳中所産生的各類錯誤、疏漏和篡改，使許多晦澀深奧、不堪卒讀的文獻基本可供閱讀研究，使許多真僞混雜、久已散佚的文獻的本來面目得以基本恢復。

衆所周知，在學術史上，曾受限於所謂漢學、宋學對立的觀念，一般將清代考據學的發展直接歸功至漢代經古文學的繁榮，而基本無視兩宋時期考據學在義理之學上的實踐成績和作用。實際上，清代學者章學誠在《文史通義》"朱陸"篇中就已旗幟鮮明地指出，從朱熹、魏了翁到宋濂、王禕再到顧炎武、閻若璩，"皆服古通經，學求其是，而非專己守殘，空言性命之流""自是以外，文則入於辭章，學則流於博雅，求其宗旨之所在"[16]。宋代經學領域的考據之學與元、明、清考據學，在本質上是一脉相承的關係。張舜徽先生在《廣校讎略》中逕以《論兩宋諸儒實爲清代樸學之先驅》爲題，認爲"有清一代學術無不賴宋賢開其先，乾、嘉諸師特承其遺緒而恢宏之耳"，例如"史部考訂之學，不外辨正異同，勘改譌失，則吳縝《新唐書糾謬》《五代史記纂誤》、吳仁傑《兩漢刊誤補遺》，亦已導夫先路"[17]。在我看來，這樣符合事物發展一般規律的論斷，可能纔更加符合考據學對於文獻學發展貢獻的實際。客觀來説,清代考據學是繼承歷史上考據學成果而發展成的一個的新高峰。

如果説以毛筆、紙張爲重要標志的寫本時代的到來,在一定程度上促進了考據學在兩漢的初次繁榮,那麽,雕版配以印刷所帶來的刻本時代,無疑又給考據學提供了在兩宋以後逐步繁榮的素材準備以及充足空間。同時,考據學的發展與繁榮,必然帶動各類學者對於版本的重視及對版本相關問題的研究,而這又會反過來促進考據學的發展。葉德輝在《書林清話》卷一《古今藏書家紀板本》中説"談此學(即指版本學)者,咸視爲身心性命之事"[18],可以想見其對於版本學與考據學相互促進作用的感受。很顯然,多種因素的交織,在一定程度上促成了版本思維的不斷形成甚至局部固化。

三　版本思維下寫本文獻遞變進程觀察

如果將上文有關版本和版本思維的討論動態化,以文獻流傳的一般性邏輯進程爲背景,並補充以若干必要環節,將某種文獻由寫本時代發展至刻本時代的變化情況置於理論狀態下,我個人認爲,大約可以形成如下所示的進程圖(圖1):

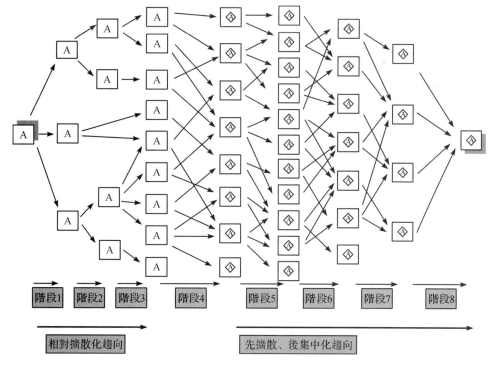

圖1　文獻 A 由寫本時代到刻本時代遞變進程示意圖

圖1以文獻A爲例,假設其在一般性的理論隨機狀態下,歷經寫本時代的謄抄與傳播、雕版印刷逐漸取代手工抄寫、刻本時代的印刷數量激增,以及運用目録學、版本學、校勘學等學術考據方式不斷整理,最終遞變爲刻本形態的文獻◇。整個進程可以具體分爲四個層次來看:

(1)在階段1中,文獻A通過手工謄抄的方式生成了三個不同的版本。很顯然,這個階段的傳抄過程最爲簡單,所受的外界影響因素也相對最少,因此,從文獻内容的完整程度而言,這是最接近於文獻A原始面貌的版本。之後,這三種版本"變身"爲母本而繼續流傳,並在一定範圍和時間内經歷階段2、階段3的再次傳抄和初步參校而衍生出新的一系列寫本,從而逐漸形成各自的傳播脈絡和傳抄系統,文本内容各自分化的概率自然也相應開始加大。

(2)階段4示意的是寫本形態向刻本形態過渡的時期。雕版印刷在逐步替代人工謄抄時,一般會根據各自的現實情況,取用某一個或某幾個傳抄系統中的寫本作爲各自雕刻製版的底本,進行大量印刷。在我看來,這是寫本形態進入雕版形態的關鍵節點:一方面,製版所用底本的調查、比較、取捨、校勘,在一定程度上決定了該文獻進入刻本時代後版本方面保留與沿襲的種類、内容的多寡與優劣的狀況;另一方面,通過上述動作而生成的文本内容,自然會成爲進入刻本時代的"最初母本",對後續刻本形態下各版本之間的具體文本有着直接的影響,這與階段1極爲類似。

(3)階段5示意的是雕版印刷取代人工謄抄後,一方面得益於具備商業化基因的高效新技術及其所激發的新熱情,另一方面在商業行爲的相互比較、相互借鑒及學術行爲的版本調查、文字校勘共同作用下,文獻A達到了刊印版本與數量的巔峰。正如上文所言,這樣的雙重巔峰時期,一方面,在載體形態上是以"藏本日亡"爲代價的,這自然會帶來多樣和分化等一系列負面問題;另一方面,在具體文本上則難免出現"板本初不是正,不無訛誤"的衍生性問題。

(4)階段6、階段7和階段8示意了文獻A以"版本思維"的逐漸生成與實際實施爲背景,開始運用校勘、訓詁、輯佚等多種"技術手段",對當前可見版本進行文本比對與整理,並在此基礎上力求生成以善本爲指歸的刻本文獻◇。相對於前面幾個階段,最後的這三個階段,一方面是寫本時代向刻本時代過渡完成、雕版印刷占據主要地位後,文獻版本數量增加而導致的版本系統相互交織、文本訛誤逐漸擴大等一系列問題的累積性表現,另一方面也是版本思維受到版本實物數量增加的反向刺激,逐漸醞釀、成形、討論並且真正實施的體現。

　　必須要特別指出的是：其一，不同的文獻在由寫本形態過渡到刻本形態時，可能會因爲自身内容、流傳等方面的原因而經歷較上圖或多或少的階段，每一個階段内，也可能會因爲個體情況的不同而產生或多或少的分支，甚至也會存在某個版本在某個階段即亡佚的情況（圖 1 中已作示意）。其二，寫本形態向刻本形態的遞變，並不意味着寫本的馬上消失，實際上會存在二者交叉共處的階段。不過，從總體上來説，圖 1 已經基本能够示意出大多數情況下的傳世文獻在寫本時代、刻本時代的遞變發展進程[19]。

　　站在版本與版本思維的視角，從上述充滿複雜性與交織性的演變進程中，我個人認爲至少有如下三點規律性的現象值得予以特別關注：

　　第一，從版本外在的傳播特點來看，寫本時代在總體上表現出相對擴散化趨向，而刻本時代則表現爲先擴散、後集中的趨向。

　　受制於寫本時代生產力水平、文化發展水平、教育普及程度等多種因素的影響，寫本的謄抄速度要落後於刻本的刊印速度，這在一定程度上也會導致寫本時代的版本衍生速度相對較慢，在總體上呈現單向擴散的趨勢。在圖 1 中，階段 1 到階段 3 即是清晰的表現。這種特點，已經可以從上文中葉夢得“人不多有”的回顧中得到反映，還可以從寫本時代中人意識到文本存在訛誤所耗費的時間上得到反向驗證。例如北齊顏之推在《顏氏家訓·勉學》中記載了兩件北魏時期的軼事[20]：

　　　　江南有一權貴，讀誤本《蜀都賦》注，解“蹲鴟，芋也”，乃爲“羊”字。人饋羊肉，答書云：“損惠蹲鴟。”舉朝驚駭，不解事義，久後尋迹，方知如此。元氏之世，在洛京時，有一才學重臣，新得《史記音》，而頗紕繆，誤反“顓頊”字，“頊”當爲許録反，錯作許緣反，遂謂朝士言：“從來謬音‘專旭’，當音‘專翾’耳。”此人先有高名，翕然信行，期年之後，更有碩儒，苦相究討，方知誤焉。

　　一個是“久後尋迹，方知如此”，一個是“期年之後”方由碩儒指出其誤，這其中，除去當事人主觀意識的原因，客觀上也從側面説明寫本時代的文獻種類在總量上相對較低，以及同一種寫本的不同謄抄版本數量相對較少。

　　雕版印刷作爲新興產業出現後，大大緩解了人工勞累程度，官民刻書坊大量建立，促使刻本數量在短時間内呈現爆發式增長。《宋史》卷四三一記有景德二年（1002）時邢昺與宋真宗談論刻本一事[21]：

　　　　是夏，上幸國子監閲庫書，問昺經版幾何，昺曰：“國初不及四千，今十餘萬，經、傳、正義皆具。臣少從師業儒時，經具有疏者百無一二，蓋力不能傳寫。今板本大備,士庶家皆有之,斯乃儒者逢辰之幸也。"

　　北宋初期僅四千,景德年時十餘萬,四十年左右的時間,"經版"增長了二十幾倍,確實是"大備",而所謂"蓋力不能傳寫"之語,也是對上文寫本時代版本衍生速度相對較慢的真切反應。很顯然,這樣的增長方式也勢必帶來版本的急劇擴散。這正是圖1中階段5所反映的。但是,版本的驟然增長又會必然增加文本訛誤的概率,進而影響文獻內容的正確表達與順利流傳。《宋史》卷四三一記判監李至曾上言,"本監先校定諸經音疏,其間文字訛謬尚多,深慮未副仁君好古誨人之意"云云[22],故"望令重加刊正,冀除舛謬"。同卷還記咸平初,"學究劉可名言諸經版本多舛誤,真宗命擇官詳正,因訪達經義者"云云[23]。此類記述,不勝枚舉。近人陳乃乾曾言"嘗謂古書多一次翻刻,必多一誤",且分作無心致誤與通人臆改兩類,也是對這一現象的總結。

　　從外在表現上可以看出,在寫本時代,文獻A的謄抄次數與版本數量表現為同步遞增的狀態,版本系統呈現出相對擴散化的傾向;在刻本時代,雕刻製版帶來的高效率固然會增加文獻◈的數量,但同一套雕版的印刷次數與版本數量未必表現為同步遞增的狀態,版本系統總體上會呈現出相對集中化的傾向。因而,兩宋以後版本、目錄、校勘之學蓬勃發展,一方面是刻本時代文本內容訛誤、版本系統紊亂現象急劇增加的反映,另一方面也是解決各類訛誤、紊亂日趨增長問題的必然要求。以生成善本為最終指歸的版本思維體現在實際效果上,勢必會在一定程度上日趨減少版本的數量和衍生枝蔓,這就是階段6至階段8所要表示的意思。

　　(二)從版本內在的繼承特點來看,寫本時代難以在文本傳抄系統上建立有序性的問題,在刻本時代被加倍放大。

　　在絕大多數情況下,文獻在謄抄或刊印方面的時間、動機、人工等因素可以有意識地控制,但是文獻的傳播方式、傳播範圍、傳播主體等一系列繼承與流傳問題卻無法進行有目的的提前設置。因此,一旦進入大範圍的傳播流通環節,最初生成的文獻即相應轉變為"母本"的角色,成為再次謄抄或刊刻的依據。再經過一個流傳的環節後,謄抄或刊刻本又轉變為新的"母本",繼續下一個環節的傳播。類似這樣循環往復的過程,也是新版本生成、傳播、再次生成新版本的過程,自然也是版本系統生成的過程。無論是寫本形態還是刻本形態,這種傳播與衍生的規律是共通的,並且在刻本替代寫本後,由於文獻製作的高效、文獻數量的增多以及傳播範圍伴隨生產力發展的不斷擴大,愈發加劇了版本系統衍生的複雜性。

在上文圖 1 中,階段 1 到階段 3 示意的正是文獻 A 在以寫本形態傳播時的一般情況。可以看出,文獻 A 在開始傳播後,即由原始版本轉變爲"母本",生成了新的三個謄抄本,而這三個抄本在傳播環節各自轉變爲"母本"又形成了各自不同的抄本系統和傳播脉絡。文獻 A 在經過階段 3 後,在數量上由 1 個變成 9 個,而且各個階段内的謄抄勢必會存在一定程度的文本對照與借鑒,從而形成了完全不具備預設規律的傳抄系統。階段 4 示意的是以文獻 A 的寫本爲"母本",被用來刊印爲刻本◈的過程。在這個環節中,刊刻時"母本"的選擇表現出更加强烈的隨機性,寫本形態下生成的傳播脉絡幾乎被徹底打亂,既存在利用多個寫本生成一個新刻本的情況,也存在某個寫本被完全忽略的情況:前者可視作自劉向以來的校勘章法程式的規模化實踐與商業化運作,後者則造成了文獻 A 的某種版本亡佚不傳。在完全進入刻本時代後,規模化的機械複製代替了單一化的手工謄抄,同一文獻的流傳數量急劇增加,自然也意味着下一個流傳環節的"母本"數量也隨之增加,而這則明顯帶來版本系統複雜性的增加。在階段 5 中,文獻◈已經由 8 個版本擴大至 11 個,以及各版本之間的相互交叉,正是示意了上述情況。應當承認,生産力水平的提高在一定程度上促生了雕版印刷,雕版印刷在客觀上大大降低了因流傳而導致的文獻文本訛誤機率,但同時也促進了文獻相互交流的頻繁和文獻傳播範圍的擴大,而這兩者又在主觀上增加了文本的訛誤機率。文本的訛誤機率、文獻的傳播範圍與版本系統的複雜程度,三者之間形成了同步遞增的關係。

我認爲,在刻本通過應用體量逐漸擠壓寫本存在空間的階段,雕刻製版大概率是隨機選取了寫本的某一個版本爲底本而進行的,也不排除取用多個寫本相互參考、略加校勘後再刊刻的情況。從寫本的角度來説,這樣的無序性選擇,顯然在很大程度上割裂了寫本原有的前後繼承與傳抄系統,但是又並未在雕版之初建立起透明、有序的版本挑選系統。因此,雕版印刷完全繼承了寫本時代難以在文本傳抄系統上預先建立有序性的問題,這些問題又借由文獻生成速度、傳播範圍等一系列因素而被加倍放大,導致同一文獻的不同版本的前後繼承關係愈加複雜,甚至雜亂。

(三)從版本之間的異文特點來看,版本的傳播趨向與文本繼承特點産生的疊加效應,增加了文本訛誤的産生概率。

從校勘學的角度出發,文獻文本的訛誤錯亂表現,大約可以歸納爲脱、誤、衍、倒四大類。至於訛誤的原因,歷代均有學者歸納,例如清人王念孫曾認爲文獻"致誤之由,則傳寫譌脱者半,馮意妄改者亦半也"[24],再如近人陳垣先生則認爲,謬誤之因在於"其間無心之誤半,有心之誤亦半"[25]。這兩類觀點,在一般論述里頗具代表性。"傳寫訛脱"實際上大抵是出於"無心之誤",而"馮意妄改"則自然屬於"有心之誤"。可以看出,對參與文獻歷次傳播環節的抄手、刻工等在行爲動機上的客觀、主觀區分,是歸納文獻訛誤原因的切入點。

如果將上面文本訛誤的成因歸納,與文獻的版本生成、流散傳播和載體形態遞變結合起來,那麽可以發現兩個帶有規律性的現象:其一,無論寫本形態,還是刻本形態,在同一種載體形態中,同一種文獻的版本增長數量與訛誤產生概率成正比。換個角度來説,似乎也可以理解爲:每一次謄抄或雕版,既是新版本生成的過程,也是新的文本差異(包括訛誤)產生的過程。這個現象,在寫本時代表現得最爲明顯。《抱朴子》中所謂"書三寫,魚成魯,虛成虎"[26],應當包含有此意,亦可應用於總結類似北宋姚祐因福建刻本"坤爲金"而致誤之事[27]。其二,在寫本形態向刻本形態的過渡階段,刻本以數量優勢擠壓寫本的存在空間,文本的訛誤產生概率更大。余嘉錫先生曾認爲,"今所傳六朝唐人寫本,固多能存古書之真,然其譌謬處,乃至不可勝乙。宋人刻書,悉據寫本,所據不同,則其本互異。校者不同,則所刻又異",甚至"時異用殊,則以己意增省其文,竄易其語"[28],其言甚韙。

版本之間的四大種類訛誤,具體表現在文本上,則可以產生多種複雜交錯的現象。清代學者孫詒讓在《札迻·自叙》中,曾對古籍抄刻致誤問題有過論述[29]:

> 嘗謂秦、漢文籍,誼怡奧博,字例文例多與後世殊異,如《荀卿書》之"案",《墨翟書》之"唯""毋",《晏子書》之以"敔"爲"對",《淮南王書》之以"士"爲"武",《劉向書》之以"能"爲"而",驟讀之,幾不能通其語。復以竹帛梨棗,鈔刊婁易,則有三代文字之通叚,有秦、漢篆隸之變遷,有魏、晋正艸之輨淆,有六朝、唐人俗書之流失,有宋、元、明校槧之羼改,遠徑百出,多岐亡羊,非覃思精勘,深究本原,未易得其正也。

從竹帛到梨棗,從抄寫到刊刻,導致古籍文本產生異文,甚至訛誤,既有字形通假、字體混淆之因,也有俗寫流失、校刊篡改之故;但根本原因實際在於版本遞變更替之間,不斷鈔寫刊刻所導致的文本訛誤的累積性爆發。

基於以上三個方面,可以發現,古代社會的主流文獻形態由寫本逐漸遞變到刻本,從內部驅動因素來説,是源自寫本時代固有的文獻種類數量和文獻傳播方式,日益滿足不了秦漢隋唐間不斷提高的經濟文化水平和不斷增長的人口數量,而從外部推動因素來看,也是兩漢以後紙張製造技術的日趨純熟和產量的大幅提高,對效率相對低下的手工謄抄方式的揚棄。潘吉星先生在《中國科學技術史》中做過總結:雕版印刷這種機械複製的技術最初來自民間，印刷品也主要在民間流行，優點是比寫本字大易認，而且便宜；不過，"這種新型複製技術的出現，總不能指望會迅即擴展，也不能很快淘汰手抄勞動，要有手抄與印刷、寫本與印本長期並存的過渡時期"[30]。在我看來，刻本逐漸替代寫本的過程，可以看作"自下而上"的社會改革行爲。這與寫本替代簡策是截然不同的。對於這一點，或許發明活字印刷的畢昇出身"布衣"，亦是一個側證[31]。顯然，這種遞變是符合歷史發展的主流方向的，且已爲兩宋以後經濟、政治、文化日趨發達的事實所證明。因而，日本學者池田温先生在論述敦煌寫本時曾説："相對於寫本，刊本的優勢地位是決定性的。因此進入印刷時代後，寫本書籍幾乎全被廢棄了。歷史發展到十九世紀後，在十世紀之前的寫本幾近全無的情況下，《説文》木部殘卷、《唐韻》之類的唐代寫本遺品自然成爲了舉世無雙的瑰寶而受到世人的重視。"[32]

誠然，從事物發展的一般規律來看，最早在北宋時期就應當已經存在寫本形態與刻本形態比肩共存的"過渡階段"。不過，值得特別注意的是：（1）相對高效的雕版印刷代替了原來的手工抄寫，固然增加了文獻的流通傳播數量，但也使得寫本時代原就脆弱的傳抄系統，到了刻本時代更加混亂，從而產生了梳理版本的感性需要。（2）由各種原因導致的文獻文本訛誤，與日益擴張的版本數量形成了尖鋭的矛盾，致使同一種文獻的不同版本在文本内容上差異過大，進而催生了回溯原本的理性需求。因而，寫本向刻本的遞變，促使寫本時代開始自發萌芽的版本意識，逐步積累條件，上升爲自覺的版本思維。換一個角度來説，版本思維的形成，既符合學術上以善本爲指向的文獻整理傳統，也符合當時社會生產與商業經營的需要。

對於上面圖1中的文獻A而言，伴隨A在傳抄、刻印過程中帶來的文本内容變化，在客觀上需要進行一次以善本爲指歸的校理，從而形成◈，但是二者顯然是無法劃上等號的。因此，面對根據刻本時代的◈的具體文本，試圖以逆向的方式推導或校理出寫本時代的文本A，不僅從邏輯和概率上是行不通的，即便推定出一個文本，其面貌也基本不可能是A的原始狀態。換言之，刻本的日趨發展壯大，是以寫本的不斷萎縮爲必然代價的。這對於寫本傳抄系統的分化甚至割裂問題，衝擊得最爲明顯。同時，這個負面影響又因爲寫本數量的減少而被逐漸掩蓋，甚至被忽略。無疑，以敦煌寫本爲代表的寫本類文獻的不斷發現，使得寫本文獻傳抄系統的相關問題有了客觀思考與謹慎處理的必要性和現實性。

餘　論

　　需要特別做出説明的是,雖然本文是在討論寫本時代與刻本時代的文獻比較所引發的一些小問題,但是這並不意味着我認爲寫本與刻本是完全對立的。事實上,寫本與刻本都具有其自身的長處與短處,勢必會在不同的應用場景、社會階層中靈活發揮各自的記載功能。況且,即便是在雕版印刷術大行其道後,以手工抄成的寫本類文獻仍然存在,包括"抄本"(亦作"鈔本")、"影抄本"等,也有學者直接稱作"寫本",如南宋孝宗淳熙十三年(1186)内府抄本《洪範政鑒》十二卷。《書林清話》就以欣賞的眼光,記載了"明以來之鈔本"近百種[③]。因此,"寫本時代"與"刻本時代"的稱呼,在我看來,祇是根據不同時代下文獻載體的比重不同而進行的概括性描述,二者顯然無法、更不可能是截然對立的。

　　另外,在本文開篇的案例中,將《金光明經》感應記和《黄仕强傳》兩種寫本文獻劃分出傳抄系統來分别整理,是基於我個人對於寫本傳抄特點有别於版本思維特徵的理解而做出的嘗試,自然不可能是唯一的整理思路,因而權作引玉之磚,連同本文一起,祈請方家斧正。

①　有關《金光明經》感應記所涉各寫卷的叙録及最終校理情況,請參見《敦煌小説合集》,杭州:浙江文藝出版社,2010 年,第 295—329 頁。

②　詳見顔廷亮主編:《敦煌文學》之"小説"篇,蘭州:甘肅人民出版社,1989 年,第 281—282 頁。

③　鄭先生的文章先以《敦煌寫卷〈懺悔滅罪金光明經傳〉初探》爲題,收入《慶祝潘石禪先生九秩華誕敦煌學特刊》(臺北:文津出版社,1996 年);後又以《敦煌寫卷〈懺悔滅罪金光明經傳〉研究(初稿)》爲題,收入《敦煌文藪》(臺北:新文豐出版公司,1999 年);再經修改後,去掉"初稿"二字,收入鄭先生大著《見證與宣傳——敦煌佛教靈驗記研究》(臺北:新文豐出版公司,2010年)中,詳參第 81—111 頁,下文之引用亦逕據此書。

④　楊先生大作收入宋家鈺、劉忠編:《英國收藏敦煌漢藏文獻研究:紀念敦煌文獻發現一百周年》,北京:中國社會科學出版社,2000 年,第 328—338 頁。

⑤　2013 年前後,日本杏雨書屋開始陸續出版東洋學泰斗羽田亨博士收藏的敦煌寫本。《敦煌秘笈》第 3 册中有一件編號羽 192 號的《金光明經懺悔滅罪傳》寫本,經過梳理,歸入我個人劃分的系統乙中,則《金光明經》感應記所涉的敦煌寫本數量達到 32 件。詳可參考拙文《敦煌寫本〈金光明經〉感應記傳抄系統研究》,收入《在浙之濱——浙江大學古籍研究所建所三十周年

紀念文集》,北京:中華書局,2016 年,第 335—348 頁。

⑥ 有關《黄仕强傳》所涉各寫卷的叙録及校理情況,請參見《敦煌小説合集》,第 249—263 頁。

⑦ 方廣錩《濱田德海蒐藏敦煌遺書》(國家圖書館出版社)一書公布了日本原大藏省書記官濱田德海蒐集珍藏的敦煌寫本 36 件,其中編號伍倫 27 號 1 的正是《黄仕强傳》,則該内容的寫本數量增加到 13 件。經過文字比對後,可以確定與殘損最爲嚴重的 P.2136 屬於同一個傳抄系統,這也彌補了《敦煌小説合集》中《黄仕强傳》(二)現存整理文本不完整的遺憾。詳可參拙文《敦煌小説〈黄仕强傳〉新見寫本研究》,《敦煌學輯刊》,2018 年第 1 期,第 14—22 頁。

⑧ 就目前的史料來看,葉夢得(1077—1148)可能是中國歷史上較早一批研究雕版印刷起源相關問題的人,他根據前代文獻,提出雕版印刷術起源於唐代,這個觀點對後代影響較深。下方引文詳見葉夢得撰,宇文紹奕考異:《石林燕語》卷八,侯忠義點校,北京:中華書局,1984 年,第 116 頁。

⑨ 詳見脱脱等:《宋史》卷二八一《畢士安傳》,北京:中華書局,1977 年,第 9521 頁。

⑩ 詳見脱脱等:《宋史》卷三四〇《劉摯傳》,第 10858 頁。

⑪ 詳見葉德輝:《書林清話》卷一《板本之名稱》篇,北京:中華書局,1957 年,第 25 頁。

⑫ 例如南朝梁武帝蕭衍在位近五十年,廣搜天下圖籍,謄抄繕寫,竭力充盈官府藏書,甚至要求王公大臣之書聽從皇室調配,而藏書處所在秘閣外又增置了文德殿、華林園和東宫。548 年,侯景之亂,洗劫建康,"東宫圖籍數百厨,焚之皆盡"(《太平御覽》卷六一九引《三國典略》)。梁元帝蕭繹以皇族之優勢,積得圖書八萬卷,登位後又收得各類圖籍七萬卷。其在位兩年間,江陵官方藏書至少在十幾萬卷。554 年,西魏攻陷江陵,"帝入東閣竹殿,命舍人高善寶焚古今圖書十四萬卷"(《資治通鑑》卷一六五),王夫之故有"書何負於元帝"之嘆。

⑬ 詳參馬端臨:《文獻通考》卷二〇七《經籍考》,北京:中華書局 1986 年據萬有文庫十通本影印。

⑭ 《百宋一廛賦》,題署"元和顧廣圻撰,吳縣黄丕烈注",嘉慶十年(1805)黄氏士禮居刊本。

⑮ 詳見孫慶增:《藏書記要》第二則,上海:古典文學出版社,1957 年,第 34 頁。

⑯ 詳參章學誠:《文史通義校注·朱陸》,葉瑛點校,北京:中華書局,2014 年,第 309 頁。

⑰ 詳參張舜徽:《廣校讎略》卷五,北京:中華書局,1963 年,第 123—124 頁。

⑱ 葉德輝:《書林清話》卷一《古今藏書家紀板本》篇,第 8 頁。

⑲ 李零先生在《從簡帛古書看古書的經典化》中談到,"作爲書本的經典,它的形成,主要是漢代","很多古書,之所以能傳下來,產生持續的影響,不但經反復篩選,而且被不斷改編。然而,一旦進入經典化,人們對它的改編,就少得多了,不屬於經典的,大家改它,還容易一點"。這實際上是强調了"經典化"文獻具備相對穩定性特徵。我個人表示贊同,同時也認爲,這類文獻在由寫本形態過渡到刻本形態時,應當首先具有普通文獻的一般性遞變特點,然後具有作爲"經典化"的相對穩定性優點。《從簡帛古書看古書的經典化》收入《簡帛古書與學術源流》,北京:生活·讀書·新知三聯書店,2004 年,第 468—487 頁。

⑳ 顔之推撰,王利器集解:《顔氏家訓集解》卷三,上海:上海古籍出版社,1993 年,第 207 頁。

㉑　詳見脫脫等:《宋史》卷四三一《邢昺傳》,第 12798 頁。

㉒　詳見脫脫等:《宋史》卷四三一《崔頤正傳》,第 12822 頁。

㉓　詳見脫脫等:《宋史》卷四三一《崔頤正傳》,第 12822 頁。

㉔　詳參王念孫:《讀書雜志·淮南内篇雜志》之《讀淮南子雜志書後》,南京:江蘇古籍出版社 1985 年影印王氏家刻本,第 962 頁。

㉕　陳垣:《校勘學釋例·序》,北京:中華書局,2016 年,第 1 頁。

㉖　詳參王明:《抱朴子内篇校釋》之“遐覽”篇,北京:中華書局,1985 年,第 335 頁。

㉗　北宋朱彧《萍州可談》卷一:姚祐元符初爲杭州學教授,堂試諸生,《易》題出“乾爲金,坤亦爲金,何也”。先是,福建書籍,刊板舛錯,“坤爲釜”遺二點,故姚誤讀作“金”。諸生疑之,因上請,姚復爲臆説,而諸生或以誠告,姚取官本視之,果“釜”也,大慚,曰:“祐買着福建本!”北京:中華書局,2007 年,第 123 頁。

㉘　詳見余嘉錫:《藏園群書題記序》,收入《余嘉錫論學雜著》下册,北京:中華書局,1963 年,第 568—569 頁。

㉙　詳見孫詒讓:《札迻·自序》,北京:中華書局,1989 年,第 2 頁。

㉚　詳參潘吉星:《中國科學技術史·造紙與印刷卷》,北京:科學出版社,1998 年,第 302 頁。

㉛　據《夢溪筆談》卷一八,“慶曆中,有布衣畢昇又爲活版”云云,“布衣”自當是平民百姓之義。能够看到雕版印刷在刻板上的缺點,從而以“活版”的方法來改良,則畢昇必當是熟悉雕版環節的人。潘吉星先生在《中國科學技術史》中認爲畢昇“很可能是雕版工人”,我個人表示贊同,詳參第七章《印刷術的起源》第四節《活字印刷術的發明》,第 306 頁。

㉜　詳參池田温:《敦煌漢文寫本的價值——以寫本的真僞問題爲中心》,見《敦煌文書的世界》“本編”部分,張銘心、郝軼君譯,北京:中華書局,2007 年,第 189 頁。

㉝　黄永年先生在《古籍版本學》一書中特設《抄本稿本批校本》一章,專門討論了宋代以來古籍的活字本、抄本、批校本等具備人工謄抄特點的文獻,並稱之爲“刻本的派生物”,詳可參看《古籍版本學》,南京:江蘇教育出版社,2009 年,第 193—214 頁。

（原載日本京都大學人文科學研究所:《敦煌寫本研究年報》第 13 號）

附記:本文將納入國家社會科學基金項目“敦煌寫本避諱字彙考”(21BYY142)最終成果。

作者簡介:竇懷永,浙江大學古籍研究所副教授

通訊地址:浙江大學紫金港校區古籍研究所　郵編:310058

從敦煌本看日本猿投神社藏舊鈔《文選》的版本

金少華

日本愛知縣猿投神社藏有三部舊鈔白文本《文選》,曾於昭和四十一年(1966)影印行世(村田正志、太田正弘編《猿投影印叢刊》第 16、17、18 輯)。其中一部僅存《文選序》20 行 240 字,起"集其清英"句,至"故與夫篇什雜而集之"之"故",爲鎌倉中後期所寫。另兩部分別有弘安五年(1282)、正安四年(1302)之題記,世稱"弘安本""正安本"。正安本首録李善《上文選注表》,後接蕭統《文選序》及《文選》卷一全卷,尾題"文選卷第一"。弘安本首殘尾全,起《文選序》"正始之道著"之"之",尾題與正安本相同。

三部舊鈔本的《文選序》部分基本一致,幾無異文,傅剛先生《從〈文選序〉幾種寫、鈔本推論其原貌》曾結合吐魯番寫卷等材料,對除弘安本外的其餘兩部猿投神社藏本做過考察①,可以參看。至於弘安本、正安本所存《文選》卷一正文,異文不少,且與傳世《文選》李善注本和五臣注本又各有異同,故傅剛先生《日本猿投神社藏〈文選〉古寫本研究》以爲"弘安本與正安本可能底本不同"②,尚有待於進一步發覆。

傅先生之所以僅做推測之辭,主要有兩個原因:(1)傳世《文選》李善注本和五臣注本多相混淆羼雜,二本原貌久已失傳,不足據以辨析弘安本和正安本的版本情況;(2)敦煌藏經洞出土的法藏 P.2528 號《西京賦》李善注寫卷抄寫於李氏尚未辭世之時,本來可以作爲判別包括弘安本、正安本在内的《文選》各版本的標準,而傅先生則認爲該寫卷祇是一個合成本而非李善注原本,"正文及薛綜注抄的是薛本,然後再抄李善注"③(李善注本《西京賦》采用三國東吳薛綜舊注。胡刻本《文選》④於《西京賦》題下標"薛綜注",李注云:"舊注是者,因而留之,並於篇首題其姓名;其有乖繆,臣乃具釋,並稱'臣善'以别之。他皆類此。"),否定其"標杆"價值。

P.2528 寫卷起張衡《西京賦》"井幹疊而百增"句,至賦末李善注止,尾題"文選卷第二"⑤,共 358 行,是現存最古老的李善注本。拙文《P.2528〈西京賦〉寫卷爲李善注原本考辨》⑥揭示出李善引書"各依所據本"、以舊注本替換蕭統《文選》原帙、參酌蕭《選》原本習用字補釋舊注本古字等特殊注例,證明 P.2528 寫卷爲李注原本,傅剛先生合成本之説難以成立,故本文基於敦煌本《西京賦》來釐清弘安本和正安本的版本問題。

一

從異文對勘的結果看,正安本與敦煌本高度吻合,屬於《文選》李善注本系統,而弘安本的五臣注本特性比較明顯(下文所引五臣注本《文選》,據日本東京大學東洋文化研究所藏正德四年朝鮮刻本,參酌臺北"國家圖書館"藏南宋紹興辛巳陳八郎刻本;李善注本據敦煌本,特別注明者除外)。

(1)繚亙綿聯,四百餘里。"亙"字正安本同,弘安本作"垣"。

五臣注本作"垣",張銑注云:"垣,牆也。"而薛綜注云:"繚亙猶繞了也。"李善注云:"亙當爲垣。《西都賦》曰:'繚以周廬。'"是李注本《西京賦》據薛綜舊注本作"亙"。

考賦文、薛注"亙"字胡刻本《文選》均作"垣",李注"亙當爲垣"作"今並以亙爲垣"。因賦文"以五臣亂善",遂致與注文不相照應。胡克家《文選考異》云:

> 陳云:"善曰'今並以亙爲垣',據此則正文及薛注中'垣'皆當作'亙'。"案:所說是也。善但出"垣"字於注,其正文必同薛作"亙";至五臣銑注直云"垣,墙",是其本乃作"垣"。各本所見非。⑦

饒宗頤先生《敦煌本文選斠證(一)》云:

> 案善注,永隆本與他本文句雖異,其意則一。因善據薛本作"亙",薛并以"亙"本義"繞了"釋之;而善意則以"垣,墙"爲義,故云"當爲垣"也。若作"以亙爲垣",雖不失李注指爲假借之意,而劉申叔則認爲非李注。至五臣本則作"垣",故銑注"垣,墙也"。今各本賦文已作"垣",而又載善注"以亙爲垣",是文注不照。⑧

胡、饒二氏之説皆是。蓋李善認爲《西京賦》"繚亙綿聯,四百餘里"乃化用自班固《西都賦》"繚以周牆,四百餘里",薛綜釋"繚亙"爲"繞了"不可遽從,故云"亙當爲垣"⑨,"垣"字據蕭統《文選》,正與五臣注本相同。李善所據《西京賦》底本顯然是薛綜注本,"亙當爲垣"即針對薛注而言。

高步瀛《文選李注義疏》也贊同胡克家之説,謂李善並未將《西京賦》正文改成"垣",敦煌本作"亙"是也⑩。而傅剛先生《日本猿投神社藏〈文選〉古寫本研究》云:"永隆本《西京賦》正文作'亙',當從薛綜本,李善注文作'垣',是李善本作'垣',與薛綜本不同。"⑪未能準確把握李善以舊注本替換蕭統原帙《選》文之特殊注例,其説非也。

綜上所論,可知弘安本"垣"、正安本"亘"分別合於《文選》五臣注本和李善注本。

(2)樊萊平場,柞木翦棘。"柞"字正安本同,弘安本作"槎"。

五臣注本作"槎"。李善注云:"賈逵《國語注》曰:'槎,斫也。'柞與槎同,仕雅反。"是李注本《西京賦》作"柞"。

王煦《昭明文選李善注拾遺》卷一"柞木翦棘"條云:"'柞'字自有正訓。《毛詩》:'載芟載柞。'傳:'除草曰芟,除木曰柞。'《周官》:'柞氏掌攻草木。'鄭注:'柞,除木之名。'不必釋與'槎'通,且'槎'非古字也。"⑫王說甚辯,不過李善之所以不引《詩經》毛傳、《周禮》鄭注以疏釋《西京賦》"柞",一方面固然是由於斫木之義古籍多用"槎"字⑬,另一方面則緣於蕭統《文選》原本正作"槎"(五臣注本可證),故先引《國語》賈注"槎,斫也",繼云"柞與槎同",不以紆曲爲嫌,遂招致王煦的批評。

結合李善注本和五臣注本來看,二家《文選》所載《西京賦》確有"柞""槎"之異,而分別合於正安本、弘安本。

(3)發引稣,狡鳴蔖。"狡"字正安本同,弘安本作"校"。

五臣注本作"校"。薛綜注云:"蔖更狡急之乃鳴。"是李善據薛綜舊注本作"狡"。

考敦煌本《西京賦》正文"狡"字彳旁曾用粗筆改爲木旁,遂與薛注"狡"字不相照應。胡刻本《文選》卷一七王褒《洞簫賦》"時奏狡弄"李善注云:"狡,急也。"可與薛注相互參看。薛注本《西京賦》自作"狡",正安本亦可以爲證。蕭統本《文選》則作"校",故五臣注本、弘安本皆然。敦煌本塗改的原因,大概是抄手以爲"狡"字於義無取,遂從蕭《選》。至胡刻本則賦文、薛注皆作"校",遂失李善注本原貌。

(4)搤猰貐,批窳狻。"猰"字正安本同,弘安本作"㺔"。

五臣注本作"㺔"。薛綜注云:"猰,獸身人面,身有毛,披髮,迅走,食人。"是李善據薛綜舊注本作"猰"。

"猰"即《説文·内部》"𧮫"篆之隸變,唐代以前多用假借字"㺔",傳世刻本《文選》多用後起俗字"㺓"。敦煌本《西京賦》李善注云:"㺔,房沸反。"此乃李善參酌蕭統《文選》原本習用字(㺔)補釋舊注本古字(猰)之例(與上揭以舊注本替換蕭統原帙《選》文的李善注例應合而觀之)。故李注"㺔"字雖不合於《西京賦》正文及薛綜注,但不足以證明傅剛先生"(敦煌本)正文部分並非李善底本"的觀點⑭。然則弘安本與五臣注本相同,而正安本與李善注本相同也。

(5)麑兔聯獂,淩巒超壑。"獂"字正安本同,弘安本作"遂"。

五臣注本作"遂"。薛綜注云:"聯獂,走也。"是李善據薛綜舊注本作"獂"。

　　胡刻本《文選》卷五左思《吳都賦》："跐踊竹栢，獥獥杙枏。""獥獥"即"聯獥"之偏旁類化聯綿詞。李善注引《埤蒼》云："獥獥，逃也。"與《西京賦》薛綜注"走也"並無二致。又胡刻本卷一七王褒《洞簫賦》："處幽隱而奥庰兮，密漠泊以獥獥。""獥獥""獥獥"亦屬同一聯綿詞。李善注云"獥，勑陳切。獥，勑員切"，又云"獥，丑珍切。獥，恥傳切"，上下二字分别同音，可證。因聯獥義爲逃、走⑮，故"獥"或從辵旁作"遂"，二字異體，《集韻·僊韻》椿全切小韻："獥，獸走兒。或从辵。"⑯

　　敦煌本《西京賦》李善注云："遂，勑倫反。"此與上一例類似，李善乃參酌蕭統《文選》原本"遂"字以補釋薛綜舊注本"獥"（"遂"字偏旁看似與"走也"義更加契合），並不表明李注本《西京賦》正文必定是"遂"字。而傳世刻本《文選》據賦文及薛注改李注"遂"爲"獥"，殊無必要。然則弘安本、正安本分别與五臣注本、李善注本相同。

　　上舉五例中，前三例比較複雜，後兩例比較特殊，故特做詳細討論。至於弘安本合於《文選》五臣注本、正安本合於李善注本的其他例子，相對簡單，今列表如下（表中第1條敦煌本殘泐《西京賦》正文"跱遊極"三字，考薛綜注云"跱猶置也"，則李善注本賦文當作"跱"；第17條弘安本"暢"字誤從"虫"旁，第18條弘安本"歡"字形譌作"觀"，表中皆已訂正）。

序號	李善注本	正安本	五臣注本	弘安本
1	跱遊極於浮柱	跱	峙	峙
2	趫悍虓墥	趫	趫	趫
3	剖析豪氂	豪	毫	毫
4	所惡成創痏	創	瘡	瘡
5	邪界細柳	邪	斜	斜
6	群獸否駓	否	駓	駓
7	揭焉中跱	跱	峙	峙
8	矢不虛舍	舍	捨	捨
9	竿殳之所揘畢	畢	觱	觱
10	襢裼戟手	襢	袒	袒
11	奎踽槃桓	奎	蹊	蹊
12	突棘蕃	蕃	藩	藩
13	方駕授邕	邕	饔	饔
14	士忘罷	罷	疲	疲

（續表）

序號	李善注本	正安本	五臣注本	弘安本
15	相羊五柞之館	羊	徉	徉
16	發引龢	龢	和	和
17	聲清𠾃而蟋蚍	𠾃	暢	暢
18	適驩館	驩	歡	歡
19	美聲𠾃於虞氏	𠾃	暢	暢
20	增蟬蜎以此豸	此	跐	跐
21	振朱屣於盤樽	屣	履	履

二

上文所謂正安本與《文選》李善注本的吻合度極高、弘安本表現出明顯的五臣注本特性，是基於兩個鈔本的總體特徵來説的。正安本當然也有一些合於五臣注本的例子，而弘安本合於李善注本的情況尤非罕見。以下分類加以考察。

（一）弘安本合於李善注本

弘安本與《文選》李善注本相合的例子不少。由於正安本屬於李注本系統，所以兩個鈔本往往無殊。傅剛先生《日本猿投神社藏〈文選〉古寫本研究》指出，弘安本與正安本的差異"並不像後世刻本中李善、五臣那樣明顯"⑰，很大程度上是針對這部分條目而云然。

(1)長風激於別隯，起洪濤而揚波。"隯"字弘安本、正安本皆同，五臣注本作"島"。

薛綜注云："水中之洲曰隯。"是李善據薛綜舊注本作"隯"。敦煌本塗去《西京賦》正文"隯"字，旁注"島"，此據蕭統《文選》，五臣注本可證（參見上文"發引龢，狖鳴葭"條）。

原本《玉篇》殘卷阜部："隝，都皎、都道二反。《聲類》：'古文島字也。'……隯，《聲類》：'亦古文島字也。'"⑱正安本注"嶋"字於地脚，即"島"之偏旁易位字（"島"本從"鳥"）。

(2)𤏋炰夥，清酤䀆。"𤏋"字弘安本、正安本皆同，五臣注本作"炙"。

薛綜注云："𤏋，炙也。"是李善據薛綜舊注本作"𤏋"，"𤏋"可視爲"炙"之籀文⑲。後世通行"炙"。傳世刻本《西京賦》正文"以五臣亂善"亦作"炙"，致使薛注"𤏋，炙也"無所附麗,遂被刪省,李注本原文"鍊"字乃僅存於敦煌本等舊鈔本。

(3)凌重巘,獵昆駼。"巘"字弘安本、正安本皆同,五臣注本作"巘"。

薛綜注云:"山之上大下小者[曰]巘。"當本諸劉熙《釋名》,該義項之"巘"後世通作"巘"[20]。李善注云:"巘,言免反。"此乃參酌蕭統《文選》原本習用字(巘)補釋薛綜舊注本古字(巘)之例(參見上文"摣貙彙,批窳狖"條),"巘"字雖不同於賦文及薛注,然非誤字。而胡刻本《西京賦》正文亦作"巘",是"以五臣亂善"。弘安本、正安本則皆存李善注本原文。

(4)置互擺牲,頒賜獲鹵。"鹵"字弘安本、正安本皆同,五臣本作"虜"。

李善注云:"《漢書音義》:'鹵與虜同也。'"是李注本《西京賦》作"鹵";若作"虜",則完全没必要揭示假借字"鹵"。而李注云"與虜同"者,蓋參酌蕭統《文選》原本而言也。

考虜獲字古籍往往用"鹵",玄應《一切經音義》卷三《摩訶般若波羅蜜經》第二十五卷"虜掠"條:"古文作鹵,同,力古反。"[21]李善注本"鹵"字當是張衡《西京賦》原文。

(5)烏獲扛鼎,都盧尋橦。"扛"弘安本、正安本皆同,五臣注本作"扛"。

李善注云:"《說文》曰:'扛,橫關對舉也。'扛與扛同,古尨反。"是李注本《西京賦》作"扛"。胡刻本賦文作"扛",胡克家《文選考異》云:"扛當作扛。善注云'扛與扛同',謂引《說文》之'扛'與正文之'扛'同也。蓋善'扛'、五臣'扛',而各本亂之。"其說極是[22]。而李善注之所以引《說文》"扛",當是參酌蕭統《文選》原本的結果。

(6)鄙生生乎三百之外,傳聞於未聞之者。"者"字弘安本、正安本皆同,五臣注本作"口"。

李善注云:"者,之與反。"是李注本《西京賦》作"者"。敦煌本賦文"者"下注一小字"口",此據蕭統《文選》,五臣注本可證(參見上文"發引酥,狡鳴葭""長風激於別隝,起洪濤而揚波"兩條)。

(7)麀鹿麌麌,駢田偪仄。"仄"字弘安本、正安本皆同,五臣注本作"側"。

薛綜注云:"駢田偪側,聚會意。""側"字與《西京賦》正文"仄"不同,但並無訛誤,乃古今用字衍變之反映:古籍多用"仄",後世習用"側",舊注往往以"仄""側"爲古今字[23]。弘安本、正安本"仄"字合於敦煌本,李善注本《西京賦》原文也。

(8)將乍往而未半,怵悼慄而慫兢。"慫"字弘安本、正安本皆同,五臣注本作"聳"。

李善注云:"《方言》曰:'慫,悚也。'先拱反。"與《玉篇》相合,《心部》:"慫,息勇切,悚也。"[24]傳本《方言》作"聳",爲假借字[25]。

弘安本注"悚"字於"慫"旁,據李善注;正安本注"聳"字於天頭,據五臣注本。

(9)攦嵲彙,批窳狖。"彙"字弘安本、正安本皆同,五臣注本作"猬"。

薛綜注云:"彙,其毛如剌矣。"李善注云:"彙,音謂。"李善據薛綜舊注本作"彙",合於《説文》小篆,當是張衡《西京賦》原文。而胡刻本《文選》作"猬"者,當是"以五臣亂善","猬"爲"彙"篆重文"蝟"之後起换旁字。

(10)白象行孕,垂鼻轔困。"困"字弘安本、正安本皆同,五臣注本作"輇"。

薛綜注云:"僞作大白象從東來,當觀前行且乳,鼻正轔困也。"李善注云:"困,巨貧反。"是李注本《西京賦》作"困"。

"轔困"爲疊韻聯綿詞,或作"輪困",《史記・鄒陽列傳》"蟠木根柢,輪困離詭"[26],《文選》左思《吴都賦》"輪困虬蟠",皆其例。張衡《西京賦》原文當是"困"字;五臣注本作"輇"者,因"轔"字從"車"而改也。

(11)獨儉嗇以倨促,忘《蟋蟀》之謂何。"倨促"二字弘安本、正安本皆同,五臣注本作"齷齪"。

胡刻本《西京賦》作"齷齪",是"以五臣亂善"。饒宗頤先生《敦煌本文選斠證(一)》云:"'倨促'二字各刻本並從齒旁,《玉篇》分收於《人部》《齒部》《足部》。按《史記・司馬相如傳》作'握齪',《漢書》作'握齪',本書相如《難蜀父老》文作'喔齪',本書《吴都賦》六臣校云'善本握齪',並通用字。"[27]按聯綿詞雖無定字,不過"倨/握/喔"及"促"諸字見於《説文》,而從齒之字概皆未收。是張衡《西京賦》殆本作"倨促",敦煌本、弘安本、正安本是也,五臣注本"齷齪"乃後起通行俗字。

(12)草則葳莎菅蒯,薇蕨荔芫。"蒯"字弘安本同,正安本形訛作"菆",五臣注本作"蒯"。

《説文》作"菆"[28]。饒宗頤先生《敦煌本文選斠證(一)》引王先謙《漢書補注》云:"古'蒯'字本作'菆'。"[29]羅國威先生《敦煌本〈昭明文選〉研究》云:"'菆''蒯'古今字。"[30]李善注本"菆"字當是張衡《西京賦》原文,五臣注本"蒯"爲後起通行俗字。胡刻本《西京賦》亦作"蒯",是"以五臣亂善"。

(13)迺振天維,掎地絡。"掎"字正安本同,弘安本形訛作"桁",五臣注本作"衍"。

薛綜注云:"掎,申布也。"李善注云:"掎,以善反。"敦煌本薛、李二注及賦文"掎"字胡刻本《文選》皆作"衍",伏俊連先生《敦煌賦校注》云:"唐寫本作'掎'是。《玉篇》曰:'掎,《西京賦》曰:掎地絡。掎謂申布也。'《文選箋證》亦謂'衍'爲'掎'之借字。"[31]按胡刻本作"衍"者,當是"以五臣亂善"。

（14）故奢泰肆情，聲烈彌楙。“楙”字正安本同，弘安本形訛作“懋”，五臣注本作“茂”；“聲”字弘安本、正安本皆同，五臣注本作“而馨”。

胡刻本《西京賦》作“馨烈彌茂”，是“以五臣亂善”。伏俊連先生《敦煌賦校注》云：“今本作‘馨’，乃‘聲’字形近而誤。‘馨烈’不辭，‘聲烈’爲中古習用語，謂顯赫功業。”㉜又《説文·艸部》：“茂，艸豐盛。”《林部》：“楙，木盛也。”“楙”篆段注云：“此與艸部‘茂’音義皆同，分艸、木耳。”㉝漢人多用“楙”字，後世則多用“茂”，故《漢書·律曆志上》“林，君也，言陰氣受任，助蕤賓君主種物使長大楙盛也”，顏師古注云：“楙，古茂字也。”㉞法藏敦煌寫卷 P.3315《尚書釋文》云：“楙，古茂字。”然則弘安本、正安本皆據李善注本。

（15）消雾埃於中宸，集重陽之清澂。“澂”字正安本作“澂”，弘安本形訛作“微”，五臣注本作“澄”。

《説文·水部》：“澂，清也。从水，徵省聲。”徐鉉注云：“今俗作‘澄’，非是。”㉟敦煌本“澂”則從“徵”不省，即“澂”之異體字。可見弘安本、正安本實與李善注本無殊。

（二）正安本合於五臣注本

正安本合於《文選》五臣注本的例子相對較少，而且與李善注本異文的關係比較簡單，大多爲古今字之別。由於弘安本從總體特徵來看屬於五臣注本系統，因此兩個鈔本也不顯歧異。

（1）於是鳥獸單，目觀窮。“單”字正安本、五臣注本皆作“殫”，弘安本形訛作“彈”。

薛綜注云：“單，［盡］㊱也。”即《説文·歺部》“殫”篆之義。段玉裁《説文解字注》“殫”篆下云：“古多假‘單’字爲之。”㊲胡刻本《西京賦》正文作“殫”，是“以五臣亂善”。

（2）齊栧女，縱櫂歌。“櫂”字正安本、弘安本、五臣注本皆作“棹”。

《説文·木部》新附：“櫂，所以進舩也。从木，翟聲。或从卓。《史記》通用‘濯’。”㊳徐灝《説文解字注箋》云：“‘櫂’字見《方言》《釋名》，則其字亦古矣。《文選》江文通《雜體詩》‘倚棹汎涇渭’李注：‘棹與櫂同。’乃俗字。”㊴古籍多作“櫂”，“棹”爲後起換旁字。

（3）操昆鮞，珍水族。“昆”字正安本、弘安本、五臣注本皆作“鯤”。

薛綜注云：“昆，魚子。”不作“鯤”。而“鯤”字《説文》未收，即“昆”之後起增旁分別文。《西京賦》上文“獵昆駼”之“昆”，弘安本作“騉”，其例正同。

（4）衝陿燕濯，胸突銛鋒。“胸”字正安本、弘安本、五臣注本皆作“胷”。

“胸”“胷”古今字。《説文·勹部》：“匈，膺也。”段注云：“今字‘胷’行而‘匈’

廢矣。”⑩

（5）白虎皷瑟，倉龍吹箎。“倉”字正安本、弘安本、五臣注本皆作“蒼”。

“倉”“蒼”古今字，無煩贅語。

（6）侲童程材，上下翩翻。“童”字正安本、弘安本、五臣注本皆作“僮”。

《西京賦》正文“童”字胡刻本《文選》作“僮”，與薛綜注作“童”者相參差。高步瀛《文選李注義疏》云：“唐寫‘僮’作‘童’，注各本亦作‘童’，似薛注本作‘童’。然童子本字當作‘僮’，經傳假‘童’字爲之。”⑪按：“童”“僮”古今字，漢以後始有“僮”字，說見齊佩瑢《訓詁學概論》⑫。胡刻本《西京賦》正文“僮”字是“以五臣亂善”。

（7）既乃琼臺蹇産以極壯，燈道麗倚以正東。“麗”字正安本、弘安本、五臣注本皆作“邐”。

薛綜注云：“麗倚，一高一下、一屈一直也。”李善注云：“麗，力氏反。倚，其綺反。”以《西京賦》“麗倚”爲疊韻聯綿詞，皆讀上聲。而“麗”字一般讀爲去聲或平聲，故或換用“邐”字。胡刻本《西京賦》作“邐”，是“以五臣亂善”。

（8）便旋間闔，周觀郊遂。“遂”字正安本、弘安本、五臣注本皆作“隧”。

五臣呂向注釋左思《吴都賦》“徒觀其郊隧之内奥”云：“郭外曰郊，郊外曰隧。”此據《周禮》爲説：距王都城郭“百里内爲六鄉，外爲六遂”（《地官·序官》鄭司農注），百里内即所謂四郊。然則《吴都賦》“隧”字本當作“遂”，涉上“郊”類化而增旁。

李善注本《西京賦》作“郊遂”，顯係張衡原文；李注云“《周禮》有六遂”，極是。而五臣呂延濟注云：“郊隧，近郭之道。”依“隧”本字施注，殊欠深考。弘安本、正安本作“隧”者，或許是被五臣注所迷惑。

（9）此何與於殷人屢遷，前八後五。“與”字正安本、弘安本、五臣注本皆作“異”。

五臣張銑注云：“此，謂東都也。言不歸西京，何如殷人之數遷乎？言似之也。”據“何如”二字，似五臣注《西京賦》原亦作“何與”⑬，與李善注本無殊。不過傳世五臣注本皆作“何異”，弘安本、正安本“異”字應當襲自五臣注本。

（10）乃使中黄育獲之儔。“中黄”下正安本、五臣注本皆有“之士”二字，弘安本原與敦煌本相同，後校補“之士”。

高步瀛《文選李注義疏》云：“《文心雕龍·指瑕》曰‘《西京》稱中黄育獲之儔’，似無者是。”⑭胡刻本《西京賦》亦有“之士”二字，與敦煌本不同，是“以五臣亂善”。

（三）正安本合於五臣注本而弘安本合於李善注本

前兩類共二十五例，弘安本、正安本皆無差異，而下述兩例則二本不相吻合。如果單從正安本或弘安本的角度看，這兩例既可歸入第一類"弘安本合於李善注本"，也可歸入第二類"正安本合於五臣注本"。另外，上文"逎使中黃育獲之儔"條，如果弘安本校補的"之士"二字並非其底本所原有，那麽也屬此第三類。

（1）累層構而遂躋，望北辰而高興。"躋"字弘安本同，正安本、五臣注本作"隮"。

《説文》有"躋"無"隮"，承培元《説文引經證例》云："隮，俗字，郵書所無，今多用之。"⑤是"躋""隮"古今字。

薛綜注云："隮，升。"與《西京賦》正文"躋"不同，乃古今用字衍變之反映，並無訛誤（參見上文"麀鹿麌麌，駢田偪仄"條）。胡刻本《西京賦》正文亦作"隮"，或爲後人據注校改，也不排除"以五臣亂善"的可能性（正安本注"躋"字於地脚，即據李善注本）。

（2）振朱屣於盤樽，奮長袂之颯纚。"袂"字弘安本形訛作"衺"，正安本、五臣注本作"袖"。

"袂""袖"亦古今字。《説文・衣部》："袂，袂也。袖，俗袂从由。"⑥張涌泉師《敦煌俗字研究》云："六朝前後'袖'便取代'袂'成爲通行用字，而罕用'袂'字。"⑦

薛綜注云："舞人特作長袂。"李善注云："《韓子》曰：'長袖善舞。'"此李善引書"各依所據本"之例：李氏所據薛綜舊注《西京賦》雖作"袂"，但不妨引用《韓非子》"袖"以作申補⑧。胡刻本《西京賦》正文作"袖"，或爲後人據李注校改，也不排除"以五臣亂善"的可能性。

三

上文討論的弘安本、正安本異文，並未溢出我國傳世《文選》李善注本和五臣注本的範圍。但作爲日本舊鈔本，弘安本和正安本出現一些傳世刻本無法包納的異文也絲毫不足爲奇。今擇其要者臚述於後。

（1）長廊廣廡，途閣雲曼。"途"字弘安本、正安本皆作"延"，五臣注本作"連"。

胡刻本《西京賦》作"途"；敦煌本以粗筆改"途"字余旁爲車旁，校作"連"。高步瀛《文選李注義疏》云："六臣本校曰'連，善本作途'。按尤（袤）本作'途'，毛本同。然唐寫善注本亦作'連',則作'途'者乃轉寫之誤耳。"⁴⁹其說不可遽從。李善所據薛綜注本《西京賦》當作"途",校改字"連"則據蕭統《文選》原帙,敦煌本不乏此類校改(參見上文"發引龢,狡鳴葭""長風激於別隯,起洪濤而揚波""鄙生生乎三百之外,傳聞於未聞之者"三條)。

傅剛先生《日本猿投神社藏〈文選〉古寫本研究》云:"'連閣'意義明白,'途閣'則不通。如作'延閣',於義亦可通,義與'連閣'相同。"⁵⁰按班固《西都賦》云"輦路經營,脩涂飛閣"⁵¹,張衡《西京賦》"途閣"即《西都賦》"脩涂飛閣"之縮略(途與涂同);而《西都賦》此二句乃化用自司馬相如《上林賦》"於是乎離宮別館,彌山跨谷。高廊四注,重坐曲閣。華榱璧璫,輦道纚屬。步櫩周流,長途中宿"。《上林賦》收載於《文選》,李善注引如淳曰:"輦道,閣道也。"又引郭璞曰:"途,樓閣間陛道。"⁵²正可與《西京賦》薛綜注"謂閣道如雲氣相延曼也"相互印證。

五臣張銑注云:"連閣,謂閣道如雲延蔓相連接。"顯然襲自薛綜注,而欲以"相連接"三字與《西京賦》正文"連"字相照應。實則"連閣"云云已失張衡本意。而弘安本、正安本作"延閣",又與五臣注本半斤八兩。

(2)海若遊於玄渚,鯨魚失流而蹉跎。 "魚"字五臣注本同,弘安本、正安本皆作"鯢"。

鯨鯢即鯨魚。若强生分別,則雄曰鯨,雌曰鯢,鯨猶言鳳,鯢猶言凰(參見《文選》左思《吳都賦》"於是乎長鯨吞航,脩鯢吐浪"劉逵注)。

(3)蒙竊惑焉,願聞所以辯之之説也。 "之之"二字五臣注本同,弘安本作"之",正安本"所""説"間殘泐三字,"之"字當亦不重複。

二"之"字詞性不同,不當删省其一,弘安本、正安本欠妥。

(4)衆鳥翩翩,群獸齊駪。 "駪"字弘安本、五臣注本同,正安本作"侁"。

李善注云:"薛君《韓詩章句》曰③:趨曰否否,行曰駪駪。"此出《小雅·吉日》,《毛詩》經文作"儦儦俟俟"(毛傳云"趨則儦儦,行則俟俟"),《説文·人部》"俟"篆説解引《詩》"伾伾俟俟",⁵⁴"俟"字皆與正安本相同。正安本作"侁"者,蓋據《毛詩》或《説文》也。

(5)僵禽斃獸,爛若磧礫。 "磧"字弘安本、五臣注本同,正安本作"積"。

薛綜注云:"石細者曰礫。謂所獲禽鳥爛然如聚細石也。"高步瀛《文選李注義疏》云:

“磧”字薛氏無注,而説“磧礫”爲“如聚細石”,疑本作“積”字,李氏本亦然。五臣本乃作“磧”,呂向曰“磧,沙石也”,疑當作“磧礫,沙石也”。今本以五臣亂李注本。⑤⑤

高氏之説足見高明,正安本正作“積”。而弘安本雖作“磧”,其旁注“子亦切”亦是“積”字之音。“磧”字五臣音“七亦”,與“子亦切”聲紐清、精不同。

(6)消雰埃於中宸,集重陽之清澂。“宸”字五臣注本同,正安本作“宸”,弘安本作“震”。

薛綜注云:“宸,天地之交宇也。”《説文》“宸”訓屋宇,正可相互參看。⑤⑥五臣張銑注云:“中宸,天地交會之際。”即襲自薛注。《西京賦》固當作“宸”字,正安本“宸”乃“宸”字俗寫,而弘安本“震”則爲形訛字。

正安本注“震”於天頭;下文“華蓋承辰”之“辰”弘安本、正安本亦皆作“震”(辰謂北辰,弘安本注“辰”於天頭,正安本注“宸”於地脚),則“宸”之訛作“震”似由來已久,姑繫於此。

(7)光炎燭天庭,䟪聲震海浦。“炎”字正安本同,弘安本作“掞”,五臣注本作“焰”。

《説文·火部》“爓”篆段玉裁注云:“‘焰’即‘爓’之省。……今人云光燄者,作此字爲正,古多叚‘炎’爲之。……《郊祀歌》‘長麗前掞光耀明’,晉灼曰:‘掞即光炎字。’亦叚借也。”⑤⑦《漢書》多作“炎”,唯上揭《禮樂志》所載《郊祀歌》例外,李善注本“炎”字蓋張衡《西京賦》原文。

弘安本“掞”字旁注“艷”音。《文選》左思《蜀都賦》“摛藻掞天庭”,《文選集注》載《音決》云“掞,音艷”⑤⑧。弘安本《西京賦》“掞”疑據《音決》本。

四

以上基於法藏敦煌 P.2528 號《西京賦》李善注寫卷,對弘安本和正安本的異文情況做了一番通盤考察,異文的分類並不複雜,足以清晰地説明兩個舊鈔《文選》的版本問題。

1.正安本與敦煌本高度吻合,基本保存了《文選》李善注本原文;合於五臣注本的例子並不多,而且大部分異文祇是簡單的古今字之别,無實質性差異。

2. 弘安本表現出非常明顯的《文選》五臣注本特徵；雖然吸收了一些典型的李善注本異文，但總體來看，歸入五臣注本系統没有太大問題。

3. 作爲白文本《文選》的正安本在卷首抄録李善《上文選注表》堪稱“怪異”，中日學者對此争論不休。日本宫内廳藏九條本《文選》及上野氏藏舊鈔《文選》卷一也是冠以李善上表的白文本，後者即森立之《經籍訪古志》卷六所載温故堂藏舊鈔卷子本，森氏云：“此本無注文，而首冠李善序，蓋即就李本單録出本文者。”[59]雖未舉證，不爲無見。蓋温故堂本與正安本大同小異，甚或同出一源，如“漸臺立於中央”之“於”二本皆脱訛，“群獸否駭”之“駭”皆作“侅”，“爛若磧礫”之“磧”皆作“積”，“但觀罝羅之所罥結”之“罥”皆誤作“羅”，“遷延邪睨”之“遷延”皆倒作“延遷”。故温故堂本也可歸入李善注本系統。而楊守敬購得此卷後曾撰跋語駁斥森氏之説[60]，理由有二：（1）李善分蕭統《文選》一卷爲二，蕭《選》卷一所載班固《兩都賦》、張衡《西京賦》分隸卷一與卷二，而温故堂本“合三賦爲一卷，仍昭明之舊，未必鈔胥者講求古式如此”；（2）“卷中與善注本不照者甚多”。至於抄録李善上表的原因，楊氏云：“蓋日本鈔古書，往往載後來之箋注、序文，蓋爲便於講讀也。此鈔本固原於未注本，而善注本已通行，故亦以冠之也。”傅剛先生《日本猿投神社藏〈文選〉古寫本研究》也贊同山崎誠相類似的觀點，“日本學者學習無注本《文選》時，也學習李善的上表，大概是傳統的習慣”[61]。今既考知正安本、上野本出自《文選》李善注本，二本首冠李善上表似乎順理成章（楊氏據傳世刻本《文選》區分李善、五臣異同並不準確，蕭《選》三十卷原本的格式也並非難以恢復）。

4. 上舉九條本《文選》則與弘安本相類似，都顯現爲在五臣注本基礎上拼合李善注本的特性。九條本卷一卷末題記云：“本云：弘安八年六月廿五日以菅、江兩家證本校合書寫了。散位藤原相房。”菅原家擔任天皇侍讀《文選》一職時一直以蕭統三十卷本爲底本，而繼起的大江家則以李善注六十卷本爲基礎編成《文選集注》[62]。弘安本、九條本的拼合特性，應是“校合”菅原、大江兩家《文選》的結果。因此，九條本首冠李善《上文選注表》不足爲奇，而弘安本卷首殘缺部分或許也包含李善上表。

5. 弘安本、正安本中溢出李善注本和五臣注本範圍的異文，大概是日本學者講習《文選》的成果，而非承襲自中土傳本。

---

① 傅剛：《〈文選〉版本研究》，西安：世界圖書出版西安有限公司，2014 年，第 265—277 頁。該文原載《廣西師範大學學報（哲學社會科學版）》，第 40 卷第 1 期，2004 年 1 月。

② 傅剛：《〈文選〉版本研究》，第 367 頁。該文原載《域外漢籍研究集刊》第 3 輯，北京：中華書局，

2007 年。

③ 傅剛:《永隆本〈西京賦〉非盡出李善本説》,《〈文選〉版本研究》,第 237 頁。該文原載《中華文史論叢》第 60 輯,上海:上海古籍出版社,1999 年。按 P. 2528 寫卷卷末題記云"永隆年二月十九日弘濟寺寫",世稱"永隆本"。永隆(680—681)爲唐高宗李治年號,在李善辭世之載初元年(689)之前。

④ 胡刻本《文選》,指清嘉慶十四年(1809)胡克家重刻南宋淳熙八年(1181)尤袤刊本李善注《文選》,此據中華書局 1977 年影印本。下文或簡稱"胡刻本"。

⑤ 李善分蕭統《文選》一卷爲二,李注本卷二張衡《西京賦》對應於蕭《選》白文本卷一的後半卷。

⑥ 金少華:《P. 2528〈西京賦〉寫卷爲李善注原本考辨》,《敦煌研究》,2013 年第 4 期,第 107—115 頁。

⑦ 中華書局影印胡刻本《文選》附載胡克家《文選考異》,下文引用時不復出注。

⑧ 饒宗頤:《敦煌本文選斠證(一)》,《新亞學報》,第 3 卷第 1 期,1957 年 8 月,第 355 頁。

⑨ 林義光《文源》云:"'亘'當爲'垣'之古文,象垣牆繚繞之形。"(上海:中西書局,2012 年,第 76 頁)《西京賦》"繚亘綿聯"正可證成林氏之説。

⑩ 高步瀛:《文選李注義疏》,曹道衡、沈玉成點校,北京:中華書局,1985 年,第 358 頁。

⑪ 傅剛:《〈文選〉版本研究》,第 361 頁。

⑫ 《清代文選學珍本叢刊》,李之亮校點,鄭州:中州古籍出版社,1998 年,第 13 頁。按《説文·木部》:"槎,衺斫也。从木,差聲。《春秋傳》曰:山不槎[櫱]。"段注云:"《漢書·貨殖傳》作'山不茬櫱',此爲古字也。"(段玉裁:《説文解字注》,上海:上海古籍出版社,1981 年,第 269 頁)可與王煦"槎非古字"之説相互參看。又參見裘錫圭:《甲骨文中所見的商代農業》,《裘錫圭學術文集》第 1 卷,上海:復旦大學出版社,2012 年,第 250 頁。

⑬ 參見高步瀛:《文選李注義疏》,第 386—387 頁。

⑭ 參見拙文《P. 2528〈西京賦〉寫卷爲李善注原本考辨》,第 113 頁。傅説見《永隆本〈西京賦〉非盡出李善本説》,《〈文選〉版本研究》,第 235 頁。

⑮ 《洞簫賦》李善注云:"獙猭,相連延貌。"此隨文釋義耳。《史記·貨殖列傳》"故楊、平陽陳掾其間",索隱云:"陳掾猶經營驅逐也。"(北京:中華書局,2014 年修訂本,第 3932 頁)則與薛綜注"走也"及《埤蒼》"逃也"殊途同歸(《貨殖列傳》"掾"疑爲"猭"之形訛字;《洞簫賦》"獙"疑原作"㹇",即"陳"之古字,涉"猭"類化換旁)。

⑯ 丁度等編:《宋刻集韻》,北京:中華書局,2005 年第 2 版,第 50 頁。

⑰ 傅剛:《〈文選〉版本研究》,第 367 頁。

⑱ 顧野王編撰:《原本玉篇殘卷》,北京:中華書局,1985 年,第 507 頁。

⑲ 考詳拙著《敦煌吐魯番本〈文選〉輯校》,杭州:浙江大學出版社,2017 年,第 365 頁。

⑳ 考詳拙文《P. 2528〈西京賦〉寫卷爲李善注原本考辨》,第 113 頁。

㉑ 徐時儀校注:《一切經音義三種校本合刊》,上海:上海古籍出版社,2012 年,第 60 頁。

㉒ 李善注“舡”字胡刻本作“舩”,乃尤袤所臆改。胡克家據六臣注本《文選》訂正,與敦煌本相合。

㉓ 考詳拙文《P. 2528〈西京賦〉寫卷爲李善注原本考辨》,第 114 頁。

㉔ 顧野王撰、孫强重修:《宋本玉篇》,北京:中國書店,1983 年,第 159 頁。

㉕ 華學誠:《揚雄方言校釋匯證》,王智群、謝榮娥、王彩琴協編,北京:中華書局,2006 年,第 884 頁;參見高步瀛:《文選李注義疏》,第 321 頁。

㉖ 司馬遷:《史記》第 8 册,第 2986 頁。

㉗ 饒宗頤:《敦煌本文選斠證(一)》,第 400 頁。

㉘ 許慎:《説文解字》,徐鉉校定本,北京:中華書局,1963 年,第 19 頁。

㉙ 饒宗頤:《敦煌本文選斠證(一)》,第 358 頁。

㉚ 羅國威:《敦煌本〈昭明文選〉研究》,哈爾濱:黑龍江教育出版社,1999 年,第 61 頁。

㉛ 伏俊連:《敦煌賦校注》,蘭州:甘肅人民出版社,1994 年,第 52 頁。

㉜ 伏俊連:《敦煌賦校注》,第 95 頁。

㉝ 段玉裁:《説文解字注》,第 271 頁。

㉞ 班固:《漢書》第 4 册,北京:中華書局,1962 年,第 961 頁。

㉟ 許慎:《説文解字》,第 231 頁。

㊱ 敦煌本原脱“盡”字,據胡刻本《文選》校補。

㊲ 段玉裁:《説文解字注》,第 163 頁。

㊳ 許慎:《説文解字》,第 126 頁。

㊴ 《續修四庫全書》第 225 册,上海:上海古籍出版社,1995 年,第 622 頁。

㊵ 段玉裁:《説文解字注》,第 433 頁。

㊶ 高步瀛:《文選李注義疏》,第 465 頁。

㊷ 齊佩瑢:《訓詁學概論》,北京:中華書局,2004 年,第 112 頁。

㊸ 胡刻本李善注云:“《廣雅》曰:‘與,如也。’言欲遷都洛陽,何如殷之屢遷乎? 言似之也。”可與五臣注相互參看。唯此注不見於敦煌本,似非李善原注。

㊹ 高步瀛:《文選李注義疏》,第 417 頁。

㊺ 《續修四庫全書》第 222 册,第 30 頁。

㊻ 許慎:《説文解字》,第 171 頁。

㊼ 張涌泉:《敦煌俗字研究(第二版)》,上海:上海教育出版社,2015 年,第 738 頁。

㊽ 考詳拙文《李善引書“各依所據本”注例考論》,《文史》,2010 年第 4 輯,第 83—91 頁。

㊾ 高步瀛:《文選李注義疏》,第 326 頁。

㊿ 傅剛:《〈文選〉版本研究》,第 360 頁。

(51) 胡刻本《文選》載《西都賦》“涂”作“除”,高步瀛《文選李注義疏》據《後漢書·班固傳》及五臣注本《文選》訂正爲“涂”(第 107 頁),極具卓識。弘安本、正安本皆作“塗”,傅剛先生《日本猿投神社藏〈文選〉古寫本研究》以爲“李善、五臣初未有異”(《〈文選〉版本研究》,第 358 頁),

是也。

(52) 郭璞注“途”上原有“中”字,據胡克家《文選考異》説删正;又參見高步瀛:《文選李注義疏》,第1779頁。

(53) “薛君韓詩章句曰”七字敦煌本原作“韓詩”,饒宗頤先生《敦煌本文選斠證(一)》據傳世刻本《文選》校改(第356頁),其説是也,兹從之。

(54) 許慎:《説文解字》,第162頁。

(55) 高步瀛:《文選李注義疏》,第411頁。

(56) 段玉裁《説文解字注》“宸”篆下謂《西京賦》“中宸”即栜桭,栜桭者,楝宇也(第338頁)。

(57) 段玉裁:《説文解字注》,第485頁。

(58) 周勛初纂輯:《唐鈔文選集注彙存》第1册,上海:上海古籍出版社,2011年再版增補本,第78頁。

(59) 澁江全善、森立之等:《經籍訪古志》,杜澤遜、班龍門點校,上海:上海古籍出版社,2017年,第246頁。

(60) 此跋收入楊氏《日本訪書志》卷一二(《楊守敬集》第8册,武漢:湖北人民出版社,1988年,第281—282頁),此據原跋。

(61) 傅剛:《〈文選〉版本研究》,第350頁。

(62) 參見陳翀:《〈文選集注〉之編撰者及其成書年代考》,張伯偉編:《域外漢籍研究集刊》第6輯,北京:中華書局,2010年,第506—507頁。

(原載《敦煌研究》2018年第4期,略有修訂)

作者簡介:金少華,浙江大學古籍研究所副教授

通訊地址:浙江大學紫金港校區古籍研究所　郵編:310058

《維摩詰經講經文》中的文殊信仰
—— 以貞松堂藏本及國圖藏 BD15245 號《文殊問疾》爲考察中心

計曉雲

貞松堂藏本《維摩詰經講經文·文殊問疾(第一卷)》,首載於羅振玉《敦煌拾零》,後被羅氏暫名爲《文殊問疾佛曲》,影印並收入《貞松堂藏西陲秘笈叢殘》。王重民根據寫卷内容和尾題,將其命名爲《維摩詰經講經文》[①]。臺灣敦煌學者潘重規曾對其校訂,收入《敦煌變文集新書》[②]。此後,張涌泉、黄徵在前人研究成果的基礎上,對其進行詳細的校勘批注[③]。此外,學界還有一些單篇論文,對貞松堂藏本講經文提出補校意見和寫本時代考索。如武曉玲《〈敦煌變文校注·維摩詰經講經文〉商補》對張涌泉、黄徵《敦煌變文校注》中《維摩詰經講經文》進行商補[④]。項楚《〈維摩詰經講經文〉新校》對《敦煌變文校注》中七篇《維摩詰經講經文》提出補校五十則[⑤]。何劍平《〈維摩詰經講經文〉的撰寫年代》一文,據貞松堂藏本講經文中所引道液《淨名經集解關中疏》,對其撰作年代做了探求[⑥]。國家圖書館館藏 BD15245 號(新 1445)爲新發現的一種《維摩詰經講經文·文殊問疾(第二卷)》,學界僅有李文潔、林世田對其做過簡略校録[⑦],未有進一步的文本考察和研究。事實上,這兩卷講經文均演繹《維摩詰所説經·文殊問疾品》的内容,文義前後相接,爲此,本文擬將其結合起來加以考察,從形式和内容上釐清這兩個寫卷間的關係,並對其所藴藏的敦煌民間佛教信仰的文化資訊做一揭示和發掘。論述條目如下:一、貞松堂本與國圖本的關係;二、貞松堂本與國圖本講經文的撰寫年代;三、貞松堂本、國圖本講經文與敦煌民間文殊信仰之關係;四、結論或餘論。

一 貞松堂本與國圖本的關係

貞松堂藏本《維摩詰經講經文·文殊問疾(第一卷)》,卷軸裝,共 180 行,行 21 字左右,講經文韻文部分以七言爲主,雜有三三七句式;散文部分間有四言、五言、七言等。其中七言韻文每行三句,散文每句間空一格,首題無,尾題"文殊問疾第一卷"。新發現國圖藏 BD15245 號（新 1445）《維摩詰經講經文・文殊問疾（第二卷）》，行款、尾題與貞松堂本相同。前者演繹《維摩詰所説經・文殊問疾品（第五）》前面一部分，即文殊師利接受釋迦牟尼委派，率衆前往維摩詰處問疾，至文殊與諸菩薩等入毗耶離大城而結束；後者首殘，但據卷首 3 殘行"［室］内除去所有及諸"⑧"云此唱經一，是空其室也"⑨及其後所述，知此卷先演繹維摩詰示現神通，空其丈室，以期與文殊辯空之理。後叙述文殊師利與大衆既入維摩詰室，申釋迦致問之意，詢居士致病之本。很顯然，這兩卷講經文文義大致相接。張涌泉《新見敦煌變文寫本叙錄》認爲這兩卷講經文字體、行款相同，文義相接，故謂其爲同一寫卷之分裂⑩，這一説法有待商榷。請先看以下對照圖：

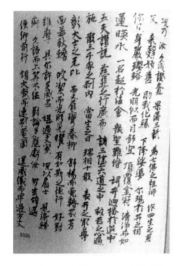

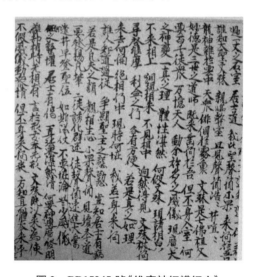

圖 1　《貞松堂藏西陲秘笈叢殘》本　　　　圖 2　BD15245 號《維摩詰經講經文》
　　　　《維摩詰經講經文》

　　圖版比對可知，貞松堂本和國圖本講經文行款相同，但字體各異，後者較前者剛勁有力，且同一字的俗書，兩卷各不相同，故其並非一人所抄。國圖本前面所缺部分現未找到，兩卷間的裂痕亦無綴合依據。可見，這兩卷講經文行款、尾題格式相同，但字體不同，實非一人所抄，故從形式上還無法斷定其爲同一寫卷之斷裂。但這兩卷講經文文義相接，極有可能出自同一大部内的《維摩詰經講經文》。BD15245 號卷末云："會中有個聲聞怪，獨自思量暗起猜。爲見衆人無座位，如何作念唱將來"⑪，則暗示下一卷將敷演《維摩詰所説經・不思議品》"爾時舍利弗見此室中無有床座，作是念：斯諸菩薩大弟子衆，當於何坐"⑫等内容。中間將有關菩薩應云何慰喻有疾菩薩、有疾菩薩云何調伏其心、無縛之觀（慧與方便）、菩薩行等義學討論略去。可知這兩卷講經文後應有續文，如今難以尋見。《維摩詰所説經》共十四品，這部講經文中，講解《文殊問疾品》共兩卷，以此類推，可知《維摩詰經講經文》至少有二十八卷甚或更多,惜敦煌遺書中保存較少,今已難窺其全貌。

　　在《維摩詰所説經》中,維摩地位高於文殊和其他菩薩,當世尊派弟子及菩薩前往毗耶離問疾時,衆人皆因往日修行時被維摩説教訓誡,心存敬畏,因此,皆稱"不堪任詣彼問疾"[13]。然而,這兩卷講經文中却對文殊推崇備至,使其地位反超維摩,這與《維摩詰經》及其相關注疏所呈現的文殊與維摩的關係恰好相反。這一反常現象爲進一步考察這兩個寫卷的關係提供了有力綫索。講經文中對文殊推崇備至,主要體現在以下三個方面:首先,貞松堂本講經文中描述文殊出場,佛命文殊問疾毗耶離,及其與諸菩薩、天人往維摩丈室的情形時,極盡鋪排誇飾之能事,以凸顯文殊的地位。如講經文中講"文殊師利與諸菩薩、大弟子衆及諸天人,恭敬圍繞,入毗耶離大城"[14],用了一長段散文和四十八句韻文。同樣,國圖本渲染文殊率聲聞、菩薩等入維摩丈室的儀仗,共十六句韻文。因此,從整體上來講,這兩個寫卷對文殊的叙述多於維摩,問疾的主角亦由維摩轉移至文殊。

　　其次,這兩個寫卷都接納了當時社會普遍流行的觀念,稱文殊爲"七佛之祖師"和"三世之導師",如表 1 所示:

表 1　貞松堂藏本和國圖 BD15245 號相同之處

貞松堂藏本	國圖藏 BD15245 號
爲七佛之祖師,作四生之慈父	遣七佛之祖師,過一丈之石室
身作七僊(佛)師主久,名標三世號如來	文殊是七佛祖父,妙德是三世之道(導)師
菩薩身爲七佛師,久證功圓三世佛	仁者身爲七佛師,何故現斯多相貌。自爲三世慈悲主,何要威儀爾許多
圍七佛之祖師,過一丈之石室	何勞七佛之祖師,來降一間之小室

　　這一圖表意味着:貞松堂藏本和國圖 BD15245 號在素材構成上存在親緣關係。作者對文殊的態度一致,皆認爲其是"七佛之祖師""三世之導師",有意識地抬高文殊菩薩的地位。此外,BD15245《維摩詰經講經文·文殊問疾(第二卷)》文殊師利至維摩丈室後,先與維摩論辯有相無相之微言,接着問染疾之由,文中字裏行間透露着其對文殊的尊敬、崇敬之情。如:

　　1. 空留一室都無有,專候文殊大覺尊。

　　2. 金銀寶貝權般(搬)出,祗候文殊大覺師。

　　3. 居士道:我比望聲聞小果,來問於吾。誰知大聖文殊,親臨弊室。

4. 何勞七佛之祖師,來降一間之小室。更蒙慰問,豈敢勝當! 頻賜問安,實多
悚惕。

5. 文殊既入其室,將問維摩,舒月愛之慈光,問染疾之大士。⑮

以上五條,前三條並稱文殊爲"大覺師""大覺尊""大聖"(此三名一般指釋迦牟尼
佛),強調維摩詰的"專候""祗候"文殊,第四條強調文殊爲七佛之祖師,尤其是第五條謂
文殊"既入其室,將問維摩,舒月愛之慈光,問染疾之大士",此處的"月愛",即"月愛三
昧",典出《大般涅槃經》(曇無讖譯)卷二十《梵行品》及《大般涅槃經後分》(唐沙門若那
跋陀羅譯)卷下《機感茶毗品》,如《大般涅槃經後分》卷下《機感茶毗品》記阿闍世王"害
父王已,深生悔恨,身生惡瘡,既遇世尊月愛光觸,身瘡漸愈,來詣佛所,求哀懺悔"之
事⑯,講經文以佛之慈光(月愛三昧)喻指文殊,無疑顯示出撰者對文殊的無限尊崇;此
外,維摩與文殊對答時,謙稱其丈室爲"鄙室""小室",承蒙大聖慰問,内心惶恐不安,亦
顯示其對文殊畢恭畢敬的心理,這也與貞松堂藏本講經文中推崇文殊的基調相同。

再次,貞松堂本和國圖本對同一情境的描寫,用語相似,如貞松堂本講經文描述文殊
入毗耶離大城隊仗時云:

雲服珠瓔惹翠霞……遍滿維摩方丈室,若凡若聖萬千種。⑰

國圖本渲染文殊隊仗入維摩丈室時云:

雲服輝時惹翠霞……將入維摩方丈室,若凡若聖數難知。⑱

總之,貞松堂本、國圖本《維摩詰經講經文·文殊問疾品》這兩卷講經文雖字體不
同,但行款相同,尾題格式一致,文義相接,用語多有相似,文中尊崇文殊的基調也一致,
二者應出自同一大部内的《維摩詰經講經文》。

二　貞松堂本與國圖本講經文的撰寫年代

貞松堂本、國圖 BD15245 號講經文均無前、後記,文中亦未述及其創作時間,但文中
皆引用唐代流行的説法,稱文殊爲"七佛之祖師",因此,我們擬以此爲綫索,考察其創作
時間。文殊師利是菩薩之首,具有與般若智慧等同的至高地位。《華嚴經》中説文殊是
諸佛之母⑲;《放缽經》《阿闍世王經》中説文殊是菩薩之父,過去諸佛皆爲文殊之弟子⑳;
《首楞嚴經》説文殊即過去之佛,名龍種上尊王如來㉑;《法華經》説文殊是釋迦九世之祖

師[2]。這些記載表明，文殊師利在大乘佛教體系中地位崇高。然而，講經文中所引文殊爲"七佛之祖師""七佛師""七佛師主"——這一説法並非出自印度原典，是中土僧人爲弘揚文殊信仰所造，唐釋法照有《嘆大聖文殊師利菩薩》云：

> 文殊師利，[名]妙德，法王之子。是七佛之祖師，號龍種上尊王佛。雖得佛道，轉於法輪，入於涅槃，而不捨於菩薩之道，教化衆生，無量功德皆成就，無量佛土皆嚴淨。其見聞者，無不蒙益，諸有所作，亦不唐捐。現在東北方金色世界清凉山内，住首楞嚴三昧。與一萬菩薩同會。利樂苦衆生，故我遥頂禮。[23]

《嘆大聖文殊師利菩薩》出自法照《净土五會念佛略法事儀贊》末。法照，俗姓張，陝西漢中洋縣人，生於天寶五年（746），卒於開成三年（838）年，享壽 93 歲[24]，是唐代中期净土宗的代表人物。據劉長東《法照事迹新考》考證，法照《净土五會念佛略法事儀贊》有兩個版本：三卷本是法照大曆九年（774）第二次述；一卷本爲法照在上都（長安）章敬寺净土院所述，其創作時間早於三卷本[25]。永泰元年（765），法照到達衡山，拜承遠爲師，大曆元年（766）四月，法照在南岳創立净土五會念佛法門[26]。因此，一卷本《净土五會念佛略法事儀贊》應作於五會念佛法門成立之後。文殊爲"七佛之祖師"一説最早出現於一卷本《净土五會念佛略法事儀贊》，故這兩卷講經文亦當作於大曆元年以後。

此外，貞松堂藏本講經文中有一小段叙述八千菩薩、五百聲聞隨文殊問疾的場景描寫，與英藏 S.4571 號《維摩詰經講經文》中描述毗耶城中庵園法會場景的文字相似[27]，應是前者模擬或參考過後者。據我們研究，S.4571 號《維摩詰經講經文》作於高宗咸亨三年（672）十二月之後[28]，而貞松堂藏本講經文撰於大曆元年後。這一結論與法照一卷本《净土五會念佛略法事儀贊》出現的時段亦大致相合。唐代五臺山文殊信仰非常興盛，法照嘗於大曆五年四月五日到五臺縣，建竹林寺，駐錫弘法二十餘年，其起五會念佛道場與五臺山大聖竹林寺的瑞應有關[29]，文殊爲"七佛之祖師"這一説法順勢而出，並在當時盛行的净土宗宣揚下，很快便被民衆接受，講經文中大量稱引亦在情理之中。

三　貞松堂本、國圖本講經文與敦煌民間文殊信仰之關係

前文所論，貞松堂本和國圖本這兩卷《維摩詰經講經文》多次稱贊文殊爲"七佛之祖師""三世之導師"，大力推崇文殊，並極力渲染維摩酬對文殊時的恭敬態度，使得文殊地位反超維摩，其信仰主體由維摩變爲文殊。這與傳統經文及其注疏中所呈現的二者之關

係恰好相反,這一現象值得進一步討論。爲了説明這一現象産生的原因,我們有必要將文殊類經典的翻譯、唐朝對文殊信仰的扶持以及敦煌地區文殊信仰的發達等現象聯繫起來加以考察。

衆所共知,佛教東漸,菩薩信仰在漢地興起,經典翻譯和傳播是其先導。據《出三藏記集》卷二《新集撰出經律論録》,梁前傳入中國的文殊類經典中,以文殊冠名的有 18 種。現存最早的是東漢支婁迦讖以靈帝光和至中平年間譯出的《阿闍世王經》《文殊問菩薩署經》㉚。印順《初期大乘佛教之起源與開展》一書對文殊類經典進行分類概括,並認爲:佛爲文殊説法的共有 7 部;以文殊爲主體或部分參與問答的 28 部;偶爾提到或參與問答僅一節兩節的共 12 部。三類合計,共 47 部㉛。印順的匯總,僅限於與文殊菩薩有關的大乘經典,並未搜羅殆盡。玉卿在《有關文殊師利菩薩的經典》一文中,統計《大正新修大藏經》《續藏經》《大藏經補編》與文殊師利有關的經典數量,見表 2:

表 2　文殊類經典(以内容爲準)

文殊類經典	佛説文殊菩薩	文殊菩薩説法	其他佛經中提到文殊説法的	與文殊史傳有關	總數
顯教	28	14	39	15	96
密教	7	14	20	0	41

可見,與文殊有關的顯密經典,粗略統計,共 137 部。筆者按傳譯時間,對其進行分類排列,如表 3 所示:

表 3　文殊類經典(以時間爲序)

朝代	譯經數(部)	朝代	譯經數(部)
東漢	6	梁	3
吳	2	隋	7
西晉	24	唐	36
東晉	2	宋	18
姚秦	11	元	4
元魏	6	其他	14
劉宋	3		

通過對比可知,漢魏之時,文殊類經典僅譯出 8 部,西晉共譯出 24 部,東晉至隋三百年間共譯出 33 部,與唐代翻譯數目相當。西晉五十多年的歷史,共譯出 24 部,其中竺法

護譯出 21 部,其譯經團體成員聶承遠、聶道真譯出 2 部,共 23 部,《大藏經》皆有收錄。在這 23 部中,文殊師利的名稱譯法不盡相同,有軟首童真菩薩、濡首、濡首童真、普首菩薩、文殊師利童子等,甚至在同一部佛經中,就有數名。如竺法護譯《文殊支利普超三昧經》中,文殊師利即翻譯爲濡首童真、軟首童真菩薩。這與當時佛經翻譯的習慣有關,也是文殊信仰初來中土、尚未定型的實證。東晉至隋三百年間,文殊類經典僅譯出 33 部。可見這一階段文殊信仰發展應比較緩慢。有唐一代共譯出 36 部,其中密教類占一大部分,這與文殊信仰在唐代的傳播狀況相合。此外,中土有關文殊菩薩的專題論述,亦産生於唐代,如澄觀《華嚴經略策》專辟一章《文殊祖師》[32];慧祥《古清涼傳》中介紹文殊的身世、道場及靈驗傳説等[33],亦促進了文殊信仰的傳播。文殊類經典的大量翻譯及中土相關論著,是文殊信仰傳播的先決條件和理論支柱。

唐代,在王權的宣導下,文殊類經典大量傳譯,文殊道場舉國公認,文殊信仰亦臻極盛[34],並以長安、洛陽、五臺山爲中心輻射周邊:東至高麗、日本,南至安南,西至中亞、西亞地區。敦煌雖地處西部邊陲,自亦受其影響。莫高窟中保存了很多與文殊信仰有關的文獻,總體來説可分爲四類:一、敦煌遺書中有五臺山贊、頌、曲子、行記、詩、偈等,約 50 件[35];二、敦煌石窟中的《五臺山圖》,共 12 幅,法國吉美博物館所藏五臺山文殊菩薩化現圖的絹畫 1 件;三、曹氏歸義軍時期,刻印的“大聖文殊師利”的畫像;四、文殊變、維摩經變等佛教經變畫。文殊信仰在五臺山及敦煌的流布,前賢早有論著專門討論,[36]兹不贅述。在此,我們試從以下兩個方面的例證來説明講經文中尊崇文殊的歷史淵源:(一)莫高窟第 61 窟“文殊堂”;(二)敦煌寫卷《十吉祥》。

莫高窟第 61 窟,是五代歸義軍節度使曹元忠及其夫人翟氏所開鑿,主要供奉文殊菩薩,因而俗稱“文殊堂”(圖 3)。

圖 3　五代莫高窟第 61 窟主室中心佛壇

　　據趙聲良研究,此窟建於後漢天福十二年至後周廣順元年(947—951),覆斗形頂,中央設置馬蹄形佛壇,壇上有塑像,後面背屏與窟頂相連。佛壇上塑像已失,但遺留有獅爪,背屏上有殘存獅尾,再參照其他洞窟文殊菩薩的塑像及敦煌遺書中文獻的記載,可以斷定:此爲文殊坐騎;這座洞窟的主尊爲文殊菩薩[37]。第 61 窟是莫高窟規模較大的洞窟之一,其西壁繪《五臺山圖》;南壁有《楞伽經變》《彌勒經變》《阿彌陀經變》《法華經變》《報恩經變》;北壁有《密嚴經變》《藥師經變》《華嚴經變》《思益梵天王經變》;東壁有《維摩經變》等,共 13 幅主體性宗教壁畫構成。

　　第 61 窟西壁的《五臺山圖》,長 13.45 米,高 3.42 米,襯托中央佛壇的騎獅文殊造像。全圖分上、中、下三段,上部繪"靈異""化現"類故事;中部主要表現南、西、中、北、東五臺及各臺間的幾十座寺院、佛塔等聖迹,下部右畫鎮州、左畫太原,以及於山路途中參禮五臺山的信衆。《五臺山圖》情節豐富,共 190 多個圖像,還附有 195 榜題,數量龐大,内容詳盡,遠非莫高窟 361 號和 237 號窟中《五臺山圖》可比擬。它不僅是一幅山水地形圖,其作爲對文殊菩薩道場的描繪,有着極其重要的宗教意義。敦煌地處西部邊陲,距離山西五臺山路途遙遠,並非所有高僧、士人及普通民衆都有機緣前往躬禮文殊、參訪聖迹、消災除難。[38]因此曹氏政權爲了滿足家族祈福的需求以及敦煌地區及其周邊民衆巡禮"五臺山"、參拜文殊的殊願,在敦煌開鑿修建第 61 窟。窟中以文殊菩薩作爲主尊,靠近洞窟正壁,但與正壁間保持一定距離,並未與其相接,主尊佛像和四壁間形成一個"回"字形的環繞空間,大約可供 40 人同時禮拜、祈福、回向。文殊堂兼具禪修和禮佛的功能,因此,從整體上來講,第 61 窟的《五臺山圖》構思精妙,規模宏大,堪稱一幅翔實的佛教生活動態圖,也是一幅歷史地理圖,其正好可以爲敦煌地區那些嚮往五臺山而無法親臨的修行佛道者,提供一處可供禮謁和禪觀之妙地,以示其對文殊菩薩及其道場的崇拜之情。

　　曹氏歸義軍時期文殊信仰的廣泛盛行,在佛教造像上有也反映,其明顯的例證是:晚唐五代,以《文殊問疾品》爲主體的《維摩經變》開始復興,但其圖像格局却發生變化:視覺主體已由維摩詰轉換爲文殊師利,以適應當時的文殊語境[39]。《維摩詰經講經文·文殊問疾》兩卷中,文殊作爲主體出現,恰好與此相合。由此可見,莫高窟 61 窟是唐五代文殊信仰興盛的見證,其發展方向與講經文的撰造是相輔相成的同構關係。

　　敦煌地區的文殊信仰除了影響佛教石窟造像外,還影響到民間佛教講唱文本的元素構成。中土普通民衆亦參與文殊信仰的弘傳,編撰和傳抄有關文殊的民間佛經,其中《文殊吉祥經》即爲一種。其述及文殊降誕時的"十般瑞相"之説,不見於傳世有關文殊的正典,却見於敦煌講唱文本。如俄藏 Φ223 號擬名《十吉祥》的變文,即是一例。按該寫卷標籤題原闕,孟列夫編《蘇聯科學院亞洲民族研究所藏敦煌漢文寫本注記目録》題作"十吉祥",《敦煌變文論文録》改題"十吉祥講經文",潘重規《敦煌變文集新書》從之。後來經周紹良重新研究,認爲全卷題材無講經文特徵,似由一個人轉誦吟唱,所以它與因緣之類講説爲近,因而主張恢復孟列夫的擬題,兹從其説。⑩該卷如是叙説文殊師利之名義:

> 文殊師利,此云妙德;正梵云曼殊師利,此云妙吉祥。……何以名爲妙吉祥? 此菩薩當生之時,有十種吉祥之事。準《文殊吉祥經》云云。⑪

顯然,文中明確説明文殊菩薩當生之日的十種吉祥之説來自《文殊吉祥經》。據俄藏 Φ223 號《十吉祥》,文殊降誕時十種吉祥之事分別是:第一,"光明滿室";第二,"甘露垂庭";第三,"地涌七珍";第四,"倉變金粟";第五,"象具六牙";第六,"豬誕龍豚";第七,"雞生鳳子";第八,"馬生麒麟";第九,"神開伏藏";第十,"牛生白罢(澤)"。其中第一、三、四、五皆出自佛典;第二、七、八、十則吸收了中土傳統文化的元素⑫,而第六種出處待考。可見,文殊菩薩誕生"十般瑞相",有着民間佛教信仰與中國傳統文化相結合的烙印。值得注意的是,記載文殊降誕時有"十般瑞相"之説的《文殊吉祥經》,在中土所譯文殊類經典雖未見記載,却被中土僧人采入佛經注疏。如:

窺基《阿彌陀經通贊疏》卷上:

> 經云:文殊師利法王子,阿逸多菩薩。
>
> 贊曰:梵云曼殊師利,此云妙吉祥,生時有十種吉祥事故:一光明滿室,二甘露盈庭,三地涌七珍,四神開伏藏,五雞生鳳子,六豬孩龍肫(肫或爲豚),七馬産騏驎,八牛生白驛,九倉變金粟,十象具六牙,故云妙吉祥也。⑬

澄觀《大方廣佛華嚴經隨疏演義鈔》卷二八《如來名號品第七》釋"文殊師利"曰:

> 復有經説:生有十楨,無非吉祥。一光明滿室,二甘露垂庭,三地踊七珍,四神開伏藏,五雞生鳳子,六豬誕龍独,七馬産麒麟,八牛生白澤,九倉變金粟,十象具六牙,由是得立妙吉祥號。⑭

據唐藍谷沙門慧祥《古清凉傳》卷上,三藏法師玄奘之上足窺基以咸亨四年,與白黑五百餘人,往而修五臺山中臺之舊連基迭石二室,造玉石文殊師利像⑮。據《宋高僧傳》卷五《唐代州五臺山清凉寺澄觀傳》,澄觀於大曆十一年(776)游五臺山,後居五臺山大華嚴寺,於唐德宗貞元三年(787)十二月撰成《華嚴經疏》六十卷,貞元四年,在寺主賢林的請求下開始講此大經⑯。可見，華嚴四祖、五臺山清凉國師澄觀和法相宗窺基等大師都曾來五臺山弘法，泊於妙吉之鄉原，建傳教基地。他們的經疏中釋"文殊菩薩"采用十種吉祥事，無疑受到五臺山地區在世俗民間廣爲流傳的有關文殊師利靈瑞傳説的經典——《文殊吉祥經》的影響。這一影響自然也澤及敦煌的講唱文本。貞松堂藏本講經文中的一小段材料，恰好爲我們提供了相關的印證。如文中叙述文殊師利受敕爲使，親往毗耶離問疾，佛贊文殊德行時説：

> 下降娑婆，尔現於菩薩之相。你且身嚴瓔珞，光明似而月舒空；頂覆金冠，清净而如蓮暎水。……當生之日，瑞相十般，表菩薩之寂尊，彰大士之無比。而又眉彎春柳，舒揚而菀轉芬芳；面若秋蟾，皎潔而光明晃曜。有如斯之德行，好對維摩；具尔許多威名，堪過丈室。⑰

所謂"當生之日，瑞相十般"一望而知與俄藏 Ф223 號《十吉祥（擬）》的變文、窺基及澄觀所注文殊"十般瑞相"是同源關係。其中，《十吉祥》先解説文殊師利何以名爲妙吉祥，後逐次敷演文殊降誕時的十種吉祥之事，文中所述十種瑞相與窺基等所注名稱一致，僅順序稍異。變文中每一瑞相，先用散文展開叙述，再引七言韻文重宣，頗有文采。如其闡述"光明滿室"：

> 且第一，"光明滿室"者，表菩薩光明内融，身光外照，所以降誕先放光明云云。
> 其光滿室，咸如杲日。
> 白月難偕，紅燈莫疋（匹）。
> 破幽夜之昏情，能曉了於密室。
> 其時所見異禎祥，表此閻浮菩薩出。
> 且看菩薩縱神光，照燭無私顯覆藏。
> 直如杲日出幽谷，恰似蟾輪入畫堂。
> 千道光明遐邇照，幾條明焰色如霜。
> 化緣菩薩出於世，所以名爲妙吉祥。⑱

據此則知：窺基《阿彌陀經通贊疏》、澄觀《大方廣佛華嚴經隨疏演義鈔》、貞松堂本《維摩詰經講經文》以及《十吉祥》在介紹文殊化迹時，宣揚文殊菩薩的主體地位，都受到《文殊吉祥經》這類流布民間而不列於正式佛典之數的通俗作品之影響⑲。該經重在就世俗爲文殊立名，將佛教感通説和中土徵瑞説相雜糅，並被中土僧俗汲取，用以敷演和解説文殊之名義，創製與文殊有關的佛經注疏及通俗講唱文（變文或因緣故事），以弘傳文殊信仰。而貞松堂本講經文的撰者,爲彰顯文殊菩薩的主體地位,曾參考其説。其創作與五臺山傳至敦煌地區的文殊感應信仰無疑有着直接的關係。

餘　論

綜上所述,貞松堂藏本《維摩詰經講經文·文殊問疾(第一卷)》和國圖藏 BD15245號《維摩詰經講經文·文殊問疾(第二卷)》,屬於同一大部講經文内前後相接的兩卷。其撰作時間大致在大曆元年之後,即中唐時期。與原始經文相比,這兩卷講經文呈現出最爲明顯的特徵即是尊崇文殊,具體表現在以下兩個方面:一是屢言文殊爲七佛之祖師,二是文殊誕生有十種瑞相。前者被記録在净土宗師法照的《净土五會念佛略法事儀贊》中,後者則被保存於法相宗大師窺基的《阿彌陀經通贊疏》和華嚴宗大師澄觀的《大方廣佛華嚴經隨疏演義鈔》裏,這一事實本身就足以説明唐代五臺山文殊信仰的興盛以及其與佛教各宗派的關係。唐五代時期,文殊信仰在文殊類經典的傳譯、皇室的扶持下,以長安、洛陽、五臺山爲中心,發展極盛,地處西部邊陲的敦煌亦受其影響,藏經洞保存有關五臺山的文獻以及莫高窟 61 窟皆是文殊信仰在敦煌興盛的印證。值得注意的是,無論是净土宗師法照,還是法相宗大師窺基及華嚴宗大師澄觀,他們都曾有過巡禮五臺山聖迹、建立傳教基地的經歷,受到五臺山有關反映文殊徵瑞信仰的民間佛經的深刻影響。文殊十吉祥之説經由他們在佛經注疏、開講及佛教儀式贊文中的采用,得以廣泛流傳於中原大地,並遠播西部邊陲的敦煌地區。現存兩卷本《維摩詰經講經文·文殊問疾》及《十吉祥》即爲顯證,它們反映了文殊信仰在中土民間佛教中的文學表現。

需要補充的是,貞松堂藏本和國圖藏本講經文的編撰都出現了不守經典的做法。如貞松堂本講經文説文殊的出生地是妙喜佛國("來辭妙喜,助我化緣"[50]),然據西晋竺法護譯《佛説文殊師利净律經》,文殊的出生爲寶氏佛國,而非妙喜佛國[51];又如阿修羅生性好鬥,常與梵天帝釋四天王戰,被視爲戰神。然而,貞松堂本講經文述及阿修羅時説:"阿修羅等,調颸玲玲之琵琶;緊那羅王,敲駁拳拳之羯鼓。乾達婆衆,吹妙曲於雲中;迦樓羅王,奏簫韶於空裏。"[52]可見,作者將阿修羅與乾達婆、緊那羅、迦樓羅王等樂神並列,視其爲樂神,能彈琵琶。凡此皆説明,講唱文學内容的非經典來源。

①　王重民等編:《敦煌變文集》,北京:人民文學出版社,1957 年,第 634—645 頁。

②　潘重規:《敦煌變文集新書》,臺北:文津出版社,1994 年,第 363—375 頁。

③ 黄徵、張涌泉校注:《敦煌變文校注》,北京:中華書局,1997 年,第 913—923 頁。

④ 武曉玲:《〈敦煌變文校注·維摩詰經講經文〉商補》,《敦煌研究》,2003 年第 3 期,第 105—106 頁。

⑤ 項楚:《〈維摩詰經講經文〉新校》,《四川大學學報(哲學社會科學版)》,2005 年第 4 期,第 58—62 頁。

⑥ 何劍平《〈維摩詰經講經文〉的撰寫年代》一文,以其文中參考道液《淨名經集解關中疏》爲綫索,考察其文創作於道液《關中疏》修正定稿後,即永泰元年之後(《敦煌研究》,2003 年第 4 期,第 65 頁)。

⑦ 李文潔、林世田:《新發現的〈維摩詰經講經文·文殊問疾第二卷〉校録研究》,《敦煌研究》,2007 年第 3 期,第 67—72 頁。

⑧ 任繼愈主編:《中國國家圖書館藏敦煌遺書》第 141 冊,北京:北京圖書館出版社,2011 年,第 171 頁。

⑨ 任繼愈主編:《中國國家圖書館藏敦煌遺書》第 141 冊,第 171 頁。

⑩ 張涌泉:《新見敦煌變文寫本叙録》:"按《校注》所收《維摩詰經講經文》之七係據羅振玉《貞松堂藏西陲秘笈叢殘》本校録,貞松堂藏本與本卷字體、行款全同,内容亦先後大致衔接,可以斷定乃同一寫卷之分裂。"(《文學遺産》,2015 年第 5 期,第 140 頁)

⑪ 任繼愈主編:《中國國家圖書館藏敦煌遺書》第 141 冊,第 178 頁。

⑫ 鳩摩羅什譯:《維摩詰所説經》卷二,《大藏經》第 14 冊,臺北:財團法人佛陀教育基金會出版部,1990 年,第 546 頁。

⑬ 鳩摩羅什譯:《維摩詰所説經》卷二,《大藏經》第 14 冊,第 540 頁。

⑭ 鳩摩羅什譯:《維摩詰所説經》卷二,《大藏經》第 14 冊,第 544 頁。

⑮ 任繼愈主編:《中國國家圖書館藏敦煌遺書》第 141 冊,第 171—178 頁。

⑯ 若那跋陀羅譯:《大般涅槃經後分》卷下,《大正藏》第 12 冊,第 911 頁。

⑰ 羅振玉編:《貞松堂藏西陲秘笈叢殘》,文華出版公司主編:《羅雪堂先生全集》三編,第 9 冊,臺北:文華出版公司,1968 年,第 3369 頁。

⑱ 任繼愈主編:《中國國家圖書館藏敦煌遺書》第 141 冊,第 172 頁。

⑲ 實叉難陀譯《大方廣佛華嚴經》卷八〇:"文殊師利常爲無量百千億那由他諸佛母,常爲無量百千億那由他菩薩師,教化成熟一切衆生,名稱普聞十方世界;常於一切諸佛衆中爲説法師。"(《大正藏》第 10 冊,439 頁)

⑳ 失譯經《佛説放鉢經》卷一:"文殊者,佛道中父母也。"(《大正藏》第 15 冊,第 451 頁)

㉑ 鳩摩羅什譯《首楞嚴三昧經》卷二:"迦葉,汝謂爾時平等世界龍種上佛,豈異人乎? 勿生此疑。所以者何,即文殊師利法王子是。"(《大正藏》15 冊,第 644 頁)

㉒ 吉藏撰《法華義疏》卷三《序品》:"所以然者,燃燈授釋迦記,妙光化八子,即知文殊是釋迦九世之祖師也。"(《大藏經》第 34 冊,第 480 頁)

㉓ 釋法照:《净土五會念佛略法事儀贊》,《大藏經》第 47 册,第 485 頁。

㉔ 劉長東:《法照生卒、籍貫新考》,項楚主編:《敦煌文學論集》,成都:四川人民出版社,1997 年,第 440 頁。

㉕ 劉長東:《法照事迹考》,《佛學研究》,1998 年第 7 期,第 40—44 頁。

㉖ 釋法照:《净土五會念佛略法事儀贊》,《大藏經》第 47 册,第 476 頁。

㉗ 羅振玉編:《貞松堂藏西陲秘笈叢殘》,文華出版公司主編:《羅雪堂先生全集》三編,第 9 册,第 3363—3364 頁;《英藏敦煌文獻》(漢文佛經以外部分),第六册,成都:四川人民出版社,1992 年,第 151 頁。

㉘ 何劍平:《〈維摩詰經講經文〉的撰寫年代》,第 65 頁。

㉙ 贊寧:《宋高僧傳》卷二一,范祥雍點校,《大正藏》第 50 册,第 844 頁;《净土往生傳》卷下,《大正藏》第 51 册,第 121 頁。

㉚ 釋僧佑:《出三藏記集》卷二,蘇晋仁、蕭鏈子點校,北京:中華書局,1995 年,第 27 頁。

㉛ 印順:《初期大乘佛教之起源與開展》,北京:中華書局,2011 年,第 785 頁。

㉜ 澄觀述:《大華嚴經略策》,《大正藏》第 36 册,第 706 頁下。

㉝ 慧祥:《古清涼傳》,《大正藏》第 51 册,第 92 頁下。

㉞ 李利安《文殊菩薩與民間信仰》一書中,從唐代開明的宗教政策,以及統治者如太宗、高宗、武則天、代宗對文殊信仰的政治支持等方面,論述了文殊信仰在唐代興盛的社會歷史緣由,兹不贅述。

㉟ 據杜斗城《敦煌五臺山文獻校録研究》可知敦煌遺書中保留了不少五臺山的文獻:《五臺山贊》30 件、《五臺山曲子》5 件、《五臺山行記》3 件。《五臺山志》《辭娘贊文》《禮五臺山記》《游五臺山贊文》《入山贊》《五臺山詩》等十多件文書。

㊱ 敦煌地區文殊信仰的研究,著述頗豐:如杜斗城《敦煌五臺山文獻校録研究》(太原:山西人民出版社,1991 年)、黨豔妮《五臺山文殊信仰及其在敦煌的流傳》(《敦煌學輯刊》,2004 年第 1 期,第 83—91 頁);鄒清泉《莫高窟第 61 窟〈維摩經變〉新識》(《美術學報》,2013 年第 2 期,第 40—50 頁)等。

㊲ 趙聲良:《莫高窟第 61 窟五臺山圖研究》,《敦煌研究》1993 年第 4 期,第 88 頁。

㊳ 釋玄本述《贊大聖真容》:"浮生踏著清涼地,寸土能消萬世災。"(P.4617 號《五臺山聖境贊》,《法藏敦煌遺書》第 32 册,第 183 頁)

㊴ 鄒清泉:《莫高窟第 61 窟〈維摩經變〉新識》,第 40 頁。

㊵ 黄徵、張涌泉校注:《敦煌變文校注》,第 614 頁。

㊶ 孟列夫、錢伯城主編:《俄藏敦煌文獻》第 4 册,上海:上海古籍出版社,1993 年,第 284 頁。

㊷ 李誠:《〈十吉祥〉研究》,項楚、鄭阿財主編:《新世紀敦煌學論集》,成都:巴蜀書社,2003 年 3 月,第 126—143 頁。

㊸ 窺基:《阿彌陀經通贊疏》卷上,《大正藏》第 37 册,第 337 頁上。

㊹ 澄觀:《大方廣佛華嚴經隨疏演義鈔》卷二八,《大正藏》第 37 册,第 213 頁上。

㊺ 慧祥:《古清凉傳》卷上,《大正藏》第 51 册,第 1094 頁上。

㊻ 贊寧:《宋高僧傳》上册,范祥雍點校,北京:中華書局,1987 年,第 105—106 頁。

㊼ 羅振玉編:《貞松堂藏西陲秘笈叢殘》,文華出版公司主編:《羅雪堂先生全集》三編,第 9 册,第 3355 頁。

㊽ 孟列夫、錢伯城主編:《俄藏敦煌文獻》第 4 册,第 284 頁。

㊾ 《天台三大部補注》(永嘉沙門釋從義撰)卷五、《科注妙法蓮華經》(宋柯山金溪棲雲沙門守倫注、明玉溪菩提庵沙門法濟參訂、吴興瓶城居士閔夢得較刻)卷一,《金光明經照解》(四明石芝沙門宗曉述)卷下,皆云妙吉祥生時有十吉祥,事出《西域記》。詳見《卍新纂續藏經》第 28 册,第 219 頁上;《卍新纂續藏經》第 30 册,第 648 頁下;《卍新纂續藏經》第 20 册,第 521 頁上。

㊿ 貞松堂本《維摩詰經講經文》云:"况乃汝久成證覺,果滿三祇,爲七佛之祖師,作四生之慈父。來辭妙喜,助我化緣;下降娑婆,示現於菩薩之相。"(羅振玉主編:《貞松堂藏西陲秘笈叢殘》,《羅雪堂先生全集》三編,第 9 册,第 3355 頁)

(51) 竺法護譯《佛説文殊師利净律經》引佛言:"東方去此萬佛國土,世界名寶氏,佛號寶英如來、無所著、等正覺,今現在演説道教,文殊在彼,爲諸菩薩大士之倫宣示不及。"(《大正藏》第 14 册,第 448 頁)

(52) 羅振玉編:《貞松堂藏西陲秘笈叢殘》,文華出版公司主編:《羅雪堂先生全集》三編,第 9 册,第 3364 頁。

附記:本文在何劍平教授的指導下撰寫,特此致謝!

作者簡介:計曉雲,四川大學中國俗文化研究所專職博士後
通訊地址:四川大學望江校區新南村　郵編:610064

報應與懲罰:傳統禮儀流行的保障維度

關長龍

禮儀作爲傳統國人道德外化的生活方式①,數千年來流行未輟。究其根本原因,一方面在於它所彰顯的引導個體修身成人的"提撕"維度,另一方面亦關乎其對失道違禮的保障維度,所謂"治身者斯須忘禮,則暴嫚入之矣;爲國者一朝失禮,則荒亂及之矣"②,即在完整的禮儀系統中,實存有對"暴嫚"與"荒亂"者的制裁規則,正如免疫系統之於個體健康系統、殺毒系統之於電腦操作系統的關係一樣,是即通常所謂之"刑法"。《漢書·刑法志》云:

> 先王立禮,"則天之明,因地之性"也。刑罰威獄,以類天之震曜殺戮也;温慈惠和,以效天之生殖長育也。《書》云"天秩有禮""天討有罪"。故聖人因天秩而制五禮,因天討而作五刑。③

禮因"天秩"而作,刑擬"天討"而成,唯刑與"天討"非禮與"天秩"的相對概念,而是在禮與"天秩"流行中伴生的保障維度,《周禮》中司徒、司寇、司刑、司稽、司隸、士師、鄉士、遂士、縣士、方士、訝士、掌囚、司儀、司射等之所掌,蓋其義也。又《孔子家語·五刑解》載孔子語云:

> 刑罰之源,生於嗜欲不節。夫禮度者,所以禦民之嗜欲,而明好惡,順天之道。禮度既陳,五教畢修,而民猶或未化,尚必明其法典,以申固之。其犯奸邪、靡法、妄行之獄者,則飭制量之度;有犯不孝之獄者,則飭喪祭之禮;有犯殺上之獄者,則飭朝覲之禮;有犯鬭變之獄者,則飭鄉飲酒之禮;有犯淫亂之獄者,則飭婚聘之禮。三皇五帝之所化民者如此,雖有五刑之用,不亦可乎!④

朱子《儀禮經傳通解》卷三十七《王朝禮十四·王制之癸》設有"刑辟"一節,江永《禮書綱目》卷七十二"通禮"承之,黃以周《禮書通故》亦專設"刑法通故"一目,皆從禮學系統之全體大用視域而將刑納於其中,且黃氏又特別指出:"帝王修五倫之教,以爲民極,故五倫亦謂之五極,而五刑以濟五倫之窮,故必屬於五極而後咸中有慶。"⑤唯諸家所論皆旨在考鏡源流,而於其學理緣起則措意不足。今則欲從禮學踐履的視角,對禮儀流行中的保障維度略加稽考,幸冀達者正焉。

一　"天討"——"天秩"失落後的本體報應

"天秩"乃是源於終極本體的第一秩序,而終極本體在"軸心時代"的早期宇宙論中實爲諸家先知所共識:儒家之道,亦名太極、一、神;道家之道,亦名無、神、太一;佛教之空,亦名真如、法性、佛性、實體、妙有;耶教之上帝,等等。唯其對宇宙生成歷程的理解或有小異,故其體證本體的工夫進路亦各有心得。若《周易·繫辭上》云:"是故易有太極,是生兩儀,兩儀生四象,四象生八卦,八卦定吉凶,吉凶生大業。"其以陰陽參合之八卦推演宇宙的創生秩序,與《老子》"一生二,二生三,三生萬物"之理亦相符合。至二十世紀以來大尺度宇宙學所提出的"奇點"爆炸假説與"宇宙胚種論"等,以爲宇宙形成之初的"種子"在其成長之後生成了我們這個可見的秩序世界,其理與植物"種子"生成植物蓋同。所謂"種瓜得瓜,種豆得豆",瓜之藤葉與新瓜、豆之枝葉與新豆,皆爲"瓜子""豆粒"中固有的原初秩序所化,是知植物之自組織能力當即天秩自組織能力之後的次生現象。而作爲"得五行之秀氣"(《禮記·禮運》)的人所具有的邏輯理性,則又當爲第三層次的自組織能力,唯此能力既由第一、第二秩序化生而來,是亦天秩之所當有者,"順受其正",即是天德流行,生生不已。

祇是人所具有的第三層次的自組織能力具有能動性,當其蔽於"氣質之性"時[6],則不免會産生偏離天秩之序的活動。故《周易·説卦》有"幽贊於神明而生筮"之説,孔子有"幽贊而達乎數,明數而達乎德"(帛書《易·要》)之論,《禮記·中庸》有"自明誠""自誠明"以"贊天地之化育"之言,孟子揭存心養性以"事天"之法,皆强調了人當修德(《禮記·中庸》"合外内之道也")明道、天人合一,以成就個體成長中"天地之性"的當下流行與呈現。

儒家亦以作爲"種子"之心的"仁"來指稱心體的自組織功能,以爲其"渾然與物同體""天地之用皆我之用"[7],五常之義禮智信皆由此生,其中之"禮"即"仁"體生生於外的生命活動,《禮記·中庸》論以至誠"贊天地之化育"的工夫,亦當由此而出。故《説文》云:"禮,履也,所以事神致福也。"[8]《白虎通·情性》云:"禮者,履也,履道成文也。"[9]此中之"神""道"皆爲終極本體之名,蓋謂禮必遵從此本體"種子"的自組織秩序——"天

秩"行事,乃得"止於至善"之道;若違而行之,必有"天討"之祟⑩。如《禮記·月令》"孟春之月"下載云:

> 孟春行夏令,則風雨不時,草木蚤落,國時有恐;行秋令,則其民大疫,猋風暴雨總至,藜、莠、蓬、蒿並興;行冬令,則水潦爲敗,雪霜大摯,首種不入。⑪

此時序用之於人事,"是月也,不可以稱兵,稱兵必天殃。兵戎不起,不可從我始。毋變天之道,毋絕地之理,毋亂人之紀"⑫。"天殃"即天降災殃,爲"天討"的具體表現形態。此理之專論雖或不多,然經典文獻亦頗有涉及,如《周易·乾卦·文言》云:"積善之家必有餘慶,積不善之家必有餘殃。"《尚書·伊訓》載:"惟上帝不常,作善降之百祥,作不善降之百殃。"《詩經·召旻》謂:"天降罪罟,蟊賊内訌。"《左傳·隱公元年》有"多行不義,必自斃"之語,《國語·周語》有"天道賞善而罰淫"之論。此中之善,謂因仁愛之"天秩"而生生不已;不善,謂偏離仁愛生生之序而"自作主張"。其後道教與佛教皆因此而推波助瀾,於是作爲違反天秩之"天討"的因果報應之説遂深入人心,如唐初唐臨的小説《冥報記》卷上叙言云:

> 夫含氣有生,無不有識,有識而有行,隨行善惡而受其報。如農夫之播植,隨所植而收之,此蓋物之常理,固無所可疑也。……
>
> 臨竊謂儒書論善惡之報甚多,近者報於當時,中者報於累年之外,遠者報於子孫之後。當時報者,若楚子吞蛭,痾疾皆愈;宋公不禱,妖星多退;諄齒凶逆,旋踵伏誅;趙高或亂,俄而滅族之類是也。累年報者,如魏顆嫁妾,終以濟師;孫叔埋蛇,竟享多福;漢幽鳩如意,蒼苟成災;齊煞彭生,立豕而祟之類是也。子孫報者,若弗父恭於三命,廣宣尼之道;鄧訓歲活千人,遺和熹之慶;陳平陰計,自知無後;欒黶忲侈,盈被其殃之類是也。若乃虞舜以孝行登位,周文以仁賢受命,桀、紂以殘忍亡國,幽、厲以嬖縱禍終。三代功德,卜祚長久。秦皇驕暴,及子而滅。若斯之比,觸類實繁。雖復大小有殊,亦皆善惡之驗。但事談王道,理關天命,常談之際,非所宜言。⑬

此種因果報應"現象"又被稱爲"鬼神法","一種表現爲通過鬼神的懲罰,在人們的心理上產生震懾與敬畏,從而有效地抑制其惡性,使之不敢從惡,國人常謂'頭上三尺神明'即是這個意思"⑭。

二　“五刑”——“五禮”出越後的社會懲罰

“五禮”源於《周禮·春官宗伯》析禮制之典禮爲五之説,後世頗用以泛指禮儀之宏富,然追本溯源,則此禮儀雖出於作爲人智的第三層次之自組織能力,但其所認同和取法的却是第一層次自組織能力的“天秩”。《禮記·禮運》云:

> 是故夫禮必本於大一,分而爲天地,轉而爲陰陽,變而爲四時,列而爲鬼神,其降曰命,其官於天也。夫禮必本於天,動而之地,列而之事,變而從時,協於分藝。其居人也曰養,其行之以貨力、辭讓、飲食、冠昏、喪祭、射御、朝聘。故禮義也者,人之大端也,所以講信修睦,而固人之肌膚之會、筋骸之束也;所以養生、送死、事鬼神之大端也,所以達天道、順人情之大竇也。⑮

如何理解“太一”“天”“鬼神”等本體層面的存在固是禮學的當然内容,而如何體證和取法此本體層面的應然秩序並轉化爲個體及個體所賴以存在的群體生活方式,纔是禮學所當呈現的實然形態。如果行禮者對禮儀所從出的本體理解有誤或體證本體秩序時出現偏差,皆不能得禮儀之正。因此,作爲此取法“天秩”之禮的保障維度和“免疫”系統,亦自有其取法“天討”之刑的現實取象,《説文》云:

> 灋,刑也,平之如水。从水,廌所以觸不直者去之。⑯

“灋”字在小篆以後多省作“法”形。按“廌”爲“解廌”省稱,其字又作“觟䚄”等形,漢王充《論衡·是應篇》載儒者説云:“觟䚄者,一角之羊也,性識有罪。皋陶治獄,其罪疑者,令羊觸之,有罪則觸,無罪則不觸。斯蓋天生一角聖獸,助獄爲驗,故皋陶敬羊,起坐事之。”⑰按“解廌”一詞當爲司法先聖“皋陶”的一聲之轉,二者之語源義蓋皆有取於混沌天真,以明其近於“天秩”。唯早期“道家”或引申“法”之本義而爲“取法”,如《老子》之“人法地,地法天,天法道,道法自然”云云,又進而用以泛指“天秩”,如《黄帝四經·道法第一》的“道生法”説⑱,則頗與禮之取義不同。究其所別,蓋僅在於“禮”之取義重在個體體證並認同第一秩序的工夫視角,是一種主體自願認同的生活秩序;而“法”之引申爲“天秩”之義乃純爲一種客觀的知識論層面的認知理解,是一種主體被動認同的生活秩序。

《白虎通·五刑》云:“聖人治天下必有刑罰何? 所以佐德助治,順天之度也。故懸爵賞者,示有所勸也。設刑罰者,明有所懼也。《傳》曰:'三皇無文,五帝畫象,三王明刑,應世以五。'五刑者,五常之鞭策也。刑所以五何? 法五行也。"[19]此謂"刑罰"本亦"順天之度"而成,但刑字的造字本義却揭示了其與"法"字取意的不同,《説文》云:

> 刑,罰皐也,从井从刀,《易》曰:井,法也。井亦聲。[20]

"井"法蓋取象於井田制的人智設計。"刑"在通過具有第三層次自組織能力的人智決定時,並没有像"法"一樣强調其源自本體的"天討"之功,且從其後的使用情况也可以明了此"井"法乃"政"之所出,它是爲"政"提供保障的,而"政"作爲一種群體秩序,往往是由此群體中的"統治集團"制定的。雖然合於"政者,正也"(《論語·顏淵》)的"天秩"政制亦爲"禮秩"的組成部分[21],禮書也强調禮樂政刑"其極一也"(《禮記·樂記》),但却以"人心惟危"(《尚書·大禹謨》)而難以保證此源於"統治集團"的人成之"政"必合於"天秩"之禮。而作爲此"政秩"之伴生系統的"刑討",也就不能保證其同於源自神性本體而合於"天討"的"法討"了。如《禮記·禮運》云:

> 今大道既隱,天下爲家,各親其親,各子其子,貨力爲己,大人世及以爲禮,城郭溝池以爲固,禮義以爲紀,以正君臣,以篤父子,以睦兄弟,以和夫婦,以設制度,以立田里,以賢勇知,以功爲己。故謀用是作,而兵由此起。禹、湯、文、武、成王、周公由此其選也。[22]

其中即揭出夏朝以來以"世及"之"禮"爲政乃是"大道既隱"之後的所爲,也隱示了此中所謂的"禮"並不合於取法"天秩"的禮之本義,宋代理學家程頤更爲申明其意云:

> 大抵五帝官天下,故擇一人賢於天下者而授之。三王家天下,遂以與子。論其至理,治天下者,當得天下最賢者一人,加諸衆人之上,則是至公之法。後世既難得人而爭奪興,故以與子。與子雖是私,亦天下之公法,但守法者有私心耳。[23]

"心"爲天秩正義之所從出,故此源頭因一"私"字而"差之毫釐",則其終端踐履的偏謬即已不能或免矣。因此,如果仍用强調"天討"的"法討"系統,其"政秩"則易遭多方質疑和干預,而改用專爲保障"政秩"的"刑討"系統,則自然名正言順而事易成了。與"官刑"相對,用以維護"家禮""禮俗"的"私刑"之理蓋亦略同。至於或以政秩刑討取代禮秩法討,若陳暘《樂書》自序所云:"先天下而治者在禮樂,後天下而治者在刑政。三代而上,以禮樂勝刑政,而民德厚;三代而下,以刑政勝禮樂,而民風偷。"[24]其情可知矣。

三　體用一如——世間秩序的"人成"工夫

作爲世間秩序的基本標準,禮雖有"時爲大""禮以義起"等與時俱進的製作原則,但因其作爲第三層次的秩序,必因"人心"而出,而"人心"在經過"自然天性"("天人合一"的萬物有靈時代)和"社會天性"("巫史通天"的三代時期)兩次"被遮蔽"後,在軸心時代又建構起了"學術天性"的本體體證範式,也就是説,欲建構合於"天秩"的"禮秩"標準,唯有體證有成的"聖王"纔能完成,是即《禮記·中庸》所謂:

> 非天子,不議禮,不制度,不考文。今天下車同軌,書同文,行同倫,雖有其位,苟無其德,不敢作禮樂焉;雖有其德,苟無其位,亦不敢作禮樂焉。㉕

如此,依前所及,自國家出現伊始的夏代"世及以爲禮"起,其所制以爲生活方式的"禮秩"即已與禮之應然面目的"天秩"有了"毫釐之差",中經周公制禮而得"天下歸心"之盛景,似亦未能革其根弊,至春秋戰國之際,"禮壞樂崩"幾爲士大夫階層的共識。宋陳祥道《禮書》序略云:

> 晚周而下,道散於異政之國,法亡於殊俗之家,君子不得以行禮,小人得以行非禮,……漢興,叔孫通之綿蕞禮儀,徒規當時之近功,而其法失於太卑;齊魯二生之論禮樂,必期百年然後興,而其言失於太高。賈誼有修禮之志,而困於絳灌;曹褒有定禮之議,而沮於酺敏;傅咸極論於晋,而誚於流俗;劉蕡發策於唐,而棄於一時。由漢以來千有餘載,其間欲起禮法於上者非一君,欲成禮法於下者非一臣。有是君而下之人不足以副之,則禮之道終不明;有是臣而上之人不能任之,則禮之事終不行。此龐(厖)政薄俗所以繼作而唐虞三代之治不復見也。㉖

因此,以"三禮"爲代表成果的先儒在建構禮學範式時,尤重其間終極本體的提撕之功,此即在德性上强調"修身"爲本,在儀式上重視終極體證,所謂"禮有五經,莫重於祭"(《禮記·祭統》)、"國之大事,在祀與戎"(《左傳·成公十三年》)㉗。至於凶、賓、軍、嘉諸禮之行,亦多有祭祀儀節穿插其中。雖然如此,其於"嫌疑""猶與"之際,還要因卜筮而詢於鬼神本體之意㉘,凡此皆欲使行禮主體在終極本體的提撕中趨近"禮秩"的應然"天秩"。

與此相應,作爲取代"法討"而爲"禮秩"護法的"刑討",其與"天討"間之隔閡又因

“政”的介入而較禮秩與“天秩”遠甚。故《論語·爲政》云：

> 道之以政，齊之以刑，民免而無恥；道之以德，齊之以禮，有恥且格。㉙

孔子反對捨德禮而論政刑，實以“政秩”乃禮秩視域下的群體秩序設計，此群體秩序設計難免會有“個人（包括個人所屬的小團體）的私心”混入（如法家所主張的放棄終極關懷的“集權決策”之結果），故作爲此群體秩序所伴生的“刑討”保障，亦須隨時以“禮秩”乃至“禮秩”所從出的“天秩”爲依據而加以調整，如荀子所謂“禮義生而制法度”（《荀子·性惡》）之義也。又《新唐書·刑法志》云：

> 太宗即位，詔長孫無忌、房玄齡等復定舊令，議絞刑之屬五十，皆免死而斷右趾。既而又哀其斷毀支體，謂侍臣曰：“肉刑，前代除之久矣，今復斷人趾，吾不忍也。”……玄齡等以謂：“古者五刑，刖居其一。及肉刑既廢，今以笞、杖、徒、流、死爲五刑，而又刖足，是六刑也。”於是除斷趾法，爲加役流三千里，居作二年。㉚

此以“五刑”乃“順天之度”而取法“五行”所定，本具宇宙論依據，即使變革亦不應逾彼“天秩”尺度。至於陰陽五行宇宙論是否即是終極本體流行的實然秩序，尚可隨人類理性的發展而繼續觀察和思考，但在沒有突破性成果的情況下，它仍然是我們理解作爲“天秩”之存在呈現的“禮秩”之基本模型。不僅刑律當“一準乎禮”㉛，其執行中遇到疑惑處亦當因禮而行變通之法，如柳宗元《駁復仇議》云：

> 臣聞禮之大本以防亂也。……《周禮》：“調人掌司萬人之讎。凡殺人而義者，令勿讎，讎之則死。”“有反殺者，邦國交讎之。”又安得親親相讎也？《春秋公羊傳》曰：“父不受誅，子復讎可也。父受誅，子復讎，此推刃之道，復讎不除害。”今若取此以斷兩下相殺，則合於禮矣。且夫不忘讎，孝也；不愛死，義也。元慶能不越於禮，服孝死義，是必達禮而聞道者也。夫達禮聞道之人，豈其以王法爲敵讎者哉？議者反以爲戮，黷刑壞禮，其不可以爲典明矣。請下臣議，附於令。有斷斯獄者，不宜以前議從事。謹議。㉜

此爲武則天統治時期的一例舊案。當事人陝西同州下邽縣民徐爽未犯大過而被縣尉趙師韞所殺，徐爽之子徐元慶即伺機手刃趙師韞而爲父報仇，隨即自首歸案。當時官方遂依刑律誅殺元慶，但又因其復仇合禮而旌表於鄉里，且“編之於令”，成爲後世可以取法的標準案例。柳氏以爲賞罰褒貶應“統於一”，即以維護“禮秩”爲“刑討”之依據，當“刑討”之律條與“刑討”之依據發生衝突時，應以後者改正前者，而不是兩者並存，故建議改正前“令”。就禮刑關係而言,柳氏之論更契於中華禮法的“刑討”精神。

餘　論

“禮秩”作爲“天秩”的世間法,其流行乃有兩大保障系統——源自“禮秩”所從出之“天秩”的第一層級保障“天討”和源自“禮秩”(“政秩”爲“禮秩”的從屬系統)所出的第二層級保障“刑討”——的雙重維護。惟“天討”在禮學中的位置似乎一向語焉不詳,而“刑討”則朱子《儀禮經傳通解》隸之於“王國禮”,江永《禮書綱目》屬之於“通禮”,較之於禮學結構,似皆有未安之實。考《禮記·樂記》所論禮學之三元結構——禮情、禮儀、禮器——禮儀與禮器是爲表達禮情而設,而禮情之所起或以禮意名之,禮情之所止則以禮義稱之。誠意“如神”③,故可體“天秩”而通“天討”;尊義得宜㉞,乃可明“禮秩”以辨“刑討”。則知“天討”“刑討”二者,皆當於“禮情”之禮意與禮義中論之,唯其所“討”的名實之辨,則以歸於禮器之名器爲宜㉟。

與“天討”的適用範圍略同,廣義的“刑討”固不限於今之所謂的“國法”範疇,而是包括違反社約、鄉約、家法族規以及個體復仇的各種懲罰措施,其施於“政秩”而當於今之所謂“國法”者,蓋可以狹義的“刑討”論之。而“刑討”之爲“禮秩”保障維度的失落,蓋以清末“參酌各國法律”而修訂的《大清新刑律》爲標志,彼時之立法者以爲“不當混法律與道德爲一”㊱,從而把“法”從其所生的“禮”中剥離出來。梁治平先生即指出:“清末禮、法之爭,已經逸出傳統禮、法之爭的界域,不復爲其所範圍,而具有全新的意蘊。中國數千年綿延不絕的禮法觀念,亦因此而被徹底拋棄。”㊲梁啓超所謂“攟鄰圃之穢葹,綴我園之老幹,縱極絢爛,越宿而萎矣”㊳。從此,傳統的中華禮儀因失去了保障維度和“免疫系統”而步履維艱,其於今日的重建之路,實可謂前路漫漫、任重道遠了。

① 《禮記·樂記》:“故德輝動於内,而民莫不承聽;理發諸外,而民莫不承順。故曰:致禮樂之道,舉而錯之天下,無難矣。”孔穎達:《禮記正義》,上海:上海古籍出版社,2008 年,第 1555—1556 頁。又錢穆有云:“在西方語言中没有‘禮’的同義詞。它是整個中國人世界裏一切習俗行爲的準則,標志着中國的特殊性。”鄧爾麟:《錢穆與七房橋世界》,藍樺譯,北京:社會科學文獻出版社,1998 年第 2 版,第 8 頁。

② 班固:《漢書·禮樂志》,北京:中華書局,1962 年,第 1027 頁。

③ 班固:《漢書》,第 1079 頁。

④　楊朝明、宋立明主編：《孔子家語通解》，濟南：齊魯書社，2009 年，第 347 頁。

⑤　黃以周：《禮書通故》，王文錦點校，北京：中華書局，2007 年，第 1825 頁。錢穆《國學概論》云：“舍禮外無法令，舍禮外無歷史。‘史’‘禮’‘法’之三者，古人則一以視之也。”（北京：商務印書館，1997 年，第 22 頁）又梁治平《“禮法”探源》云：“（春秋以前）無論兵刑，都服從於禮，統一於禮，爲禮制不可或缺的組成部分。……禮之爲法，固無待於刑，而刑的存在，則保證了禮的强制性。”（《清華法學》，2015 年第 1 期，第 93 頁）

⑥　張載《正蒙·誠明》云：“形而後有氣質之性，善反之，則天地之性存焉。”《張載集》，章錫琛點校，北京：中華書局，1978 年，第 23 頁。

⑦　程顥、程頤：《二程集》，王孝魚點校，北京：中華書局，1981 年，第 16—17 頁。

⑧　許慎：《説文解字》，北京：中華書局，1963 年，第 7 頁。

⑨　陳立：《白虎通疏證》，吳則虞點校，北京：中華書局，1994 年，第 382 頁。

⑩　許慎《説文解字》：“祟，神禍也。”（第 9 頁）

⑪　孔穎達：《禮記正義》，第 626 頁。

⑫　孔穎達：《禮記正義》，第 624 頁。

⑬　唐臨：《冥報記》《續修四庫全書》第 1264 冊，上海：上海古籍出版社，2002 年，第 393 頁。

⑭　夏清瑕：《另一種秩序——法律文化中的因果報應信仰》，《寧夏大學學報（人文社會科學版）》，2006 年第 5 期，第 60—63 頁。

⑮　孔穎達：《禮記正義》，第 939—942 頁。

⑯　許慎：《説文解字》，第 202 頁。

⑰　黃暉：《論衡校釋》，北京：中華書局，1990 年，第 760 頁。

⑱　陳鼓應注譯：《黃帝四經今注今譯——馬王堆漢墓出土帛書》，北京：商務印書館，2007 年，第 2 頁。

⑲　陳立：《白虎通疏證》，第 437—438 頁。

⑳　許慎：《説文解字》，第 106 頁。

㉑　《禮記·王制》：“凡制五刑，必即天論，郵罰麗於事。凡聽五刑之訟，必原父子之親、立君臣之義以權之；意論輕重之序、慎測淺深之量以别之；悉其聰明、致其忠愛以盡之。疑獄，氾與衆共之，衆疑赦之。必察小大之比以成之。成獄辭，史以獄成告於正，正聽之。正以獄成告於大司寇，大司寇聽之棘木之下。大司寇以獄之成告於王，王命三公參聽之。三公以獄之成告於王，王三又，然後制刑。凡作刑罰，輕無赦。刑者侀也，侀者成也，一成而不可變，故君子盡心焉。”（孔穎達：《禮記正義》，第 554—555 頁）

㉒　孔穎達：《禮記正義》，第 875 頁。

㉓　程顥、程頤：《二程集·河南程氏遺書》卷一八，第 228 頁。

㉔　《中華禮藏·禮樂卷：樂典之屬》第一冊，蔡堂根、束景南點校，杭州：浙江大學出版社，2016 年，第 37 頁。

㉕　朱熹注:《四書集注》,王浩整理,南京:鳳凰出版社,2005 年,第 37 頁。

㉖　江永:《禮書綱目》首卷上,廣雅書局光緒十七年刻本,第 7—8 頁。

㉗　《論語·八佾》:"祭如在,祭神如神在。"(朱熹《四書集注》,第 66 頁)董仲舒《春秋繁露·祭義》:"祭者,察也,以善逮鬼神之謂也。……祭然後能見不見。見不見之見者,然後知天命鬼神。知天命鬼神,然後明祭之意。"蘇輿:《春秋繁露義證》,鍾哲點校,北京:中華書局,1992 年,第 441—442 頁。

㉘　《禮記·曲禮上》:"卜筮者,先聖王之所以使民信時日、敬鬼神、畏法令也,所以使民決嫌疑、定猶與也。故曰疑而筮之,則弗非也;日而行事,則必踐之。"(孔穎達:《禮記正義》,第 118 頁)

㉙　朱熹:《四書集注》,第 55—56 頁。

㉚　歐陽修、宋祁:《新唐書》卷五六,北京:中華書局,1975 年,第 1409 頁。

㉛　《四庫全書總目》之《唐律疏義》提要:"論者謂《唐律》一準乎禮,以爲出入得古今之平,故宋世多採用之,元時斷獄亦每引爲據,明洪武初,命儒臣同刑官進講《唐律》,後命劉惟謙等詳定《明律》,其篇目一準於唐。"(北京:中華書局,1965 年,第 712 頁)至《大清律例》以及亞洲各國如日本、朝鮮、越南等法典的編定,亦並有所取法和延用。

㉜　柳宗元:《柳宗元集》,北京:中華書局,1979 年,第 102—104 頁。

㉝　《中庸》:"至誠之道,可以前知。國家將興,必有禎祥。國家將亡,必有妖孽。見乎蓍龜,動乎四體。禍福將至,善,必先知之;不善,必先知之。故至誠如神。"(孔穎達:《禮記正義》,第 2025 頁)

㉞　《禮記·郊特牲》:"禮之所尊尊其義也,失其義陳其數,祝、史之事也。"(孔穎達:《禮記正義》,第 1087 頁)

㉟　詳參拙文《禮器略說》,《浙江大學學報(人文社會科學版)》,2014 年第 2 期,第 16—25 頁。

㊱　金敏:《繼承晚清誰人遺産?——梁治平先生〈禮教與法律〉讀後》,《清華法學》,2015 年第 5 期,第 172 頁。

㊲　梁治平:《"禮法"探源》,《清華法學》,2015 年第 1 期,第 116 頁。

㊳　梁启超:《中國近三百年學術史》,北京:中國書店,1985 年,第 36 頁。

作者簡介:關長龍,浙江大學古籍研究所教授

通訊地址:浙江大學紫金港校區古籍研究所　郵編:310058

聖域製造與守護:敦煌安傘儀式中幢傘的功能

余　欣

　　傘本爲遮陰避雨的實用物品,繁麗裝飾後成爲華蓋。華蓋逐漸成爲展示威權、彰顯尊者的儀衛器具。幢猶如多重華蓋,構件和製作方法都很相近。傘下復接幢,稱爲幢傘[①]。將傘蓋置於尊者頭頂的習俗,世界諸文明如古羅馬、古印度、古代中國皆有之。佛教興起後,將幢傘納入造像量度與儀軌,既施於佛、菩薩像頂以示尊崇,亦用於儀式等莊嚴場合。幢傘成爲佛法的象徵,並被賦予遮蔽魔障、守護眾生的意義。

　　幢傘廣泛運用於晚唐五代敦煌佛教儀式中:正月廿三日安傘旋城、二月八日行像、四月八日佛誕節、七月十五日盂蘭盆會以及爲染疾之歸義軍節度使祈福,皆須以幡幢莊嚴道場。其中正月廿三日的竪傘轉經活動更是以白傘蓋爲核心,幢傘在儀式中的性質與其他重要佛事禮俗亦有本質區別。長期以來學界於此甚少措意,管見所及,二十世紀僅譚蟬雪在有關敦煌歲時禮俗的論文中對部分《安傘文》做過簡要分析[②]。近年始有學者再度涉獵[③]。揚之水對幢傘的結構部件做了精細的名物考證[④]。趙豐、王樂側重於從絲綢工藝美術史的角度探討幢傘形制,詳考其材質、形狀和尺寸諸要項[⑤]。筆者在有關敦煌寺院所藏珍寶與佛教七寶觀念的文章中,曾附帶論及幡、傘的珠寶墜飾問題[⑥]。與上述物質文化和藝術史研究取向迥然不同,專攻漢藏佛教研究的王微(Françoise Wang-Toutain)提出漢地白傘蓋佛母崇拜的起源,可以追溯到八至十世紀的敦煌,提示我們注意與白傘蓋佛母有關的敦煌經典和儀式,以及漢藏佛教傳統之間的互動關係[⑦]。此文運用漢藏文獻互爲發明,頗有啓發性,但考證過分偏重白傘蓋佛母信仰的溯源研究,幢傘的功能和意義似尚未納入視野。因此,本文擬從幢傘在佛教儀式中的實際使用狀況入手,揭示信仰實踐的內在邏輯,進而追溯其觀念源流以及在各種文本語境中的表現,討論器物製造神聖空間的方式、過程及其社會意義。

一　安傘旋城儀式中的聖域製造與合法性建構

長興五年(934)正月,敦煌最高統治者歸義軍節度使曹議金有疾[⑧]。對地方士族百姓而言,這無疑是令人憂心的大事,因此在正月二十三日舉行的法會上,士族百姓特地爲他們敬仰的"令公大王"祈福。在佛教盛行的敦煌,這是最自然不過的事。然而仔細推敲法事細節,頗有一番值得探尋的意義。我們先來看這件在歸義軍史上著名的文書《長興五年正月廿三日曹議金施捨回向疏》(P.2704):

> 布肆疋,緤肆疋(施入大衆)。緤壹疋(充法事)。
>
> 伏睹建寅上朔,白傘廣布於八方;太簇末旬,翻(幡)花遍施於九處。願使龍天八部,降瑞色於龍沙;梵釋四王,逐邪魔於他境。
>
> 大王微疾,如風卷於秋林;寶體獲安,願團圓於春月。合宅長幼,恒聞吉慶之歡;遠近枝羅,同受延祥之喜。然後千門快樂,三農秀實於東皋;萬户謳歌,五稼豐登於南畝。朝貢專使,來往不滯於關山;于闐使人,回騎無虞而早達。勵(癘)疾消散,障(瘴)毒殄除;刁斗藏音,灾殃蕩盡。今因大會,令就道場,渴仰慈門,希垂回向。
>
> 長興伍年正月廿三日弟子河西歸義等軍節度使檢校令公大王曹議金謹疏。[⑨]

這件施入疏很像一篇願文,除了祈求曹議金早日康復,還依次爲府主合宅長幼和千門萬户的吉慶福祐、五穀豐隆、往來使節通達無虞、疫癘蠲除而祈願[⑩]。次年二月十日曹議金病卒[⑪],可知所染絶非"微疾",因此在諸祈願中,將"寶體獲安"置於首位。

疏文所云"白傘廣布於八方""幡花遍施於九處"究竟是何儀式? 這種儀式爲何會具有穰鎮祈福的功效? 我們再來看歸義軍史上另一件重要文獻《天復二年(902)正月廿一日使都尚書御史大夫張牓(抄)》(P.2598V):

> 常年正月廿三日,爲城埠(隍)攘灾却賊,於城四面安置白傘法事道場者。右敦煌一郡,本以佛法擁護人民。訪聞安傘之日,多有無知小兒,把彈弓打運花,不放師僧法事,兼打師僧及衆人眼目傷損。今固(故)曉示,切令禁斷。仍仰都虞候及鄉司衙子捉獲,抄名申上。若有此色人,便罰白羊兩[口]充供使客者。恐衆不知,故令曉喻。
>
> 正月廿一日牓。使　都尚書御史大夫張牓。[⑫]

本件文書無紀年,郝春文云:"此件前有'中和三年(883)四月十七日未侍(時)書了',則此件當在中和三年之後。簽發牓文的'都尚書御史大夫張',既有可能是張淮深,也有可能是張承奉。"[13]筆者認爲,從寫本物質形態和書寫特徵看,當爲抄件,而非稿本,"御使大夫張"應是張承奉,且文書年代可係於天復二年,故重新擬題如上,理由爲:(1)張淮深雖亦自稱尚書,然未見此種形式之署名,而《敕歸義軍節度使牒開元寺律師沙門神秀補充攝法師事》(S. 515)尾署"使檢校工部尚書兼御史大夫張",與本件極爲相似。(2)本年正月二十三日,張承奉爲城隍禳災,親書密教經咒,貯入傘中供養(參下引 Дx. 566、BD14799 題記)。其與牓文之關聯性似無可置疑。(3)本年四月二十八日,張承奉將城隍不寧歸咎於僧徒不持定心,帖下都僧統責之[14],苦於往年安傘爲城隍禳災之日常有小兒擾亂,故事先下牓曉諭禁斷,亦在情理之中。

比定時間鏈後,我們再來闡發本件文書的内涵。郝春文以此論證歸義軍政權對佛教的控制與管理[15];筆者曾舉以爲敦煌嬰戲之例證,認爲完全可以是另外一種趣味盎然的詮釋:安傘旋城是何等莊嚴肅穆的場合,却有"無知小兒,把彈弓打運花",以致節度使張承奉竟然不得不專門發一個牓示。雖然讀來有些令人啼笑皆非,但敦煌兒童頑皮好動的真實風貌却得以傳神地呈現。此實乃中古中國兒童史研究至爲難得之鮮活史料[16]。但是回到張承奉發此牓文之初衷,聯繫當時歸義軍政權"四面六蕃合"的窘促地緣政治情境,張承奉之鄭重其事絕非無因而致。

要理解本件牓文,我們必須把它與兩件寫經題記和相關願文放在一起考量。俄藏 Дx. 566 首題《大佛頂如來放光悉怛多大神力都攝一切咒王陀羅尼經大威德最勝金輪三昧神咒品》,卷尾有抄寫題記:

　　　　天復二年壬戌歲正月廿三日,歸義軍節度使張公發心敬寫,爲城隍禳災,貯入傘中供養。[17]

中國國家圖書館藏 BD14799 形制與 Дx. 566 相同,首題基本一致,亦有類似題記:

　　　　天復二年壬戌歲正月廿三日,歸義軍節度使張公爲城[隍]壞(禳)災,發心敬寫,貯入傘中,永充供養。[18]

兩件寫本實爲同一天爲同一目的抄寫的同一經咒,以往由於定名不同,被誤以爲是不同的佛經。這兩件經咒對於我們確定儀式的性質至關重要,與上引曹議金疏的祈願相同,張承奉相信將經咒貯入傘中並舉行安傘旋城儀式,可以製造出一個神聖空間,將一切不祥——疫癘、灾殃、邪魔、賊害——辟除於他境。這一信仰觀念從何而來呢? 敦煌願文提供了更多綫索和細節,其中有十餘件以《置傘文》《安傘文》爲題者,應該就是在這一儀式上誦讀的文本。吐蕃占領時期的《置傘文》(S. 2146)開宗明義,宣示"禳(禳)灾怯(祛)禍者,莫過乎《佛頂心咒》",與張承奉所抄經咒遥相呼應,這是儀式性質的關鍵性提示。不過,僅憑敦煌文獻,我們很難重繪出完整而鮮明的歷史圖景,後出的史料可以給我們提供互爲發明的證據,衹要我們充分考慮其文本語境,不做過度詮釋。《元史·祭祀志》載:

> 世祖至元七年,以帝師八思巴之言,於大明殿御座上置白傘蓋一,頂用素段,泥金書梵字於其上,謂鎮伏邪魔護安國刹。自後每歲二月十五日,於大[明]殿啓建白傘蓋佛事,用諸色儀仗社直,迎引傘蓋,周游皇城内外,云與衆生袚除不祥,導迎福祉。[19]

這是關於元世祖始行白傘蓋佛事緣起的記載,是密教史的關鍵性史料。此儀式中特以"鎮伏邪魔護安國刹"命名傘蓋,想必如唐懿宗於法門寺迎佛骨時所用之大寶刹一般,亦是極爲壯觀之幢傘[20]。

元代沙囉巴譯自藏文的《佛頂大白傘蓋陀羅尼經》講到白傘蓋經咒安置的具體方法及其功德:

> 若遭人病、孳畜病、疫癘、惱害、鬥諍、逼迫、他兵侵擾、一切厄難,賫此佛頂大白傘蓋無有能敵般囉(二合)當鷄囉母陀羅尼,繫幢頂上,廣伸供養,作大佛事。奉迎斯咒,安城四門,或諸聚落、都邑、村野,禮拜恭敬,一心供養,所有兵陣,隨即消滅,疫癘諸病,惱害鬥諍,他兵侵擾,一切災厄,悉皆消滅。[21]

至此,我們可以對儀式性質和過程做一初步解說:(1)安傘旋城儀式實質上是白傘蓋崇拜,也就是元代白傘蓋佛事的先聲。敦煌開始舉行這種儀式是在吐蕃占領時期,忽必烈也是因出身吐蕃的國師八思巴建議而啓建白傘蓋佛事,這暗示着白傘蓋信仰與藏傳佛教頗有淵源。(2)舉行安傘旋城儀式的時間是在每年正月二十三日,用願文富於文學化的表述,就是"春陽令月,寒色猶威"(S. 2146)或"三春令月,四序初辰"(S. 6417)。曹議金施入疋帛的時間、張承奉抄寫佛經的日子都是正月二十三日,絕非巧合,況且張承奉説"常年",表明這是由來已久的慣例。忽必烈據八思巴的建議定在二月十五日,較敦煌晚近一個月,或與佛涅槃日法事有關。(3)在儀式中,白傘蓋的性質和功能完全不同於普通幢傘。儘管儀式中也用到許多普通幢傘和幡花,但衹是作爲裝飾性的儀仗,儀式的中心法器乃是白傘。白傘被賦予無上神力,"若論護國匡邦,無過建斯幢傘,即冀除灾殃於不毛之地，併（屏）疫厲（癘）於無何有之鄉；五穀無霜雹之灾，萬品登人（仁）壽之城”（S. 2146），崇信之辭可謂無以復加。這種崇信既有密教經典上的依據，又植根於世俗化的白傘蓋信仰。(4)白傘有大小之分，安置地點分別是沙州城的中央（可能是府衙門前）和四面城門，即所謂“今者敦煌之府，内豎白法之勝幢，［外］設佛頂於四門”，“建白幢於五所”（S. 2146）。有時可能在城四角也建立白幢，如另一件《安傘文》（Дx. 01028 + Дx. 02751）云“遂［建］佛頂於四門，立勝幢於八表”。(5)儀式大致的程序是：正月中旬，完成白傘及其他法物的製備。二十一日，歸義軍節度使發布榜文，爲即將舉行的法事曉諭嚴加管束小兒，以免擾亂道場，並令都虞候及鄉司負責巡檢。二十三日，節度使親自書寫陀羅尼經咒，預備“貯入傘中供養”，同時將疋帛施捨大眾和道場，充法事之需；法事正式開始，先將陀羅尼經咒安置於大小白傘幢内，然後以車輿運送大白傘蓋，手持小白傘蓋，以幡花引路，諸色儀仗迎引，周行敦煌内外；二部僧尼登上城墙，手持幡蓋，念誦經咒護持，繞城周旋，士女王公皆手捧香爐迎候、供養，鼓樂齊鳴，“梵音以（與）佛聲震地，簫管弦歌共浮雲争響”（P. 3405）；大小白傘分別安置於城中央和四門，在道場上進行諸般禮拜和供養，並誦讀《置傘文》；最後，完成種種莊嚴，在“福事廓備，勝善咸亨”（P. 2854）中落下帷幕。

對於潛藏在儀式中的政治合法性構築，筆者曾提出“民生宗教社會史”的分析框架，用以解釋民生宗教和地緣政治交織的特性。所謂民生宗教，是指圍繞個人或家庭乃至某一地域的民生福祉，尤其是與人的基本生存狀態和生命歷程相關聯的衣食住行、生老病死，以及思想與行爲等方面而展開的信仰，其核心内涵包括神靈體系、儀式活動、象徵結構三個層面。它與一般民間信仰研究的不同之處在於，不是僅僅考察民眾有什麽樣的信仰，還會分析這些信仰如何作用於他們的生活方式和思維方式，進而考察在國家政治、地域社會、利益集團、精英階層和普羅大眾的互動中宗教信仰所起的作用。簡言之，重心落在宗教實踐層面。[22]

在對歸義軍時期祥瑞的考察中，我們發現祥瑞的大規模製造一般是在統治者掌權之初。癥結所在並非祥瑞自身真偽，而是如何炮製和利用祥瑞以求正統的過程。其中不但有讖緯學說的理論支撐，官僚、文人和民眾的共謀與合作，更不乏佛教觀念的滲入和僧團的直接參與。一方面，在具體操作上，文士發揮了關鍵作用。符瑞理念的灌輸、製造的策略、程序的謀畫、顯揚的儀節、“符瑞文學”的創作和傳播，都有賴於文士。在這一過程中，武人政治集團接受了文人的政治文化系統，由此建立起較爲穩定的文武互相滲透與協同的統治機制。另一方面，即使一向被認爲是純粹中國本土政治話語系統的符瑞，也受到了佛教的浸染。佛教神祇與傳統瑞應並行不悖，呈現出獨特的文化共生現象。粟特後裔曹議金對符瑞運用自如，使我們認識到，在多語言並用、諸文化交錯融合的敦煌社會，符瑞思想早已滲入各族群中[23]。張承奉特別重視安傘旋城儀式，可能與其崇信白色祥瑞，並和此後建立西漢金山國且崇尚白色暗合，但也不能排除借白傘蓋信仰把自己塑造成"佛頂輪王"、爲政權合法性提供支持的企圖[24]。

我們知道，受藏傳佛教的影響，元世祖和乾隆帝都將白傘蓋佛母視爲重要的保護神。在清東陵裕陵地宮入口的門柱上刻有最短的梵文白傘蓋陀羅尼，在第一室西壁上半部最高處刻有梵文本長陀羅尼，中文本則刻在第二券的頂部[25]。王微認爲，不能據此斷言乾隆給予白傘蓋佛母地位是忽必烈曾采用的模式的翻版，即尋求作爲轉輪王的合法性。在敦煌，對白傘蓋佛母的崇拜雖然由統治階級資助，但似乎還沒有與任何政權的合法性聯繫在一起，僅僅爲消除各種灾禍[26]。筆者認爲這個觀點恐怕需要斟酌。以白傘爲塑造政治合法性的道具，早在《魏書·裴良傳》中就有記載：

> 時有五城郡山胡馮宜都、賀悅回成等以妖妄惑衆，假稱帝號，服素衣，持白傘白幡，率諸逆衆，於雲臺郊抗拒王師。(元)融等與戰敗績，賊乘勝圍城。良率將士出戰，大破之，於陣斬回成，復誘導諸胡令斬送宜都首[27]。

這段史料相當著名，研究中古白衣人傳説、摩尼教入華、彌勒信仰等問題時多有徵引[28]，然而一般祇是述及白衣爲宗教服飾，似乎並未留意白傘、白幡的問題。關於白衣人與轉輪聖王的關係，前人研究中已經提到，但未將之與白傘蓋信仰聯繫起來。我們雖不能斷言早在六世紀白傘蓋信仰和儀軌已經傳入中國，並爲山胡馮宜都、賀悅回成等所利用，但鑒於新疆曾經發現古老的梵文白傘蓋系寫本，零星的觀念和知識已在山胡之類部族中有一定範圍的傳播，並非毫無可能。

五凉一直流傳"白衣自立爲主"的謠讖，傳布極廣[29]。張承奉得知唐已亡的消息後，即執此讖言以爲天命在己，圖謀踐祚稱帝。節度左都押衙安懷恩、州縣僧俗官吏、二州六鎮耆老及通頰、退渾十部落，三軍蕃漢百姓一萬人上表勸進[30]。爲製造聲勢，各種符瑞應時而生。榮新江認爲，"從宗教信仰來看，張承奉不能算是一位佛教徒，他大概更迷信於陰陽五行讖緯之説"[31]。儘管如此，張承奉從實際的信仰基礎和政治效能考慮，在進行輿論宣傳時，絕不會捨弃效用强大的佛教和密教儀軌。我們看到張承奉即金山白衣帝位後，似乎對安傘旋城儀式更爲熱衷：

> 上元下葉，是十齋之勝辰；安傘行城，實教中之大式。所以聲鐘擊鼓，排雅樂於

國門,命二部之僧尼,大持幡蓋,蓮花千樹,登城邑而周旋;士女王公,悉携香而布散。梵音以(與)佛聲震地,簫管弦歌共浮雲争響。

　　我皇降龍顔於道側,虔捧金爐,爲萬姓而期(祈)恩,願豐年而不儉,五稼倍收於南畝,三農不廢於桑麻,家給年登,千厢足望。(P. 3405)

文中强調"安傘行城,實教中之大式","白衣天子"不僅親自參加,而且以供養人身份手捧香爐,立於道旁,迎接持傘行城的隊伍,爲萬姓祈恩。這些所作所爲,如果説與政治合法性構建没有關係,似乎解釋不通。

以上對與白傘蓋儀軌相關的施入疏、寫經題記和願文中所反映的政治文化背景做了分析,將歸義軍時期的敦煌當作一個區域性政治實體,通過考察其權力基礎和政治生態,加深了對地方政權政治格局與權力運作機制的認識。在此基礎上,我們對歸義軍時期敦煌地方政權的内在政治結構、權力基礎以及如何確立並强化其權力合法性的手段和過程,可得出如下認識:(1)儀式由敦煌最高統治者主導並精心布置,吐蕃時期是節兒、都督,歸義軍時期則由河西節度使領銜,同時敦煌世家大族、僧團領袖、士庶百姓都積極參與,是各階層爲維護共同福祉達成的"合致行爲"。官方的强勢運作和民衆的主動配合,是這一佛事活動得以持續舉行的關鍵。(2)儀式中僧界重要人物尤爲引人注目。在莊嚴的名單中,往往會將都僧統、都僧正、都僧録等列在顯要位置。在《竪幢傘文》(P. 2854)中,甚至出現"其誰施之? 則我釋門僧政(正)和尚爰及郡首(守)、都督、刺使(史)等奉爲當今大中皇帝建兹弘業也"這樣的字句,釋門僧正排在政治首腦和高級官僚之上,除了他是儀式的"首席執行官"外,也是歸義軍初期特殊的政教關係使然[㉒]。(3)儀式的主要目的是"爲城埠(隍)攘灾却賊""以佛法擁護人民",表面上祈福的對象上至當朝皇帝、下至黎民百姓,似乎無所不包,但其實還是有内外區分的,主要是護佑本轄境内的臣民,即爲了"合邑黎元""一郡沐康寧之慶"[㉝]所製造的聖域,具有很强的地域中心主義和排他性。(4)敦煌最高統治者通過儀式運作進行社會組織和動員,從而使政治合法性和區域命運共同體在維護地域福祉的合致行爲中得以成功構建。

二　力量之源:白傘蓋信仰的經典依據

安傘旋城儀式在敦煌如此爲官民所重,以致成爲與行像節、盂蘭盆會鼎足而立的三大常年法會盛事,無疑與白傘蓋信仰的流行有密切的關係。白傘蓋信仰的核心經典爲

《佛頂大白傘蓋陀羅尼經》(簡稱《白傘蓋經》)。十九世紀末以來,陸續發現了爲數衆多的《白傘蓋經》系的梵文、藏文、漢文、回鶻文、西夏文、蒙文寫本和印本,文本之間的關係十分複雜。若能將不同地點出土的不同時期書寫或翻譯的諸種語文文本,與《大藏經》及日本寺院所藏古佚經進行精細的語文學綜合研究,並在此基礎上對其神靈系譜建構、儀式實踐及藝術表現進行系統考察,相信會有重大創獲[34]。

　　1889—1899 年,在新疆庫車、和田等地古代遺址中發現的大批西域文獻被陸續送到英籍梵文專家霍恩雷(A. F. Rudolf Hoernle)手中,今收藏在印度事務部圖書館,此即著名的"霍恩雷收集品"(Hoernle Collection)。[35]1916 年出版的霍恩雷主編的《新疆出土佛教文獻叢殘》,就刊布了 3 件《白傘蓋經》梵文寫本以及 1 件英國皇家亞洲學會藏尼泊爾寫本,並做了比勘[36]。此後德國吐魯番考察隊在吐魯番又有新的發現[37]。在敦煌文獻中保存了不少藏文《白傘蓋經》抄本,其中法國國家圖書館藏有 38 件,印度事務部圖書館和大英圖書館共藏有 24 件,爲我們瞭解《白傘蓋經》在吐蕃時期的翻譯及在敦煌的流傳情況提供了豐富信息。拉露曾對此做過先驅性的探索[38]。近年,隨着《法藏敦煌藏文文獻》的出版,專題研究逐漸展開。根據才讓的譯解,藏文本《白傘蓋經》宣稱書寫、佩戴、念頌此經咒,能避灾得福,命終時得往生極樂世界,將此經咒安置於寶幢頂上供養,則能護佑家國,無諸灾障。如序文所云:"此如來頂髻白傘蓋餘無能敵大回遮母,能滅一切魔鬼,能斷除他者之明咒,能回遮非時之死亡,使一切有情從束縛中得解脱,回遮凶狠和一切惡夢。能摧毀八萬四千妖魔,令二十八星宿歡悦,摧毀八大星曜,回遮一切怨敵,從猛厲恐怖的惡夢,及毒、兵器、火、水的灾難中解脱。"[39]

　　尼泊爾寫本共 19 件,雖年代較晚(抄寫於 1742—1839 年),但仍具有討論共通祖本的資料價值。對尼泊爾寫本、吐魯番出土斷片、漢譯諸本、悉曇本和藏譯本,從文詞、語法、韻律諸方面所進行的對照分析表明,文本群之間存在着繁複的增廣過程[40]。目前看來,各種語言的譯本頗有異同,有些版本全文音寫梵文,有些則是部分意譯、部分音寫,是否均源於某一梵文原本,尚無法斷定。這主要是翻譯原則不同和文本不斷增廣所致。漢文譯本的源流譜系同樣相當複雜:不空所譯《大佛頂如來放光悉怛多鉢怛囉陀羅尼》,其實是用漢語將全經(包括贊辭、諸難和啓請)做了音寫,原來的一部經變成一個極長的陀羅尼。此陀羅尼譯本又被納入一個更大的框架内,成爲《大佛頂首楞嚴經》第 7 卷的核心部分,也有單獨抄録的。與此同時,以《白傘蓋經》爲基礎的儀軌也在唐代被翻譯或編纂出來[41]。但在敦煌文獻中,並未見到儀軌類抄本。吐蕃占領敦煌時期,大量與白傘蓋信仰有關的經文、咒語在敦煌被翻譯和傳寫,奠定了虔誠信奉的根基[42]。敦煌所見題爲

《大佛頂如來放光悉怛多般怛羅大神力都攝一切咒王陀羅尼經大威德最勝金輪三昧咒品》的多件寫本[43]，很多段落與《大佛頂首楞嚴經》第 7 卷相同。迄今爲止，還發現有 10 件《大佛頂如來頂髻白傘蓋陀羅尼神咒經》，可能譯自敦煌藏文本。其中 S. 6438、P. 4519 兩件寫本將白傘蓋經與觀音、大隨求、諸星母、度母等其他譯自藏文的陀羅尼咒頌彙抄在一起，似可爲旁證。但也有學者認爲是不空音寫本的注釋本[44]，甚至完全排除轉譯自藏文本的可能性，主張敦煌漢、藏譯本分別譯自梵文本[45]。對文本的細緻分析表明，此經有直指唐長安密教大刹青龍寺的淵源，並非直接全文譯自藏文本[46]。上述研究爲我們理解敦煌漢藏佛教的交流與互動打開了新的思考空間。

　　密教在敦煌的傳播，有兩位高僧曾做出很大貢獻：一位是不空，另一位是法成。不空在唐代中期宗教界和政界的地位崇高，經他大力弘揚，很多密教經典和儀軌得以大行於天下[47]。不空與敦煌也是淵源匪淺。宿白指出："不空長期在西陲弘密，可以估計更直接刺激了敦煌密教的繁盛。莫高窟自盛唐以後，密教形像無論在種類、數量乃至所在位置等方面，持續了較長時期的發展趨勢，大約都與此不無關係。"[48]因此，以不空譯本爲基礎的各類白傘蓋經咒能在敦煌盛行，亦不足爲怪。

　　安傘旋城儀軌興起稍晚，現今所存有關白傘蓋信仰的文獻均屬吐蕃占領時期之後，表明如果没有藏傳密教的影響，此風恐很難形成[49]。法成出身吐蕃，首任歸義軍節度使張議潮青少年時代曾在寺院中師從法成。因此張議潮率衆推翻吐蕃統治後，挽留法成繼續在敦煌弘傳佛法。法成譯出密教經論多部，在敦煌流布甚廣，如《諸星母陀羅尼經》現存寫本有近 70 件之多[50]。雖無直接證據顯示法成翻譯過白傘蓋經典，但法成對於張氏歸義軍初期密教傳統得以接續，並在敦煌發展得更加繁榮，顯然功不可没。

　　敦煌密教研究，目前取得的主要成就是在密教造像和壁畫方面[51]，次外是部分經典[52]，儀軌的研究很不充分[53]，從宗教社會史角度切入的則更爲鮮見。尤其是吐蕃占領時期到歸義軍時期的關鍵性轉折過程，以及在不同階段宗教實踐方面的具體情形，我們知之甚少。索仁森的新作主要運用藏經洞所出密教繪畫，討論了歸義軍時期佛教供養人與敦煌密教信仰和實踐的關係，認爲供養人題記表明他們對密教的理解非常有限，儘管密教圖像在儀式表演中可能很重要，但對於普通信衆而言，其與主流佛教圖像並無顯著差異[54]。然而，橋村愛子通過對莫高窟和榆林窟孔雀明王圖像的分析，認爲曹氏歸義軍統治者對密教的接受、理解與表現已達到相當高的層次[55]。從白傘蓋陀羅尼的翻譯、抄寫、流傳和使用情況來看，實際情形更爲複雜，恐怕不能簡單地用不同階層理解程度的高低來概括。白傘蓋陀羅尼的儀軌化，從現存《白傘蓋大佛頂王最勝無比大威德金剛無礙大道場陀羅尼念誦法要》看，應該完成於唐末[56]，盛行於五代宋初，時間上與密教儀式實踐在敦煌展開的軌迹恰好可以互相印證。

《敦煌莫高窟内容總録》最早著録宋代第 55、454 窟存有佛頂尊勝陀羅尼經變[57]。王惠民在此判斷基礎上進行了較爲詳細的申論[58]。莫高窟唐前期第 23、31、103、217 窟中以往被比定爲法華經變，經下野玲子考辨，實爲佛頂尊勝陀羅尼經變[59]。殷光明和郭麗英等發現第 156 窟前室窟頂西披南側一鋪亦爲尊勝經變[60]，從而使確認的尊勝經變總數達到 7 鋪，延續近 300 年，大大豐富了我們對敦煌密教陀羅尼信仰的認識[61]。儘管白傘蓋陀羅尼經變在莫高窟尚未發現，也就是説，基於經典文本的圖像表現轉換或未曾發生，但敦煌文獻彌補了白傘蓋信仰在唐、元兩代之間的斷層，並且提供了超越經典文本的實際操作細節，必將在中國密教發展史上焕發出應有的光彩。

我們不僅重視從宗教文本分析轉向宗教實踐呈現，更重在深入揭示宗教實踐的内在邏輯。白傘蓋信仰之所以在敦煌如此盛行，無疑與經典和儀軌宣稱它具有無上的護國安民的神力有莫大關係，而這正是長期處於動蕩不安中的敦煌最爲渴求的，《置傘文》中此類祈願的文字比比皆是。經典依據和現實需求的結合，造就了强大的信仰熱忱，並在塑造神聖空間的儀式表演中得以實現。

三　神聖性的實現：經咒、幢傘的使用與方術傳統

安傘旋城儀式中的幢傘，作爲白傘蓋信仰的具象化象徵，如何具有守護一人、一家乃至一方安危的功能，並非僅僅出於經典或文本依據，其使用實踐是獲取神秘力量的主要途徑，換言之，作爲一種“儀式技術”，使用方式對於建構空間神聖性具有實質性意義。白傘蓋本爲教義與儀軌概念上的經咒，並非實指，幢傘將這一抽象的概念轉化爲實存的象徵物，形態上雖有虛實之異，但作爲構築力量的模式在理念上卻是同源的。

如前所述，儀式開始之前，歸義軍節度使張承奉書寫並貯入傘中供養的是《大佛頂如來放光悉怛多大神力都攝一切咒王陀羅尼經大威德最勝王金輪三昧神咒》（以下簡稱《神咒》）。敦煌有好幾種與白傘蓋有關的密教經典，爲何選擇這一部而不是其他呢？宗教經典的同源而又有差異的各種文本間的選擇問題極其複雜，最主要的影響因子不外乎靈驗性的滿足程度和學術——信仰的時代趨尚。不過，寫本的文本特性和物質形態也應該納入我們的考察視野。《神咒》衹有音譯的陀羅尼，没有任何説明性文字，對於漢人而言，文本本身並不具有任何語義。因而抄寫、供養、敬奉的信念來源，一是對陀羅尼具有

無上神力的一般性理解,二是來自其他文本的宣揚。

古代中國人對於神秘的咒語,一直存有强烈的敬畏和信奉心理。早期方術中,咒禁本是重要的門類,密教傳入後,更增强了這種心理趨勢。《大佛頂如來密因修證了義諸菩薩萬行首楞嚴咒》(BD6800)題記表明抄寫此經的目的主要就是其中的咒語:"《大佛頂陀羅尼經》有十卷,咒在第七卷内。弟子張球手自寫咒,終身頂戴,乞願加備。中和五年(885)五月十八日寫訖。"⑫張球是張氏歸義軍時期敦煌著名文士⑬,他對《大佛頂陀羅尼經》第7卷咒語的理解和態度,代表了當時敦煌知識界的一般認識。

據《當寺上藏内諸雜經録》(S.2142)記載,乾德二年(964)四月二十三日,經司僧政惠晏、法律會慈等點檢當寺藏經,希望集成完帙《大般若經》兩部,然因欠數較多,未得成就。同日,法律海詮請藏《大佛頂略咒本》一卷⑭。此處的《大佛頂略咒本》,很有可能就是張承奉抄寫的《神咒》。因爲既然稱爲"略咒本",不太可能是《大佛頂神咒經》這樣的長陀羅尼,而且海詮請求將之收入當寺藏經,表明原非藏經已收録的"正經"⑮。天復二年,張承奉同天抄寫的兩件寫本標題也略有不同,可見祇是一個民間色彩濃重的簡本,其文本形態還停留在"液體"狀態,尚未固化。六十餘年後,海詮請入藏,或許表明"凝聚態過程"業已完成⑯。這個過程,也是《神咒》逐漸超越其他經典,實現神聖化和權威化的軌跡。

寫本的物質形態對於信仰實踐中文本選擇的影響也是需要考慮的。正因爲《神咒》是一個略本,即使加上標題和題記,總共也祇有39行,寫得緊湊一些,剛好可以抄在一張紙上。文本内容和物質形態的結合,使得《神咒》成爲安傘儀式中貯入傘中的唯一經卷。那麽經卷究竟存放於傘中什麽位置? 這是一個很有意思的問題。

題爲元代真智等譯的《佛説大白傘蓋總持陀羅尼經》,以往被認爲是與沙囉巴所譯《佛頂大白傘蓋陀羅尼經》一樣譯自藏文本,但近來研究表明有可能譯自西夏文⑰。其中有一節譯文與前引沙囉巴譯本有一些差異:

> 又人病、牛病、畜病、疫病,及損害,及惹病礙,及鬥戰,餘他一切軍兵之中,則能以此一切如來頂髻中出白傘蓋佛母餘無能敵大回遮母,安置於幢頂上,作廣大供養已。將幢置大城門上,或宫宅之中,或村坊之中,或聚落之中,或川原之中,或寂静之處,於餘無能敵大回遮母處作廣大供養,則能速然國界安寧,亦能柔善疫病礙與損害、鬥争、餘他一切軍兵也。⑱

又敦煌本《大佛頂如來頂髻白蓋陀羅尼神咒經》:

　　　　若有疫癘及六畜疫，或有灾祟，或外怨賊來相侵惱者，或於城門、聚落、村邑，或
　　多人處，或曠野處，安置高幢，懸此如來頂髻白蓋無有能及甚能調伏陀羅尼，恭敬禮
　　拜，所有灾祟及外怨敵來相侵惱者，尋便退散。[69]

　　題真智等譯本，説將陀羅尼經咒安置於幢頂上，供養結束後，將幢置大城門上。但沙
囉巴譯本却説繫幢頂上，再奉迎斯咒，安城四門；敦煌本説安置高幢，懸此陀羅尼。這些
差異是由於翻譯所據底本不同，還是譯文風格造成，不得而知。總之，經咒是置於幢頂。

　　安置於幢頂的一種可能，是在幢頂設置經架，再將陀羅尼經卷置於經架上。莫高窟
第31、156窟佛頂尊勝陀羅尼經變畫中均可見三層經幢，有幡垂下，幢頂置經架，即描繪
經咒安於高幢之上的情景[70]。從張承奉榜文使用"貯入"這個字眼看，更大的可能應該是
放置在傘中或幢頂設好的某一容器中，例如中空的圓木筒或鐵函内（亦爲幢柱體結構的
一部分），或是納入幢頂下的寶瓶中，而不是直接把經卷繫在或懸挂在幢上[71]。這一推
測，可以從新發現的于闐語《無垢净光大陀羅尼經》得到印證。此經大約成立於七世紀
末，第三節"釋迦牟尼衆天之天尊佛宣講爲幢而備的陀羅尼之利益"云："應書寫此陀羅
尼九十九本，或者寫在樺樹皮上，或者寫在紙上，放入相輪樏，或者幢之上。於塔的四方，
並依次第五，將完整的陀羅尼放入相輪樏的中間，幢的中間，最後加封在支提之上。"[72]

　　在塔的相輪樏和幢中設置儲物空間的做法，並非始於唐代密教。北魏楊衒之《洛陽
伽藍記》載，永寧寺"中有九層浮圖一所，架木爲之，舉高九十丈。上有金刹，復高十丈，
合去地一千尺。去京師百里，已遥見之。初掘基至黄泉下，得金像三十軀，太后以爲信法
之徵，是以營建過度也。刹上有金寶瓶，容二十五斛。寶瓶下有承露金盤一十一重，周匝
皆垂金鐸"[73]。"刹"，在鳩摩羅什譯《妙法蓮華經》中有"表刹"這一用法，梵文本對應爲
chatrâvaḍi…vaijayantī 或 chatrâvalī，chatrâvaḍi 或 chatrâvalī，意思爲"傘蓋的排列"，意爲塔
頂上從上到下重叠的像傘蓋一樣的輪盤。chatrâvaḍi、chatrâvalī 的本義也就是這樣重叠
的輪盤。傳到中亞及中國以後，其本義漸被忘記，結果是它的形狀也變爲中間是空洞的
輪形，即所謂"相輪"[74]。在實際使用中，刹通常等同於雄偉的幢傘。永寧寺刹上的金寶
瓶竟能容25斛。推測敦煌的幢頂或也有類似結構，祇是永寧寺的刹由於是"營建過度"
的佛塔建築構件的一部分，所以刹上的寶瓶容量驚人[75]，而敦煌的幢是要用來旋城的，所
以不可能太大，大概是把經咒卷起來放入幢内中空柱體或寶瓶中，與經卷同時放入的或
許還有其他供養具。蘇州瑞光寺塔第三層天宫中發現的真珠舍利寶幢，幢殿内覆蓮座上
立有八棱柱經幢，高19.4釐米，幢體中空，内置一乳青色葫蘆形小瓷瓶，瓶内藏舍利子九

粒及折叠的雕版印刷梵文和漢文《大隨求陀羅尼》經咒各一張⑦。此寶幢可以看作大刹的模型，其安置舍利、經咒的位置和方式，可資參證。

以白傘作爲儀軌的法器，亦非始於白傘蓋陀羅尼。題"大唐天竺三藏寶思惟奉詔譯"的《大陀羅尼末法中一字心咒經》中有："若欲成就傘蓋法者，作新白傘蓋，種種金銀寶物莊嚴，内中懸一口幡，手把其傘，一依前法誦咒，當即火出，其持法人即騰虛空，皆如上説。"⑦在敦煌文獻中，似未見傘内懸幡的記載。以種種金銀寶物莊嚴的做法，則見於唐懿宗迎佛骨的儀式。由此不難推測，在白傘蓋陀羅尼儀軌成立前，以白傘蓋爲法器的"傘蓋法"或早已存在，祇是尚未經典化、體系化而已。

幢傘在安傘旋城儀式中被安放於特定位置，並在行進中用以劃定空間邊界，以此實現空間的聖潔化。《唐咸通十四年（873）正月四日沙州某寺交割常住物等點檢曆》（P. 2613）記載："大白綉傘壹，白布裹，長壹丈三尺，闊壹丈。"⑦如此巨大的白傘，自然無法手持，必須以車輦運送。運送過程中或運到竪傘的地點後，如何安放呢？同卷列有"大幢坐貳"，可見，所謂"安傘"，是指安在特製的底座上。同卷多處記"白絹傘子壹""小白絹傘壹""白綾團傘子貳，雜絹者舌"，應該是竪在四門的小白傘蓋，可惜皆未注明尺寸大小。《龍興寺點檢曆》（P. 3432）中有"故小白綾傘貳，色絹者舌，周圍壹箭半"。"箭"爲吐蕃長度單位，原文爲 mda'，一箭約合 75 釐米⑦。"壹箭半"即周長 113 釐米，確實遠較闊一丈的大白綉傘爲小，或即立於四門者。元代的做法有所不同，是先於大明殿御座上置白傘蓋一，以泥金書梵字經咒於其頂，再周游皇城内外。門是空間控制和社會控制的重要設施，在中國古代社會具有極爲豐富的象徵意味⑧。在此儀式中，來自密教的觀念與中國傳統門户、内外觀念融合，創造出新的作爲信仰與象徵的空間邊界。

安傘旋城儀式之外，個人或家庭使用此經咒的方式，一是隨身佩戴或貯於香囊帶於身上，二是安於所居宅中。《大佛頂如來密因修證了義諸菩薩萬行首楞嚴經》：

> 阿難！若諸世界隨所國土，所有衆生隨國所生，樺皮貝葉，紙素白叠，書寫此咒，貯於香囊，是人心惛，未能誦憶，或帶身上，或書宅中，當知是人盡其生年，一切諸毒所不能害。……

> 阿難！若諸國土、州縣、聚落，饑荒、疫癘，或復刀兵、賊難、鬥諍，兼餘一切厄難之地，寫此神咒安城四門，並諸支提或脱闍上，令其國土所有衆生奉迎斯咒，禮拜恭敬，一心供養。令其人民各各身佩，或各各安所居宅地，一切灾厄悉皆銷滅。⑧

敦煌出土梵文印本 Pelliot sanscrit 1⑧，從下部漢文題記看，這一陀羅尼的確是按照經中所云用於身上帶持或安宅中^⑧：

> 《大佛頂如來放光明白傘蓋悉怛多鉢怛囉大佛頂陀羅尼經》云：佛告阿難，若諸
> 世界一切衆生書寫此咒，身上帶持，或安宅中，一切諸毒所不能害。十方如來執此
> 咒，心成無上覺。開寶四年十月二十八日記。

雕版印刷品的出現，説明需求量非常大。書寫、佩戴或安於宅中，是陀羅尼護持的一般方式，非獨限於白傘蓋陀羅尼。《大隨求陀羅尼》除了誦讀外，其受持方式亦主要有兩種："戴持頸臂"與"安於幢刹"。蘇州瑞光寺塔出土宋景德二年（1005）皮紙刻本《佛説普遍光明焰鬘清净熾盛思惟如意寶印心無能勝總持大明王大隨求陀羅尼》，中央爲佛與九曜，兩側畫二十八宿與力士，其餘部分填充梵文陀羅尼，下部爲漢文印施題記發願文：

> 若有人志心誦念，戴持頸臂者，得十方諸佛、菩薩、[天]龍、鬼神親自護持，身中
> 無量劫來，一切罪業，悉皆消滅，度一切灾難。若有書寫此陀羅尼，安於幢刹，能息一
> 切惡風雹雨、非時寒熱、雷電霹靂，能息一切諸天鬥諍言頌（訟），能息一切蚊虻螳蟲
> 及諸余類食苗稼者，悉能退散，説不盡功。^⑧

敦煌所出《計都星·北方辰星供養陀羅尼符》（Ch. lvi. 0033）也是説"帶者得神通"，^⑧二星神像下部的發願文曰：

> 此符陀羅尼符，帶者得神通，除罪千劫，十方諸佛，總在目前；去者無不吉利
> （"利"字衍）達；一世得人恭敬，功得（德）無比，護净。急急如律令。

將陀羅尼佩戴在身上的做法，顯示了中國傳統與印度佛教實踐之間的聯繫，包括古老的身體增强儀式和對菩薩及其瓔珞裝飾的視覺形象的模仿^⑧。道教符籙之所以能與陀羅尼結合，是因爲陀羅尼本身具有神秘經咒性質，而佩戴符咒之法植根於中國傳統方術中。佩戴具有神秘力量的器物，例如金銀、玉器，植物枝條，以及動物的角、羽毛等，上古之時就被認爲具有攘鎮辟邪的功效。道教興起以後，佩戴符籙，頂戴而行，成爲護佑行人的常用法寶^⑧。入唐以後，密教的影響不斷增强，加上與道教的互相激蕩和吸收，咒術在佛教中的地位進一步上升，出現許多羼雜了佛道兩教符咒之術的疑僞經，《佛説七千佛神符經》（S. 2708）就是這樣一部僞經。牧田諦亮認爲該經内容荒唐無稽，暗示着佛教趨於民衆化^⑧。其主體部分是出行符咒，很有可能是旅行者隨身攜帶應急用的，文中甚至出現這樣的字句："弟子佩千佛符之後，四出行來，千道無窮，萬道無難，卧不惡夢，所求常得，所願從心，千佛法正，如符所敕。急急如律令。"因此，隨身佩戴白傘蓋陀羅尼這樣的

做法，在觀念上很容易被接受。

　　安於宅中，也能在道符的應用方面找到大量例證。《護宅神曆卷》（P. 3358）中的兩枚符，其一爲“董仲神符”，旁注之文字云：“董仲神符：凡人家宅舍不安，六日ム日不息，田蠶不成，錢財不聚，八神不安，以桃木板，長一尺，書此玄（懸）宅四角，大吉利。”其二無符名，繪帶翼神獸、獅身人面神和人臉，注云：“此符房舍内安，並安門傍，大吉。”由此可見，在桃板上畫上神符，懸挂或安置於住宅的四周或門户旁，被認爲可以保護住宅和主人的安全和幸福。這在原理上與書寫白傘蓋陀羅尼並安置宅中没有本質區別。從神聖空間的製作來分析，無論是將經咒佩戴於人體、安於宅院，還是置入幢傘巡行全城，祇有力量守護範圍大小和表現形式的不同，並不存在功能性差異。

　　關於古代世界空間和邊界的觀念，以及器物在空間中的“位置意義”和“宗教引力場”，值得深入探討[89]。絲綢之路沿綫所見人形方術，也有助於我們對信仰實踐中幢傘使用方式的理解。人形由木料削刻或用筆墨勾勒人面，通常具有明顯的胡人面貌特徵，下端削成楔子形狀，以便插入土中。自 1907 年斯坦因在敦煌漢長城發現此類木製物件以來，從居延到奈良的烽燧、石窟、墓葬和建築遺址中陸續有大量出土。將人形插入土中是爲了隔絶生死和爲生人除殃，一方面是祛除一切入侵者，另一方面也是隔絶陰陽，將死者“囚禁”於身後世界之内，以免爲害生人[90]。軍士製作大量人形，企圖借這種神秘力量驅除來犯之敵，等於在實存的長城之上再構築起一道“方術長城”，製造出“力量空間”。器物在構築神聖界域中的閾限功能，表明“神器”絶非“形而下”的物件，而是“空間”的塑造者[91]。幢傘和人形，在製造神聖空間方式上的共通之處在於用法物劃分出内外空間，賦予其辟邪的力量，主要差異則在於前者更爲動態化和儀式化。

　　李零認爲，以驅鬼除邪爲目的的各種巫術，可以統稱爲厭劾妖祥，與祝由屬同類性質。除了使用巫術外，厭劾妖祥還往往結合着祭祀祈禱，而禱祠祈禳中的“禳”也屬於厭劾，二者有密切關係。圖和符都是厭劾妖祥的主要利器，前者往往與天文星象有關，後者源於對圖畫、文字魔力的崇拜[92]。這些論斷，對於我們探討此類信仰及其應用具有啓發性意義。人形方術與原始驅魔信仰息息相關，並且與解土、鎮墓方術有共同的淵源，而白傘蓋經同樣充滿了驅魔厭勝儀式的内容。白傘蓋陀羅尼的使用方式，雖然毫無疑問來源於密教經典和儀軌，但它能被廣泛而迅速地接受，在於從理論和技術上都與中國方術、道教符咒有相通之處，在敦煌民衆看來，它無非是一種新的厭劾妖祥技術。密教和道教、方術的相生相剋之面向，仍是有待深入探索的課題。

結　語

　　幢傘原本具有的遮蔽與保護的實用功能,在宗教語境中被不斷引申和神化,從而在儀式中被賦予了製造並守護境域的法器這樣一種角色⑳。晚唐五代,隨着白傘蓋信仰和儀軌在敦煌的傳播和實踐,幢傘的宗教意義進一步升華。作爲白傘蓋經咒的具象化象徵物,在安傘旋城儀式的宗教實踐中,幢傘的遮蔽與保護的功能被不斷引申和神化,成爲製造神聖空間的核心法器。竪立幢傘或持傘行城,即相當於劃分開一條邊界,建立起一道屏障,製造出一個聖域。充盈神秘力量的白傘蓋陀羅尼經咒,無論是身上帶持(相當於佩物禳鎮方術的延伸),還是安置於城隍四門(借由門户符號象徵之途徑),抑或是貯入傘中旋城(對開放空間的"綫性切割"),本質上都是爲了區分"内"與"外"、"自我"與"非我"、"清净"與"邪穢";珍掃灾殃,莊嚴資福,將一切不祥辟除於"外",使納入"内"之中的"身形""家國""黎元"獲得净化與康寧。幢傘所籠罩的物理空間本身具有開放性和流動性,所創造的神聖空間却具有隔斷性和排他性。通過儀式的常規化舉行,地域社會通過宗教儀式的世俗化表達和儀式中權力序位的配置,完成了共同福祉的維繫、族群認同的强化和政治合法性的再確認,命運共同體在維護地域福祉的合致行爲中得以成功構建。這種將空間聖域化的手段,一方面有密教經典和儀軌作爲理論支持,有其密教信仰實踐的内在邏輯,另一方面也與中國傳統解除方術、道教祈禳科儀在觀念和技術上有相通之處。

① 揚之水:《曾有西風半點香:敦煌藝術名物叢考》,北京:生活・讀書・新知三聯書店,2012 年,第 53—54 頁。本文所使用的"幢傘"一詞係總括言之,没有嚴格區分傘、幢和幢傘。

② 譚蟬雪:《敦煌歲時掇瑣——正月》,《敦煌研究》,1990 年第 1 期,第 46—47 頁;《唐宋敦煌歲時佛俗——正月》,《敦煌研究》,2000 年第 4 期,第 66—68 頁。

③ 李翎、馬德敏鋭地注意到敦煌的白傘蓋信仰,對譯經、抄本和印本以及置傘文做了探討,參見李翎、馬德:《敦煌白傘蓋信仰及相關問題》,《敦煌學輯刊》,2013 年第 3 期,第 78—85 頁。

④ 揚之水:《"者舌"及其相關之考證:敦煌文書什物曆器叢考之一》,趙豐主編:《絲綢之路:藝術與生活》,香港:藝紗堂,2007 年,第 135—142 頁;《〈一切經音義〉之佛教藝術名物圖證》,《中國文化》,2010 年第 31 期;《曾有西風半點香:敦煌藝術名物叢考》,第 46—81 頁。

⑤ 趙豐主編:《敦煌絲綢藝術全集・英藏卷》,上海:東華大學出版社,2007 年,第 38—55 頁;趙豐主編、王樂副主編:《敦煌絲綢與絲綢之路》,北京:中華書局,2009 年,第 128—134 頁;王樂、趙

豐:《敦煌傘蓋的材料和形制研究》,《敦煌學輯刊》,2009 年第 2 期,第 89—99 頁。

⑥ 余欣:《敦煌佛寺所藏珍寶與密教寶物供養觀念》,《敦煌學輯刊》,2010 年第 4 期,第 104—151 頁。

⑦ 王微、羅文華(譯):《白傘蓋佛母:漢藏佛教的互動》,《故宮博物院院刊》,2007 年第 5 期;"The Purification of Sins in the Ornamental Program of Emperor Qianlong's Tomb: The Tantra that Eliminates All Evil Destinies and the Dharani that Totally Purifies all Obstructions from Karma",謝繼勝主編:《漢藏佛教美術研究 2008》,北京:首都師範大學出版社,2009 年,第 81—113 頁。

⑧ 長興四年十二月後唐閔帝即位,次年正月改元爲應順元年,此時敦煌尚未得到改元消息,故仍用長興年號。

⑨ 唐耕耦、陸宏基編:《敦煌社會經濟文獻真迹釋録》第 3 輯,北京:全國圖書館文獻縮微複製中心,1990 年,第 86 頁。

⑩ 關於這場法會的性質,鄭炳林認爲這是曹議金爲派出使節祈願平善所做的法會(《晚唐五代敦煌商業貿易市場研究》,《敦煌學輯刊》,2004 年 1 期,第 109 頁)。通過下文分析可知,這場法會的訴求包括五個方面,單獨強調任一方面都是片面的。考慮到法會舉行時間正好是"常年""爲城隍攘灾却賊"的正月二十三日,基本性質應該還是安傘爲城隍攘灾。不過,恰因"大王微疾",所以對"寶體獲安"做了特別強調。

⑪ 參見榮新江:《敦煌卷子札記四則》,北京大學中國古代史研究所編:《敦煌吐魯番文獻研究論集》第 2 輯,北京:北京大學出版社,1983 年,第 650—660 頁;郝春文:《〈上海博物館藏敦煌吐魯番文獻〉讀後》,《敦煌學輯刊》,1994 年第 2 期,第 120 頁。

⑫ 文中所引敦煌文獻,凡參考前賢録文者,均以 IDP、Gallica 或各敦煌文獻圖録校正,有不同處,不一一出校説明;凡未標注出處,則爲筆者據原卷録文。

⑬ 郝春文:《唐後期五代宋初敦煌僧尼的社會生活》,北京:中國社會科學出版社,1998 年,第 404 頁。

⑭ 參見《天復二年四月廿八日歸義軍節度使張承奉帖》《天復二年四月廿八日都僧統賢照帖》(S. 1604)。

⑮ 郝春文:《唐後期五代宋初敦煌僧尼的社會生活》,第 404 頁。

⑯ 余欣:《博望鳴沙:中古寫本研究與現代中國學術史之會通》,上海:上海古籍出版社,2012 年,第 317—318 頁。

⑰ 池田温:《中國古代寫本識語集録》(東京:東京大學東洋文化研究所,1990 年,第 448 頁)題爲《大佛頂如來密因修證了義諸菩薩萬行首楞嚴經歸義軍節度使張公題記》。

⑱ 原編號北 0999,池田温《中國古代寫本識語集録》題爲《大佛頂陀羅尼經歸義軍節度使張題記》(第 448 頁)。

⑲ 宋濂:《元史》卷七七《祭祀志六》,北京:中華書局,1976 年,第 1926 頁。

⑳ 蘇鶚《杜陽雜編》卷下:"遂以金銀爲寶刹,以珠玉爲寶帳香舁,仍用孔雀氄毛飾,其寶刹小者高

一丈,大者二丈。刻香檀爲飛簾、花檻、瓦木、階砌之類,其上遍以金銀覆之。旱一刹則用夫數百。"(《叢書集成初編》,長沙:商務印書館,1939 年,第 29 頁)

㉑　高楠順次郎、渡邊海旭編:《大正新修大藏經》第 19 册,東京:大正一切經刊行會,1924—1932年,第 403 頁。亥母洞出土西夏文《大白傘蓋陀羅尼經》此節文字有所出入,表明西夏文本極有可能譯自另一個比較接近的藏文本。參見段玉泉:《武威亥母洞遺址出土的兩件西夏文獻考釋》,杜建録主編:《西夏學》第 8 輯,上海:上海古籍出版社,2011 年,第 127—134 頁。

㉒　余欣:《神道人心:唐宋之際敦煌民生宗教社會史研究》,北京:中華書局,2006 年,第 2—3、131—157 頁。

㉓　余欣:《符瑞與地方政權的合法性構建:歸義軍時期敦煌瑞應考》,《中華文史論叢》,2010 年第4 期,第 325—378 頁。

㉔　中唐以降,象徵世俗最高權力的轉輪王和密教最高神祇佛頂佛信仰結合,形成政教合一的"佛頂輪王"體系,具有濃厚的聖王護國色彩。參見張文卓:《從轉輪王到頂輪王——佛教輪王思想盛行的政治因素剖析》,《青海社會科學》,2013 年第 3 期,第 137—141 頁。

㉕　Françoise Wang-Toutain:"The Dhāraṇis in Lantsa Script in Emperor Qianlong's Tomb: A Preliminary Survey",沈衛榮主編:《西域歷史語言研究集刊》第 3 輯,北京:科學出版社,2010 年,第 343—373 頁。

㉖　王微、羅文華(譯):《白傘蓋佛母:漢藏佛教的互動》,第 119—120 頁。

㉗　魏收:《魏書》卷六九《裴延俊傳附從弟良傳》,北京:中華書局,1974 年,第 1531 頁。

㉘　相關論著甚多,經典論考有唐長孺:《白衣天子試釋》,《燕京學報》第 35 期,1948 年,收入《山居存稿三編》,北京:中華書局,2011 年,第 9—20 頁。

㉙　參見王重民:《金山國墜事零拾》,《北平圖書館館刊》第 9 卷第 6 號,1935 年,收入《敦煌遺書論文集》,北京:中華書局,1984 年,第 85—115 頁;Carole Morgan, "Mayhem on the Northwest Frontier," Jean-Pierre Drège (ed.), Cahiers d'Extrême-Asie, Vol. 11: Nouvelles études de Dunhuang Centenaire de l'École française d'Extrême-Orient, 2000, pp. 183-215.

㉚　《管内三軍百姓奏請表》(S.4276),唐耕耦、陸宏基編:《敦煌社會經濟文獻真迹釋録》第 4 輯,北京:全國圖書館縮微複製中心,1990 年,第 386 頁。

㉛　榮新江:《歸義軍史研究——唐宋時代敦煌歷史考索》,上海:上海古籍出版社,1996 年,第274 頁。

㉜　文中"當今大中皇帝"云云,推測此地位顯赫的僧正應該是法榮。法榮早在蕃占時期即任沙州法律僧正,歸義軍立,又曾蒙唐朝皇帝"敕賜紫衣",地位僅次於河西釋門都僧統洪辯。咸通三年(862)六月,洪辯卒,法榮繼任都僧統。明瞭乎此,法榮列名於前亦不難理解。

㉝　《置傘文》(S.2146),《豎幢傘文》(P.2854)。

㉞　廖暘最近發表多篇力作,對這一課題做了較大推進。參見《經咒·尊神·象徵——對白傘蓋信仰多層面的解析》,中國社會科學院歷史研究所文化史研究室編:《形象史學研究》,北京:人民

出版社,2014 年,第 82—105 頁;《白傘蓋經譯傳三題》,《世界宗教研究》,2015 年第 6 期,第 65—75 頁;《11—15 世紀佛教藝術中的神系重構（二）——以白傘蓋佛母爲中心》,《故宮博物院院刊》,2016 年第 5 期,第 6—22 頁。

㉟ 關於霍恩雷生平、著作及其收集品的介紹,參見王冀青:《庫車文書的發現與英國大規模搜集中亞文物的開始》,《敦煌學輯刊》,1991 年第 2 期,第 64—73 頁;榮新江:《海外敦煌吐魯番文獻知見録》,南昌:江西人民出版社,1996 年,第 1—3、29—35 頁;王冀青:《霍恩勒與中亞考古學》,《敦煌學輯刊》,2011 年第 3 期,第 134—157 頁。

㊱ A. F. Rudolf Hoernle, *Manuscript Remains of Buddhist Literature Found in Eastern Turkestan*: *Facsimiles with Transcripts*, Translations and Notes, Vol. 1. Part I and II, Manuscripts in Sanskrit, Khotanese, Kuchean, Tibetan and Chinese, Oxford: The Clarendon Press, 1916, pp. 52-57.

㊲ Bearbeitet von Lore Sander & Ernst Waldschmidt, *Sanskrithandschriften aus den Turfanfunden*. Teil 4: Ergänzungsband zu Teil 1-3 mit Textwiedergaben, Berichtigungen und Wörterverzeichnissen, Stuttgart: Franz Steiner Verlag, 1980, pp. 274-279.

㊳ Marcelle Lalou, "Notes à propos d'une amulette de Touen-houang: les litanies de Tārā et la Sitātapatrādhāranī," *Mélanges chinois et bouddhiques*, IV, 1936, pp. 135-149.

㊴ 才讓:《敦煌藏文密宗經典〈白傘蓋經〉初探》,《敦煌學輯刊》,2008 年第 1 期,第 1—13 頁。

㊵ 谷川泰教:《梵文〈仏頂大白傘蓋陀羅尼経〉について:ネパール写本報告(1)》,《密教文化》第 138 號,1982 年,第 87—106 頁。

㊶ 王微、羅文華（譯）:《白傘蓋佛母:漢藏佛教的互動》,第 103—107 頁。

㊷ 李翎、馬德《敦煌白傘蓋信仰及相關問題》認爲,至晚到八世紀,白傘蓋信仰已在敦煌流行,但文本和儀式不是以不空譯本爲依據,而是以更爲通俗的不空譯本的注釋本和八世紀編纂的僞經《大佛頂首楞嚴經》爲依據。

㊸ 寫本有 S. 812、S. 2542、S. 3720、S. 3783、S. 5932。

㊹ 宗舜:《〈浙藏敦煌文獻〉佛教資料考辨》,季羨林等主編:《敦煌吐魯番研究》第 6 卷,北京:北京大學出版社,2002 年,第 347—349 頁。

㊺ 丁一:《漢藏兩隔——元譯〈白傘蓋陀羅尼經〉的文獻及宗教背景》,姚大力、劉迎勝主編:《清華元史》第 3 輯,北京:商務印書館,2015 年,第 188—240 頁。

㊻ 廖暘:《白傘蓋經譯傳三題》,《世界宗教研究》,2015 年第 6 期,第 67—69 頁。

㊼ 關於不空的行歷、譯著及思想,參見周一良:《唐代密宗》,錢文忠譯,上海:上海遠東出版社,1996 年,第 55—79 頁;吕建福:《中國密教史》,北京:中國社會科學出版社,1995 年,第 246—288 頁。

㊽ 宿白:《敦煌莫高窟密教遺迹札記》,《中國石窟寺研究》,北京:文物出版社,1996 年,第 282 頁。

㊾ 吐蕃統治時期敦煌密教文獻與圖像資料的整理與研究,參見趙曉星:《吐蕃統治時期敦煌密教研究》,蘭州:甘肅教育出版社,2017 年。

(50) 法成之生平及著述,參見吳其昱:《大蕃国大徳・三藏法師・法成伝考》,《講座敦煌》第7卷《敦煌と中国仏教》,東京:大東出版社,1984年,第383—413頁;上山大峻:《大蕃国大徳三藏法師法成の人と業績》,《敦煌佛教の研究》,京都:法藏館,1990年,第84—243頁。

(51) 重要論著有宿白:《敦煌莫高窟密教遺迹札記》。彭金章:《莫高窟第14窟十一面觀音經變》(《敦煌研究》1994年第2期);《莫高窟第76窟十一面八臂觀音考》(《敦煌研究》,1994年第3期);《千眼照見千手護持——敦煌密教經變研究之三》(《敦煌研究》,1996年第1期);《敦煌石窟十一面觀音經變研究——敦煌密教經變研究之四》(敦煌研究院編:《段文杰敦煌研究五十年紀念文集》,北京:世界圖書出版公司,1996年,第72—86頁)。王惠民:《敦煌〈密嚴經變〉考釋》(《敦煌研究》,1993年第2期);田中公明:《敦煌密教と美術》(京都:法藏館,2000年);彭金章:《敦煌石窟全集・密教畫卷》(香港:商務印書館,2003年)。

(52) 早在20世紀60年代,加地哲定發表了概觀性論文《敦煌本密教系文獻について》(密教學密教史論文集編集委員會編:《密教學密教史論文集》,伊都郡:高野山大學,1965年,第223—236頁)。此後最重要的是平井宥慶,所撰相關論文有近十篇,不一一具引。國内則有李小榮《敦煌密教文獻論稿》(北京:人民文學出版社,2003年)。

(53) 其中,郭麗英在懺法和曼荼羅方面的研究較具代表性。參見 Kuo Li-ying, *Confession et contrition dans le bouddhisme chinois du Ve au Xe siècle*, Paris: École française d'Extrême-Orient, 1994; "Mandala et rituel de confession à Dunhuang", *Bulletin de l'École française d'Extrême-Orient*, 85, 1998, pp. 227-256。

(54) Henrik H. Sørensen, "Donors and Esoteric Buddhism in Dunhuang during the Reign of the Guiyijun," Carmen Meinert and Henrik H. Sørensen (ed.), *Buddhism in Central Asia I: Patronage, Legitimation, Sacred Space, and Pilgrimage*, Leiden/Boston: Brill, 2020, pp. 91-122.

(55) 橋村愛子:《敦煌莫高窟及び安西榆林窟の孔雀明王(Mahamayuri)について——帰義軍節度使曹氏による密教受容の一斷面》,《美學美術史研究論集》第25號,2011年,第27—54頁。

(56) 三崎良周:《佛頂系の密教——唐代密教史の一視點》,吉岡義豐博士還曆記念論集刊行會編:《吉岡義豐博士還曆記念道教研究論集——道教の思想と文化》,東京:國書刊行會,1977年,第491頁。

(57) 敦煌文物研究所整理:《敦煌莫高窟内容總録》,北京:文物出版社,1982年,第19、169頁。

(58) 王惠民:《敦煌佛頂尊勝陀羅尼經變考釋》,《敦煌研究》,1991年第1期,第7—18頁。

(59) 下野玲子:《敦煌仏頂尊勝陀羅尼経変相図の研究》,東京:勉誠出版,2017年,第79—120頁。

(60) 殷光明:《莫高窟第449窟東壁北側非〈佛頂尊勝陀羅尼經變〉辨析》,《敦煌研究》,2011第2期,第33—40頁。

(61) 王惠民:《莫高窟第156窟發現尊勝經變》,2010年8月26日,http://public. dha. ac. cn/content. aspx? id=207955531407。

(62) 李小榮:《敦煌密教文獻論稿》,第28頁。

(63) 關於張球生平和著作,參見鄭炳林:《論晚唐敦煌文士張球即張景球》,《文史》,1997 年第 43 輯,北京:中華書局,第 111—119 頁;顔廷亮:《有關張球生平及其著作的一件新見文獻——〈《佛説摩利支天菩薩陀羅尼經》序〉校録及其他》,《敦煌研究》,2002 年第 5 期,第 101—104 頁。

(64) 方廣錩編:《敦煌佛教經録輯校》,南京:江蘇古籍出版社,1997 年,第 573—578 頁。

(65) 中古時代寺院藏經的實際情況相當複雜,敦煌和中原差别甚大,一個地方小寺院的收藏可能具有很大偶然性,不能將敦煌某所寺院的藏經當作正式入藏的標準。不過,海詮請將《大佛頂略咒本》入藏的行爲,至少代表了敦煌當地藏經的實際情形。關於藏經的成立、變遷及其地方性差異,相關研究仍有待深入。基礎研究參見方廣錩:《中國寫本大藏經研究》,上海:上海古籍出版社,2006 年;Jiang Wu & Lucille Chia (ed.), *Spreading Buddha's Word in East Asia: The Formation and Transformation of the Chinese Buddhist Canon*, New York: Columbia University Press, 2015。

(66) 寫本時代書籍的最大特性是文本的流動性。李零對此有一個精闢的比喻:"戰國秦漢的古書好像氣體,種類和篇卷構成同後世差距很大;隋唐古書好像液體,雖然還不太穩定,但種類和構成漸趨統一;宋以來的古書則是固體,一切定型,變化多屬謄寫或翻刻之誤。"(《簡帛古書與學術源流》,北京:生活・讀書・新知三聯書店,2004 年,第 198 頁)

(67) 孫伯君據西夏時期所譯佛經的梵漢對音規律,通過與沙囉巴所譯《佛頂大白傘蓋陀羅尼經》對音用字的比較,考證了題爲真智等譯《佛説大白傘蓋總持陀羅尼經》實爲西夏譯本。參見《真智譯〈佛説大白傘蓋總持陀羅尼經〉爲西夏譯本考》,《寧夏社會科學》,2008 年第 4 期,第 96—101 頁。

(68) 《大正新修大藏經》第 19 册,第 406 頁。

(69) 共發現 10 件抄本,以上録文據 P. 4071。

(70) 郭俊葉:《敦煌壁畫中的經架——兼議莫高窟第 156 窟前室室頂南側壁畫題材》,《文物》,2011 年第 10 期,第 70—76 頁。

(71) 筆者曾於俄羅斯科學院東方文獻研究所調查原卷,以下爲 2014 年 7 月 24 日調查日志:寫本 42. 5 ×25. 8 釐米,39 行,行約 45 字。寫在一整張紙上,背面無紙縫。紙張粗糙,纖維不均,背面可見簾紋。左右有兩道痕迹,相距約 10 釐米,痕迹中下部和上部各有兩個破洞,或爲貯入傘中的接觸痕迹。如此可以推測納藏空間可能是傘中中空的圓柱體,直徑約 10 釐米。

(72) 段晴:《于闐語無垢净光大陀羅尼經》,上海:中西書局,2019 年,第 31 頁。漢譯文中"楳"似應作"欓",指存放經卷的圓形木製容器。北魏酈道元《水經注・穀水》引晋張璠《漢記》:"於是發使天竺,寫致經像,始以榆欓盛經,白馬負圖,表之中夏,故以白馬爲寺名。此榆欓後移在城内滑懷太子浮圖中,近世複遷此寺。"(酈道元:《水經注校證》卷一六《穀水》,陳橋驛校證,北京:中華書局,2007 年,第 399 頁)

(73) 楊衒之:《洛陽伽藍記校釋》卷一《城内》,周祖謨校釋,北京:中華書局,2010 年,第 3—4 頁。

⑭　辛嶋静志:《漢譯佛典的語言研究(三)》,《語言學論叢》第 37 輯,2008 年,北京:商務印書館,第 146—149 頁。

⑮　永寧寺木塔建築基址的考古發掘表明,《洛陽伽藍記》的記載或爲誇美之辭,《水經注》云“浮圖下基方十四丈,自金露槃下至地四十九丈”(《水經注校證》卷一六《穀水》,第 398 頁),木塔實際高度或與此接近(中國社會科學院考古研究所:《北魏洛陽永寧寺:1979—1994 年考古發掘報告》,北京:中國大百科全書出版社,1996 年,第 20—21 頁)。即便如此,金寶瓶的容量仍然很大。

⑯　圖版及文字描述見蘇州博物館編著:《蘇州博物館藏虎丘雲岩寺塔瑞光寺塔文物》,北京:文物出版社,2006 年,第 76—78 頁。

⑰　《大正新修大藏經》第 19 册,第 317 頁。

⑱　唐耕耦、陸宏基編:《敦煌社會經濟文獻真迹釋録》第 3 輯,第 11 頁。

⑲　岩尾一史:《古代チベットの長さの單位:mda’と sor mo》,高田時雄主編:《敦煌寫本研究年報》第 4 號,京都:京都大學人文科學研究所“西陲發現中國中世寫本研究班”,2010 年,第 181—194 頁。

⑳　參見劉增貴:《門户與中國古代社會》,《“中研院”歷史語言研究所集刊》第 68 本第 4 分,1997 年。

㉑　《大正新修大藏經》第 19 册,第 137 頁。

㉒　此爲法藏伯希和梵文文獻編號,因有漢文題記,又有漢文文獻雙編號 Pelliot chinois 4514 A。邰惠莉:《敦煌版畫叙録》(《敦煌研究》,2005 年第 2 期,第 7 頁)誤爲藏文文獻,標爲 P. t. 1。

㉓　馬德:《敦煌版畫的背景意義》(《敦煌研究》,2005 年第 2 期,第 3 頁)將這類陀羅尼當作一種版畫,認爲從信仰方式上講,這類需要隨身“持帶”的陀羅尼,其咒語均用梵文雕刻,而發願文用漢文雕刻。

㉔　2011 年 2 月 19 日,筆者在蘇州博物館考察時曾目驗原件。此件經咒曾刊布過黑白圖版並附有簡單介紹,見於蘇州市文管會、蘇州博物館:《蘇州市瑞光寺塔發現一批五代、北宋文物》,《文物》,1979 年 11 期;宿白:《唐宋時期的雕版印刷》,北京:文物出版社,1999 年,第 74、141 頁。清晰彩色圖版刊於前揭《蘇州博物館藏虎丘雲岩寺塔瑞光寺塔文物》,第 158 頁。

㉕　關於本件文本與圖像的詳細研究,參見拙文《敦煌文獻與圖像中的羅睺、計都釋證》,《敦煌學輯刊》,2011 年第 3 期,第 105—116 頁;《唐宋之際“五星占”的變遷:以敦煌文獻所見辰星占辭爲例》,《史林》,2011 年第 5 期,第 70—78 頁;《天命與星神:以敦煌〈星供陀羅尼符〉爲例解析中古星命信仰》,榮新江主編:《唐研究》第 18 卷,北京:北京大學出版社,2012 年,第 453—473 頁;“Personal Fate and the Planets: A Documentary and Iconographical Study of Astrological Divination at Dunhuang, Focusing on the ‘Dhāraṇī Talisman for Offerings to Ketu and Mercury, Planetary Deity of the North.’” *Cahiers d'Extrême-Asie* vol. 20, 2012, pp. 163-190。

㉖　Paul Copp, *The Body Incantatory: Spells and the Ritual Imagination in Medieval Chinese Buddhism*,

New York：Columbia University Press，2014，pp. 74-79.

⑧⑦　余欣：《神道人心：唐宋之際敦煌民生宗教社會史研究》，第 330—338 頁。

⑧⑧　牧田諦亮：《疑經研究》，京都：京都大學人文科學研究所，1976 年，第 85 頁。

⑧⑨　關於古代中國空間和邊界的觀念研究，曾出版過相關論文集：John Hay（ed.），*Boundaries in China：Critical Views*，London：Reaktion Books，1994，不過，仍有很多領域尚未觸及。新近出版的 *Buddhism in Central Asia I：Patronage，Legitimation，Sacred Space，and Pilgrimage*（Leiden/Boston：Brill，2020）雖然再度將佛教的神聖空間作爲關注的主題之一，但所收論文大多只是借用這一概念，未能展開深論。

⑨⓪　余欣：《中古異相：寫本時代的學術、信仰與社會》，上海：上海古籍出版社，2011 年，第 115—139 頁。

⑨①　余欣：《"書""物"結合重繪絲路"世界圖景"》，《中國社會科學報》，2019 年 4 月 22 日第 5 版。

⑨②　李零：《中國方術考（修訂本）》，北京：東方出版社，2000 年，第 71—84 頁。

⑨③　神妙威力同樣源於陀羅尼經咒，與白傘蓋同爲佛頂尊的"尊勝佛頂"，形制上與幢傘相近的尊勝經幢，這種宗教上的遮蔽和守護功能被神化到了極致的程度。《佛頂尊勝陀羅尼經》聲稱，凡人接近或見到此陀羅尼，甚至只要書寫此陀羅尼的經幢的影子映到身上，乃至於幢上的灰塵偶然飄落到人身上，即所謂"塵沾影覆"，此人亦得以净除一切罪業惡道。這一點更爲許多唐代佛頂尊勝陀羅尼經幢銘記所渲染。參見劉淑芬：《滅罪與度亡：佛頂尊勝陀羅尼經幢之研究》，上海：上海古籍出版社，2008 年，第 10 頁。

作者簡介：余欣，浙江大學古籍研究所教授、文科領軍人才

通訊地址：浙江大學紫金港校區古籍研究所　　郵編：310058

唐宋以降星曜行度文獻的流傳與演變

趙江紅

古之太史仰察天文,"曆象日月星辰",得其常而治曆,以授民時,故對日月五星運動的觀測、計算與研究,是古代曆法的重要内容。無論是朔晦弦望、日月食缺的預測,或是晝夜漏刻、晷長的計算等,都離不開對星曜的精確觀測和推算。從理論上講,天文星曆之學是皇家禁臠,民間不得私習,更不必説獲取日月五星及羅睺、計都、紫炁、月孛等十一曜運行動態及位置的數據了。然而在唐宋時期,隨着西方星命術的流行,民間竟然流傳着一種記録了數年乃至數十年間星曜位置的文獻。這種文獻用二十八宿或黄道十二宫標注星曜位置,姑且稱之爲星曆或星曜行度文獻。見諸文獻者,宋元有《百中經》《立見曆》,明清有《七政臺曆》《七政四餘萬年曆》,星曜行度文獻流傳不絶,今日卻少有學者考鏡其源流。探討宋元星命術的學者雖然對《符天曆》《立成曆》《百中經》有所提及,但因其書久佚,僅能據各家文獻轉述做簡略勾勒[①]。關注西夏出土曆書的學者,多從曆書的整理、定年入手,缺少對星曆的正確認識,亦極少涉及星曆用途或與星命術關聯的討論[②]。有鑒於此,本文嘗試對唐宋以降的星曜行度文獻做一系統梳理,擬從星命術的視角來分析星曜行度文獻的基本面貌和源流演變,以期能對其文獻源流稍做釐清,繼而對星曜行度文獻在星命學、學術史、史料學等領域的進一步挖掘略獻綿薄之力。

一　唐宋時期星曜行度文獻的興起

凡對西方生辰占星術稍作瞭解,便會發現其三大核心概念爲行星、星座、宫位。將此三者的信息整合繪出算命天宫圖(horoscope),便可據以推測個人的命運前程。這種以占斷個人命運爲主的星命術至遲在三國時期便隨佛教一起傳入中國,也因此給中國傳統的占星觀念帶來一定的衝擊——天上星辰的運行不僅影響國家運勢,也影響着個人的吉凶禍福。

在西方生辰占星思想的推動下,唐代開始出現著録星曜位置的曆表,並逐漸流行於民間。王應麟認爲，"以十一星行曆推人命貴賤，始於唐貞元初都利術士李彌乾"③。中唐時期的曹士蒍亦是先行者之一，所撰《符天曆》《羅計二隱曜立成曆》等都與星曜行度文獻有關。因史料闕如，早期星曜行度文獻的情況我們無法一一取證分析。目前能見到最早的星曜行度表保存在《七曜攘災決》中。據鈕衛星的研究④，《七曜攘災決》分別給出了公元 794 年入曆的木星星曆表共 83 年、火星星曆表共 79 年、土星星曆表共 59 年、金星星曆表共 8 年、水星星曆表共 33 年，以及公元 806 年入曆的羅睺曆表共 93 年、計都曆表共 62 年。各曆表每月給出一個位次所在，或注明順、留、逆、伏、見等特徵動態。除此之外，文獻中還出現了一種名爲《立成曆》的星曆，《直齋書錄解題》收錄唐人作品兩種："《青羅立成曆》一卷。司天監朱奉奏。據其曆'起貞元十年甲戌入曆，至今乾寧四年丁巳'，則是唐末人。《羅計二隱曜立成曆》一卷。稱大中大夫曹士蒍。亦莫知何人。但云起元和元年（806）入曆。"⑤此二《立成曆》與《七曜攘災決》中收錄的七曜星曆表存在一定的聯繫，證據有三：其一，從陳振孫説可知，《青羅立成曆》於貞元十年（794）入曆，《七曜攘災決》五星曆表的起曆時間也爲貞元十年；《羅計二隱曜立成曆》應該爲羅睺、計都兩曜的曆表，起曆時間亦與《七曜攘災決》中的羅睺、計都星曆表相同。其二，鈕衛星認爲，《七曜攘災決》所用的曆法"既使不是《七曜符天曆》，也應屬於同一系統"⑥，《七曜符天曆》爲曹士蒍所作，也就是説，《七曜攘災決》所用的曆法與曹士蒍《符天曆》關係密切，而《羅計二隱曜立成曆》的作者恰爲曹士蒍。其三，南宋人鄧浩曾著《鄧氏立見曆》，其書序言："惟寫《百中經》，終於淳熙癸卯（淳熙十年，即 1183 年），厥後未有述者，乃自爲一書。斷自崇寧三年（1104），歲行甲申，歲旦丙子爲始，演算兩曜五星之度，窮分極秒。至淳熙改元，又增入逆順、遲疾、留伏之數，爲便於卜筮設也。"⑦從中可推知，《立成曆》有記錄五星"逆順、遲留、隱伏"情況的特點，這與《七曜攘災決》記五星動態的體例是相同的。據以上三點可以推測，《七曜攘災決》所存七曜星曆表極可能就是已佚《青羅立成曆》⑧及《羅計二隱曜立成曆》的同類甚至相同文獻。

　　儘管《七曜攘災決》記七曜之行度是爲攘災所用，亦可理解爲廣義的星占活動，但與我們定義的依據個人出生時刻星辰運行位置及其象徵意義來占斷個人命運的星命術仍有一定差距。今存最早的用於推命的十一曜行度記錄，見於北宋開寶七年（974）寫成的敦煌文書 P.4701，錄文如下：

　　　太陰在翌（翼）……太楊（陽）在角八度……木星退危三度……火星在軫……土星在斗宿……金星在角亢……水在軫……羅睺在井……計都在牛三度……月勃

（孛）在危……紫氣（炁）在星宿。

　　對於這一組十一曜行度的資料,鈕衛星業已做出了詳細的考訂,他認爲“除了月亮行度之外,都是符合實際天象的,説明當時的術士很好地掌握了行星行度的推算,或者能够熟練使用以行星曆表爲核心内容的星占手册,滿足當時星命術的基本要求”⑨。從宋人留下的文獻記載來看,當時確實存在兩種獲取十一曜行度的方式:一是利用觀測結合曆算加以推演⑩,所謂“牙籌入手風前快”⑪;二是通過查找專門記録星曜行度的曆表文獻,《百中經》即其中的代表。魏了翁《鄒淮〈百中經〉序》言:“《百中經》者,所以紀七政、四暗曜之躔次也……人之生也,歲月日時各有所直之休咎,而以是推測焉耳。……而中世以降,乃有假之(按:指星曆)以爲推驗人生通塞之術者。”⑫與利用觀測結合曆算推演星曜位置的方法相比,利用星曆表類文書檢找星曜位置的方法就顯得更爲簡便,所以後者受到星士們的普遍歡迎。舉《百中經》爲例,如果想要知道某年某月某日的星曜行度,翻找《百中經》便一目了然。如《五星三命大全》用《百中經》推命宫之例:“若依星辰推之用,看《百中經》太陽在何宫,即從午上起子丑寅卯,數至酉上,即是坐命宫也。依此推之,萬無一失。”⑬因此説,“今之談天者有《百中經》,即可言星命,有《排日曆》,即可言躔度”⑭。《百中經》在清代仍見流傳,乾隆朝編修《四庫全書》時,《百中經》由浙江巡撫采進,後入《四庫存目》,今已不知去向⑮。

　　不過,明清兩朝還流行着另一種記録十一曜行度的文獻,即《七政臺曆》,其書至今猶存。然對《七政臺曆》至今尚無專門研究,其書體例如何? 與《百中經》是否存在一定聯繫? 需要將兩者一一比較,方能做出解答。

二　《七政臺曆》即《百中經》之續修本

（一）不斷續補的《百中經》

　　韋兵在研究中已經指出,《百中經》“在宋代不斷被使用和完善”⑯。換句話説,在宋人筆下,雖同名爲“《百中經》”,實際並非一書。如《郡齋讀書志》著録的“《百中經》,三卷”,爲“自紹興二十一年以上百二十年曆日節文也”⑰,即北宋明道元年(1032)到南宋紹興二十一年(1151)一百二十年間的星曆位置。鄒淮所著《百中經》,魏了翁在序中已經交代:“其續此書自紹興十四年甲子始,每歲加以太陰入宿入宫度分,親(視)舊行《百中經》精密有加焉"[18]，則是從紹興十四年(1144)開始編排的，顯然與《郡齋讀書志》所收之《百中經》不同。《直齋書録解題》收録了兩種《百中經》，一爲《信齋百中經》，一卷，不著撰人；一爲《怡齋百中經》，一卷，"自言今世言五星者，皆用唐《顯慶曆》曆法，更本朝，前後無慮十餘變；而《百中經》猶守舊曆，安得不差？於是用見行曆法推算"[19]。雖然我們無法確定《怡齋百中經》所用"見行曆"是哪一部曆法，但必定指宋時所行之曆。而張世南《游宦紀聞》中提到"今日者所用《百中經》，乃從唐顯慶壬寅年(660)壬寅日積算起"[20]，顯慶是唐高宗李治的年號，共使用五年，然在這五年内並無"壬寅"年，故此"顯慶壬寅年"的記載應當有誤。不過，與域外星命術配合使用之《符天曆》的曆元爲顯慶五年正月一日，此日干支恰爲壬寅，則"顯慶壬寅年壬寅日"很可能指的是顯慶五年正月合朔日，也就是《符天曆》的曆元，據此可知張世南所見《百中曆》使用《符天曆》進行推算。

據以上宋人留下的關於《百中經》的資料，我們至少可以得出以下結論：諸家記載的《百中經》是結合不同曆法推算的[21]，記録的時段也不一致。這不難理解，《百中經》中記録的行星位置需要隨着時間的推移而不斷更新，也因爲曆法與計算能力的改進，采用的推算方式也在變化。也就是説，《百中經》不斷編修的特點是由其内容和編寫目的決定的。

既然宋代的《百中經》是不斷編寫續補而成的，宋以後編修的《百中經》情況又如何呢？《明史·藝文志》有賈信《臺曆百中經》和貝琳《百中經》兩種："賈信《臺曆百中經》一卷。欽天監五官司曆。貝琳《百中經》十卷。琳，欽天監副，集前監正皇甫仲和遺稿而成。起成化甲午(1474)迄嘉靖癸巳(1533)，六十年。後人又續至壬戌年(1562)止。"[22]顯而易見，明代官方所製《百中經》是數代人不斷續修之作。清代《百中經》亦如是，見《四庫全書總目提要》"《百中經》"條：

> 《百中經》無卷數，浙江巡撫采進本。不著撰人名氏。考陳振孫《書録解題》有《信齋百中經》一卷，安慶府本，不著名氏。又《怡齋百中經》一卷，東陽術士曹東野撰。其述東野之言曰："今世言五星者，皆用唐《顯慶曆》。曆法無慮十餘變，而《百中經》猶守舊，安得不差？於是用現行曆推算"云云。此書所列十一曜躔次，用宋之《統天》《開禧》《會天》、元之《授時》四數爲準，而其紀年至明嘉靖中。殆術者以次續補，轉相沿用，而未改舊名歟？[23]

四庫館臣已明言"其紀年至嘉靖中"，是"術者以次續補"之作。此外，我們還應該注意到，歷代《百中經》在不斷續編的同時，書名也發生了變化。明代賈信所撰《百中經》，便已更名爲《臺曆百中經》。貝琳所著的《百中經》,又名《臺曆百中經》[24]。朝鮮李圭景《五洲衍文長箋散稿》曾提到:"曆有各種,而有《百中曆》者,其紀數始於唐高宗顯慶壬寅年壬寅日,至宋不改。我東亦有《百中曆》。自皇明至今清道光丁未(1847),而必以大統曆法推演,而不用清之時憲曆法。術家取而觀人星命四柱數者也。觀象監有《七政百中曆》一卷。内閣東二樓亦藏之云。"李圭景所説唐宋間《百中曆》,因"紀數始於唐高宗顯慶壬寅年壬寅日",可知即《百中經》,流傳至朝鮮而有《七政百中曆》。至於用大統曆法推算之《百中曆》則是另外一種曆書,別詳他文[25]。從李圭景的記載可以看到,星曆傳入朝鮮後,還出現《百中曆》《七政百中曆》等異名。因此可以説,《百中經》不斷續修的過程,也是不斷更名的過程。從現存文獻來看,明清時期編修的《百中經》多稱《七政臺曆》《七政臺曆全書》《七政全書》等,少有沿用舊稱者。也正因如此,館臣們面對"《百中經》"時,纔會發出"未改舊名"之問。

(二)《百中經》與《七政臺曆》之比較

目前存世的《七政臺曆》有數十種,其中故宫博物院藏本有影印本行世,最易獲得。此外,筆者還有幸目驗了復旦大學圖書館等處藏本。爲便於討論,本文選取《續修四庫全書》影印的故宫博物院藏本,對《七政臺曆》的體例做一簡單介紹。

故宫博物院藏《七政臺曆》,書前有嘉靖十五年(1536)南京禮部尚書霍韜序。而此書實際記録的是萬曆三十六年(1608)至康熙十二年(1673)凡66年間的十一曜行度位置,嘉靖十九年(1540)去世的霍韜不可能爲其作序,故推測此書在不斷遞修過程中套用了前書之序。正文第1頁爲"二十四氣晨昏日出入刻"表。第2、3頁分別是"起八字例""安命宫例""起五星""二十八宿所在""十二過宫度"。第4頁的"諸曆黄道宿度"表,是《統天曆》《開禧曆》《會天曆》《授時曆》四曆關於二十八宿度數的分配表。第5頁"黄道宫次",則是《統天曆》《開禧曆》《會天曆》《授時曆》之十二宫次舍。第6頁前半頁爲"起例";第6頁後半頁至第9頁爲"十干變曜"的内容,包括"諸吉例"與"諸煞例"。第10—20頁爲"命宫",實爲從立春日卯時起至下一年立春日辰時的太陽躔度表。第20—22頁爲"十二宫分度",即將十二宫的每一宫都分爲三十度。第23頁"命宫躔度淺深行限過宫度數",又名量天尺,"即把二十八宿度數排列在十二宫(子宫到亥宫)時,每宫起始的星宿度數"[26],主要用於查找行限。第24—30頁依次爲"二十八宿所在過宫圖""星辰分野所屬廟旺喜樂之圖""生辰入垣之圖""星辰升殿之圖""星辰貴格之圖""星辰賤格之圖""十二宫次主星喜忌之圖""琴堂五星命盤虚實之圖"。從第31頁起,便是萬曆三十六年至康熙十二年間的十一曜行度表。行度表每頁分上下兩月，每月內又分二十九或三十欄（小月29天，大月30天），用以記錄每一天日月及木火土金水七星的位置，紫炁、月孛、羅睺、計都四曜的運行週期較長，每月僅給出一到三個位置，故另闢一欄，附在該月的最後。

《百中經》體例如何，以元人陶宗儀記載最爲詳細，《南村輟耕録》"日家安命法"條下曰：

> 日家者流，以日月五星及計羅炁孛四餘氣躔度過宮、遲留伏逆，推人之生年月日時，可以知休咎，定壽夭。其書曰《百中經》，經首有"安命法"，曰"周天宿度十二官安命例"，凡十葉。有術士以其例節爲一葉，簡明易見。其法但看本生日太陽所躔何度，便以本生時加在上，向下逐宮虛數，如下面已盡，則又於此行自上而下，見卯住，即是此度安命。真捷徑也。[22]

引文提到的"安命法"，《七政臺曆》中亦有相關內容。在引文文字之下，陶宗儀還附圖表一張（圖1），尤爲難解。非常巧合的是，在《七政臺曆》中出現了相同的圖表（圖2），名爲"命宮躔度淺深行限過宮度數"。該表縱向分爲21格，上12格的內容與《南村輟耕録》之表完全一致，證明《七政臺曆》與《百中經》之間確實存在一定的聯繫。

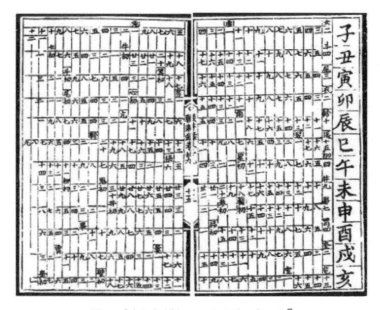

圖1　《南村輟耕録・日家安命法》附表[23]

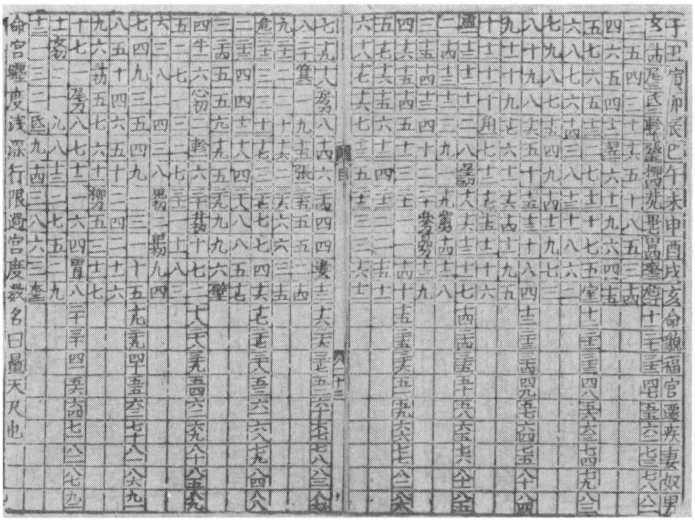

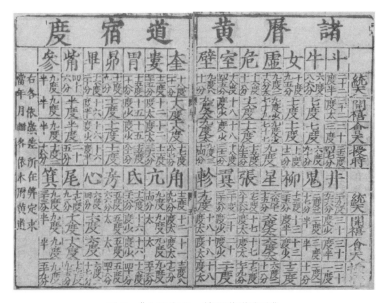

圖 2 　《七政臺曆·命宮躔度淺深行限過宮度數》

又，上文引《四庫全書總目》提到"此書（按：指《百中經》）所列十一曜躔次，用宋之《統天》《開禧》《會天》、元之《授時》四數爲準"，是說《四庫存目》所收《百中經》采用《統天曆》《開禧曆》《會天曆》《授時曆》進行推算。四曆之名亦可見於《七政臺曆》（圖3最右側邊欄）。

圖 3 　《七政臺曆·諸曆黃道宿度》

綜上，文獻中僅見的幾處對《百中經》的記載，都能在《七政臺曆》中找到吻合之處。從書名上看，《百中經》與《七政臺曆》雖然沒有直接的關係，但如果將《百中經》《臺曆百中經》《七政臺曆》《七政全書》等一系列書名放在一起，便能找到其間的關聯。《七政臺曆》與《百中經》體例一致，《百中經》在流傳中又有不斷續修、不斷更名的特點，我們有理由相信《七政臺曆》就是《百中經》的續修之本。

(三)《七政臺曆》與推命

《百中經》是用星度"推人壽夭亨窮"之書，《七政臺曆》作爲《百中經》的續修之作，繼承了《百中經》"星訣＋星表"的體例——前半部分是星命知識的匯總，後半部分是數十年間的十一曜行度表。萬民英在編寫《星學大成》時曾多次引用《七政臺曆》"星訣"之內容：

> 余取《臺曆·諸星圖神煞》及諸家之所散見，凡有關於是者，推求理之所以然，總定爲凡例三卷。(《星曜凡例·前引》)
>
> 按此晝夜貴人，依《臺曆》推載。(《星曜吉凶圖例·論玉堂》)
>
> 從上俱依《臺曆》吉神次序。(《星曜吉凶圖例·論赦文》)
>
> 《臺曆》首論十二宮立命，專考對度。余命太陽，在斗十九，對度是張一，當以張一度立命是也。況太陽過宮處，毫釐之差，宮分判然，又不可不細考也。(《安命論》)㉙

萬民英提到的《臺曆》，可以確定就是《七政臺曆》的簡稱。當然，《七政臺曆》最大的價值在於十一曜星曆表，"星曜之布也，晨昏不同度，必以《七政臺曆》考之"㉚。記錄行星位置的星曆表在術士推命過程中往往起到關鍵的作用，《涇林雜紀》記載了一則頗爲傳奇的故事：

> 郡守劉洪考績入京，泊舟濟寧河下。其夜夫人就蓐，適舟中燈滅，呼隸戚金登涯覓之。至委巷中，燈光煢然，蓋民家婦亦坐産故也。隸歸，守詰得火之由，隸以實對，仍令隸往候，俟墮地來報所生男女。逮夫人誕子，則彼婦亦生男，計其時，毫刻無爽，守異而私誌焉。守子漸長，敏慧工文，年十九登鄉薦，連捷南宮。時守在京位列卿矣，子授縉雲令，父告以初生時事，俾到濟寧覓戚隸，問民家子安在？何所營生？詳以柬復。令至彼，詢戚金，尚無恙。語以廿年前事，云："其子流落作賣菜傭矣。"命覓與偕來，至則藍縷蓬跣，寒苦無似。令嘆曰："吾與若生同時日，爾赤貧至此，何命之不齊也。今授爾十金，可往浙中訪精於星命者，師事焉，然必能辨爾我命中貴賤所縣異者，斯其人也。汝得其解，可至縣見我，當厚賚汝。"子叩謝而去，至蘭溪遍訪星士，試以前命，迄無能辨者。將期年，子意亦倦，辭主欲歸，因浩嘆曰："蘭溪術士咸誇技高海內，今一命而鮮能剖析，可笑哉！"主人曰："予於命理亦頗諳一班，盍以告我，

當爲子決之。"子具道年甲。主人推算再三,云:"據此造只合一藝,終身非顯貴格
也。"子笑曰:"審爾則劉緒雲與我八字相同,彼胡以得科第耶?"主人沉思良久,急趨
入内,食頃拊掌而出,曰:"得之矣! 適檢《七政曆》,此夜子時太陰星坐水宫五度,若
子産水中當榮發,餘則否。"子乃服,因投贄受業,盡傳其術,還以白尹,乃知尹之貴因
舟産也。語云:"同年同月而貴賤懸殊",信哉![31]

郡守之子與民家之子同時出生,八字相同,一個科場得意,連捷南宫,另一個却窮困潦
倒,淪爲賣菜幫傭,若不是檢尋了《七政曆》(按:即《七政臺曆》),找出二十年前二人出生時
"太陰星(按:即月亮)坐水宫五度",恐怕永遠不能從命理學意義上對兩人截然不同的命運
做出解釋。這個故事或爲虛構,但從中可知,《七政臺曆》之所以記録數十年的十一曜行度,
是與實際需要相關的。故宫博物院及復旦大學圖書館所藏《七政臺曆》記録的星曜行度數
據都超過六十年。試想在實際操作中,即便命主是位花甲老人,術士也能毫不費力地找到
他出生時的十一曜位置,從而避免了計算的繁瑣以及出現失誤。若推算流年運勢,亦需使
用星曆表獲取星曜行度信息。因此説,《七政臺曆》是星士推命時必備的工具手册。

三　存世星曆基本情况與類型分析

除《七曜攘災決》保存的星表外,早期星曆多已亡佚。幸運的是,内蒙古、甘肅、寧夏
等地出土了八件西夏時期的星曆(編號爲俄藏 X37、ИНb. No. 647、ИНb. No. 5282(2-1)、
ИНb. No. 5868、ИНb. No. 8085,英藏 Or. 12380-2058、Or. 12380-3947,中國藏 G21・28
[15541]),分藏於聖彼得堡、倫敦、蘭州三地。與《七曜攘災決》星曆表及明清星曜行度
文獻相比,西夏星曆表現出兩大不同:

一、坐標系不同。《七曜攘災決》星曆表與明清時期星曜行度文獻都使用二十八宿
來標注星曜位置,而出土的西夏星曆却代之以黄道十二宫,可見黄道十二宫也曾用於表
示星曜行度所在。在西方生辰占星術中,二十八宿體系和黄道十二宫體系往往代表了印
度和希臘兩種不同來源的星命文化,此處似乎很難看出這樣的區别。

二、星曜數量不同。儘管明清時期的星曜行度文獻皆已固定爲記録十一曜行度的曆
表,但唐宋星曆在記録星曜數量上尚未形成統一的規範,如鄧氏《立見曆》"演算兩曜五
星之度",與《七曜攘災決》星曆表可視爲七曜行度;曹士蒍《羅計二隱曜立成曆》,很明顯
是二曜行度。而出土的西夏星曆皆爲日、木、火、土、金、羅睺、月孛、紫炁等九曜的運行記

録,是一種全新的星曜行度文獻樣本。據此,也可將星曜行度文獻分爲二星行曆、七星行曆、九星行曆、十一星行曆等數種。

相較而言,存世的明清星曆數量更多,現藏於北京、上海、臺北、首爾等地。相關藏本信息參見下表:

表1　明清星曆藏本信息

藏地		書名	卷數/冊數	記録的時段	版刻信息
中國大陸	上海圖書館	《新編遵依司天臺經緯曆書》	6冊	嘉靖三十三年(1554)至萬曆四十一年(1613)	明陸位校,萬曆刻本
	故宫博物院	《七政臺曆》	8卷	萬曆三十六年(1608)至康熙十二年(1673)	清康熙金陵龔氏刻本
	復旦大學圖書館	《七政臺曆》	16卷/4冊	崇禎十六年(1643)至康熙三十六年(1697)	魯一經發行,羅邦彦校正,余咸一樣
	南開大學圖書館	《七政臺曆》	2冊(1函)		楊天爵編,楊寅校,光緒三十年(1904)出版
	北京大學圖書館				
	成都市圖書館	《七政臺曆全書》	1卷		清楊天爵考訂,清光緒二十三年(1897)四知堂刻本
	吉林圖書館	《七政臺曆全書》			清楊天爵考訂,清光緒三十年四知堂刻本
	湖南圖書館	《七政臺曆萬年書》	1卷		清楊天爵考訂,民國刻本
		《欽定七政臺曆萬年書》	4冊	乾隆元年(1736)至道光十年(1830)	欽天監頒,清光緒刻本
			6冊	道光五年(1825)至光緒三十五年(1909)	
		《七政臺曆萬年書》	2冊	道光十三年(1833)至光緒十六年(1890)	楊天爵編,清光緒刻本
			2冊	道光十三年至光緒十八年(1892)	
			1冊	道光十九年(1839)至光緒二十五年(1899)	
			2冊	咸豐十年(1860)至民國十年(1921)	楊天爵編,民國望星樓刻本
			1冊	同治元年(1862)至光緒十年(1884)	楊天爵編,清光緒刻本

（續表）

	藏地	書名	卷數/冊數	記錄的時段	版刻信息
臺灣地區	臺北"國家圖書館"	《七政全書大成》	4冊		明萬曆戊子（十六年，1588）黃氏心穀堂刊明末康熙間遞修補本
	傅斯年圖書館	《謹依北京武定侯郭府藏銅板七政臺曆》	12卷/3冊	萬曆三十二年（1604）至崇禎十年（1637）	明李欽撰，明羅邦彥校，明刊本
日本	東京天文臺	《七政四餘全書》		康熙三十三年（1694）至雍正十年（1732）	
	前田育德會	《七政臺曆》	4冊	萬曆二十二年（1594）至康熙五年（1648）	
	公文書館	《注依北京武定侯郭府藏銅板七政臺曆》	12卷/8冊	明嘉靖四十三年（1564）至崇禎十三年（1640）	明李欽撰，明羅邦彥校，明刊本
		《七政全曆》	1冊	嘉靖二十七年（1548）至崇禎六十年（1687）	明崇禎九年（1636）刻本
	東北大學圖書館	《從萬曆至順治七政臺曆》	4冊		
		《七政星曆全書》		嘉慶十六年（1811）至光緒三年（1873）	
		《御定七政四餘萬年書》	1冊		
	關西大學泊園文庫	《欽定七政四餘萬年曆》	4冊	乾隆十一年（1746）至道光二十年（1840）	
韓國	首爾大學奎章閣	《七政百中曆》（奎1274）	4冊	肅宗二年（1676）至三十三年（1707）	觀象監，木活字本
		《七政百中曆》（奎1275）	4冊	肅宗二年至三十三年	觀象監，木活字本
		《七政百中曆》（奎3265）	6冊	孝宗元年（1650）至肅宗三十七年（1711）	觀象監，木活字本

（續表）

藏地		書名	卷數/冊數	記錄的時段	版刻信息
韓國	首爾大學奎章閣	《時憲七政百中曆》（奎4978）	1冊	英祖四十八年（1772）至正祖五年（1781）	木板本
		《時憲七政百中曆》（奎4979）	1冊		
		《大統七政百中曆》（奎4980）	1冊		
		《大統七政百中曆》（奎6788）	1冊		
		《大統七政百中曆》（奎6789）	1冊		
		《大統七政百中曆》（奎6790）	1冊		
		《時憲七政百中曆》（奎6791）	1冊		
		《時憲七政百中曆》（奎6792）	1冊		
		《大統七政百中曆》（奎6793）	1冊		
	梨花女子大學圖書館	《七政四餘全書》	4冊		
	國立中央圖書館	《七政百中曆》	6卷		

綜合表1所列曆書實物與相關文獻記載，又可以依據如下不同對星曜行度文獻進行分類：

（1）詳略之不同。曾豐《鄧氏〈立見曆〉序》提到，"《百中經》約其概，今書（按：指《立見曆》）析其微"[32]，據此推測宋時便存在對"逆順疾留伏"及宮宿度分"約其概"與"析其微"兩種類型的星曆。詳略之不同還表現在書前有無星訣。上文討論《百中經》與《七政臺曆》關係時，對星曆前所附星訣有較多介紹。這些星訣本爲術士推算提供便利而添附，明清時期也出現了刪去此項内容純粹記錄十一曜行度的星曆表，如上海圖書館藏《新編遵依司天臺經緯曆書》、日本東京天文臺藏《七政四餘全書》、日本公文書館藏《七政全曆》等。

（2）是否附未來曆。表1中有兩件曆書，出現了與實際情況不符的紀年：一爲湖南圖書館藏《欽定七政臺曆萬年書》，其中出現"光緒三十五年"十一曜行度，因光緒年號共使用三十四年,疑欽天監於"光緒三十五年"前即頒布此曆;一爲日本公文書館藏《七政全曆》,記録了嘉靖二十七年至崇禎六十年(實爲康熙二十六年)的星曜行度,其中崇禎九年以後的部分僅書"崇禎□年",未注明具體年份,且該書下卷首頁題有"未來下元甲子全曆",可知崇禎十年至崇禎六十年的内容是推算所得,與一般認爲僅記録過去數年乃至數十年間星曜行度位置的星曆不同。

(3)官修與私修。星曜行度文獻傳入中國後,一直由民間術士編寫、使用。雖然其間也不乏天文官員的參與,如上文多次提到的鄒淮,"食太史氏之禄有年矣"[33],《明史·藝文志》所載《臺曆百中經》《百中經》的作者也都爲欽天監官員,但此類星曆正式由官方編纂、頒行要晚至清代。據《清朝文獻通考》記載,康熙五十七年(1718),《御定七政四餘萬年曆》告成,"始順治元年(1644)至康熙六十年(1721),按年排列節氣日時,日月、五星交宫入宿度分。"[34]自後,由欽天監"準式增續",並冠以"欽定"或"御定"之名。

(4)中國曆與朝鮮曆。上引李圭景語稱,朝鮮亦有《七政百中曆》。星曜行度文獻傳入朝鮮的時間與過程俱不詳,而從傳世的《七政百中曆》可以看出,朝鮮觀象監(書雲觀)自行編制《七政百中曆》的時間不晚於肅宗三十三年(即康熙四十六年),並逐漸確立了每十年(遇辛年)刊印的制度。如首爾大學奎章閣藏《時憲七政百中曆》《大統七政百中曆》,刊行於辛丑年(正祖五年),記録的時段恰爲十年(英祖四十八年至正祖五年)。

結　語

星曜行度文獻是星命推算中必備的工具手册,也是星命文獻的重要組成部分。經過本文的梳理,我們可以得到以下結論:

(1)星曜行度文獻是伴隨星命術的興起而出現的,其出現並流行的時間大約在唐代中期,現存最早的星曜行度曆表保存在《七曜攘災決》中。

(2)唐宋時期的星曜行度文獻多已散佚,但根據《百中經》不斷遞修與文獻記載中的體例特點,可以判定明清時期流行的《七政臺曆》即爲《百中經》的續補本。儘管書名發生了由《百中經》到《臺曆百中經》《百中經》到《七政百中曆》《百中經》到《七政臺曆》的變化,但依然能够找到書名中暗含的傳承關係。

(3)星曜行度文獻長期流行於民間,受到官方制曆機構的影響較少,内容隨術士的實際需求而增減,形式多樣而未得到統一,體現出民間曆書豐富的内涵和活力。

最後要指出的是,明清時期還有一種預測來年十一曜行度的星曆——《七政躔度曆》（《七政經緯躔度時憲曆》），也曾應用於星命推算。這些星曆文獻記錄了星曜的位置，連接了星占與曆法，是古代天文學的重要遺產，對天文學史、社會史、學術史等領域的研究都有重要意義。

① 詳見韋兵：《宋元士大夫與星命、星命術士》，《學術月刊》，2017 年第 3 期，第 150—161 頁；韋兵：《十二宮值十一曜論命：宋元時代的星命術》，《世界宗教文化》，2017 年第 4 期，第 142—149 頁；王曉清：《謠讖·日者·潁上香軍——晚元民變之社會情狀的新闡釋》，梁家貴主編：《皖北文化研究集刊（第 3 輯）：元後期政治與社會學術研討會專輯》，合肥：黃山書社，2012 年，第 74—86 頁。這些研究對《百中經》的基本情況作了勾勒，但亦存在一些值得斟酌的觀點，如韋兵據了魏了翁語"《百中經》者，所以紀七政、四暗曜之躔次也"，便認爲"《百中經》是計算星曜位置躔次的一種星曆"。我們據《百中經》的續修之本《七政臺曆》可以推知，《百中經》不是"計算"而僅是記錄星曜位置的星曆。

② 詳見陳炳應：《西夏文物研究》，銀川：寧夏出版社，1985 年，第 314—323 頁；史金波：《西夏的曆法和曆書》，《民族語文》，2006 年第 4 期，第 41—48 頁；彭向前：《西夏曆日文獻中關於長期行星運行的記錄》，《西夏學》第 11 輯，上海：上海古籍出版社，2015 年，第 21—24 頁；彭向前：《幾件黑水城出土殘曆新考》，《中國科技史雜志》，2015 年第 2 期，第 182—190 頁；彭向前：《俄藏西夏曆日文獻整理研究》，北京：社會科學文獻出版社，2018 年；等等。

③ 王應麟：《困學紀聞注》卷九，翁元圻輯注，孫通海點校，北京：中華書局，2016 年，第 1244 頁。

④ 詳見鈕衛星：《漢譯佛經中所見數理天文學及其淵源——以〈七曜攘災訣〉天文表爲中心》，中國社會科學院上海天文臺碩士學位論文，1993 年。

⑤ 陳振孫：《直齋書錄解題》卷一二，徐小蠻、顧美華點校，上海：上海古籍出版社，2017 年，第 373 頁。

⑥ 詳見鈕衛星《漢譯佛經中所見數理天文學及其淵源——以〈七曜攘災訣〉天文表爲中心》一文。

⑦ 曾豐：《緣督集》卷一七《鄧氏〈立見曆〉序》，《景印文淵閣四庫全書》第 1156 冊，臺北：臺灣商務印書館，1986 年，第 195—196 頁。

⑧ 《四庫全書總目》收《青羅曆》："考陳振孫《直齋書錄解題》云：'《青羅立成曆》一卷，司天監朱鳳奏。據其稱貞元十年甲戌入曆，至今乾寧丁巳，則是唐末人。'似即此書。然稽其年代，不甚相合。卷數亦多少互異，疑不能明也。其書列一年十二月爲定表，用節氣紀太陽太陰宿次。又以年經月緯縱橫立表，各定年數爲五星周而復始之期。案日月經天有常度，亦有差分。故月有大小，閏有常期。若一概限以節氣太陽，倘連值十五日之節，尚可遷就，太陰用三十日爲定策，則必不能齊。至五星躔度，各有遲速，其周天之數，贏縮不能畫一。拘以定數，亦類刻舟。又日月五星謂之七曜，曜者光曜之謂也。月孛羅計紫炁雖有躔次，實無其形。此書立十一曜之名，已爲未協。至論月孛一條，乃有'披金甲及背上插箭'之語，一若親睹其形者。大抵剿襲道家

符籙等書，而不知其荒唐已甚也。"館臣雖下"似即此書"的按語，但又指出《青羅立成曆》年代不合、卷數互異等問題予以否定，且唐人所作《青羅立成曆》亦不可能出現月孛、紫炁二曜，故此《青羅曆》應當是後人搜羅相關内容綴集而成，並非《青羅立成曆》原書。

⑨　詳見鈕衛星：《敦煌遺書開寶七年星命書(P.4071)中的十一曜行度及相關問題研究》，《自然科學史研究》，2015 年第 4 期，第 411—424 頁。

⑩　如宋人著《總龜紫府珍藏》，記載了星曜運行的計算之法，其書已佚，部分内容可見於《三辰通載》，鈕衛星亦作解讀，詳見鈕衛星《敦煌遺書開寶七年星命書(P.4071)中的十一曜行度及相關問題研究》一文。

⑪　楊萬里：《楊萬里集箋校》卷二《送談星辰吳山人》，辛更儒箋校，北京：中華書局，2007 年，第 132 頁。

⑫　魏了翁：《重校鶴山先生大全文集》卷五三《鄒淮〈百中經〉序》，國家圖書館藏明嘉靖三十年(1551)高翀、吳鳳刻本，第 12 册，第 44 頁。

⑬　袁天罡：《五星三命大全》卷一，國家圖書館藏書林種德堂熊沖宇刻本，第 8 頁 a。

⑭　趙文：《青山集》卷二《劉肖岩觀星序》，《景印文淵閣四庫全書》第 1195 册，臺北：臺灣商務印書館，1986 年，第 17 頁。

⑮　民國二十一年(1932)廣東黄宗聖校訂並刊刻的《新參後續百中經》，又名《新錄謹遵依時憲未來曆百中經訂正四餘七政經緯通微》，現藏德國柏林國家圖書館、英國倫敦大學亞非學院圖書館、荷蘭萊頓大學圖書館以及中國民間(孔夫子舊書有售)，雖仍以"百中經"爲名，但考其内容，實爲《演禽三世相》與《七政經緯時憲書》等的拆合拼湊，已非《百中經》之舊貌。

⑯　詳見韋兵：《十二宫值十一曜論命：宋元時代的星命術》，第 142—149 頁。

⑰　晁公武：《郡齋讀書志校證》卷一三，孫猛校，上海：上海古籍出版社，1990 年，第 608 頁。

⑱　魏了翁：《重校鶴山先生大全文集》卷五三《鄒淮〈百中經〉序》，第 44 頁 b。

⑲　陳振孫：《直齋書録解題》卷一二，第 374 頁。

⑳　張世南：《游宦紀聞》卷一，張茂鵬點校，北京：中華書局，1981 年，第 1 頁。

㉑　王立興已經指出"《百中經》有兩種演算法，一是用唐顯慶曆推算，一是用見行曆推算。"詳見王立興：《關於民間小曆》，中國天文學史整理研究小組編：《科技史文集》第 10 輯，上海：上海科學技術出版社，1983 年，第 59 頁。且從《怡齋百中經》"自言"，宋以前星曆多依《符天曆》推算，宋代開始出現以"見行曆"推算之星曆。

㉒　萬斯同：《明史》卷一三五，國家圖書館藏清抄本，第 36 册，第 75 頁 a。

㉓　永瑢等：《四庫全書總目》卷一一一，北京：中華書局，1956 年，第 947 頁中欄。

㉔　《南京欽天監副貝君墓志銘》中提到"其(按：指貝琳)所刊校《回回曆》《臺曆百中經》諸書行世"，可知其撰《百中經》，當時亦名《臺曆百中經》。見王俵：《思軒文集》卷二〇，北京大學圖書館藏明弘治七年(1494)刻本，第 11 册，第 10 頁 a。

㉕　見拙稿：《過去和未來的時間：東亞時間秩序中的〈萬年曆〉研究》，《自然辯證法研究》，2022 年

第 6 期,第 90—96 頁。

㉖ 劉韶軍:《神秘的星象:冥冥天機的千古追求》,南寧:廣西人民出版社,1991 年,第 166 頁。

㉗ 陶宗儀:《南村輟耕録》卷二九,《四部叢刊三編》,上海:上海中華書局,1936 年,第 90—91 頁。

㉘ 《四庫叢刊》本系據吳縣潘氏滂喜齋藏元刊本影印,故此圖來源於元刊本。對十一曜行度文獻的梳理與研究,有助於我們對該圖表進行解讀。

㉙ 萬民英:《星學大成》,《景印文淵閣四庫全書》,第 809 册,臺北:臺灣商務印書館,1986 年。

㉚ 佚名:《儒門崇理折衷堪輿完孝録》卷二,《道藏》第 35 册,北京:文物出版社,上海:上海書店,天津:天津古籍出版社,1988 年,第 598 頁中欄。

㉛ 周玄暐:《涇林續記》卷四,《續修四庫全書》第 1124 册,上海:上海古籍出版社,2002 年,第 205 頁。

㉜ 曾豐:《緣督集》卷一七《鄧氏〈立見曆〉序》,第 196 頁上欄。

㉝ 魏了翁:《重校鶴山先生大全文集》卷五三《鄒淮〈百中經〉序》,第 44 頁。

㉞ 張廷玉等:《清朝文獻通考》卷二五六,《景印文淵閣四庫全書》第 638 册,臺北:臺灣商務印書館,1986 年,第 8 頁下欄。因星命推算時需要查找命主出生時刻的天象,故此類星曆往往記録了過去數十年,甚至上百年的星曜位置,這應該是《欽定七政四餘萬年曆》被名爲"萬年曆"的原因之一。此後,民間《七政臺曆》亦有名爲"《七政臺曆萬年書》"者。

作者簡介:趙江紅,浙江大學古籍研究所百人計劃研究員

通訊地址:浙江大學紫金港校區古籍研究所　郵編:310058

從滿語文史料看清代統治中的禮樂文化變遷
——以古琴爲例

任夢一

琴,在中國古代專指古琴,作爲傳統儒家禮樂文化的組成部分,其發展脉絡始終與國家的禮樂建構相關連。有清一代二百餘年,滿漢文化激烈碰撞、相互影響與融合,在此過程中,清朝逐漸確立以儒家思想爲核心的禮樂之治。在尊儒崇禮的文化背景下,古琴等禮儀樂器逐漸融入滿洲貴族的文化體系,爲清及近代以來琴文化的繁盛態勢奠定了基礎。

一　滿語文史料中的"琴"字及古琴文獻的出現

古琴融入滿族文化當中,是從語言定型、文獻翻譯開始的。後金時期,滿人地處關外,燕饗、外交及民間樂舞習俗皆持滿族禮儀。他們祭祀跳莽式舞,奏薩滿樂。《滿文老檔》載有努爾哈赤天命七年(1622),汗對滿漢官員需要遵循的器樂禮制進行了規定,出新城時不同等級官員除了需要持有不同數量旗幟外,還需要裝配鼓、喇叭、嗩呐、簫等。但無論如《欽定滿洲祭神祭天典禮》記録的滿傳統祭祀節慶奏三弦、琵琶,鳴拍板、拊掌、歌鄂囉羅,擊手鼓、雙槌、腰鈴等;《韓使燕行録》《建州聞見録》載努爾哈赤宴會明、蒙、朝等使臣,廳外吹打,廳内彈琵琶、吹銅簫、爬柳等;還是八旗子弟書説唱文學以八角鼓擊節,滿族百姓配合鼓、牛角、鹿哨、哈利馬刀、節等唱歌謠、跳笊籬姑姑舞和秧歌等,都並無以"古琴"爲代表的禮樂文化背景。

(一)滿語 kin"琴"的出現與改定

kin 作爲"琴"的音譯詞被納入滿語,可追溯至清朝入關以後。以古琴爲代表的儒家雅樂在正式的滿語文獻中出現,以康熙時期第一部官修滿語單語辭典《御製清文鑑》(han i araha manju gisun i buleku bithe)[①]敕撰爲始,及至後來"清文鑑"系列文獻。從琴文獻翻譯再到創作,古琴也逐漸成爲滿族知識文化體系的一部分。

滿語文爲清朝國語,“琴”借入滿語體系並伴隨辭彙的更新而定型,從音譯詞發展成爲詞根詞綴構成的滿語詞。滿語“琴”,在康熙四十八年(1708)成書的《御製清文鑑》中音譯作 kin[②],屬樂部·樂器類,該類下另有 jung“鐘”、king“磬”、ju“柷”、še“瑟”等傳統打擊、彈撥樂器。乾隆三十六年(1771)《御製增訂清文鑑》(han i araha nonggime toktobuha manju gisun i buleku bithe)在《御製清文鑑》的基礎上增列漢文釋義,其中“琴”作 kituhan[③],由 ki-和詞綴-tuhan 兩部分組成,詞首音節輔音 n 脱落,這是由於在語言類型上滿語爲黏着語,以詞綴形式表示各種語法和辭彙意義。另外琴類如 šetuhen“瑟”、jutuhan“築”,新增加的少數民族樂器 gituhan“押琴”、fituhan“月琴”等和琴軫、琴扣、琴足等琴部件的構詞,均依照漢語音譯詞根加詞綴如-tuhan 的構詞形式。此後編撰的滿語文工具書如《御製滿蒙文鑑》《四體清文鑑》《五體清文鑑》等多語種合璧官修字書中“琴”類構詞形式並無變化。可見,滿語“琴”在對漢語辭彙及其語音直接吸收的基礎上,在乾隆朝增補修訂前書而成的《御製增訂清文鑑》中已定型。此外《御製增訂清文鑑》不僅對漢語音譯的樂器類詞條構詞、釋義加以規範,還增補了“文學什物”“壇廟”“衙署”“古祭器”等漢語音譯借詞類目。可見經過長期的文化融合,滿文化在受到漢文化影響的同時,其音樂方面也因漢禮樂文化的介入得以豐富,古琴也開始了滿族文化之旅。

(二)以雅樂正聲爲代表的琴文獻翻譯

文獻的翻譯和相關主題文本創作是不同文化體系相互交流和學習的重要媒介。清代在對漢文化的吸收過程中,滿譯的漢語著作中的樂類是其中的重要組成。因古琴音樂的獨特美感、雅正的禮樂內涵及頗豐的歷史文獻累積,相關文獻的翻譯、樂律的探討和琴譜編纂遂而興起。自康熙朝以來古琴被納入滿語文體系,包括滿洲貴族在内旗人的樂律、古琴文獻翻譯,樂律、古琴論著也多有問世。

滿譯樂律文獻:康熙時期葡萄牙傳教士徐日升(Thomas Pereira,1645—1708)編著的滿文精寫本《律吕纂要》(lioi lioi tzuwan yoo bithe)、滿文寫本《律吕纂要節要》(lioi lioi tzuwan yoo jiyei yoo bithe)、滿漢合璧據故宫藏本曬印《律吕節要》(lioi lioi jiyei yoo bithe)。

滿譯古琴文獻:康熙時滿洲鑲黄旗人和素譯《太古遺音》,後更名爲滿漢合璧四庫全書抄本《琴譜合璧》(manju nikan hergen i kamcibuha kin i durum i bithe),滿漢合璧抄本《理性元雅》(baninbe dasara amba fujurungga bithe)、滿漢合璧四卷抄本《琴譜》(kin i durum i bithe)、滿文六卷抄本《琴譜》、滿漢合璧抄本《梧岡琴譜》(u gang ni kin i durum i bithe),滿文《王淑和脉訣・琴譜》(manju nikan hergen kamcime araha maksin i kumun i ucun)包含《梧岡琴譜》(u gang ni kin i durum i bithe)《琴譜》(kin i durum i bithe)兩種琴譜。

包括古琴在内的音樂文獻編纂:乾隆時清宗室人永恩《律吕母音》,康熙皇子允祉《八音樂器考》、允禄等纂《九宫大成南北詞宫譜》;滿洲鑲紅旗人都四德撰《黄鐘通韻》二卷,内有琴制叙述,書末附以琴圖;另有清末恩華《八旗藝文類目》書目,著録了府生學員噶福辰《梅花氏琴譜》、道光至光緒間滿洲鑲藍旗杭州旗營文元《桐雅軒琴譜二卷》、滿洲鑲黄旗人慶瑞《琴瑟合譜》等。

古琴文獻流傳至清代足可觀瞻,而從以上文獻看,滿譯樂律和琴類文獻以律吕正音和能代表雅樂正聲的著名琴人及琴派的琴著爲主。創作雖不多,但這些文獻頗具代表性,體現了滿人在琴文化接受過程中,雖對古琴文獻較難盡數把握,但仍以頗具典型性的文獻作爲資料來源,試圖最有效地達到認識琴、瞭解琴文化的目的。古琴也在康、雍、乾三朝的發展過程中逐漸在滿洲貴族間流行,成爲他們藝術收藏和文學、繪畫創作的一部分,這恰是清代統治政權對以古琴爲代表的儒家禮樂文化由文化接受向禮樂之治變遷的階段性表現。

二　清代滿洲貴族漢化過程中對古琴文化的接受

禮樂自古就是自上而下的文化浸潤。後金努爾哈赤、皇太極就極重禮樂規範和滿洲貴族子弟的教育。滿族官學以“國語騎射”爲主,白山黑水間的民族禮、樂形式,在與漢文化的融合中得到了新的滋養。入關後,漢文化的學習被列於日程之上,統治者沿襲明制、開科取士和在全國各地建立文廟,進行教育普及並制禮作樂。滿洲貴族尤其統治者更加重視子弟文化素養的提高和儒家思想教育。康熙朝以來出生並成長於中原的滿洲貴族子弟受到漢文化廣泛影響,滿洲古琴文化開始在此環境中萌生。

(一)文化交往初期對古琴概念的初識

文化交往初期,對古琴這一外來的文化樣式的接受與模仿,最直接反映於釋義的文化差别。《御製清文鑑》中滿語“琴”的釋義不同於漢語注重闡發微言大義,而是側重對形制和功能的簡介。

滿語 kituhan"琴"詞綴-tuhan 的釋義和"琴"字的解釋,與漢語不同。漢字"琴",上古音爲"群母侵部,(《廣韻》)巨金切,群母侵開口呼"[④],《説文解字》[⑤]《類篇》皆列爲"琴,禁也……巨今切"[⑥],《玉篇》《字彙》稍異,但注音無論反切還是直音均是語音發展的體現。而《御製清文鑑》録有部分與樂器相關配件詞條,如 kituhan i murikū"琴軫"、kituhan i kuyerhen "琴扣"、kituhan i sujakū"琴足"等,均由 kituhan"琴"演變而來。詞綴-tuhan,《五體清文鑑》譯爲"倒着的樹冠"[⑦],由於阿爾泰語系語言母音輔音的曲折變化,這些詞亦有-tuhen/-tukan 同義綴,可見-tuhan/-tuhen/-tukan 位於"琴"後,是對其形制的解釋,此類木質彈撥樂器後綴也皆是此義。

滿語 kin"琴",《御製清文鑑》釋爲 fithere cumin u agūra i gebu, da ergi onco dure ergi isheliyen dergi muheliyen fejergi hošonggo, nadan seige sindafi fitherengge be kin sembi,即"將圓形,下方有七根可彈弦之物謂之琴"[⑧],《增訂清文鑑》釋爲 kituhan, muheliyen fejergi hošonggo nadan sirge sindafi fitherengge, be kituhan sembi,翻譯過來爲"可供彈奏樂器之名,頭寬,尾窄,下方有七根可彈弦之物謂之琴"[⑨],前後幾無出入。漢語"琴",《説文解字》釋"禁也……神農所作。洞越,練朱五弦,周加二弦……"[⑩];《重修玉篇》釋義另增"君子守以自禁也,《風俗通》曰'琴七弦,法七星也',《琴操》云'長三尺六寸,法象三百六十六日篆,廣六寸,象六合也'"[⑪];《字彙》《字彙補》則在前人闡釋基礎上有所增益。在創造之初,先民就賦予了古琴由三皇五帝創製的神話解説,對其形制建構起一整套的政治、禮樂文化内涵,也在文化發展變遷中更注重其形而上的内蘊闡釋,使其呈現越加豐富的態勢。

滿漢因地域、歷史、生産生活方式、社會結構等不同,"形成了各自獨特的思維方式、文化傳統和審美意識,這些不但體現在語言的結構和形式特點上,也充分體現在語言的内容上……兩種語言的翻譯實際上就是兩種文化的轉換"[⑫]。滿語 kituhan 釋義體現了最初滿、漢交往過程中明顯文化概念的融通過程,從更深層講,則與滿貴族禮樂教育有關。

(二)禮樂教育下對古琴藝術的重視和追求

清初對琴的認識與接受以語言文字和文獻傳播爲主要途徑,而統治者對禮樂文化的重視也影響了滿洲貴族對古琴藝術的關注。中正和平、古典雅致的琴樂陶冶情操、修養心性,正是滿族知識分子追求與嚮往的,因而能夠得到他們認同並成爲其一種自我修養和藝術熏陶的手段,琴詩、琴畫、收藏等藝術活動興發。

　　入關後,本就重視禮教的滿洲貴族更加注重讀書習禮。《滿文老檔》載,努爾哈赤天命六年(1621)選八位師傅教授八旗子弟讀書“對在你們之下的徒弟和入學的兒童們,能認真地教書,使之通文理,這就是功……”[13],並多次指示諸貝勒莫違孝悌,須讀書重禮。皇太極繼位後更是俱令貴族子弟讀書,《清實錄·太宗文皇帝實錄》載崇德元年遣范文程致祭至聖先師孔子神位[14]。順治元年(1644),“前朝公侯伯駙馬初襲授者,皆令入國學習禮讀書。今滿洲臣子弟有志向學者……有願讀清書或願讀漢書,及漢官子孫有願讀清漢書者,俱送入國子監”[15],此時各項禮儀樂制還處於初創階段,清代的大祀、三大節典禮用樂始定。到了康熙皇帝越來越關注到音律正音對禮樂治政的重要性,敕撰《御製律呂正義》並親加改正,他稱該書“古樂之大義明,而千古有定論。今樂之至理具,而千古有正聲”[16],意義巨大。對於古琴,高士奇《蓬山密記》載康熙能以西洋鐵絲琴奏《普庵咒》[17],《鄭州水澱記》也有關於康熙曾同侍從諸臣題詩賦、鼓瑤琴的記載。

　　尤其到雍正以後,古琴因其音樂美妙和文化內涵深厚,已成爲包括皇帝在内的滿洲貴族間的原有音樂生活形態外,具有漢文化特色的一項藝術生活方式,成爲滿貴族文化生活的一個主題。《清實錄》載雍正元年“皇考聖祖仁皇帝御極六十一年,培養教育……御製訓飭士子文,頒布學宮……户習詩書、家敦禮樂……朕纘承大統遵守舊章”[18],雍正在承襲康熙注重樂律、禮樂的基礎上尤其精研琴藝,古琴是他生活的必需品。《雍邸集》《四宜堂集》詩集就有許多雍正撫琴感懷的琴詩,《雍正行樂圖·竹林撫琴》《胤禛行樂圖之十二月令圖》均是記録了他撫琴生活的畫卷。

　　乾隆也極具琴文化修養,他對古琴的文化内涵有明確的認識,《聖祖仁皇帝禦制文集》録其曾作《琴説》,“朕詩書不輟,陶泳性情於琴之理……琴不過樂中之一器耳,乃精求其理,遂至和天人、通神明、純君道、表臣職、正心修身,阜財解愠,無善不具……”[19],肯定了古琴的教化之義。乾隆也很懂得琴器的價值,《養吉齋叢録》卷二十六就記録過一則乾隆命工匠將故宮桐書屋旁的舊桐枯樹變廢爲寶、斫爲四琴置於書屋的趣聞[20]。古琴多因珍材不可多得,漢時就有蔡邕識焦尾、司馬相如得綠綺如獲至寶的逸聞。至清代,古琴也漸次成爲滿貴族藝術收藏和品鑒的一部分,故宮曾藏有晋王徽之琴、唐“玉振”、宋“玲瓏玉”,雍正帝藏宋製“鳴鳳”、明製“洞天仙籟”等,裕王府藏有滿族琴人完顏衡桂製“春雷”“中和”,清宗室溥侗得藏“九霄環佩”,清末奕訢之孫溥心畬、溥雪齋亦藏有稀世名琴。而鼓琴的藝術活動也在更多滿洲貴族乃至旗人間流行。《清史稿·列傳六》載清太宗第六子高塞善鼓琴;依據清代張大昌《杭州八旗駐防營志略》整理的《清代杭州八旗駐防史話》列清代杭州旗(滿)人柏梁、杏梁、三多都雅好琴藝[21]。滿貴族知識分子對古琴的關注，表徵着其對以古琴爲代表的漢雅正音樂形式的自覺探索與追求，而進一步來講，古琴在清代的繁興是與漢禮樂儀式和制度的復位相關聯的。

三　清代政權禮樂統治中古琴藝術的沿革

清代滿洲貴族對以孔子爲代表的儒家禮樂文化推崇備至，伴隨政治的逐漸穩定、漢化政策的推行，至乾隆時期，禮樂文化建設更加完備。古琴作爲延續千年的禮樂文化的一環，也在尊孔重儒崇禮的時代潮流中愈見新的活力。它被列入宮廷音樂典制，在大型朝賀、祭祀和節慶中，與瑟鐘鼓等配合演奏。

（一）古琴成爲清代禮樂實踐的一環

自皇太極定立祭天祭太廟同時薩滿祭堂子時兼祭孔子神位的禮制開始，尤其到順治以後，儒家禮樂文化愈漸尊崇。因契合了統治者集權於中央的需要，禮樂的民心教化功能同時成爲民族溝通和社會維穩的有效途徑，所以在位者在加强禮教思想、禮樂建設方面多有着力。

首先，進行以孔子爲代表的儒學核心價值引導和制度革新。一、從稱謂上來看，對孔子及孔氏後人尊崇漸至。順治初期稱孔子“大成至聖文宣先師”，順治十四年（1657）改稱“至聖先師”並立至聖先師孔子廟；雍正初年上諭內閣加封孔子五世俱爲王爵，次年增其從祀，又對孔姓後人額外加恩，後又諭旨各地同聖諱者改讀某音或他字，親躬太學。二、祭孔活動至乾隆時期愈加頻繁。乾隆元年欲行親祭，此後五年、八年、十八年、四十八年等多次親詣北京太廟、盛京文廟，親謁孔廟，視太學[22]，至道光、嘉慶等依前制定期祭孔，稍有損益。三、在政制上，從順治開始科考經題重視儒家經典。康熙九年（1670）力革官員分配滿漢劃一，“定滿漢大學士俱正二品兼尚書銜”[23]，十年首開經筵大典、始行日講，認爲“此聖賢訓辭詔，後皆爲萬世生民而作也，道統在是，治統亦在是矣”[24]，還詔開了“博學鴻儒科”。從形式、內容到規章制度，保證了以儒家學説爲治國之本，興禮樂、敦教化教從而達到盛世之治。

其次，完備禮樂建設，推行禮教之義。順治元年，“衣冠禮樂未遑制定，近簡用各官，姑依明式速制本品冠服”[25]，五年中元節工科給事中陳言“我國家定鼎五年禮樂大備”[26]，八年諭旨享廟樂舞、樂歌俱應全備全歌；康熙六年（1667）頒中和韶樂於太學，八年確定三大節朝賀樂章；雍正六年（1728）的華夷之論“本朝自關外創業以來，存仁義之心，行仁義之政……且自入中國已八十餘年,敷猷布教,禮樂昌明,政事文學之盛燦然備舉,而猶得謂爲異類禽獸乎”[27],可以説是清統治者重視禮樂的原因佐證;到乾隆六年(1741),因當時慶典朝會等樂章與音樂不協的問題,乾隆下令重修《御製律吕正義》,並進行了律吕、工商、工尺三種雅俗並立的譜制改革,復行鄉飲酒禮,敕纂《欽定詩經樂譜》等一系列舉措,使得清代宫廷禮樂與民間禮治建設達到了未有之勢。

同時,重視以古琴爲代表的禮樂參與大型宫廷賀典,落實禮樂實踐。琴、瑟參與着諸項重大宫廷賀典儀式活動,例如《皇朝禮器圖式》記録樂器類中,琴瑟分配分别爲“朝會中和韶樂”琴四瑟二,“燕饗中和韶樂”琴瑟各四,“祭祀中和韶樂韶舞”琴十瑟四等,是朝會、燕饗、方澤、太廟、文廟祭祀、鄉飲酒禮活動的重要組成。乾隆帝在該書序言中强調“北魏、遼、金以及有元,凡改漢衣冠者,無不一再世而亡。後之子孫,能以朕志爲志者,必不惑於流言。於以綿國祚、承天祐於萬斯年勿替”[28],乾隆五十年又因“古樂中琴瑟與金石並重,近來樂部奏樂,琴或間能操縵……業儒之人雖偶有學琴者已非古道,至於瑟,則未有能鼓者,……夫八音迭奏,琴瑟相宜,豈容偏廢”,諭旨“將琴瑟二樂敕令樂舞生一體用心嫻習”[29]。可見,即使在《御製律吕正義後編》進行制度規範數年之後,出現禮樂實踐中琴、瑟被偏廢的情況,仍然積極應對不曾懈怠。清在位者重視琴瑟,以古禮爲本,無疑肯定了雅樂正聲的重要,反映出對起自先秦的禮樂之治寓教於“樂”思想的一脈承起。

(二)古琴的符號化與社會化

清中後期,在西方思想文化的衝擊下,禮樂逐漸被消解成爲一種文化符號。作爲禮樂之器的古琴,也在歷兩千餘年的萌芽、革新、流行、進步、重視和發展之後,以更加普遍化、社會化、專業化的形式被發揚。在明代,伴隨古琴藝術的發展,琴著的大量增加,琴文獻已在個别目録書籍中被分立入經部、子部之内。到《四庫全書》敕纂,古琴文獻被分别著録于經部、子部,體現了古琴藝術至清代兩條並行不悖的發展形態正式形成。

一方面,滿洲貴族統治者對儒家禮樂思想内核的極力宣導和對古琴的關注,使本就屬於雅樂正聲的琴學傳承不衰。《四庫全書總目》經部樂類序言:“夫樂生於人心之和而根於君德之盛,此樂理、樂本也。……今所採録,多以發明律吕者爲主,蓋製作之精,以徵諸實用爲貴焉耳。”[30]包括《琴旨》《欽定詩經樂譜》《琴瑟譜》在内的相關琴論文獻都以協音正聲爲旨,有着正統的雅樂教化之義。另一方面,古琴著作大都置於子部“藝術類”,這是發展至清代的古琴藝術一門已分離出一條獨立的發展道路並不斷地走向廣大社會的體現。直到1903年光緒頒布科舉新法令,在内有義和團起義,外有列强侵華,急需講求實學、制新器的社會形勢之下,經典、禮樂之義因無暇顧及而暫被擱置,古琴也在飄搖動盪的時局下淡褪了被禮樂政治賦予的雅樂經典光環。作爲一門古老的藝術形式,古琴逐漸向更加藝術化、專業化、自由化、大衆化方向發展。

在民間,清代古琴藝術以民間琴家及其所屬地域琴派爲主要傳承主體,呈現出繁盛的發展態勢。莊臻鳳、韓石耕、祝鳳喈、蔣文勳等琴家輩出;《五知齋琴譜》《蕉庵琴譜》《枯木禪琴譜》等琴譜廣增;《琴學》《誠一堂琴談》《操縵録》《琴學正聲》《琴學叢書》等琴著繁豐。琴瑟鐘鼓作爲漢民族古老的雅樂形式,古瑟之失傳,鐘鼓之豎於廟堂,古琴於其間脱穎而出,可彈可感,最可在民間廣泛傳播。因而原本祇屬於漢傳統禮樂的古琴,却在以滿洲貴族爲核心的少數民族建立的清代呈現前所未有之繁榮。自清以降、傳承及近,以嶺南、兩浙、四川、河南、北京等地爲中心的琴派琴藝活動愈加豐富,琴學不斷壯大,受到越來越多學人關注,無不託因於清代琴文化的繁興。作爲尊孔崇儒的清代禮樂建構的一環,雖並非《紅樓夢》一般巨著鴻篇,更不似《四庫》集著大成,但古琴的傳承,正如弦上綽注吟猱的緩緩琴音,緩緩不絶於耳,綿延至今。

①　本文所涉文獻滿文題名,凡首次出現均標以滿文羅馬轉寫。

②　聖祖玄燁敕撰:《御製清文鑑》,康熙四十七年内府刻本。

③　傅恒等:《御製增訂清文鑑》,乾隆三十六年武英殿刻本。

④　郭錫良:《漢字古音手册》,北京:商務印書館,2010 年,第 237 頁。

⑤　許慎:《説文解字》,北京:中華書局,2013 年,第 267 頁。

⑥　司馬光:《類篇》,上海:上海古籍出版社,1988 年,第 464 頁。

⑦　《御製五體清文鑑》,北京:民族出版社,1957 年。

⑧　聖祖玄燁敕撰:《御製清文鑑》,康熙四十七年内府刻本。

⑨　傅恒等:《御製增訂清文鑑》,乾隆三十六年武英殿刻本。

⑩　許慎:《説文解字》,第 267 頁。

⑪　顧野王:《重修玉篇》,鐘謙鈞輯:《古經解彙函本》,揚州:廣陵書社,2012 年,第 2348 頁。

⑫　王敵非:《民族文化在文學翻譯中的體現——以滿譯〈詩經·關雎〉爲例》,《黑龍江民族叢刊》,2012 年第 4 期,第 147—151 頁。

⑬　中國第一歷史檔案館,中國社會科學院歷史研究所:《滿文老檔》全 2 册,北京:中華書局,1990 年,第 217 頁。

⑭　《清實録》,北京:中華書局,1985 年,第 387 頁。

⑮　《清實録·世祖章皇帝實録》卷一一,第 105 頁。

⑯　鄂爾泰、張廷玉等編纂:《國朝宫史》,北京:北京古籍出版社,1994 年,第 589 頁。

⑰　高士奇:《蓬山密記》,《叢書集成續編·史部》第 40 册,上海:上海書店出版社,1994 年,第 32 頁。

⑱　《清實録·世宗憲皇帝實録》卷三,第 70 頁。

⑲　允禄等:《聖祖仁皇帝御製文集》,《欽定四庫全書薈要》第 348 册,長春:吉林出版集團;深圳:海天出版社,2005 年,第 200 頁。

⑳　吴振棫:《養吉齋叢録》,杭州:浙江古籍出版社,1985 年,第 286 頁。

㉑　陳江明:《清代杭州八旗駐防史話》,杭州:杭州出版社,2015 年,第 321—323 頁。

㉒　高宗敕撰:《清朝通典》,上海:商務印書館,1935 年,第 2310—2312 頁。

㉓　葉名澧:《橋西雜記》,北京:中華書局,1985 年,第 22 頁。

㉔　鄂爾泰、張廷玉等編纂:《國朝宫史》,第 572 頁。

㉕　《清實録·世祖章皇帝實録》卷一一一,第 68 頁。

㉖　魏象樞:《寒松堂全集》,陳金陵點校,北京:中華書局,1996 年,第 4 頁。

㉗　沈雲龍主編:《大義覺迷録》,《近代中國史料叢刊》第 36 輯,臺北:文海出版社,1969 年,第 81 頁。

㉘　允禄等:《皇朝禮器圖式》,牧東點校,揚州:廣陵書社,2004 年,第 1 頁。

㉙　中國第一歷史檔案館:《乾隆朝上諭檔》第 12 册,北京:檔案出版社,1991 年,第 766 頁。

㉚　紀昀總纂:《四庫全書總目》,北京:中華書局,1965 年,第 330 頁。

作者簡介:任夢一,浙江大學古籍研究所博士後

通訊地址:浙江大學紫金港校區古籍研究所　郵編:310058

東亞語境中"漢字"詞源考

王　勇

一　漢字歸屬之爭

近些年,圍繞東亞傳統文化歸屬權,中日韓之間的爭奪戰愈演愈烈。比如,孔子、屈原的國籍,活字印刷、端午風俗的申遺,弄得滿城風雨,我們已經見怪不怪了。然而,當有人來爭奪漢字的發明權、"漢字"的命名權,任何一位華人都不可能再淡定下去了。

説到"漢字",但凡華人都有一個共識,即認爲這是中華民族創造的偉大文化遺産,甚至有人認爲它對人類文明的貢獻,比之"四大發明(造紙術、指南針、火藥、活字印刷術)"有過之而無不及。

漢字的源頭至少可以追溯到殷商時期的甲骨文,不僅源遠流長,而且數千年來一脉相承,這在世界上是獨一無二的,堪稱人類文明史上的一大奇觀。漢字凝聚着中華民族的智慧,承載着中國文化的精粹,寄托着全球華人的理想。可以説,漢字與中國命運與共、渾然一體,這是不言而喻的事實。

然而,中國人的這種常識,未必一定是世界的共識,"漢字"的歸屬正面臨着嚴峻的挑戰。2011 年 4 月 21 日,《環球時報》刊登特約記者辛司可的一篇文章,題目爲《韓知名學者稱韓國人祖先發明漢字》,介紹韓國語言學泰斗陳泰夏教授的論説。此文涉及一個敏感話題,因而引發有關漢字起源的爭鳴。

時隔不過兩周,2011 年 5 月 3 日,《人民日報(海外版)》發表署名"金子山"的反駁文章。從標題《漢字居然成"外文"》即可看出中國人的驚訝與困惑。作者認定陳泰夏的論説"漏洞百出,破綻無窮",從五個方面加以駁斥:

> 韓國有人與中國爭孔子、西施、屈原、李白、李時珍等名人,爭活字印刷術、渾天儀、豆漿等發明,爭端午、中醫、風水等文化遺産,還要喊破喉嚨來爭漢字的歸屬。
>
> ……韓國語言學泰斗、仁濟大學碩座教授陳泰夏近日在韓國保守媒體上發表文

章,稱"漢字並非中國文字,而是我們祖先東夷族創造的我們的文字。中國學界也承認這個歷史事實,祇有韓國不知道"。這番話引起激烈争議。

漢字居然不是中國文字,居然是韓國人的了,貽笑大方啊。

縱觀陳泰夏教授的言論,本身即是漏洞百出,破綻無窮,經不起推敲,經不起歷史事實的檢驗。

其一,中國古有"東夷族"之稱。東夷是華夏人對東方民族的泛稱,非特定的一個民族,泛指居住在統治中心之外東部的部族,包括了大大小小很多個部落、部族或部落聯盟,地域非常廣泛。這樣一個概念,籠統地把東夷族稱爲韓國人的祖先是否恰當,首先就是一個疑問。

其二,中國的歷史是一個多民族融合發展的過程。在這一過程中,古時候東夷族的主流血脉已經融入到了整個中華民族的血脉之中,當時東夷族創造的文化,不可分割地成爲中華傳統文化的一部分。而且東夷族的地域大致是在今山東爲中心的東部地區,至今仍在中國的地域範圍之内。

其三,陳泰夏認爲,漢字是韓國人的祖先東夷族在甲骨文基礎上發展起來的文字。漢字從起源、到發展、到最終基本定型,有一個漫長的歷史過程。殷商時代的甲骨文作爲中國文字的重要節點,已經是比較系統、相當成熟的文字,被認爲是現代漢字的早期形式,被認爲是漢字的書體之一,理所當然即爲漢字了。不能排除東夷族或者在漢字的發展過程中做過貢獻,但是對於在甲骨文基礎上的發展,即稱作是漢字的發明者,實屬誇大其詞了。

其四,陳泰夏教授所説的"漢朝時也没有'漢字'這個名稱"。這一説法更加是屬於井底之蛙。漢字難道是要屬於漢朝發明,或者是漢朝命名,纔能够稱爲漢字嗎?在此之前漢字存在的歷史就可以一筆勾銷嗎?漢人,漢族人,難道是從漢朝纔開始繁衍生息的嗎?中國的歷史難道是從漢朝纔開始的嗎?絶對不是。

其五,陳泰夏聲稱"中國學界也承認這個歷史事實"。他列舉的有林語堂、王玉哲兩個人,僅此兩個人本來就存在缺陷。這兩個人已經作古了,究竟説過什麽話、持什麽觀點,很難去考證。以此兩人爲例説明不了什麽問題,他們即使持有什麽觀點,也僅是一家之言,不能代表整個中國學界。

因此,説漢字並非中國文字絶對是一種謬論。事實上,韓國人與中國争種種傳統文化,根子上的原因是因爲其文化本身即是中華傳統文化的傳承者之一,是立足於中華傳統文化的。

　　陳泰夏列舉多項"漢字並非中國文字"的論據,其中提到"漢朝時也没有'漢字'這個名稱"。這裏涉及一個"漢字"命名權的問題,正是本文的關注焦點。金子山認爲"這一説法更加是屬於井底之蛙",以一連串反問予以回擊:"漢字難道是要屬於漢朝發明,或者是漢朝命名,纔能够稱爲漢字嗎? 在此之前漢字存在的歷史就可以一筆勾銷嗎? 漢人,漢族人,難道是從漢朝纔開始繁衍生息的嗎? 中國的歷史難道是從漢朝纔開始的嗎? 絶對不是。"

　　本文的主題不涉及漢字本身的起源歸屬,而僅僅聚焦於"漢字"一詞的生成與流變。從這個角度審視這場"漢字起源"論戰,應該説陳泰夏提出的"漢字"詞源問題觸及學術界盲點,金子山雖連珠發炮却未擊中要害。

　　"漢字"的稱謂究竟始見於何時?"漢字"的命名權歸屬於哪個民族? 這些疑竇當然是我們所要破解的。然而,在東亞的時空軸中追蹤尋覓"漢字"的源流,我們發現問題要比想象的更爲複雜,首先遭遇的便是"日本命名説"。

二　日本命名之説

　　陳泰夏教授在論證"韓國人祖先發明漢字"過程中,提到"漢朝時也没有'漢字'這個名稱",意思是"漢字"並非"漢朝文字"[①]。這種觀點在韓國並非陳泰夏獨有,如研究儒學的柳承國也説"我們所謂的漢字,常被認爲是從漢朝傳來的文字"[②]。但他們均没有説及"漢字"稱謂始於何時,也没有主張"漢字"是由韓國人命名的。

　　然而在日本學術界,却有學者認爲"漢字"最早由日本人命名。比較普遍的觀點是,日本在接納中國文字後,先是模仿繼而創新,歷代創造了數量可觀的"國字";這些所謂"國字",或形似中國文字如"峠"之類,或自成格局似假名之屬,爲了加以區别而把中國文字稱作"漢字"。

　　鎌田正、米山寅太郎聯袂編撰的《漢語林》,是一部在日本學術界素有定評的權威漢語辭書,尤其多達兩百餘頁的《附録》,基本反映出日本學術界的水準。《附録》的第一部分爲《漢字概述》,開篇即爲《漢字之名稱》,兹摘譯如下:

　　　　所謂漢字,係由漢民族創製且使用的文字。然而追溯往古,中國周朝時稱之爲"名"。我國所言之真名(Mana,即漢字)、假名(平假名、片假名),皆出自於此而指文字。春秋戰國時期,或稱"文"或言"字",即依象形、指事之法所造的單體字者爲

“文”，依會意、形聲之法組合兩個以上單體字者曰“字”。秦以後，合“文”與“字”而始稱“文字”，也有單稱“字”或“文”者，迨至今日這些名稱依舊並行於世。我國稱日本創製的文字爲“國字”或“和字”，故將中國傳來的文字呼爲“漢字”。當然，在中國也使用“漢字”（或作“漢文”）的稱呼，不過那是後世爲區別蒙古文字等漢民族以外的文字，在特定情況之下使用而已，不是通行的名稱。③

上文概述中國文字稱謂之變遷，歸納起來要點有四：（1）周朝時稱之爲“名”；（2）其後出現“文”“字”及“文字”等稱呼，一直傳承至今；（3）稱中國文字爲“漢字”乃日本首創，以對應其“國字”“和字”；（4）中國出現“漢字”較日本爲晚，限於區別少數民族文字的特定語境。

據此推斷，日本學術界雖承認漢字爲漢民族創造，但“漢字”稱謂乃日本人命名。如果事實確是如此，“漢字”一詞應歸爲漢語外來詞類別，這對大多數中國人來説，其震撼不會小於陳泰夏的“韓國人祖先發明漢字”説。

日本人的觀點，是否屬於孤芳自賞呢？翻檢《不列顛百科全書（國際中文版）》（*Encyclopedia Britannica：International Chinese Edition*），“漢字”詞條的釋義令人瞠目結舌：“日語書寫符號，將中國漢字略加變化而成。”④該書將“漢字”注音爲日語讀法 Kanji，而不是漢語讀法 Hanzi，是否意味歐美主流學界也認同“漢字”一詞乃日本原創？

如果這僅僅是個別歐美學者的個人見解，那也無須去過多關注、計較。然而問題是，這是一部通行全球、制定世界知識標準的權威辭書，而且是錢偉長和周有光等任顧問委員、由中國大百科全書出版社發行、獲得中國官方認可的“國際中文版”。在這麼一部關乎國際話語權的辭書中，我們把“漢字”的原創權拱手相讓，勢必會留下無窮的後患。

三　中國人的常識

在當今中國社會中，“漢字”是個使用頻率極高的詞彙，誰都認爲它與漢民族與生俱來、休戚相關，幾乎無人懷疑其中國血統。然而《辭源》《辭海》等未見立目，《漢語大詞典》“漢字”條釋義如下：

漢語的記録符號。世界上最古老的文字之一，已有六千多年的歷史。現存最早可識的漢字是殷商的甲骨文和稍後的金文，現代漢字即由甲骨文、金文演變而來。在形體上逐漸由圖形變爲筆劃，象形變爲象徵，複雜變爲簡單；在造字原則上從表形、表意到形聲。除極個别的例外,都是一個漢字一個音節。⑤

此詞條除去對漢字歷史、特徵的叙述,核心部分僅"漢語的記録符號"而已,關於詞源無一言涉及,甚至没有列舉任何用例。這種情況在《漢語大詞典》中比較罕見,難道此詞在中國古代文獻中未曾現形? 相比之下,《中文大辭典》釋義略勝一籌:

> (1)漢族人之文字也,對蒙古文字而言。《元史·兵志》造蒙古漢字文册以聞,其總數蓋不可知也。(2)中國文字也。⑥

其中"中國文字"云云大抵對應《漢語大詞典》的義項,而"漢族人之文字"則爲前者所無。比較海峽兩岸兩部大辭書的釋義,可以提出以下問題:(1)《漢語大詞典》所説"漢語的記録符號",是一種非常狹義的解釋,即使限於中國文獻,用漢字記録外族語言也屢見不鮮;倘若放眼東亞全域,周邊民族在文明開化之初,不乏以漢字記録本國語言之例。(2)《中文大辭典》列入"漢族人之文字"義項,但局限於對應蒙古文字,比之《漢語林》對應於"蒙古文字等漢民族以外的文字"也遜色不少。

綜上所述,按照目前中國學術界的常識,中國文獻使用"漢字"一詞不早於元代,且限於特殊情況。反觀日本文獻,"漢字"出現的年代更早,如何華珍指出:

> 據考,"漢字"一詞,奈良平安時期的日本古文獻中没有出現,而至遲見於鐮倉時期的《古事談》《閒居友》《萬葉集注釋》等,且多與梵字、假名相對而言。⑦

曾經留學過日本的周作人也議論過"漢字"詞源問題,他説"這實在衹是中國文字罷了,但是習慣上這麼叫,所以現在也就沿用著稱。我想這大概是清朝末年的新名詞之一,是從日本傳來的吧"。⑧

四 日本"漢字"溯源

如上所述,根據何華珍《日本漢字和漢字詞研究》一書的論述,十一世紀後期日本文獻已出現"漢字"用例。然而這還不是最古的,日本早稻田大學教授新川登龜男博引旁徵日本文獻,將"漢字"始現年代從北宋提早到唐代。

新川教授首先指出,奈良時代(710—794)雖有"漢語""漢音"用例,却無"漢字"痕迹,而平安時代(794—1192)的"漢字"用例,可追蹤至九世紀初兩位跨海而來的入唐僧——最澄與空海。

　　最澄與空海均於日本延曆二十三年(804)入唐,最澄於 805 年回國,創設日本天台宗;空海於 806 年歸鄉,建立日本真言宗。這兩位聯袂入唐求法的僧人,開創日本佛教新局面,爲享譽平安時代之佛教雙璧。

　　據傳空海在唐期間,筆録乃師惠果之口説,彙成兩卷,名爲《秘藏記》(《新修大正大藏經》第八十六册),内容涉及"梵字"與"漢字"孰正孰邪的問題(該書以"梵字"爲正、"漢字"爲邪);另外,相傳空海撰有《金剛界漢字次第》,與《梵字次第》配套成對。上述二書雖然出現"漢字",但學界疑其爲後世僞托,故不能定爲確證⑨。

　　新川教授繼而提到,最澄自唐歸國時攜帶"梵漢兩字"的陀羅尼寫本,因而"對'梵字'乃至'悉曇'懷有興趣,也經歷過與'漢字'的對比。可爲佐證的是,在他所著的《照權實鏡》《守護國界章》中,發現有'梵字''梵文'與'漢字'對比的論述"⑩。新川教授發掘之功令人敬佩,稍顯不足的是未録出原文。

　　《守護國界章》凡三卷(各卷又分上、中、下,實爲九卷),成書於日本弘仁九年(818)。"漢字"用例出現在卷中之下"駁粗食者所示方便品科段章第十九"條中:

　　　　當今,方便品五分,天竺義科;正説等三周,支那義段。梵文繁重,譯有廣略;漢字改章,譯有新古。同本正妙,晉秦不同;異本經論,何得全同?⑪

　　《照權實鏡》一卷,成書比《守護國界章》更早一年(817),其云:

　　　　夫一乘二乘,西基中天;梵字漢字,東隔大夏。方音難辨,重譯不絶;邪正混雜,是非難正。⑫

　　最澄於日本弘仁八年(817)撰著的《照權實鏡》,是目前能找到"漢字"確切用例的日本最古文獻。那麽,這是否可定爲"漢字"乃日本人命名之證據呢?

五　"漢字"源出翻譯

　　假設空海的《秘藏記》非後人僞托,那麽其"漢字"的概念當出自唐僧惠果;最澄撰著的二書,利用了入唐求法的成果,"漢字"一詞或許取範於中國典籍。這些都是假設或推測,關鍵要在中國文獻中找出用例。

　　空海圓寂(835)後,弟子圓行搭乘最後一批遣唐使船入唐(838),抵長安後,入青龍寺義真門下,翌年攜顯密經論章疏等 69 部 133 卷返歸日本,其中包括《辨梵文漢字功德及出生一切文字根本次第》。此書係唐僧全真所著,今已散逸不存,僅從書名判斷,内容大概爲"梵文"與"漢字"之功德比較。

全真另著有《唐梵文字》一卷,亦由圓行攜歸日本。此書完成於唐開成四年(839),内容係漢梵語彙之對照編列,如云:

> 但有學唐梵之語者,得此爲首,餘語皆通。……夫欲翻譯持念習瑜伽行者,先令精凍此文。梵漢雙譯,梵字漢字,漢語梵言。

又云:

> 梵呼漢字者,或多或並,有二合三合。或單或覆,但看字母音韻,具在別卷。……乃各題名目,下量漢字,智者鑒詳,傳於後代。⑬

全真撰寫《唐梵文字》,是爲"欲翻譯持念習瑜伽行者"提供梵文入門教材。在"梵漢雙譯"的語境中,此書頻頻使用"漢字"一詞。此書竣工當年即由圓行傳回日本,可是時間晚於最澄的《照權實鏡》約20年,不能作爲"漢字"最早東傳的證據。

然而,細察《唐梵文字》筆法,文字排列等酷似唐僧義净(635—713)所撰之《梵語千字文》(《大正新修大藏經》第五十四册)。咸亨二年(671),義净經由廣州,取道海路,西行求法,歷時二十餘年,游歷三十餘國,於證聖元年(695)歸朝。武后敕住佛授記寺,使其從事佛經漢譯。他與鳩摩羅什、真諦、玄奘並稱四大譯經家。先天二年(713)入寂,世壽七十有九。

唐代流行一首《取法詩》,收録在《翻譯名義集》中,作者不詳,一説是義净的作品。作者是誰不重要,關鍵是這首詩叙述求法的艱辛,當然也包語言文字隔閡帶來的不便:

> 晋宋齊梁唐代間,高僧求法離長安。
> 去人成百歸無十,後者安知前者難。
> 路遠碧天唯冷結,沙河遮日力疲殫。
> 後賢如未諳斯旨,往往將經容易看。⑭

《梵語千字文》亦作《唐字千鬘聖語》《梵唐千字文》,即出自這位譯經家之手。該書以天地日月等漢文一千字對譯梵語,凡四字成一句,二十句爲一聯,每聯之後賦五言絶句。卷末別録《梵唐消息》約三百字之對譯。

關於撰寫此書的目的,義净自有交待:"爲欲向西國人,作學語樣。仍各注中,梵音下題漢字。……但學得此,則餘語皆通。"⑮顯然也是在梵漢對譯中,萌生出"漢字"概念。

兩漢之際佛教傳入中國,經過魏晋南北朝時期與本土文化的衝突與交融,漢武帝以來"獨尊儒術"的格局遭受衝擊。佛教的影響不僅限於宗教思想層面,甚至波及語言文字領域。南朝齊梁間僧祐著《出三藏記集》(亦稱《僧祐録》《祐録》)卷一《胡漢譯經文字音義同異記第四》記録了一則世界文字創造的獨特傳説:

> 昔造書之主凡有三人:長名曰梵,其書右行;次曰佉樓,其書左行;少者倉頡,其書下行。梵及佉樓居於天竺,黄史倉頡在於中夏。梵佉取法於净天,倉頡因華於鳥迹。文畫誠異,傳理則同矣。⑯

在佛教認知的世界中,有三位文字的造物主,而創造中國文字的倉頡被認爲是最年少者,似乎象徵中國文字歷史淺近或尚不成熟。按照這個傳説的表述,與其説中國文字被相對化了,莫如説在某種意義上被矮小化了。

綜上所述,我們可以得出以下兩點:(1)"漢字"概念是從梵漢對譯中產生的;(2)中國文獻的用例要早於日本百年以上。尤其是後面一點,雖然這在文獻學上祇能算一個小小的發現,但由此推翻了長期以來無人能撼動的"日本命名説",捍衛了中國作爲漢字原創國的尊嚴。從文化傳承的角度看,意義還是很大的。

六　漢代之隸書

前面提到的"漢字"義項,包括唐僧義净、日僧最澄與空海所使用的"漢字"用例,無一例外都是在梵漢對比的語境下,面對神聖的"梵字"而爲中國文字所造的新詞。因此,這個"漢字"的新詞義具有佛教東漸的背景,一般而言祇在佛教圈内流通使用。那麽,在中國自身的傳統文化語境中,是否也有"漢字"的概念呢? 回答是肯定的。

我們來看一個實例。北宋歐陽修《集古録》卷一《前漢雁足鐙銘》記載:"王原叔言華州片瓦有'元光'字,急使人購得之,乃好事者所爲,非漢字也。"⑰此處的"漢字"當如何解釋呢? 從文意推測,既無"漢族人之文字"義,也不能釋作"中國文字",更没有梵漢對譯的語境。

如果通讀上下文,上述疑竇自然冰釋。引文之前有"煜頃嘗謂周秦東漢往往有銘傳於世間,獨西漢無有"一段話,引文之後還有"侍坐語及公亦謂家集所闕,西漢字耳"的後續。把上面三段話串接起來讀,引文的意思就不難理解了——這裏的"漢字"説的是金石銘文,雖"周秦東漢往往有銘傳於世間",但"西漢字"甚爲稀罕,不容易落掌。也就是説,此"漢字"指西漢碑銘之類。

"漢字"指稱"西漢字"大概屬於特例,一般情況下多用以統稱兩漢的文字。如宋代洪適《隸釋》評《白石神君碑》:

> 此碑雖布置整齊,略無纖毫漢字氣骨,全與魏晉間碑相若。⑱

這段話的意思是説,《白石神君碑》上刻寫的文字,毫無漢代文字的"氣骨",反而與魏晉時期的文字風韻相似。同書又評《安平相孫根碑》:

> 今之言漢字者,則謂之隸;言唐字者,則謂之分。⑲

這段話的意思是説,漢代文字的特色是"隸書",唐代文字的特徵爲"八分"。在中國文字的字體發展史上,兩者是有明確區別的。

唐代雖然流行"八分書",其源頭却在秦漢。元代佚名《漢隸分韻》卷一《分隸在秦漢時已兼有之》,針對"今之言漢字者,則謂之隸;言唐字者,則謂之分"的説法,指出"秦漢時分隸已兼有之",並引唐張懷瓘《書斷》云:

> 蔡邕八分入神,隸入妙。……八分者,秦羽人上谷王次仲所作……。⑳

中國文字至漢代隸書而臻圓熟,從古往今看,造字之法歸結爲六書;自今向古看,字體皆發源於隸書。具體地説,秦始皇統一六國而推行"書同文",中國文字趨同於小篆;漢承秦制,簡約字體而成隸書,史稱"隸變"。中國文字自此定格,後世之楷書、行書、草書皆隸書之變種而已。

七　東亞之文字

如上所述,在中國語境中,"漢字"概念源出兩條途徑:一是在書體變遷史上,漢代臻於圓熟的"隸書"被後世奉爲楷模,因此指"漢代之隸書",一般局限於書法領域;二是在漢梵語言對譯中,漢字面對西方傳來的梵字而被相對化,因此指"漢土之文字",一般多見於佛教書籍。

在東亞語境中,"漢字"概念萌發的途徑更爲複雜:一是來自中國的影響,承襲"漢土之文字";二是起因於本土文字的創製,如日本對應"假名"之"真名";三是受西方表音文字刺激,漢字指稱"東亞之文字"。兹分別簡述之。

(一)承襲"漢土之文字"

日僧最澄於九世紀初入唐求法,將"梵字"與"漢字"的對應概念傳回日本,"漢字"絕非其獨創之詞;此外,仕唐新羅人崔致遠(857—?)撰《唐大薦福寺故寺主翻經大德法藏和尚傳》云:

> 藏本資西胤,雅善梵言;生寓東華,精詳漢字。[21]

意思是説,法藏和尚祖籍西方(康居國),所以能講梵語;他長期生活在東方(中國),所以精通漢字。

(二)與本土文字對應

中國文字至遲在東漢初期傳入日本,七世紀中葉日本已發明萬葉假名(亦稱"真假名")。"真假名"究竟是"真名"還是"假名"? 漢字衍化爲片假名(取楷書偏旁)、平假名(仿自草書)之後,保持原有結構的漢字被稱作"真名"。亦即在視覺上,"真假名"屬於"真名";然而,"真假名"衹用漢字表音而不表意,所以在聽覺上當歸爲"假名"。由此可知,在真名與假名、中國文字與日本文字、表意文字與表音文字的諸多脉絡中,"漢字"概念應運而生。

(三)"東亞之文字"

十六世紀中葉,葡萄牙等西方商賈、探險家、傳教士先後抵達日本,邂逅與西方迥異的東方文字體系。耶穌會爲了便於在日本傳教,1603 年刊行《日葡辭典》,其中列有"漢字""梵字""真名""假名"等目;利瑪竇雖未踏足日本,但共享其前輩的知識,他提到日本使用"中國漢字",並指出"日本人、朝鮮人、交趾人和琉球人……誰也聽不懂別人的話",却"都能看懂同樣意義的書面語"[22]。隨着西學東漸,"漢字"作爲通行東亞各國的文字,被置於東西方對峙乃至"萬國"視域中,其絕對性、權威性受到前所未有的挑戰。

日本方面出現兩種反應:一是本居宣長、賀茂真淵等國粹學者,從西方表音文字受到鼓舞,認爲文字壓抑了語言或漢字阻礙了假名,提倡去"漢意"以振"和魂";二是新井白石、本多利明等洋學家之流,認爲西洋字母僅二十余字"文省義廣",而漢之文字萬有餘"猶有不可盡所",所以出現貶低漢字的傾向。

第一種意見立足於東亞文字,强調漢字壓抑假名;第二種意見着眼於東西方文字,認爲表音文字更先進。明治維新前後,以前島密《漢字御廢止之議》(1867)爲發端,日本出現專崇"假名"與改用"羅馬字"兩派,至福澤諭吉等宣導"脱亞入歐","漢字"遂被貼上封建、落後、愚昧的標籤。日本的"廢止漢字論"也衝擊到中國。1877 年東渡日本的黄遵憲質疑道:

> 今朝野上下通行之文,何一非漢字? 其平假名、片假名,何一不自漢文來? 傳之千餘年,行之通國……固萬萬無廢理。[23]

黄遵憲的這段話擊中"廢止漢字論"的要害,指出日本的假名本身也源自漢字,表明中國人對域外漢字命運的關注,説明"漢字"已經超越中國語境,成爲東亞共同的話題。

最後回到本文開頭提出的疑問:(1)"漢字"的稱謂究竟始見於何時? (2)"漢字"的命名權歸屬於哪個民族?

先回答第二個問題。東亞文字體系的特徵,視覺上的共性與聽覺上的個性互爲表裏。日本語境中對應假名、羅馬字的"漢字",少數民族語境中對應契丹字、女真字、蒙古字的"漢字",漢族語境中對應楷書、草書及梵字的"漢字",自有源流,涵義各異。由此論之,現代語境中的"漢字"類乎海納百川,既然源頭非一,糾纏命名權就意義不大了。

再回答第一個問題。"漢字"稱謂日本首創説,根據是日本文獻中的用例可追溯至九世紀初(817)最澄的《照權實鏡》,而《中文大辭典》列舉的中國文獻爲明朝初年(1370)的《元史》,兩者相距 550 多年;然而義净《梵語千字文》(713 之前)已出現"漢字",比《照權實鏡》早百餘年。由此可推斷,唐朝僧人在梵漢互譯實踐中創製"漢字"一詞,百年之後再由遣唐使傳到日本。

至於陳泰夏質疑"漢朝時也没有'漢字'這個名稱","漢字"稱謂雖不能溯至漢代,但指"漢代之字"無疑。其實漢代人以"漢"冠名當代名物,亦有其例。如揚雄《答劉歆書》云"典流於昆嗣,言列於漢籍",即稱自著《方言》爲"漢籍",這是因爲時當新莽,或許有意別之[24]。要言之,"漢字"一詞由中國人首創,既指"漢土之文字"又稱"漢代之隸書",這大概足以回應陳泰夏提出的命題。

然而,我們也必須承認,"漢字"指稱"漢土之文字"及"漢代之隸書",均限於特殊的分野;縱覽漢代至清末的訓詁諸家,幾乎無人使用"漢字"術語。由古代之"文字"到近代之"漢字"的轉變,其間存在一個易被忽略的環節,這便是清末民初赴日的黄遵憲、梁啓超、王照等文化人士,將日本文字體系中的"漢字"概念帶入中國語境,催生出近代"漢字"新概念。

結　語

2013 年底,我到香港中文大學參加一個學術會議,遇到了久違的羅伯特·恰德(Robert Chard)教授,他在牛津大學中國研究所工作,日語是純正的東京調,漢語是順溜的北京腔,一位典型的西方"東亞通"。

大凡參加國際性的學術會議,聽會上大家高談闊論,交流最新成果,自然有收穫;會下相互説些段子,聽些學界軼聞,有時收穫更大。尤其是歐美學者,如果缺乏幽默,就有些掉份兒。羅伯特教授就講了一個有趣的段子。

多年前日本某醫藥公司欲在牛津大學捐助一個講座,這家公司頗有些歷史,專營中成藥,中文説是"中藥",日語則稱"漢方"。按照西方的常規,這個講座以捐贈者冠名,牛津大學將其翻譯成 Chinese medicine,那位日本人聽了,連連擺手説幾個 No,要求翻譯爲Japanese medicine。聽到這裏,在場的幾位華人忍不住就笑了,但發現有日本來的學者在場,出於禮貌就沒有談下去。

按照中國人思維,"漢字""漢籍""漢語""漢文學"等詞彙中的"漢",無疑等同於"中國",譯成英文就是 Chinese,如漢字是 Chinese characters、漢籍是 Chinese classics、漢語是Chinese language、漢文學是 Chinese literature。其實這種貌似"常識"的觀念,也未必一定正確。

比如,以陰陽五行爲理論、本草學爲基礎發展起來的東方醫學,中國稱作"中醫",日本叫"漢方",韓國則名"漢醫"。中國的"中醫"主要由漢民族創造,爲區別"藏醫""蒙醫"等少數民族醫學,也稱"漢醫";日本的"漢方"相對"蘭方"而言,相對於"蘭醫"則稱"漢醫"或"漢方醫"。倘若把"漢醫"一概譯作 Chinese medicine,則如何區別中日韓三國醫學的異同?

除了日本的"漢方",韓國有"漢醫",甚至越南也有"漢醫",這些"漢"既表示中國血統,又昭示本國特色。唐宋時期以本草爲代表的中國醫學傳入日本,相對於當地"赤脚醫生"級別的土藥方,"漢方"表示先進的、舶來的、高端的中國醫學,這沒有疑問;問題是十五世紀以後葡萄牙、荷蘭、英國、美國等地的醫學傳到日本,也就是通常所説的"蠻學""蘭學""洋學",日本人相對於西方醫學所説的"漢方",意思是源自中國、經日本人改良乃至創新的東方醫學。此外,把日本"漢方"與韓國及越南的"漢醫"放在一起,那麼這個

"漢"就可能特指日本、韓國或越南,絕不能翻譯成 Chinese 了。

典型的例子是韓國傳統醫學原來稱"漢醫",多譯作 Chinese medicine;1986 年修改醫療法改稱"韓醫",譯名隨之成了 Korean medicine。這裏的"漢醫"與"韓醫",在韓語中讀音相同,均作 한의(羅馬字標記爲 Haany,如大邱韓醫大學英譯爲 Daegu Haany University)。昨天把한의寫作"漢醫",便是中國醫學;今天把한의寫成"韓醫",就變成"韓國醫學",這樣合理嗎?

其實,無論"漢方"還是"漢醫",冠詞"漢"標志帶有中國血統,這種源自中國的醫學傳到日本與韓國後,逐漸本土化而成爲日本醫學、韓國醫學,這也是以"漢"爲標志的中國文化的偉大之處,不僅傳播至域外,而且滲透到當地文化,甚至催生出混血的新文化。

東亞傳統文化的源頭大多在中國,這不容否認,但許多文化在中國衰落而在域外興起的事實也不能漠視,中國不能因爲源頭在我而誤認爲中心也永遠在中國,日韓等國也不可因有些文化的中心在其國而誤認爲是本國原創。

① 有關陳泰夏的"漢字"言説,詳見王光明譯:《中國學研究者陳泰夏訪談録》,《亞非研究》第 3 輯,北京:時事出版社,2010 年,第 539—540 頁。

② 柳承國:《韓國儒學史》,傅濟功譯,臺北:臺灣商務印書館,1989 年,第 14 頁。

③ 鎌田正、米山寅太郎:《漢語林》,東京:大修館書店,2001 年修訂版,第 1175 頁。

④ 《不列顛百科全書(國際中文版)》卷九,北京:中國大百科全書出版社,1999 年,第 149 頁。

⑤ 羅竹風主編:《漢語大詞典》卷六,上海:漢語大詞典出版社,1993 年,第 74 頁。

⑥ 《中文大辭典》編纂委員會:《中文大辭典》,臺北:臺灣中國文化研究所,1968 年,第 1499 頁。

⑦ 何華珍:《日本漢字和漢字詞研究》,北京:中國社會科學出版社,2004 年,第 2 頁。何華珍在此段文字的注釋中提及:"成尋《參天台五臺山記》多處出現'漢字'一詞。"日僧成尋于熙寧五年(1072)入宋,其日記止於次年六月,時當日本平安時代,要比正文所舉鎌倉時代諸書早百年以上。

⑧ 周作人:《十山筆談》,《魯迅研究月刊》,2003 年第 3 期,第 25 頁。

⑨ 新川登龜男:《漢字文化の成り立ちと展開》,東京:山川出版社,2002 年,第 4 頁。

⑩ 新川登龜男:《漢字文化の成り立ちと展開》,第 10 頁。

⑪ 最澄:《守護國界章》,《傳教大師全集》第一册,東京:天台宗宗典刊行會,1912 年,第 505 頁。

⑫ 最澄:《照權實鏡》,《傳教大師全集》第二册,第 571 頁。

⑬ 全真:《唐梵文字》,《大正新修大藏經》第 54 册,東京:大正新修大藏經刊行會,1960 年,第 1216 頁。

⑭ 善潤:《翻譯名義集》卷七,見《大正新修大藏經》第 51 册,第 1178 頁。

⑮　義净:《梵語千字文》,《大正新修大藏經》第 54 册,第 1190 頁。

⑯　釋僧祐:《出三藏記集》,北京:中華書局,1995 年,第 54 頁。

⑰　歐陽修:《集古録》卷一,《文淵閣四庫全書(電子版)》,武漢:武漢大學出版社,1997 年,第 25 頁。

⑱　洪適:《隸釋》卷三,《文淵閣四庫全書(電子版)》,第 26—27 頁。

⑲　洪適:《隸釋》卷一〇,《文淵閣四庫全書(電子版)》,第 15 頁。

⑳　佚名:《漢隸分韻》卷一,《文淵閣四庫全書(電子版)》,第 15 頁。

㉑　崔致遠:《唐大薦福寺故寺主翻經大德法藏和尚傳》,《大正新修大藏經》第 50 册,第 281 頁。

㉒　利瑪竇:《利瑪竇中國札記》,何高濟譯,北京:中華書局,1983 年,第 30 頁。

㉓　黄遵憲:《日本國志》卷三二,杭州:浙江書局,1898 年,第 15—16 頁。

㉔　有關這個問題,請參照王勇:《從"漢籍"到"域外漢籍"》,《浙江大學學報》,2011 年第 6 期,第 5—11 頁。

(原載《浙江大學學報(人文社會科學版)》2015 年第 1 期,有修訂)

作者簡介:王勇,浙江大學古籍研究所教授、文科領軍人才

通訊地址:浙江大學紫金港校區古籍研究所　郵編:310058

漢語詞彙核心義的類型

王雲路

　　核心義研究可以爲建構多義詞詞義關係提供一種模式。核心義源於造字之義,是造字義特徵的抽象化。核心義貫穿和統攝多義詞的大多數義項,因而核心義研究和詞義演變研究緊密關聯。雖然"核心義"的概念是由當代學者提出的①,但核心義作爲貫穿、統攝詞義的一種抽象意義,在傳統訓詁的研究中早就有所涉及,從許慎《說文解字》以來的諸多學者,在釋義時都在不經意中有所涉獵,特別是清代乾嘉學者在實際的研究中對詞的核心義多有揭示。筆者(與王誠合作)2014 年出版的《漢語詞彙核心義研究》嘗試對核心義研究做理論上的建構,較爲系統地闡述了核心義研究的原理、方法和實踐意義②。

　　核心義都是來源於事物的特徵義,而這種特徵義大多可從造字本義來總結。許慎《說文解字·叙》説到古人的造字之法時説:"仰則觀象於天,俯則觀法於地,觀鳥獸之文與地之宜,近取諸身,遠取諸物。"③我們從以下字形或詞例中也能够體會這一點。

　　本文用具體例證探討核心義的產生類型。這裏大致根據造字義把詞義分爲三類:一是名物的特徵義,二是動作的特徵義,三是現象或性質的特徵義。古人把字的這些特徵義提取出來,施用於方方面面,體現出詞語的表義功能,使單個詞的意義變得越來越豐富,應用的面也越來越廣。

一　名物的特徵義

　　名物的特徵義主要體現在物體形狀、物體位置和物體作用上,包括天然之物和人造之物兩方面,以名詞居多。下面舉四組例子:

1. 節

　　《漢語大詞典》"節"字有 27 個義項,除了本義和假借義外,主要有以下義項:①節令;節氣。②節日。③禮節。④節操;氣節。⑤節奏;節拍。⑥節約;節省。⑦控制;限制。⑧適度④。

前 5 義是抽象名詞,6 和 7 義是抽象動詞,第 8 義是抽象形容詞。這些抽象意義都由"節"表達,那麽"節"是如何聯繫以上諸多義項的?

這是"遠取諸物"的例子。《説文·竹部》:"節,竹約也。從竹即聲。"段注:"約,纏束也。竹節如纏束之狀。《吳都賦》曰:'苞筍抽節。'引伸爲節省、節制、節義字。又假借爲符卪字。"可見,"節"的本義是竹節,其形狀特徵是像纏束狀,就是限制和約束;竹子一節與另一節的連接處,即"關節",同時也是各段之間的區分處。區分與連接,就是"節"的功能特徵。

"節"的這個特徵義施用於竹子和樹木以外的事物,就是特徵義的運用。具體説來,時間段之間的連接處稱節氣、節日;人體骨頭的連接處是骨節、關節。《説文·肉部》:"肘,臂節也。"段注:"厷與臂之節曰肘,股與脛之節曰卻。"規範的節點是禮節、節操、儀節,就是合禮與否的界限;音樂小段的連接處即節奏、節拍;對動作或物品使用的約束限制就是節約、控制。《周易·頤·象》曰:"君子以慎言語,節飲食。"更爲抽象的約束就是適度。同義並列有"節度"。"守節"就是遵守節度。

"節"本義的延伸,包括:1)植物莖的節。《説文·艸部》:"藈,水艸也。"段注:"今水中莖大如釵股,葉蒙茸深綠色,莖寸許有節者是。"2)作量詞,表示植物的"段"。《顏氏家訓·書證》:"然今水中有此物,一節長數寸,細茸如絲,圓繞可愛,長者二三十節,猶呼爲菖。"也表示其他事物的段,如"一節課""一節車厢"。

應當説明的是,上文段注稱"又假借爲符卪字",這裏的"假借"應當看作引申。《説文·竹部》:"符,信也。漢制卪竹,長六寸,分而相合。從竹付聲。"段注:"《周禮》:'門關用符節。'注曰:符節者,如今宫中諸官詔符也。《小宰》傅别,故書作傅辨,鄭大夫讀爲符别。漢《孝文紀》:'始與郡國守相爲銅虎符、竹使符。'應劭云:銅虎符一至五,國家當發兵,遣使至都合符,符合乃聽受之。竹使符皆以竹箭五枚,長五寸,鐫刻篆書:第一至第五。張晏曰:符以代古之圭璋,從簡易也。按許云六寸,《漢書》注作五寸,未知孰是。""符節"以竹爲之,作爲憑證,所以稱"符節"。不是假借。

2. 耳、眉

這是"近取諸身"的例子。"耳",其本義是耳朵。《孟子·梁惠王上》:"聲音不足聽於耳歟?"其本義的延伸義包括"聽見",這是耳朵的功能。《韓非子·外儲説左上》:"君其耳而未之目耶?"包括"耳語",即貼近耳邊説話。《三國志·魏書·劉放傳》云:"太尉亦至,登牀受詔,然後帝崩。"裴松之注引晉郭頒《世語》:"帝問放、資:'誰可與太尉對者?'放曰:'曹爽。'帝曰:'堪其事不?'爽在左右,流汗不能對。放躡其足,耳之曰:'臣以死奉社稷。'"盧弼集解引胡三省曰:"附耳語之也。"這些含義與耳朵本身有直接聯繫,所以屬於本義的自然延伸。

"耳"的詞義特徵包括彎曲似耳形或貼附、對稱。因爲耳朵有緊貼面頰的特點,也有雙耳對稱的特點,所以可以從耳朵的形狀取義。"木耳""石耳""銀耳"彎曲似耳形,就包含了其形狀特徵;從人耳的貼附性取義,房子旁邊緊貼的小房子可以稱爲"耳房""耳舍",大門旁邊的小門稱爲"耳門";從人雙耳的對稱性取義,將器物兩旁供人提挈的部分稱"耳子";舊式戲臺臺前正廳稱池子,兩邊座位的地方則稱爲"耳池"。

所以,簡單的"耳"在核心義上就有耳形、緊貼以及緊貼而對稱三方面特徵,當然,取的是形狀與位置的特徵義。

可以比較的是"眉"。《説文·眉部》:"眉,目上毛也。""眉"是眉毛,因其在眼之上,可表示事物的上端,如書眉、眉批、眉端。又表示旁側,《漢書·陳遵傳》:"觀瓶之居,居井之眉。"顔師古注:"眉,井邊地,若人目上之有眉。""湄"謂水和草相接的岸邊;"楣"指房屋的次梁,或門框上邊的横木,即門楣,取其在上義,都可以證明"眉"的位置特徵。

形狀特徵義,包括位置特徵義。"耳""眉"即其例,"耳"取其對稱的特徵,"眉"取其居上或旁邊的特點。

3. 吕

"吕"是取象人體的一個字[⑤]。《説文·身部》:"身,躳也。"段注:"吕部曰:躳,身也。二字爲互訓。躳必入吕部者,躳謂身之傴,主於脊骨也。"《急就篇》卷三:"尻髖脊膂腰背吕。"顔師古注:"吕,脊骨也。"可見"吕"的本義是脊椎骨,與"吕"相關的"背""脊"等可以充分印證這一點。

《説文·𠦬部》:"脊,背吕也。""脊"是脊柱,上象脊骨之形,下從肉。段注:"《釋名》曰:脊,積也。積續骨節脉絡上下也。兼骨肉而成字也。""脊"是人或動物背部中間的骨肉,可表示物體中間高起的部分,如山脊、書脊等。又表示條理。《詩·小雅·正月》:"維號斯言,有倫有脊。"毛傳:"脊,理也。"可以起支撑作用,如"脊梁骨"。《説文·肉部》:"背,脊也。"段注:"𠦬部曰:脊,背吕也。然則脊者,背之一端,背不止於脊,如髀者股外,股不止於髀也。云背脊也,股髀也,文法正同。《周易》:艮其背,不獲其身。""背吕",就是後背的脊椎骨。《説文·𠦬部》:"𠦬,背吕也。"段注:"吕下曰:脊骨也。脊兼骨肉言之,吕則其骨,析言之如是。渾言之,則統曰背吕,猶俗云背脊也。"段注對"脊""吕"關係的分析很精彩。

"背吕"也稱"脊吕"。《説文·肉部》:"膌,瘦也。"段注:"疒部曰:瘦,臞也。許欲令其義錯見也。腊亦作瘠，瘦亦作腹。凡人少肉則脊呂歷歷然，故其字從脊。”現代漢語中“呂”已經不是脊椎骨的意思了，但是在一些同源詞中，還能夠看出“呂”的特徵。那麼，“呂”有什麼特徵呢？

第一，位置的特徵義——居中。《說文》段注可以給我們一些啓迪：《說文·宮部》：“宮，室也。从宀，躳省聲。”段注：“《釋宮》曰：宮謂之室，室謂之宮。郭云：皆所以通古今之異語。明同實而兩名。按宮言其外之圍繞，室言其内。析言則殊，統言不別也。《毛詩》：作于楚宮，作于楚室。傳曰：室猶宮也。此統言也。宮自其圍繞言之，則居中謂之宮。五音宮商角徵羽。劉歆云：宮，中也。居中央，唱四方，唱始施生，爲四聲綱也。”分析字形，段注：“按說宮謂從宀呂會意，亦無不合。宀繞其外，呂居其中也。呂者，脊骨也，居人身之中者也。”所以“呂”應當有居中之義。而目前祇有段注揭示的“宮”字符合這個含義。我們看相關的例子。

建築物稱“宮”，側重於表示位置“居中”。《呂氏春秋·知度》說得很明白：“古之王者，擇天下之中而立國，擇國之中而立宮，擇宮之中而立廟。”因爲其居中的地位，所以可以指帝王之宮，也指宗廟。《詩·召南·采蘩》：“於以用之？公侯之宮。”毛傳：“宮，廟也。”《公羊傳·文公十三年》：“周公稱大廟，魯公稱世室，群公稱宮。”也可指神殿、佛寺、道觀等廟宇。《楚辭·九歌·雲中君》：“蹇將憺兮壽宮，與日月兮齊光。”王逸注：“壽宮，供神之處也。祠祀皆欲得壽，故名爲壽宮也。”相應地，“宮”指居於其中的帝王、后妃也是很自然的。

顯示其居中，則需要環繞的圍牆等，所以“宮”也表示“環繞”或起環繞作用的圍牆，即段注所謂“宀繞其外，呂居其中也”。《儀禮·覲禮》：“諸侯覲於天子，爲宮三百步，四門，壇十有二尋，深四尺，加方明於其上。”鄭玄注：“宮謂壝土爲埒，以象牆壁也。”《禮記·儒行》：“儒有一畝之宮，環堵之室，篳門圭窬，蓬户甕牖。”鄭玄注：“宮謂牆垣也。”以上是宮的名詞義。《禮記·喪大記》：“君爲廬宮之，大夫、士襢之。”鄭玄注：“宮，謂圍障之也。”《爾雅·釋山》：“大山宮小山，霍。”郭璞注：“宮，謂圍繞之。”邢昺疏：“謂小山在中，大山在外圍繞之，山形若此者名霍。”以上是動詞義。

上古五刑之一的“宮刑”的得名恐怕也源於其刑罰的對象是人體最中間的位置。《書·舜典》：“五刑有服。”孔傳：“五刑：墨、劓、剕、宮、大辟。”《周禮·秋官·司刑》：“掌五刑之灋，以麗萬民之罪，墨罪五百，劓罪五百，宮罪五百，剕罪五百，殺罪五百。”“墨”是臉上刺墨字，“劓”指割鼻子，“剕”指剜掉膝蓋骨或斷足，“月”的基本特點是“缺”“闕”。“宮刑”主要指閹割男子生殖器（也包括破壞婦女生殖機能）的刑罰。而生殖器居於人體

（從頭到腳）之正中位置，這大約是刑罰“宮”得名的緣由。《書·吕刑》：“宮辟疑赦。”孔傳：“宮，淫刑也。男子割勢，婦人幽閉，次死之刑。”《太平御覽》卷六四八引《尚書大傳》：“男女不以義交者，其刑宮。”

另外，“宮”還可以假借爲表示自身義的“躬”。《國語·楚語上》：“余左執鬼中，右執殤宮，凡百箴諫，吾盡聞之矣，寧聞他言？”王引之《經義述聞·國語下》引王念孫曰：“宮讀爲躬，中、躬皆身也。執殤宮，猶言執鬼中，作‘宮’者，假借字耳。”明湯顯祖《紫釵記·回求僕馬》：“花星有喜不爲孤，身宮所恨慳奴僕。”而“躬”亦作“躳”。“身”與表示脊椎骨的“吕”合併指身體，應當是會意字；作“躬”當屬於形聲字。

第二，作用的特徵義——支撐。《説文·吕部》：“吕，脊骨也。象形。昔大嶽爲禹心吕之臣，故封吕矦。”段注：“吕象顆顆相承，中象其系聯也。沈氏彤《釋骨》曰：項大椎之下二十一椎通曰脊骨，曰脊椎，曰膂骨；或以上七節曰背骨，第八節以下乃曰膂骨。‘皇天嘉之，胙以天下，賜姓曰姒，氏曰有夏’，謂其能以嘉祉殷富生物也。胙四岳國，命爲矦伯，賜姓曰姜，氏曰有吕，謂其能爲禹股肱心膂，以養物豐民人也。”“吕”是象形字，後作“膂”，爲形聲字，指脊骨。“心吕之臣”，猶言“心腹之臣”，“心吕”即“心膂”。所以“吕”還有堅強支柱的比喻用法。這個用法比較少見。可以參照上述“脊”字。

第三，形狀的特徵義——連接。段注“吕象顆顆相承，中象其系聯也”，是説“吕”有相連的特徵。所以《廣雅·釋宮》：“梠，柤也。”王念孫《廣雅疏證》：“凡言吕者，皆相連之意。衆謂之旅，紩衣謂之綹，脊骨謂之吕，桷端檐聯謂之柤，其義一也。”因爲“吕”已經没有脊椎的用法了，我們祇能從“吕”的同源詞的角度來看其核心義。

“侣”是同伴，指人的相連，表關係密切義。《説文·人部》“伴”字段注：“《廣韻》云：侣也，依也。今義也。夫部‘夶’下曰：‘讀若伴侣之伴。’知漢時非無伴侣之語，許於俗語不之取耳，至《聲類》乃云伴侣。”[⑥]

“閭”謂民户聚居處，即里巷，表人家的相連。《説文·門部》：“閭，里門也。《周禮》：‘五家爲比，五比爲閭。’閭，侣也，二十五家相群侣也。”段注：“周制，二十五家爲里。其後則人所聚居爲里，不限二十五家也。里部曰：里，凥也。里門曰閭。”因此“閭”還有聚集義。《莊子·秋水》：“尾閭泄之，不知何時已而不虚。”郭慶藩集釋引《文選》李善注内司馬彪注曰：“閭者，聚也。水聚族之處，故稱閭也。”

“綹”指縫紉，即將布片連綴，從而製成衣服。

“柤”是屋簷椽端的横板，屋簷椽頭由横板相連而成，其狀正像脊骨相連比次之狀，就是“屋柤”。《説文·木部》：“柤，梠也。”段注：“《釋名》曰：柤，旅也，連旅之也。《士喪

禮》注曰：宇，梠也。宀部曰：宇，屋邊也。”《説文·木部》：“楣，秦名屋櫋聯也。齊謂之
庌，楚謂之梠。”“櫋聯”又作“櫋聯”，就是連綿。又：“㮰，梠也。”段注：“㮰之言比叙也。
《西京賦》曰：‘三階重軒，鏤檻文㮰。’按此文㮰，謂軒檻之飾與屋梠相似者。”可見“梠”
的特點是綿延相連。

“稆”，謂野生的禾。《後漢書·獻帝紀》：“州郡各擁强兵，而委輸不至，群僚饑乏，尚
書郎以下自出采稆。”李賢注：“《埤蒼》曰：‘穭自生也。’穭與稆同。”《晋書·郭舒傳》：
“（郭舒）留屯沌口，采稆湖澤以自給。”北魏賈思勰《齊民要術·種胡荽》：“六月連雨時，
穭生者亦尋滿地，省耕種之勞。”繆啓愉校釋：“穭，也寫作‘稆’，指落粒自生。”《北齊書·
循吏傳·宋世良》：“獄内穭生，桃樹、蓬蒿亦滿。”《新唐書·馬燧傳》：“是秋，稆生於境，
人賴以濟。”從這些文獻記載可以看出，“稆”生命力旺盛，落地即生，而且“尋滿”，短時間
内就長滿了，連成片。所以這個特徵使其得到了“稆”的名稱。[⑦]

“旅”是軍隊的編制，人數衆多。《國語·齊語》：“以爲軍令：五家爲軌，故五人爲伍，
軌長帥之；十軌爲里，故五十人爲小戎，里有司帥之；四里爲連，故二百人爲卒，連長帥之；
十連爲鄉，故二千人爲旅，鄉良人帥之。”所以“旅”是指衆多人聯繫在一起。

“旅”與“侶”“㨊”相通，有連綴在一起的意思。鎧甲是一組一片片連綴在一起的，稱
“旅”。《廣雅·釋器》卷八上王念孫疏證：“凡甲聚衆札爲之謂之旅，上旅爲衣，下旅爲
裳。”人相從而行也稱“旅”。《詩·周頌·有客》：“敦琢其旅。”朱熹集傳：“旅，其卿大夫
從行者也。”馬瑞辰通釋：“旅、吕亦雙聲。《漢志》：‘吕，旅也。’又通作‘侶’。《廣雅·釋
獸》：‘麟不旅行。’《玉篇》引《草木疏》作‘麟不侶行’。敦琢其旅，猶云雕琢其侶也。”三
國魏曹植《名都篇》：“鳴儔嘯匹旅，列坐竟長筵。”“匹旅”即匹侶。還通“膂”，指脊骨。

故“相連”是“吕”的主要特徵，是其核心義，也是從“吕”的同源詞的核心義。[⑧]

4. 莖、柄

《説文·艸部》：“莖，枝柱也。”“莖”是草木的枝柱，主要起到支撐的作用，因此“莖”
可以表示器物的柄。《周禮·考工記·桃氏》：“以其臘廣爲之莖圍，長倍之。”鄭玄注：
“莖在夾中者。莖長五寸。”孫詒讓正義：“程瑶田云：‘莖者，人所握者也。’……戴震云：
‘刃後之鋌曰莖，以木傅莖外便持握者曰夾。’”“莖”也可以表柱、竿等物。如《文選·班
固〈西都賦〉》：“抗仙掌以承露，擢雙立之金莖。”李善注：“金莖，銅柱也。”

可以比較“柄”。《説文·木部》：“柄，柯也。”“柄”的本義是斧子的把手。從事物的
用途來看，“柄”所體現的特徵一方面是自我主動的掌握，是對事物的控制，因此有執掌、
掌握義。“竊柄”即竊權，“奪柄”即奪權，“專柄”即專權。另一方面，是由他人掌握，就有

“把柄”義,比喻在言行上被人抓住失誤之處。元劉壎《隱居通議·文章八》:“咸謂胡君文筆甚奇,而指摘太切,懼陳公借此以爲辭召之柄,則朝廷推求,罪必相及。”雙音詞還有“話柄、語柄、笑柄、讒柄”等。

綜上可知,“莖”可以有支撐義,還指器物的柄;“柄”主要是掌握義,也指可以操控的對象。二者還是不同的。

以上舉到的主要是名物詞。古人觀察事物是很細密的,物體形狀的特徵義也包含了方方面面,包括:(1)外形位置特徵:如“耳”“眉”分別有兩旁對稱與處於高位的特點;(2)内外結合的形狀特徵:如“節”表示節之間的關聯與區分,“管”兼顧内部中空與外部圓柱體;(3)名物作用的特徵:如“莖”“柄”的用途是支撐和掌控義;(4)綜合多方特徵:如“吕”相連的外形特徵、居中的位置特徵、支撐的作用特徵等。

二　動作的特徵義

動作的特徵義,包括人的動作和動物的動作兩大類,而以人的動作爲主,其他自然現象的運動等也看作動作。動作是豐富的,因而動作的特徵義也是豐富的。其區分的主要根據是動作的哪一方面特徵在核心義中占據主導地位。下面簡單分爲動作結果、動作過程、動作狀態、動作頻率、動作方向等幾類,從中提取其特徵義,約舉以下五例。

1. 奪

這是人與鳥的動作。《説文·奞部》:“奪,手持隹失之也。从又从奞。”段注:“引伸爲凡失去物之偁。凡手中遺落物當作此字,今乃用脱爲之,而用奪爲争攰字,相承久矣。脱,消肉臞也。徒活切。鄭康成説《禮記》曰編簡爛脱。脱音奪。又,手也。持隹而奞,少縱即逝也。”“奪”指鳥一下子掙脱手的束縛飛走,是本義,因而“奪”的核心義是失去(或離開),其動作是短暫而迅速的,“奪門而出”“眼淚奪眶而出”,都體現了這個特點。這都是自動的、自主的動作。後來的“奪”則主要向兩個方向發展:一是表示被動的離開或失落。《素問·通評虛實論》:“邪氣盛則實,精氣奪則虛。”王冰注:“奪,謂精氣減少如奪去也。”[9]漢班婕妤《怨歌行》:“常恐秋節至,凉風奪炎熱。”是說“凉風”來了,使“炎熱”消失。《漢語大詞典》引此例釋爲“壓倒”,屬於隨文釋義。古籍校勘的術語“奪文”,也體現了失落、丟失的含義。二是表示主動的强取、搶奪。《易·繫辭上》:“小人而乘君子之器,盗思奪之矣。”《荀子·王制》:“王奪之人,霸奪之與,强奪之地。”獲取(或强取)與失去二義相因,一方失去,則另一方得到,因而“奪”也可以有强取、剥奪等義。

失去與奪走這兩者本質上是一體的兩個方面。因爲奪走對方的東西，也就意味着使對方喪失了原有的東西。《論語·憲問》：“奪伯氏駢邑三百。”《左傳·桓公五年》：“王奪鄭伯政，鄭伯不朝。”杜預注：“奪，不使知王政。”“奪”的無論是土地還是權力，對其原來的擁有者來説都是一種喪失。《墨子·非樂上》：“且夫仁者之爲天下度也，非爲其目之所美，耳之所樂，口之所甘，身體之所安。以此虧奪民衣食之財，仁者弗爲也。”這裏以“虧奪”連言，也可以證明“奪”有兩面性：“虧”是自動減損，“奪”是失落（在語義中是及物動詞，表“奪取”的意思），這兩個語素能夠結合的主要原因在於二者有共同的核心義：失去、喪失。在鳥飛以外的應用中，“奪”都離不開其動作結果的特徵義——“失落”，因而叫作核心義。

下面討論“奪目”一詞。《漢語大詞典》“奪”有一個義項是“耀。指光綫或光采特盛，使人眼花。”例證爲晋崔豹《古今注·草木》：“荆葵似木槿而光色奪目。”明宋濂《元故奉訓大夫楊君墓志銘》：“如睹商敦周彝，雲罍成文，而寒光橫溢，奪人目睛。”從核心義的角度看，“奪”不可能有“耀”的意思，“奪目”就是把目光吸引走了，使目光離開了原來的對象。

段玉裁有兩個相關的説法需要討論。一是《説文·攴部》：“敚，强取也。”段注：“此是争敚正字，後人假奪爲敚，奪行而敚廢矣。”段注認爲，“奪”的强取義本字當是“敚”，屬於假借義。筆者以爲用核心義理論解釋，“奪”的“失落”義是可以説通的，祇是角度不同而已，詳見上[10]。

二是《説文·肉部》：“脱，消肉臞也。從肉兑聲。”段注：“消肉之臞，臞之甚者也。今俗語謂瘦太甚者曰脱形。言其形象如解蜕也。此義少有用者，今俗用爲分散遺失之義。分散之義當用挩。《手部》挩下曰：解挩也。遺失之義當用奪，《奞部》曰：奪，手持佳失之也。”從“奪”字段注也可以看出段氏這一主張：“凡手遺落物當作此字，今乃用脱爲之，而用奪爲争敚字，相承久矣。”這個説法也不夠準確。“脱”的本義是消瘦得厲害，肉少了，其特徵也是脱落、減少，與“奪”的脱離、消失義本質是相近的，因而“脱”“奪”都可用於表消失、脱落。現代漢語還有“瘦得脱形”這個説法，正用本義，與段注説是一致的。

2. 奮

這是鳥的動作。《説文·奞部》：“奮，翬也。從奞在田上。《詩》曰：‘不能奮飛。’”段注：“曼韻。羽部曰：翬，犬飛也。雉、雞、羊絶有力皆曰奮。田猶野也。方問切。十三部。《邶風》文。毛云奮翼，即許云張毛羽自奮奞也。”“奮”的本義是大鳥展翅飛過原野。《説文·奞部》：“奞，鳥張毛羽自奮奞也。凡奞之屬皆从奞。讀若睢。”段注：“奮、奞雙聲字。從大、隹,大其隹也。張毛羽故從大。"可見"奮"的核心義是用力挺出,所以"奮勇"
"奮力""奮鬥""奮不顧身"等都可表示人的昂然向上的、用力的行爲。

再舉一個相關的例子:"翬"也表示鳥奮飛的樣子,如《爾雅·釋鳥》:"鷹,隼醜,其飛
也翬。"郭璞注:"鼓翅翬翬然疾。"又如《文選·張衡〈西京賦〉》:"若夫游鷁高翬,絶阬踰
斥。"薛綜注:"翬,飛也。"

"奮"是大鳥展翅飛過原野,具有用力向上的狀態特徵;"奪"指鳥從手中飛出,表示
稍縱即飛的狀態,具有動作結果的特徵。

3. 精

《説文·米部》:"精,擇米也。"段注:"擇米,謂櫱擇之米也。《莊子·人間世》曰:
'鼓筴播精。'司馬云:'簡米曰精。'簡即柬,俗作揀者是也。引伸爲凡最好之稱。""精"
本義是選擇好的精米,就是米中的精華。《説文·米部》"粲"字段注可以幫助我們理解
"精"的本義:"稻米九斗而舂爲八斗,則亦曰糳,八斗而舂爲六斗大半斗,則曰粲,猶之禾
黍糳米爲七斗,則曰侍御也。禾黍米至於侍御,稻米至於粲,皆精之至矣。""以今目驗言
之,稻米十斗,舂之爲六斗大半斗,精無過此者矣。"稻米八九斗舂成六斗米,就是"精
米",因而是米中精華,優中選優。《論語·鄉黨》:"食不厭精。"劉寶楠《正義》:"精者,
善米也。"《易·乾》:"大哉乾乎! 剛健中正,純粹精也。"高亨注:"色不雜曰純,米不雜曰
粹,米至細曰精。"所以"精"的特徵義就是"最好""純粹"。用於米之外的事物,就是特
徵義的應用。

後世用"精",衹用其"純""專"之義,比喻一切美好的事物。眼珠是眼中最主要的部
分,可以稱爲"精",早期的"眼睛"義都是用"精"表示。因而"目不轉精"就是不轉動眼
珠,"畫龍點精"就是畫眼珠。"精神""精彩"就是目光。《説文·目部》與"眼睛"相關的
字均作"精",可以爲證。例略。《管子·心術下》:"形不正者德不來,中不精者心不治。"
尹知章注:"精,誠至之謂也。"《淮南子·修務》:"官御不厲,心意不精。"高誘注:"精,專
也。"這裏用的是"精"的性質特徵。幹事情專一,稱"專精",全力做某事即"精進"。"精
華"是形容詞,也是名詞;"精確"是形容詞;"精簡"則是動詞。所以從提取的特徵看,往
往可以作動詞或形容詞用。這是動作結果的特徵義。

4. 就

《説文·京部》:"就,高也。从京尤。尤,異於凡也。"段注:"《廣韻》曰:就,成也,迎
也,即也。皆其引伸之義也。……京者,高也。高則異於凡。""成就高大"就是"就"的核
心義,泛指則表示一切成就、完成。"就"應當是形聲兼會意字。

段玉裁在許多詞的注解中談到了"就"字的含義,有助於我們理解"就"的"完成""成就"義。如《説文·玉部》"璂"字段注:"弁師:掌王之五冕,五采繅十有二就,皆五采玉十有二。……就,成也。"《説文·弦部》:"竭,不成遂急戾也。"段注:"不成遂者,不成就也。"可見"就"就是"成就",表示完成的意思。

又《説文·辵部》:"造,就也。从辵告聲。譚長説:造,上士也。艁,古文造,从舟。"段注:"'造就'疊韻。《廣雅》:造,詣也。……《王制》:升於司徒者不征於鄉,升於學者不征於司徒,曰造士。注:造,成也。能習禮則爲成士。按依鄭則與就同義。《釋水》:天子造舟。毛傳同。陸氏云:《廣雅》作艁。按艁者,謂並舟成梁,後引伸爲凡成就之言。"現代漢語依然有並列式雙音詞"造就"。

《詩·周頌·敬之》:"日就月將,學有緝熙於光明。"孔穎達疏:"日就,謂學之使每日有成就。月將,謂至於一月則有可行。言當習之以積漸也。"《儀禮·喪服》"疏衰裳齊"疏云:"衰裳既就,乃始緝之。"漢桓寬《鹽鐵論·國疾》:"女工難成而易弊,車器難就而易敗。"《東觀漢記·魯恭傳》:"(魯恭)年十二,弟丕年七歲……恭憐丕小,欲先就其名,託病不仕。郡數以禮請,謝不肯應。"《説文》"腈"段注:"大雅:串夷載路。箋云:路,瘠也。天意去殷之惡,就周之德,文王則侵伐混夷以瘠之。"以上"就"是動詞,表示完成、成就、成全的意思。

《説文·戊部》:"成,就也。""成就"是同義並列複音詞,有成全、成就、完成義,核心義都是變得高大、強大。漢袁康《越絶書·外傳本事》:"當此之時,見夫子刪《書》作《春秋》,定王制,賢者嗟歎,決意覽史記成就其事。"《漢書·張禹傳》:"禹成就弟子尤著者,淮陽彭宣至大司空,沛郡戴崇至少府九卿。"漢焦贛《易林·乾之離》:"胎生乳乳,長息成就,充滿帝室,家國昌富。"是其例。

也作"就成"。《後漢書·張晧傳》:"今皇太子春秋方始十歲,未見保傅九德之義,宜簡賢輔,就成聖質。"《吳越春秋》:"兩鋙殖宮牆者,農夫就成,田夫耕也。"比較《後漢書·南匈奴傳》:"孝章皇帝聖思遠慮,遂欲見成就,故令烏桓、鮮卑討北虜,斬單于首級,破壞其國。"這也是二詞並列同義的證據。

與"就"含義相近的有"熟""老""成",段注揭示得清清楚楚。如《説文·禾部》"稇,絭束也。"段注:"絭束謂以繩束之。……《方言》:'稇,就也。'注:'稇稇,成就皃。'《廣韻》作'成熟'。蓋禾熟而刈之,而絭束之。其義相因也。"這是"就"有"成熟""成就"義的證據。《説文·酉部》:"酉,就也。八月黍成,可爲酎酒。"段注:"就,高也。《律書》曰:酉者,萬物之老也。《律曆志》曰:留孰於酉。《天文訓》曰:酉者,飽也。《釋名》曰:

酉,秀也。秀者,物皆成也。……此舉一物以言就。黍以大暑而種,至八月而成,猶禾之八月而孰也。"因而"就""成"有"老成""成熟"義,這也是"成就"並列連言的一個證據。

順便討論一個相關的詞:"落成"。《漢語大詞典》的解釋是:"落,古代宮室築成時舉行的祭禮。後因稱建築物竣工爲'落成'。""落"爲什麼是祭禮?《漢語大詞典》"落成"詞條下所引的文獻例證是:《詩·小雅·斯干序》:"《斯干》,宣王考室也。"漢鄭玄箋:"宣王於是築宗廟群寢,既成而釁之,歌《斯干》之詩以落之。"《左傳·昭公七年》:"楚子成章華之臺,願與諸侯落之。"杜預注:"宮室始成,祭之爲落。"唐韓愈《汴州東西水門記》:"辛巳朔,水門成……肅四方之賓客以落之。"⑪

筆者以爲,這三個例子無法證明"落"是祭祀之禮的名稱。這裏的"落"也當是完成的意思,爲什麼完成了用"落"? 段玉裁曰:"如花妥爲花落,凡物落必安止於地也。"⑫因而有"坐落"一詞。"落"是"瓜熟蒂落"的"落",就是成熟而脱落,因而有成熟和完成義。《詩·衛風·氓》:"桑之未落,其葉沃若。"《漢書·楊惲傳》:"種一頃豆,落而爲萁。""落"是成熟義。段注引程瑤田《九穀考》:"八九月間子熟則落,搖而取之,子盡乃刈,漚其皮而剥之,是爲秋麻,色青而黯,不潔白。"⑬植物"脱落"源於兩種情形:成熟而脱落;衰敗而脱落。而成熟後就自然衰敗,因爲使命完成了。

對於"落成",段玉裁有很好的解釋。《説文·糸部》:"繀,落也。"段玉裁注:"木落乃物成之象,故曰落成,曰包落,皆取成就之意也。"所以"落成"當爲同義並列結構,與"成就"同義。

其實,"就"的本義當是前往、靠近。這個含義在文獻中普遍使用,現代漢語中依然保留。例略。"就"的"去往"義與"因""靠"是一致的,《説文·口部》:"因,就也。從口、大。"段注:"'就'下曰:'就,高也。'爲高必因丘陵,爲大必就基址,故因從口、大,就其區域而擴充之也。"這是憑靠義。《戰國策·燕策三》:"於是荆軻遂就車而去,終已不顧。"《國語·齊語》:"處工就官府,處商就市井,處農就田野。"這裏是去、往義。那麼,"就"與"完成""成就"是什麼關係呢? "去往"是地點的達到,"憑靠"是物理空間的達到,"完成"是抽象目的的達到,三者聯繫緊密。

5. 雙、副

"雙"與"隻"密切相關。《説文·隹部》:"隻,鳥一枚也。從又持隹。持一隹曰隻,持二隹曰雙。"段注:"雙下曰:隹二枚也。隹、鳥統言不别耳。……依《韻會》訂。造字之意,隻與雙皆謂在手者,既乃泛謂耳。"《説文·雔部》:"雙,隹二枚也。從雔,又持之。"

"隻""雙"的本義分别是手握一隻鳥和手握兩隻鳥,這也當是動作狀態。《方言》云:

"飛鳥曰雙,鴈曰乘。"《廣雅·釋詁》曰:"雙、耦、匹、乘,二也。"所以"雙"的核心義是成雙成對,多數表示生命體的數量。《左傳·襄公二十八年》:"公膳,日雙雞。"也指人的匹配、匹敵。《莊子·盜跖》:"生而長大,美好無雙,少長貴賤見而皆説之,此上德也。""天下無雙"就是天下没有和他一樣的,即没有和其匹配相當者。"雙親大人""兒女成雙"以及"雙人舞""雙打比賽"都指的是人的成雙成對。"隻"從手捉一隻鳥之形,表示單個的,同樣以生命體爲主,但是體量小,如"一隻雞""兩隻蝴蝶"[14]。

作爲量詞,與"雙"相對的應當是"副"。《禮記·曲禮上》:"爲天子削瓜者,副之,巾以絺。"鄭玄注:"副,析也。"剖開是本義。《説文·刀部》云:"副,判也。"段注:"副之則一物成二,因仍謂之副。因之凡分而合者皆謂之副。"將物品一分爲二,這是"副"的結果,所以其核心義是"對應的兩個",即一對。包含以下義項:

(1)相稱、符合是對應的抽象義。《漢書·禮樂志》:"哀有哭踊之節,樂有歌舞之容,正人足以副其誠,邪人足以防其失。"《後漢書·黄瓊傳》:"盛名之下,其實難副。"

(2)與本物相對的爲副。與正本相對,特指書籍、文獻等的複製本。《史記·太史公自序》:"藏之名山,副在京師。"司馬貞索隱:"言正本藏之書府,副本留京師也。"

(3)一對成套使用的物品稱"副"。三國蜀諸葛亮《又與李嚴書》:"吾受賜八十萬斛,今蓄財無餘,妾無副服。"

(4)轉爲量詞,用於成對成套之物。如"一副對聯""一副手套"等。三國魏曹植《冬至獻襪履頌表》:"情系帷幄,拜表奉賀,並獻白紋履七量,襪若干副。"這是動作結果的特徵義。

"副"是將物體一分爲二,因此"副"在表示成對的東西時,往往强調兩方互補配合,進而作爲一個整體存在的事物,如手套左右手的互補,對聯上下聯的互補等,都是要兩方結合爲一個整體,"副手"也是與"正手"的互補。"一副象棋""一副眼鏡"都强調一套(或兩部分)的整體性。而"雙"從本義上看,强調的是成對的兩個,而且應當是生命體,如"雙親""雙人""一雙兒女"等。當然,混用後則"雙"有時候也可以表示非生命體的成雙成對,如"一副碗筷"也可以稱"一雙碗筷";但絶大多數時候"雙"和"副"還是不可以交换的,如"一副對聯"不能稱爲"一雙對聯"。總之,"雙"主要用於生命體的成雙成對,有些時候可以用於非生命體;而"副"祇能用於非生命體,不可以表示生命體的成雙成對,所以不能稱"一副兒女",也不能稱"一雙象棋",這都與其造字義提取的特徵義密切相關。

以上我們舉了5個例子:"奪"表示手握的大鳥突然飛走,結果是"失落""脱落";"奮"是大鳥用力展翅飛起,狀態是昂然向上;"精"是選好米,結果是留下精華和美好;

“就”的本義不够明晰，但是其“成就”“完成”的核心義是很鮮明的，這也屬於動作特徵；“雙”與“副”從動作結果轉指量詞，其區別性特徵也與本義密切相關。

三　狀態的特徵義

事物呈現出的狀態大約可以分爲静態場景和動態場景兩類。狀態主要爲形容詞，表示動物、人或自然界的狀態特徵。核心義從本義中提取出來，就是本義的抽象性特徵。許慎《説文解字》或段玉裁的《説文解字注》往往給我們提供了很多的信息，有助於我們提取核心義。

1. 傴、僂

《説文·人部》：“傴，僂也。”段注：“《問喪》注曰：傴，背曲也。《通俗文》：曲脊謂之傴僂。引伸爲鞠窮、恭敬之意。又《莊子》：以下傴拊人之民。借爲煦嫗字。《左傳》曰：一命而僂，再命而傴，三命而俯。析言之實無二義。”《説文·人部》：“僂，厄也。”段注：“《左傳》昭四年注：僂，肩傴也。”從《説文》和段注中，我們能够知道其本義是肩背彎曲，就是“駝背”。而段注“引伸爲鞠窮、恭敬之意”，就是特徵義的應用。因爲行禮時往往需要彎腰以示恭敬，生理上天然的彎腰是“傴僂”，心理恭敬而主動彎腰，是人爲的舉動，二者在彎曲的意義上是一致的，衹不過前者是本義，後者是抽象的特徵義。漢賈誼《新書·官人》：“柔色傴僂，唯諛之行，唯言之聽，以睚眥之間事君者，廝役也。”《後漢書·張酺傳》：“公其傴僂，勿露所勑。”李賢注：“傴僂，言恭敬從命也。”這些例證證明段注所言不誣。[15]

“傴僂”後多視爲聯綿詞，“傴”“僂”單言均表示彎腰。“鞠躬”亦是此類。

2. 傲

“傲”的本義難以確認，我們可以從“敖”部字入手分析“傲”的核心義：

“鷔”是傳説中的凶鳥名，如《山海經·大荒西經》：“爰有青鳶、黄鷔、青鳥、黄鳥，其所集者其國亡。”“獒”是高大兇猛的狗。段注引《爾雅·釋獸》曰：“犬高四尺曰獒。”《左傳·宣公二年》：“公嗾夫獒焉，明搏而殺之。”杜預注：“獒，猛犬也。”現代還有“藏獒”。“獓”爲古傳説中的獸名，或同“獒”。“鰲”是傳説中海裏能負山的大鱉或大龜，也作“鼇”。“螯”是螃蟹等節肢動物的變形的第一對大脚，就是兇猛的大鉗子，能開合，用來取食或自衛。《荀子·勸學》：“蟹六跪而二螯。”楊倞注：“螯，蟹首上如鉞者。”又如同屬於敖部字的“驁”，《吕氏春秋·察今》：“良馬期乎千里，不期乎驥驁。”高誘注：“驁，千里馬名也。”“驁”字同“鷔”,例略。

綜上,從“敖”的字多表示高大勇猛的動物,其核心義是“高大”。《説文·人部》:“傲,倨也。”指人驕傲、高傲;輕視。也作“慠”。《吕氏春秋·侈樂》:“勇者凌怯,壯者慠幼,從此生矣。”那麼,“驕傲”就是並列結構,人的高傲與馬的高大核心義是一致的,所以是核心義的一致使兩個語素結合到了一起。

《説文·口部》:“嗸,衆口愁也。《詩》曰:‘哀鳴嗸嗸。’”[16]許慎這個説法需要好好理解,“嗸”或“嗷”應當是衆口呼叫的意思。我們看段注:“《董仲舒傳》:嚣嚣苦不足。《食貨志》:天下嗸嗸。《陳湯傳》:熬熬苦之。皆同音假借字也。”雖然是以爲愁苦而衆人呼叫,但本身是繁雜的呼叫聲。《荀子·强國》:“百姓讙敖,則從而執縛之。”唐楊倞注:“敖……亦讀爲嗷,謂叫呼之聲嗷嗷然也。”這裏就不是愁苦之聲。

3. 間(閒)

大家都見過物體之間的縫隙,但是造字的時候要用怎樣的字形去表現“縫隙”的含義呢? 古人想到了一個生活中的場景:晚上關上門之後,還有月光透進來,就可以證明這個門是有縫隙的,不是嚴絲合縫的,所以用兩扇“門”中間加一個“月”的形式構成“閒”(後通“間”,簡體作“间”),表示月光透進來,借此體現縫隙的含義。這是一個生活場景,也屬於靜態的自然現象。《説文·門部》:“閒,隙也,從門,從月。”徐鍇《繫傳》:“夫門當夜閉,閉而見月光,是有閒隙也。”段注:“門開而月入,門有縫而月光可入,皆其意也。”其本義是門縫,核心特徵是“間隔”。

《史記·管晏列傳》:“晏子爲齊相,出,其御之妻從門間而窺其夫。”這裏“間”是本義的使用,更多的場合是其核心義的應用,就是表示時間和空間的距離。比如“一間房子”,就是一個空間的距離。“間隔很遠”,可以指空間上的間隔,又可以指時間上的間隔。把時間和空間結合起來,如果是一個很大的空房子,可以叫“閒房”(在這個意義上“閒”後作“閑”,下同);如果一個人空閒的時間很多,叫有“閒暇”或“閒適”。

除了時間的、空間的“間隔”“縫隙”之外,“間”還表示心理上的距離、人與人或社會之間的間隔,如表示“人爲地參與其中”,比如“肉食者謀,又何間焉”,説的就是何必參與其中呢? 居於兩人中間,就是“中間人”,即推薦人、介紹人。在人與人之間造成心理上的嫌隙的行爲叫“挑撥離間”;人在“離間”的時候,往往説一些惡意誹謗的話、造謠的話,這裏的“間”也就有了“挑唆”“不實”的含義。在兩方面利益集團之間傳遞信息和謀求利益的人叫“間諜”。可見具體的、抽象的、心理上的、行爲上的“間隔”“縫隙”都可以用“間”表示,這是一個現象意義的抽象化過程。這可以算作空間狀態的特徵義。

4. 豐

《説文·豐部》:"豐,豆之豐滿也。"段注:"謂豆之大者也。引伸之,凡大皆曰豐。""豐"表示容器"豆"盛滿物品,本義是豐滿、足實。段注"凡大皆曰豐","大"就可以看成是"豐"的核心義。

"豐"有大義。《易·序卦》:"豐者,大也。""大"的過程就是增大、擴大。《左傳·哀公元年》:"今吳不如過,而越大於少康,或將豐之,不亦難乎?"形容容器爲滿。《説文》表示豆器所盛豐滿,即此義。而因爲主體的不同,也産生了不同的義項。形容人的體態時爲豐滿。《楚辭·大招》:"豐肉微骨,體便娟只。"形容人際交往爲豐厚。《國語·周語上》:"樹於有禮,艾人必豐。"韋昭注:"豐,厚也。"形容數量多爲豐富。《左傳·僖公二十七年》:"民易資者,不求豐焉,明徵其辭。"杜預注:"不詐以求多。"形容土地爲富饒。東漢張衡《西京賦》:"徒以地沃野豐,百物殷阜。"薛綜注:"豐,饒也。"形容國家爲興盛。《國語·楚語下》:"夫事君者,不爲外内行,不爲豐約舉。"韋昭注:"豐,盛也。"形容植物爲茂密。《詩·小雅·湛露》:"湛湛露斯,在彼豐草。"毛傳:"豐,茂也。"這是空間狀態的特徵義。

四　核心義的幾個性質

以上我們從名物詞、動作詞和狀態詞三個方面大致分析了核心義呈現的類型。説是大致分析,因爲有很多現象不能一概而論,很多詞語不能截然劃分。下面簡單歸納了核心義的幾個性質。

(一)核心義都是詞的抽象特徵,存在於一個詞的多個角度

如果抽象特徵是顯性的、單一的,就容易區分。《説文·習部》:"習,數飛也。""數"就是頻繁、屢次,就是動作的反復,這是"習"的核心義。"學習"是一種動作反復的模仿;"實習"是在實踐操作中學習;"見習"是觀看他人反復的動作;"温習"是動作的多次重複;"習得"是各種學習實踐後的心理感受,即認知上的獲得;"習見"是反復看見。這是動作頻率的特徵義。

有的詞從不同的角度觀察,會發現不同的詞義特徵。如前文説到的"吕",不同角度下就有位置的居中義,作用的支撐義,形狀的連接義等不同詞義特徵。由此也説明核心義不一定是單一的,也可能是雙向或多向的,祇是層級主次略有不同。

（二）完全不同的詞可以抽象出類似的特徵義

如，"永"形容水流的狀態。《説文·永部》："永，水長也，象水巠理之長。"段注："引申之，凡長皆曰永。""永"的形態特徵是"長"，這就是其核心義，可以用於時空兩方面。多指時間的"遥遠"，如：永遠、永久、永恒、永世、永别、永生、永存、一勞永逸等。"永夜"是漫長的夜晚，"永巷"是長長的巷道。同源詞"詠"指聲調的悠長。再如《説文·辵部》："邁，遠行也。"其核心義就是"遠"。"邁步向前""邁開大步"是本義的使用。"豪邁""超邁"，是氣魄上的遠大；"清邁""冲邁""抗邁"大體指性情上的清高超逸；"年邁""衰邁"是年齡的大，也是時間的久；"邁"的核心義就是"遠"，這是一個動作時間的抽象義。所以"永"的抽象特徵是"長"，"邁"的抽象特徵是"遠"，二者相近。

"陶"是一個燒製黏土以成陶器的緩慢過程，所以有"孕化成器"的含義。[17]與之同類的是"育"。《説文·云部》："育，養子使作善也。"培養子女是一個漫長的過程，有撫養，更有教育，要"養子使作善也"，所以"育"的核心特徵也是養育成才，因而可以組成"陶育"。袁宏《後漢紀·光武帝紀》："是以王者經略，必以天地爲本；諸侯述職，必以山川爲主。體而象之，取其陶育；禮而告之，歸其宗本。"《抱朴子外篇·用刑》："蓋天地之道，不能純仁，故青陽闡陶育之和，素秋屬蕭殺之威。"是其例。"陶""育"的詞義特徵也是多方面的，但其主要特徵是一個緩慢的動作過程，因而有"孕化成器"和"養育成才"的抽象義。所以，"陶"和"育"有近似的核心義。

（三）同義詞或近義詞可以抽象出不同的特徵義

這與前述正相反。如"保"是大人把孩子背在背上[18]，"抱"是大人把孩子抱在懷裏[19]，意義和作用相近。《莊子·庚桑楚》："全汝形，抱汝生，無使汝思慮營營。"郭慶藩集釋引俞樾曰："《釋名·釋姿容》曰：'抱，保也，相親保也。'是抱與保通。抱汝生，即保汝生。"這是"保""抱"相通的例子。有了憑靠就會心理安穩。故有"保安""保守""保衛""保全""保證""保佑""保留"等雙音詞。"抱"的本義是包圍、環抱，是以手環抱嬰孩之意。這個動作的狀態特徵就是懷有、持有，因此有"抱憾""抱恨""抱節""抱素"等義。這是動作狀態的特徵義。

《説文·秝部》："兼，幷也。从又持秝。兼持二禾，秉持一禾。"所以，手持一根禾苗是"秉"，抽象意義就是持握，因而泛指一切持拿、握。"秉燭夜游""秉持正義""秉公執法""秉承"皆其例。手持兩根禾苗就是"兼"的造字之義，因而其特徵是同時擁有兩個。

兼職、兼而有之、形聲兼會意、兼併、兼收並蓄、"偏聽則暗，兼聽則明"等，都是其核心義的體現。"秉""兼"都是手握的一種狀態，屬於動作狀態的特徵義。前者的顯性特徵是持握擁有義，後者的顯性特徵是同時擁有兩個。這就是二者的區別。

（四）核心義可以有層級

詞的核心義不總是單一的，可能有幾個方面特徵。某個方面的發展，還會產生不同的層級。比如"管"本義是竹管，其特徵是"圓而中空"，就是中空的圓柱狀，所謂"管狀"。這就是其核心義。《說文·艸部》："莞，艸也，可以作席。"段注："莞之言管也。凡莖中空者曰管，莞蓋即今席子艸，細莖，圓而中空。"段玉裁"凡莖中空者曰管"，就是"管"的核心義。

第一，與竹管直接相關的器物稱"管"。（1）用竹管製成的樂器稱"管"，故有管樂。《說文·竹部》："竽，管三十六簧也。"段注："凡竹爲者皆曰管樂。"如笙、簫、笛、竽等。作爲動詞，則指吹奏管樂。（2）用細小竹管製成的毛筆。古時候毛筆用細小的竹管製成，所謂"筆管"。"握管"就是握筆。還有"一管筆"，"管"是"筆"的量詞。第二，竹管狀的物品稱"管"。（3）古時候鑰匙是中空管狀的，稱爲"管"。《左傳·僖公三十二年》："杞子自鄭使告於秦曰：'鄭人使我掌其北門之管，若潛師以來，國可得也。'"杜預注："管，鑰也。"由"管鑰"引申指掌管與控制、管理與照顧（提供）、顧及與關涉等。這是"管"字用得最廣泛的意義，是其特徵義的間接應用。進一步虛化有介詞、副詞和連詞的用法，如"儘管""保管"等。（4）水管、電子管等稱"管"。抽象指可以打通的或通過的途徑、辦法等，如"管道"。

其中，前兩義是本義的直接延伸：竹製中空結構的物體可以稱"管"；後兩義源於其"中空"的核心義：中空的管狀結構可以稱"管"。"管"表示管理、照顧義，是從鑰匙的功用而來的，是天然之物在使用中經過人造之物的轉化而產生的特徵義，可以看成二級核心義，因爲與中空義已經較遠。

① 王雲路：《論漢語詞彙的核心義——兼談詞典編纂的義項統系方法》，《山高水長：丁邦新先生七秩壽慶論文集》（《語言暨語言學》專刊外編之六），臺北："中研院"語言學研究所，2006 年。

② 王雲路、王誠：《漢語詞彙核心義研究》，北京：北京大學出版社，2014 年。

③ 許慎撰，段玉裁注：《說文解字注》，上海：上海古籍出版社，1981 年影印本，下同。

④ 漢語大詞典編輯委員會、漢語大詞典編纂處編：《漢語大詞典》卷八，上海：上海辭書出版社，1986 年，下同。

⑤ 甲骨文的"吕"有不同的解釋，這裏從略。我們依照《說文》的解釋，也有同源字做旁證。

⑥ 《說文·夫部》："㚘，並行也。从二夫。輦字从此。讀若伴侶之伴。"段注："侶字許無，當作

旅。"此條文獻出自《説文解字注》卷八,第 369 頁下欄。

⑦　《説文》:"秜,稻今年落來年自生謂之秜。"段注認爲秜亦作"稆",古作"旅","野生曰旅"。

⑧　"焻",《漢語大詞典》説"義未詳"。推其義,當是火燃燒蔓延連成片的意思。當然,目前没有見到文獻用例。越南喃字有"焻",《康熙字典》:"爕,[喃]從燃省變聲。△爕焻:曼燒,燎燒。"《康熙字典》:"焻,[喃]從火呂聲。△烽焻:燒傷。焻兵:兵燹,戰火。焻悉:情欲。"可證我們的推斷。

⑨　王冰注:《黄帝内經素問》,北京:人民衛生出版社,1963 年點校本,此注並不確切,"奪"即失去。

⑩　同樣的觀點段玉裁在注釋中幾次出現。如《説文·厶部》:"簒,屰而奪取曰簒。"段注:"奪當作敚。奪者,手持佳失之也。引伸爲凡遺失之偁。今吴語云:奪落,是也。敚者,强取也。今字奪行敚廢。但許造説文時,畫然分别,書中不應自相剌謬。"

⑪　後兩例是"落"字義項 29"古代宫室建成時舉行祭禮"的引例。見《漢語大詞典》卷九,第 481 頁。

⑫　見丿部"乂"字下段注。

⑬　見木部"枭"字下段注。

⑭　南方人對"隻"的使用範圍比北方人要廣很多。

⑮　宋歐陽修《醉翁亭記》:"前者呼,後者應,傴僂提攜,往來不絶者,滁人遊也。"這裏的"傴僂提攜"應當是代指老人和孩子,"傴僂"指駝背的老人,"提攜"是指需要手牽引的小孩子。而《漢語大詞典》是作爲"俯身"的例子出現的,不够準確和明晰。

⑯　字頭原作"嗷",此據段注改。見《説文解字注》卷二,第 60 頁上欄。

⑰　詳參王雲路:《從核心義談"陶"的意義聯繫》,《漢語史學報》第 23 輯,上海:上海教育出版社,2020 年。

⑱　"保"的甲骨文、金文分别作（殷虚文字記·釋保）、（甲合 8311）、（甲合 16430）、（子保瓶）、（作册大方鼎）、（保子達簋）等,均像大人反手負子於背。

⑲　《説文》無"抱"字,但有"褒,裹也"。

（原載《西南交通大學學報(社會科學版)》2021 年第 1 期）

附記:本文爲國家社科基金重大項目"漢語詞彙通史"(14ZDB093)的階段性成果。

作者簡介:王雲路,浙江大學敦和講席教授、浙江省特級專家

通訊地址:浙江大學紫金港校區古籍研究所　郵編:310058

古書同義複詞演變舉例

王　誠

引　言

　　同義複詞是清代訓詁學家頗爲關注的一類現象,如王念孫所謂"連語"①、王引之所言"平列二字上下同義"②、俞樾所稱"兩字一義"③者皆是。近代劉師培④和今人郭在貽⑤等亦有論及。二十世紀九十年代初以來,陸續有專文探討,或從材料角度,或從理論層面,對古書中的同義複詞做了舉例和分析,而且近年已有相關專著問世⑥。古書同義複詞與一般所説的同義並列複合詞並不等同,因爲同義複用的二字結合不一定緊密,"它們常常有一個游離階段,有的詞序也不甚固定,可以顛倒"⑦,也就是説同義複詞是詞還是詞組不易確定,所以這個概念依然有其存在的必要。這類現象仍然值得進行專門討論。本文列舉了古書中 12 個較爲特殊的同義複詞(包括近義複詞),論證和説明其中的同義(或近義)關係,並對它們的意義和結構做歷時性考察,由此分析其演變(包括誤解誤用和重新分析⑧)的不同類型⑨。

一　詞義整體引申例

　　同義複詞是並列式複合詞的重要來源。在同義複詞詞彙化爲並列式複合詞之後,複合詞詞義作爲一個整體出現進一步的引申。"詞義的整體演變導致語義結構模式的弱化,使内部凝固性加强"⑩,由於這類複合詞的内部語素結構分析較爲困難,因此有必要考溯其來源,探討構詞成分之間的意義關係⑪,如下所舉"隱親""造次""靳固"三例。此外,在某些情況下,同義複詞的意義引申和單音詞的詞義引申可以相互類比,如下面所舉的"懲艾"。

（一）隱親

“隱親”一詞多次見於中古史書，沈欽韓《後漢書疏證》、王先謙《後漢書集解》、葉昌熾《緣督廬日記抄》等已有討論，但説法不一，未有確解。我們注意到，“隱親”似在漢代已有用例。西漢賈誼《新書·鑄錢》：“今令細民操造弊之勢[12]，各隱親其家而公鑄作，因欲禁其大利微奸，雖黥罪日報，其勢不止，民理然也。”《漢書·食貨志下》引作“各隱屏而鑄作”。《新書校注》云：“親，《釋名·釋親戚》：‘親，儭也，相隱儭也。’《廣韻》：‘儭，裏也。’夏案：是‘親’有隱、裏之義，‘隱親’猶言隱密、隱蔽。盧文弨未達此，而謂‘親訛’，非。”[13]此説釋“隱親”爲隱密、隱蔽，似未確，不過將“隱親”和“隱儭”聯繫起來，對我們頗有啓發。《釋名》中的“隱儭”應是同義連文，正如下文“屬，續也，恩相連續也”的“連續”一樣。“隱”有憑倚、依據義，如《莊子·齊物論》：“南郭子綦隱几而坐，仰天而噓。”陸德明《釋文》：“隱，馮也。”其本字是“㥯”，《説文·夊部》：“㥯，有所依據也。”段注：“依、㥯雙聲，又合韻最近。此與《𠁥部》‘隱’音同義近，隱行而㥯廢矣。”《説文·衣部》：“衣，依也。”《廣雅·釋器》：“衣，隱也。”因此，“隱”有靠近、貼近的含義，《新書》中的“隱親”可以理解爲依憑或聚集。[14]

《鹽鐵論》中的材料可作佐證，《復古》篇云：“往者，豪强大家，得管山海之利，采鐵石鼓鑄，煮海爲鹽。一家聚衆，或至千餘人，大抵盡收放流人民也。遠去鄉里，棄墳墓，依倚大家，聚深山窮澤之中，成奸僞之業，遂朋黨之權，其輕爲非亦大矣。”《未通》篇云：“大抵逋流，皆在大家，吏正畏憚，不敢篤責，刻急細民，細民不堪，流亡遠去。”“流亡遠去”的“細民”即“放流人民”，也就是失去了土地的農民。這些流民大多聚於豪强大家，爲富人所役使[15]。因此，《新書》中的“其家”應該指“豪强大家”，而“隱親其家”則相當於《鹽鐵論》中的“依倚大家”，即依靠、依傍豪强大家[16]。

“隱親”在具體語境中由貼近、靠近引申而有關心、照顧的含義。如東漢蔡邕《議郎胡公夫人哀贊》：“顯有剖符之寄，逼於國典，疾篤不得隱親[17]，增感氣絶，不能自存。”又如《三國志·吳書·朱桓傳》：“往遇疫癘，穀食荒貴，桓分部良吏，隱親醫藥，飧粥相繼，士民感戴之。”《鍾離意傳》：“意獨身自隱親，經給醫藥。”再如《晉書·何曾傳》：“臣愚以爲可密詔主者，使隱核參訪郡守，其有老病不隱親人物，及宰牧少恩，好修人事，煩撓百姓者，皆可徵還，爲更選代。”《閻纘傳》：“又漢初廢趙王張敖，……田叔、孟舒十人爲奴，髡鉗隨王，隱親侍養，故令平安。……如田叔、孟舒侍從不罪者，則隱親左右，姦凶毒藥無緣得設，太子不夭也。”

　　後世又有"隱儼(襯)"，亦由貼身、近身引申而有關心、照顧義。如唐顏真卿《和政公主神道碑》："出入存恤，過於己子，雖其密親，罔或能辨。柳之親昵，伯仲姑姊，隱儼將迎，唯恐不至。"又如張説《節愍太子妃楊氏墓志》："及開元正位，良媛爲嬪而卒，妃之視忠王也，隱儼之，教誨之，竭從母之仁慈，倍猶子之珍愛。"再如清王昶《郭文學誄》："周旋隱襯，次篤諸姑，時姻瞷恤，久而弗渝。""周旋"由環繞而有照顧義[18]，"隱襯"由貼近而有照顧義，二者的引申途徑可以互證[19]。

（二）造次

　　《論語・里仁》："君子無終食之間違仁，造次必於是，顛沛必於是。"馬融注："造次，急遽。"鄭玄注："造次，倉卒也。"《説文・走部》："趒，倉卒也。"段注引錢大昕説："次者，趒之假借字。"《廣雅・釋詁二》："趒、屑、造，猝也。"王念孫《疏證》："趒、屑一字也。《説文》：'趒，倉卒也。'卒與猝同。趒之言造次也。……倉卒、造次，語之轉。次、趒古同聲，故《廣雅》趒、造二字並訓爲猝也。"又《釋樂》："鼕鼓，鼓名。"王念孫《疏證》："案造、戚二字古聲皆與鼕相近。……杜云：'鼕讀爲憂戚之戚，擊鼓聲疾數故曰戚。'聲則同於憂戚，義則取諸疾數，故又云'鼕讀爲造次之造'，造次亦疾意也。"

　　據此，"造次"本爲同義複詞。"造"含比次之義，《爾雅・釋水》："天子造舟。"郭璞注："比船爲橋。"《説文・艸部》："莲，艸皃。"徐鍇《繫傳》："艸相次也。"由空間上的緊鄰、促狹到時間上的倉猝、急遽，表明"造次"已經詞彙化，其後詞義又在不同語境的使用中被整體引申。如《漢書・王莽傳》："雖有賁、育不及持刺，雖有樗里不及回知，雖有鬼谷不及造次。"這裏的"造次"指善辯，類似於捷給，即反應疾速。又如《三國志・蜀書・譙周傳》："身長八尺，體貌素樸，性推誠不飾，無造次辯論之才，然潛識內敏。""造次"相對於"內敏"而言，蓋指表現於外的行事、應對之敏捷。《魏書・安豐王元猛傳》："雖風流造次不及熙、彧，而稽古淳篤過之。""造次"與"淳篤"相對[20]。再如《宋書・建平宣簡王宏傳》："驅烏合之衆，隸造次之主，貌疏情乖，有若胡越。"這是指不深思熟慮而倉猝行事，即輕率、隨便[21]。在《敦煌變文》中"造次"又作"造此""操次""取此""千次"（"取次""遷次"）等形，蔣禮鴻指出下列三種意義：一、倉猝；二、不精細，不審慎；輕舉妄動；三、尷尬，進退兩難。並認爲倉猝必然不能審慎，倉猝也常常陷於困境，第二義和第三義都從第一義引申而來[22]。

(三)懲艾

《説文·心部》:"懲,悉也。""悉,懲也。""懲""悉"互訓,"悉"多作"乂""艾",[23]故"懲艾"爲同義複詞,始見於《史記·樂書》:"成王作頌,推己懲艾,悲彼家難,可不謂戰戰恐懼,善守善終哉?"張守節《正義》:"言成王作頌,悲文王戰戰恐懼,推己戒勵爲治,是善守善終也。"王先謙《詩三家義集疏》云:"《小毖》之作,似正值周公東征。《詩》曰'予其懲'者,懲戒往日之誤信流言,致疑周公,《史記》所謂'推己懲艾,悲彼家難'也。"[24]又,《楚辭·九歎·遠遊》:"悲余性之不可改兮,屢懲艾而不迻。"王逸注:"雖數爲讒人所懲艾,而心終不移易也。艾,一作悉。"這兩例"懲艾"都是因前失或受創受挫而戒懼之義。

"懲艾"在《漢書》中共見 5 例,其中《宣元六王傳》:"霍皇后廢後,上欲立張倢伃爲后。久之,懲艾霍氏欲害皇太子,乃更選後宮無子而謹慎者,乃立長陵王倢伃爲后,令母養太子。"謂從"霍氏欲害皇太子"這件過去的事中吸取教訓,以前失爲戒,這是"懲艾"的第二種用法。"懲艾"的第三種用法,義爲懲治,即懲創之使戒懼,如《東觀漢記·明帝紀》:"陛下至明,懲艾酷吏,視人如赤子。"

"懲艾"的上述三種用法和"懲"單用基本一致。西周時期,"懲"就有不及物和及物兩種用法。前者如《詩·周頌·小毖》"予其懲而毖後患",鄭箋:"懲,艾也。……我其創艾於往時矣。"朱熹《集傳》:"懲,有所傷而知戒也。"這是"懲"的鑒戒義,即因"有所傷"而"息其既往""改革前失"。後者如《尚書·吕刑》:"其今爾何懲? 惟時苗民匪察于獄之麗……"僞孔傳:"其今汝何懲戒乎? 所懲戒惟是苗民非察於獄之施刑,以取滅亡。""何"作爲"懲"的賓語提前,句意謂從"苗民匪察于獄之麗"中吸取教訓、引以爲戒。春秋以後直到西漢,"懲"多用作使動,如《詩·魯頌·閟宮》:"戎狄是膺,荆舒是懲。"孔疏:"荆楚群舒叛逆者,於是以此懲創之。"又如《小雅·節南山》"不懲其心"、《左傳·成公十四年》"懲惡而勸善",皆指戒止或懲罰[25]。由此可見,"懲艾"作爲整體産生新的用法和詞義。

與"懲艾"相類似的有"創艾"一詞,出現稍晚,但同樣有三種用法。《漢書·馮奉世傳》:"羌虜破散創艾,亡逃出塞,其罷吏士,頗留屯田,備要害處。"顔注:"創艾謂懲懼也。……艾讀曰乂。"這是第一種用法,義爲戒懼。又《匈奴傳》:"今既發兵,宜縱先至者,令臣尤等深入霆擊,且以創艾胡虜。"顔注:"請率見到之兵且以擊虜。"這是第二種用法,義爲懲戒,使之戒懼。《晋書·地理志》:"漢興,創艾亡秦孤立而敗,於是割裂封疆,立爵二等,功臣侯者百有餘邑。"這是第三種用法,義爲吸取教訓,引以爲戒。

（四）靳固[26]

《世説新語·雅量》：“嵇中散臨刑東市，神氣不變。索琴彈之，奏《廣陵散》。曲終，曰：‘袁孝尼嘗請學此散，吾靳固不與，《廣陵散》於今絶矣！’”“靳固”義爲吝惜、慳惜。董志翹指出：“諸家注釋，均將‘靳’‘固’分而釋之，其實，‘靳固’乃同義複詞。”[27]此説甚是。《説文·革部》：“靳，當膺也。”段注：“靳者，驂馬止而不過之處，故引伸之義爲靳固。《左傳》：‘宋公靳之。’吝其寵也。”徐鍇曰：“靳，固也，靳制其行也。”《詩·秦風·小戎》：“陰靳鋈續。”《釋文》引沈云：“靳者，言無常處，游在驂馬背上，以驂馬外轡貫之，以止驂之出。”《説文·囗部》：“固，四塞也。”段注：“四塞者，無罅漏之謂。……按凡堅牢曰固。”“靳”的“止而不過”和“固”的“四塞”顯然有相通之處。

“靳固”其實在漢代就已出現，《釋名·釋形體》：“筋，靳也[28]，肉中之力，氣之元也，靳固於身形也。”王先謙《疏證補》曰：“……靳有固義。……《素問·五藏生成論》注：‘筋，氣之堅結者。’堅結即靳固意。靳固蓋漢世恒言。人身骨大則生筋，所以結束百骸，故云‘靳固於身形也’。”“結束百骸”是説連結、牽制全身的骨骼，防止其散架，因此，“靳固於身形”蓋指使身體牢固、堅實[29]。又，《廣韻·覺韻》：“確，靳固也。”《玉篇·石部》：“確，堅固也。”可證“靳固”有堅固義。

“靳固”後來引申指對於事物的固守。如前引《世説新語·雅量》“靳固不與”意謂固守琴曲不給別人。又如《太平廣記》卷二〇八《書三·購蘭亭序》：“又敕追辨才入内，重問《蘭亭》，如此者三度，竟靳固不出。”又可指堅守固有的觀念、想法（而不做某事），如《太平廣記》卷三八六《再生十二·劉長史女》：“至夜，劉及夫人俱夢女曰：‘某命當更生，天使配合，必謂喜而見許，今乃靳固如此，是不欲某再生耶？’”是説固執己見，不答應請求。此外，南朝梁蕭綱《悔賦》：“周君飲後，裴子酣狂，靳固紀瞻之妾，眠卧季倫之房，亦足以魂驚神爽，悔結嫌彰。”此例“靳固”似有愛戀、眷戀義[30]。唐張彦遠《歷代名畫記·叙畫之興廢》：“彦遠時未齠歲，恨不見家内所寶。其進奉之外，失墜之餘，存者才二三軸而已。雖有豪勢，莫能求旃，嗟爾後來，尤須靳固。”這裏是珍惜、寶愛的意思。轉爲名詞，指吝嗇的心理，如《宋高僧傳》卷二三《釋懷德》：“皆自貴而輕他，悉己多而彼少，而增靳固，但長慳貪。”

二　語素義位轉移例

語素義位的轉移,準確地説,包括義位的易位和義位的置换等,"詞位中的義位易位,就是義位的主次(核心和非核心)位置變易,或常用、罕用的位置變易","置换,就是詞位中的一個 A 義位被一個後産生的 B 義位代替了"[31]。同義複詞的單個語素或兩個語素發生義位的轉移,會使人們對其進行重新解讀(包括對詞的本源意義[32]和構詞理據[33]的誤解),從而使整個詞義發生變化。下面所舉的四例中,"契闊"的"契"産生新義,而使"契闊"重新分析爲反義複詞,並在特定語境中又用作偏義複詞;"矜奮"的兩個語素之間可能存在語義的相互影響甚至沾染現象[34];"競爽"則由於人們對"競"的常用義位更爲敏感,從而發生結構的重新分析;"翹勤"的"翹"可以對應於相互聯繫而有區别的心理狀態,因此詞義隨語境的不同而發生改變。

(一)契闊

"契闊"出自《詩經》,《邶風‧擊鼓》:"死生契闊,與子成説。執子之手,與子偕老。"毛傳:"契闊,勤苦也。"《釋文》:"契,本亦作挈。"孫奕《示兒編》、黄生《義府》、馬瑞辰《毛詩傳箋通釋》等皆謂"契"爲合、"闊"爲離,即"契闊"是反義複詞[35]。朱熹《詩集傳》云:"契,與挈同。契闊,隔遠之意。"高本漢傾向於朱熹的説法,並給出了證據:《左傳‧定公十九年》"鍥其軸"和《戰國策‧魏策》"鍥脛"。"鍥"的意思是"割去",和這裏"契"的意思是"分隔"相合[36]。高亨《詩經今注》:"契,隔絶。闊,離。"亦同。據此,則"契闊"本爲同義複詞。"契""挈"從"㓞","㓞"甲骨文從丯從刀,會以刀契刻之意[37]。《説文‧木部》:"栔,刻也。"段注:"《釋詁》:'契、滅、殄,絶也。'《唐韻》引作栔。郭云:'今江東呼刻斷物爲栔斷。'按古經多作契,假借字也。""契"又通"挈",《晏子春秋‧内篇諫下》:"皆反其桃,挈領而死。"洪頤煊《讀書叢録》:"挈領而死,謂斷頸而死也。"由此,"契""闊"雙聲叠韻,皆含分離之義。"契闊"或許即謂離别,則"與子成説"謂離别之人相互約定[38]。

"契"作名詞指符節、憑據等信物,分爲左右兩半,雙方各執其一,用時將兩半合對以作徵信。《禮記‧曲禮上》"獻粟者執右契",孔疏:"契,謂兩書一札,同而别之。"《説文解字繫傳》:"《韓子》:'宋人得契,密數其齒。'謂以刀分之,有相入之齒縫也。刀判缺之,故曰契。"因此,"契"本爲斷絶、分離,但又有切合、投合義[39]。視"契闊"爲反義複詞,應該是後人的重新分析,如魏收《爲侯景叛移梁朝文》:"外曰臣主,内深骨肉,安危契闊,約以死生。"錢鍾書指出:"'安''契''生'與'危''闊''死'各相對當,無一閒置偏枯。"⑭

後世"契闊"在特定語境中又可用作偏義複詞,而且有兩種含義:一是强調"分",偏主"隔遠",即"以闊吞併契";二是强調"合",偏指親密、投分,即"以契吞併闊"。⑪前者如《魏書·李彪傳》:"頃來契闊,多所廢離,近蒙收起,還綜厥事。"又如《獻文六王傳》:"吾與汝等,早罹艱苦,中逢契闊,每謂情義,隨事而疏。"後者如《周書·蘇亮傳》:"但臣與寶夤周旋契闊,言得盡心,而不能令其守節,此臣之罪也。"⑫又如《南齊書·張敬兒傳》:"大明之中,謬奉聖主,忝同侍衛,情存契闊,義著斷金,乃分帛而衣,等粮而食。"

(二)矜奮

《管子·形勢解》:"亂主自智也,而不因聖人之慮;矜奮自功,而不因衆人之力。"《荀子·正名》:"有兼聽之明,而無奮矜之容;有兼覆之厚,而無伐德之色。"《漢書·鼂錯傳》:"矜奮自賢,群臣恐諛,驕溢縱恣,不顧患禍。""矜奮"和"自功""自賢"連言,與"伐德"對文,意謂自誇、自大。⑬

《説文·矛部》:"矜,矛柄也。"段注:"若矜⑭誇、矜持、矜式,《無羊》傳:'矜矜以言堅强。'《菀柳》傳:'矜,危也。'皆自矛柄之義引申之。蓋矛柄最長,直立於地。……諸義皆由是引申。"《尚書·大禹謨》:"汝惟不矜,天下莫與汝争能;汝惟不伐,天下莫與汝争功。"僞孔傳:"自賢曰矜,自功曰伐。"孔穎達疏:"矜與伐俱是誇義。"《説文·奞部》:"奮,翬也。《詩》曰:不能奮飛。"《廣雅·釋言》:"奮,振也。"《廣韻·問韻》:"奮,揚也。""奮"的本義是鳥振羽展翅,引申爲揚起、高舉,如賈誼《過秦論》:"奮臂於大澤而天下響應者,其民危也。"又爲振奮、奮屬,如《荀子·子道》:"奮於言者華,奮於行者伐。"楊倞注:"奮,振矜也。"《孔子家語·三恕》王肅注:"自矜奮於言者華而無實,自矜奮行者是自伐。"這裏"奮"含有逞能的意味⑮。又如《晏子春秋·内篇諫上》"莊公矜勇力不顧行義晏子諫第一":"莊公奮乎勇力,不顧於行義。"標題用"矜",正文用"奮"。《吕氏春秋·本味》:"人主有奮而好獨者,則名號必廢熄。"俞樾云:"奮猶矜也。奮而好獨者,矜而好獨也。"⑯《左傳·襄公二十六年》:"夫小人之性,釁於勇,嗇於禍,以足其性而求名焉者。"杜注:"釁,動也。"孔疏:"王肅云:'釁謂自矜奮以誇人。'……釁爲奮動之義也。""自矜奮"就是"自矜""自奮","自奮"即謂逞能,如《吕氏春秋·任數》:"人主以好暴示能,以好唱自奮。"《史記·秦始皇本紀》:"秦王懷貪鄙之心,行自奮之智。"《列子·説符》:"色盛者驕,力盛者奮,未可以語道也。……故自奮則人莫之告。人莫之告,則孤而無輔矣。"⑰綜上,自誇和逞能語義相近,故"矜奮"可視作同義複詞。

　　戰國末，"矜"始有作奮動義的用例，如《戰國策·燕策一》："矜戟砥劍，登丘東向而歎。"《呂氏春秋·重言》："艴然充盈，手足矜者，兵革之色也。"王念孫《讀書雜志·餘編》："矜，猶奮也，言手足奮動也。《燕策》曰'矜戟砥劍'，言奮戟也。"⑱此義並不常見，可能是由矛柄直立引申而來，也可能是受"奮"的影響。同時，在與"奮"的對文中，"矜"也可表示奮起、奮發，如《莊子·徐無鬼》："筋力之士矜難，勇敢之士奮患。"成玄英疏："英髦壯士，有力如虎，時逢厄難，務於濟世也；武勇之士、果決之人，奮發雄豪，滌除禍患。"王先謙《集解》："筋力强壯，遇難則務；性情勇敢，見患則奮。"依此，則"矜難"意謂面對患難而振作奮起⑲。振作、奮發是"奮"的常用義，受其影響，"矜奮"在中古以後也有振奮之義，如《人物志·九徵》："故誠仁，必有溫柔之色。誠勇，必有矜奮之色。誠智，必有明達之色。"⑳又如唐杜牧《唐故宣州觀察使御史大夫韋公墓志銘並序》："後進凡持節業自許者，獲公一言，矜奮刻削，益自貴重。"韓愈《柳州羅池廟碑》："柳侯爲州，不鄙夷其民，動以禮法；三年，民各自矜奮。"宋王安石《上仁宗皇帝言事書》："夫士已嘗毀廉恥以負累於世矣，則其偷惰取容之意起，而矜奮自强之心息。"

（三）競爽

　　《左傳·昭公三年》："齊公孫竈卒。司馬竈見晏子，曰：'又喪子雅矣。'晏子曰：'惜也！子旗不免，殆哉！姜族弱矣，而嬀將始昌。二惠競爽猶可，又弱一個焉，姜其危哉！'"杜注："子雅、子尾皆齊惠公之孫也。競，强也。爽，明也。"《國語·周語下》："使至於爭明，以妨王宮。"俞樾云："《爾雅·釋詁》曰：'明，成也。'古'成''盛'二字通用，明訓成，故亦訓盛。《淮南·説林篇》：'長而爭明。'高注曰：'明，猶盛也。'……然則爭明猶爭盛也。……爭盛猶爭强也。"㉑《管子·四時》"風與日爭明"，戴望《校正》"明訓爲强"。據此，"競爽"可視作同義複詞，義爲精明强幹。

　　《説文·誩部》："競，强語也。"段注："競、强疊韻。强語謂相爭。""競"本爲爭强，若側重於過程，就是競爭義，即比誰更强，若側重於結果狀態，就是强盛義，即比別人强㉒。但是，中古以來"競"的常用義位是爭，而强則是非常用義位㉓。"在語素意義系統中，常用義位是最能夠在人們頭腦中啓動的意義，在使用者的心目中對常用義位的敏感度要高於非常用義位"㉔，因此，中古時期"競爽"的用例可以分爲兩類：一類與《左傳》中的用法相類，如《文選·南朝任昉〈王文憲集序〉》："雖張曹爭論於漢朝，荀摯競爽於晋世，無以仰模淵旨，取則後昆。"荀顗和摯虞是相比較、相對當的兩方，二人在制禮方面齊名於當世（晋世）㉕。另一類則結構發生重新分析，如《南齊書·高帝本紀》："公秉鉞出關，凝威江甸,正情與曦日同亮,明略與秋雲競爽。”“爽”和“亮”同義,“同”和“競”都可看作狀語。南朝徐陵《玉臺新詠序》:“金星與婺女爭華,麝月共嫦娥競爽。”“爭華”和“競爽”對文,二者都是動賓結構。謝朓《七夕賦》:“君王壯思風飛,沖情雲上,顧楚詩而縱轡,瞻蘭書而競爽,實研精之多暇,聊餘日之駘蕩。”“縱轡”是以騎乘比喻馳騁辭瀚,“競爽”則指文辭的爭勝媲美。《弘明集》卷十《答何炯》:“豈炎昊所謂爭衡,非軒唐所能競爽。”“爭衡”和“競爽”皆猶爭勝。《出三藏記集》卷十四《佛陀耶舍傳》:“慧解洞微,亦入關諮稟,傳法之宗,莫與競爽。”即沒有誰能與之相比。

(四)翹勤⑤

《文選·晉潘安仁(岳)〈西征賦〉》:“徘徊酃鎬,如渴如饑,心翹懃以仰止,不加敬而自祇。”懃,五臣本作“勤”。李善注引《孔叢子》:“子思曰:君若饑渴,待賢企佇也。”《説文·羽部》:“翹,尾長毛也。”段注:“按尾長毛必高舉,故凡高舉曰翹。”“翹”施用於人,可由身體高舉的動作引申指企盼的心理狀態。《後漢書·袁譚傳》“翹企延頸,待望讎敵”,“翹”是翹首,“企”是企足,喻盼望或思念之殷切。《説文·力部》:“勤,勞也。”管禮耕《釋勤》云:“勤勞則心有所注,故勤有望義。《詩·江有汜·序》‘勤而無怨’疏:‘勤者,心企望之。’《穀梁傳》:‘不雨者,勤雨也。’注:“言不雨是欲得雨之心勤也。”是也。勤既心力並用,故勤亦作懃。”⑤“懃(勤)”是急切、殷切,故謂企望⑧。從這個角度看,“翹懃(勤)”可以視爲同義複詞。

“翹”可以和“竦”比較互證⑤。《説文·立部》:“竦,敬也。从立,从束。束,自申束也。”段注:“敬者,肅也。……収下曰:竦手。謂手容之恭上其手也。《周南》毛傳曰:喬,上竦也。”《玄應音義》卷十二“森竦”注:“竦,謂高上也。”《文選·嵇康〈琴賦〉》“竦蕭蕭以静謐”,李周翰注:“竦,高也。”“竦”可以表示身體高舉的動作。《漢書·韓王信傳》:“士卒皆山東人,竦而望歸。”顏注:“竦,謂引領舉足也。”這裏“竦”包括了翹首和企足。許慎的訓釋指“竦”的動作所代表的心理狀態,即恭敬、肅敬。漢張衡《思玄賦》:“竦余身而順止兮,遵繩墨而不跌。”《後漢書·張衡傳》李賢注:“竦,企立也。”王念孫《讀書雜志·餘編》:“竦,敬也。言敬余身而循禮也。”兩種訓釋正好説明“竦”既可表示身體動作,又可表示心理狀態。《漢書·東方朔傳》引《非有先生論》:“寡人將竦意而覽焉。”顏注:“竦,企待也。”《文選》張銑注:“竦,正也。”企盼、期待、恭敬,必然集中注意力,所以“竦意”也可理解爲專注,就是集中心思。《漢書·郊祀志下》有“竦精神”,可以理解爲集中精神、振作精神。“翹”和“竦”一樣,除了企盼義,還引申可表示恭敬、振作⑩、專注等心理狀態,視具體語境而有所側重。

"翹勤"見於中古佛道文獻,較早的用例爲南北朝陸修靜《陸先生道門科略》:"小心畏慎,好道翹勤。"在《高僧傳》中共五見。卷一《僧伽提婆》:"廬山慧遠法師翹勤妙典,廣集經藏,虛心側席,延望遠賓。"卷五《竺僧輔》:"單蔬自節,禮懺翹懃,誓生兜率,仰瞻慈氏。"卷七《釋僧詮》:"率衆翹勤,禪禮無輟。"卷八《釋僧盛》:"少而神情聰敏,加又志學翹勤,遂大明數論,兼善衆經。"卷十二《釋僧生》:"誦法華,習禪定。……年雖衰老,而翹勤彌厲。"又如元魏瞿曇般若流支譯《正法念處經》卷四十八:"如是之人自體羸瘦,不能翹勤,心不調伏而常懈怠。""翹"皆含恭敬、虔誠之義[61],"翹勤"可以分析爲恭敬和勤勉的類義並列[62]。

三　拘於字形誤解例

文字是記録語言的第二性符號,"漢字直接參與了漢語造詞的歷史過程","漢字在漢語裏有別詞作用","在研究雙音詞的語素義,探討雙音詞的構詞理據,從而加深對詞義的理解時,漢字起着無可取代的作用"[63],"漢語雙音詞的語法結構,常常因爲書寫方式的改變而被掩蓋,變得難以解釋"[64]。同時,在特定情形下,字形對於詞義的演變(包括誤解誤用)也會造成一定的影響。下面所舉四例:"隱括"的構詞理據由於字形的變化而發生改變,從而產生新的用法;"尉薦"和"乾没"是理據難明,後人拘於字形而重新理解[65];"徑庭"則由同義複詞凝結爲聯綿詞,後人蔽於字形而誤解誤用,望文生訓而產生新義。

(一)隱括

《韓非子·難勢》:"夫棄隱栝之法,去度量之數,使奚仲爲車,不能成一輪。"王先慎《集解》:"張榜本、趙本'栝'作'括'。"陳奇猷《集釋》引太田方曰:"揉曲曰隱,正方曰栝。""隱"的本字爲"檃",《説文·木部》:"檃,栝也。"段注:"檃與栝互訓。檃亦作隱,栝亦假借作隱,栝亦假借作括。……檃栝者,矯制衺曲之器也。"王筠《句讀》:"古書多檃栝連言,許君則二字轉注,以見其爲一事而兩名,群書連用之爲複語也。《增韻》曰:'揉曲者曰檃,正方者曰栝。'分爲兩義,蓋非許意也。"又《木部》:"栝,檃也。一曰矢栝,檃弦處。"段注:"《釋名》曰:'矢末曰栝。栝,會也,與弦會也。'云檃弦處者,弦可隱其間也。此亦檃栝之一端耳。……矢栝字經傳多用括。"徐灝《注箋》:"蓋爲矯煣之器,實木其中,陷而用指,所以定其性也。矢隱弦處謂之栝,即取其意。近人用檃栝爲括絜之義,蓋由括而誤。"章太炎亦云:"凡以兩木箝一木使不得斜者曰檃括(矯正之意)。近人以概括大意曰檃括,謬甚。引申之義與箝制相近。"⑥由上可知,"隱括"本作"檃栝","檃栝"是矯正竹木彎曲的器具。如《荀子·性惡》:"枸木必將待檃栝烝矯然後直。"楊倞注:"檃栝,正曲木之木也。"《淮南子·修務》:"木直中繩,揉以爲輪,其曲中規,檃栝之力。"引申指規矩。東漢以後用作動詞,義爲規正、矯正,如何休《〈春秋公羊傳〉序》:"往者略依胡母生《條例》,多得其正,故遂隱括使就繩墨焉。"《抱朴子外篇·酒誡》:"是以智者嚴檃括於性理,不肆神以逐物。"《文心雕龍·指瑕》:"若能檃括於一朝,可以無慚於千載也。"⑥又引申指(就原有的文章、著作)剪裁改寫,如北宋晁補之《離騷新序下》:"司馬遷作《史記》,堯舜三代本紀、《孔子世家》所引《尚書》《論語》事,頗變其文字訓詁,至《左氏》《國語》,則遷所筆削惟意。遷欲自成一家言,故加隱括而不嫌也。"

由於"栝"和"括"音同形近,"檃栝"在文獻中常作"隱括"⑥。"隱"本有審度之義,"括"引申有查檢之義,《〈春秋公羊傳〉序》徐彥疏:"隱謂隱審,括爲檢括。"《後漢書·鄧訓傳》"訓考量隱括",李賢注:"隱審量括之也。"王先謙《集解》引惠棟曰:"劉熙《孟子》注:隱,度也;括,量也。"由此,中古以後"隱括"可指審度、查核。如《北史·張吾貴傳》:"三旬之中,吾貴兼讀杜、服,隱括兩家,異同悉舉。"《魏書·釋老志》:"無籍之僧,精加隱括,有者送付州鎮,其在畿郡,送付本曹。"《梁書·武帝紀》:"愚謂自今選曹,宜精隱括,依舊立簿,使冠履無爽,名實不違。"

此外,宋代以後一些"隱括"的用例亦由"括"而得義,如宋韋居安《梅磵詩話》卷上:"荊公舊有詩云:'我名公字偶相同,我屋公墩在眼中。公去我來墩屬我,不應墩姓尚隨公。'他人欲檃括此意,非累數十言不可,而公以二十八字盡之,真得束廣就狹體。"明曾忭《陳募兵便宜疏》:"今募兵榜宜令兵部檃括大意,毋得過三百言,庶明簡易曉。"明陸西星《南華真經副墨》:"《莊子》篇終一段,分明檃括全經,後篇復爲自叙,甚有輕重條理。"上述三例"檃括"爲涵括、概括之義,蓋由括絜而來⑥。又如明杜應芳《諸葛辨》:"其書不經見而載野史,非旁搜檃括,何以周知而有定論。"此例"檃括"則又似與"括"的搜集、搜括義相關。

(二)尉薦

"尉薦"一詞始見於《漢書》,凡三例。《胡建傳》:"孝武天漢中,守軍正丞,貧亡車馬,常步與走卒起居,所以尉薦走卒,甚得其心。"師古曰:"尉者,自上安之也。薦者,舉籍也。"《趙廣漢傳》:"廣漢爲二千石,以和顏接士,其尉薦待遇吏,殷勤甚備。"如淳曰:

“尉亦薦籍也。”師古曰：“尉薦，謂安尉而薦達之。”《韓延壽傳》：“延壽乃起聽事，勞謝令丞以下，引見尉薦。”又有“慰薦”一例，《匈奴傳》：“既服之後，慰薦撫循，交接賂遺，威儀俯仰，如此之備也。”錢大昭《漢書辨疑》卷十九：“‘尉薦’即‘慰藉’，薦猶藉也。……小顏以爲安慰而薦達之，非也。”王念孫《讀書雜志·漢書第十六》指出，“尉薦”即“慰藉”，又與“薀藉”“醖藉”“温藉”等義相近似，皆爲連語：“凡連語之字，皆上下同義，不可分訓，説者望文生義，往往穿鑿而失其本指。”⑳

　　唐代以後就有一些用例以“薦”爲推薦、薦舉。如劉禹錫《故荆南節度推官董府君墓志》：“弱歲嗜屬詩，工弈棋，用是索合於貴游，多所慰薦。”又如宋代所修史書中，以下三例“慰薦”也指舉薦。《新唐書·孟陽傳》：“公卿多父行及外家賓客，故被慰薦，擢累兵部郎中。”又《新唐書·李渤傳》：“渤賣直售名，資狂躁，干進不已，外交方鎮求尉薦，不宜在朝。”《舊五代史·任延皓傳》：“晋天福初，延皓授太原掾，尋改交城、文水令，皆高祖慰薦之力也。”

（三）徑庭

　　《莊子·逍遥遊》：“吾聞言於接輿，大而無當，往而不返。吾驚怖其言，猶河、漢而無極也，大有逕庭，不近人情焉。”成玄英疏：“逕庭，猶過差，亦是直往不顧之貌也。”《釋文》云：“逕，司馬本作‘莖’。”又引李頤云：“逕庭，謂激過也。”《文選·劉孝標〈辨命論〉》注引司馬彪云：“逕庭，激過之辭也。”㉑

　　《列子·楊朱》東晋張湛注：“此一篇辭義太逕挺抑抗，不似君子之音，然其旨欲去自拘束者之累，故有過逸之言者耳。”《後漢書·班固論傳》：“不激詭，不抑抗。”可見，“逕挺”相當於“激詭”，亦即所謂“過逸”，謂偏激、超出常情。東晋僧肇《肇論·涅槃無名論》：“諸家通第一義諦，皆云廓然空寂，無有聖人。吾常以爲太甚徑庭、不近人情。若無聖人，知無者誰？”此例顯然是用《莊子》語，祇是將“有”改成了“甚”。唐元康《肇論疏》：“大甚徑廷。徑，遠也。廷，直也。言如一物徑廷然直去不可回轉。有此一類人也。傷之甚耳。今姚主謂諸家云第一義大空，甚［空］徑廷非常，過人情也。”㉒“直去不可回轉”即“直往不顧”，“徑廷”亦爲越過限度、超出常情之義。

　　《北齊書·魏收傳》：“言之不善，行之不正，鬼執强梁，人囚徑廷。幽奪其魄，明夭其命。”“徑廷”和“强梁”對文，義應相關。“强梁”是指强橫凶暴，“徑廷”蓋謂不守法而越軌㉓。《史記·游俠列傳》“竊國者侯，侯之門仁義存”，司馬貞索隱：“言人臣委質於侯王門，則須存於仁義，若游俠輕健，亦何必肯存仁義也。”殿本“輕健”作“徑挺”，則此“徑挺”的含義正同《北齊書》的“徑廷”。唐陸希聲《道德真經傳》卷三：“行至易之道而不徑庭,因自成之器而不雕鐫,陳至當之理而不文飾。""徑庭"也應理解爲過逸或越軌。⑭張九齡《後漢徵君徐君碣銘並序》:"昔者夷齊介潔而遠去,沮溺野逸而離群,顏闔雜杯以遁逃,接輿狂歌而詭激,此誠作者或類沽名。……漢庭所以宗其德,天下所以服其行,豈與彼數子直徑庭而已哉。"⑮"徑庭"對應於上文的"詭激"等。綜上,唐代以前"徑庭"一詞的用例大多爲激過之義,而且有"逕庭""莖庭""徑挺""徑廷""逕挺""逕廷"等不同詞形,因此可以認爲由同義複詞凝結爲聯綿詞。⑯

黄侃《説文略説》:"一壬聲也,其所孳之字,如廷、莖、挺、梃、筳、桯、䋍、珽、脛、頸、經、廷、庭、頲、侹、娗、勁、呈、逞、徎,聲同,其所受之形亦皆從壬,不必別取偏旁也。此孳乳之字形由本字得也。"⑰可知,"徑""逕""廷""挺""庭"同源,詞源義爲直而長。故《釋名·釋形體》:"頸,徑也,徑挺而長也。"又《釋船》:"艇,挺也,其形徑挺,一人二人所行也。"唐窺基《因明入正理論疏》:"前持自體,一切皆通。後軌生解,要有屈曲。初之所陳,前未有説,逕挺持體,未有屈曲生他異解。""逕挺"正與"屈曲"相對。因此,"徑庭"蓋由直而長引申爲"直往不顧""往而不返""直去不可回轉",故有越過限度、超出常情之義。前引《莊子》該句標點似應斷爲:"吾驚怖其言,猶河、漢而無極也,大有逕庭不近人情焉。""大有……焉"就是"大有……在其中","逕庭"和"不近人情"可連在一起,看作"有"的賓語。

宋代以後對於《逍遙遊》的"逕庭"有了新的解釋,如宋林希逸《莊子鬳齋口義》:"'逕庭',祇言疆界遙遠也。'大有',甚有也。"明方以智《藥地炮莊》:"逕庭,猶霄壤。言逕路之與中庭,偏正懸絕。"清宣穎《南華經解》:"逕,門外路也。庭,堂前地也。勢相遠隔。今言'大有逕庭',則相遠之甚。"王敔《莊子解》:"徑外庭内,隔遠之意。"以上諸説蓋因拘於字形,而將"徑庭"分析爲兩個名詞的並列。與此同時,在實際的文獻用例中,"徑庭"也大多喻指相距甚遠或有差距⑱。如宋陳淳《祭陳景文》:"其視斯世之醉生夢死於頹波流俗、顛迷於私欲詭道不自覺者,大有徑庭之隔也。"羅大經《鶴林玉露丙編》卷一:"詩意與狄歸昌同,而其惻怛規戒,涵蓄不露,則大有徑庭矣。"元胡震《周易衍義》:"九三之固止,是猶告子之不動心而外義,尾生之守信而忘身,其視世之從容暇豫、心寬體胖、與道周旋者,豈不大相徑庭耶?"《難經本義》卷上元滑壽注:"更之一字,與此篇遂字大有徑庭。"

(四)乾没

"乾没"一詞始見於《史記·酷吏列傳》:"始爲小吏,乾没,與長安富賈田甲、魚翁叔之屬交私。"裴駰集解:"徐廣曰:'隨勢沈浮也。'駰案:服虔曰:'射成敗也。'"司馬貞索隱:"如淳曰:'得利爲乾,失利爲没。'"張守節《正義》:"此二説非也。按,乾没謂無潤及之而取他人也。又云:陽浮慕爲乾,心内不合爲没也。"張文虎《札記》:"乾没猶言陸沈,謂陰取其利。《佞幸傳》'長公主賜鄧通吏隨没入之'是也。舊注皆迁。"此外,傅山《霜紅龕集》、黄生《義府》、王先謙《漢書補注》、郝懿行《晋宋書故》、朱亦棟《群書札記》、李笠《史記訂補》等均有專門探討,解釋多歧,向無定論。

蔣禮鴻認爲:"乾者,其義通健,而健有貪義","健既爲貪,乾亦從受貪義,故乾没爲貪冒";"没者貪也","没利、昧利同,昧之爲貪,又與貪相屬爲文曰貪昧,其異文曰貪冒、貪墨,凡言没、昧、冒、墨,其義皆同也"[79]。陸宗達謂"'貪墨''貪冒''冒没''乾没'實出一源"[80]。依據兩位先生的觀點,則"乾没"本爲同義複詞。

魏晋以後的文獻中,"乾没"可作"射""徼""尋"等動詞的賓語,似指冒險僥幸所求之物,如西晋傅玄《鼙舞歌·明君篇》:"昧死射乾没,覺露則滅族。"《三國志·魏書·傅嘏傳》:"恪豈敢傾根竭本,寄命洪流,以徼乾没乎?"《抱朴子外篇·安貧》:"輕遺體於不測,觸重險以遠至,忘髮膚之明戒,尋乾没於難冀。"這裏的"乾没"似乎可以用服虔所謂"射成敗"或如淳所謂"得利爲乾,失利爲没"來解釋,也就是説"乾没"被用作反義複詞,因爲存在成或敗、得或失兩種可能性,所以"射/徼/尋乾没"是冒險的行爲。"乾没"用作不及物動詞,即指冒險僥幸(有所貪求),如《抱朴子内篇·黄白》:"復兼商賈,不敦信讓,浮深越險,乾没逐利,不惜軀命,不修寡欲者耳。"又《抱朴子外篇·良規》:"則不苟且於乾没,不投險於僥幸矣。"又《抱朴子外篇·行品》:"循繩墨以進止,不乾没於僥幸者,謹人也。"下面南北朝時期的例子中,"乾没"爲干求、貪求義。用作不及物動詞,如《顔氏家訓·文章》:"陸機犯順履險,潘岳乾没取危。"[81]"乾"與"犯"對文,蓋讀"乾"爲"干"。用作及物動詞,如《北史·鄭羲傳》:"爲河朔清流而乾没榮利,得不以道而頹其家聲。"又《甄琛傳》:"疾世俗貪競,乾没榮寵,曾爲《風賦》以見意。""榮利"和"榮寵"是求取之物。

蔣禮鴻將"乾没"歸納爲貪求、徼幸和吞没人家的財物三個意義,並認爲"貪求是最初義,徼幸是貪求義的引申,至於吞没財物,則是古義湮没以後的後起義"[82]。他還指出,"至於掩人財物,義出後起,蓋以古義不憭,生此旁枝耳"[83]。翟灝《通俗編》云:"世俗又以掩人財物爲乾没,其言則自唐以後始。"例如,褚亮《隋左屯衛大將軍周孝范碑銘》:"不矯飾以招譽,豈乾没以徇私。"杜甫《贈李八秘書別三十韻》:"對揚抏士卒,乾没費倉儲。"杜牧《朱叔明授右武衛大將軍制》:"而乃公欺降戎,乾没戰馬,歸充伏櫪,告以弊帷。"李商隱《上河陽李大夫狀》:"坐隳戎律,乾没軍租。"同時期,"隱没"一詞也可表吞没、貪污之義。

　　宋代以後，“乾没”也寫作“干没”，亦有僥幸取利和侵吞他人財物二義。同時又有“乾隱”“乾匿”，亦指侵吞（財物）^㉞。此外，《明光宗實録》卷四：“政事必不可干預，錢粮必不可乾冒。”“乾冒”義亦類似。值得注意的是，與上述諸詞相對應的有“侵没”“侵隱”“侵匿”“侵冒”^㉟，亦皆有侵吞（財物）之義。“侵隱”的例子如《北史·寇俊傳》：“孝昌中，朝議以國用不足，乃置鹽池都將，秩比上郡。前後居職者多有侵隱。”又如《漢書·黄霸傳》“簿書正，以廉稱”，顔師古曰：“言無所侵隱，故簿書皆正，不虚謬也。”《説文·干部》：“干，犯也。”段注：“犯，侵也。”據此，我們認爲唐以後表侵吞財物的“乾没”可能讀作“干没”。

結　語

　　同義複詞是古漢語中一種重要的詞彙現象，在古漢語詞彙中所占比例較大。先秦以來特別是中古時期的文獻中同義複詞的數量頗多，其中相當一部分是後世並列式複合詞乃至現代漢語複合詞的來源。同義複詞的收録和釋義是詞彙學和辭書學討論未輟的課題，至今依然存在不少疑難有待解決。本文例舉了十二個具有典型性又各具特點的同義複詞，做了較爲深入細緻的共時剖析和歷時考察。由於望文生訓、不明古義、襲用舊注等原因，其中有的以前並未被視作同義複詞，有的被錯釋誤解，有的詞義演變的途徑和動因不甚明晰。我們做了較詳細的考證，探討了其中的疑難問題，以求教於方家。同義複詞在結構和意義上的演變是一個值得關注的課題，本文衹是舉例性質的論述，更全面系統的研究有待於將來。

①　王念孫：《讀書雜志》，南京：江蘇古籍出版社，2000 年，第 407—410 頁。參閲李運富：《王念孫父子的“連語”觀及其訓解實踐》（上）（下），《古漢語研究》，1990 年第 4 期、1991 年第 2 期。

②　王引之：《經義述聞》，南京：江蘇古籍出版社，2000 年，第 772—774 頁。

③　俞樾等：《古書疑義舉例五種》，北京：中華書局，1983 年，第 139—143 頁。

④　劉師培：《古用複詞考》，《劉申叔遺書》，南京：鳳凰出版社，1997 年，第 1284—1285 頁。

⑤　郭在貽：《訓詁學（修訂本）》，北京：中華書局，2005 年，第 13—14 頁。

⑥　周掌勝：《同義複詞研究與語文辭書編纂》，杭州：浙江大學出版社，2015 年。

⑦　徐流：《論同義複詞》，《古漢語研究》，1990 年第 4 期，第 12—17 頁。

⑧　“重新分析”原本是指語法化的一種機制，這裏借用來指複合詞結構的變化。

⑨　袁昱菡從詞義的發展、語法功能的轉變、字形的掩蓋和重新理解等方面討論了並列式複合詞結

構變異的動因與機制,是近年來在這方面比較深入的研究。參閱袁昱菡:《漢語複合詞的結構歷時變異現象》,華中師範大學博士學位論文,2019 年。洪帥探討了複合詞歷時結構變異的三個主要原因:語素黏著化造成詞義不透明、多義語素的理解錯位、離子化與韻律的壓制作用。參閱洪帥:《複合詞歷時結構變異的分類描寫與成因考探》,《古漢語研究》,2020 年第 4 期,第 16—23 頁。

⑩　卜師霞:《源於先秦的現代漢語複合詞研究》,北京:中華書局,2018 年,第 171 頁。

⑪　"現代漢語還有不少雙音詞早在古代已經結合,結合的理據存於先秦,而在結合後又作爲一個整體產生引申,遂使現代用意與構詞的意圖脱節,要尋其造詞理據,分析結構方式,仍必須向上追尋。"參見王寧:《訓詁學與漢語雙音詞的結構和意義》,《語言教學與研究》,1997 年第 4 期,第 17 頁。

⑫　"弊",朱駿聲曰:"弊,假借爲幣。"《漢書·食貨志》即作"幣"。參見閻振益、鍾夏校注:《新書校注》,北京:中華書局,2000 年,第 169 頁。

⑬　閻振益、鍾夏校注:《新書校注》,第 169 頁。

⑭　"隱""蕴"音義同,"隱""蔚"對轉,故"隱"含有衆多、聚集之義。聚集義和靠近、貼近義亦相通。

⑮　《鹽鐵論·復古》云:"浮食豪民,好欲擅山海之貨,以致富業,役利細民,故沮事議者衆。"

⑯　"平民一般不具備鑄錢的能力,因爲鑄錢需要大量人力與資金的配合,同時必須與採礦相聯繫纔能進行。"參見宋叙五:《西漢貨幣史》,香港:香港中文大學出版社,2002 年,第 67 頁。

⑰　《四部叢刊》影印蘭雪堂活字本作"隱親",《漢魏六朝百三名家集》和嚴可均輯本作"顧親"。

⑱　"周旋"有照顧、周濟義,如《三國志·魏書·臧洪傳》:"每登城勒兵,望主人之旗鼓,感故友之周旋。"《古今小説·裴晉公義還原配》:"當朝裴晉公每懷惻隱,極肯周旋落難之人。"參閱王雲路、王誠、王健:《再論核心義在複音詞研究中的價值》,《漢字漢語研究》,2019 年第 3 期,第 31—39 頁。

⑲　中古史書中有幾例"隱親"似不能解釋爲關心、照顧,可能是因爲"隱"的憑依義不爲人所熟知,所以"隱親"一詞被重新分析,如《後漢書·安帝紀》:"刺史舉所部,郡國太守相舉墨綬,隱親悉心,勿取浮華。"這裏的"隱"似應爲隱審、隱度義。不過,隱度即諒度,以己之情度他人之情,體驗對方的感受,隱度的"隱"和温仁的"温"詞源同,隱審和關心其實是一致的。參見黃易青:《"高宗諒陰"的"隱度"文化及古代"温仁"——兼論前諧聲時代閉口韻向舌鼻韻演變趨勢》,《北京師範大學學報(社會科學版)》,2019 年第 5 期,第 56—66 頁。

⑳　蔡鏡浩:《魏晉南北朝詞語例釋》,南京:江蘇古籍出版社,1990 年,第 412 頁。

㉑　除此之外,"造次"在中古文獻中還有造訪等其他含義。

㉒　蔣禮鴻:《敦煌變文字義通釋》,《蔣禮鴻集》第一卷,杭州:浙江教育出版社,2001 年,第 357—359 頁。另參吳小如《讀蔣禮鴻〈敦煌變文字義通釋〉札記》,《文獻》,1980 年第 1 期,第 105—136 頁。此外 ,沈培認爲,《論語》中的"造次"是兩個意義相關的語素組成的雙音節詞,可以理

解爲"往"和"止",也可以理解爲"所往"和"所止"。此觀點來自沈先生的講座"談談新出安大簡《仲尼曰》對於校讀傳世古書的作用"(澳門大學中文系,2022年11月11日)。據此,則《論語》中的"造次"與本文討論的不同。

㉓ 許慎撰,段玉裁注:《説文解字注》,上海:上海古籍出版社,1981年,第515頁。

㉔ 王先謙:《詩三家義集疏》,吴格點校,北京:中華書局,1987年,第1043頁。

㉕ "懲"可能和"箴"同源,"箴"有規勸、告戒義。

㉖ 此例參閲王誠、王雲路:《試論並列式複音詞語素結合的深層原因——以核心義爲研究視角》,《浙江大學學報(人文社會科學版)》,2020年第1期,第204—217頁。

㉗ 董志翹:《〈世説新語〉疑難詞語考索(二)》,《四川大學學報(哲學社會科學版)》,2008年第1期。

㉘ 今本作"力也",此據畢沅改。

㉙ 《辭源(第三版)》解釋爲"固著"(何九盈、王寧、董琨主編:《辭源(第三版)》,北京:商務印書館,2017年,第4436頁),與我們的理解稍有區別。

㉚ "周君"指周顗,"靳固紀瞻之妄"典出《世説新語·任誕》注引鄧粲《晋紀》。

㉛ 張志毅、張慶云:《詞彙語義學(修訂本)》,北京:商務印書館,2005年,第230頁。

㉜ "本源意義指先秦傳承複合詞來源的意義。"(卜師霞:《源於先秦的現代漢語複合詞研究》,第41頁)這裏借用這一説法來指同義複詞或複合詞的本義。

㉝ "雙音詞的構詞理據,包括以下三方面的要點:(1)原始構詞時兩個語素各自的意義;(2)兩個語素結合的語言原因和文化原因;(3)與這兩方面原因相關的語素結構模式,這一問題還要涉及語素的書寫形式。"(王寧:《訓詁學與漢語雙音詞的結構和意義》,第14頁)

㉞ 關於詞義沾染,可參閲伍鐵平:《詞義的感染》(《語文研究》,1984年第3期);蔣紹愚:《古漢語詞彙綱要》(北京:北京大學出版社,1989年);朱慶之:《佛典與中古漢語詞彙研究》(臺北:文津出版社,1992年);張博:《組合同化:詞義衍生的一種途徑》(《中國語文》,1999年第2期)。

㉟ 王念孫云:"《邶風·擊鼓》篇'死生契闊',《韓詩》云:'契闊,約束也。'契,猶擮也;闊,猶括也。故《小雅·車舝》篇'德音來括',《韓詩》云:'括,約束也。'"(《廣雅疏證》,南京:江蘇古籍出版社,2000年,第87頁)但是,高本漢指出:"《韓詩》或者是把'契闊'當'絜括'的假借字,或語源相同的字。不過,'絜'和'括'連用是没有例證的。"(《高本漢詩經注釋》,上海:中西書局,2012年,第79頁)

㊱ 高本漢:《高本漢詩經注釋》,第80頁。

㊲ 季旭昇:《説文新證》,福州:福建人民出版社,2010年,第369頁。

㊳ 兩人聚少離多,從軍之士常年在外奔波,故毛傳訓"契闊"爲"勤苦",這是語境義。後來"契闊"就成了代指勤苦、勞苦的典故詞,與分離、離别已無多少關係。如《後漢書·文苑傳上·傅毅》:"爰率朋友,尋此舊則。契闊夙夜,庶不懈忒。"李賢注:"《詩》云:'與子契闊。'契闊謂辛苦也。"參見錢大昕:《廿二史考異》,北京:中華書局,1985年,第469—470頁。

㊴ 分離與切合二義相反相成。不過,從文獻用例來看,"契"表切合、投合義似出現於魏晉以後。

㊵ 錢鍾書:《管錐編》,北京:生活・讀書・新知三聯書店,2001 年,第 139 頁。

㊶ 錢鍾書:《管錐編》,第 139—141 頁。

㊷ 盧諶《答魏子悌》:"恩從契闊生,義隨周旋接。"可知"契闊"和"周旋"義近相類。

㊸ 《漢語大詞典》釋爲"以勇氣自恃;驕傲自大",似誤。《漢語大詞典》收"矜勇"一詞,釋義爲"以勇自負"。但"矜奮"和"矜勇"的結構不能簡單類比。考故訓中"奮"訓"勇"僅見一例,《戰國策・秦策一》:"夫斷死與斷生也不同,而民爲之者是貴奮也。"高誘注:"奮,勇也。"鮑彪注:"奮,言勇不顧死。"《韓非子・初見秦》作"貴奮死"。"奮死"固然可以理解爲勇於赴死,但這裏的"奮"恐怕不是名詞性的勇氣或勇敢,而應該理解爲"奮起直追""奮不顧身""奮勇前進""奮然前行"的"奮",指挺身而出做某事。又,驕傲主要指内在的自滿和外在的輕視他人,而"矜"義側重於表現於外的自伐、自誇,二者有所區别。

㊹ 段玉裁認爲"矜"古當从令聲。

㊺ 荀況:《荀子校釋》,王天海校釋,上海:上海古籍出版社,2005 年,第 1135 頁。

㊻ 俞樾:《諸子平議》,李天根輯,北京:中華書局,1956 年,第 480 頁。

㊼ 《漢語大詞典》釋爲"自以爲是、妄自尊大",應是語境義。

㊽ 王念孫:《讀書雜志》,第 1028 頁。《漢語大詞典》有"矜動"條,釋義爲"舞動"。《列女傳・齊桓衛姬》:"忿然充滿,手足矜動者,攻伐之色。今妾望君舉趾高,色屬音揚,意在衛也。"據王念孫之説,則"矜動"就是奮動。

㊾ 宣穎《南華經解》云:"以御難自矜。"參見陳鼓應:《莊子今注今譯(最新修訂重排本)》,北京:中華書局,2009 年,第 680 頁。

㊿ 《漢語大詞典》釋爲"武勇,勇敢",似爲隨文釋義。

(51) 徐元誥:《國語集解》,北京:中華書局,2002 年,第 98—99 頁。

(52) 强大和比强、比大似有關聯。如《左傳・莊公二十二年》:"八世之後,莫之與京。"杜注:"京,大也。"孔疏:"謂無與之比大,言其位最高也。"章太炎認爲"若拘於大訓,則莫之與大,甚爲不辭",他指出"京"有當直義,故下文云"物莫能兩大"。(章太炎:《春秋左傳讀・春秋左傳讀叙録・駁箴膏肓評》,《章太炎全集》第一輯,上海:上海人民出版社,2014 年,第 187—188 頁)又如《左傳・昭公十年》"齊惠欒、高氏皆耆酒,信内多怨,强於陳、鮑氏而惡之。"惠棟《補注》:"言其族盛,與陳、鮑相當值。"《爾雅・釋詁下》:"强,當也。"郭璞注:"强者,好與物相當值。"

(53) 作爲非常用義位,"競"的强義較多見於習語"不競",顯然是承襲《左傳》。

(54) 卜師霞:《源於先秦的現代漢語複合詞研究》,第 61 頁。

(55) 李周翰注把"爽"解釋爲差,恐怕不對。

(56) 此例參閲王誠、王雲路:《試論並列式複音詞語素結合的深層原因——以核心義爲研究視角》,《浙江大學學報(人文社會科學版)》,2020 年第 1 期,第 204—217 頁。

(57) 丁福保:《説文解字詁林》,北京:中華書局,1988 年,第 13434 頁。

㊸ "懃(勤)"或指憂慮、操心,故"殷勤(慇懃)"亦爲同義複詞,有急切、關心等義,如《論衡·明雩》:"猶卜筮求祟、召醫和藥者,惻痛慇懃,冀有驗也。"三國魏曹操《請追贈郭嘉封邑表》:"賢君殷勤於清良,聖祖敦篤於明勳。"

㊹ 《爾雅·釋木》"槐棘醜喬"郭璞注:"枝皆翹竦。""翹竦"同義並列。

㊿ 《高僧傳》中還有"翹勵"一詞,"勵"義爲振起、振奮,故"翹勵"可看作同義或近義並列。

㊱ 《高僧傳》卷三《釋法顯》:"顯獨留山中,燒香禮拜,翹感舊跡,如睹聖儀。"唐武則天《唐明堂樂章·商音》:"爰申禮奠,庶展翹誠。"《漢語大詞典》謂"翹誠"猶虔誠。

㊲ 金文中已有佐證,如《蔡侯申盤》"穆穆亹亹",王輝注釋:"《爾雅·釋詁》:'穆穆,敬也。'《詩·大雅·文王》:'亹亹文王,令聞不已。'毛傳:'亹亹,勉也。'穆穆亹亹,勤勉莊敬。《大戴禮記·五帝德》:'(禹)敏給克濟,……亹亹穆穆,爲綱爲紀。'"(王輝:《商周金文》,北京:文物出版社,2006年,第293頁)傳世文獻中則有較多的例子,如《國語·周語上》:"修其訓典,朝夕恪勤。"曝書亭鈔本《北堂書鈔·政術部十》引賈逵曰:"恪,敬也。勤,勞也。"又,《古文尚書》中有"祗勤",《周書·周官》:"今予小子,祗勤于德,夙夜不逮。"清華簡《攝命》中則有"勤祗":"攝,敬哉,毋閉于乃唯冲子小子,毋遞在服,勤祗乃事。"又有"恭勤",如漢蔡邕《玄文先生李子材銘》:"吁兹先生,秉德恭勤。""翹勤"與"恪勤""祗勤""恭勤"在語義組合上相類似,稍有不同的是,"翹"帶有一定的動作性,而"恪""祗""恭"則純粹表示心理狀態。此外,清華簡《攝命》篇中的"劼""卹(恤)"二字皆有"勤勉、敬慎"語義,也可佐證勤和敬的緊密關聯。參見黃德寬《清華簡〈攝命〉篇"劼姪卹攝"訓釋的再討論》,《中國語文》,2022年第4期,第413—426頁。

㊳ 王寧:《論漢字與漢語的關係》,《民俗典籍文字研究》第15輯,北京:商務印書館,2015年。

㊴ 王寧:《訓詁學與漢語雙音詞的結構和意義》,第11—22頁。

㊵ "重新理解"是指"把語言單位歷史上的X意義理解爲當代的Y意義","由於普通人對某個語言形式歷史意義、用法的不瞭解或遺忘而造成的一種'普遍誤解'","是同一個語言形式在不同歷史時期使用結果不同的一個反映"。見儲澤祥、王寅:《動詞的"重新理解"及其造成的影響》,《古漢語研究》,2009年第3期,第20頁。

㊶ 王寧主持整理:《章太炎説文解字授課筆記》,北京:中華書局,2010年,第251頁。

㊷ 參閱廖名春:《〈論語〉"父子互隱"章新證》,《湖南大學學報(社會科學版)》,2013年第2期,第5—13頁。

㊸ "櫽栝"和"隱括"其實是兩個不同的詞。由於二者詞形近似,關係密切,段玉裁謂"櫽栝"假借作"隱括",《漢語大詞典》將"隱栝"和"隱括"視爲一詞。這裏我們也將"隱栝"與"隱括"的不同含義當作同義複詞的演變來分析。

㊹ 《説文·手部》:"括,絜也。"

㊺ 王念孫:《讀書雜志》,第407頁。王念孫未對"尉"和"薦、籍"何以同義作解釋。這裏有條材料似值得一提,《左傳·哀公十一年》:"公使大史固歸國子之元,置之新篋,褽之以玄纁,加組帶

焉。”杜注：“褻，薦也。”《説文·衣部》：“褻，衽也。”段注：“此衽當訓衽席。”又《艸部》：“薦，薦
蓆也。”《廣雅·釋器》：“薦，席也。”王念孫《疏證》：“《釋名》云：‘薦，所以自薦藉也。’”

⑪　又如《文選·張衡〈西京賦〉》：“重閨幽闥，轉相踰延。望㟏㟒以徑庭，眇不知其所返。”薛綜注：
“㟏㟒、徑庭，過度之意。言人其中皆迷惑不識還道也。”

⑫　《十六國春秋》卷六十《後秦録》八：“然諸家通第一義，廓然空寂，無有聖人，吾常以爲殊大逕
庭，不近人情。”可相參照。

⑬　《戒子通録》卷四：“按，徑廷，《北史》作徑挺，均不可解，疑爲勁挺之訛。”恐非。

⑭　又如權德輿《唐故中嶽宗元先生吳尊師集序》：“厥後冀元得其本以授予。請刊其徑庭，庶傳永
久。其有逍遥卓詭之論，猶不列於此編。”

⑮　《唐文粹》作“豈與彼數子直道而已哉”。

⑯　參閲胡正武：《同義複詞是聯綿詞一大來源例説》，《古典文獻與文化論叢》，北京：中華書局，
1997 年，第 263—274 頁。

⑰　黄侃：《黄侃論學雜著》，北京：中華書局，1964 年，第 9 頁。

⑱　“徑庭”的重新解釋和詞義演變之間顯然存在緊密關聯，但似乎不容易考明孰先孰後，較難論
證相互的影響。

⑲　蔣禮鴻：《義府續貂》，北京：中華書局，1981 年，第 27—29 頁。

⑳　陸宗達：《字詞釋義三則》，《語文研究》，1982 年第 1 期。

㉑　《晋書·潘岳傳》：“岳性輕躁，趨世利，與石崇等諂事賈謐，……其母數誚之曰：‘爾當知足，而
乾没不已乎？’”

㉒　蔣禮鴻：《辭書三議——爲撰寫〈漢語大詞典〉貢末議》，《杭州大學學報（哲學社會科學版）》，
1977 年第 2 期，第 72—80 頁。

㉓　蔣禮鴻：《義府續貂》，第 29 頁。

㉔　“乾隱”也可作名詞，指侵吞的財物。

㉕　《漢語大詞典》收録“侵没”“侵匿”“侵冒”，同時，“隱没”亦表吞没、貪污之義。

（原載《民俗典籍文字研究》第 28 輯，有增訂）

附記：本文得到浙江高校重大人文社科項目攻關計劃（2018QN082）資助。

作者簡介：王誠，浙江大學古籍研究所副教授

通訊地址：浙江大學紫金港校區古籍研究所　　郵編：310058

"熟"有衰老義的來源與成因

盧　鷺

"熟"在漢譯佛經中有一個特殊的含義,即指人的衰老[①],例如:

(1)我今極老,諸根衰熟,壽過垂訖,年滿八十,不復能起。(東晋僧伽提婆譯《中阿含經》卷三十一《大品賴吒恕羅經》,1/627a)

(2)汝今迦葉年老形熟,無復有少壯意,長老身無所堪任,漸漸衰耗,盛意已盡更不興。(符秦僧伽跋澄等譯《僧伽羅刹所集經》卷下,4/142a)

"熟"的衰老義不見於前代中土文獻,究其來源,可能是受到譯經源頭語的影響,在翻譯過程中發生了詞義的"移植"。

一　"熟"表衰老義的來源

"熟"古字作"孰",《説文·釾部》認爲其本義是食物煮熟:"𤎩,食飪也。从釾,𦎫聲[②]。《易》曰:'孰餁。'"其古文字爲从亯、从釾的會意字,表示祭享時進獻熟物[③]。"熟"從食物煮熟義引申指植物果實、種子等長成,但在佛經傳入中國以前,"熟"並未引申出形容人年老的用法。食物煮熟、植物長成用"熟",人年齡大用"老",二者的界限比較分明:

(1)物生也,色青;其熟也,色黄。人之少也,髮黑;其老也,髮白。黄爲物熟驗,白爲人老效。物黄,人雖灌溉壅養,終不能青;髮白,雖吞藥養性,終不能黑。黑青不可復還,老衰安可復却? 黄之與白,猶肉腥炙之燋,魚鮮煮之熟也。燋不可復令腥,熟不可復令鮮。鮮腥猶少壯,燋熟猶衰老也。(《論衡·道虚》)

東漢後期,"熟"產生了一種特殊的用法——專指人的衰老、垂死,始見於漢譯佛經,且最早的可靠譯經者安世高就已經開始使用:

(2)老相爲何等? 爲轉熟,是爲老相,令從是致墮死處。(東漢安世高譯《陰持

入經》卷上,15/175a)

　　(3)老,賢者! 苦老爲何等? 所各各疲疲人,其爲是老、皺、白力動、以老、傴拄杖、鬢髮墮、黑子生、變變、根已熟、身欲壞、色已轉、老已壽,是名爲老。(東漢安世高譯《四諦經》,1/814c)

比安世高稍晚的東漢譯經裏,“熟”的這一用法亦得到沿用:

　　(4)迦葉白佛:我前事火,晝夜不懈,勤苦積年,好術弟子,凡有五百人,精鋭燃火,不避寒暑,年者根熟,永無髳髯,先人傳惑,以授後生,自稱是道,唐苦無報。今得佛教,洗浣心垢,已得羅漢。(東漢曇果共康孟詳譯《中本起經》卷上,4/152b)

“熟”如何能表示年老體衰義? 究其源,大概是受到譯經源頭語的影響。梵文有動詞詞根“√pac”(煮;成熟),可以構成形容詞 pakva、pāka 等。以 pakva 爲例,它有多種義項,可以表示食物被烹飪、加熱到可以食用,也可以表示植物果實的成熟,還能表示事物發展完善,它們與漢語“熟”的三種主要義項可以相互對應,因此,譯師們多用“熟”來與之對譯。

　　但 pakva 還有一種義項,是“熟”在佛經傳入以前不具備的,即指人的“衰老、腐朽、損壞、瀕死”。《梵德辭典》(Sanskrit-Wörterbuch)在該義項下的引例之一是 **pakvānām** hi vadhe sūta vajrāyante tṛṇāny api[④]。該例出自印度史詩《摩訶婆羅多·德羅納篇》。其中 pakvānām 即是 pakva 的複數屬格形式。《摩訶婆羅多》的英譯本將這句話譯成:O horseman. For dry twigs and old men, a blade of grass can be as deadly as a lightning bolt.[⑤] (御者啊,對於枯枝和老人來说,一片草葉也會像金剛杵一樣致命。)英譯本把 pakva 理解爲“枯朽、衰老者”,和辭典引例一致。但是,中譯本《摩訶婆羅多》把這句話翻譯成:“御者啊,要殺死業果成熟的人,連稻草也會變成金剛杵。”[⑥]即把 pakva 理解爲“成熟者”,特指業果成熟的人。中英譯本的差異體現了譯者對 pakva 兩種義項的不同選擇。

　　由於佛經翻譯者用“熟”對譯 pakva/pāka,“熟”在佛經中也有了“衰老,損壞,接近死亡”的意義,朱冠明把這種受佛經翻譯影響而産生的新義稱爲“移植”:“所謂‘移植’(semantic/functional transfer),是指譯師在把佛經原典語梵文(源頭語)翻譯成漢語(目標語)的過程中存在的這樣一種現象:假定某個梵文詞 S 有兩個義項 S_a、S_b,漢語詞 C 有義項 C_a,且 $S_a = C_a$,那麼譯師在翻譯中由於類推心理機制的作用,可能會把 S_b 强加給漢語詞 C,導致 C 産生一個新的義項 C_b($= S_b$),C_b 與 C_a 之間不一定有引申關係,且 C_b 在譯經中有較多的用例,這個過程我們便認爲發生了語義(包括用法)移植。”[⑦]

將"熟"與 pakva 的各義項進行對比(見表1),可見二者在義項 A－C 上都有對等關係,由於類推機制的作用,pakva 的義項 D 被移植到"熟"上,形成了義項 d:

表1 "熟"與 pakva 各義項對比

熟⑧		pakva⑨
A. 食物加熱到可以食用的程度	=	A. cooked, roasted, baked, boiled, prepared on a fire
B. 成熟,植物的果實等完全長成	=	B. ripe, mature
C. 成就;深知,熟悉	=	C. accomplished, perfect, fully developed (as the understanding, character etc.)
d. 衰老,腐朽,損壞,瀕死	←	D. ripe for decay, near to death, decrepit, perishing, decaying

pakva 被對譯爲"熟"的例子可以在《法句經》的幾種平行文本中找到印證:

(5)所謂老者,不必年耆;形熟髮白,惷愚而已;謂懷諦法,順調慈仁,明遠清潔,是爲長老。(三國吳維祇難等譯《法句經》卷下,4/568c)

"形熟"即身體衰老。《法句經》中的偈頌"所謂老者,不必年耆;形熟髮白,惷愚而已",在梵語、巴利語、犍陀羅語各本中都能找到與之平行的段落:

梵文本⑩:
sthaviro	na	tāvatā	bhavati	yāvatā	palitaṃ	śiraḥ ∣
m. nom. sg.	indecl.	adv.	3rd. sg. indic.	adv. .	adv.	m. nom. sg.
長老	不	就	成爲	因爲	灰白	頭

paripakvaṃ	vayas	tasya	mohajīrṇaḥ	sa	ucyate ∥
adv.	nt. nom. sg.	nt. gen. sg.	m. nom. sg.	m. nom. sg.	3rd. sg. pass.
老	年紀	他的	愚蠢—老	這	被稱爲

巴利文本⑪:na tena thero hoti yen'assa palitaṃ siro ∣

paripakko vayo tassa moghajiṇṇo ti vuccati ∥

犍陀羅語本⑫:na tavada theru bhodi ya'asa *pali . . r*∣

parivako vayu tasa moha-ji[*ṇo*] di [*vu*]cadi ∥

梵、巴利、犍陀羅語本的大意是:"成爲長老的人,不是因爲頭髮白;如果祇是年紀老,這被稱爲愚蠢的老。"用來表達"(年紀)老"的詞是梵文 pakva 加上前綴 pari-,在巴利語、犍陀羅語本中對應的詞也都來自梵文的 pari-pakva,它在《法句經》中被對譯爲"熟"。

二 "熟"表衰老義的鞏固與擴散

(一)常用佛教術語"根熟"(indriyānaṃ paripāka)

漢譯佛經中表衰老義的"熟",最普遍的用例是與"根"(indriya)連用,組成雙音詞"根熟"或相關的短語、句子。"根熟"是佛教中的常見概念,在巴利文藏經中對應於短語indriyānaṃ paripāka。"根"是梵語 indriya 的意譯:"通常指器官、機能、能力之意。佛教用語中,'根'一詞亦含有器官能力之意。"[13]"熟"則是 pāka 加上前綴 pari-的意譯。indriyānaṃ paripāka(根熟)即是人體各種器官機能的老化、衰退,它在巴利文藏經中是一組固定搭配,多次重複出現,是衰老的一系列表徵之一。[14]

前文例(3)所舉安世高譯《四諦經》有兩個平行文本:漢譯《分別聖諦經》與巴利文 *Saccavibhaṅga-sutta*,可以相互對照:

(6)老,賢者! 苦老爲何等? 所各各疲疲人,其爲是老、皺、白力動、以老、僂拄杖、鬢髮墮、黑子生、變變、根已熟、身欲壞、色已轉、老已壽,是名爲老。(東漢安世高譯《四諦經》,1/814c)

(7)諸賢! 説老苦者,此説何因? 諸賢! 老者,謂彼眾生、彼彼眾生種類,彼爲老耄,頭白齒落,盛壯日衰,身曲脚戾,體重氣上,拄杖而行,肌縮皮緩,皺如麻子,諸根毁熟,顏色醜惡,是名爲老。(東晉僧伽提婆譯《中阿含經》卷七《分別聖諦經》,1/467c)

巴利本[15]:

Katamā c',	āvuso,	jarā? —	Yā	tesaṃ	tesaṃ	sattānaṃ
f. nom. sg.	indecl.	m. voc. sg.	f. nom. sg.	f. nom. sg.	nt. gen. pl.	nt. gen. pl.	nt. gen. pl.
什麼	而	賢者 老	它	每一種的		眾生

tamhi	tamhi	sattanikāye	jarā	jīraṇatā	khaṇḍiccaṃ	saṃhānī
nt. loc. pl.	nt. loc. pl.	m. loc. sg.	f. nom. sg.	f. nom. sg.	nt. nom. sg.	nt. nom. sg.
在每一種當中		眾生—種類	老	衰老	齒落	髮白

pāliccaṃ	valittacatā	āyuno	**indriyānaṃ**	**paripāko**;
f. nom. sg.	nt. gen. sg.	f. nom. sg.	nt. gen. pl.	m. nom. sg.
減少	壽命	皺縮	**根**	**衰退**

ayaṃ	vuccat',	āvuso,	jarā.
f. nom. sg.	f. nom. sg.	m. voc. sg.	f. nom. sg.
這	被稱爲	賢者	老

（大意：賢者！什麼是老？所有眾生中，每一種眾生的老、衰老、齒落、髮白、皮皺、壽命的減少、<u>諸根的衰退</u>，賢者！這被稱爲老。）

《四諦經》"根已熟"、《分別聖諦經》"諸根毀熟"對應於巴利本 *Saccavibhaṅga-suttaṃ* 中的 indriyānaṃ paripāko。

相似的例子還有巴利文 *Vibhaṅga-sutta* 及其漢譯平行本《增壹阿含經》卷四十六《放牛品》：

巴利本⑯：

Katamañca	bhikkhave	jarāmaraṇaṃ ‖	Yā	tesaṃ tesaṃ sattānaṃ
nt. nom. sg.	indecl.	m. voc. pl.	nt. nom. sg.	f. nom. sg.	nt. gen. pl. nt. gen. pl. nt. gen. pl.
什麼	而	比丘們 老—死	它	每一種的 眾生

tamhi tamhi	sattanikāye jarā	jīraṇatā	khaṇḍiccaṃ	pāliccaṃ	valittacatā	āyuno
nt. loc. pl. nt. loc. pl.	m. loc. sg. f. nom. sg.	f. nom. sg.	nt. nom. sg.	nt. nom. sg.	f. nom. sg.	nt. gen. sg.
在每一種當中	眾生—種類 老	衰老	齒落	髮白	減少	壽命

saṃhāni	**indriyānaṃ**	**paripāko**	‖ayaṃ	vuccati	jarā. ‖
f. nom. sg.	nt. gen. pl.	m. nom. sg.	f. nom. sg.	3ʳᵈ. sg. pass.	f. nom. sg.
皺縮	**根**	**衰退**	這	被稱爲	老

（大意：比丘們！什麼是老死？所有眾生中，每一種眾生的老、衰老、齒落、髮白、皮皺、壽命的減少、<u>諸根的衰退</u>，這被稱爲老。）

其中的 indriyānaṃ paripāko 在漢譯平行文本對應於"諸根純熟"：

（8）彼云何爲老？所謂彼彼眾生，於此身分，齒落髮白，氣力劣竭，<u>諸根純熟</u>，壽命日衰，無復本識，是謂爲老。（符秦曇摩難提譯《增壹阿含經》卷四十六《放牛品》第四十九，2/797c）

可以看出，這一系列衰老的表徵在不同的漢譯版本中有所增減，但"根熟"這一概念始終穩定地出現。在佛經文獻用例中，它既可以具體指"諸根衰退"，也可以用來指代整體性的"衰老"。

具體指"諸根衰退"的用例常與其他衰老的特徵並列：

（9）年長之後，諸根竝熟，首白齒隕，内外虛耗，存之心悲，轉成重病，四大欲離，節節皆痛，坐臥須人，醫來加惱。（三國吴康僧會譯《六度集經》卷三，3/16a）

（10）云何色患？若見彼妹，而於後時，極大衰老，頭白齒落，背僂脚戾，拄杖而行，盛壯日衰，壽命垂盡，身體震動，諸根毀熟，於汝等意云何？若本有美色，彼滅生患耶？（東晉僧伽提婆譯《中阿含經》卷二十五《苦陰經》，1/585c）

（11）老者，謂人根熟形變、髮白齒落、筋緩皮皺、僂步拄杖。（失譯《阿那律八念經》，1/836b）

指代“衰老”整體的用例亦多見，常構成四字詞“年耆根熟”：

（12）古昔諸王，盛年之時，恣受五欲，至於根熟，然後方捨國邑樂具，出家學道，此未足奇。（劉宋求那跋陀羅譯《過去現在因果經》卷三，3/637c）

（13）爾時，尊者阿私陀仙爲王説已，作是思惟：“今此童子，幾時出家，得成佛道，轉於最上勝妙法輪？”彼作如是思惟之時，自心生智，即能知見，從今已去三十五年，此之童子，必得成於阿耨多羅三藐三菩提，轉於無上最勝法輪。時彼仙人，因此繫念思惟之時，復自見己諸根純熟，覆自呵責，如是嘆言：“嗚呼嗚呼！我今在於如是童子法教之外，不值此時。”（隋闍那崛多譯《佛本行集經》卷十，3/697a）

（14）云何老衰？或有一人，年耆根熟，壽過垂訖，彼作是念：“我年耆根熟，壽過垂訖，我實有欲，不能行欲，我今寧可剃除鬚髮，著袈裟衣，至信、捨家、無家、學道。”（東晉僧伽提婆譯《中阿含經》卷三十一《大品賴吒惒羅經》，1/626a）

（15）爾時，有那拘羅長者，百二十歲，年耆根熟，羸劣苦病，而欲觀見世尊及先所宗重知識比丘。（劉宋求那跋陀羅譯《雜阿含經》卷五，2/33a）

（16）時有二老男女，是其夫婦，年耆根熟，僂背如鈎，諸里巷頭，燒糞掃處，俱蹲向火。（劉宋求那跋陀羅譯《雜阿含經》卷四十二，2/310a）

值得注意的是，由於 pakva/pāka 既可以表示“圓滿成熟”，也可以表示“衰老損壞”，所以“根熟”也有這兩種不同的意義：一、指根性、善根等修煉成熟；二、指身體衰老。前者亦常見於佛經文獻，如：

（17）若有未生、已生衆生根未淳熟，以神通力令根熟已，乃爲説法。（元魏般若流支譯《奮迅王問經》卷上，1/940c）

（18）爾時，世尊觀彼幻師及王舍城諸衆生等，根熟時至，爲成熟故，默然受請。（唐菩提流志譯《大寶積經》卷八十五，11/486c）

《漢語大詞典》收録了“根熟”詞條,但僅有“根性圓熟”一個解釋,所用引例爲南朝梁武帝《答皇太子請御講敕》:“年耆根熟,氣力衰耗。荷此羸尪,有踰重負。日中或得一食,或不得食,周旦吐握,未足爲勞,楚君肝食,方今非切。”這一引例值得商榷。“年耆根熟”是指身體的衰老,與“根性圓熟”無涉。梁武帝《答皇太子請御講敕》中的“年耆根熟”一詞沿用自佛經,最早見於東漢譯出的《中本起經》:

(19)迦葉白佛:“我前事火,晝夜不懈,勤苦積年,好術弟子,凡有五百人,精鋭燃火,不避寒暑,年耆根熟,永無髯鬚,先人傳惑,以授後生,自稱是道,唐苦無報。今得佛教,洗浣心垢,已得羅漢。”(東漢曇果、康孟詳譯《中本起經》,4/152b)

例(19)叙述了迦葉早年修習拜火教,至老而無所得,直到開始修習佛教,纔證得阿羅漢果。後文有偈頌總結爲:“若人壽百歲,奉火修異術,不如尊正諦,其明照一切。”(4/152c)可見,“年耆”與“根熟”是同義並列,《漢語大詞典》引例指的是身體上的衰老,並非“根性圓熟”。

(二)其他表衰老義的詞被對譯爲“熟”

由於佛教中屢次用“根熟”指代衰老,“熟”被移植了“衰老”一義。隨着這一詞義移植的完成,譯經源頭語中另一些表“衰老”義却没有“煮熟、成熟”義的詞語也被譯作了“熟”。兹舉數例説明。

1. 名詞 jīrṇatā 譯爲“熟”

名詞 jīrṇatā(衰老,老年)來自梵文動詞詞根 √jr̄[17]。√jr̄ 是表示衰老的常用詞根,但它一般不用來表示“煮熟、成熟”等義。儘管如此,jīrṇatā 在佛經中也被譯爲“熟”:

(20)云何爲老? 若髮白露頂,皮緩根熟,支弱背僂,垂頭呻吟,短氣前輸,柱杖而行,身體黧黑,四體班駮,闇鈍垂熟,造行艱難羸劣,是名爲老。(南朝宋求那跋陀羅譯《雜阿含經》卷十二,2/85b)

(21)云何爲老? 謂髮衰變,皮膚緩皺,衰熟損壞,身脊傴曲,黑黶間身,喘息奔急,形貌僂前,憑據策杖,惛昧羸劣,損減衰退,諸根耄熟,功用破壞,諸行朽故,其形腐敗,是名爲老。(唐玄奘譯《緣起經》,2/547c)

這兩段經文是同經異譯,在梵文本佛經中可以找到對應較爲工整的平行段落。在兩個傳世的梵文本 *Pratītya-samutpādādi-vibhaṅganirdeśa-sūtram* 和 *Ādi-sūtra* 當中,能够和漢譯“根熟”(《雜阿含經》)、“衰熟”(《緣起經》)相對應的梵語詞都是 jīrṇatā:

梵文本⑱：

jarā	katamā?	Yat tat	khālatyaṃ	pālityaṃ	valīpracuratā	**jīrṇatā**
f. nom. sg.	f. nom. sg.	nt. nom. sg.	nt. nom. sg.	nt. nom. sg.	f. nom. sg.	f. nom. sg.
老	什麽	（關係代詞）	脱髮	髮白	皺紋衆多	**衰老**

bhugnatā	kubja-gopānasī-vaṅkatā	tilakālakācita-gātratā	khuḷakhuḷa-praśvāsa-
f. nom. sg.	f. nom. sg.	f. nom. sg.	f. nom. sg.
彎腰	駝背—（肢體）彎曲—彎曲	黑斑—遍布—肢體	（喉嚨）咯咯響—呼吸—

-kāyatā	purataḥ	prāgbhāra-kāyatā	daṇḍa-viṣkambhaṇatā	dhandhatvaṃ	mandatvaṃ
	adv.	f. nom. sg.	f. nom. sg.	nt. nom. sg.	nt. nom. sg.
—身體	前面	彎曲——身體	拐杖——支撑	生病	愚鈍

hāniḥ	parihāniḥ	indriyāṇām	paripākaḥ	paribhedaḥ	saṃskārāṇām	purāṇībhāvaḥ
f. nom. sg.	f. nom. sg.	m. gen. pl.	m. nom. sg.	m. nom. sg.	m. gen. pl.	m. nom. sg.
損傷	衰壞	諸根	衰退	傷壞	諸行	衰朽

jarjarībhāvaḥ	iyam	ucyate	jarā ‖
m. nom. sg.	f. nom. sg.	3rd. sg. pass.	f. nom. sg.
崩壞	這	被稱爲	老

（大意：什麽是老？它就是髮脱，髮白，皺紋衆多，衰老，彎腰，駝背，（肢體）彎曲，黑斑遍布身體，喘息作聲，身體前屈，拄拐杖，疾病纏身，損傷衰壞，諸根衰退，傷壞，諸行的衰朽與崩壞，這被稱爲老。）

　　梵文本經文列舉了一系列衰老的表徵，其中包括了 jīrṇatā 和 indriyāṇāṃ paripāka。indriyāṇāṃ paripāka 即是上文討論的“諸根衰退”，《雜阿含經》將它譯爲“闇鈍垂熟”，《緣起經》則譯爲“諸根耄熟”。但另一詞 jīrṇatā 祇有衰老義，没有成熟義，却也被譯作了“根熟”（《雜阿含經》）、“衰熟”（《緣起經》），這説明此時“衰老”義已經被移植到漢語的“熟”上，譯經者並不是因爲 pakva/pāka 的多義性而發生誤譯，而是直接把漢語的“熟”作爲一個表衰老義的詞來使用。

2. 動詞 jīyati/jīryate 譯爲“熟”

　　《雜阿含經》（2/101a）用動詞“熟”表示世間事物的衰老。對勘其在巴利文本 *Vipassī-sutta*、梵文本 *Abhisaṃbodhanaparivarto-dvāviṃśaḥ* 當中的平行段落，“熟”對應的動詞是巴利的 jīyati、梵文的 jīryate，二者都來自√jṛ 詞根：

　　（22）一切世間皆入生死，自生自<u>熟</u>，自滅自没，而彼衆生於老死之上出世間道

不如實知。（南朝宋求那跋陀羅譯《雜阿含經》卷十五，2/101a）

巴利本[19]：

Kiccham	vatāyam	loko	āpanno	jāyati	ca	**jīyati**
nt. acc. sg.	indecl.	m. nom. sg.	m. nom. sg.	3rd. sg. indic.	indecl.	3rd. sg. indic.
苦痛	唉！	這個 世界	陷入了	出生	和	**衰老**

ca	mīyati	ca	cavati	ca	upapajjati	ca	Atha	ca	panimassa
indecl.	3rd. sg. indic.	indecl.	3rd. sg. indic.	indecl.	3rd. sg. pass.	indecl.	indecl.	indecl.	m. gen. sg.
和	死亡	和	消逝	和	再生	和	然而		這

dukkhassa	nissaraṇam	nappajānāti	jarāmaraṇassa
nt. gen. sg.	nt. acc. sg.	indecl. 3rd. sg. indic.	nt. gen. sg.
苦	出離	不 知道	老—死

（大意：唉！這個世界陷入了苦痛，它出生、衰老、死亡、消逝、再生，却對於出離這老死之苦不了知。）

梵文本[20]：

kṛcchram	batāyam	loka	āpanno	yad uta jāyate	**jīryate**
nt. acc. sg.	indecl.	m. nom. sg.	m. nom. sg.	indecl. 3rd. sg. indic.	3rd. sg. indic.
苦痛	唉！	這個	世界	陷入了 所謂 出生	**衰老**

mriyate	cyavate	upapadyate	atha	ca	punar	asya	kevalasya	mahato
3rd. sg. indic.	3rd. sg. indic.	3rd. sg. indic.	indecl.	indecl.	indecl.	m. gen. sg.	m. gen. sg.	indecl.
死亡	消逝	再生	然而		這	僅是		大

duḥkhaskandhasya	niḥsaraṇam	na	saṃprajānāti	jarāvyādhimaraṇādikasya
m. gen. sg.	nt. acc. sg.	indecl.	3rd. sg. indic.	m. gen. sg.
苦——集	出離	不	了知	老——病——死——等

（大意：唉！這個世間陷入了苦痛，它出生、衰老、死亡、消逝、再生，然而這僅是老病死等等大苦集，（世間）却對出離於此毫不了知。）

3. 表衰老義的形容詞譯爲“熟”

巴利文大藏經中有一組經常並列用來表示衰老義的詞：jiṇṇo vuddho mahallako addhagato vayo-anuppatto[21]，它們一般都不用來表示煮熟、成熟義，而漢譯《雜阿含經》和《尊婆須蜜菩薩所集論》仍使用了習語“年耆根熟”或同義並列的“年老、形熟、長老”來翻譯：

巴利本[22]：

Ettha	dāni	Mālukyaputta	kiṃ	dahare	bhikkhū	vakkhāma	
indecl.	adv.	m. voc. sg.	nt. acc. sg.	m. acc. pl.	m. acc. pl.	1ˢᵗ. pl. fut.	
這裏	現在	摩羅迦舅	什麼	年輕	比丘	我將説	

yatra hi nāma	tvam	bhikkhu	**jiṇṇo**	**vuddho**	**mahallako**	**addhagato**	**vayo**
indecl.	nom. sg.	m. nom. sg.	m. nom. sg.	m. nom. sg.	m. nom. sg.	m. nom. sg.	m. nom. sg.
鑒於	你	比丘	衰老	年高	老邁	高齡	晚年

anuppatto	saṃkhittena	ovādaṃ	yācasīti ‖	Kiñcāpahaṃ	bhante	**jiṇṇo**	**vuddho**
m. nom. sg.	m. instr. sg.	m. acc. sg.	2ⁿᵈ. sg. indic.	indecl.	m. voc. sg.	m. nom. sg.	m. nom. sg.
步入	簡要地	教戒	你請求	但	我	尊者	衰老	年高

mahallako	**addhagato**	**vayo**	**anuppatto**	desetu	me	bhante	Bhagavā
m. nom. sg.	m. nom. sg.	m. nom. sg.	m. nom. sg.	3ʳᵈ. sg. impr.	dat. sg.	m. voc. sg.	m. nom. sg.
老邁	高齡	晚年	步入	請教導	我	尊者	世尊

saṃkhittena	dhammaṃ	desetu	Sugato	saṃkhittena	dhammaṃ	
m. instr. sg.	m. acc. sg.	3ʳᵈ. sg. impr.	m. nom. sg.	m. instr. sg.	m. acc. sg.	
簡要地	法	請教導	善逝	簡要	法	

（大意：“此時此處，摩羅迦舅！如果像你這樣<u>衰老、年高、老邁、高齡、步入晚年</u>的比丘來求教簡要的教誡，我們又應該對年輕的比丘説什麼呢？”“尊者！雖然我已<u>衰老、年高、老邁、高齡、步入晚年</u>，尊者！請世尊簡要地教導我佛法，請善逝簡要地教導佛法。”）

（23）爾時，世尊告摩羅迦舅言：“諸年少聰明利根，於我法、律出家未久，於我法、律尚無懈怠，而況汝今日<u>年耆根熟</u>，而欲聞我略説教誡。”摩羅迦舅白佛言：“世尊！我雖<u>年耆根熟</u>，而尚欲得聞世尊略説教誡，唯願世尊爲我略説教誡……”（南朝宋求那跋陀羅譯《雜阿含經》卷十三，2/89c-90a）

（24）又世尊言：“於中，摩羅童子！餘比丘當何所爲？年在幼少，出家未久，學道日淺，來入此法，亦復未久。云何，汝今<u>年老</u>、<u>形熟</u>、<u>長老</u>，欲與我速疾求教戒，説是語，其義云何？”（苻秦僧伽跋澄等譯《尊婆須蜜菩薩所集論》卷六，28/770c）

（三）“熟”構成衰老義的雙音詞

“熟”表示衰老義的穩固和擴散，還表現爲它經常與近義詞搭配，構成並列關係的雙

音節詞,形容人年老體衰。如前文已舉出的"衰熟""毀熟",又有"耄熟":

(25)生緣老死者,云何爲老? 謂髮衰變,皮膚緩皺,衰熟損壞,身脊傴曲,黑黶間身,喘息奔急,形貌僂前,憑據策杖,惽昧羸劣,損減衰退,諸根耄熟,功用破壞,諸行朽故,其形腐敗,是名爲老。(唐玄奘《緣起經》,2/547c-548a)

(26)嬰孩位者,謂乃至未能游行嬉戲;童子位者,謂能爲彼事;少年位者,謂能受用欲塵乃至三十;中年位者,謂從此位乃至五十;老年位者,謂從此位乃至七十;從此以上名耄熟位。(唐玄奘譯《瑜伽師地論》卷二,30/289a)

例(26)《瑜伽師地論》把人的年齡劃分爲六個"位",其中三十到五十歲稱爲"中年位",五十到七十歲稱爲"老年位",七十歲以上則爲"耄熟位"。《玄應音義》對此處"耄熟"有釋義:"古文'毫''耄'二形,今作'袥',同。莫報反。《禮記》:'八十曰耄。'鄭玄曰:'耄,惽也。亦亂也,忘也。'老熟即惽亂多忘也。"[23]"耄熟"在中土文獻亦偶有用例:

(27)謙益衰殘耄熟,不敢復抵掌史事。(清錢謙益《牧齋有學集》卷十四《建文年譜序》)

又如"老熟""熟老":

(28)如斯老人,若年少時,在舍衛城中,應爲第一長者……如今老熟,亦不能聚財,不能精勤,亦不得上人法。(失譯附秦録《別譯雜阿含經》卷五,2/403a-b)

(29)諸老熟所及,衰邁摩訶羅[24],彼臨命終時,虛言住後有。諸老熟所及,衰邁摩訶羅,妄吞羅漢供,速墮於地獄。(唐玄奘譯《大寶積》卷四十三,11/254a)

(30)是時長者來詣佛所欲求出家,值佛遊化,即便往至舍利弗所,見其熟老,不爲攝受;如是遍至五百羅漢,悉不肯度。(宋紹德、慧詢等譯《菩薩本生鬘論》卷四,3/344a)

(31)謂彼愚夫,固守其財,猶如僮僕,奉事其主……然後而與,或爲熟老,病苦纏綿,漸逼死門,然後而與,如是等類,皆不名施。(宋日稱等譯《福蓋正行所集經》卷七,32/731c)

在類似的並列結構雙音詞中,"老熟"用例較多。"老熟"在中土文獻的用法與佛經有所不同。中土文獻的"老熟"一般指熟悉、老練,這應當是漢語本身的引申結果:"老"由年齡大引申爲經驗豐富、辦事熟練,如《太平經》卷五十三:"老者,乃謂耆舊,老於道德也。""熟"由食物烹飪加工到可以食用,引申爲對事情熟悉、富有經驗,如《呂氏春秋·重己》：“故有道者不察所召，而察其召之者，則其至不可禁矣。此論不可不**熟**。”二者屬於同義並列，構成雙音詞“老熟”的用例如：

（32）承旨非古官。始，唐以文學士備顧問，出入侍從，因時謀議，納諫諍，署以翰林，遂號内相，惟承旨尊爲東閣第一人，誠以其人老熟故常，練達當世之務，凡天子機命、内外密奏、朝廷有大議、擬廢置，不時豫他人者，承旨得專受專對，而安危成敗之決在焉。（元楊維楨《東維子文集》卷二）

（33）賊不老，猶或有悔心，猶或不巧於盗，猶或易撲捉；惟是他老熟於盗，生不回心，死不悔禍，善爲淫詞詭術以欺天下，後世任是聰明伶俐的人都被他瞞過。（清顏元《習齋四存編·存人編》卷三《明太祖高皇帝釋迦佛贊解》）

“熟悉、老練”義的“老熟”還保存在現代漢語方言中，《漢語方言大詞典》收錄江蘇吳江盛澤一帶吳語有“老熟”，指老練[25]，廣東汕頭一帶閩語有“假老詡熟”指不懂裝懂[26]；“熟悉、老練”義再引申帶上負面的感情色彩，又可以指“陳舊、過時”，如徐州方言有“老熟套子”，指陳舊的一套[27]。

衰老義的“老熟”不多見於一般中土文獻，但是在明代《型世言》有較爲集中的用例，共計四次：

（34）到十四歲時，他祖母年高，漸成老熟。山縣裏没甚名醫，百計尋得藥來，如石投水，竟是没效。（《型世言》第四回）

（35）到後邊，也一日好一日，把一個不起的老熟病，仍舊强健起來。（《型世言》第四回）

（36）當日有一個秋尼徒弟管净梵，與妙智年紀相當，被秋尼吃醋，管得緊，兩個有心没相，虧得秋尼老熟病死，净梵得接脚，與妙智相往。（《型世言》第二十九回）

（37）可可天啓七年，這一年初夏百忙裏，阮大母親温氏病了個老熟。（《型世言》第三十三回）

《型世言》中衰老義的“老熟”的使用頻率高於一般中土文獻，可能是受到了佛教思想背景影響[28]。學者對《型世言》中的“老熟”作過注釋和討論，如《型世言評注》將“老熟”解釋爲：“老年人體弱多病，下文有‘老熟病’之語。”[29]邵丹對此提出商榷：“‘百計尋得藥來，如石投水，竟是没效’、‘一個不起的老熟病’、‘老熟病死’，可見它不是指一般的‘體弱多病’，而是指很難醫治的‘沉屙、頑疾或不治之症’，所以……‘老熟’還可以做狀語修飾‘病’。”[30]《明清吳語詞典》收有“老熟”，引例亦來自《型世言》，釋義是“因年老而衰弱以至自然死亡”[31]。

　　歸結起來,《型世言》中“老熟”的用例有如下兩個特點:一、被認爲是一種疾病,且事態沉重,不易醫治;二、主要成因是年齡大,除此以外没有其他明確的病因[32]。

　　以“熟”來形容病,亦不多見於中土文獻,但能在佛教文獻中找到用例:

　　(38)其病見前,諸根[33]危熟,身得疾病,命轉向盡,骨肉消減,已失安隱,得大困疾,懊惱叵言,體適困極,水漿不下,醫藥不治,神呪不行,假使解除,無所復益。(西晉竺法護譯《生經》卷二《迦旃延無常經第十七》,3/82c)

　　(39)阿難,譬如丈夫身有癩病,諸根純熟,而彼支節及非節處,有八萬四千瘡,瘡門有八萬四千蛆蟲,悉如針鋒,兩頭有口。(隋闍那崛多譯《大威德陀羅尼經》卷十九,21/833c)

　　此二例的“熟”仍然是與“根”搭配。“根熟”泛指一般的“諸根損壞”,被用來形容人病重的狀態。《型世言》沿用了佛經中“熟”的老病垂死義,同時又產生了翻譯佛經中未見的用法,如“病了個老熟”,將“老熟”作爲形容病重瀕死的程度補語,是衰老義的“熟”在漢語中的新變。明代文獻另有一例用“熟”形容病的程度重、瀕臨死亡,可資參照:

　　(40)將此問仲淹病:時亦有人看仲淹否? 仲淹亦能看渠否? 於此句中,若仲淹罔措不薦,則病熟命光遷謝之時,敢保至愛的代你不得在。(明釋真可《紫栢老人集》卷十二,X73/345a)

小　結

　　“熟”的“衰老”義,很容易被理解爲是“熟”的一個引申義,即由食物煮熟、植物果實種子成熟引申爲人的年齡大,但觀察其用例分布,衰老義的“熟”最早出現在漢譯佛經中,出現的頻率也大大高於中土文獻。朱冠明論述“移植與引申的區別”,也分析過這種情況:“新義與原義間並没有太大的跳躍性,説新義是在原義基礎上的自然引申也完全符合邏輯”,但從文獻用例的分布來看,某種新義“最初出現在譯經中,後來也主要在譯經中使用,頻率遠遠高於中土文獻,這種情況基本也可以斷定是移植的結果”[34]。

　　梵文√pac 詞根的衍生詞將“衰老”一義移植到漢語的“熟”,通過大量的用例,尤其是“根熟”概念的流行,它逐漸在譯經語言中成爲一個穩定的義項,進而影響了其他表衰老義的詞的翻譯。但在中土文獻中，用"熟"表示衰老垂死的用例較少，且其中大多帶有佛教背景——或是作者篤信佛教，如前文所舉南朝梁武帝、明代釋真可、清代錢謙益等；或是内容帶有比較明顯的宗教色彩，如明代《型世言》等——且用例基本局限在受佛教影響的語言社團之内。可以看出，"熟"的衰老義是由於佛經翻譯而産生、鞏固的。

① 已有學者指出佛經中"熟"這一用法，可參見：李維琦：《佛經詞語彙釋》，長沙：湖南師範大學出版社，2004 年，第 286 頁；俞理明、顧滿林：《東漢佛道文獻詞彙新質研究》，北京：商務印書館，2013 年，第 312 頁。

② 段玉裁《説文解字注》改爲"从訊畞"。

③ 季旭昇：《説文新證》，臺北：藝文印書館，2014 年，第 195—196 頁。

④ Otto Böhtlingk, Rudolph Roth, *Sanskrit-Wörterbuch*, Egger, 1865, vol. 4, p. 343.

⑤ Vaughan Pilikian, *Mahābhārata Book Seven (Volume One)*: *Droṇa*, New York University Press, 2006, p. 109.

⑥ 毗耶娑：《摩訶婆羅多》第 4 册，黄寶生等譯，北京：中國社會科學出版社，2005 年，第 26 頁。

⑦ 朱冠明：《移植：佛經翻譯影響漢語詞彙的一種方式》，《語言學論叢》第 37 輯，北京：商務印書館，2008 年。

⑧ 釋義 A—C 來自《漢語大詞典》卷七，上海：上海辭書出版社，2008 年，第 242 頁。

⑨ 釋義來自 Monier Williams, *Sanskrit-English Dictionary*, Delhi：Parimal Publications, 2008, p. 840。

⑩ Franz Bernhard, *Udānavarga*, Göttingen：Vandenhoeck & Ruprecht, 1965, p. 189.

⑪ O. von Hinüber & K. R. Norman, *Dhammapada*, London：Pali Text Society, 1995, p. 73.

⑫ John Brough, *The Gāndhārī Dharmapada*, London：Oxford University Press, 1962, p. 148.

⑬ 慈怡主編：《佛光大辭典》，高雄：佛光山出版社，1989 年。

⑭ *Pāli-English Dictionary*(《巴英辭典》)第 429 頁 paripāka 詞條下注釋：該詞僅在短語 indriyānaṃ paripāka 中表示過熟、衰敗、崩壞之義，即指官能的衰退，是界定衰老(jarā)的固定方式。在佛教梵語中又可以構成複合詞 indriya-paripāka。

⑮ Robert Chalmers (ed.), *Majjhima-nikāya*, vol. 3, London：Pali Text Society, 1899, p. 249.

⑯ Rhys Davids (ed.), *Vibhaṅga*, vol. 2, London：Pali Text Society, 1904, pp. 2-3.

⑰ Monier Williams, *Sanskrit-English Dictionary*, Delhi：Parimal Publications, 2008, p. 625.

⑱ *Pratītya-samutpādādi-vibhaṅganirdeśa-sūtram*, Vaidya, Paraśurāma Lakshmaṇa (ed.), *Mahāyāna-sūtra-saṅgrahaḥ*, Darbhanga：Mithila Institute of Post-Graduate Studies and Research in Sanskrit Learning, 1964, p. 118. 另一梵文平行本 *Ādi-sūtra* 内容與其大致相似，兹不贅舉，可參見 Chandrabhal Tripathi (ed.), *Fünfundzwanzig Sūtras des Nidānasaṃyukta*. Berlin：Akademie

Verlag，1962，pp. 162-163。

⑲ Léon Feer（ed.），*The Saṃyutta-nikāya of the Sutta-Piṭaka*，vol. 2，Oxford：Pali Text Society，1888，pp. 5.

⑳ *Abhisaṃbodhanaparivarto-dvāviṃśaḥ*，Vaidya，P. L.，*Lalita-vistaraḥ（Buddhist Sanskrit Texts No. 1）*，Darbhanga：Mithila Institute，1958，p. 251.

㉑ 這一組表示衰老的詞也是巴利文藏經中常見的固定組合，jiṇṇa 是 jarati 的過去分詞形式，來自梵文詞根√jṛ，詳見 Rhys Davids and William Stede（ed.），*Pāli-English Dictionary*，New Delhi：Asian Educational Serviecs，2011，p. 284。

㉒ Léon Feer（ed.），*The Saṃyutta-nikāya of the Sutta-Piṭaka*，vol. 4，Oxford：Pali Text Society，1990，p. 72.

㉓ 徐時儀校注：《一切經音義三種校本合刊》，上海：上海古籍出版社，2012 年，第 447 頁。

㉔ 此例中的“老熟”“衰邁”“摩訶羅”皆是表示衰老的近義詞。“摩訶羅”即梵語 Mahalla 的音譯。

㉕ 參見許寶華、宮田一郎主編：《漢語方言大詞典》，北京：中華書局，1999 年，第 1664 頁。

㉖ 參見許寶華、宮田一郎主編：《漢語方言大詞典》，第 5572 頁。

㉗ 李榮主編：《徐州方言詞典》，南京：江蘇教育出版社，1996 年，第 215 頁。

㉘ 《型世言》所收錄的故事與佛教關係密切，幾處用例分別出自：第四回《存心遠格神明片肝頓蘇祖母》，講述孝女妙珍割肝救祖母、捨身入空門的故事；第二九回《妙智淫色殺身徐行貪財受報》講尼姑妙智與和尚淨梵私通；第三三回《八兩銀殺二命一聲雷誅七兇》，雖沒有直接描寫宗教，但其主旨仍是宣揚因果報應。

㉙ 陸人龍：《型世言評注》，陳慶浩校點，王鍈、吳書蔭注釋，北京：新華出版社，1999 年，第 73 頁。

㉚ 邵丹：《〈型世言〉詞語拾零》，《古漢語研究》，2002 年第 2 期，第 73—75 頁。

㉛ 石汝傑、宮田一郎主編：《明清吳語詞典》，上海：上海辭書出版社，2003 年，第 379 頁。

㉜ 承蒙汪維輝老師見教，“熟”在寧波方言中，也可以指老年人頭腦糊塗不清醒。這一詞義在古代文獻中用例罕見，但《玄應音義》卷二二對“耄熟”有“老熟即惛亂多忘也”的解釋，似與今日寧波方言的“熟”接近，寧波方言“熟”的這一用法，可能也是受到佛經影響而產生的。

㉝ 此處“根”高麗藏本作“相”，資福藏、磧砂藏、普寧藏、永樂南藏、徑山藏、清藏諸本皆作“根”，當據改。

㉞ 朱冠明：《移植：佛經翻譯影響漢語詞彙的一種方式》，《語言學論叢》第 37 輯，北京：商務印書館，2008 年。

（原載《語言研究》2019 年第 2 期）

附記：本文曾於 2016 年中國人民大學主辦的“第十屆漢文佛典語言學國際學術研討

會"上宣讀,承方一新師、汪維輝老師及《語言研究》匿名審稿專家提出寶貴修改意見,謹致謝忱。文中不當之處,責任盡在作者。本次收入文集,較之先前發表的版本,部分内容有調整修訂。

作者簡介:盧鷺,浙江大學古籍研究所特聘副研究員

通訊地址:浙江大學紫金港校區古籍研究所　郵編:310058

從《説文解字注》"一曰"看清儒的邏輯思維規律

王　健

在《説文解字》中,許慎常常使用"一曰""或曰""又曰""一説"等訓詁術語,以達到"廣異聞、備多識"的目的。關於《説文》"一曰"的理解,清代乾嘉學者都做出了解釋,如王筠《説文釋例》中就專門撰述"一曰篇"進行論述。段玉裁在《説文解字注》(簡稱《注》)中也對此多有闡發,如段注"凡'一曰',有言義者,有言形者,有言聲者"。這説明了"一曰"在別義、別形、別音方面的不同作用。關於《説文》"一曰"的分類及所指,已經有一些學者做過解釋①。本文關注的是,爲何段氏在注解《説文》的過程中,一定要將"一曰"所屬情况進行説明? 换句話説,段氏對"一曰"類型和功能的標注説明了什麼? 因此,本文試從形式邏輯思維的角度,關注段玉裁對《説文》中"一曰"現象的具體解釋,對照同一律、矛盾律、排中律等基本邏輯規律,説明清儒對《説文》邏輯規律的闡發,討論清儒在語言研究方法論層面上的實踐。

一　《説文注》"一曰"體現的同一律思想

同一律作爲邏輯基本規則之一,强調在同一思維過程中任一思想必須保持自身同一。也就是説,在同一思維過程中,時間、關係、對象、概念等必須始終保持一致,否則就會違反同一律,出現混淆概念或混淆論題的錯誤。段玉裁在《説文解字注》中釐定了"一曰"的所指,規範了《説文》體例,從邏輯思維來看這些工作都符合同一律的要求,保證了思維的確定性,避免了概念的混淆。兹舉數例:

(一)保證"一曰"所指概念的確定性

《説文》全書使用"一曰"之例很多,但往往未提到"一曰"的具體所指。因此在《注》中,段氏首先解釋了"一曰"概念的内涵,明確了説義、説形、説音的不同功用,保證了"一曰"概念的確定性和可理解性。

1. 當《説文》未提"一曰"何意,段氏明確"一曰"的所指。

《説文》"一曰"在使用中有多種内涵,如果祇看單一的語言外在表現,就會混淆"一曰"在不同位置的不同概念,造成歧義。段注中諸多對"一曰"的注解大體都是爲了確保在同一思維中概念的所指是確定的。例如《説文・魚部》:"鮦,鮦魚。一曰,鱯也。"段注:"此'一曰',猶今言'一名'也。許書一字異義,言'一曰';一物異名,亦言'一曰',不嫌同辭也。"所謂"不嫌同辭",就是指出《説文》對"一曰"概念的表述是不確定的,一字異義、一物異名等情況都可以使用"一曰"表述。因此《注》要在相同的語言形式"一曰"下,分析其内部不同的所指,避免因爲概念的混淆而造成誤讀。具體來看:

第一種情況,明確"一曰"説義。例如《説文・人部》:"儗,僭也……一曰相疑。"段注:"此别一義。""儗"的本義是僭越,《漢書・賈誼傳》:"諸侯王僭儗,地過古制。"段注:"以上僭下,此儗之本義。"又有疑惑義,《集韵・之韵》:"疑,或作儗。"僭越義與疑惑義較遠,《説文》中用"一曰"來表示,因此段玉裁解釋"一曰相疑"是"别一義",就是對此處的"一曰"進行概念的釐定,指出此"一曰"表示義有歧出,避免了概念的混淆,此即《説文・示部》"禋"下段注:"凡義有兩歧者,出'一曰'之例。"再如《説文・禾部》:"秵,稽秵也……一曰木名。"段注:"一説秵是木名也,木名但謂單字。"此處用"一説秵是木名也"解釋"一曰木名",用"一説"解釋"一曰",這也是釋義[②]。

第二種情況,明確"一曰"説音。例如《説文・玉部》:"珒,石之次玉者。以爲系璧。從玉,丰聲。讀若《詩》曰'瓜瓞菶菶'。一曰若盆蚌。"段注:"今音蚌在講韵,古音江講合於東董。"此例中許慎未説明"一曰"之意。"珒"是次玉之石,蛤、蚌都是貝類,兩者於義無涉。因此段氏解釋此處"一曰"表示讀音。《廣韵》"珒""蚌"在講韵,"菶"在董韵,但古音都在東部(段氏第九部),用"江講合於東董"之理明確字音[③]。

第三種情況,明確"一曰"説形。例如《説文・示部》:"祝,祭主贊詞者。從示,從人口。一曰從兑省。《易》曰:'兑爲口,爲巫。'"段注:

> 此字形之别説也。凡"一曰",有言義者,有言形者,有言聲者。引《易》者,《説卦》文。兑爲口舌,爲巫,故祝從兑省。此可證慮羲先倉頡製字矣。凡引經傳,有證義者,有證形者,有證聲者,此引《易》證形也。

《説文》認爲"祝"從示從人口(段玉裁改爲"從示從儿口"),又説"一曰從兑省"。段氏指出,此處"一曰"言説字形,並説明引《易》之理由,這就保證了在同一叙述中,"一曰"的概念指稱同一對象。"引《易》證形"就是進一步描述"一曰"的確定性。"從示從人口"是會意,會人跪祭於示之意。"从兌省",《易·説卦》:"兌爲巫,爲口舌。"王引之《經義述聞》也指出:"此是證'祝'从兌省之義,而所引無'祝'字。"這都是爲了保持概念的同一。段注明確《説文》"一曰"所指爲字形的還有很多,如《説文·卜部》:"卜,灼剥龜也。象灸龜之形。一曰象龜兆之從橫也。"段注:"字形之别説也。"《説文·易部》:"易,蜥易,蝘蜓,守宫也。象形。祕書説曰:'日月爲易。'象陰陽也。一曰从勿。凡易之屬皆从易。"段注:"又一説从旗勿之勿,皆字形之别説也。"

2. 當《説文》同一條目内同時出現多個"一曰"時,分别明確每個"一曰"的所指。

同一律强調在同一思維過程中,一個概念的内涵與外延應該是確定的,不可隨意改變。如果同一個概念在上下文中表達了兩種不同的含義,就會引起思維的混亂,造成混淆概念的錯誤。在《説文》中,當同一條目同時出現多個"一曰"時,對這個概念的界定就顯得格外重要。例如《説文·魚部》:"鮑,魚名,出樂浪潘國,从魚,匊聲。一曰鮑魚出九江,有兩乳。一曰溥浮。"段注:

> 上"一曰",别其義。鮑即今之江豚,亦曰江豚。樂浪潘國與九江同産此物。云"一曰"者,載異説,殊其地也。下"一曰",猶今言一名也。"溥浮"俗字作"鱄鮥"。

段玉裁據《説文解字繋傳》補"一曰溥浮"。此例"一曰"兩出,段玉裁言"上'一曰',别其義""下'一曰',猶今言一名也",就是對概念的釐定,前一個"一曰"表示義有兩歧,後一個"一曰"表示一物二名,對同一詞條中的"一曰"分别進行了解釋説明。這就是在同樣的語言形式下,界定其不同的内涵,避免混淆概念的邏輯錯誤。

再如《説文·足部》:"蹁,足不正也。从足,扁聲。一曰拖後足馬。讀若苹,或曰徧。"段注:"(一曰拖後足馬)拖,俗字,當作拕……(或曰徧)讀如徧也。"此例同時出現"一曰""或曰",段氏指出,"一曰"是别其義,"或曰"是别其音。《集韵·先韵》:"蹁,或作徧。"郭在貽先生也曾指出"(蹁)此即兼言音義者"[④]。

此外,當段氏不能確定"一曰"的所指時,也實事求是地保持了存疑的態度。如《説文·草部》"藋,堇艸也……一曰拜商藋。"段注:

> 《説文》言"一曰"者有二例,一是兼采别説,一是同物二名。此"一曰"未詳何屬。疑堇艸爲蒴藋,拜商藋爲今之灰藋也,灰藋似藜。《左傳》:"斬之蓬蒿藜藋。"

所謂"此一曰未詳何屬",就是要先根據同一律判斷"一曰"概念的實質,是兼采别説,還是同物異名。段玉裁認爲"堇艸"是"蒴藋","拜商藋"是"灰藋"。從名物訓詁來看,"蒴藋"即陸英草,多供藥用,而"灰藋"是藜類。《左傳·昭公十六年》:"斬之蓬、蒿、藜、藋,而共處之。"此種分析論證"堇草"與"拜商藋"不爲一物,也是嘗試對"一曰"的屬類做界定,試推斷"一曰"的概念或爲"兼采別説"。

3. 當論述《説文》同一條目内詞義聯繫時,增補或删減"一曰"。

段玉裁對《説文》進行了很多校訂工作,這些工作雖然招致了"擅改《説文》""主觀臆斷"等批評,但整體上仍然有許多精彩之處。我們從增删"一曰"的個例中,就可以看出段氏的校訂理據和其中包含的思維邏輯。

當《説文》同一詞條前後兩義無直接聯繫時,段玉裁增補"一曰",以求文例統一,保證在同一語境中詞義相同。例如,《説文・厽部》:"絫,增也。从厽,从糸。厽亦聲。〔一曰〕絫,十黍之重也。"段玉裁在"絫,十黍之重也"之前,增補"一曰"二字。"絫"即"累",本義表示堆叠、聚集。同時,"絫"也是重量單位。《孫子算經》卷上:"稱之所起,起於黍,十黍爲一絫,十絫爲一銖。"這兩個詞義之間並無直接聯繫,因此段氏增補"一曰",以示別一義,保證了《説文》體例的一致性。

再如《説文・歺部》:"殊,死也。从歺,朱聲。《漢令》曰:'蠻夷長有罪當殊之。'"段玉裁在《漢令》前增補"一曰斷也"四字,並指出"各本無此四字,依《左傳釋文》補。斷與死本無二義,許以字从歺,故以死爲正義,凡物之斷爲別一義。"按,《左傳》"斷其後之木而弗殊",陸德明《釋文》:"殊,一曰斷也。"此處段玉裁增補"一曰"也是爲了説明"別一義"。

再如《説文・手部》:"揫,積也……一曰掫頰旁也。"《説文》"掫頰旁也"之前本無"一曰",段玉裁增補。其論述:

　　"一曰"二字,《廣韵》及小徐本及《集韵》《類篇》皆有之,是也。無此,則與上文"積也"矛盾,而"積也"即釋《車攻》,又非引"曰圍",引"聖讒"説而釋之之比。上文掫下云"揫也",此揫下云"掫頰旁也",是二篆爲轉注,亦考、老之例。掫頰旁,可以休老,見《莊子》。《莊子》亦作"眦搣",假借字。

"揫"是聚集。《詩・小雅・車攻》:"射夫既同,助我舉揫⑤。""掫"有拔、摩二義,因此"掫頰旁"有兩種理解,表示按摩面頰或整理面頰旁邊的鬢毛⑥。然段氏何以補"一曰"? 一是因爲其他字書中"皆有之",二則是"無此則與上文'積也'矛盾"。"與上文矛盾"就是違反同一律,造成了混淆詞項的錯誤。

段玉裁也根據義項的同一來删減"一曰"。《説文・衣部》:"袢,無色也。从衣,半聲。一曰《詩》曰'是紲袢也'。讀若普。"段玉裁依據《玉篇》改"無色也"作"衣無色也",

並指出"此(一曰)二字衍文",解釋:

> 《庸風·君子偕老》文。"緇"當同"褻"篆下作"褻"。毛傳曰:"言是當暑袢延之服也。"袢、延疊韵,如《方言》之"襎裷",漢時有此語,揩摩之意。外展衣,中用縐絺爲衣,可以揩摩汗澤,故曰褻袢。褻袢專謂縐絺也。暑天近汗之衣必無色,故知"一曰"爲衍文矣。

這段的邏輯是非常清楚的。爲何"一曰"爲衍? 因爲"緇袢"與"衣無色"其義一也。"袢"是白色内衣,《詩·鄘風·君子偕老》:"蒙彼縐絺,是緇袢也。"毛傳:"絺之靡者爲縐,是當暑袢延之服也。"孔穎達疏:"緇袢者,去熱之名,故言袢延之服,袢延是熱之氣也。"毛、孔二家都用"袢延"解釋"袢"。段氏指出袢、延疊韵,同"襎裷",表示揩抹或覆蓋器物的巾帕。《廣雅·釋器》:"襎裷,襆也。"王念孫疏證:"此皆巾屬,所以覆物者也。"近身之衣與"衣無色"其義相同,因此不必説"一曰"。

4. 當《説文》上下詞條不連貫時,用"一曰"來梳理詞義。

在《説文》中,段氏注意使上下文的詞條前後統一,詞義相諧。例如《説文·禾部》:"稯,布之八十縷爲稯。"段注:

> 此當有奪文。《聘禮記》曰:"禾四秉曰筥,十筥曰稯,十稯曰秅。"許下文"五稯爲秭""二秭爲秅",正本《記》文。若先之曰"布八十縷爲稯",則下文不爲"四百縷爲秭""八百縷爲秅"乎? 知其斷不然矣,蓋必云:"禾四十秉爲稯。从禾,嵏聲。一曰布之八十縷爲稯。"轉寫奪漏而亂之耳。秉見又部,云:"禾把也。从又持禾。"云"四十秉爲稯",則上下相屬成文。

段氏"上下相屬成文",正是體現了同一律的思維。段玉裁如何判斷此處有奪文? 蓋體例不合也。這種體例不合,就是没有保持同一概念的前後一致。具體來看,若《説文》"稯,布之八十縷爲稯"成立,根據禾部下文"秭,五稯爲秭""秅,二秭爲秅"的描述,當有"四百縷爲秭""八百縷爲秅"之語,如此纔能保持體例的同一,因此段玉裁稱"知其斷不然矣"。古代稱禾四十把爲一稯,《儀禮·聘禮》:"四秉曰筥,十筥曰稯,十稯曰秅,四百秉爲一秅。"鄭玄注:"此秉謂刈禾盈手之秉也。"段玉裁根據《説文》體例及他書例證,補"禾四十秉爲稯",是很有道理的。朱駿聲《説文通訓定聲·豐部》亦有:"稯,稯者,禾四十把也。"張舜徽先生也指出:"段説是也。稯在禾部,自當以於禾取義者謂本義,布之八十縷爲别義。"⑦

（二）保證《説文》體例的確定性

段氏利用他書補正《説文》時,也注意了所引概念的内涵一致,注意保持《説文》體例的一致性。例如,《説文·木部》:"樗,樗棗也,从柿而小,一曰楧。"段注:

> 各本無"而小一曰楧"五字,今合《齊民要術》、《衆經音義》、《廣韵》、《子虚》《南都》二賦李善注引訂補……"一曰楧"者,一名楧也。本作"一曰",李善改爲"名曰",以便於文也。許無"楧"篆,蓋俗字不列也。

"樗"是樗棗,又稱"楧"。司馬相如《子虚賦》:"樝梨樗栗,橘柚芬芳。"李善注引《説文》:"樗棗,似柿而小,名曰楧。"此處可以注意段氏的增補邏輯,段玉裁根據舊注補"一曰楧",然李善本作"名曰楧",爲何不照録? 蓋由於《説文》體例也。也就是說,要保證全書概念的一致性。因此段氏改"名曰楧"爲"一曰楧",正是全書體例要求,而體例的本質則是爲了概念的明確。

這樣的例子還有很多。《説文·水部》:"灢……一曰治水也。"段注:"各本作'或曰',今依《集韵》《類篇》作'一曰',謂灢水一名治水,見《漢志》。酈氏亦云'一曰治水'。"按,今《集韵》《類篇》引《説文》均作"一曰治水",《水經注·灢水》亦作"一曰治水"。

再如《説文·林部》:"楚,叢木。一名荆也。"段注:

> "一名"當作"一曰"。許書之"一曰",有謂別一義者,有謂別一名者。上文叢木泛詞,則一曰爲別一義矣。

段氏改"一名"爲"一曰",並强調"一曰"有別一義者,有別一名者。那麼對"一曰"的判定就要依據上下文意。"叢木"是叢生的樹木,是泛指,不涉及名稱。因此"一曰"是說明他義,而非異名。這是根據前文的體例來明確"一曰"這一概念的實質。

以上,段氏對"一曰"的注解,保持了《説文》概念和體例的確定性,確保在同一語言環境内同一概念"一曰"表達相同的内涵,指稱同一個對象,避免了概念的混淆。

二　《説文解字注》"一曰"體現的矛盾律思想

同一律强調思維的確定性,矛盾律强調思維的一致性。矛盾律要求在同一思維過程中,兩個互相否定的對象,不能同時爲真。這是一種對於矛盾或反對關係的判斷,其公式常表示爲¬（P∧¬P），即一個判斷P和它的否定¬P不可能同時爲真。在段氏解釋《説文》"一曰"時，也體現了對矛盾關係的認識。下例分析：

《説文·酉部》："醒，病酒也。一曰醉而覺也。"段注：

> 《小雅》："憂心如醒。"傳曰："病酒曰醒。"（一曰，醉而覺也）《節南山》正義引《説文》無"一曰"二字，蓋有者爲是。許無"醒"字，醉中有所覺悟，即是醒也，故醒足以兼之。《字林》始有"醒"字，云"酒解也"，見《衆經音義》。蓋義之岐出，字之日增，多類此。

"醒"究竟爲何義？"醉而覺""醉未覺"如何處理？《詩·小雅·節南山》："憂心如醒，誰秉國成。"孔穎達《正義》："《説文》云：'醒，病酒也，醉而覺。'言既醉得覺，而以酒爲病，故云病酒也。""病酒""醉未覺"形容的是酒醉後的病態，而"醒而覺"是酒醒，是清醒的狀態，兩者是矛盾的。孔穎達《正義》將二義合二爲一，即用相互矛盾的概念"病酒""醉而覺"來指稱同一對象"醒"。這種處理正是犯了"自相矛盾"的邏輯錯誤，因此段玉裁特別強調，孔穎達"醉而覺"前當有"一曰"二字，"一曰"對詞義的區分必不可少，如此纔能邏輯自洽。對比《玉篇·酉部》："醒，病酒也，醉未覺也。"鈕樹玉《説文新附考》就認爲《説文》當作"醒未覺"："按史絶無以'醒'當醒者，《玉篇》'醒'注作'一曰醉未覺也'，恐本《説文》。"鄭珍《説文新附考》則解釋《玉篇》："'病酒'本《説文》，'醉未覺'爲伸舊義。本無'一曰'字，非用《説文》別義也。"徐鍇《説文解字繫傳》在"一曰醉而覺"下有"《漢書·樂志》'柘漿析朝醒'"。按，星、惺、醒、醒，其義一也。段玉裁沒有根據《玉篇》改動《説文》，"《節南山》正義引《説文》，無'一曰'二字，蓋有者爲是"，這一觀點正是建立在對詞義的綜合把握之上："醒"可以存在"醉而覺""醉未覺"兩個詞義，祇是這兩個詞義不能同時爲真。這一觀點體現了段氏對矛盾的辯證認識，而孔穎達《正義》的解釋正是犯了自相矛盾的錯誤，違反了矛盾律的規則。下圖：

P：病酒（酒醉）
　　　　　　　　　　　　}兩者不能同時爲真
¬P：醉而覺（酒醒）

¬（P∧¬P）：有"一曰"爲是，"一曰"分義，孔疏自相矛盾，違反矛盾律。

再看一例。《説文·角部》："觚，鄉飲酒之爵也。一曰觴受三升者觚。"段注：

> 觚受三升，古《周禮》說也。言"一曰"者，許作《五經異義》時，從古《周禮》說，至作《説文》，則疑焉，故言"一曰"，以見古説未必盡是。則《韓詩》説觚二升未必非

也。不先言"受二升"者,亦疑之也。上文觶實四升,文次於"从角,單聲"引《禮》之下,其意蓋與此同。或云,亦當有"一曰"二字。

《周禮·考工記·梓人》:"梓人爲飲器,勺一升,爵一升,觚三升。"而《韓詩》認爲"二升曰觚,觚,寡也,飲當寡少"。許慎《五經異義》今已不存。鄭玄《駁五經異義》引《異義》:"今《韓詩》説一升曰爵,爵,盡也,足也。二升曰觚,觚,寡也,飲當寡少。三升曰觶,觶,適也,飲當自適也……謹案,《周禮》云:一獻三酬當一豆,若觚二升,不滿一豆。"鄭玄駁之:"汝、潁之間師讀所作。今禮角旁單,古書或作角旁氏,則是與觚相涉。學者多聞觚,寡聞觝,寫此書亂之而作觚耳。又南郡太守馬季長説:一獻三酬則一豆,豆當爲斗,與一爵三觶相應。"《五經異義》從《周禮》之説認爲"觚三升",並指出"一獻三酬當一豆,若觚二升不滿一豆"。鄭玄認爲《周禮》獻爵而酬觚,"觚"是"觝"之訛,"觝"即"觶"。

$$
\left.
\begin{array}{l}
\text{P:《韓詩》觚二升} \\
\neg\ \text{P:《周禮》觚三升}
\end{array}
\right\}
\text{兩者不能同時爲真}
$$

$\neg\ (\text{P}\wedge\neg\ \text{P})$:①許慎《五經異義》從《周禮》。

②鄭玄從《韓詩》,認爲《周禮》"觚"當作"觝"。

這兩種觀點的核心其實是"觚"到底是二升還是三升的問題,這兩個問題不能共存,是一對矛盾。面對這個問題,段玉裁從思維發展的角度,指出了《五經異義》《説文》中許慎説法的不同,説明《説文》中許慎增加"一曰"是對此問題的進一步認識,即"古説未必是,《韓詩》未必非"[⑧]。

再如《説文·瓦部》:"甗,甑也。一穿。从瓦,鬳聲,讀若言。"段注:

> 按,甑空名窐,見穴部,不得云又名甗也。《陶人》:"爲甗,實二鬴,厚半寸,唇寸。"鄭司農云:"甗無底甑。"無底,即所謂一穿。蓋甑七穿而小,甗一穿而大。一穿而大則無底矣。甑下曰"甗也",渾言之。此曰"甑也一穿",析言之。渾言見甗亦呼甑。析言見甑非止一穿。參差互見,使文義相足。此許訓詁之一例也。

"一曰穿也"可以理解爲"甗"有穿義,段玉裁改爲"一穿",表示甗爲一孔之甑。此處邏輯是很清晰的。"甗"是古代炊器,上甑下鬲,中有一孔的箅。《説文·穴部》:"窐,甑空也。"徐鍇《繫傳》:"甑下孔也。"若"甑空名窐""甗,甑也"成立,則"甗,一曰穿也"不能同時成立,因此段氏説"不得云又名甗"。這也符合矛盾律的認知,即已知甗＝甑,甑下之孔曰"窐"爲真,則甑下之孔曰"甗"爲假。桂馥《義證》也有:"'一曰穿也'者,當云'一

穿也',衍'曰'字。"下圖:

《説文·瓦部》:"甋,甌也。"

P:甋下之孔曰"窐"　　　}
¬ P:甋下之孔曰"甌"　　}兩者不能同時爲真

¬(P∧¬ P):"一曰穿也"爲假,删除"一曰"。

三　《説文解字注》"一曰"體現的排中律思想

排中律的基本内容是:在同一個思維過程中,互相否定或互相矛盾的兩個思想不能同時被否定。排中律的基本公式是 P∨¬ P,一個判斷 P 和它的否定¬ P 必有一個爲真。排中律使得思維過程有序,判斷内容明確,保證了思想的明確性。違反排中律會造成"兩不可"或"模棱兩可"的錯誤。下例可以看出段玉裁對"模棱兩可"説法的批評。

《説文·女部》:"嫧,含怒也。一曰難知也。《詩》曰:'碩大且嫧。'"段注:

《陳風·澤陂》文。今詩作"儼",傳曰:"矜莊皃。"一作"曮"。《太平御覽》引《韓詩》作嫧:"嫧,重頤也。"《廣雅·釋詁》曰:"嫧,美也。"蓋《三家詩》有作"嫧"者,許稱以證字形而已,不謂《詩》義同含怒、難知二解也。

《詩經·陳風·澤陂》今作"有美一人,碩大且儼"。毛傳:"儼,矜莊貌。"若依據《説文》,"嫧"有含怒、難知二義,但毛傳莊重義與含怒、難知二義均不相同,矛盾出現。這其實是"兩不可"的解釋,這樣的解釋會給讀者造成理解上的困難:祇能或依據《説文》更改《詩》義,或認同毛傳、否定《説文》。若簡單理解邏輯關係,依據《説文》常例,釋義與例句詞義應該是相對應的,但此處引《詩》,既不適應含怒義,也不適應難知義,則例句一定有問題。因此段氏注文解釋了引《詩》之意,確保"不謂《詩》義同含怒、難知二解也",指出《説文》此處引《詩》是爲了證明字形,即"嫧"通"儼"。清朱珔《説文假借義證》亦有:"嫧當爲儼之假借。"下圖:

已知:《説文》體例引書當與前義一致。

P:"碩大且嫧"不爲含怒義　　　}
¬ P:"碩大且嫧"不爲難知義　　}兩者不能同時爲假

結論:許引《詩》以證字形

四　綜合運用邏輯思維規律，解决實際問題

在小學家們的訓詁實踐中有許多對形音義的詳細論述，這些精彩的訓詁條例往往都是符合邏輯思維規律的。以下綜合看兩例：

例一，《説文·米部》："粒，糂也。"段注：

按，此當作"米粒也"，米粒是常語，故訓釋之例如此。與"糠"篆下云"糠米也"正同。《玉篇》《廣韵》"粒"下皆云"米粒"可證。淺人不得其解，乃妄改之，以與糂下"一曰粒也"相合，不知"粒"乃"糂"之別義，正謂米粒，如妄改之文，則"粒"爲以米和羹矣，而"一曰粒也"何解乎？今俗語謂米一顆曰一粒。

段玉裁改"粒，糂也"爲"粒，米粒也"，這其實涉及的就是對於"一曰"的具體認知。"粒"是米粒之義。《玉篇·米部》："粒，米粒也。"《廣韵·緝韵》："粒，米粒。"《穀梁傳·昭公十九年》："（許太子止）哭泣，歠飦粥，嗌不容粒。""糂"同"糝"，表示以米和羹。《説文·米部》："糂，以米和羹也。一曰粒也。"段氏指出"糂"下的"一曰"表示的是別一義，即"糂"也有米粒之義。他人誤解"一曰"的概念，解釋爲別一名，誤以爲"糂，粒也"與"粒，糂也"合。總結這一段的邏輯規律：

若"粒，糂也"爲真，"糂，以米和羹"爲真，則可推導出"粒，以米和羹也"。但若"粒，以米和羹也"成立，根據矛盾律，則與"糂，以米和羹也，一曰粒也"相矛盾。

$$P："一曰粒也"爲別一名，"粒"即"糂"也，以米和羹義$$
$$\neg P："一曰粒也"爲別一義，"糂"有"粒（米粒）"義$$
　　　　　　　　　　　　　　　　　　兩者不能同時爲真，必有一假

$$\neg（P \wedge \neg P）："一曰粒也"爲別一名（P）爲假，改"粒，糂也"爲"粒，米粒也"。$$

段氏所言"如妄改之文，則粒爲以米和羹矣，而'一曰，粒也'何解乎"之語，就是對違反邏輯規律的批判。這種錯誤的實際就是混淆了詞項，將同一句中的"一曰"理解爲不同的内涵，造成了邏輯前後不連貫，自相矛盾，違反了同一律和矛盾律。馮勝利先生也將此例分步解析，認爲"本條注論可以看作一篇結構層次分明、系統清晰完整的'理必論文'"[⑨]。

例二，《説文·馬部》："驑，驪馬黄脊。从馬，覃聲，讀若簟。"段注：

《魯頌》："有驒有魚。"《釋獸》曰："驪馬黄脊曰騽。"《爾雅音義》云："'騽'，《説

文》作'驔',音簟。"是則《爾雅》之"騽"即"驔"之異體。許於此篆用《爾雅》不用毛傳也。毛傳曰:"豪骭曰驔。"此即"驔"之異説。《詩音義》引《字林》云:"驔,又音覃,豪骭曰驔。"是則《字林》"豪骭"一義不作騽也。今《説文》乃別有"騽"篆,訓云"豪骭",前與《毛詩》不合,後與《字林》不合,此蓋必非許原文。許原文或驔下有"一曰豪骭"之文,或驔篆後有重文作騽之篆,皆不可定。後人乃以兩義分配兩形耳……按,覃之古音如淫,其入聲則如熠,古音又如尋,其入聲則如習。故"驔""騽"必一字。鳥之鷣鷂,蟲之熠燿,其理一也。許此下當有"一曰馬豪骭"五字,又出一"騽"篆,解云:"驔或从習。"《廣韵·二十六緝》"騽"字下云:"馬豪骭,又驪馬黄脊。"《玉篇》"騽"字下曰:"驪馬黄脊,又馬豪骭。"亦可證二義分二形之非矣。

段玉裁的這一段論述是很嚴謹的,以上是全文抄録。其論述如下:

首先,《説文》與《爾雅》合,許慎用《爾雅》不用毛傳,"驔""騽"異體,這符合同一律的思維要求。(《爾雅·釋畜》:"驪馬黄脊,騽。"陸德明《爾雅音義》:"騽,音習。《説文》作驔,音簟。《字林》云:'又音譚。'今《爾雅》本亦有作驔者。"郝懿行《爾雅義疏》也有"是驔、騽通"。)

其次,《説文》"騽"訓"豪骭",與毛傳、《字林》不合,訓釋不同,必有一假,"騽,馬豪骭也"必非許慎原文。這符合矛盾律的思維要求。《説文·馬部》:"騽,馬豪骭也。"《詩·魯頌·駉》:"薄言駉者,有駰有騢,有驔有魚,以車祛祛。"毛傳:"陰白雜毛曰駰,彤白雜毛曰騢,豪骭曰驔,二目白曰魚。"毛亨認爲,"驔"是豪骭義,即馬的脚脛上有長毛[10]。除了《爾雅音義》外,陸德明在《毛詩音義》中也轉引《字林》,重複了"豪骭曰驔"的説法。毛傳、《經典釋文》、《字林》都認爲"豪骭曰驔",與《説文》"騽,馬豪骭也"不合。即:

P:毛傳、《字林》"豪骭曰驔"　　　　
¬ P:《説文》"騽"訓"豪骭"　　　　 ⎫ 兩者不能同時爲真,必有一假
¬ (P∧¬ P):"騽"訓"豪骭"必非許原文

接下來,段玉裁證明了"驔""騽"必一字。

第一,音韵相諧。"驔"有二音,一讀徒含切,與"淫"古音同("覃"定紐侵部,"淫"以紐侵部,喻四歸定),與"熠"僅平入之別("熠"以紐緝部,侵緝平入之別,均在段氏第七部)。一讀以冉切,與"尋"古音同(邪紐侵部),與"習"(邪紐緝部)平入之別。"騽"邪紐緝部,與"覃"平入之別,因此段玉裁説"故驔騽必一字"。並補充證明"鷣"以紐侵部,"鷂"以紐宵部,"鷣""鷂"同義;"燿"以紐藥部,"熠"以紐緝部,"燿""熠"同義。

第二，他書互證。"騽"，《廣韵》"馬豪骭，又驪馬黄脊"，《玉篇》"驪馬黄脊，又馬豪骭"，證明二義爲同一字，《説文》"驔""騽"分列兩字兩義不確。

音韵相諧、他書互證作爲常見的訓詁方法，其實都符合同一律的思維要求。因此段氏得出結論：許此下當有"一曰馬豪骭"五字，又出一騽篆，解云："驔或从習。"

最後，段玉裁指出了致誤的根本原因：此段涉及"驔""騽"兩字與"色黑脊黄之馬""馬膝脛間多長毛"兩義，非"兩義分配兩形"，實爲"一字異形二義"。

段玉裁的這個結論也被其他學者承認。如胡承珙《毛詩後箋》："'騽'爲'驔'之異文，'豪骭'或'驔'之别義。"又如俞樾《禮記異文箋》："《爾雅·釋畜》：'驪馬黄脊，騽。'《釋文》曰：'本亦作驔。''燖'之爲'膉'，猶'騽'之爲'驔'矣。《儀禮·有司徹》篇疏證引此注作'燖或爲燀'，'燀'與'燖'亦聲近。《爾雅·釋魚》：'鱏，鮪。'《埤雅》引孫炎《正義》曰：'鱏，尋也。'以尋訓鱏，從其聲也。燖通膉，故亦通燀。"俞樾根據"騽"與"驔"的關係，進一步證明了"燖""膉""燀"三字相同。

例三，我們還可以對比"鱘"。《爾雅·釋魚》"鱣"下郭注："大魚，似鱏而短鼻……肉黄，大者長二三丈。今江東呼爲黄魚。"陸德明《爾雅音義》："鱣，張連反。即黄魚也。鱏，音尋，又音淫，《字林》云：'長鼻魚也。'重千斤。"郝懿行《爾雅義疏》："然則鱣與鱏同，唯鼻爲異耳。""鱏"又作"鱘""鮪"。《玉篇·魚部》："鱘，鮪也。"陸德明《爾雅音義》："鮪，或曰即鱏魚也，似鱣而長鼻。"《本草綱目·鱗部·鱘魚》："其狀如鱣……其色青碧，腹下色白。……頰下有青斑紋，如梅花狀。"

此外，從字音上看，"驔"從覃得聲，從覃之字多有厚、長義。《説文·𦊠部》："覃，長味也。"味道的綿厚引申有長、深義，從覃之字多有此義。如"醰"表示酒味醇厚，又作"𨢑""𨠵"。"潭"是水深之處。"嘾"是含深，《説文·口部》："嘾，含深也。""簟"是竹席，又作"𥴧"，《釋名·釋床帳》："簟，覃也。布之覃覃然平正也。""燂"是燒熱、烤熟，是熱度、火氣的深厚。《廣雅·釋詁三》："燂，暖也。"《集韵·侵韵》："燂，火熟物。""瞫"是深視。《玉篇·目部》："瞫，深視貌。"從這個角度來看，"驔"訓"馬膝脛間多長毛"也是没有問題的。

總的來看，段氏的邏輯是比較嚴謹的。段氏首先指出《説文》與《爾雅》相合，"騽"即"驔"之異體。其次指出《説文》"騽"訓"豪骭"，前與《毛詩》不合，後與《字林》不合，必非許慎原文（必有一假）。最後，由聲音上的相通，到文獻上的互證，指出"驔""騽"必一字，增補"一曰馬豪骭"五字。這是非常精彩的訓詁論述，也是完全經得起思維邏輯檢驗的科學思維過程。

　　從以上分析可以看出,段玉裁通過對《説文》"一曰"體例的規範和解釋,進一步闡明了《説文》的行文特點,辨明了《説文》中音義兩可的模糊情況,揭示了《説文》在漢語史上的重要價值。在文字訓詁的外在表現形式下,段氏的考據過程是能夠經得起同一律、矛盾律、排中律等形式邏輯思維的檢驗的,對一些違反邏輯思維造成的混淆,段玉裁也給予了糾正。這些科學思維邏輯在小學家的訓詁中得到了充分的應用——這種應用或許是下意識的、不自覺的、自然的思維過程,但傳統的語言學家們正是在這樣的科學邏輯内核下纔對語言現象展開令人信服的分析。對這些内在治學邏輯規律的研究與挖掘,能夠使我們更全面地認識中國傳統語言學和語言學家,理解傳統小學中的科學精神。

① 吳福祥:《〈説文〉一曰芻議》,《安徽教育學院學報》,1987年第1期;林銀生:《説文"一曰"義論析》,《内蒙古民族師院學報(社會科學漢文版)》,1989年第4期;楊合鳴:《〈説文〉"一曰"語略考》,《辭書研究》,1992年第3期;張孝純:《從〈説文〉"一曰"義探詞義運動規律》,《辭書研究》,1998年第6期;周聰俊:《説文一曰研究》,新北:花木蘭文化出版社,2012年;盧慶全:《段玉裁〈説文解字注〉"一曰"訓詁内容研究》,《安康學院學報》,2015年第2期;梁光華:《唐寫本〈説文·木部〉殘卷"一曰"之訓解研究》,《黔南民族師範學院學報》,2016年第1期。

② 這種情況還有很多,如:(一曰棋者)一名棋也,本作一曰,李善改爲名曰,以便於文也(《説文·木部》"棋"下段注);(一曰齘也)此別一義(《説文·齒部》"齰"下段注);(一曰大息也)此別一義,與嘆義同(《説文·口部》"嘆"下段注);(一曰薂也)此別一義(《説文·蓐部》"蓐"下段注);(一曰圜好)謂圜好曰瑰,此字義之別説也(《説文·玉部》"瑰"下段注);(一曰石之次玉者)此字義之別説也(《説文·玉部》"瑩"下段注);(一曰毈瞀也)此別一義也,故言一曰(《説文·子部》"毈"下段注)。

③ 江韻古韻屬於東冬鍾,顧炎武《唐韻正》:"按江韻與東冬鍾同用,南北朝猶然,唐以下始雜入陽韻。"

④ 郭在貽:《訓詁叢稿》,上海:上海古籍出版社,1985年,第374頁。

⑤ "枲"今多作"柴"。

⑥ 表示按摩,即《説文·手部》"搣"下段注:"然則搣頰旁者,謂摩其頰旁,養生家之一法"。又可以理解爲整理面頰旁邊的鬢毛。《廣雅·釋詁三》:"搣,捽也。"王念孫《疏證》:"捽者,《説文》:'捽,持頭髮也。'"

⑦ 張舜徽:《説文解字約注》第2册,武漢:華中師範大學出版社,2009年,第1730頁。

⑧ 又《説文·角部》:"觶,鄉飲酒角也。《禮》曰:'一人洗舉觶。'觶受四升。从角單聲。"段玉裁注:"按《駁異義》從《韓詩》説,觶受三升,謂《考工記》觓三升,觓爲觶誤,其注《考工記》同,其注《禮·特牲篇》云:'舊説爵一升,觓二升,觶三升,角四升,散五升。'謂《韓詩》説也。《士冠禮》注亦云:'爵三升曰觶。'而許云觶受四升,蓋從《周禮》不改字,觓受三升,則觶當受四

升也。"

⑨　馮勝利:《乾嘉之學的理論發明(二)——段玉裁〈説文解字注〉理必論證與用語札記》,《民俗典籍文字研究》第 24 輯,北京:商務印書館,2019 年。

⑩　一説"豪肝"下當有"白"字,作"豪肝白曰驒",參見桂馥《説文解字義證》。

附記:浙江省哲學社會科學規劃課題"語言學視角下的段學研究"(20NDQN316YB);教育部人文社會科學研究青年基金項目"漢語重叠詞核心義研究"(20YJC740059)。

作者簡介:王健,浙江大學古籍研究所博士後,台州學院人文學院講師

通訊地址:台州學院人文學院　郵編:317000

《桯史》名義新證

劉　芳

　　《桯史》十五卷，是南宋岳珂撰寫的一部筆記體小説，歷來爲史學家重視。然而，關於《桯史》之名義，即對於"桯"字的理解，歷來衆説紛紜，莫衷一是。《四庫全書總目提要》云："惟其以桯史爲名，不甚可解。……則李德裕先有此名，珂蓋襲而用之。然《考工記》曰：'輪人爲蓋，達常爲圍三寸。桯圍倍之。'①註曰：'桯，車杠也。'《説文解字》曰：'桯，床前几。'皆與著書之義不合。至《廣韻》訓爲'碇桯'、《集韻》訓與'楹'同，義更相遠。疑以傳疑，闕所不知可矣。"②《提要》最終采取了闕疑的方式，這種嚴謹的學風值得肯定，但最終未得出結論。

　　前人對"桯史"得名之由多有討論，我們先對前代學者的觀點和理據進行評述。

一　前人觀點評述

　　前人對"桯史"之"桯"的得名之由有兩種主流觀點：第一種認爲"桯"指的是"床前几"；第二種認爲"桯"通"楹"，指的是廳堂前的柱子。另有學者中和了這兩種觀點，認爲"桯"指的是"一塊用柱子等木料做成的木板"。詳述如下。

（一）"床前案几"説

　　此種説法本於《説文》。《説文·木部》："桯，床前几。"③段玉裁注："《方言》曰：'榻前几，江沔之間謂桯，趙魏之間謂之椸。'按：古者坐於床而隱於几。《孟子》'隱几而臥'，《内則》'少者執床與坐，御者舉几'是也。此床前之几，與席前之几不同。謂之桯者，言其平也。《考工記》蓋桯，則謂直杠。"④"桯"指的是"床前几"，即説明此書成於几案之間。

　　最早認爲《桯史》的"桯"應釋爲"床前几"的學者應是明代焦竑，《俗書刊誤》卷五載："桯音廳，床前橫木也。床前几亦曰桯。岳珂《桯史》用此。"⑤明末方以智在《通雅》卷三四中引用了焦氏的説法："又曰'横者曰桯，植者曰橛'。弱侯曰：床前横木曰桯，音汀。<u>床前几亦曰桯（程）</u>，<u>岳珂《桯史》取此。</u>"⑥清周中孚《鄭堂讀書記·補逸》卷二八載：
"此本前有嘉定甲戌倦翁自序，稱亦齋有桯焉，介几間，髹表可書……月率三五以爲常云
云。則<u>桯爲床前几</u>，蓋無疑義。"⑦清李慈銘在《越縵堂日記》之《荀學齋日記》壬集中寫
道："（光緒十四年二月）十二日，甲午，晴，晡後有風。<u>閱岳倦翁《桯史》，桯，床前小几也。</u>
此因李衛公書名而用之⑧，取几案間私史之義，不過與筆記簏衍等類耳。"⑨

今人最早討論"桯"字名義的是黃山松《〈桯史〉的"桯"》一文，1986 年發表於《讀
書》。他認爲"桯"意爲"床前几"，讀作 chēng。他的論證依據是岳珂的《桯史·序》。
《序》中説："亦齋有桯焉，介几間，髹表可書。余或從搢紳間聞聞見見歸，倦理鉛槧，輒記
其上，編已，則命小史録藏去，月率三五以爲常。"該文篇幅短小，引用《序》後説："<u>可見</u>
<u>'桯'爲床前几，讀作 chēng。</u>"⑩並沒有對推理過程做出解釋。高鯤在次年的《讀書》上發
表《也談〈桯史〉的"桯"》，同意黃氏的意見，但是對讀音提出商榷，認爲該讀爲 xíng 或
tīng⑪。同樣篇幅短小，未給出具體説明。黃學仕《桯史之"桯"音義辨》引揚之水《古詩
文名物新證合編》，認爲此處的"桯"指的是類似包山楚墓出土的"一飤（食）桱（桯）"，
"桯"當讀爲 tīng，指的是"放置在兩張隱几之間的長案，《桯史》即是寫在長案上的史
書"⑫。郝桐《〈桯史〉篇名考辨與商榷》贊同這種觀點。⑬

認爲"桯"意爲"床前几"的學者，多從《説文》"桯"字釋義立意，但大多是簡單結論，
未列其他依據。黃學仕從出土文物入手展開討論，是一條新的思路。但文物的時代與岳
珂所在的時代相隔甚遠，難以確定南宋時期是否還存在以"桯"爲名的長案。

（二）"楹柱"説

第二種説法認爲"桯"通"楹"，《説文·木部》："楹，柱也。"⑭"楹史"指的是寫在柱子
上的史書。

最早認爲"桯史"之"桯"訓爲"楹"的，當是宋代陳振孫。陳氏《直齋書録解題》卷十
一載：《桯史》十五卷，岳珂撰。<u>'桯史'者，猶言柱記也。</u>原注：《説文》：桯，床前几也。"⑮元
馬端臨在《文獻通考》卷二一七中引用了陳氏的觀點："《桯史》十五卷。陳氏曰：岳珂撰。
'桯史'者，猶言柱記也。"⑯清瞿鏞《鐵琴銅劍樓藏書目録》卷一七中記載："《桯史》七卷
宋刊殘本　宋岳珂撰。<u>《直齋書目》云：'《桯史》，猶言柱記也。'《集韻》訓'桯'與'楹'同。</u>
<u>大約取楹書之義。</u>"⑰馬氏、瞿氏二人的認識皆本於陳氏《直齋書録解題》。胡玉縉《四庫
全書總目提要補正》卷四一也同意這一觀點："陸氏《藏書志》有元刊本，並載嘉定七年自
序云：'亦齋有桯焉，介几間，髹表可書，余或從搢紳間聞聞見見歸，倦理鉛槧，輒記其上，

編已,則命小史録藏去,月率三五以爲常。每竊自恕,以爲公是公非,古之人莫之廢也,見睫者不若身歷,滕口者不若目擊,史之不可已也審矣。'是桯史取義,自序甚明,《提要》所據本,豈缺此序耶? <u>瞿氏《目録》引《直齋書録》云:'桯史,猶言柱記也。《集韻》訓桯與楹同,大約取楹書之義。'説雖不誤,而亦未能引自序以明之。'"</u>[18]

認爲"桯"意爲"楹柱"的學者,多本於陳振孫《直齋書録解題》,大多是簡單結論,未列具體依據。

(三)其他觀點

有學者在"案几"説和"楹柱"説之外提出了一種折中的觀點。胡天明在《〈桯史〉書名考釋》一文中説:"'桯'是岳珂書房裡一塊用柱子等木料做成的木板,它介於兩個床前几之間,用赤黑色的漆塗過,上面可以書寫。岳珂先將日常見聞散記在桯上,日積月累,最後編纂成書,故將其名作'桯史'。"[19]也有人將"桯"釋爲"一張長條的几案"[20]。這種折中的觀點貌似解決了不合情理的部分,但是作者没有舉出任何實質證據作爲這種觀點的支撑。

除了上述幾種觀點,也有人認爲不需要細考"桯史"之名義。吴松清《〈桯史〉三題》一文認爲:"書名之義不能囿於一管之見,呆板地認爲必定與'桯'的意義不可脱離。"他認爲"'桯史'之名,其實很簡單,以家居之物代指私人著述之意,非官家所修史書,即我們平常所説的野史筆記而已"[21]。

二　從用語習慣看"桯史"之"桯"

"桯史"的得名之由主要有"床前案几"説和"楹柱"説兩説。《桯史·序》中説"亦齋有桯焉,介几間","桯"介於兩几之間,如果"桯"釋爲"床前几",則句義不通。這是"床前案几"説最大的缺陷。我們贊同"楹柱"説,但前面的論述,多是簡單説明,證據不夠充分。筆者認爲,可以轉換思維,從岳珂的用語習慣中來看作者對"桯"的理解。詳述如下。

(一)兩説的依據

諸學者對"桯"的理解,主要分歧在於它是表示"几"還是意爲"楹"。《説文》釋"桯"爲"床前几,从木、呈聲"[22]。"呈,平也"[23],從本義來考慮,"桯"的意思可以總結爲"平的木頭或用以平衡的木頭"。段玉裁注"桯"："古者坐於牀而隱於几……此牀前之几與席前之几不同。謂之桯者，言其平也。"㉔這也是它可以釋爲"几"的原因。

"楹"，《説文》釋爲"柱"㉕，"柱"釋爲"楹"，意爲"屋之主也"㉖。文獻中"桯"常通"楹"。《説文·木部》"楹"字條段玉裁注："《考工記》蓋杠謂之桯，桯即楹。如樂盈，《史記》作樂逞，其比也。"㉗朱駿聲《通訓定聲》："桯，假借爲楹。"㉘《周禮·考工記·輪人》記載："輪人爲蓋，達常圍三寸，桯圍倍之，六寸。"鄭玄引鄭司農注："桯，蓋杠也。讀如丹桓宫楹之楹。"孔穎達疏："先鄭引'丹桓宫楹之楹'者，按莊公二十三年，爲迎姜氏，爲華飾，故丹桓公廟之楹柱。引之，證此蓋柄之桯，楹柱之類也。"㉙又如《馬王堆漢墓帛書·老子乙本卷前古佚書·十六經·正亂》："不死不生，慗（愨）爲地桯（楹）。"

從詞義及用例來看，"桯"確實有"几""楹"兩種理解。明方以智在《通雅》卷三四中引用焦竑"桯"指"牀前几"的説法，但《通雅》卷七在釋"契楹"時，又認爲"桯史"之"桯"與"楹"同："《考工》之桯，與楹同，即柱也。猶'樂盈'之爲'樂逞'。岳珂作《桯史》，弱侯曰：岳亦齋取此義。"㉚這種情況正説明僅從詞義與序言中，難以判斷對"桯"的理解。我們可以換一個角度，從岳珂《桯史》及其他作品中看看他對"桯""几""楹"這三個詞的認識。

（二）岳珂著作中的"桯""几""楹"

檢岳珂《玉楮集》《岳鄂王行實編年》《桯史》《愧郯録》《寶真齋法書贊》《金佗稡編》《金佗續編》《九經三傳沿革例》諸書，"几"共見55例，分別有以下搭配：侵几、隱几、據几；几間、几上、几下、几前；高几；香几、禪几、書几；几杖、几案、軒几、几席、几筵；仆於几。這些"几"都很好理解，表示的都是案几。

"楹"凡十見，分別爲：楹杙、太廟楹、楹間、楹楣、楹榜、屋楹、禁楹、寢楹、兩楹。這些楹也都是常見的含義。

粗檢岳珂諸書，除了"桯史"標目，"桯"字僅見其詩集《玉楮集》卷五《山居作報書竟夜有感戲成》一例。兹録前八句如下："山居逾五旬，天以厭煩故。誰持故人書，剥啄扣我户。奩筐旅庭砌，瓶罍列桯廡。啓緘讀風簷，盈幅字如縷。"㉛"奩筐旅庭砌，瓶罍列桯廡"兩句對仗相當工整，"奩筐""瓶罍"都是名詞，器物名稱；"旅"和"列"都是動詞，意爲"陳列"；"庭砌"是"庭中臺階"，與"桯廡"對應。

"桯廡"一詞並不好理解。"廡"指庭下的廊屋。如《楚辭·九歌·湘夫人》："合百草兮實庭，建芳馨兮廡門。"朱熹《集注》："廡，堂下周屋也。"㉜"桯廡"當是"廡桯"之倒，這樣是爲了押韻。"廡桯"即"廡楹",指廊前的柱子。魏晋時期,就有"楹""廡"對文的例子。如梁蕭統《殿賦》:"造金墀於前廡,卷高帷於玉楹。"[33]又如唐王勃《益州綿竹縣武都山净慧寺碑》:"丹梯碧洞,杳冥林岫之間;桂廡松楹,寂寞風塵之表。"[34]在唐朝時已有"廡楹"連用的例子,如唐李演《東林寺遠法師影堂碑》:"彼瑣行纖節,尚崇植楹廡,正位居室。"[35]在後世也多見其例,如北宋文同《問神詞》:"衮畫藻火兮,冕垂蟫玉。樓殿轇轕兮,楹廡聯屬。"[36]明曹學佺《蜀中廣記》引宋趙明誠《金石録跋》:"此記託於廡楹,乃與金石争壽。"[37]明陳山毓《陳靖質居士文集》:"盈陸離於廡楹兮,芳菲菲其襲予。"[38]

從上文所列用例可以看出,岳珂對"几""楹"的使用都較爲明確,而對"桯"的使用則同"楹"。"几"和"桯"是明確區分的。《序》中有"亦齋有桯焉,介几間"的説法,"桯"與"几"同時出現,指的應是不同的事物。《山居作報書竟夜有感戲成》一詩當是實寫,此"桯"便是"介几間"的"桯"。"庭砌"與"桯廡"相對,"瓶罍列桯廡"意爲瓶罍陳列於廊前,這與"盈陸離於廡楹"有相似之處。

因此,從岳珂的用語習慣來考慮,筆者認爲"桯史"之"桯"當理解爲"楹"。

三　"桯史"得名之由

如果"桯"指的是"楹柱","桯"位於何處呢? 據《桯史·序》記載:"亦齋有桯焉,介几間,髹表可書。"[39]楹柱位於几案之間並不常見,也不大符合常理。其實這裏的"間"未必指的是實實在在的中間。段玉裁"哉"字條注:"凡兩者之際曰閒,一者之竟亦曰閒。"[40]位於兩物的中間,也意味着位於一物的邊界、附近,中間與附近的關係是十分密切的。《廣韻》:"閒,隙也,近也。"《類篇·門部》:"間,《説文》'隙也'。一曰近也,中也。""間"可以表示空間上的附近,如竈間,指的是竈臺附近,以此來代指厨房。也可以表示時間上的附近,如《漢書·叙傳上》:"帝間顔色瘦黑。"[41]此處"間"即表示近來。因此《桯史·序》中的話可以理解爲:"亦齋有楹柱,處於几案的附近,塗了漆的表面可供書寫。"這句話交代的是寫作地點。

那麽,岳珂爲何以"桯史"爲書名呢? 僅僅是爲了説明寫作地點嗎? 筆者認爲未必。

清末沈家本在《日南隨筆》卷一中提出,《桯史》之名用了晏子鑿楹納書的典故:"宋岳珂撰《桯史》十五卷,其名沿於李德裕,《四庫目録》謂其名不甚可解。按:桯字本義,《説文》曰'牀前几'也,義無所取。當是用晏子鑿楹納書事。《考工記》注'桯'讀爲

'楹',以桯爲楹,乃叚借字。"[42]余嘉錫《四庫提要辨證》卷十八"《桯史》十五卷"條引沈家本《日南隨筆》,同意沈説。[43]"鑿楹納書"的典故出自《晏子春秋·內篇雜下第六》:"晏子病,將死,鑿楹納書焉,謂其妻曰:'楹語也,子壯而示之。'及壯發書,書之言曰:'布帛不可窮,窮不可飾。牛馬不可窮,窮不可服。士不可窮,窮不可任。國不可窮,窮不可竊也。'"[44]晏子臨死前,將柱子鑿一小洞,將書信藏在柱中,書信中記載着告誡子孫的話語。後世常以"楹書"指代遺言、遺書。如北齊鄭述祖《天柱山銘序》:"踵迹此蕃,敢慕楹書,仰宣庭誨。"[45]但《桯史》並非遺書,用此典並不十分恰當。

楹者,柱也。唐張旭傳世的唯一楷書《郎官石柱記》,又名《郎官廳壁記》。以"柱"爲名的書,四庫系列中收有《石柱記箋釋》《唐尚書省郎官石柱題名考》等。衹有非常重要的文獻資料纔會刻柱,希以流傳後世。後來雖然不是所有以柱爲名的書籍都真的刻於柱上,但以此爲名,表達了作者希冀此書被後世流傳、銘記的美好願望。上文所引"此記託於廡楹,乃與金石爭壽"一例,就準確説明了這個含義。

要之,從作者的用語習慣來看,"桯史"之"桯"指的當是"楹柱"。以"桯史"爲名,既説明了此書的寫作地點,也表達了作者對於此書的深厚希冀。

① 按,《周禮·考工記·輪人》原文作:"輪人爲蓋,達常圍三寸。桯圍倍之,六寸。""達常"後無"爲"字。

② 永瑢等:《四庫全書總目》,北京:中華書局,1965 年,第 1200 頁。

③ 許慎:《説文解字》,北京:中華書局,1963 年,第 121 頁。

④ 許慎撰,段玉裁注:《説文解字注》,上海:上海古籍出版社,1988 年,第 257 頁。

⑤ 焦竑:《俗書刊誤》,《景印文淵閣四庫全書》經部第 228 冊,臺北:臺灣商務印書館,1986 年影印本,第 562 頁。

⑥ 方以智:《通雅》,諸偉奇、紀健生、阮東昇整理,黃德寬、諸偉奇主編:《方以智全書》,黃山:黃山書社,2019 年,第 570 頁。

⑦ 周中孚:《鄭堂讀書記》(下),北京:北京圖書館出版社,2007 年,第 653 頁。

⑧ 四庫館臣認爲,唐李德裕也有一書名爲《桯史》,後改名爲《次柳氏舊聞》或《明皇十七事》。李德裕即李慈銘所稱"李衛公"。郝桐《〈桯史〉篇名考辨與商榷》認爲,明刻一百二十卷本《説郛》在傳抄過程中,將"朱崖太尉所續《柳史》第十六條"誤抄爲"《桯史》第十六條",李德裕未著有《桯史》。

⑨ 李慈銘:《越縵堂日記》,揚州:廣陵書社,2004 年,第 11690 頁。

⑩ 黃山松:《〈桯史〉的"桯"》,《讀書》,1986 年第 10 期。

⑪ 高鯤：《也談〈桯史〉的"桯"》，《讀書》，1987 年第 5 期。

⑫ 黃學仕：《桯史之"桯"音義辨》，《博覽群書》，2016 年第 2 期。

⑬ 郝桐：《〈桯史〉篇名考辨與商榷》，《文化學刊》，2018 年第 4 期。

⑭ 許慎：《説文解字》，第 120 頁。

⑮ 陳振孫：《直齋書録解題》，《景印文淵閣四庫全書》史部第 674 册，臺北：臺灣商務印書館，1986
年影印本，第 731 頁。

⑯ 馬端臨：《文獻通考》，上海師范大學古籍研究所、華東師范大學古籍研究所點校，北京：中華書
局，2011 年，第 6062 頁。

⑰ 瞿鏞編纂：《鐵琴銅劍樓藏書目録》，瞿果行標點，瞿鳳起覆校，上海：上海古籍出版社，2000 年，
第 449 頁。

⑱ 胡玉縉：《四庫全書總目提要補正》，王欣夫輯，上海：上海書店出版社，1998 年，第 1116—
1117 頁。

⑲ 胡天明：《〈桯史〉書名考釋》，《文獻》，1993 年第 4 期。

⑳ 李曉豔：《〈桯史〉的"桯"考辨》，《齊齊哈爾工程學院學報》，2013 年第 3 期。

㉑ 吳松青：《桯史三題》，《東京文學》，2011 年第 3 期。

㉒ 許慎：《説文解字》，第 121 頁。

㉓ 許慎：《説文解字》，第 32 頁。

㉔ 許慎撰，段玉裁注：《説文解字注》，第 257 頁。

㉕ 許慎：《説文解字》，第 120 頁。

㉖ 許慎：《説文解字》，第 120 頁。

㉗ 許慎撰，段玉裁注：《説文解字注》，第 254 頁。

㉘ 朱駿聲：《説文通訓定聲》，武漢：武漢古籍書店，1983 年，第 871 頁。

㉙ 阮元校刻：《周禮注疏》，《十三經注疏》，北京：中華書局，2009 年，第 1965 頁。

㉚ 方以智：《通雅》，第 318 頁。

㉛ 岳珂：《玉楮集》，《景印文淵閣四庫全書》集部第 1181 册，臺北：臺灣商務印書館，1986 年影印
本，第 472 頁。

㉜ 朱熹集注：《楚辭集注》，夏劍欽、吳廣平校點，長沙：嶽麓書社，2013 年版，第 31 頁。

㉝ 嚴可均編：《全上古三代秦漢三國六朝文》，北京：中華書局，1958 年，第 3059 頁。

㉞ 董誥等編：《全唐文》，北京：中華書局，1983 年，第 1863 頁。

㉟ 董誥等編：《全唐文》，第 5210 頁。

㊱ 曾棗莊、劉琳主編：《全宋文》，上海：上海辭書出版社，合肥：安徽教育出版社，2006 年，第 6 頁。

㊲ 曹學佺：《蜀中廣記》，《景印文淵閣四庫全書》史部第 591 册，臺北：臺灣商務印書館，1986 年影
印本，第 6 頁。

㊳ 陳山毓：《陳靖質居士文集》，《四庫禁毀書叢刊》集部第 14 册，北京：北京出版社，1997 年影印

本,第 567 頁。

㉙　岳珂:《桯史》,吴企明點校,北京:中華書局,1981 年,第 1 頁。

㊵　許慎撰,段玉裁注:《説文解字注》,第 57 頁。

㊶　班固:《漢書》,北京:中華書局,1962 年,第 4202 頁。

㊷　沈家本:《日南隨筆》,北京:商務印書館,2017 年,第 5 頁。

㊸　余嘉錫:《四庫提要辨證》,北京:中華書局,2007 年,第 1109 頁。

㊹　《晏子春秋》,唐子恒點校,南京:鳳凰出版社,2017 年,第 112 頁。

㊺　嚴可均編:《全上古三代秦漢三國六朝文》,第 3865 頁。

附記:本文初稿完成於 2016 年,文章選題受到南京大學孫利政博士的啟發,文章内容承王雲路師提出寶貴修改意見,謹致謝忱。文中不當之處,責任盡在作者。

作者簡介:劉芳,浙江大學古籍研究所博士後

通訊地址:浙江大學紫金港校區古籍研究所　郵編:310058

《世説新語》人物言語行爲的禮貌策略研究

施麟麒　桂　雙

引　言

　　《世説新語》是魏晋南北朝志人小説的代表,以記言著稱。人物話語是其主體部分,表現出魏晋名士的鮮明個性、高尚德行、文學素養、傑出才能、交際策略等形象特徵,也反映出魏晋時期的政局、門第等社會面貌及思想、文化、審美等精神面貌。因此,《世説新語》的人物話語研究有較高學術價值。但是,目前國内《世説新語》研究集中於文獻研究與文學研究,或考證《世説新語》的原名、作者、成書時間、版本等,或分析人物形象及塑造技巧、人物語言特色及成因、作品的文學史價值等;語言學研究及語用學研究成果較少,而且主要是解釋疑難字詞的含義或者分析特殊詞類、句式或結構,或者研究回指現象與辭格運用等,因此,人物話語的語用研究仍有探索空間。本文擬運用言語行爲理論和禮貌理論,研究《世説新語》[①]人物話語的言語行爲類型、禮貌屬性、(不)禮貌策略及語境特徵。

一　理論簡述

　　奥斯汀把言語行爲分爲話語行爲、話語施事行爲、話語施效行爲,並把話語施事行爲按話語施事力量分爲裁决式、運用式、承諾式、表態式、表明式五類。塞爾在奥斯汀的言語行爲理論基礎上把言外行爲分爲斷言類、指令類、承諾類、表情類、宣布類。斷言類包括陳述、描述、推論等,指令類包括提問、請求、命令、建議、邀請等,承諾類包括承諾、提供、威脅等,表情類包括感謝、道歉、祝賀、恭維、侮辱等,宣布類包括宣布開戰、命名、解雇等。本文將運用塞爾的言外行爲理論分析《世説新語》人物言語行爲的類型。

　　利奇(Geoffrey Leech)認爲,禮貌是一種“交際利他主義”的説話方式(或行爲方式)——給他人(尤其是交際對象)而非自己以利益或價值。禮貌是表面的,甚至是不真誠的;禮貌具有普遍性,禮貌言語行爲雖然在不同社會有很大差異,但仍有共同的語用基礎和行爲基礎,禮貌的各價值尺度雖然在不同社會解釋不同,但仍可能具有普遍性[②]。利奇提出了禮貌的一般策略及其準則,如表1所示:

表1 禮貌的一般策略的準則

準則(以一種迫切心情表達)	部分相關準則	此準則的名稱	典型言語行爲類型
(準則1)對聽話人需求賦予高價值	慷慨準則,得體準則	慷慨準則	承諾
(準則2)對說話人需求賦予低價值		得體準則	如指令
(準則3)對聽話人的特質賦予高價值	贊譽準則,謙遜準則	贊譽準則	恭維
(準則4)對說話人特質賦予低價值		謙遜準則	自我評價
(準則5)對說話人責任賦予高價值	責任準則	責任準則	道歉或感謝
(準則6)對聽話人責任賦予低價值		責任準則	回應道歉和感謝
(準則7)對聽話人的觀點賦予高價值	意見準則	一致準則	同意或反對
(準則8)對說話人觀點賦予低價值		保留意見準則	提出觀點
(準則9)對聽話人的感受賦予高價值	感情準則	同情準則	祝賀或同情
(準則10)對說話人的感受賦予低價值		保留感情準則	抑制感情

這些約束條件(或禮貌"準則")並非交際時必須遵守的要求,而是實施言語行爲時可用以實現禮貌目標的策略,而且是價值分配層面上的策略(禮貌價值策略),區別於形式層面的禮貌表達策略,如恭維話語使用某些新穎而定向的形容詞顯得更真誠,使用副詞增強效果,使用稱呼使恭維個性化,使用嘆詞和感嘆疑問句增強感情[③]。這啓發我們分析《世說新語》人物言語行爲的禮貌策略,也可以從禮貌價值策略和禮貌表達策略兩方面進行,分析人物在禮貌價值策略層面的傾向性,在禮貌表達策略層面的辭彙、句類或修辭手段。

利奇根據言外目標與社會目標的關係,把言外行爲的禮貌情況分爲四類:競爭類,如命令、請求,涉及消極禮貌;和諧類,如提供、祝賀,涉及積極禮貌;合作類,如宣布、報告,不涉及禮貌;冲突類,如威脅、指責、詛咒,通常不禮貌[④]。這就使禮貌策略理論與言語行爲理論自然聯繫起來,爲言語行爲的禮貌策略研究提供了依據。本文參照利奇的禮貌策略理論分析《世說新語》人物言語行爲的(不)禮貌屬性及(不)禮貌策略。

二　《世説新語》言語行爲的分布分析

《世説新語》中人物言語行爲的類型豐富,(不)禮貌策略也很複雜。

（一）言語行爲的類型分析

説出一個句子就是實施一個言語行爲,《世説新語》中人物的言語行爲共1996個,言語行爲類型如表2:

表2　《世説新語》人物言語行爲類型統計表

言語行爲類型	總數	言語行爲小類	數量(個)	例句
宣布	0	無	0	
斷言	376	陳述事實	144	文王之囿,與衆共之。
		描述事物	21	鼻如廣莫長風,眼如懸河決溜。
		闡述原因	65	神明太俗,由卿世情未盡。
		説明事理	43	見可而進,知難而退,古之道也。
		推斷結果	43	無憂,桓必勸入。
		推測原因	14	當以其妖而浮。
		得出結論	28	仲堪此舉,乃是國之亡徵。
		預測命運	18	此童非徒能畫,亦終當致名。
指令	461	提問	259	真長何如人?
		請求	34	冀罪止於身,二兒可得全不?
		命令/要求/禁止/阻止	80	聞君善吹笛,試爲我一奏。卿莫近禁臠。
		建議/勸告/勸阻	82	賊大,宜先按討。
		邀請	6	桓義興,勸卿酒!
承諾	62	承諾/答應	35	且著襦,尋作複裈。
		拒絕	23	沉者自沉,浮者自浮,殷洪喬不能作致書郵。
		威脅	4	卿此起不破,我當撻卿。
表情	1038	恭維	381	真海岱清士。
		褒貶兼有	2	然君實是亂世之英雄,治世之奸賊。

（續表）

言語行爲類型	總數	言語行爲小類	數量（個）	例句
表情	1038	揚一抑一	3	廉頗、藺相如雖千載上死人，懍懍恒如有生氣；曹蜍、李志雖見在，厭厭如九泉下人。
		侮辱	18	見一群白頸烏，但聞喚啞啞聲。
		貶低	61	田舍兒，强學人作爾馨語。
		責備	224	何乃刻畫無鹽，以唐突西子也！
		自謙	17	思理倫和，吾愧康伯；志力彊正，吾愧文度。
		自誇/自滿	35	自此已還，吾皆百之。
		道歉	6	臣不能吞炭漆身，今日復睹聖顏。
		感謝	4	西山朝來，致有爽氣。
		自責	19	我不殺周侯，周侯由我而死，幽冥中負此人！
		同意	16	賢女尚少，故其宜也。
		反駁/反對	188	劉尹非不能逮，直不逮。
		祝賀	2	皇子誕育，普天同慶。
		同情	20	人固不可以無年！
		祝願	2	冀神理綿綿，不與氣運俱盡耳。
		感慨	40	見此芒芒，不覺百端交集。
	59	諷刺	9	想君小時，必當了了。
		戲謔	50	民雖吳人，幾爲傖鬼。
總計			1996	

　　由表 2 可知，《世説新語》人物言語行爲以表情類爲主，其次是指令類、斷言類，再次是承諾類，宣布類缺類。

　　表情類言語行爲總數最多，小類也最豐富，多是禮貌言語行爲與不禮貌言語行爲的對立，如恭維與侮辱、貶低、責備對立，自謙與自誇（自滿）對立，同意與反駁（反對）對立。其中，恭維、責備、反駁數量最多，是《世説新語》中的典型言語行爲。

　　指令類言語行爲的小類也很豐富，其中提問數量最多，也是《世説新語》中的典型言語行爲，言外目標是要求聽話人提供説話人詢問的信息；其他小類則都是要求聽話人實施説話人指定的行爲或改變狀態，禮貌程度不同。

　　斷言類言語行爲可分爲陳述和推斷兩個次類。陳述是對事實的忠實描繪，可分爲陳述事實、描述事物、闡述原因、説明事理；推斷是對事實的主觀判斷，可分爲推斷結果、推測原因、得出結論、預測命運。斷言類言語行爲中，陳述事實數量最多，也是《世説新語》中的典型言語行爲。

承諾類言語行爲可分爲承諾（答應）、拒絶、威脅三小類，都是《世説新語》中的非典型言語行爲。

（二）言語行爲的禮貌屬性分析

利奇提出，禮貌的對立面有非禮貌（nonpoliteness）、假禮貌、假冒犯、不禮貌（impoliteness）四個[⑤]。一個言語行爲的禮貌屬性取決於言外目標及表達方式。

《世説新語》人物言語行爲中，諷刺屬於假禮貌，戲謔屬於假冒犯，斷言類屬於合作類言語行爲，言外目標是提供信息，屬於非禮貌話語；指令類的邀請，承諾類的承諾（答應）及表情類的恭維、自謙、道歉、感謝、自責、祝賀、同情、祝願、同意、褒貶兼有屬於和諧類言語行爲，言外目標是給予聽話人以積極價值，表達方式往往爲禮貌形式，屬於禮貌話語；指令類的提問、請求、命令、建議屬於競爭類言語行爲，由於言外目標具有强加性，因此説話人盡力采用禮貌的表達方式，所以禮貌屬性取決於表達策略；承諾類的拒絶、威脅，表情類的侮辱、貶低、責備、自誇（自滿）、反駁（反對）、感慨屬於衝突類言語行爲，由於言語目標是蓄意冒犯，因此表達方式往往不禮貌，所以屬於不禮貌話語。另外，"褒貶兼有"的言外目標和表達方式没有完全否定評價對象的特質，屬於禮貌話語；"揚一抑一"對恭維對象禮貌，同時對責備對象不禮貌，表達方式不改變其禮貌屬性，應另列一類。

三　《世説新語》言語行爲的禮貌策略

《世説新語》人物言語行爲的禮貌價值策略與禮貌表達策略並非完全一致。

（一）言語行爲的禮貌價值策略

提問、請求、命令言語行爲的言外目標是要求對方滿足自己的需求，可應用得體準則，給自己的需求以低價值，即以間接、含蓄、委婉的表達策略給予對方選擇，以降低强加程度。建議言語行爲的言外目標是希望對方接受自己的觀點，可應用保留意見準則，給自己的觀點以低價值，以緩解强加程度。《世説新語》中的競爭類言語行爲是否應用了禮貌價值策略需要考察其表達策略。

和諧類言語行爲的言外目標都是給予對方高價值、給予自己低價值。《世説新語》

中的和諧類言語行爲都應用了禮貌價值策略,其中邀請、承諾(答應)應用慷慨準則,恭維應用贊譽準則,自謙應用謙遜準則,道歉、感謝、自責應用責任準則,祝賀、同情、祝願應用同情準則,同意應用一致準則。

衝突類言語行爲的言外目標不禮貌,背離了禮貌價值策略,拒絶、威脅違反慷慨準則,侮辱、貶低、責備違反贊譽準則,自誇(自滿)違反謙遜準則,反駁(反對)違反一致準則,感慨違反保留感情準則。《世説新語》中的衝突類言語行爲都違反禮貌的價值策略。

由統計可知,應用贊譽準則、違反贊譽準則、違反一致準則的言語行爲小類數量最多,分别有351個、286個、188個,而這三類言語行爲都與魏晉品評人物、談玄論理的社會文化語境有關,既體現了品評、清談風氣頗盛,也體現了《世説新語》編者的話語記録傾向及價值傾向,還體現了品評、清談活動中的交際策略取向:魏晉名士樂於恭維他人,也敢於批評、反駁他人,前者符合禮貌,後者則表現真誠,是魏晉較寬鬆的文化環境與(故作)放縱的文人心理的産物。其他言語行爲小類,如自謙、同意、自誇也顯然與品評、清談有關,同樣是禮貌與真誠的體現。

(二)言語行爲的禮貌表達策略

《世説新語》人物在實施言語行爲時爲實現(不)禮貌言外目標,常采用句類、辭彙、辭格等表達策略。

1. 恭維話語的表達策略

恭維指説話人對聽話人及第三方特質做出的正面評價。《世説新語》中恭維的對象包括人與事物,由於恭維事物不涉及對聽話人或第三方的禮貌問題,因此不具有禮貌價值,所以《世説新語》中的恭維話語實際上共351個。

恭維話語的形式基本是恭維一人,也有恭維多人。所涉主題有道德、氣質(性情)、學識、才幹、容貌,還有綜合恭維與籠統恭維;學識恭維與氣質(性情)恭維數量最多,其次是道德恭維、籠統恭維。主題也可看作恭維話語的表達策略,因爲部分恭維話語是對無主題提問話語的選擇性回答。面對"某人何如某人""某人何如/何似"等品評人物式提問,説話人祇評價特定方面或進行綜合評價(偶有籠統評價),體現出説話人恭維言語行爲具有主題傾向性。由於當時社會文化語境對不同特質重視程度不同,因此説話人選擇的評價主題不同,給予評價對象的價值也不同,禮貌程度也相應不同,比如説話人恭維評價對象的道德與恭維其容貌相比,顯然前者給予評價對象的價值更多。

《世説新語》恭維話語的典型禮貌表達策略是辭彙手段和辭格手段。句類以陳述句爲主,偶有感嘆句、疑問句但無特殊表達效果;否定陳述句以否定形式表達肯定性的讚譽,使恭維態度更突出、話語更禮貌,也應看作恭維話語的禮貌表達策略。

《世説新語》恭維話語多以具有褒義色彩的名詞、形容詞、動詞讚譽評價對象,並以程度副詞、評注副詞⑥加強讚譽程度。據統計,恭維話語使用的褒義形容詞數量最多,其次是褒義名詞,褒義動詞較少。運用辭彙手段恭維某人,可以直接指出評價對象的特質,語義明晰、態度明確。副詞也是恭維話語重要的禮貌表達手段,使恭維情感表達得更充分,話語更禮貌。評注副詞最多,程度副詞次多,範圍副詞再次。添加"亦""自""故""足""可""乃""當"等評注副詞,肯定説話人的恭維態度,可以增強恭維程度;添加"真""最""至""特""大"等程度副詞,突出評價對象某一特質程度高。需要説明的是,恭維話語中的部分名詞雖然具有褒義色彩,但由於在比喻、比况辭格手段中作爲喻體或參照物,因此不算作詞彙手段。部分恭維話語通過會話含義表達讚譽,更無法做形式分析。

《世説新語》恭維話語中,運用辭格手段的形式有單用一種辭格與兼用多種辭格,多運用對比、比喻、誇張、對偶辭格。

對比是氣質(性情)恭維、綜合恭維、籠統恭維使用最多的辭格;在氣質(性情)恭維中運用的次數最多。往往將評價對象與歷史中人、當世之人、説話人自己進行比較,如"阿敬近撮王、劉之標""陛下聖思齊於哲王;罔極過於曾、閔""仁祖是勝我許人",可以鮮明表現不同對象間的差異。

比喻是道德恭維、學識恭維、才幹恭維和容貌恭維使用最多的辭格;在道德恭維中運用次數最多。人們往往將評價對象或其某方面特質比作相似的自然事物,常用喻體有金、玉、房屋、樹、水,如"澄之不清,擾之不濁,其器深廣,難測量也""濯濯如春月柳",能够生動形象地指明評價對象的特質而且具有審美性。

誇張在氣質(性情)恭維和學識恭維中使用最多,往往極力讚揚評價對象空前絶後,如"清倫有鑒識,漢元以來未有此人",或遠勝時人,如"一生不曾見此人"。

對偶在道德恭維和氣質(性情)恭維中使用最多,多與其他辭格尤其是比喻和對比辭格套用,使句子形式整齊,如"方響則金聲,比德則玉亮""善於托大,長於自藏"。比况僅用於道德恭維、學識恭維、氣質(性情)恭維、才幹恭維,將某人比作歷史上的某人從而肯定其卓越,屬於間接恭維,如"年少一坐之顔回"。

2. 提問話語的表達策略

《世説新語》提問話語的主題涉及品評人物、談玄論理、日常詢問,且以日常詢問爲主,品評人物次之,談玄論理最少。表達方式上,提問話語都是疑問句,無禮貌效果,無辭格手段,稱謂語是其典型辭彙手段。

　　漢文化中的稱謂語要遵守"上下有義、貴賤有分、長幼有等"⑦;敬語更依賴於習慣,受制於相對穩定的社會因素,即聽話人根據垂直(即相對權勢)和水準(即社會關係)兩個社會語用維度選擇敬語形式⑧。《世説新語》提問話語中的稱謂語就體現了説話人與聽話人的相對權勢和社會關係,可由此判斷提問話語的禮貌屬性。

　　《世説新語》提問話語的稱謂語使用情況及禮貌屬性如表 3 所示:

表 3　《世説新語》提問話語的稱謂語統計表

指稱對象	稱謂語	敬謙屬性	交際關係	禮貌屬性
説話人 20 次	我 11	傲稱⑨	尊對卑(8 次) 長對幼(2 次) 朋友(1 次)	不禮貌
	吾 1	傲稱	卑對尊	不禮貌
	朕 1	皇帝自稱	君對臣	禮貌
	孤 2	侯王自稱	尊對卑	禮貌
	臣 1	謙稱	卑對尊	禮貌
	群下 1	謙稱	卑對尊	禮貌
	僕 1	謙稱	長對幼	禮貌
	弟子 2	謙稱	徒對師	禮貌
聽話人 77 次	卿 36	敬稱/無敬謙⑩	尊對卑、朋友	禮貌
	汝 6	傲稱	卑對尊 2 長對幼 3 尊對卑 1	不禮貌
	爾 1	傲稱	長對幼	不禮貌
	卿等 1	敬稱/無敬謙	尊對卑且主對客	禮貌
	卿兄弟(合稱)1	敬稱/無敬謙	尊對卑	禮貌
	傖父 1	賤稱	主對客	不禮貌
	阿奴 1	昵稱	長對幼	禮貌
	字 3	昵稱	長對幼 2 尊對卑 1	禮貌
	姓 + 字 1	昵稱	長對幼但客對主⑪	不禮貌
	姓 + 官職 2	敬稱	尊對卑 1 卑對尊 1	禮貌

（續表）

指稱對象	稱謂語	敬謙屬性	交際關係	禮貌屬性
聽話人 77 次	君 10	敬稱	尊對卑	禮貌
	君家 1		卑對尊	
	尊 3		尊對卑	
	足下 1		幼對長	
	公 4		卑對尊	
	明公 1		卑對尊	
	陛下 2		卑對尊	
	上人 1		卑對尊	
	諸君 1		尊對卑	
相關第三方 23 次	一 + 姓 2	蔑稱	尊對卑	不禮貌[12]
	字 2	昵稱	尊對卑	禮貌
	卿家 + 字 1	敬稱/無敬謙	尊對卑	禮貌
	卿家 + 任職地名 2	敬稱/無敬謙	尊對卑	禮貌
	卿 + 親屬關係 5	敬稱/無敬謙	尊對卑	禮貌
	汝 + 親屬關係 1	傲稱	尊對卑	不禮貌
	足下家君 1 足下家君 + 任職地名 1	敬稱	長對幼但客對主	禮貌
	賢 + 親屬關係 + 字 1		長對幼且主對客	
	君家尊 1		尊對卑	
	尊君 1		長對幼但客對主	
	我家 + 任職地名 1 我家 + 官名 1	傲稱	尊對卑	不禮貌
	明公（指對方哥哥）1	敬稱	卑對尊	禮貌
	先公（侯王指其亡父）1	敬稱	尊對卑	禮貌
	姓 + 夫人（皇帝指其妹）1	敬稱	尊對卑且長對幼	禮貌
無稱謂語 87 條	品評人物 5/94 條 談玄論理 25/29 條 日常詢問 57/136 條			不禮貌
僅第三方稱謂語 68 條	品評人物 52/94 條 談玄論理 2/29 條 日常詢問 14/136 條			不禮貌

　　由表 3 可知，《世說新語》提問話語中，運用與交際雙方相關稱謂語的共 104 個，多於

無稱謂語或僅第三方稱謂語,可知稱謂語是提問話語重要的辭彙手段。日常詢問主題的提問話語更多使用稱謂語,談玄論理主題的提問話語基本不用稱謂語,品評人物主題的提問話語更多使用第三方稱謂語。

綜合考慮交際雙方的相對權勢與社會關係,則《世説新語》提問話語中,説話人的自稱稱謂語,除"朕""孤""臣""群下""弟子"這些職位性稱呼及謙稱"僕"外,更多使用傲稱"我""吾"。説話人稱呼聽話人的對稱稱謂語嚴守等級,用於尊對卑(包括主對客、長對幼)的稱謂語共 52 次,其中 42 次使用符合交際關係的稱謂語如"卿""卿等""阿奴""(姓+)字",4 次選擇敬稱,不禮貌的稱謂語僅 6 次;卑對尊的稱謂語共 25 次,其中 22 次選擇敬稱如"君""尊""足下""公",不禮貌的稱謂語僅 3 次。説話人稱呼與自己或聽話人有關的第三方的他稱稱謂語也謹守禮儀,卑對尊的稱謂語有 3 次,都是敬稱;尊對卑的稱謂語共 18 次,不禮貌的稱謂語僅 5 次。

提問屬於競爭類言語行爲,言外目標的強加程度較高,因此,應用得體準則,即以間接含蓄的表達方式給交際對象以選擇,從而緩解冒犯。《世説新語》中的提問話語並没有給聽話人拒絶回答的選擇,所以都違反了得體準則;但是,從辭彙手段看,使用合適稱謂語的提問話語應用了贊譽準則或謙遜準則,緩解了提問話語禮貌的不禮貌程度,是有效的禮貌表達策略。

由統計可知,提問話語共 259 個,在 104 個使用稱謂語的提問話語中,26 個提問話語的稱謂語不禮貌,31 個提問話語使用敬稱稱呼聽話人及其親屬,5 個提問話語使用謙稱稱呼自己,40 個提問話語使用昵稱稱呼對方及其親屬。所以,既未應用得體準則也未應用贊譽準則或謙遜準則的提問話語有 181 個,未應用得體準則但應用了贊譽準則的提問話語有 31 個,未應用得體準則但應用了謙遜準則的提問話語有 5 個,未應用得體準則但符合交際雙方社會關係的提問話語有 40 個,即完全不禮貌的提問話語有 181 個,通過運用合適稱謂語緩解了冒犯的提問話語有 78 個。

3. 責備話語的表達策略

責備的言外目標是對評價對象某種特質或某行爲進行指責、批評,是對禮貌這一社會目標的違反或者背離,表達方式也往往不禮貌。《世説新語》責備話語的評價對象以聽話人爲主,第三方爲輔;主題與恭維話語相似,以行爲爲主,道德禮法次之,才幹、學識、性情再次,容貌僅 1 個,但策略傾向性不强。

表達方式方面,句類以疑問句、陳述句爲主,感嘆句也較多。陳述句直接表達對評價對象的指責、批評,態度明確,如"可謂以小人之慮,度君子之心";但疑問句和感嘆句的語氣更强烈,尤其是反問句,無疑而問,如"帝豈復憶汝乳哺時恩邪""何小子之有",所以疑問句、感嘆句責備程度更高,是責備話語重要的句類手段;但除行爲責備話語使用疑問句、感嘆句多於陳述句外,其他責備話語都以陳述句爲常規句類。

辭彙手段也是責備話語的重要表達策略,主要有貶義動詞、形容詞、名詞,以及副詞尤其是評注副詞。動詞多用於責備評價對象不該做某事或未做某事,形容詞多用來責備評價對象在某方面不足甚至低劣,名詞用以責備評價對象屬於某種人。副詞多起到了强化責備程度的作用,增强了言語行爲的不禮貌程度,如評注副詞中的"乃""亦""故""可謂""當"等,尤其是"乃",表達説話人的驚訝、失望或憤慨,如"斯人乃婦女,與人別,唯啼泣"。

辭格運用不多,以比喻、對比爲主,偶用對偶、用典、比況和借代。比喻使表達形象、責備程度强烈,如"雖陽和布氣,鷹化爲鳩,至於識者,猶憎其眼"。對比使評價對象在比較中顯出同異、優劣,如"令巢、許遇稷、契,當無此言"。

4. 反駁話語的表達策略

反駁(反對)的言外目標是對某人觀點提出反對或駁斥,是對禮貌目標的違反或背離。《世說新語》反駁話語在表達方式上較少運用辭格,以句類和辭彙爲突出表達策略。

辭格手段集中於陳述句,以比喻、對偶爲主,偶用對比、借代。比喻使評價對象的形象具體生動,如"洮之汰之,砂礫在後",對比使不同評價對象特質鮮明,如"伯禽之貴,尚不免撻,而況於卿",都有助於增加反駁力度。

句類以陳述句爲主,也較多運用疑問句、感嘆句,而且疑問句與感嘆句的數量之和多於陳述句。以陳述句反駁他人,觀點明確,態度清晰;以疑問句和感嘆句反駁他人語氣更强烈,尤其是反問句,有責難的意味,使得反駁更不禮貌。

《世說新語》反駁話語的表達方式有三種:一是否定詞或否定片語單説,如"非""不然""不爾";二是以否定副詞或其他副詞修飾動詞、形容詞或動詞性片語,或者以否定動詞支配名詞,或者用連詞表示語義轉折;三是新造一個句子表達反駁意圖。前兩種以副詞、否定動詞、連詞爲主要辭彙手段,是反駁話語重要的表達策略。後一種數量極少且無普遍規律,如"雖爲小物,耿介過人,朕所以好之",故不做分析。反駁話語的辭彙手段如表4所示:

表 4　《世説新語》反駁話語的詞類統計表

程度副詞 8	評注副詞 119	否定副詞 108	範圍副詞 15	頻率副詞 3	否定動詞 21	連詞 4
殊 2 尚 6	似 2 亦 14 應 2 可 20 故 8 自 13 本 2 固 2 且 3 正 5 乃 7 當 9 豈 13 足 3 復 9 誠 1 猶 3 便 3	不然 4 不爾 4 不能 5 不如 4 不 66 不得 1 未 13 非 11	直 3 唯 3 但 7 都 2	複 3	無 21	況 4

由表 4 可知,評注副詞是反駁話語的主要辭彙手段,其次是否定副詞,否定動詞與範圍副詞也較多使用。評注副詞可分爲兩類:緩和反駁語氣,如"似""亦""應""可",有推測的語氣,能減緩不禮貌程度,如"亦""似""非",所以相應 38 個反駁話語的冒犯程度得以降低;凸顯反駁態度,如"故""自""固""乃""正""豈",表示本來如此或強烈反問,增強不禮貌程度,如"豈有勝公人而行非者,故一無所問"。否定副詞與否定動詞用以否定聽話人或第三方提出或持有的觀點,直接且明確;程度副詞、範圍副詞、頻率副詞分別從程度、範圍、時間上反駁聽話人或第三方的表述,如"唯丘壑獨存";連詞則具有轉折、讓步意味,表示與他人觀點不同,如"遠之猶恐罹禍,況可親之邪",這些副詞都增強了不禮貌程度。

5. 其他言語行爲的表達策略

下面將簡略分析請求、命令(等)、自誇、感慨、諷刺、戲謔這幾類非典型言語行爲的表達策略。

指令話語中請求、命令(等)的言外目標的強加程度很高,可應用得體準則,通過間接委婉的表達策略給予交際對象以拒絕的機會。《世説新語》請求話語主要由卑對尊(包括長對幼、主對客)提出,句類基本都是肯定形式的祈使句,直接向聽話人提出請求;

未運用辭格。辭彙手段是提問話語主要的禮貌(或不禮貌)表達策略,多用能願動詞,如添加表示可能的"可",凸顯交際對象有能力執行請求,使聽話人可以做出承擔或拒絶的答復,因而相關話語應用了得體準則,緩解了強加程度;添加表意願的"冀""欲""願""其"則凸顯了説話人的請求意圖,與表請求的一般動詞如"助""委""賴""乞"等一樣增強了請求的強加程度,因而相關話語違反了得體準則;另外,超過一半請求話語使用了合適的指稱聽話人的稱謂語,降低了冒犯,比如使用敬稱的請求話語就應用了贊譽準則。

命令(等)話語主要由尊對卑提出,句類基本都是祈使句,以肯定形式的祈使句表示要求、命令,以否定形式的祈使句表示阻止、禁止;未運用辭格。辭彙手段是主要的禮貌或不禮貌表達策略,較多使用能願動詞,如表可能的"可"使命令遵守得體準則,表意願的"要""願""當"等及表必要的"宜""不可""未可""不得""莫""勿"等使命令不可違抗,違反得體準則;近一半命令話語使用了指稱聽話人的稱謂語且合適,能降低冒犯程度,使用敬稱的命令遵守了贊譽準則。建議(等)話語與請求、命令的辭彙手段及句類、修辭情況類似,故不贅述。

自誇話語主要表現説話人對自己的才幹、學識、德行等特質滿意、驕傲,如"此若天之自高耳""故當勝耳"。句類以陳述句爲主,偶有感嘆句;辭彙是主要的不禮貌表達策略,運用具有褒義色彩的名詞、形容詞、動詞,較多運用表示肯定態度的評注副詞;較少使用辭格手段,其中常用比喻。

感慨話語主要感嘆山河不再、人生起伏、壽命短暫、故人已逝等個人體驗,如"見此芒芒,不覺百端交集""清風朗月,輒思玄度""值世紛紜,遂至於此"。句類以感嘆句爲主,陳述句、疑問句各僅3條;辭彙手段是主要的不禮貌表達策略,以表示心理活動的動詞、描述心理活動的形容詞、寫景抒情的名詞表達感慨;較少運用辭格手段,其中常用比喻、對偶、誇張。

諷刺話語假意贊譽或自謙,實質上是嘲諷聽話人的才華、道德等,有挑釁、責備、貶低之意,如"於時用微臣之議,今不覩盛明之世"。句類以陳述句爲主,間有疑問句、感嘆句;辭彙、修辭無突出特徵,主要通過語義表達諷刺。

戲謔話語的交際雙方多是好友、同僚,因而調侃對方也不傷感情。句類以陳述句爲主,疑問句稍次,偶有感嘆句;極少使用辭格手段,其中常用比喻、誇張;辭彙方面,以名詞、形容詞爲主要表達手段,如故意使用不禮貌的稱呼。

四　《世説新語》禮貌策略的語境分析

《世説新語》言語行爲(不)禮貌策略的總體特點,首先與此書的編寫目的有關。《世説新語》作爲記言志人小説,寫作目的是記載名士的妙言警句,以人物話語爲載體呈現一個個鮮活的名士形象,表現他們的審美觀、價值觀、名士風度、學識才幹、人生經歷等,從而反映魏晉時代廣闊的社會面貌及精神面貌,所以記録了大量名士話語,因而各言語行爲小類中的價值取向、主題選擇、句類傾向、辭彙手段、辭格運用都收録書中。

但更重要的是魏晉時期的語境,(不)禮貌表達策略中的句類、辭彙、辭格的運用受制於中古漢語語言系統(即語言語境),禮貌價值策略及(不)禮貌表達策略中的主題選擇與魏晉時期的文化語境息息相關:一方面,政局動盪而高壓,但另一方面文人名士普遍自覺而清醒,崇尚品評人物、清談玄言。

(一)語言語境

從語言語境看,雖然學界對《世説新語》成書時間尚無定論,但普遍認爲在於南朝劉宋到元嘉時代,處於中古漢語早期。這一時期是漢語發展史的轉型時期,語言既保留了上古漢語的特點,也出現了一些新興語言現象,表現在《世説新語》中就是:一方面較多保留文言成分,另一方面比較接近當時的口語。各言語行爲的辭彙、句類、辭格手段都在一定程度上反映出中古漢語早期的面貌。

辭彙方面,關於人稱代詞,中古漢語第一人稱代詞以"我"爲基本形式,書面語普遍用"吾",但以第一人稱自稱不禮貌;第二人稱代詞常用"汝""爾",但不禮貌,敬稱"尊"用於尊稱長者,本爲尊稱的"卿"多用於與自己身份相當或較低的人,比"汝""爾"略客氣禮貌,有時並無尊崇抬高意圖而是顯示説話人知禮文雅,由於應用廣泛而逐漸失去禮貌色彩,在需要講禮節時會被認爲不禮貌[13],這些人稱代詞在《世説新語》人物話語中較多使用,提問話語的稱謂語分析上文已做論述。關於疑問代詞,中古漢語以"多少"詢問數量,以"誰"詢問人且常用於反問,"那"常作狀語詢問事理,由"何"構成的複音疑問代詞有"何物""何緣"等[14],這些疑問代詞在《世説新語》人物話語的疑問句中普遍使用。關於副詞,"故"産生於上古,但有了新用法,可作語氣副詞表示強調;"定"是産生於中古的語氣副詞;"複"用作副詞詞尾構成複音副詞"皆複""故複""乃複""已複""自複","複"也用作連詞詞尾構成"况複""雖複";"自"也用作副詞詞尾構成"便自""必自""常自"

"故自""乃自""已自""正自"^⑮，這些副詞在《世説新語》人物話語中被普遍使用，本文在恭維話語、責備話語、反駁話語中對它們做了分析，這些副詞對恭維、責備或反駁程度有增强或緩解作用。

句類方面，中古漢語語法研究集中於陳述句和疑問句，陳述句中的判斷句、被動句、存現句在《世説新語》人物話語中較多運用，句意肯定，態度明確；疑問句四個小類特指問句、是非問句、選擇問句、正反問句上古漢語已有，中古漢語在語氣詞和疑問代詞方面有發展^⑯，這四種疑問句小類在《世説新語》人物話語都有使用，疑問句使責備與反駁程度更高。

辭格方面，關於對比，中古漢語的平比句和差比句有所發展。平比句指兩件相等或相似事物比較，差比句指兩件有高低、大小、强弱等差别的事物比較，産生了"比"字句^⑰，這兩種比較句式都見於《世説新語》，尤其是恭維話語和責備話語，對比使評價對象高低優劣鮮明表現出來，也充分表達了説話人的態度；比喻、對偶、借代、比况、誇張則是傳統辭格，尤其是比喻，都在《世説新語》運用較多，辭格使用使表達具有真誠性、審美性。

（二）社會文化語境

從社會文化語境看，禮貌價值策略的情况反映出魏晋名士較多遵守禮貌策略，給予交際對象高價值，但也常常給予交際對象低價值或給予自己高價值，反映出文人既謹守禮貌又常無視、逾越禮制的心理。這是因爲交際行爲並不以禮貌爲唯一目標、不以禮貌策略爲唯一交際策略，也可能遵守合作原則、真誠準則、倫理準則、審美準則等，甚至可能爲遵守其他準則而放棄禮貌策略。

在魏晋時期的社會文化語境中，一方面，門第等級森嚴，存在豪門輕視寒門、寒士攀附望門等現象。表現在《世説新語》人物言語行爲上，首先就是稱謂語基本合乎交際關係，敬稱、謙稱與傲稱、蔑稱並存；其次是道德、學識、才幹等主題的選擇反映出魏晋時期對這些傳統上看重的特質的重視，當然，各主題下言語行爲數量不同體現出魏晋時期對不同特質的重視程度不同。另一方面，政局動盪、文化環境相對寬鬆，文人名士多隱逸山水、托身藥與酒，或者放縱狂傲、蔑視禮教，推崇曠達豪爽的性情和氣質。表現在《世説新語》人物言語行爲上，就是不禮貌的言語行爲及不禮貌表達策略較多，比如侮辱、貶低、責備、自誇、反駁、感慨這些不禮貌言語行爲數量很多；較多運用疑問句、感嘆句這種非常規句類强化責備與反駁，這些反映出魏晋名士强烈的表達衝動及明確的表達態度，可看作遵守真誠準則。

當然,禮貌策略也可與其他策略同時遵守,如對比、比喻、誇張等辭格既多用於恭維以增强表達效果,也較多用於責備、反駁、侮辱以强化批評程度,反映出魏晋時期對審美性話語的追求。比喻常用喻體更是魏晋風度的具化,如清風、長松、高樹、金玉、浩水等在道德、氣質(性情)、學識、容貌各主題的闡述中都廣泛使用,可看作遵守審美準則。

此外,語境不僅制約言語行爲及(不)禮貌策略的選擇,也對言語行爲及(不)禮貌策略的理解有生成作用。比如按照利奇的禮貌理論,感慨和自誇都屬於不禮貌話語,但在魏晋文化語境中,感慨是文士慨嘆人生短促、生命脆弱、命運無常、個人渺小之言,自誇多是文人名士故作放縱狂傲之言,言外目標不一定不禮貌。

結　語

《世説新語》人物言語行爲的主要類型是表情類的恭維、責備、反駁,指令類的提問及斷言類的陳述事實;非典型言語行爲種類豐富,總量比典型言語行爲數量之和略少。

典型言語行爲中,陳述事實不涉及禮貌問題,恭維符合贊譽準則,運用敬稱或謙稱的提問話語符合贊譽準則或謙遜準則,責備話語違反贊譽準則,反駁話語違反一致準則。總體上,禮貌話語居多,不禮貌話語稍次,責備與反駁的總數則多於恭維。《世説新語》記録這些評價性責備話語及反駁話語,並非將其作爲不禮貌的“惡言惡行”流傳於世,而是取其評價準確貼切、言語犀利精妙、喜憎分明、富有智慧等特質。非典型言語行爲中,斷言類都不涉及禮貌問題;指令類的邀請符合慷慨準則,請求、命令(等)、建議(等)使用表可能的能願動詞則符合得體準則,使用表必要、意願的能願動詞或强加程度較高的一般動詞則違反得體準則,使用敬稱或謙稱稱謂語則遵守贊譽準則或謙遜準則;承諾類的拒絶、威脅違反慷慨準則,表情類的侮辱、貶低違反贊譽準則,自謙符合謙遜準則,道歉、感謝、自責符合責任準則,祝賀、同情、祝願符合同情準則,同意符合一致準則,諷刺爲假禮貌,戲謔爲假冒犯。

四類典型言語行爲在句類、辭彙、修辭方面側重點有所不同。恭維話語的句類以陳述句爲主,辭彙以具有褒義色彩的形容詞、名詞爲主,也較多使用動詞,辭格以對比、比喻爲主,運用辭格使恭維話語更生動真誠,辭彙和辭格是恭維的主要禮貌表達策略;提問話語的句類以特指問爲主,辭彙方面通過符合交際雙方相對權勢或社會關係的稱謂語降低冒犯程度,稱謂語是提問話語的主要(不)禮貌表達策略;責備話語的句類以陳述句、疑問句爲主,疑問句提高了指責程度,是責備重要的(不)禮貌表達策略,辭格以比喻、對比爲主,數量不多;反駁話語的句類以陳述句爲主,較多運用疑問句和感嘆句,較少運用修辭,辭彙以評注副詞、否定副詞、否定動詞爲主,句類和辭彙是反駁話語的主要(不)禮貌表達策略。

《世説新語》人物言語行爲的類型及(不)禮貌策略與魏晋時期的語言語境和文化語境密切相關。語言語境主要制約句類、辭彙、辭格的選擇;社會文化語境既影響言語行爲類型,又影響禮貌價值策略、(不)禮貌表達策略,尤其對表達策略中的主題選擇、喻體選用影響很大。

綜上,通過分類、統計、分析,本文對《世説新語》人物言語行爲的類型、禮貌屬性及(不)禮貌策略做了較全面的分析,希望對後來者的《世説新語》言語行爲研究、(不)禮貌策略研究及其他相關研究有借鑒意義。

① 本文選用的《世説新語》的版本爲余嘉錫:《世説新語箋疏》,北京:中華書局,2011 年。

② 傑弗里·利奇:《禮貌語用學》,上海:上海外語教育出版社,2018 年,第 87—92 頁,第 111 頁。

③ 傑弗里·利奇:《禮貌語用學》,第 187—189 頁。

④ 傑弗里·利奇:《禮貌語用學》,第 88—90 頁。

⑤ 傑弗里·利奇:《禮貌語用學》,第 216—221 頁。

⑥ "評注副詞"參考邵敬敏:《現代漢語通論》(下),上海:上海外語教育出版社,2016 年,第 12 頁。

⑦ 顧曰國:《禮貌、語用與文化》,《外語教學與研究》,1992 年第 4 期,第 10—17 頁。

⑧ 傑弗里·利奇:《禮貌語用學》,第 108—109 頁。

⑨ 王力認爲:"漢族自古就以爲用人稱代詞稱呼尊輩或平輩是一種没有禮貌的行爲。自稱爲'余''我'之類也是不客氣的。"俞理明認爲"我""吾""汝""爾"毫無客氣意味,在講禮節的場合會被認爲具有侮辱性。見王雲路、方一新編:《中古漢語研究》,北京:商務印書館,2000 年,第 360—367 頁。

⑩ 俞理明認爲"卿"比"汝""爾"略客氣禮貌,但由於廣泛運用而逐漸變成一般性稱謂語,以表現説話人的知禮文雅。見王雲路、方一新編:《中古漢語研究》,第 364—366 頁。

⑪ 當相對權勢與社會關係同時存在時,以相對權勢爲主。

⑫ "一+姓"指"孫皓燒鋸截一賀頭,是誰?""有一段病如此不?"兩處,都指聽話人的亡父,對聽話人來説不禮貌。

⑬ 王雲路、方一新編:《中古漢語研究》,第 364—366 頁。向熹編著:《簡明漢語史》(下),北京:高等教育出版社,1993 年,第 226—235 頁。

⑭ 向熹編著:《簡明漢語史》(下),第 248—252 頁。

⑮　向熹編著:《簡明漢語史》(下),第 269—271,281—286 頁。

⑯　向熹編著:《簡明漢語史》(下),第 354 頁。朱慶之編:《中古漢語研究(二)》,北京:商務印書館,2005 年,第 1 頁。

⑰　向熹編著:《簡明漢語史》(下),第 351—353 頁。

附記:本文是浙江省哲學社會科學新興交叉學科重大扶持課題(19XXJC05ZD)、浙江省軟科學研究計劃項目(2022C35089)、國家語委重大項目(ZDA135-8)階段性成果。本文在寫作過程中得到浙江科技學院趙翠陽副教授的指導和建議,謹此致謝!

作者簡介:施麟麒,浙江科技學院人文學院數智語言生活研究中心副教授,浙江大學中國語文研究中心出站博士後;桂雙,浙江工業大學人文學院中國語言文學專業研究生。

通訊地址:浙江科技學院人文學院　郵編:310023

《集韻》異讀字同義異讀之成因分析

席德育

　　《集韻》是北宋時期編撰的一部集大成的韻書,共收字 53871 個,計有 30774 個不同的字形。《集韻》稱得上是一部典型的"異讀字典",其中異讀的字形 12425 個,占所收字形的五分之二。在這衆多的異讀單字中,根據音義匹配的情形,可劃分出同義和異義異讀兩大類。所謂同義異讀,是指異讀單字的音切有別而釋義相同。本文打算考察這些同義異讀的成因,以期爲漢語其他學科的研究提供相關的材料。

一　記録古代方音的同義異讀

　　漢語自古以來就有方、雅之別。《論語·述而》:"子所雅言,《詩》《書》、執禮,皆雅言也。"《集韻》編撰時又講求"務從該廣",因此記録了不少方言俗語,爲今日漢語方言的研究提供了許多珍貴的材料。例如,"蝦"字,《切韻》系韻書如 S. 2071(切三)《王三》《唐韻》《廣韻》等音匣母麻韻何加切,解作"蝦蟆"。《集韻》新見曉母麻韻虛加切一音,亦解作"蝦蟆",乃是記録方言之讀音,今日粵語、湘語尚保留此讀:

曲江	花縣	佛山	南寧	中山	東莞	長沙	雙峰
ha55	ha53	ha55	ha55	ha55	ha213	xa33	xo55
陰平	陰平	陰平	陰平	陰平	陰平	陰平	陰平
蝦蟆	蝦蟆	蝦蟆	蝦蟆	蝦蟆	蝦蟆	蝦蟆	蝦蟆

　　粵語之曲江、花縣、東莞等,湘語之長沙、雙峰等"蝦"字聲調皆爲陰平,説明其聲母爲清聲母無疑,正與《集韻》之虛加切相應。再如"筆"字,《切韻》系韻書如 S. 2071(切三)《王二》《王三》《廣韻》音幫母質韻逼密切,解作"所以書也"。《集韻》新見幫母薛韻筆別切,乃記録北宋山東方言。《集韻·薛韻》:"筆,筆別切。山東謂筆。"

二　誤讀形聲字聲符音的同義異讀

漢語的形聲字由聲符和意符兩部分組成。一般而言，"意符"指示詞義類屬，"聲符"指示讀音（當然也有不少"聲中有義"的情形，暫且不論）。人們在讀形聲字，尤其是一些不常見的形聲字時，容易出現"秀才識字讀半邊"的情況，形成同義異讀。例如，"閍"字，《切韻》系韻書如 S. 2071（切三）《王二》《王三》《廣韻》音幫母庚韻甫盲切，解作"巷門"。《集韻》新見幫母陽韻分房切，解作"宫中門"，乃是誤讀聲符音。"閍"字從門、方聲。"方"字，北宋時的常見讀音正是"分房切"。再如，"罩"字，《切韻》系韻書如《王二》《王三》《廣韻》音知母效韻都教切，解作"取魚具"。《集韻》新見徹母覺韻敕覺切一音，解作"捕魚器"，亦是誤讀聲符音。"罩"從网、卓聲。"卓"字，《集韻》正有"敕角切"一音。

三　語流音變的同義異讀

音位和音位組合，或者由於受鄰音的影響，或者由於説話時快慢、高低、强弱的不同，可能發生不同的變化。這種變化，我們叫作語流音變。比如，"女婿"，北京話叫 nǚ·xu，《廣韻·霽韻》："壻，蘇計切。女夫。""蘇計切"照例讀 xì，大概是 i 受"女"字圓唇 ü 韻的影響，也變讀 ü 了[①]。《集韻》中許多異讀單字的音切也是語流音變的結果。例如，"忬"字，《廣韻》、宋本《玉篇》音溪母麻韻苦加切，解作"恐忬伏態之皃"。《集韻》新見疑母肴韻牛交切，解作"恐忬伏態"，則是連讀音變的結果。"恐"字，S. 2071（切三）《王二》《王三》《廣韻》等音溪母肴韻苦交切，"恐忬"連讀，"忬"受"恐"字影響，讀與"恐"字韻同了。再如，"遒"字，《王三》《王二》《廣韻》音從母尤韻字秋切，解作"逡遒縣名"（據《集韻》補）。《集韻》新見邪母諄韻松倫切，解作"逡遒縣名在淮南"，亦是連讀音變的結果。"逡"字，S. 2071（切三）《王二》《王三》《廣韻》等音清母諄韻七旬切，"逡遒"連讀，"遒"受"逡"字影響，讀與"逡"字韻同了。

四　訓讀的同義異讀

　　訓讀,又稱“同義換讀”,即把難識、難讀的字換成常見、易懂的字,或者標注一個常見字讀音的方法,把被釋的字意義或義項標識出來。沈兼士《漢魏注音中義同換讀例發凡》指出:“蓋中國文字孳乳,雖爲衍形,而語言運用仍重形輕音。故同一字體,不妨有時用以表示同意義之兩語辭。大抵以桓言換讀異語者居多。其法類似日本文字之‘訓讀’。”《集韻》中許多異讀單字的音切,其實都是訓讀音。例如,“偝”字,《王三》《王二》《廣韻》音書母線韻式戰切,解作“熾盛”。《集韻》新見昌母志韻昌志切,解作“衆盛也”,乃“熾”字訓讀音。《説文解字·人部》:“偝,熾盛也。”大徐本引《唐韻》音“昌志切”。“偝”“熾”義同,故“偝”訓讀爲“熾”字之“昌志切”。再如,“款”字,S. 2071(切三)《王二》《王三》《廣韻》等音溪母緩韻苦管切,解作“空也”。《集韻》又有溪母東韻枯公切一音(引向秀讀),亦解作“空也”,乃“空”字訓讀音。《説文解字·穴部》:“空,竅也。”大徐本引《唐韻》音“苦紅切”(即枯空切)。“款”“空”義同,故“款”訓讀爲“空”字之“苦紅切”。

五　叶韻的同義異讀

　　我國古代學者歷來重視讀經,而讀經的第一步就要求念出字音。但時移音改,用後世音來讀先世典籍常覺扞格不通,解經者想給生徒或讀者解釋這些現象,通常是利用“叶音”的方法。《集韻》異讀字的許多音切,不少都是“叶韻”音。例如,“馬”字,S. 2071(切三)《王二》《王三》《廣韻》等音明母馬韻莫下切,解作“駿畜”。《集韻》又音明母姥韻滿補切,解作“馬也”,乃“叶韻”音。《詩經·大雅·崧高》:“王遣申伯,路車乘馬;我圖爾居,莫如南土。”上古時期,“馬”“土”皆是魚部字,自相押韻。時至北宋,“馬”字歸入麻韻,“土”字歸入模韻,相差較遠,爲了使《詩經》用韻協和,將“馬”字“叶音”模韻滿補切,以與“土”字相押。再如,“瘳”字,S. 2071(切三)《王二》《王三》音徹母尤韻勑鳩切,解作“病愈”。《集韻》又音來母蕭韻憐蕭切,解作“病損也”,乃“叶韻”音。《詩經·鄭風·風雨》:“風雨瀟瀟,雞鳴膠膠。既見君子,云胡不瘳。”上古時期,“瀟”“膠”“瘳”皆是幽部字,自相押韻。時至北宋,“蕭”“膠”屬效攝,“瘳”屬流攝,相差較遠,爲了使《詩經》用韻協和,將"瘳"字"叶音"蕭韻憐蕭切,以與"蕭""膠"字相押。

① 李榮:《音韻存稿·語音演變規律的例外》,北京:商務印書館,2014 年。

附記:項目資助爲歷代漢文佛典文字彙編、考釋及研究(16ZDA171)。

作者簡介:席德育,浙江大學古籍研究所博士後
通訊地址:浙江大學紫金港校區古籍研究所　郵編:310058

浙江大學古籍研究所紀事

（2014—2022）

2014 年

1 月 10 日至 14 日，馮國棟應邀參加由南華大學、佛光山人間佛教研究院、武漢大學文學院共同主辦的"宗教實踐與文學創作暨《中國宗教文學史》編撰國際學術研討會"，報告論文《書寫、儀式與述行——涉佛文體淺論》，並作爲主持人對研討會四組 A 場的 4 篇論文作點評。

1 月，龔延明編著的《義烏歷代登科録》由浙江古籍出版社出版。

束景南《朱熹年譜長編》（增訂版）由華東師範大學出版社出版。

2 月 11 日至 6 月 30 日，博士研究生蔡淵迪赴臺灣大學交換訪學一學期。

3 月 7 日至 10 日，束景南應香港理工大學及香港孔子學院邀請，赴港開展兩場有關中國歷史文化研究的專題講座，演講題目分別爲"正德二年陽明'遊海'之謎的破譯""理一分殊：中國文化本體論與方法論的體用模式"。

3 月 28 日，舉行研究生論文報告會。本次報告會共收到論文 18 篇。

4 月 13 日，許建平應邀在金華市圖書館作題爲"敦煌所存儒家經典與敦煌教育"的演講，這是該圖書館"小鄒魯大講堂"公益講座系列之十二講。

4 月 22 日，中華書局古籍出版中心主任兼文學編輯室主任俞國林先生應邀來我所講學，演講題目爲"文獻—研究—出版"。

4 月 25 至 28 日，許建平應國際《尚書》學會會長錢宗武先生邀請，出席在曲阜師範大學召開的"國際《尚書》學第三屆學術研討會暨國際《尚書》學會第二屆學術年會"，在大會上宣讀論文《日本舊鈔九條本〈尚書〉寫卷校證》，並擔任分會場主持人。

4 月，博士研究生黃沚青獲教育部全國高等院校古籍整理研究工作委員會第十三屆"中國古文獻學獎學金"博士生組二等獎。

張春雷博士進入我所從事博士後研究，合作教授爲王雲路。

5 月 5 日，舉辦王榮初先生追悼會。

博士研究生唐宸和王健參加人文學院第七屆研究生論文報告會,分獲一等獎和三等獎。

5月19日,方建新《南宋藏書史》、關長龍《敦煌本堪輿文書研究》和竇懷永《敦煌文獻避諱研究》均獲首屆浙江大學"董氏文史哲研究獎勵基金"著作類二等獎。

5月27日,舉行博士研究生黃沚青(《明清閩南方言文獻語言研究》,指導教師王雲路)、張文冠(《近代漢語同形字研究》,指導教師王雲路)、周晟(《10—14世紀日本漢文文獻漢字詞研究》,指導教師王雲路)和秦樺林(《絲綢之路出土漢文刻本研究》,指導教師張涌泉)畢業論文答辯。

5月30日,舉行博士研究生邵紅艷畢業論文答辯,論文題目爲《〈白虎通疏證〉研究》,指導教師崔富章。

5月,王雲路、王誠《漢語詞彙核心義研究》由北京大學出版社出版,該書入選"國家哲學社會科學成果文庫"。

許建平論文集《讀卷校經:出土文獻與傳世典籍的二重互證》由浙江大學出版社出版。

許建平整理編纂的《武林往哲遺著》(一)(四)(五),許建平、金少華整理編纂的《武林往哲遺著》(二)和許建平、竇懷永、朱大星整理編纂的《武林往哲遺著》(三)由杭州出版社出版。

6月3日,舉行碩士研究生劉竟成(《〈顏氏家訓集解〉商補》,指導教師王雲路)、沈瑩(《〈抱朴子外篇校箋〉補正》,指導教師王雲路)、莊綵縈(《〈説文解字〉與上古時期女性文化》,指導教師王雲路)、羅歷辛(《〈禮記〉"奪喪""明德"考》,指導教師關長龍)、汪嘉琦(《〈後漢書〉李賢注引〈詩〉考》,指導教師許建平)、蘭釗(《詩三百正聲説》,指導教師吳土法)、王勇(《劉敞〈七經小傳〉解經考》,指導教師束景南)、楊竹旺(《南宋都城臨安府行政管理制度研究》,指導教師祖慧)畢業論文答辯。

6月9日,馮國棟應邀爲杭州師範大學美術學院學生作題爲"把住虛空與踢倒净瓶——禪宗漫談"的講座。

6月16日,張涌泉申報的課題"敦煌殘卷綴合研究"獲批爲國家社會科學基金重點項目,崔富章申報的課題"《孔子家語》研究"獲批爲國家社會科學基金一般項目。

6月21日,舉行2014屆畢業生歡送會。

6月,王雲路主講的"析詞解句話古詩"課程入選國家級"精品視頻公開課"。

何燦博士進入我所從事博士後研究,合作教授爲賈海生。

7月1日，王誠應邀參加在京召開的"商務印書館《辭源》第三版修訂工作會議"。

7月8日，《光明日報》第15版刊登龔延明對國家社科重大項目《中國歷代登科總錄》的介紹文章《二十載寒暑，重拾千秋科舉人物》。

7月21日至24日，馮國棟應邀參加由中國佛學院、復旦大學佛學班聯合主辦的"石刻史料與佛教研究"國際學術研討會，並宣讀論文《安史之亂中的僧侶——從唐法津禪師墓志、塔銘説起》。

7月，龔延明撰著的《詩説秦漢史》入選"全國優秀社會科學普及作品"。7月29日，浙江省社會科學界聯合會亦爲此專門做出表彰決定。

王雲路《中古詩歌語言研究》由世界圖書出版公司出版。

8月19日至21日，龔延明、祖慧、周佳等應邀參加由杭州師範大學承辦的"10至13世紀中國國家與社會"國際學術研討會暨中國宋史研究會第16屆年會。龔延明與沈小仙共同提交論文《唐宋常朝儀制及相關術語訓釋》。祖慧與汪瀟晨共同提交論文《雅樂改革與徽宗朝政治鬥爭——以大晟樂爲中心》。周佳提交論文《北宋君主御集考論》。會議還舉行中國宋史研究會的換屆選舉，龔延明再次當選理事。

9月3日，崔富章應邀參加由山東大學儒學高等研究院主辦的"《二十五史藝文經籍志考補萃編》出版發布暨學術研討會"。

9月8日至9日，龔延明作爲宋史研究專家、杭州岳飛研究會會長，應邀出席全國政協在京舉行的"電視紀錄片《精忠岳飛》策劃座談會"，並於會後接受北京《中華讀書報》的獨家采訪。17日，《中華讀書報》以"岳飛故事有望重返中小學教科書"爲題，在頭版頭條刊登龔延明就岳飛"民族英雄"稱號的發言。

9月10日至16日，周佳作爲人文學院新教師代表，參加由浙江大學人事處舉辦的新教工課堂教學技能比賽，講課題目爲"宋代官、職、差遣的分離"，並獲一等獎。

9月12日，王雲路應邀出席由鳳凰網、岳麓書院聯合主辦的"致敬國學——全球華人國學大典"，擔任首屆"全球華人國學獎"評選會的評委。

9月13日至15日，王雲路應邀參加由中國語言學會主辦、北京語言大學承辦的"中國語言學會第十七屆學術年會"，並作題爲"漢語雙音詞的同步構詞"的報告。

9月18日，浙江大學校長林建華向浙江大學名譽教授、佛光山開山宗長星雲大師贈送我所大型禮學文獻整理項目《中華禮藏》的成果。

9月19日至22日，馮國棟應邀參加在寧波奉化召開的"第三屆中國彌勒文化節暨太虛大師思想學術研討會"，並宣讀論文《雪竇寺志書述略》。

9 月 20 日至 21 日，王雲路、王誠應邀參加由浙江大學漢語史中心和中國社科院語言所聯合主辦的“第三屆漢語歷史詞彙與語義演變學術研討會”。王雲路報告論文《論漢語的同步構詞》，並主持會議閉幕式，作大會總結發言；王誠報告論文《略論語義角色分析在詞義研究中的作用——以上古漢語動詞爲例》。

9 月 27 日，王雲路應邀參加在上海師範大學人文學院召開的“慶賀許威漢先生九十華誕暨從教 65 周年學術思想研討會”，並作題爲“漢語同步構詞與同步引申”的報告。

馮國棟應邀參加杭州靈隱寺主辦的“靈隱文化論壇——靈隱寺與南宋佛教”學術研討會，並宣讀題爲《靈隱居簡及其〈北礀文集〉》的論文。

9 月，招收博士研究生 8 人：張旭、周敏珏、田琛、沈瑩、楊竹旺、謝明、朱若溪、杜佳；碩士研究生 7 人：胡彥、張敬霞、陳兵兵、朱丹丹、王麗、王忠培、俞風。

馮國棟《〈景德傳燈録〉研究》由中華書局出版。

王雲路參與的人文學院本科生通識教育集體項目“文史哲通識課程建設的精品化與公開化”獲國家級教學成果獎二等獎。

10 月 3 日至 5 日，馮國棟應邀參加由雲居山真如禪寺舉辦的“虛雲老和尚暨雲居歷代祖師第二屆學術研討會暨《虛雲法彙》首發式”，並宣讀題爲《雲居山與法眼宗》的學術論文。

10 月 17 日至 21 日，馮國棟應邀參加由武漢大學文學院和湖北黃梅四祖寺合辦的“第三屆佛教文獻與文學國際學術研討會”，並宣讀題爲《高麗本〈景德傳燈録〉再研》的論文。

10 月，崔富章論文集《版本目録論叢》由中華書局出版。

11 月 8 日至 9 日，馮國棟應邀參加在衡水冀州舉辦的“第四屆河北禪宗文化論壇”，並宣讀題爲《東禪寺本〈景德傳燈録〉與臨濟宗》的論文。

11 月 14 日至 16 日，許建平應浙東文化與海外華人研究院院長張偉教授的邀請，出席在寧波大學召開的“浙東文獻與藏書文化學術研討會”，並在大會上作“試論《浙鴻爪印》的語料價值”的報告。

11 月 15 日至 16 日，王雲路參加在上海交通大學舉辦的“中西文化交流視野下的訓詁學研討會暨中國訓詁學研究會 2014 年學術年會”，並主持大會閉幕式。

11 月 21 日，國務院總理李克强參觀浙江大學校史展，王雲路到浙大玉泉校區圖書館陪同參觀。

11 月 23 日至 24 日，馮國棟應邀參加“首屆杭州佛教歷史文化研究學術論壇”，並宣讀題爲《唐前釋氏志幽文初探》的論文。

11月27日，王雲路赴北京參加中國民主同盟第十一屆中央委員會第三次全體會議。王雲路是第九屆（補選）、第十屆和第十一屆民盟中央委員。

11月，朱大星赴日本早稻田大學進行爲期一年的訪學，合作導師爲中國古籍文化研究所所長稻畑耕一郎教授。

金玲博士進入我所從事博士後研究，合作教授爲王雲路。

12月7日至9日，馮國棟應邀參加“中國·湖北第五屆黃梅禪宗文化高峰論壇”，並宣讀題爲《黃梅高僧應庵曇華生平考述》的論文。

12月，龔延明、祖慧編著的《宋代登科總録》（全14册）由廣西師範大學出版社出版。

張涌泉、許建平、關長龍《敦煌經部文獻合集》，龔延明、祖慧《宋登科記考》和王雲路《中古漢語詞彙史》均獲第六屆高等學校科學研究優秀成果獎二等獎。

束景南《陽明佚文輯考編年》獲第二十屆浙江大學“董氏文史哲研究獎勵基金”一等獎、全國優秀古籍圖書二等獎。

馮國棟晋升爲教授。

2015 年

2月，教育部公布2013、2014年度長江學者名單，王雲路入選長江學者特聘教授。

博士研究生鹿博赴臺灣大學進行爲期五個月的進修學習。

3月8日，關長龍應香港儒釋道功德同修會會長黃維溢邀請，參加由香港道教聯合會在紅磡體育館舉辦的“乙未年（2015）香港道教日開幕典禮暨萬人祈福贊星禮斗大法會”活動。

3月21日至22日，崔富章、王雲路、許建平、賈海生和關長龍應邀參加由山東大學儒學高等研究院主辦的“儒學文獻整理與研究高端論壇”。

4月3日，龔延明應邀參加全國政協舉辦的“紀録片《岳飛·精忠報國》劇本座談會”，在會上發言，對岳飛精神、美德、人格作評價，概括總結爲十條。

4月，龔延明《詩説兩晋南北朝史》由浙江古籍出版社出版。

金少華《古抄本〈文選集注〉研究》由浙江大學出版社出版。

王誠赴德國基爾大學進行爲期一年的訪學，合作導師爲中國中心主任史安梅（Angelika Messner）教授。

5月9日，浙江省敦煌學研究會第八屆會員代表大會召開，許建平當選理事會副會長，竇懷永當選理事會秘書長。

5 月 12 日，龔延明應邀出席在京舉行的"南宋司馬伋、呂祖謙告身研討會"。

5 月 15 日，在人文學院第八屆研究生論文報告會中，戴璐綺、王健獲博士生組二等獎，余格格獲博士生組三等獎，沈瑜、王忠培分獲碩士生組二等獎和三等獎。

5 月 15 日至 18 日，關長龍應邀赴浙江天台參加"天台山文化當代價值理論研討會"，提交論文《神聖的誘惑——天台山文化散論》。

5 月，許建平主編的《敦煌與絲綢之路：浙江、甘肅兩省敦煌學研究會聯合研討會論文集》由浙江大學出版社出版。

博士研究生唐宸參與整理的《杭世駿集》由浙江古籍出版社出版。

舉行博士研究生雷鳴（《黄震理學與經學思想研究》，指導教師束景南）、蔡淵迪（《〈流沙墜簡〉考論》，指導教師許建平）、王杏林（《敦煌針灸文獻研究》，指導教師許建平）、徐棟（《浙江子部著述考（先秦至六朝）》，指導教師方建新）畢業論文答辯。

6 月 1 日，舉行博士研究生張福通畢業論文答辯，論文題目是《唐代詔令詞彙研究》，指導教師王雲路。

6 月，王雲路、王誠《漢語詞彙核心義研究》獲第二十二屆浙江大學"董氏文史哲研究獎勵基金"著作類一等獎。

馮國棟《〈景德傳燈録〉研究》獲第二十二屆浙江大學"董氏文史哲研究獎勵基金"著作類二等獎。

舉行碩士研究生李曉蘇（《〈四分律行事鈔〉"二衣"、"四藥"篇研究》，指導教師馮國棟）、李冬陽（《"淑女"考》，指導教師關長龍）、裴玉茹（《晚清游學畢業生考試流程演變考》，指導教師祖慧）、沈榆（《道教〈老子〉傳授儀研究》，指導教師朱大星）、關思思（《敦煌道教戒律文書初探》，指導教師朱大星）、佟雪（《清代喪葬典禮考述》，指導教師吳土法）、莊媛（《先秦盟誓禮辭探究》，指導教師賈海生）、張楊澂蓁（《敦煌寫卷人名的文獻學研究》，指導教師竇懷永）畢業論文答辯。

我所舉行 2015 屆畢業生歡送會。

7 月，舉行博士後王紅娟出站論文報告會，題目是《魏了翁〈儀禮要義〉整理與研究》。王紅娟博士於 2013 年 5 月進入我所從事博士後研究，合作教授爲賈海生。

8 月 12 日，王雲路應邀赴保定參加由北京師範大學、河北大學合辦的"2015 年漢語言文字學高級研討班"，並作爲授課教師作題爲"論漢語詞彙的核心義"的報告。

8 月 14 日至 16 日，王雲路應邀赴南京參加"段玉裁誕辰 280 周年紀念暨段學、清學國際學術研討會"，主持大會報告，並宣讀題爲《段玉裁與漢語詞彙核心義研究》的論文。

許建平、竇懷永應邀參加由敦煌研究院和中國敦煌吐魯番學會聯合主辦的“2015 敦煌論壇：敦煌與中外關係國際學術研討會暨中國敦煌吐魯番學會會員代表大會”，竇懷永新當選爲中國敦煌吐魯番學會理事。

8 月 26 日至 28 日，關長龍應邀參加在曲阜舉辦的“第 22 屆國際歷史科學大會濟寧衛星會議‘儒家文明與當代世界’”，提交論文《幽贊明數而達乎德》。

8 月，博士研究生楊天星赴英國劍橋大學音樂系接受爲期一年的聯合培養，合作導師爲尼古拉斯·庫克（Nicholas Cook）教授。

9 月 4 日至 6 日，賈海生、許建平應邀參加由上海交通大學經學文獻研究中心、清華大學經學研究中心聯合主辦的“第六屆中國經學國際學術研討會”，分別宣讀題爲《封建命書的真僞存亡》和《絲路出土〈尚書〉寫本與中古〈尚書〉學》的論文。

9 月 10 日至 11 日，王雲路應邀赴武漢參加由湖北大學文學院和中南民族大學文學與新聞傳播學院主辦的“古代漢語討論會”，並作題爲“漢語詞彙核心義漫談”的大會報告。

9 月 11 日，博士研究生汪瀟晨主持的課題“宋代國家禮典《政和五禮新儀》整理研究”被列爲浙江省哲學社會科學研究基地規劃課題。

9 月，招收博士研究生 6 人：馬一方、戴璐綺、熊舒琪、汪瀟晨、羅慕君、管仁傑；碩士研究生 8 人：趙江紅、劉芳、李豐、付國静、韓宇、劉文嫚、王晶、張曉天。

張涌泉《敦煌變文校注》（韓文版）由韓國昭明出版社出版。

博士研究生唐宸獲浙江大學首屆“人文社科專業博士生境外交流基金”資助，赴臺灣中山大學中文系進行聯合培養。

舉行博士研究生鹿博畢業論文答辯，論文題目是《“境界工夫”的展開與王學流弊的漫衍——江右思想家羅汝芳研究》，指導教師束景南。

10 月 7 日至 10 日，王雲路應邀赴羅馬尼亞克魯日巴比什-波雅依大學參加“‘全球化時代的漢語國際教育’國際學術研討會”，並宣讀論文《論漢語雙音詞語的結構關係》。

10 月 7 日至 11 日，張涌泉、許建平和竇懷永參加由浙江大學“一帶一路”合作與發展協同創新中心、中國絲綢博物館主辦，浙江大學人文學院、敦煌學研究中心承辦的“絲路文明傳承與發展國際學術研討會”。張涌泉主持開幕式，許建平宣讀題爲《絲路出土〈尚書〉寫本及其價值》的論文，竇懷永宣讀題爲《敦煌寫卷人名的文化特徵》的論文。

10 月 9 日至 11 日，馮國棟應邀參加首屆“天童山禪茶文化節暨第二屆天童禪宗文化研究交流大會”，並發表題爲《天童諸志考索》的論文。

10 月 12 日,馮國棟應邀參加由靈鷲講寺與杭州文史研究會、浙江省社會科學院宗教研究中心共同舉辦的首屆“杭州餘杭南山大普寧寺與江南民間佛教學術研討會”,並對普寧藏與南山摩崖、笤溪與南山等議題發表看法。

10 月 13 日至 14 日,馮國棟參加“閩南佛學院與近現代佛教”學術研討會,發表題爲《杭州大佛寺與太虛大師》的論文,並主持第一組第一場學術報告。

10 月 20 日至 22 日,王雲路應邀赴長沙參加由《中國語文》編輯部主辦、湖南師範大學承辦的“《中國語文》青年學者沙龍”。

10 月 22 日至 24 日,王雲路主持由浙江大學周有光語言文字學研究中心主辦,浙江大學社會科學研究院、檔案館、人文學院協辦的“浙江大學周有光語言文字學研究中心成立儀式暨語文現代化高峰論壇”。

10 月 24 日至 26 日,王雲路應邀參加由浙江大學漢語史中心、浙江大學語言與認知研究中心主辦的“第八屆現代漢語語法國際研討會暨 30 周年慶典”,並作“從‘點心’看漢語複音詞搭配關係”的大會報告。

10 月 29 日至 11 月 1 日,馮國棟應邀參加由西北大學文學院、“中國佛教文學通史”課題組共同舉辦的“中國佛教文學通史學術研究會”,發表題爲《唐前釋氏志幽文初探》的論文,並主持大會第五場會議報告。

10 月 31 日至 11 月 2 日,許建平應邀參加由中國文字學會、中國訓詁學研究會主辦的“第三屆許慎文化國際研討會”,並宣讀論文《〈説文〉古文與隸古定〈尚書〉研究》。

10 月,束景南《朱子大傳:“性”的救贖之路》(韓文版)由韓國歷史批評社出版。

王雲路任主編之一的論文集《漢語語義演變研究》由商務印書館出版。

11 月 1 日,朱大星結束在日本早稻田大學爲期一年的訪學,完成課題“道教戒律科儀文獻的語言學研究——以敦煌文獻爲中心”。

11 月 1 日至 2 日,王雲路應邀參加由江蘇師範大學語言科學學院舉辦的“‘一帶一路’語言能力建設研討會暨中國語言智庫高峰論壇”,並作關於“如何加強語言能力”的發言,還代表浙江大學周有光語言文字學研究中心簽署參與中國語言智庫聯盟的意向書。

11 月 8 日至 9 日,龔延明、方建新和祖慧應邀參加“第三屆中國南宋史國際學術研討會”,並分別宣讀論文《南宋真迹官告的解讀與研究》《宋代建康府藏書考述——兼述葉夢得對建康府文化教學事業的貢獻》《南宋臨安知府群體研究》。

11 月 20 日,王雲路應邀赴南京大學中文系講學,講座題目爲“漢語詞彙核心義的來源”。

11月20日至21日，許建平、金少華應邀參加由寧波大學浙東文化與海外華人研究院、寧波大學人文學院歷史系、寧波市浙東文化研究基地主辦的“經學與浙東文化學術研討會”，分別宣讀論文《從敦煌〈爾雅〉寫本看邵晋涵〈爾雅正義〉》《〈禮書通故〉札記一則》。

11月22日，舉行博士研究生魯進畢業論文答辯，論文題目是《理學核心概念的認知模式——以〈朱子語類〉爲主要語料的研究》，指導教師束景南。

11月23日至25日，龔延明、祖慧和研究生王忠培參加在廈門舉辦的“第十二屆科舉制與科舉學國際學術研討會”。龔延明在大會上宣讀論文《〈宋代登科總録〉與宋代科舉基礎研究》，祖慧和王忠培合作提交題爲《從狀元家世看兩宋科舉》的論文。

11月，龔延明與祖慧編著的《宋代登科總録》、王雲路與王誠合著的《漢語詞彙核心義研究》均獲浙江省第十八屆哲學社會科學優秀成果獎（基礎理論研究類）一等獎。

12月6日，博士研究生汪瀟晨參加在上海師範大學舉辦的“江浙滬地區宋史青年學者沙龍”第六次學術討論會，宣讀題爲《南宋高宗朝〈徽宗御集〉編纂考釋——兼論南宋君主御集的用途》的論文。

12月14日至16日，王雲路應邀赴澳門大學參加由澳門語言學會舉辦的“第十七屆中國語言與文化國際學術研討會”，並在大會上作題爲“從漢語史看離合詞的來源與性質”的報告。

12月18日至20日，許建平、金少華赴上海參加由上海師範大學中國古典學研究中心主辦的“西域與東瀛——中古時代經典寫本國際學術研討會”。許建平在大會上作題爲“杏雨書屋藏《尚書》寫卷校録及研究”的報告，金少華宣讀論文《敦煌寫本〈文選〉李善注引〈毛詩〉考異》。

12月19日，王雲路、關長龍、馮國棟應邀參加由浙江大學與光明日報社主辦的“浙江大學首屆君子文化學術論壇”，王雲路作題爲“君子與禮”的大會報告。

12月26日至27日，王雲路應邀赴北京參加由山東大學文學院主辦的“國學學科建設暨‘尼山國學教本’編纂啓動學術研討會”。

12月，張涌泉《敦煌俗字研究》（第二版）由上海教育出版社出版。

張涌泉《敦煌文獻整理導論》由浙江大學出版社出版。

周佳《北宋中央日常政務運行研究》由中華書局出版。

許建平擔任執行主編的《中國酒文獻篇卷集成》由中國文史出版社出版。

王雲路申報的"漢語複音詞核心義研究"被列爲教育部人文社科重點研究基地重大項目。

2016 年

1 月 8 日至 10 日,王雲路應邀參加在首都師範大學召開的"語法化研究高層論壇暨中國境内語言語法化詞庫建設學術研討會"。

1 月,博士研究生唐宸和碩士研究生胡彦、王麗獲研究生國家獎學金。博士研究生謝明獲"天府英才計劃"專項獎學金。

2 月 22 日,王雲路撰寫的《關於加强禮儀教育,促進禮儀建設的建議》參事件,獲評浙江省人民政府"2015 年度優秀參事建議"。王雲路作爲浙江省人民政府參事,參與完成多項文化教育組參事課題。

2 月,束景南《朱子大傳:"性"的救贖之路》(增訂版)由復旦大學出版社出版。

3 月 13 日,馮國棟應浙江大學公衆史學研究中心邀請,在浙江圖書館初陽書院第十一期"錢塘公衆歷史公益講座"作題爲"浙江與宋代佛教——以阿育王塔、上天竺觀音和宋代的四川僧人爲例"的演講。

3 月 24 日,舉行研究生論文報告會。全所師生共四十餘人與會,收到論文十九篇,最終評選出博士生組一等獎 1 名(汪瀟晨)、二等獎 1 名(楊竹旺)、三等獎 3 名(朱若溪、謝明、羅慕君);碩士生組一等獎 1 名(劉芳)、二等獎 2 名(王忠培、趙江紅)、三等獎 3 名(付國静、李豐、韓宇);最佳點評獎 3 名(楊竹旺、朱若溪、胡彦)。

3 月 25 日至 28 日,張涌泉、王雲路應邀參加由浙江大學漢語史中心和浙江大學中文系主辦的"紀念蔣禮鴻先生誕辰 100 周年暨第九屆中古漢語國際學術研討會"。王雲路在大會開幕式上致辭,並發表論文《複音詞產生原因再討論》。張涌泉主持大會第一場報告並發表論文《讀中醫古籍整理著作札記——以〈諸病源候論校釋〉爲中心》。

3 月 26 日,許建平赴成都參加宜賓學院主辦的"中國酒文獻與酒產業發展學術研討會"。

3 月 27 日,我所與長三角地區高校宋史教研機構聯合舉辦的"江浙滬地區宋史青年學者沙龍"第七次學術研討會在浙江大學西溪校區舉行。龔延明、周佳應邀參加並評議參會論文。博士研究生汪瀟晨主持會議,戴璐綺提交論文《衛湜〈禮記集説〉所載東萊吕氏禮説考述》。

3 月 29 日至 4 月 1 日,王雲路受邀訪問香港城市大學,主講"漫談漢語詞彙核心義",31 日應邀赴香港科技大學作題爲"段玉裁與漢語詞彙核心義研究"的報告。

3月31日，王誠結束在德國爲期一年的訪學。

3月，舉行博士研究生姜美愛（惠田）畢業論文答辯，論文題目是《中韓茶道文化交流及其茶道觀比較研究》，指導教師束景南。

4月5日，國家圖書館主辦、文化部主管的國家一級學術性刊物《文獻》雜志常務副主編張廷銀及張燕嬰、白雲嬌兩位編審應邀來我所交流座談。座談會由王雲路主持。

4月15日，南京大學特聘教授、域外漢籍研究所所長張伯偉教授應邀來我所開啓"成均國學講壇"第一講，作題爲"新材料·新問題·新方法——談東亞漢籍研究"的講座。

博士研究生蔡淵迪（導師許建平）的《〈流沙墜簡〉考論》、唐宸（導師賈海生）的《朱熹〈楚辭集注〉初刻考辨》獲浙江大學第三屆學生人文社會科學研究優秀成果獎。

4月16日，竇懷永應浙江大學學生心繫西部協會邀請，在浙江大學紫金港校區基礎圖書館作題爲"走近敦煌"的講座。

4月22日，馮國棟應邀參加由河北省佛教協會、清華大學道德與宗教研究院、北京大學佛學教育研究中心主辦的"紀念慧可大師圓寂1423年暨邯鄲二祖文化與地論學派國際學術研討會"，並提交論文《二祖傳記資料輯錄》。

4月27日，博士研究生汪瀟晨主講"博雅青年説"第四期，主題爲"弦上風雅：中國古琴文化漫談"。

4月29日，人文學院舉辦第九屆研究生論文報告會，我所博士研究生汪瀟晨（導師祖慧）的論文《南宋高宗朝〈徽宗御集〉編纂考釋——兼論南宋君主御集的用途》獲博士組二等獎；碩士研究生劉芳（導師王雲路）的論文《"翏"及其孳乳字分析》獲碩士組三等獎。

4月，許建平《敦煌經學文獻論稿》由浙江大學出版社出版。

周佳獲選參加浙江大學青年教師教學競賽，並獲三等獎。

5月4日，王雲路作爲周有光語言文字學研究中心主任，與浙江大學副校長羅衛東教授一道，赴周有光家鄉常州進行爲期一天的考察，並提出語言學視閾下與常州方面合作的具體措施。

5月30日，山東大學儒學高等研究院副院長、教育部長江學者特聘教授杜澤遜應邀來我所主講"成均國學講壇"第二講，題目爲"治學讀書爲什麽要用校讀法"。

舉行博士研究生唐宸（《漢代今文禮學新論》，指導教師賈海生）、陸睿（《明清家訓文獻考論》，指導教師王雲路）畢業論文答辯。

5月,龔延明主編並參與整理的《天一閣藏明代科舉録選刊·登科録》《會試録》《鄉試録》三種共十五册由寧波出版社出版。

博士研究生唐宸(導師賈海生)獲第十四届"中國古文獻學獎學金"博士生組二等獎,碩士研究生王忠培(導師祖慧)獲碩士生組二等獎。

王雲路參與的課題獲2016年浙江大學教學成果獎一等獎,成果名稱爲《中國學碩士十年:本土化理念與國際化實踐》。

6月3日,舉行碩士研究生王麗(《道教事師禮初探——以唐代爲中心》,指導教師朱大星)、朱丹丹(《唐以降品官士庶祭祖禮之物器研究》,指導教師關長龍)、王忠培(《清代鄉試資格考試及其録取人數研究》,指導教師祖慧)、俞風(《唐代婚姻典禮考述》,指導教師吳土法)畢業論文答辯。

6月22日,我所研究生黨支部被授予"人文學院先進基層黨組織"稱號,陳葉被授予"人文學院優秀共産黨員"稱號。

6月24日,我所舉行2016届畢業生歡送會。

6月26日至27日,王雲路應邀參加天津大學語言科學研究中心舉辦的"乾嘉段王的科學理念和科學方法國際研討會",並發表論文《段玉裁與漢語詞彙核心義研究》。

6月30日,王雲路應邀出席由江蘇高校語言能力協同創新中心人腦語言能力研究平臺、江蘇師範大學語言能力高等研究院主辦的"人腦語言能力與中國腦計劃高端論壇"並作發言。

博士後金玲申報的"禮學史視角下的清儒喪服學説研究"獲批爲國家社科基金青年項目。

7月17日至18日,關長龍應邀參加由江西省2011朱子文化協同創新中心、上饒師範學院朱子學研究所主辦,上饒市朱熹紀念館承辦的"朱子學與禮學學術研討會",並發表論文《朱子禮術觀發微》。

7月,王勇作爲"文科領軍人才"進入我所工作。

8月7日,馮國棟應浙江圖書館"文瀾講壇"邀請,主講"禪宗漫談——禪宗的歷史與禪僧的生活"。

8月19日至21日,龔延明、祖慧和博士研究生汪瀟晨應邀參加"十至十三世紀中國史國際學術研討會暨中國宋史研究會第十七届年會"。龔延明發表論文《宋代宗正寺述論》,汪瀟晨和祖慧合作發表論文《南宋時代的"進書"與"進書儀"》。

8月,金少華獲浙江大學人文學部資助,赴日本進行爲期一年的學術交流,主要研究課題是"李善注引經考——以《文選集注》爲中心"，合作導師爲早稻田大學河野貴美子教授。

周佳獲浙江大學人文學部資助，赴日本進行爲期一年的學術交流，主要研究課題是"宋代官衙研究——以墓志材料爲中心的考察"，合作導師爲京都大學富谷至教授。

王勇任主編之一的《衝突與融合的東亞文化史》由日本勉誠出版社出版。

9月1日至3日，許建平、竇懷永應邀赴聖彼得堡參加由俄羅斯科學院東方文獻研究所主辦的"'敦煌古寫本':紀念孟列夫（1926—2005）和丘古耶夫斯基（1926—2000）誕辰九十周年國際學術研討會"，分别在大會上宣讀論文《敦煌〈左傳〉寫卷與中古經學》《唐代避諱遞變字群研究——以敦煌寫卷爲中心》。

9月21日至22日，王雲路應邀赴大連參加由遼寧師範大學文學院舉辦的"語言科技應用與語言學科建設高層論壇"，並作題爲"關於歷史詞彙研究的一點思考"的報告。

9月23日，王雲路爲遼寧師範大學文學院師生作題爲"漢語詞彙核心義綜論"的報告。

9月，招收博士研究生5人：張敬霞、胡彦、陳兵兵、吳培、蔡雨彤；碩士研究生7人：于盛楠、高豐琪、樊紅霞、徐荔、侯瑞華、劉丹、林夕夢。

龔延明《簡明中國歷代職官別名辭典》由上海辭書出版社出版。

賈海生點校的《中華禮藏·禮經卷·儀禮之屬》第一册、第二册由浙江大學出版社出版。

束景南、蔡堂根點校的《中華禮藏·禮樂卷·樂典之屬》第一册、第二册由浙江大學出版社出版。

關長龍點校的《中華禮藏·禮術卷·堪輿之屬》第一册由浙江大學出版社出版。

周佳、祖慧點校的《中華禮藏·禮制卷·總制之屬》第一册由浙江大學出版社出版。

竇懷永等點校的《中華禮藏·禮俗卷·歲時之屬》第一册、第二册由浙江大學出版社出版。

金少華應邀參加日本早稻田大學河野貴美子教授組織的第四届國際論壇"越境する人文知"、内山精也教授組織的研討會"日中近世·近代詩学シンポジウム"。

金少華申報的"古抄本《文選集注》校證"被列爲全國高等院校古籍整理研究工作委員會項目。

碩士研究生劉芳、付國静分别赴臺灣"中央"大學和臺灣師範大學進行爲期一學期的交換學習。

10 月 14 日，關長龍應邀出席由浙江省委宣傳部召開的"路橋區《鄉村十禮》論證會"，並就"迎新祈福禮"作特別點評。

10 月 14 日至 16 日，由我所與浙江大學、浙江大學人文學院、浙江大學亞洲研究中心、清華大學中國禮學研究中心、華東師範大學出版社、浙江大學中華禮學研究中心等單位聯合主辦的"紀念沈文倬先生百年誕辰暨東亞禮樂文明國際學術研討會"在杭州華北飯店召開。海內外七十余位專家學者與會，共提交論文 46 篇。王雲路代表會議主辦方在開幕式上致辭，並宣讀題爲《君子與禮》的論文。王勇作題爲《日本近世之禮學重構》的報告。賈海生、馮國棟和朱大星分別宣讀論文《周厲王猷簋銘文所見饗神祝辭》《禪林清規叢考》《唐以前道教〈老子〉傳授儀初探》。許建平和博士後金玲先後宣讀論文《吐魯番出土〈禮記〉寫本輯考》和《程瑤田〈儀禮喪服文足徵記〉成書考》。關長龍和博士生池雪豐分別宣讀論文《報應與懲罰：傳統禮儀流行的"護法"維度》和《明代火葬初探》。王誠和博士生余格格分別宣讀論文《絜矩之道的詮釋——以朱熹和王夫之爲中心》和《〈瑩原總錄〉與"磁偏角"略考》。龔延明和崔富章分別報告論文《宋代禮樂機構——太常寺》和《〈家語·冠頌〉與〈大戴·公冠〉比較研究》。許建平在大會閉幕式上作總結發言。

10 月 18 日，博士研究生朱若溪、碩士研究生劉芳獲研究生國家獎學金；博士研究生謝明獲大北農獎學金；碩士研究生趙江紅獲楊詠曼專項獎學金和"優秀研究生幹部"稱號；博士研究生羅慕君獲"社會實踐先進個人"稱號。

10 月 22 日至 23 日，王雲路應邀參加由武漢大學文學院、武漢大學國學院主辦，湖北省國學研究會、湖北語言與智能信息處理研究基地、湖北現代人文資源調查與研究中心協辦的"紀念黃侃先生誕辰 130 周年國際學術研討會"，主持開幕式後的大會報告，並宣讀論文《黃侃與中古漢語研究》。

10 月 28 日，博士生張文冠的畢業論文《近代漢語同形字研究》（指導教師王雲路）獲 2013—2014 學年優秀博士學位論文獎。

我所教工黨支部換屆選舉結果獲人文學院黨委批復，馮國棟、陳葉、竇懷永當選支部委員，陳葉任書記。

10 月 29 日，周佳應邀參加由日本宋史學會會長平田茂樹教授主持的"宋代史談話會"，在會上介紹由龔延明主持的《中國歷代登科總錄》項目及其成果，同時提交論文《從〈宋代登科總錄〉資料看宗室科舉政策變化》。

10 月 29 日至 30 日，許建平應邀出席由北京大學國學研究院、北京大學中文系主辦，南京大學文學院和中國人民大學文學院協辦的"漢唐經學文獻的整理與研究"學術研討會,報告論文《經部文獻的校勘問題——以敦煌寫卷爲例》,並主持大會第二場討論。

10月30日至31日,王雲路應邀赴上海交通大學參加"域外漢字研究方法論國際學術研討會暨上海交通大學海外漢字文化研究中心成立儀式",並作爲中國嘉賓代表致辭。

10月,《在浙之濱——浙江大學古籍研究所建所三十周年紀念文集》由中華書局出版。

博士研究生汪瀟晨赴日本東京大學人文社會系研究科東亞思想文化研究所進行爲期10個月的聯合培養,合作導師爲小島毅教授。

施麟麒博士進入我所從事博士後研究,合作教授爲王雲路。

11月3日,哈佛大學東亞語言與文明學系羅柏松（James Robson）教授應邀來我所作題爲"'瘋狂'的佛教史:從佛教寺院到精神病院"的報告。講座由馮國棟主持。

11月5日至6日,王雲路應邀參加由中國社會科學院語言研究所、閩南師範大學主辦,閩南師範大學文學院承辦的"第十七屆全國近代漢語學術研討會暨閩語演變國際學術討論會",並報告論文《〈騎着一匹〉與東北方言札記》。

11月5日至7日,馮國棟受邀主持由浙江大學佛教文化研究中心、徑山萬壽禪寺承辦的第四屆"佛教文獻與文學國際學術研討會"。

11月10日,我所舉辦"成均國學講壇"第三講"漢字與文化",由臺灣東海大學中國文學系朱歧祥教授主講。

11月10日,召開全體研究人員會議,共同探討《中華禮藏》項目的縱深發展和禮學研究的進一步深入。會議也邀請出版社相關負責人一起商談《中華禮藏》項目的設計與運營設想。

11月12日至13日,王雲路、王誠和博士研究生王健、碩士研究生高豐琪等應邀參加由浙江大學周有光語言文字學研究中心主辦、上海外國語大學語言研究院協辦的"第二屆周有光語言文字學學術研討會暨'一帶一路'語言高峰論壇"。王雲路作爲浙江大學周有光語言文字學研究中心主任在會上致辭,並主持開幕式。王誠、王健和高豐琪在會上報告論文,題目分別爲《周有光先生與漢字規範化》《〈説文解字注〉對於"二字疊文"的研究》《屈〈騷〉"昆侖"考》。

11月18日至21日,王雲路應邀參加在福建師範大學召開的"中國訓詁學研究會2016年學術年會",主持大會開幕式,作題爲"説'贅婿'——兼論'贅'與'質'的核心義"的大會報告,並當選新一屆中國訓詁學會常務副會長。期間,還應邀作"段玉裁與漢語詞彙核心義"（福建師範大學文學院）、"漢語詞彙核心義的價值與應用"（廈門大學中文系）兩場學術報告。

11 月 20 日,張涌泉應邀參加由上海圖書有限公司、上海教育出版社主辦,"國學新知"協辦的海上博雅講壇第 113 期,作題爲"談談敦煌俗字研究"的演講。

11 月 22 日,王雲路應邀爲貴州師範大學人文學院師生作題爲"漢語詞彙核心義綜論"的報告。

11 月 29 日,舉行博士研究生王健畢業論文答辯,論文題目是《段玉裁語言學觀念研究——以〈説文解字注〉〈經韻樓集〉爲中心》,指導教師王雲路。

11 月,舉行博士後張春雷出站論文報告會,題目是《唐代漢譯佛經注疏語言研究》。

王雲路參與的課題獲 2016 年浙江省教學成果獎二等獎,成果名稱爲《中國學碩士十年:本土化理念與國際化實踐》。

12 月 4 日,四川大學道教與宗教文化研究所張澤洪教授應邀來我所作題爲"中古史上道教的寫經"的學術報告。講座由張涌泉主持。

許建平參加由上海師範大學主辦的"《十三經注疏》研究:'從本土到海外'國際學術研討會"。

12 月 9 日,我所舉辦"成均國學講壇"第四講,特邀復旦大學中文系古代文學研究中心主任、中國唐代文學學會會長陳尚君教授主講,題目爲"文學文獻研究的視閾與觀念變化"。

12 月 21 日,王雲路應邀赴浙江省委黨校爲"2016 年省政府參事館員學習會"作題爲"君子與禮"的論文報告。

12 月 23 日,王雲路應邀前往四川師範大學參加學科建設諮詢會。

12 月 23 日至 26 日,王雲路應邀參加在四川大學舉行的"第五屆漢語史暨張永言、趙振鐸、向熹教授學術思想研討會",並作題爲《再論"贅婿"——兼論"贅"與"質"的核心義》的報告。

12 月 25 日,王雲路應邀赴西南交通大學作題爲"古漢語研究的古今溝通"的報告。

12 月,方建新主編的《浙江文獻要目》由浙江古籍出版社出版。

本年度,王勇組織開展東亞筆談讀書會,每周三下午舉行,旨在推動和加強對東亞筆談文獻的整理與研究,擷取珍貴的筆談文獻資料,彌補現有文獻資料的不足。讀書會已經舉辦到第十二期。

2017 年

賈燦燦博士進入我所從事博士後研究,合作教授爲祖慧。

1月10日，王雲路赴北京語言大學參加"語言文學學科建設推進會"。

1月15日，許建平在上海閔行區圖書館作"敦煌遺書與中國文化"的講座。

1月，雪克、王雲路譯注《荀子選譯》由鳳凰出版社再版。

2月21日，龔延明應邀參加浙江省社科聯"第二期文化工程規劃座談會"，並作題爲"大力拓展'浙江文化人'人脉資源的影響力"的發言。

3月10日至11日，王雲路應邀赴香港中文大學中國語言及文學系參加"方法與理論——訓詁學的傳承與發展國際學術研討會"，並作題爲《説"贅婿"》的論文報告。

3月11日至12日，馮國棟應邀參加"唐代佛教社會的諸問題"國際學術研討會，提交《從"外典附録"到"子部釋家"——外典目録對佛教典籍的容受》的論文。

3月19日，馮國棟應邀在紹興圖書館龍華佛學分館作"禪宗漫談——禪宗歷史上幾個問題"的講座。

3月25日至27日，馮國棟應邀參加"從襄垣到錫蘭——法顯的生平和遺產"國際學術研討會，報告論文《"遇火不焚"與"舌本先爛"——法顯傳中一則故事的解讀》，並主持第五部分"中國背景"的發表與討論。

3月28日，舉行研究生論文報告會。本次報告會共收到論文19篇，經過教師與學生共同評點，產生博士研究生組一等獎1名（管仁傑）、二等獎1名（趙江紅）、三等獎2名（羅慕君、杜佳），碩士研究生組一等獎1名（侯瑞華）、二等獎2名（劉丹、樊紅霞）、三等獎2名（高豐琪、劉芳）和最佳點評獎2名（侯瑞華、楊竹旺）。

3月29日，王雲路向省參事室提交的《關於校園歷史文化建築保護問題的建議》《關於關注杭州市改造修繕工程要重視歷史文化保護的建議》兩篇參事建議，被評爲"2016年優秀參事建議"，王雲路同時獲評"2016年優秀參事"。

4月8日至9日，王雲路、王誠應邀參加由《中國語文》編輯部和浙江大學漢語史中心聯合主辦的"第五屆《中國語文》青年學者論壇"，分別報告論文《論漢語詞義研究的古今溝通》和《也談先秦文獻中的"思"》。

4月17日，由浙江大學社會科學研究院主辦，我所與周有光語言文字學研究中心共同承辦的浙江大學"東方論壇"第204講——"朗誦與文化傳播"在紫金港校區圖書館三樓國立浙江大學廳舉行。本次論壇的主講人是教育部語言文字應用管理司司長、中國社會科學院研究生院博士生導師姚喜雙教授。

4月21日至23日，王雲路參加由浙江工業大學主辦的"漢語語法史研究高端論壇"，報告論文《論核心義在漢語虛詞研究中的作用》。

4 月 26 日,人文學院舉辦第十屆研究生論文報告會,博士研究生管仁傑的論文《南宋寶祐"重刻"〈儀禮經傳通解〉正續編考論——兼論靜嘉堂藏楊復〈祭禮〉爲寶祐刊本》獲博士組三等獎,碩士研究生侯瑞華的論文《〈論語〉"朝聞道夕死可矣"章辨析——兼論經典闡釋與"斷章取義"》獲碩士組三等獎。

4 月,馮國棟入選教育部 2016 年度"長江學者獎勵計劃"青年學者。

龔延明主編的論文集《宋學研究》(第一輯)由浙江大學出版社出版。

金少華《敦煌吐魯番本〈文選〉輯校》由浙江大學出版社出版。

5 月 20 日,與浙江大學漢語史中心共同邀請安徽省文史研究館館長黃德寬教授作學術報告,題目是"略説新出楚簡《詩經》異文"。

5 月 21 日,我所舉行 2017 屆畢業生歡送會。

5 月 24 日,舉行博士研究生謝明(《宋前道書疑難字詞考釋》,指導教師許建平)、沈瑩(《漢語木部艸部核心義研究》,指導教師王雲路)畢業論文答辯。

5 月 29 日,舉行博士研究生朱若溪畢業論文答辯,論文題目爲《〈金光明經〉敦煌寫本研究》,指導教師張涌泉。

5 月 28 日至 7 月 2 日,王雲路應日本創價大學國際高等佛學研究所所長辛島静志教授邀請,赴日本東京八王子市的創價大學講學與合作研究,並在日本大阪關西大學、京都大學、東京早稻田大學、創價大學等高校作學術報告,還應邀訪問日本東京都國際佛教學大學院大學。

5 月,舉行博士研究生尹娟畢業論文答辯,論文題目爲《孫覺〈春秋經解〉研究》,指導教師束景南。

日本早稻田大學森由利亞教授應朱大星之邀作爲長期外國專家來我所進行爲期十個月的研究。

6 月 1 日,王雲路負責的我所大型集體項目《中華禮藏》獲評 2016 年度浙江大學"十大學術進展"。

舉行碩士研究生韓宇(《晚清徽州女詩人唐錦蕙研究》,指導教師竇懷永)、李豐(《〈景祐新修法寶錄〉研究》,指導教師馮國棟)、劉文嫚(《劉書年年譜》,指導教師許建平)、張曉天(《振綺堂藏書研究》,指導教師朱大星)畢業論文答辯。

6 月 2 日,舉行博士研究生池雪豐(《明代喪禮儀節考》,指導教師賈海生)、余格格(《宋代風水文獻研究》,指導教師關長龍)、汪卉(《〈職官分紀〉研究》,指導教師祖慧)畢業論文答辯。

舉行碩士研究生付國静（《宋前青銅簋的圖譜和禮制研究》，指導教師賈海生）、王晶（《清代桐城進士研究》，指導教師祖慧）畢業論文答辯。

6月16日，束景南申報的課題"陽明大傳：'心'的救贖之路"獲批爲國家社科基金重點項目，周佳申報的課題"宋代文官官衔研究"獲批爲國家社科基金一般項目。

6月，王雲路與許建平領衔的研究生導學團隊獲浙江大學研究生"五好"導學團隊提名獎。

7月13日至16日，許建平、竇懷永參加"'絲綢之路上的敦煌與長安'國際學術研討會暨中國敦煌吐魯番學會2017年理事會"，並分別報告論文《吐魯番出土〈詩經〉文獻叙録》和《敦煌小説〈黄仕强傳〉新見寫本研究》。

7月17日至24日，王雲路赴美國西雅圖大學參加"韓漢語言學國際學術研討會"，代表中國學者在開幕式上致辭，並作題爲"《騎着一匹》的語言價值"的報告。

7月，許建平參與點校的《上海李氏易園三代清芬集》由浙江大學出版社出版。

8月17日，學校任命馮國棟爲人文學院副院長。

8月19日至20日，張涌泉應邀參加由中國文字學會主辦，貴州師範大學文學院、貴陽孔學堂文化傳播中心承辦的"中國文字學會第九屆學術年會"。在會議新一屆理事會和學會領導的換屆選舉中，張涌泉連任副會長並兼任秘書長。

8月，許建平被評爲國家社科基金項目成果鑒定"認真負責的鑒定專家"。

許建平參與整理的《（康熙）德清縣志（嘉慶）德清縣續志》由中華書局出版。

汪瀟晨整理的《政和五禮新儀》（上）由浙江大學出版社出版。

汪瀟晨、周佳整理的《政和五禮新儀》（下）由浙江大學出版社出版。

周佳、金少華結束在日本爲期一年的訪學。

9月9日至10日，由王雲路主持的"第三屆周有光語言文字學學術研討會"在周有光先生家鄉江蘇常州順利召開。本次會議由浙江大學周有光語言文字學研究中心主辦，浙江大學常州工研院、常州市委統戰部協辦。

9月13日，浙江大學黨委書記鄒曉東一行5人考察我所的漢語史古文獻資料中心和敦煌學研究中心，瞭解中心的特色館藏和發展概況。

9月13日至17日，王雲路赴貴州參加"黔浙語言學論壇暨貴州省語言學會第十八屆年會"，並在大會上報告論文《核心義與漢語複音詞研究》。

9月15日至17日，許建平應邀參加"第七屆中國經學國際學術研討會"，並報告論文《敦煌本〈左傳〉寫卷的學術價值》。

9月22日至23日,王雲路參加在華東師範大學中文系召開的"雙一流建設與中國語言文學學科發展高峰論壇"。

9月24日,祖慧、周佳和博士研究生楊竹旺、趙江紅等人應邀參加"江浙滬地區宋史青年學者沙龍"第十三次學術討論會,周佳報告論文《宋代官印行用考》。

9月27日至28日,賈海生應邀擔任"第八屆世界儒學大會青年博士論壇"評議導師。

9月28日至29日,賈海生應邀參加由中華書局和南京大學主辦的"古籍數字化國際學術研討會"。

9月,招收博士研究生7人:趙江紅、劉芳、蔡思超、張懋學、劉瀟、王鶴、郭敬一;碩士研究生9人:袁茵、王金英、王子鑫、雷軍、陳弘毅、梁霄雲、汪裕景、汪馨如、李思穎。

張琪博士進入我所從事博士後研究,合作教授爲賈海生。

張涌泉主編的《絲路文明的傳承與發展》由浙江大學出版社出版。

金少華整理的《周禮注疏》(上下册)由浙江大學出版社出版。

博士研究生馬一方赴臺灣大學進行爲期一學期的交換學習。

博士研究生戴璐綺赴臺灣政治大學進行爲期一學期的交換學習。

辦公室陳葉調往人文學院科研科工作。

屈亞平入職我所,接替陳葉開展辦公室工作。

10月13日至15日,王雲路、王誠應邀參加"第四屆漢語歷史詞彙與語義演變學術研討會",分別報告論文《從核心義看漢語的同步構詞》和《副詞"行"的來源及其發展》。

10月13日,王雲路應邀爲重慶師範大學文學院師生作學術報告,題目是"從'凌晨'看漢語詞義的古今溝通"。

10月17日至18日,王雲路應邀參加在四川大學舉辦的"第十屆中古漢語國際學術研討會",在開幕式上講話,並作題爲"漢語詞彙核心義與複音詞研究"的大會報告。

10月21日,龔延明參加中國宋史研究會與上海師大古籍所合辦的"宋史學術前沿論壇",作關於宋代登科總録資料庫的報告。

10月25日,由浙江大學社會科學研究院主辦,我所與周有光語言文字學研究中心共同承辦的浙江大學"東方論壇"第211講——"語言研究的問題意識"在紫金港校區蒙民偉樓223報告廳舉行,本次論壇的主講人是北京語言大學教授、世界漢語教學學會副會長崔希亮。

10月27日至30日,王雲路赴湖南師範大學參加"首屆浙湘語言學高端論壇"。

10 月 27 日，王雲路爲湖南科技大學人文學院師生作學術講座，題目是“論漢語詞彙的同步構詞”。

10 月，博士研究生汪瀟晨和羅慕君獲研究生國家獎學金。博士研究生趙江紅榮獲博士生新生獎學金、社會實踐單項獎學金和“浙江大學新海人文與科學專項基金先進個人”稱號。博士研究生管仁傑獲大北農獎學金。

我所研究生班獲 2016—2017 學年浙江大學研究生“先進班級”榮譽稱號。

周妍博士進入我所從事博士後研究，合作教授爲王勇。

11 月 2 日至 7 日，王雲路應邀參加由臺灣佛光大學佛教研究中心、臺灣“中央”大學中國文學系主辦的“第十一屆漢文佛典語言學國際學術研討會”，並報告論文《譯經中的“將來”與“持來”》。

11 月 3 日至 5 日，馮國棟主持的“首屆佛教史論壇：佛教史料與史學工作坊”在杭州舉行，本次會議由浙江大學佛教文化研究中心和浙江大學東亞宗教研究中心聯合主辦。

王勇應邀參加由北京大學、北京市教育局、韓國高等教育財團聯合主辦的“北京論壇2017”。

11 月 4 日，王勇應邀參加由日本國外務省、中國駐日大使館支持、日本民間學術團體歷史之驛、日中協會聯合舉辦的“阿倍仲麻呂——日中交流之橋梁”國際學術研討會，報告論文《阿倍仲麻呂在唐婚姻問題新考》。

11 月 8 至 10 日，馮國棟出席在杭州徑山萬壽禪寺舉行的“首屆徑山禪宗祖庭文化論壇”。

11 月 10 日，王雲路應邀赴華東師範大學參加由江蘇師範大學語言科學與藝術學院組織的“國家語委委託研製《中華通韻》課題組徵求意見座談會”。

11 月 18 日至 19 日，許建平應邀參加由北京大學人文學部主辦、北京大學中文系承辦的“北京大學第一屆古典學國際學術研討會”。

11 月 24 日，賈海生應上海大學文學院邀請，作題爲“賜服制度與設官分職”的學術報告。

王雲路參加由教育部語用司在廣州大學舉辦的“學習貫徹十九大精神語言文字專家座談會”。

11 月 25 日至 26 日，王雲路參加由廣州大學語言服務研究中心和廣州大學人文學院主辦的“第二屆語言服務高級論壇”，並報告論文《談談漢語詞義的古今溝通》。

12 月 1 日至 2 日，許建平應邀參加由上海師範大學哲學學院主辦的“古寫本經典的整理與研究”國際學術研討會，並作題爲“吐魯番出土鄭玄注《禮記‧坊記》殘片録校研究”的報告。

12月14日至15日，許建平應邀參加由香港中文大學中國語言及文學系、中國文化研究所劉殿爵中國古籍研究中心合辦的“古籍新詮——先秦兩漢文獻國際學術研討會暨中國文化研究所五十周年慶典”，並報告論文《異文校勘與文字演變——敦煌經部文獻寫本校勘札記》。

12月21日至24日，許建平應邀參加由北京大學中文系、北京大學中國古文獻研究中心主辦的“經學文獻學國際學術研討會”，報告論文《吐魯番出土〈詩經〉寫卷的學術價值》。

12月，龔延明《宋代官制辭典（增補本）》由中華書局出版。

舉行博士後金玲出站論文報告會，題目是《比經發例：禮學史視野下的清儒喪服學説研究》。

周佳被評爲副教授。

2018 年

1月5日至13日，許建平應邀參加由中國人民大學古代文本文化國際研究中心主辦的第二屆工作坊，作題爲“中古中國寫本”的講座。

1月26日，王勇應英國劍橋大學東亞系邀請赴英講學3個月。

1月，王誠校訂的《韓愈文（學生國學叢書新編）》由商務印書館出版。

2月4日，《中華讀書報》刊登龔延明主編天一閣藏《明代科舉録選刊》整理本書評，書評由福建師範大學社會歷史學院教授郭培貴撰寫。

2月8日，王勇爲劍橋大學東亞系 Dunhuang Seminar 作題爲“從絲綢到黄金——前近代東亞國際貨幣研究”的演講。

2月22日，博士研究生陳兵兵赴臺灣大學進行爲期一學期的交換學習。

3月22日，許建平應邀赴海寧市檔案館作題爲“博學多方，著作等身——海寧著名學者周廣業”的講座。

3月25日，我所與浙江大學宋學研究中心聯合主辦“江浙滬地區宋史青年學者沙龍”第十五次學術研討會，龔延明、周佳、博士後賈燦燦和博士研究生汪瀟晨、趙江紅應邀參加會議。

3月29日至31日，馮國棟應邀參加在美國亞利桑那大學佛學研究中心舉行的首屆“中國禪”國際學術研討會，並宣讀論文《宋代佛教的地理流動》。

3月30日,舉行研究生論文報告會,共四十余人與會。會議共收到論文22篇,最終評選出博士組一等獎1名(羅慕君)、二等獎2名(趙江紅、劉芳)、三等獎2名(蔡雨彤、胡彦);碩士生組一等獎1名(侯瑞華)、二等獎2名(袁茵、徐荔)、三等獎2名(雷軍、王金英);最佳點評獎2名(胡彦、雷軍)。

3月,許建平《唐宋詞三百首評注(全圖本)》由浙江古籍出版社出版。

4月6日至7日,許建平應邀參加在中國人民大學召開的"寫本及其物質性"國際研討會,並作題爲"伯2643號《尚書》寫本的特點及相關問題的思考"的報告。

4月13日,我所獲評"浙江大學人文社會科學十佳研究機構"。此前學校對人文社科研究機構進行第三次考核評估。

4月19日,舉行博士研究生羅慕君畢業論文答辯,論文題目是《敦煌漢文本〈金剛經〉整理研究》,指導教師張涌泉。

4月20日,我所與浙江大學敦煌學研究中心共同邀請首都師範大學郝春文教授、北京大學歷史系榮新江教授來所講學。郝教授與榮教授分別作題爲"再論北朝至隋唐五代間的女人結社""旅順博物館藏新疆出土漢文文獻整理研究概況"的講座,張涌泉主持。

4月,在第十五屆"中國古文獻學獎學金"評選中,我所博士研究生羅慕君、碩士研究生王金英分獲博士生組二等獎和碩士生組二等獎。

博士後張琪主持的"歷代'三禮'名物圖及其與出土古器物相印證研究"獲中國博士後科學基金第63批面上資助。

5月5日至7日,中華書局總編顧青率古籍部主任胡珂、助理李勉、學術出版中心主任助理孟慶瑗及中華書局旗下古聯(北京)數字傳媒科技有限公司總經理洪濤來浙江大學,共同商討由龔延明主持,祖慧、周佳參與建立的《中國十萬進士數據庫》合作發行事宜。6日,龔延明與古聯公司簽署《中國十萬進士數據庫》於年底完成製作、融入籍合網上綫發行的合同。

5月12日,人文學院舉辦第十一屆研究生論文報告會,我所博士研究生羅慕君的論文《敦煌殘卷〈唐大順二年正月七日楊文成出租地契〉的復原和研究》獲博士組二等獎,碩士研究生侯瑞華的論文《應公鼎銘文補釋》獲碩士組優勝獎。

5月18日,王雲路應邀赴温州大學羅山講堂作學術講座,題目是"漢語詞彙的前世今生"。同時,主持研究生論文答辯。

5月25日至27日,由我所與浙江大學外國語學院中世紀與文藝復興研究中心共同主辦、商務印書館與《浙江大學學報(人文社會科學版)》協辦的"中西比較文獻學與書籍史研究工作坊”成功召開。來自北京大學、復旦大學、南京大學、浙江大學、北京師範大學、山東大學、商務印書館等單位的 22 位學者應邀參加會議。馮國棟在會上發表論文《文獻的內與外——基於佛教文獻的考察》。

5 月 31 日，馮國棟獲評國家社科基金項目成果鑒定“認真負責的鑒定專家”。

5 月，王誠《上古漢語動詞語義內涵研究》由商務印書館出版。

博士研究生羅慕君獲浙江大學第四屆“學生人文社科研究優秀成果獎”一等獎。

6 月 1 日，舉行碩士研究生侯瑞華（《清華簡〈鄭武夫人規孺子〉集釋與相關問題研究》，指導教師賈海生）、樊紅霞（《喪禮“魂帛”考》，指導教師關長龍）、徐荔（《宋代別頭試研究》，指導教師祖慧）畢業論文答辯。

6 月 4 日，舉行碩士研究生孟茜（《〈後漢書〉李賢注引〈左傳〉研究》，指導教師許建平）、林夕夢（《〈女青鬼律〉研究》，指導教師朱大星）、高豐琪（《西北漢簡所見“橐他候官”考——兼考兩漢時的“橐駝”》，指導教師王雲路）畢業論文答辯。

6 月 5 日，舉行博士研究生楊竹旺（《宋代文官罷黜制度研究》，指導教師祖慧）、杜佳（《周代軍禮、吉禮禮辭纂釋》，指導教師賈海生）、牟玄（《中國古代相術文獻研究》，指導教師關長龍）畢業論文答辯。

6 月 14 日，束景南《王陽明年譜長編》獲第二十五屆浙江大學“董氏文史哲研究獎勵基金”著作類一等獎。

6 月 21 日，王勇應邀赴北京大學參加北京大學中文系舉辦的“慶祝北京大學 120 周年校慶東亞漢籍研究”工作坊，作題爲“萬曆朝鮮戰爭之‘筆戰’”的演講。

6 月 22 日，王勇應邀於北京大學參加北京大學佛教研究中心舉辦的“帝國、商業與宗教：佛教與全球化的歷史與展望”工作坊，作題爲“聖德太子的信仰與‘古代東亞物聯網’”的演講。

6 月 24 日，王勇應邀赴復旦大學參加“紀念《中日和平友好條約》締結 40 周年”國際學術研討會。

6 月 25 日，舉辦 2018 屆畢業生歡送會。

6 月 29 日至 30 日，王勇應邀赴延邊大學參加“第十九屆中國韓國學國際學術大會”，作題爲“萬曆朝鮮戰爭中的‘筆戰’：筆談文獻中的謝用梓、徐一貫”的發言。

6 月 29 日至 7 月 1 日，王雲路應邀參加由中國社會科學院語言研究所、安徽大學聯合主辦，安徽大學文學院承辦的“第十一屆中古漢語國際學術研討會”，並作題爲“再論複音詞的構詞理論——兼談詞典釋義”的報告。

6月，博士研究生羅慕君獲評2018年度浙江大學研究生"求是之星"稱號。

舉行博士研究生管仁傑畢業論文答辯，論文題目是《朱熹楚辭文獻學研究》，指導教師崔富章。

7月6日，馮國棟再次獲評國家社科基金項目成果鑒定"認真負責的鑒定專家"。

7月6日至8日，賈海生應邀參加"經學、禮學與中國社會學術研討會"，報告論文《榮仲方鼎銘文所見諸子之官及其職掌》。

7月14日至15日，張涌泉、金少華應邀參加"寫本學國際學術研討會暨中國敦煌吐魯番學會2018年理事會"。張涌泉在開幕式上作大會發言，金少華作題爲《李善注引〈毛詩〉考異十則》的論文報告。

7月28日至29日，我所與日本文化研究所、浙江大學出版社共同主辦"東亞漢典工作坊"第一期，邀請來自日本二松學舍大學的町泉壽郎教授、韓國順天鄉大學的朴現圭教授、北京大學劉玉才教授和潘建國教授、溫州大學王小盾教授及本校張涌泉教授等專家學者，圍繞東亞漢典課題構想與實施方案進行深入的交流。

7月29日，許建平應邀赴紹興圖書館作題爲"敦煌遺書與中國文化"的講座。

7月，由張涌泉指導、碩士生王子鑫撰寫的論文《日本宮內廳書陵部藏〈出師表〉寫卷的性質及其價值》獲湖南大學岳麓書院全國高校國學論壇二等獎。

王誠申報的"語義角色視角下的先秦至東漢單音動詞詞義演變研究"被列爲教育部人文社科基金青年項目。

趙大旺博士進入我所從事博士後研究，合作教授爲張涌泉。

王連旺博士、金鏞鎮博士進入我所從事博士後研究，合作教授爲王勇。

辦公室屈亞平離職。

劉曉冬入職我所，接替屈亞平開展辦公室工作。

8月2日，王勇應邀赴福州參加"2018年《海交史研究》編委會座談會暨中國海外交通史研究會2018年常務理事會第一次會議"。

8月4日至5日，金少華應邀參加在北京大學舉辦的"中國《文選》學研究會第十三屆年會暨'百年選學：回顧與展望'國際學術研討會"，作題爲"王念孫《讀文選雜志》志疑"的報告，並受邀發表閉幕致辭。

8月15日至17日，馮國棟應邀參加在甘肅省蘭州市舉行的"十至十三世紀西北史地學術研討會暨中國宋史研究會第十八屆年會"，參加"宋代石刻分論壇"，並報告論文《數處建塔與塔銘文本變異》。

8月25日至26日,賈海生應邀參加"第四屆禮學國際學術研討會",並報告論文《作册嗌卣銘文所見祔祭典禮》。

8月,束景南《王陽明年譜長編》獲第33屆優秀古籍圖書獎一等獎。

許建平《古文觀止譯注(全圖本)》上册由浙江古籍出版社出版。

9月1日至2日,馮國棟應邀參加由北京大學哲學宗教學系、北京大學研究生院、北京大學人文學部聯合主辦的"宗門教下:東亞佛教宗派史的解析、詮釋與重構——第二屆中國佛教史論壇",代表京外學者致開幕辭,並發表論文《一月而萬川:塔銘製作與塔銘文本》。

9月3日,我所與日本文化研究所、浙江大學出版社共同主辦"東亞漢典工作坊"第二期,邀請南開大學趙季教授、劉雨珍教授作主題演講,題目分别爲"《燕行録》釋録校點漫談""筆談的魅力與陷阱——以清代首屆駐日公使館員在日筆談資料爲中心"。

9月3日至12日,王雲路應香港城市大學邀請,作爲城市大學田家炳教育基金的訪問學者,赴港進行學術交流和訪問,並在香港城市大學、香港科技大學等共作3場學術報告,分别爲"論核心義和同步構詞在複音詞研究中的價值""漢語詞彙訓詁的魅力""漫談漢語詞彙核心義對詞語研究和詞典編纂的價值"。

9月14日,王勇應邀赴澳門大學作題爲"書籍之路與遣隋唐使"的報告。

9月15日,我所與浙江省敦煌學與絲綢之路研究會共同邀請日本著名敦煌學家荒見泰史教授來我所講學,題目爲"絲綢之路的足迹——敦煌與廣島",講座由竇懷永主持。

9月15日至17日,我所多位教師參加在浙江大學紫金港校區南華園召開的"中日敦煌寫本文獻學術研討會"。張涌泉致開幕辭,許建平主持第四場研討會,竇懷永作題爲《寫本視角的版本思維觀察——以敦煌寫本爲例》的論文報告。

9月19日,馮國棟申報的"宋元禪宗清規輯校"、博士後張琪申報的"《陳氏禮記集説補正》整理與研究"入選國家社科基金後期資助項目。

9月21日至23日,我所與浙江大學周有光語言文字學研究中心聯合主辦"第四屆周有光語言文字學學術研討會"。會議由我所所長、周有光語言文字學研究中心主任王雲路主持,來自北京、上海、江蘇、浙江、湖北、臺灣、澳門等地多所高等院校和研究機構三十余名專家學者出席會議。

王勇、張涌泉應邀參加在美國加州大學伯克利分校舉行的"從'絲綢之路'到'書籍之路':中亞與東亞之間貿易、藝術品與書籍的網路"國際學術研討會,分别作題爲"奈良時代的書籍之路——以第十二次遣唐使爲例"和"試論敦煌殘卷綴合的意義"的報告。

9月23日,我所與浙江大學周有光語言文字學研究中心共同邀請臺灣東海大學中文系朱歧祥教授講學,題目爲"如何正確認識楷書——由文字流變説起"。講座由王雲路主持。

9月29日,王勇應邀參加在浙江大學召開的"旁觀者:歷史、文學、考古等視野中的圖像"學術研討會,作題爲"東亞的塵尾圖"的演講。

9月29日至30日,馮國棟應邀參加在中山大學舉辦的"第三屆中國宗教學高峰論壇",並發表論文《傳統、現代與後現代:近現代禪宗研究的系譜學考察》。

9月,招收博士研究生5人:劉丹、劉素香、朱子昊、毛增文、范麗婷;碩士研究生10人:錢逸、沈秋之、吳宇琦、馬金花、余思、李衆祥、樂優、黄璟、周俊杉、郝瑞卿。

盧鷥博士進入我所從事博士後研究,合作教授爲王雲路。

王勇《東亞文化環流十講》由上海交通大學出版社出版。

王誠申報的"章太炎《春秋左傳讀》研究"入選貴州省2018年度哲學社會科學規劃國學單列課題。

10月11日至12日,王雲路應邀赴成都參加全國高校"古籍整理與文獻學學科建設學術研討會",作題爲"古典文獻學專業的特點與現狀芻議"的發言,並主持"專題文獻整理與研究"專題討論。

10月13日至14日,賈海生應邀參加"鄭玄經學與中國文化國際學術研討會",報告論文《據鄭玄〈周禮〉注論爲依方音所造之字》,並作主旨演講。

10月14日,王雲路、張涌泉應邀參加"《古漢語研究》創刊30周年暨漢語言文字學國際學術研討會",王雲路作爲與會專家代表在大會開幕式上致辭。

10月18日,吳土法應邀前往山東大學尼山學堂開講《禮記》。

10月25日,張涌泉、王雲路應邀參加"紀念馬一浮泰和會語八十周年座談會",並在大會上發言。

10月25日至26日,博士後張琪應邀參加閩清"禮樂文化周暨紀念陳暘誕辰950周年活動",並在"禮樂文化論壇·論道梅溪,名家對話"現場演講。

10月27日,王勇和博士後周妍應邀參加由浙江大學和中國中外關係史學會聯合主辦的"'一帶一路'與中國故事國際學術研討會暨中國中外關係史學會2018年年會",分别作題爲"大唐盛世與鑒真東渡""近代中日學者的交流與碰撞——以諸橋轍次的筆談資料爲中心"的報告。

10 月 28 日至 30 日，王誠應邀參加"第四屆許慎文化國際研討會"，作題爲"《説文解字》與中古複音詞研究"的報告。

10 月，博士研究生趙江紅獲"光華獎學金"。

11 月 1 日至 4 日，張涌泉應邀參加"全國第二屆近代漢字學術研討會"，在會上發表論文，並當選爲新一届近代漢字研究會會長。

11 月 2 日至 5 日，博士後張琪應邀參加"2018 年歷史典籍與兩浙文化學術研討會暨中國歷史文獻研究會第 39 届年會"，並宣讀論文《北宋陸佃佚書〈禮象〉輯考》。

11 月 3 日至 4 日，博士研究生陳兵兵參加在華東師範大學舉辦的"出土文獻與經學、古史國際學術研討會暨研究生論壇"，並宣讀論文《敦煌〈毛詩〉寫卷與馬瑞辰〈毛詩傳箋通釋〉互證例釋》。

11 月 3 日至 5 日，王雲路應邀參加在韓國延世大學舉行的"第十二屆漢文佛典語言學國際學術研討會"，在大會上作題爲"佛教典籍翻譯用語漫談"的報告。

11 月 4 日，束景南應邀參加"越文化暨越國史學術研討會"，並作題爲"静入竊冥、真空煉形法與他心通——王陽明向尹真人學道的再考辨"的大會報告。

11 月 9 日至 11 日，王誠應邀參加"第七屆'新子學'國際學術研討會"，作題爲"子學時代的君子"的報告。

11 月 9 日至 12 日，王雲路應邀參加"'高郵王學'國際學術研討會暨中國訓詁學研究會 2018 年學術年會"，作題爲"從核心義談'床'爲什麽有井欄義"的報告，並作大會總結。

11 月 10 日，我所與日本文化研究所、浙江大學出版社共同主辦第三期"東亞漢典工作坊"，邀請日本慶應義塾大學斯道文庫住吉朋彦教授作題爲"佚存書的産生——日中文獻學的交流"的主題演講。

11 月 10 日至 11 日，張涌泉應邀參加在四川大學舉辦的"第五屆佛教文獻與文學國際學術研討會"，在大會開幕式上致辭，並報告論文《綴合與敦煌殘卷的定名——敦煌殘卷綴合的意義之一》。

賈海生應邀參加在武漢大學舉辦的"禮學與中國傳統文化國際學術研討會"，報告論文《賜服制度與設官分職》。

11 月 16 日，龔延明邀請日本學習院大學王端來教授、美國哈佛大學包弼德教授到浙江大學西溪校區講學，演講題目分別爲"警惕數據庫——學術研究親歷談"和"中國歷代人物傳記資料庫（CBDB）的運用價值"。

11月19日，張涌泉、許建平應邀參加由《敦煌研究》編輯部、浙江大學出版社聯合主辦，浙江大學人文高等研究院協辦的2018年"敦煌研究發展研討會"。

11月22日，佛羅里達大學藝術史系來國龍教授應邀來我所講學，作題爲"出土簡帛與上古漢語新構擬"的講座。王雲路主持。

舉行博士研究生汪瀟晨畢業論文答辯，論文題目是《宋代殿閣與殿閣職名制度研究》，指導教師祖慧。

11月23日至25日，王雲路、王誠應邀參加"第二屆'漢語史研究的發展與展望'學術研討會"，分別作題爲"佛教典籍翻譯用語的選擇與創造"和"釋'翹勤'"的報告。

11月，浙江省文化和旅游廳聘請王雲路爲浙江省古籍保護工作專家委員會委員，聘期三年（2019—2021），這是連續第二個聘期。

博士後張琪的《北宋陸佃佚書〈禮象〉輯考》獲中國歷史文獻研究會第39屆年會優秀論文獎三等獎。

博士後周妍申報的"近代中日學人筆戰研究"項目獲得中國博士後科學基金第64批面上資助。

許建平整理的《董傳策集》由浙江古籍出版社出版。

12月1日至2日，張涌泉應邀參加"浙湘黔語言學論壇暨浙江省語言學會第十九屆年會"，作爲浙江省語言學會會長主持開幕式，並在閉幕式上致辭，在會上作題爲"寫在《敦煌文獻語言大詞典》出版的邊上"的報告。

12月4日，舉行碩士研究生于盛楠畢業論文答辯，論文題目是《中古禮俗的概念演變與文獻叙錄》，指導教師竇懷永。

12月7日，王勇和博士后周妍應邀參加在日本二松學社九段校區舉辦的"近世東亞地域醫師的國際移動與學術交流"國際研討會，分別作題爲"明使と竹田定加""近代日中学者の交流と衝突—諸橋轍次の筆談資料を中心に"的報告。

12月8日，王勇應邀參加在日本早稻田大學舉辦的"東アジア文化交流—呉越・高麗と平安文化—"國際學術研討會，並作題爲"入唐・渡天を決行した日本僧転智"的報告。

12月12日，王勇應邀在東京大學演講，題目爲"文献資料の解読と発見—入呉越国僧転智を例として"。

許建平受邀前往湖南大學岳麓書院講學，爲書院師生作題爲"敦煌經學文獻與中古社會"的講座。

12 月 13 日,王勇應邀赴日本銀座ブラッサム中央会館參加"歷史の駅"第五回講演會,作題爲"伝聖德太子写《維摩詰経》をめぐって"的基調演講。

12 月 14 日,金少華參加人文學院青年教師教學技能競賽決賽,獲三等獎。

12 月 22 日,竇懷永赴紹興圖書館擔當"走進敦煌"活動主講。

12 月,王誠、金少華被評爲副教授。

我所畢業博士張文冠入選浙江大學"百人計劃",於 12 月正式入職,由江蘇師範大學調入我所工作。

王勇主編的《東亞筆談文獻研究叢書》第一輯(共七卷)由上海交通大學出版社出版。

王勇《東亞筆談文獻經眼録》由上海交通大學出版社出版。

王勇、朱子昊《朱舜水筆談文獻研究》由上海交通大學出版社出版。

王勇、謝詠《名倉予何人筆談文獻研究》由上海交通大學出版社出版。

王勇、陳小法《〈朝鮮漂流日記〉研究》由上海交通大學出版社出版。

周妍、張新朋《内藤湖南筆談文獻研究》由上海交通大學出版社出版。

本年度,由王勇組織開展的東亞筆談讀書會成功舉辦 8 期,吸引衆多學生前來研讀,形成一個富有活力的日常學術交流平臺。

2019 年

1 月 3 日,王雲路負責的"周有光語言研究叢書"、賈海生負責的"沈文倬文存"、張涌泉負責的"浙江學者絲路敦煌學術書系(第二輯)"均入選第四期浙江大學高水平學術著作出版基金立項。

1 月 14 日至 18 日,博士研究生陳兵兵應邀參加中國人民大學文學院舉辦的"古代文本文化國際研究中心第四屆博士生與青年學者國際研修工作坊",報告論文《儒家經典中朱墨之法的消失》。

1 月,舉行博士後賈燦燦出站論文報告會,題目是《南宋社會階層上行流動研究》。

3 月 15 日,王勇應邀參加大連海洋大學舉辦的"亞洲命運共同體——亞洲的過去、現在和未來"大型系列學術講座活動,作題爲"從'絲路'到'書路'"的演講。

4 月 1 日,舉辦研究生論文報告會。全所師生共四十餘人與會,收到論文 25 篇,最終評選出博士生組一等獎 1 名(趙江紅)、二等獎 2 名(王金英、劉丹)、三等獎 3 名(馬一方、張懋學、劉芳);碩士生組一等獎 1 名(馬金花)、二等獎 2 名(沈秋之、樂優)、三等獎 3 名(李思穎、黃璟、錢逸)。

4月2日，中華書局副編審俞國林先生應邀來所主講“成均國學講壇”第五講，演講題目爲“吕留良詩文集整理漫談”。講座由王雲路主持。

4月19日，周佳“關於建設一流高校文科圖書館的建議”入選浙江大學第八届一次教代會優秀提案。

4月，龔延明《中國歷代職官别名大辭典》（增訂版）由中華書局出版。

5月10日至12日，我所多位教師應邀參加在杭州舉辦的“敦煌學學術史研討會暨中國敦煌吐魯番學會2019年理事會”。張涌泉主持大會開幕式，並作題爲“寫在《敦煌文獻語言大詞典》出版的邊上”的報告；許建平擔任分組研討主持人；竇懷永報告論文《唐代避諱的寫本視角觀察——以敦煌寫本爲例》；金少華報告論文《敦煌寫本〈文選〉的早期利用——以高步瀛〈文選李注義疏〉爲例》。

5月11日，馮國棟應邀參加由揚州大學文學院主辦的“第二届教育部青年長江學者（文學藝術組）學術論壇”，並作“古典文獻學與西方書籍史、閱讀史的會通”的報告。

人文學院舉辦第十二届研究生論文報告會，我所博士研究生趙江紅（導師關長龍）的論文《從宿占到禽占——文化交流視域下的星禽術研究》獲博士生組一等獎，碩士研究生馬金花（導師竇懷永）的論文《宋代“考帳”探析》獲碩士生組優勝獎。

5月23日，由龔延明學術團隊整理、收録中國歷代10萬進士、總字數4000萬字的《歷代進士登科總録數據庫》正式完成，並由中華書局古聯（北京）數字傳媒科技有限公司上綫。龔延明作爲負責人應邀出席在北京大學召開的“《歷代進士登科數據庫》上綫發布會暨‘科舉文獻的整理與數字化應用’學術研討會”。中華書局總編輯顧青主持發布會，高校古委會主任安平秋、北人文社會科學研究院院長鄧小南、中國社科院學部委員劉躍進、國家圖書館副館長張志清等出席了會議。

5月24日至26日，龔延明應邀參加在西北民族大學舉辦的“第十七届科舉學與中華傳統文化學術研討會”，在開幕式上致辭，並作題爲“隋朝登科録”的大會主旨報告。

王雲路應邀參加在貴州師範大學舉辦的首届“中國出土文獻及近代文書學術研討會”，宣讀論文《談談漢語的同步構詞》，並主持首場大會報告。期間，還應邀爲貴州師範大學文學院研究生作題爲“漢語詞彙核心義提取類型”的講座。

5月25日，王勇應邀參加在浙江大學人文學院舉行的“東亞文化視域内的年號”學術研討會，作題爲“日本的私年號與中國”的報告。

張文冠應邀參加在南京舉辦的“中國與美洲農業的互動：歷史、現狀與展望”國際研討會，宣讀論文《明清文獻中關於玉米的一種新别稱》。

5 月 30 日，舉行博士研究生蔡雨彤（《先秦儀式文學纂輯與研究》，指導教師賈海生）、楊天星（《近世多維琴學體系的形成——宋明以來琴學研究的新視角初探》，指導教師束景南）畢業論文答辯。

5 月 31 日，舉行碩士研究生陳弘毅（《唐宋之際道教齋法的變革及其論爭——以〈玄壇刊誤論〉爲中心》，指導教師朱大星）、李思穎（《宋代官方佛教祈雨儀式及相關文體研究》，指導教師馮國棟）、梁霄雲（《〈月令采奇〉研究與整理》，指導教師竇懷永）、汪馨如（《天台宗唐決研究》，指導教師王勇）、王子鑫（《敦煌寫本〈佛説諸經雜緣喻因由記〉研究》，指導教師張涌泉）、汪裕景（《〈居家必用事類全集〉研究》，指導教師關長龍）、張欣然（《泰中宋干節與潑水節禮俗比較研究》，指導教師關長龍）畢業論文答辯。

浙江省學位委員會辦公室公布 2018 年度碩士學位論文抽檢結果，劉文嫚（導師許建平）的碩士論文《劉書年年譜》獲得佳績，抽檢成績爲 90 分（優秀）。

5 月，博士後盧鷺申報的課題“東漢至西晋佛經詞彙異文研究”獲中國博士後科學基金第 65 批面上二等資助。

6 月 12 日，我所與浙江大學漢語史中心共同邀請南京師範大學文學院蘇芃副教授來所講學，主講題目爲“當我們在談論校勘時我們在談論什麽”。

6 月 15 日，王勇應邀參加由武漢大學日本研究中心主辦、早稻田大學社會科學院合辦、武漢大學國際問題研究院承辦的“新時代中日關係”國際學術研討會，在“中日文化交流新視野”的專題演講中，作題爲“中日文化交流史研究回顧與瞻望”的報告。

6 月 19 日，王誠《上古漢語動詞語義内涵研究》獲第二十六屆浙江大學“董氏文史哲研究獎勵基金”著作類二等獎。

6 月 23 日，龔延明作爲《歷代進士登科數據庫》的主持編纂者，受邀出席在江南貢院舉行的“大數據下的博物館運營與發展高峰論壇暨南京中國科舉博物館與中華書局合作簽約啓動儀式”，在大會上致辭，並在啓動儀式上向南京中國科舉博物館捐贈書籍，受聘爲該館的學術顧問。

6 月 25 日，舉行 2019 屆畢業生歡送會。

美國威斯康辛大學張洪明教授應我所與浙江大學中文系、漢語史研究中心的共同邀請來校講學，作題爲“關於歷史語言學研究的若干問題”的講座。

6 月 28 日，王雲路申報的課題“漢語歷史詞彙語義專題研究”入選教育部人文社科重點研究基地重大項目。

6 月 29 日，博士後周妍赴日本築波大學參加“2019 年度日本中國文化學會大會”，報告論文《諸橋轍次與新文化運動》。

6月，任文彪點校的《中華禮藏·禮制卷·總制之屬·大金集禮》由浙江大學出版社出版。

關長龍輯校的《敦煌本數術文獻輯校》（共三册）由中華書局出版。

王勇《古代をいろどる国際人》由日本大樟樹出版社出版。

王勇主編的《新日中文化交流史叢書》第一輯（共十卷）日文版由日本大樟樹出版社出版。

7月2日，《光明日報》第9版以《"歷代進士登科數據庫"上綫——二十四年走出一條學術新路》爲題，特別報道了龔延明團隊的學術成就。

7月5日，王雲路應邀赴上海華東師範大學爲"漢語言文字學的傳統與創新"研究生暑期學校講學，題目爲"從核心義視角談複音詞結合的深層原因"。

7月6日，張涌泉應邀參加在四川大學舉辦的"中國俗文化國際學術研討會暨《項楚學術文集》首發式"，作爲項楚先生的學生代表在開幕式上致辭，並作題爲"敦煌變文全集編纂芻議"的大會報告。

7月12日，許建平申報的課題"敦煌經學文獻綜合研究"獲批爲國家社科基金一般項目。

7月12日至16日，王雲路應邀出席在内蒙古師範大學舉辦的"蒙元文化研討會暨中國訓詁學研究會第十屆理事會第四次會議"，作題爲"談談漢語詞彙核心義的類型"的大會報告，並主持會議閉幕式。

7月19日，張文冠《近代漢語同形字研究》入選2018年度商務印書館語言學出版基金資助項目。

7月28日，王雲路應邀赴北京語言大學講學，題目爲"漢語詞彙核心義與複音詞研究"。

7月，王雲路任主編的《語文和語文現代化研究:周有光紀念文集》由浙江大學出版社出版。

王雲路任主編的《周有光年譜》由浙江大學出版社出版。

舉行博士後張琪出站論文報告會，題目是《宋代禮器圖研究》。

8月14日至15日，王雲路應邀參加在貴陽孔學堂舉辦的"從世界看中國——'一帶一路'語言文字應用研究高端論壇暨第五屆周有光語言文字學學術研討會"，主持開幕式，並作題爲"從核心義談'陶'的義項聯繫"的報告。

8月20日至21日,馮國棟應邀參加在牛津大學聖安妮學院(St Anne's College)舉行的"中亞和東亞地區的佛教金石雕造、保存和研讀"研討會,報告論文《宋代〈大安塔碑銘〉疏證——兼論宋代皇室女性與佛教》,並擔任"佛教石經"小組的召集人。

8月22日至9月22日,王雲路應日本關西大學玄幸子教授邀請,赴日本關西大學進行學術交流。期間與玄幸子教授開展以"中古漢語研究"爲主題的合作研究,並應邀作兩場學術報告,題目分別是"從核心義談'陶'的義位聯繫""談李白'床前明月光'的'床'——兼談漢語詞彙核心義對詞義的制約作用"。

8月29日至30日,王誠應邀參加在北京師範大學召開的"紀念章太炎先生誕辰150周年學術研討會",作了題爲"'振訊'和'奮迅'——從《文始·真部》'卂'組説起"的報告。

8月,劉操南《古代曆算資料詮釋》(《劉操南全集》一種)由浙江大學出版社出版。

博士後盧鷺申報的"早期漢譯佛經詞彙異文研究"入選浙江省社科規劃課題青年項目。

9月7日至8日,許建平、金少華應邀參加在湖南大學岳麓書院舉辦的"第八屆中國經學國際學術研討會"。許建平報告論文《敦煌本〈爾雅〉寫卷及其學術價值》,並擔任評議人;金少華報告論文《李善注引〈孟子〉考異十一則》。

9月21日,博士後周妍參加在華東師範大學舉辦的"新世紀以來海外中國史研究的趨勢與動態"學術研討會,作題爲"異域觀察:諸橋轍次眼中的五四新文化運動"的報告。

9月24日,張文冠申報的"宋元以來俗字輯釋、研究與字庫建設"入選貴州省2019年度哲學社會科學規劃國學單列課題青年課題。

9月,招收博士研究生7人:袁茵、王金英、秦龍泉、陳齡之、唐亮、吳宗輝、費習寬;碩士研究生9人:廉皓晨、袁濤、孫慧恬、陳雨笛、陸海燕、馬越、吳揚廣、丁晨、吳慧欣。

束保成博士進入我所從事博士後研究,合作教授爲祖慧。

博士後盧鷺赴英國牛津大學參加"Writing and Reading Buddhist Translations in Medieval China"國際學術研究工作坊,報告論文"The Debut of Indian Medicine in Chinese Buddhist Translation——The *Daodi Jing*(《道地經》)and its Parallels"。

周佳、王誠參加浙江大學人文學院青年教師教學競賽決賽,分獲一等獎和三等獎。

博士研究生趙江紅受"浙江大學人文社科專業博士生境外交流基金"資助,前往香港進行爲期一個月的交流學習。

王紅娟點校的《中華禮藏·禮經卷·儀禮之屬·儀禮要義》共兩冊由浙江大學出版

社出版。

郜同麟點校的《中華禮藏·禮經卷·禮記之屬·禮記正義》共三册由浙江大學出版社出版。

10月12日，王勇應邀在浙江財經大學作題爲"大唐盛世與文化疆域——解讀'中國夢'"的演講。

10月12日至13日，王雲路應邀參加由北京語言大學語言科學院舉辦的"視角與方法：漢語史研究新視界高端論壇"，報告論文《談談漢語詞彙核心義的類型》，並主持一場大會報告。

張涌泉、張文冠應邀參加在鄭州大學舉辦的"中國文字學會第十届學術年會"。張涌泉報告論文《數詞"百"大寫作"伯"發覆》，並主持閉幕式；張文冠報告論文《〈陳書〉校正一則》。

10月20日，張涌泉主編、審訂，許建平、關長龍參與撰寫的《敦煌經部文獻合集》榮獲第二届"宋雲彬古籍整理獎"。

10月24日至25日，王勇應邀在華中科技大學作兩場講座，題目分别爲"大唐盛世與文化疆域（上）——'强漢'與'盛唐'""大唐盛世與文化疆域（下）——從'絲路'到'書路'"。

10月25日至27日，龔延明、馮國棟、祖慧、關長龍、周佳和博士後束保成應邀參加在浙江大學西溪校區舉行的"東亞宋學國際學術研討會"。龔延明、馮國棟作開幕致辭，並分别報告論文《宋代爵制》《刻石填金、建閣庋藏——宋代寺院對御集、御書、御筆的安奉與收藏》。關長龍報告論文《"家禮"的傳統理路與當代思考》。束保成報告論文《武臣清選——宋代閣職官員磨勘叙遷問題探析》。

10月26日至27日，我所多位教師應邀參加在杭州舉辦的"首届漢語字詞關係學術研討會"。王雲路發表大會致辭，報告論文《説"只是近黄昏"》，關長龍報告論文《〈大學〉"明德"之"明"字義詁》，張文冠報告論文《同形字研究的若干問題》。

10月27日，王勇應邀參加在浙江工商大學舉辦的"東亞人物往來與中日文化關係"國際學術研討會，作題爲"從'求法'到'巡禮'——中日文化交流史的視角"的主題演講。

11月1日至4日，王雲路和博士後盧鷺應邀參加在廣西桂林召開的"第十三届漢文佛典語言學國際學學術研討會"。王雲路作題爲"從'觸'有污義談漢譯佛經對中土語言的影響"的大會報告，盧鷺報告論文《〈道地經〉詞語校釋舉例——以平行文本比較爲中心》。

馮國棟應邀參加由南京大學哲學系（宗教學系）、珠海普陀寺共同主辦的“第三屆中國佛教史論壇”，並報告論文《刻石填金、建閣庋藏：宋代佛教寺院對御書御集的安奉與收藏》。

11 月 2 日，許建平、竇懷永應邀參加在浙江工業大學舉辦的“薪火傳承——浙江省敦煌學與絲綢之路研究會第二屆青年學者論壇”。許建平在開幕式致辭，竇懷永主持開幕式，並作題爲“《龍龕手鏡》所收唐諱字形論析”的報告。

11 月 3 日，王勇應邀參加在杭州師範大學召開的“中國日語教學研究會 2019 年度學術大會暨日本學研究國際研討會”，作題爲“中日筆談千年史”的大會演講。

11 月 6 日，王勇《東亞文化環流十講》獲第二十二屆華東地區古籍優秀圖書評獎會“古籍優秀通俗讀物獎”。

11 月 7 日，束景南《王陽明年譜長編》獲浙江省第二十屆哲學社會科學優秀成果獎一等獎。金少華《敦煌吐魯番本〈文選〉輯校》獲浙江省第二十屆哲學社會科學優秀成果獎三等獎。

11 月 8 日至 10 日，王雲路、王誠、張文冠應邀參加在温州大學召開的第三屆“漢語史研究的發展與展望”學術研討會，分別作了題爲“談談漢語詞彙核心義的類型”“穩定與變化——從《廣雅》看上古到中古漢語基本詞彙的發展”“利用古寫本校正《陳書》中的‘菜’字”的報告。

11 月 9 日，王勇應邀參加在浙江大學人文學院舉辦的“東亞視域下的朱舜水研究”學術研討會，作題爲“《西游手録》成書經緯”的報告。

11 月 10 日，王勇應邀參加在浙江大學人文學院舉辦的“朝鮮使節與東亞筆談”學術研討會。

11 月 14 日，王勇應邀在浙江工商大學東亞研究院作題爲“東亞文化疆域論——解讀‘中國夢’”的講座。

11 月 15 日，王勇應邀在浙江大學外國語學院日語語言文化研究所作題爲“從‘絲路’到‘書路’”的講座。

11 月 16 日至 17 日，馮國棟應邀參加在湖南大學岳麓書院召開的“第四屆中國宗教學高峰論壇”，並報告論文《宋代佛教地理流動初探》。

11 月 23 日，王勇應邀參加由浙江工商大學東亞研究院暨日本研究中心、南開大學日本研究院、中國中外關係史學會中日關係史研究專業委員會主辦的“新中國成立七十年中日文化交流史研究的回顧與展望”高端學術論壇，並作題爲“中日文化交流史研究：

回顧與展望”的主題演講。

11月27日，王勇應邀出席在京舉行的“新時代深化中國夢研究宣傳教育”研討會，並作“追尋失落海外的‘中國故事’——解讀‘中國夢’”的大會報告。

11月，馮國棟點校的《景德傳燈録》由中州古籍出版社出版。

馮國棟點校的《香山集》由中華書局出版。

關長龍《爰止國學叢稿》由浙江大學出版社出版。

12月1日，王雲路應邀出席由山東大學文學院和中華書局聯合舉辦的“《史記》文獻整理的回顧與展望”研討會，並在會上發言。

12月3日，舉行博士研究生張旭畢業論文答辯，論文題目是《編目與造藏——唐宋之際的經録與藏經》，指導教師馮國棟。

12月5日至6日，王雲路應邀參加武漢大學文學院第二屆“中國語言學前沿問題”系列講座活動，並作兩場報告，題目分别爲“漢語詞彙的核心義”和“核心義和同步構詞在漢語複音詞研究中的價值”。

12月8日，賈海生應邀參加在清華大學舉辦的“中華禮樂文化傳承學術前沿論壇”，作主旨發言。

12月13日至14日，王誠應邀參加由中國人民大學國學院舉辦的“文獻·文本·文字：中西古典學研究的路徑與方法”學術研討會，作了題爲“《新書·鑄錢》札記兩則”的報告。

12月14日，我所與浙江大學東亞宗教文化研究中心、日本文化研究所聯合主辦第一屆“浙江大學—劍橋大學博士生論壇”，主題爲“絲綢之路與敦煌研究”。王雲路在論壇上致歡迎辭；來自劍橋大學和浙江大學兩所高校的5位博士生報告論文，張涌泉、王勇和來自劍橋大學、法國遠東學院、浙江工商大學的3位老師共同擔任評議人。

由浙江大學社會科學研究院和圖書館主辦、我所與日本文化研究所協辦的“浙大東方論壇·西溪分論壇”第36講成功舉行，劍橋大學亞洲與中東學院高奕睿（Imre Galambos）教授爲在場師生作題爲“歸義軍時期敦煌的《孝經》抄本”（Copies of the *Xiaojing* from Guiyijun Dunhuang）的講座。講座由王勇主持。

法國遠東學院牟和諦（Costantino Moretti）教授受我所與浙江大學日本文化研究所共同邀請來所講學，作題爲“敦煌佛教寫本的頁邊注和頁面配置”的講座。

12月15日，王勇應邀參加在浙江大學外國語學院舉行的“東亞文明交流互鑒”高峰論壇，作題爲“‘書籍之路’與東亞文明交流互鑒”的報告。

關長龍《敦煌本數術文獻輯校》（共三册）入選出版單位中華書局第六届"雙十佳圖書"。

12 月 22 日，王勇應邀赴上海博物館作題爲"唐僧鑒真與舍利信仰——高僧傳的史實與虚構"的演講。

12 月 27 日至 29 日，許建平應邀參加由北京大學中文系主辦的"紀念游國恩先生誕辰 120 周年"學術研討會，並作題爲"《楚辭音》引書考"的報告。

12 月 28 日，賈海生應邀參加由儒家文明省部共建協同創新中心和山東大學共同主辦的"文化傳承與儒學創新"學術研討會暨 2019 年度儒家文明省部共建協同創新中心理事會議。

12 月 29 日，王雲路應邀赴鄭州大學漢字文明傳承與傳播教育研究中心講學，報告的題目是"談談漢語詞彙核心義的類型"。

12 月 30 日，博士研究生趙江紅（導師關長龍）《從宿占到禽占——文化交流視域下的星禽術研究》獲浙江大學第五届學生人文社會科學研究研究生優秀成果獎一等獎。

12 月，束景南《陽明大傳："心"的救贖之路》（共三卷）由復旦大學出版社出版。

《中華禮藏》截至目前共出版 18 册，入選浙江大學出版社 2019 年度好書。

本年度，張涌泉、王雲路、馮國棟參與兩個 MOOC 項目，分別是面向本科生的《走進古典文學》和面向研究生的《中國語言文學研究導論》，後者被評爲 2019 年浙江省優秀研究生課程。

2020 年

1 月，張涌泉《漢語俗字叢考》（修訂本）由中華書局出版。

劉丹《説"草捌（八）"》（發表於《中國語文》2020 年第 1 期）獲浙江大學第六届學生人文社會科學優秀成果獎一等獎。

2 月，竇懷永主編的《中華禮藏·禮俗卷·歲時之屬·歲時廣記（外六種）》由浙江大學出版社出版。

3 月 10 日，中國人民大學人文社會科學學術成果評價研究中心、中國人民大學書報資料中心聯合發布"複印報刊資料重要轉載來源作者（2019 版）"名單，龔延明名列歷史學學科優秀論文最多學者，也是最常被引用的現代作者之一。

3 月 31 日，中國人民大學人文社會科學學術成果評價研究中心、中國人民大學書報資料中心聯合發布"2019 年度複印報刊資料轉載指數排名"，王雲路主編的《漢語史學報》在語言文學學科期刊中，全文轉載率排名第三位，綜合指數排名第十位，在集刊中排名第一;在中國語言文字學學科中,全文轉載率排名第三位,綜合指數排名第七位,是唯一入選的集刊。

3月,博士研究生趙江紅獲2020屆浙江省"優秀畢業研究生"榮譽稱號。

4月25日,束景南應"上海書展·閱讀的力量"的邀請,爲網友介紹歷史上真實的王陽明,並分享陽明心學的人文精神及現代價值。

4月,金少華與浙江大學醫學院合作的學科交叉課題"基於現代婦産科學的漢唐孕産婦死亡研究"獲浙江大學學科交叉研究專項立項資助。

5月20日,浙江大學發文,聘任王雲路爲浙江大學首位敦和講席教授。

5月28日,舉行博士研究生趙江紅畢業論文答辯,論文題目爲《古代星命文獻研究》,指導教師關長龍。

舉行碩士研究生雷軍畢業論文答辯,論文題目爲《蔡世松父子及其書畫收藏研究》,指導教師許建平。

5月29日,舉行博士研究生郭敬一畢業論文答辯,論文題目爲《〈石倉契約〉用字研究》,指導教師張涌泉。

5月,浙江大學積極響應教育部基礎學科招生改革試點工作,聚焦國家科技攻關關鍵領域和人才緊缺的人文社科重要領域啓動"强基計劃",我所深度參與漢語言文學(古文字學方向)强基班的學科建設和人才培養工作,張涌泉、王雲路位列該專業名師,分別開設《敦煌寫本學》和《詞彙與語義演變研究》課程;馮國棟開設《四庫全書總目導讀》課程。

爲響應學校的統一規劃和安排部署,我所辦公地址由西溪校區行政樓3樓喬遷至紫金港校區西區人文大樓12樓。通訊位址變更爲:浙江省杭州市西湖區餘杭塘路866號浙江大學紫金港校區西區人文大樓1205室,郵編310058,辦公電話0571-88273353。

6月11日,《中華禮藏·禮書》入選2020年度國家古籍整理出版資助項目,整理點校者爲我所出站博士後張琪(現爲揚州大學助理研究員)。

6月20日,許建平應邀爲韓山師範學院文學與新聞傳播學院作"雲講座",在騰訊會議平臺爲學院師生及廣大文史愛好者作題爲"文化史知識在語文教學中的作用——以《木蘭辭》爲例"的講座。

6月21日,竇懷永應邀主持由浙江省敦煌與絲綢之路研究會、中國絲綢博物館和浙江大學敦煌學研究中心共同主辦的"'絲綢之路周'系列活動——青年讀書會"。

6月23日,我所舉辦研究生論文報告會。全所師生共四十餘人與會,最終評選出博士生組一等獎 2 名(趙江紅、劉丹)、二等獎 3 名(吳宗輝、劉芳、秦龍泉);碩士生組一等獎 3 名(吳慧欣、樂優、雷軍)、二等獎 4 名(吳揚廣、廉皓晨、陸海燕、袁濤)。

我所舉辦 2020 屆畢業生歡送會,全所師生共四十餘人參加。

6 月,我所啓動"文獻學八講系列教材"項目,由研究生課程的任課教師在已有積累的基礎上,結合自身教學實踐經驗,根據課程特點和學生需求,同時面向更廣泛的受衆群體,撰寫本課程即本領域的以學術性爲主、兼帶普及性的專業教材。初步確定爲十三種,預計三到五年内陸續出版,書目包括:《東亞文獻學八講》《訓詁學八講》《出土文獻與周禮八講》《敦煌經學文獻八講》《禮學文獻八講》《宋代科舉八講》《敦煌道教文獻八講》《漢文佛教文獻八講》《博物學八講》《音韻學八講》《唐代避諱問題八講》《説文段注八講》《中古漢譯文獻導讀八講》。

王雲路主編的《中華禮藏·家禮卷·家訓之屬·顏氏家訓(外十一種)》由浙江大學出版社出版。

王雲路主編的《中華禮藏·家禮卷·家訓之屬·居家必用事類全集》由浙江大學出版社出版。

馮國棟主編的《義烏名家名篇導讀》由浙江文藝出版社出版。

張涌泉、王雲路、馮國棟參編的教材《中國古典文學十講》由高等教育出版社出版,三人分別擔任其中《敦煌文獻》《漢語詞彙核心義與古詩解讀》《文心雕龍》三講的撰稿人。

任夢一博士進入我所從事博士後研究,合作教授爲賈海生。

7 月 1 日,計曉雲博士進入我所從事博士後研究,合作導師爲張涌泉。

7 月 22 日,金少華應邀參加"中國文選學研究會 2020 年度理事會工作會議",並當選爲新任學會理事。

7 月,趙江紅、雷軍分別獲得第十六屆"中國古文獻學獎學金"博士生組二等獎和碩士生組二等獎。

趙江紅博士進入我所從事博士後研究,合作導師爲關長龍。

舉行博士後金鏞鎮出站論文報告會,題目是《日朝通信使筆談中的儒學資料整理與研究》。

8 月 9 日,王勇組織召開本年度首次東亞筆談讀書會(總第 59 期),來自南開大學、鄭州大學、浙江工商大學、安徽大學等校二十餘位師生參會。

8 月 20 日,賈海生應邀爲中山大學 2020 年"歷史、考古與文明"研究生暑期學校講學,講座題目爲"有銘銅器與吉凶之服"。

8月26日,方建新任主編的浙江文化研究工程重大項目《浙江古代文獻總目》結題評審會在浙江大學舉行。該項目歷時十餘年,收錄了現行浙江行政區域内,現存浙籍與寓居浙江人士1912年前所撰、編、輯佚之著作以及内容爲浙江的著述約四萬多種,對古代浙江地方文獻進行了一次全面的清理總結,第一次較爲正確地摸清了浙江現存古籍的家底。

8月,龔延明主持的浙江文化研究工程重大項目《浙江歷代進士録》順利結題。

張涌泉主編的《義烏文史讀本:普及版》《義烏文史讀本:拓展版》由浙江文藝出版社出版。所内十餘位師生參與《義烏文史讀本》叢書編寫。

王誠校訂的《墨子(學生國學叢書新編)》由商務印書館出版。

9月1日,馮國棟應邀參加由中國社會科學院世界宗教研究所舉辦的2020年第十八期世界宗教研究所工作坊,作題爲"安史之亂與佛教——從唐法津禪師墓志、塔銘説起"的講座。

9月8日至9日,馮國棟應蘭州大學文學院邀請,作兩場學術講座,題目分別爲"書寫、儀式與述行——涉佛文體淺論"和"佛教與中國文學散論——以'河東獅吼'與蘇軾的《日喻》爲例"。

9月23日,王勇應邀參加上海大學2020年高水平大學建設項目"中日關係史料研讀"系列講座第三講,作題爲"文獻資料的解讀與發現——以入吴越國僧轉智爲例"的綫上主題報告。

王勇組織召開本年度第二次東亞筆談讀書會(總第60期),讀書會的主題是"《大河内文書》校注進度報告暨編輯工作會議"。

9月,招收博士研究生5人:沈秋之、夏慧、梁逍、張曉霏、晁芊樺;碩士研究生11人:羅遠、謝欣儀、楊森、張珍珍、周思敏、徐迪、楊易佳、劉禹同、陳緯宇、韋志文、王勇輝。

盧鷺申報的課題"梵漢語言接觸視角下的早期譯經詞彙新質研究"獲國家社科基金青年項目立項資助。

博士後束保成申報的課題"宋代'閣職'研究"獲浙江省教育廳人文社科一般項目立項資助。

吴小萱博士進入我所從事博士後研究,合作導師爲張涌泉。

舉行博士後周妍出站論文報告會,題目是《近代中日學人筆談文獻整理與研究》。

經所内推薦、人文學院審核、學校社科院審批,增任王誠爲我所副所長(浙大人文發

〔2020〕7 號）。

10 月 17 日,王勇應邀參加"後疫情時代日語教育研究國際研討會",作題爲"追尋散落日本的'中國故事'"的綫上主題演講。

10 月 18 日,王勇、張涌泉、王雲路、馮國棟應邀參加由國家古籍整理出版規劃小組辦公室主辦,浙江古籍出版社、西泠印社出版社承辦的"2021—2030 年國家古籍規劃編制專家座談會",圍繞未來十年國家古籍規劃編制作發言。

10 月 23 日至 25 日,我所聯合浙江大學中文系、周有光語言文字學研究中心等單位共同舉辦四場"語言文字學系列講座",分别邀請江蘇師範大學楊亦鳴教授、中國人民大學王貴元教授、復旦大學劉釗教授、北京語言大學崔希亮教授來校講學,講座題目分别爲"音義關係探索:古詩閲讀的腦機制""漢字發展階段及其演進機制""馬王堆漢墓帛畫《太一出行圖》解讀""語言研究的方法和選題"。

10 月 24 日至 25 日,第六届周有光語言文字學學術研討會在浙江大學之江校區舉辦,我所作爲主要協辦單位全程參與會議的組織與籌辦工作,共十餘位師生參加此次活動。王雲路、賈海生、王誠分别報告論文《從中醫"候脉"説起——兼談核心義與同步構詞的作用》《岐周方音在安大簡〈關雎〉中的遺存——關於教通芼或覒的解釋》《談談"詣"的〈説文〉訓釋》。

10 月 27 日,方建新任主編的嘉興學院重大委托課題《嘉興文獻總目》專家組評審結題會議在嘉興學院舉行。

11 月 1 日,金少華應邀參加由北京大學人文社會科學研究院主辦的"'作爲方法的文獻學'系列論壇",並參加第三場"公元 2—3 世紀:漢魏古注的興起"的專題討論。

11 月 6 日至 10 日,張涌泉、金少華應邀參加敦煌研究院主辦的"2020 敦煌論壇:紀念藏經洞發現 120 周年學術研討會暨中國敦煌吐魯番學會會員代表大會"。張涌泉作題爲"敦煌藏經洞之謎發覆"的發言,金少華報告論文《從 P. 2528 寫卷看李善注本〈文選〉異文的增殖》,並當選爲中國敦煌吐魯番學會理事。

11 月 7 日,許建平應邀參加由香港嶺南大學在綫上舉辦的"《嶺南學報》復刊學術會議:'早期中國的經典與語言'學術研討會",報告了論文《從〈尚書〉古寫本看〈尚書〉文本的演變——兼談今古文〈尚書〉文字判定的標準》。

11 月 8 日,博士後趙江紅應邀參加由漢字文明傳承傳播與教育研究中心、鄭州大學漢字文明研究中心主辦的"東亞文化交涉學會第十二届年會",並宣讀論文《〈演禽三世相〉成書考》。

11月14日，王誠應邀參加由中國人民大學國學院舉辦的"首屆古代知識與文明的產生與傳播學術研討會"，作題爲"《莊子》'知也無涯'辨正——兼談道家對'知'的態度"的報告。

11月19日，許建平應邀參加由臺灣東吳大學中國文學系在線上舉辦的"第六屆中國古典文獻學國際研討會"，報告論文《法藏2643號〈尚書〉寫本相關問題研究》。

11月20日至22日，張涌泉應邀參加"近代漢字研究第三屆學術年會"，並作題爲"數詞'百'大寫作'伯'發覆"的大會報告。

11月24日，王勇應邀參加由浙江大學東北亞研究中心、人文學院東亞宗教文化研究中心、外國語言文化與國際交流學院聯合主辦的"亞洲文明學科會聚計劃"學術工作坊，並作總結發言。

11月28日，束景南《王陽明年譜長編》獲第四屆全球華人"國學成果獎"。

人文學院舉辦第十三屆研究生論文報告會，我所博士研究生劉丹（導師張涌泉）的論文《敦煌〈十誦律〉古本研究》獲博士組一等獎；碩士研究生樂優（導師王雲路）的論文《從核心義談"介"的詞義系統——兼論量詞"介"的來源》獲碩士組一等獎；碩士研究生吳慧欣（導師王誠）的論文《唐五代碑刻所見"百牛"詞義考》獲碩士組三等獎。

11月30日，浙江古籍出版社聘請張涌泉、王雲路擔任學術顧問，聘期三年。

11月，王雲路入選國務院學位委員會第八屆學科評議組成員。

王雲路主編的《君子文化》由浙江文藝出版社出版。

張金泉《唐西北方音叢考》由浙江大學出版社出版。

12月4日，馮國棟應邀參加由廣東工業大學主辦、廣東工業大學藝術與設計學院和廣東省社會科學研究基地"設計科學與藝術研究中心"承辦的教育部青年學者（文學藝術組）第三屆學術論壇，並作題爲"江南的書籍世界"的報告。

12月4日，馮國棟主持申報的課題"中國歷代釋氏碑志的輯錄整理與綜合研究"獲國家社科基金重大項目立項資助。

王誠應邀參加由浙江大學漢語史中心主辦的"第五屆漢語語法史青年論壇"，並作題爲"從句法—語義界面看先秦至漢代動詞的歷時演變——以'雇（顧）'和'詣'爲例"的報告。

12月5日至6日，王雲路、王誠應邀參加由北京師範大學文學院主辦的"第四屆國際漢字漢語文化研討會"，分別作題爲"核心義與同步構詞在複音詞研究中的價值""《莊子》知也無涯'辨正——兼談道家對'知'的態度"的線上報告。

12 月 8 日,《錢江晚報·小時新聞》推送《如何讓古籍裏的文字活起來？去〈義烏文史讀本〉中找答案》文章,詳細介紹《義烏文史讀本》叢書(包含張涌泉主編的《義烏文史讀本》普及版、拓展版及馮國棟主編的《義烏名家名篇導讀》)的編寫背景及重要意義。

12 月 10 日,王雲路、王誠《漢語詞彙核心義研究》和龔延明、祖慧《宋代登科總錄》均獲教育部第八屆高等學校科學研究優秀成果獎(人文社會科學)二等獎。

12 月 11 日,清華大學人文學院中文系李守奎教授應邀來我所主講"成均國學講壇"第六講,題目爲"漢字構形的系統性與古文字考釋"。講座由王雲路主持,古籍所和中文系四十餘位師生參加。

12 月 14 日,《光明日報》頭版頭條發布《讓敦煌文獻"孤兒回家""親人團聚"》的文章,介紹張涌泉團隊在敦煌殘卷系統綴合方面的卓越貢獻。

12 月 23 日,《中華讀書報》年度人物版面刊登題爲《束景南：把王陽明"還原"爲一個"人"》的專訪,束景南獲評"年度學者",其著作《陽明大傳："心"的救贖之路》入選《中華讀書報》2020 年度十大好書。

12 月 25 日,張涌泉主持申報的課題"敦煌殘卷綴合總集"獲國家社科基金冷門絕學研究專項學術團隊項目立項資助。

12 月,龔延明主編的論文集《宋學研究》(第二輯)由中華書局出版。

張文冠主持的國家社科基金青年項目"中古近代漢語同形字考釋與研究"順利結項,結項等級爲"優秀"。

2021 年

舉行博士後王連旺出站論文報告會,題目是《朝鮮通信使筆談文獻研究》。

2 月 6 日,張涌泉主持的國家社科基金重點項目"敦煌殘卷綴合研究"順利結項,鑒定級別爲優秀,最終成果爲《拼接撕裂的絲路文明——敦煌殘卷綴合研究》。

2 月,關長龍《敦煌本數術文獻輯校》獲浙江大學哲學社會科學研究優秀著作獎一等獎。

雪克《湖山感舊錄》由中華書局出版。

3 月 13 日,我所與浙江大學人文學部、浙江大學漢語史中心共同邀請復旦大學劉釗教授來校講學,講座題目是"古文字研究漫談"。

3 月 17 日,馮國棟應浙江大學亞洲文明研究院和浙江大學歷史學系聯合主辦的"亞洲文明講壇"系列講座邀請,作題爲"石刻文獻與佛教研究"的講座。

3 月,雪克、王雲路譯注的《荀子選譯》入選首批"向全國推薦經典古籍及其整理版本”。

龔延明、祖慧主編的《清代鄉試文獻集成·第一輯》（全 150 册）由國家圖書館出版社出版。

束景南《朱熹：“性”的救贖之路》《王陽明：“心”的救贖之路》新版由復旦大學出版社出版。

龔延明《中國歷代職官別名大辭典》由中華書局重印出版。

4 月 5 日至 11 日，王雲路應邀赴安徽績溪參加由中國辭書學會、中國社會科學院語言研究所、商務印書館聯合舉辦的《現代漢語大詞典》專家審讀諮詢會，並作會議交流。

4 月 10 日至 12 日，張涌泉、王雲路、王誠應邀參加由中國語言學會、浙江大學漢語史中心主辦的“中國語言學會第二十屆學術年會”，並分別作題爲“出土文獻與漢語史研究三題”“再談核心義與同步構詞的作用——從中醫‘候脉’説起”“傳世和出土文獻相結合的動詞詞義演變研究——以‘雇（顧）’爲例”的報告。

4 月 16 日，中山大學吳承學教授應邀來我所主講“成均國學講壇”第七講，演講題目爲“中國古代文學經典的建構與重構”。

4 月 17 日至 18 日，馮國棟應邀參加由浙江大學人文高等研究院主辦的“會通唐宋——第二屆中國文體學青年學者研討會”，並作題爲“宋代經藏記新探”的報告。

4 月 18 日，我所多位師生應邀參加浙江省敦煌學與絲綢之路研究會第九屆會員代表大會。竇懷永主持本次會議，並當選爲學會秘書長；許建平當選爲學會副會長，兼任法定代表人；關長龍、朱大星、金少華當選學會理事。

4 月 27 日，2014 屆博士黃沚青（師從王雲路）獲全國“五一”勞動獎章。

4 月，王雲路入選浙江省特級專家。

盧鷺作爲特聘副研究員進入我所工作。

束景南《王陽明全集補編》（增補本）由上海古籍出版社出版。

竇懷永整理的《萬曆義烏縣志》由中華書局出版。

5 月 12 日，王雲路以綫上方式參加在華中師範大學舉行的國家社科基金重大項目“全球華語語法研究”結項鑒定會。

5 月 15 日至 16 日，王勇、張涌泉、王雲路、賈海生、關長龍應邀參加由浙江大學馬一浮書院舉辦的“返歸六經：重光中華文化的人文精神”高端學術論壇，並作會議交流。

5 月 24 日，舉行博士研究生劉丹畢業論文答辯，論文題目是《敦煌漢文律典研究——以〈十誦律〉爲中心》，指導教師王勇、張涌泉。

舉行碩士研究生郝瑞卿(《以同源詞爲參構語素的漢語雙音合成詞研究》,指導教師王誠)、馬金花(《〈經史避名彙考〉避諱學成就研究——以文獻徵引爲中心》,指導教師竇懷永)、李衆祥(《〈武林覽勝記·寺觀〉研究》,指導教師朱大星)、吳宇琦(《清代孝廉方正科研究》,指導教師祖慧)、余思(《"三禮"出喪車器考》,指導教師關長龍)、周俊杉(《〈韓人筆話〉研究》,指導教師王勇)畢業論文答辯。

5 月 26 日,復旦大學陳引馳教授應邀來我所主講"成均國學講壇"第八講,演講題目爲"中古文學再思考"。

5 月 28 日,舉行博士研究生劉芳畢業論文答辯,論文題目是《核心義與單音詞詞義系統例釋》,指導教師王雲路。

5 月,張涌泉《敦煌寫本文獻學》《近代漢字學》、王雲路《古漢語與古詩文賞讀》、賈海生《六經通論》、馮國棟《版本學》被列爲我校漢語言文學專業"強基"系列教材。

6 月 1 日,陳瑞峰博士進入我所從事博士後研究,合作教授爲馮國棟。

6 月 3 日,王雲路、張涌泉應邀參加在浙江工業大學召開的"新文科背景下漢語言文學一流專業建設研討會"。

6 月 4 日至 7 日,王雲路應邀參加由中國訓詁學研究會和上海交通大學人文學院共同主辦的"中國訓詁學研究會成立 40 周年紀念暨 2021 年學術年會"。會議期間舉辦中國訓詁學研究會會員代表大會,王雲路當選爲中國訓詁學研究會第十一屆理事會會長,張涌泉當選爲理事和學術委員會委員。

6 月 7 日,浙江大學馬一浮書院劉夢溪先生應邀來我所主講"成均國學講壇"第九講,演講題目爲"中華文化的正脉和特質"。

6 月 21 日至 22 日,由中國敦煌吐魯番學會主辦,我所與浙江省敦煌學與絲綢之路研究會、中國絲綢博物館、浙江大學歷史系共同承辦的"絲綢之路:多元共存和包容發展——中國敦煌吐魯番學會 2021 特別年會"在杭召開。許建平、朱大星、竇懷永、金少華應邀出席會議。

6 月 24 日,舉行研究生論文報告會。全所師生共四十餘人與會,收到論文 26 篇,最終評選出博士生組一等獎 3 名(沈秋之、樂優、劉芳)、二等獎 2 名(晁芋樺、王金英);碩士生組一等獎 3 名(袁濤、吳揚廣、劉禹同)、二等獎 2 名(王勇輝、丁晨)、三等獎 3 名(羅遠、楊淼、謝欣儀)。

我所舉辦 2021 屆畢業生歡送會。

6 月 26 日,馮國棟應邀參加由中國唐代文學學會主辦,《文獻》編輯部與西北大學中國文化研究中心協辦的"新見中古文獻整理與研究高層論壇"，並作題爲"二十世紀石刻文獻與禪宗研究"的報告。

6月，龔延明主編的《明代登科總録》（全二十五册）由廣西師範大學出版社出版。

龔延明《宋代官制辭典（增補本）》由中華書局重印出版。

王勇《東亞文化環流史》入選2021年度人文學院本科普通教材建設項目。

7月9日至12日，張涌泉應邀參加由四川大學文學與新聞學院主辦的"重修《漢語大字典》高端學術論壇"，並作題爲"寫本文獻與大型字典編纂三題"的報告。

7月10日，馮國棟應邀參加在福建師範大學倉山校區舉辦的2021年"敦煌佛教文學藝術思想綜合研究（多卷本）"青年學者論壇，並報告論文《宋代佛教藏經記初探》。

7月10日至11日，博士後計曉雲應邀參加在西華師範大學舉辦的"'寫本學論壇'暨《敦煌學大辭典》（第二版）'文學、版本類'編纂討論會"。

7月15日，張涌泉應邀參加第二屆全國高校圖書館古籍保護工作研討會暨"册府千華：中國與亞洲"展覽開幕式，並作題爲"寫本文獻——中華文明傳承的重要一環"的大會報告。

7月，復旦大學歷史學系教授、普林斯頓高等研究院研究員余欣作爲文科領軍人才正式加盟我所。

8月，《劉操南全集》（《小説論叢》《戲曲論叢》等6種）由浙江大學出版社出版。

陳瑞峰、張涌泉整理的《樓儼集》由中華書局出版。

舉行博士後束保成出站論文報告會，題目是《南宋祠禄官制度研究——以〈吏部條法〉所載制度規範爲中心》。

9月12日，竇懷永應邀參加由日本京都大學在綫上舉辦的"2021中國中世寫本研究夏季大會"，並作題爲"幸存者偏差與唐代避諱觀察"的報告。

9月18日，人文學院舉行第十四屆研究生論文報告會，我所沈秋之、樂優獲博士生組二等獎，王金英獲博士生組三等獎；袁濤、劉禹同分獲碩士生組一等獎、二等獎。

9月25日至26日，由浙江大學中國語文研究中心主辦，我所和浙江大學國家語言文字推廣基地協辦的"浙江大學中國語文研究中心第七屆學術研討會"在杭舉行。王雲路、賈海生、關長龍、王誠、盧鷙應邀參加會議，並分別作了題爲"從'歸齊'談隱形典故詞""由安大簡《詩經》論仇、豐的上古音""'禮，體也'故訓發覆""現代漢語詞語溯源——以'徑庭'爲例""舊詞義退場的多重證據——以'雇'在漢唐之際的詞義變化爲例"的報告。

9月27日至30日，龔延明、祖慧和博士生費習寬應邀赴貴州遵義師範學院參加第二十屆"科舉制度與科舉文化國際學術研討會"。龔延明作"明代科舉研究的基石——《明代登科總録》"的主題報告，祖慧、費習寬報告論文《重文政策下的北宋科舉變革》。本次會議上，中華炎黄文化研究會科舉文化專業委員會進行換屆改選，龔延明當選科舉文化專業委員會主席團名譽主席，祖慧當選科舉文化專業委員會主席團主席。

9月，招收博士研究生6人：錢逸、黄璟、樂優、孫慧恬、常永婉、丁同俊；碩士研究生7人：鄭天楠、張譯丹、周琪媛、徐燕南、陳烽、陳媛媛、應佳窈。

何天白博士進入我所從事博士後研究，合作教授爲祖慧。

束景南申報的"陽明詩賦編年箋證"入選國家社科基金重點項目。

束保成申報的"《吏部條法》與南宋官制研究"入選國家社科基金青年項目。

竇懷永申報的"敦煌寫本避諱字彙考"入選國家社科基金一般項目。

竇懷永申報的"麗水薦坑吳氏家族元明以來文書整理研究——一個瀕臨消失古村落的珍貴歷史遺存"和王誠申報的"明清家訓整理與研究"均被列爲全國高校古委會項目。

竇懷永申報的"浙大新獲明代契約文書叙録"入選2021年浙江省教育廳一般科研項目（人文社科類）。

任夢一申報的"浙江省圖書館藏《文瀾閣欽定四庫全書》琴書五種校勘整理與價值研究"被列爲2022年度浙江省哲學社會科學規劃項目。

吳小萱申報的"明清戲曲文獻俗字研究——以《古本戲曲叢刊》爲中心"獲中國博士後科學基金第69批面上資助。

10月14日至16日，馮國棟應邀參加由UBC旭日全球佛學網絡、耶魯大學，以及浙江大學亞洲文明研究院聯合舉辦的"慶賀筱原亨一先生傘壽國際學術研討會"（Zoom綫上會議），並作題爲"禪宗'五祖重來'的文本與圖像"的報告。

10月15日至18日，王雲路、盧鷺應邀以綫上方式參加由中國社會科學院語言研究所、中國人民大學文學院聯合主辦的"第十二屆中古漢語國際學術研討會"。王雲路作大會致辭並報告論文《從核心義提取看正確理解古注的必要性：以"奮首"爲例》，盧鷺報告論文《舊詞義退場的表現與證據——以"雇"在漢唐之際的詞義變化爲例》。

10月16日至17日，博士後吳小萱應邀參加由中山大學中國語言文學系（珠海）主辦、鄭州大學漢字文明研究中心和上海交通大學海外漢字文化研究中心協辦的"第三屆跨文化漢字研討會"，並報告論文《日藏清抄曲本疑難詞語考辨九則》。

10月22日至23日，馮國棟應邀參加由華中師範大學文學院、華中師範大學"古代文學經典文本的生成、闡釋與傳播研究"青年學術創新團隊主辦的"文本世界的内與外——磨礱琬琰:唐宋石刻研讀工作坊",並爲文學院作"石刻文獻與佛教研究"的專題講座。

10 月 28 日,王雲路赴江蘇金壇參加"段玉裁研究中心成立討論會"。"段玉裁研究中心"由常州市金壇區人民政府、中國訓詁學研究會、江蘇宏德文化出版基金會和中鹽金壇公司四方合作共建,王雲路擔任學術委員會主任。同時,應江蘇金壇區政府邀請,作題爲"談談段玉裁的偉大貢獻"的報告,綫上聽衆有五萬餘人。

10 月 30 日,龔延明受邀主持由浙江省委宣傳部主辦、浙江古籍出版社和浙江大學宋學研究中心承辦的"宋學大講堂"第一講,主講人爲著名宋史專家、北京大學博雅講席教授鄧小南。

10 月 30 日至 31 日,余欣應邀赴京參加由中央美術學院人文學院主辦的"中古中國視覺文化與物質文化"國際學術研討會,並作大會發言。

博士後趙江紅應邀參加"文明視野下的古代天文曆數研究工作坊",報告論文《愛神的嬗變:紅鸞形象及其來源探析》。

10 月,王雲路主持申報的"百年浙江語言學家學術思想研究(第一輯)"、祖慧主持申報的"浙江舉人總録"、龔延明主持申報的"宋學研究系列"均入選 2021 年度浙江文化研究工程重大項目。

馮國棟申報的"兩宋佛教地理流動研究"、王誠申報的"百年浙江語言學家學術思想研究·陸宗達卷"、劉芳申報的"百年浙江語言學家學術思想研究·唐蘭卷"均入選 2021 年度浙江文化研究工程重點項目。

龔延明主編的《浙江宋代進士録》(全 6 册)由商務印書館出版。

博士研究生沈秋之獲研究生國家獎學金。

11 月 4 日,龔延明應邀出席由中共浙江省委宣傳部主辦、浙江省社科聯承辦的"浙江省宋韻文化研究成果發布會",並作爲浙江文化研究工程重大項目《宋學研究系列》的課題負責人在宋韻文化"揭榜掛帥"簽約儀式上簽約。

11 月 18 日,復旦大學仇鹿鳴教授應邀來我所主講"成均國學講壇·中古文史之學"第一講(總第十講),講座題目爲"新舊《五代史》校勘釋例——兼談對四校法的思考"。

復旦大學中文系唐雯研究員應邀來我所主講"成均國學講壇·中古文史之學"第二講(總第十一講),講座題目爲"從詳本《順宗實録》輯復到基於史源學的文獻復原"。

11 月 19 日,我所與浙江大學漢語史中心共同邀請復旦大學陶寰教授來校講學,講座題目爲"聲調的自然音變：從檳城閩南話談起"。

11 月 24 日，浙江大學文學院（籌）成立，我所馮國棟教授出任文學院首任院長。

清華大學沈衛榮教授應邀來我所主講"成均國學講壇·中古文史之學"第三講（總第十二講），講座題目爲"說文獻學研究的不同層次和多維度的語文學——以釋讀'演撲兒法'爲中心的探討"。

11 月 27 日，美國亞利桑那州立大學歷史、哲學、宗教學院與國際語言文化學院合聘副教授陳懷宇應邀在線上爲我所師生主講"成均國學講壇·中古文史之學"第四講（總第十三講），講座題目是"試論中國中古石燈之興衰"。

11 月 28 日，由浙江省語言學會主辦、浙江師範大學承辦的"浙江省語言學會第二十屆學術年會暨第十一次代表大會"在浙江師範大學以線上形式召開。會上，張涌泉當選爲浙江省語言學會會長，王雲路擔任學術委員會主任，王誠當選爲理事會理事。

11 月，王雲路主持申報的"中華禮學文獻資料庫（一期）"獲 2021 年度國家古籍數字化工程專項經費資助。

馮國棟《"活的"文獻：古典文獻學新探》獲浙江省第二十一屆哲學社會科學優秀成果獎一等獎。束景南《陽明大傳："心"的救贖之路》、賈海生《西周時期的賜服制度與設官分職》獲浙江省第二十一屆哲學社會科學優秀成果獎二等獎。

束景南《宗澤集校注》由中華書局出版。

王勇《隋唐中日書籍之路研究》《新中日文化交流史大系》（八卷）由浙江人民出版社出版。

賈海生講授的《六經通論》、竇懷永講授的《敦煌寫本的世界》均被認定爲浙江大學一流本科課程。

2020 屆畢業碩士雷軍《蔡世松父子及其書畫收藏研究》被評爲 2020 年浙江省優秀碩士學位論文（指導教師許建平）。

12 月 3 日，舉行博士研究生張懋學畢業論文答辯，論文題目是《〈孔子家語〉研究——以陸治補注本爲主》，指導教師賈海生。

12 月 13 日，張弛博士進入我所從事博士後研究，合作教授爲馮國棟。

12 月 24 日，張涌泉、竇懷永參加在浙江大學圖書館古籍館召開的"中國寫本文獻數字資源庫建設"項目啓動會議。

12 月 29 日，王雲路受聘爲浙江省文史研究館館員。

12 月 30 日，國家新聞出版署發布《出版業"十四五"時期發展規劃》，我所多位師生成果入選"十四五"時期國家重點圖書出版專項規劃。束景南《陽明詩賦編年箋證》(復旦大學出版社),入選古籍出版規劃;張涌泉《敦煌殘卷綴合研究叢書》(浙江大學出版社),入選社會科學與人文科學出版規劃;張涌泉(第二作者,一作爲清華大學黄德寬教授)《漢字發展通史》(商務印書館),入選社會科學與人文科學出版規劃;吴宗輝(第二作者,一作爲紹興文理學院俞志慧教授)《調腔傳統戲本的搶救整理與研究》(浙江工商大學出版社),入選古籍出版規劃。

12月,賈海生任分卷主編、博士研究生袁茵點校的《儀禮集編》(上下册)由浙江大學出版社出版,該書入選2021年度國家古籍整理出版資助項目。

關長龍、邢文芳點校的《傅禹集》由中華書局出版。

我所集體項目"文獻學研究生系列教材"(共計13種)獲2021年度浙江大學研究生教材項目A類立項。

張逸農博士進入我所從事博士後研究,合作教授爲王勇。

2022年

1月,教育部公布2021年度長江學者名單,馮國棟入選長江學者特聘教授。

《龔延明學術年譜》(沈小仙著)作爲"浙江學者學術年譜"首批四種之一,由浙江大學出版社出版。

浙江大學官方微信公衆號以《浙大有門"寶藏"課,帶你走進"敦煌寫本"的神秘世界》爲題對竇懷永開設的通識核心課程"敦煌寫本的世界"作專題報道。

2月11日,宋韻文化研究傳承中心在杭州掛牌成立,中心設學術諮詢專家委員會,龔延明受聘爲高級顧問,祖慧爲委員。

3月18日,紀録片《穿越時空的古籍》在西瓜視頻、抖音、今日頭條等平臺上綫。《穿越時空的古籍》第一季的第二集《拼接撕裂的文明》以我所張涌泉教授爲主人公,還原《孟姜女變文》《字寶》等敦煌文獻歷時數年的綴合過程,向普通觀衆普及敦煌遺書背後的綴合工作。

浙江大學文學院(籌)教育教學委員會成立大會暨第一次會議舉行。馮國棟、王誠擔任學院第一屆教育教學委員會委員。

3月24日,浙江大學古籍研究所、浙江大學中國語文研究中心與商務印書館(杭州分館)戰略合作簽約儀式在浙江大學啓真酒店舉行,王雲路、賈海生、馮國棟、王誠參加簽約儀式。

3月26日,清華大學文科資深教授、國學研究院院長陳來先生應邀擔任"宋學大講堂"第二講主講嘉賓,龔延明主持。

3月30日,2022年度國家出版基金擬資助項目評審結果公布,龔延明《宋代科舉史》入選。

3月,劉丹學位論文《敦煌漢文律典研究——以〈十誦律〉爲中心》(指導教師王勇)被評爲浙江大學優秀博士學位論文。

4月15日,文學院"師説"新生之友系列活動第二期舉行,馮國棟與二十位新生以"與古人鬥百草——漫談讀書"爲主題展開交流。

4月19日,龔延明《明代登科總録》入選2021年度浙江大學"十大學術進展"。

4月21日,爲進一步學習貫徹中共中央辦公廳、國務院辦公廳印發的《關於推進新時代古籍工作的意見》文件精神,浙江大學文學院(籌)召開古典文獻專業建設座談會,我所王雲路、賈海生、關長龍、竇懷永、朱大星、金少華、王誠、盧鷥等參加座談。

4月,中央廣播電視總臺中國之聲《新聞有觀點》節目采訪我所張涌泉、竇懷永,講述他們與敦煌古籍、敦煌寫本的故事,在幾十年傳承中尋覓當代年輕人對夢想的"堅守",收獲對中華文明、文化自信的認同。《張涌泉:彙集殘卷拼接敦煌文明　希望更多年輕人加入》刊載於央廣網。

我所積極開展學習《關於推進新時代古籍工作的意見》活動,龔延明、張涌泉、王雲路、馮國棟分別發表以"讀中央二辦《關於推進新時代古籍工作的意見》""系統梳理古籍遺産,推動中華傳統文化創新性發展""古籍工作的源頭活水""挖掘古籍時代價值,賡續中華悠久文脉"爲題的學習感想。張涌泉《系統梳理古籍遺産　推動中華傳統文化創新性發展》一文刊載於《光明日報》(2022年4月25日)。

竇懷永整理的《崇禎義烏縣志》由中華書局出版。

5月5日,觀通學社·古籍研究所"鎔今鑄古綜貫博通"系列講座的第一講順利舉辦。講座主題爲"神經認知詩學——中國古典詩歌的認知與神經機制研究",南京師範大學心理學院院長陳慶榮教授主講,竇懷永主持。

5月8日,《錢江晚報》推出《文脉賡續》系列報道第二期《志在書中》,聚焦我所,呈現古籍整理研究學者群像。

5月11日,全國第三方大學評價研究機構艾瑞深校友會網(Cuaa.Net)發布"2022中國高貢獻學者"榜單,我所王雲路、張涌泉、龔延明入選。

5月13日,"紀念姜亮夫先生誕辰120周年座談會"在浙江大學紫金港校區成均苑舉行,王雲路爲座談嘉賓之一,座談會由馮國棟主持。

5月14日，文學院慶祝125周年校慶特別策劃"學術大師周"系列活動之"學科裏的初心故事"在綫上展開，學院開設專欄推送對我所龔延明的專訪。

5月16日，作爲文學院"惟學"傑出校友系列學術講座之一，中國社會科學院學部委員劉躍進教授應邀作題爲"關於古典文學文獻學的幾個問題"的講座，由張涌泉主持。

5月21日，王勇應邀參加北京大學中國古文獻研究中心等單位主辦的"第二屆海外漢籍收藏、研究及整理出版國際學術論壇——東亞漢籍收藏、研究及整理出版研討會"，並作了題爲"近代東亞外交筆談原稿《大河內文書》整理與研究"的報告。

5月24日，作爲文學院"惟學"傑出校友系列學術講座之一，中山大學中文系黃仕忠教授應邀在綫上作題爲"何爲戲曲？戲曲爲何？"的講座，由王雲路主持。

5月25日，舉行碩士研究生陸海燕（《〈高僧傳〉語詞校讀研究》，指導教師王雲路）、袁濤（《古抄本〈文選集注〉校證》，指導教師關長龍）畢業論文答辯。

5月26日，舉行博士研究生陳兵兵（《清人文集〈詩〉說辨證》，指導教師許建平）、范麗婷（《〈摩訶般若經〉與〈大智度論〉異文比較研究》，指導教師關長龍）、田琛（《傳統婚禮專題研究》，指導教師關長龍）、胡彥（《〈廣雅疏證〉詞義關係研究——以動作類詞爲中心》，指導教師王雲路）、王金英（《竺法護譯經同義並列複音詞研究》，指導教師王雲路）畢業論文答辯。

5月27日，舉行碩士研究生陳雨笛（《北宋外命婦封贈制度研究——以文官母妻爲中心》，指導教師周佳）、丁晨（《北宋河北路科舉研究》，指導教師祖慧）、馬越（《兩漢賻贈制度研究——以出土文獻資料爲中心》，指導教師賈海生）、吳揚廣（《兩晉官學師法研究》，指導教師許建平）畢業論文答辯。

王雲路應邀以綫上方式參加由武漢大學中國語情與社會發展研究中心主辦的"中國語言學話語體系建設與國際傳播學術研討會"，作題爲"中國傳統語言學話語特點及當代價值"的大會報告。

5月，袁茵獲第十七屆"中國古文獻學獎學金"博士生組一等獎，吳揚廣、袁濤分獲碩士生組一等獎和二等獎。

龔延明主編的《清代會試文獻集成》（全100冊）由國家圖書館出版社出版，這是繼去年的《清代鄉試文獻集成第一輯》（全150冊）之後、圍繞清代科舉考試推出的又一力作。

6月2日，舉行博士研究生吳培畢業論文答辯，論文題目是《〈太素脉秘訣〉研究》，指導教師關長龍。

6月15日,舉行2022屆畢業生歡送會。

6月17日,碩士研究生鄭天楠《吐魯番出土四則韻書殘片及相關殘葉考》獲第四屆文獻語言學青年論壇優秀論文二等獎。

6月18日至19日,王雲路以綫上方式參加由鄭州大學文學院與北京語言大學合辦的"第七屆文獻語言學國際學術論壇",作題爲"從造字規律看先民的思維方式"的大會論文報告。

6月21日,"中國寫本文獻數字資源庫"在浙江大學圖書館古籍館發布。"中國寫本文獻數字資源庫"由浙江大學圖書館、浙江大學敦煌學研究中心、浙江師範大學出土文獻與漢字研究中心、浙江大學出版社共同建設,獲國家古籍數字化工程專項經費及CADAL(大學數字圖書館國際合作計劃)項目經費資助。張涌泉爲項目學術負責人,竇懷永爲項目組成員。

6月25日至26日,王雲路以綫上方式參加由中國社會科學院語言研究所歷史語言學研究二室與遼寧師範大學文學院主辦的"第十九屆全國近代漢語學術研討會",報告論文《論漢語字詞揭示的傳統思維方式》。

6月26日至27日,由浙江省社科聯、浙江大學共同主辦,浙江大學宋學研究中心、浙江大學文學院(籌)等單位參與協辦的"浙學論壇2022——宋韻與浙學:文化基因的新時代解碼與傳承"學術研討會在台州市黄岩區舉行,龔延明應邀參會,並作題目爲"黄岩宋韻文化的主創群體——進士"的報告。

6月,博士後趙江紅申報的"宋夏曆書比較研究"獲浙江省哲學社會科學重點研究基地一般課題立項。

7月16日至17日,王雲路應邀參加"第三屆華中大語言論壇",並作了題爲"談談漢語詞義演變中的'殊途同歸'現象——以'根/跟'的尋找義爲例"的報告。

7月30日,王勇應邀參加浙江省中日關係史學會"中日關係的歷史、現狀與未來——中日邦交正常化50周年紀念學術研討會",並作爲名譽會長發表了題爲"漢字文明復興與中日關係願景"的紀念演講。

8月20日至21日,南京師範大學文學院和浙江大學文學院、古籍研究所、馬一浮書院等單位聯合舉辦首屆"樸學之光"研究生學術論壇,碩士生袁濤的《〈史記·河渠書〉佚文輯證二題——以〈文選〉舊注爲綫索》獲一等獎,博士生沈秋之的《敦煌寫本北敦12194號及相關殘卷綴合研究》獲三等獎。

8月,王勇主持的國家社科基金重大項目"東亞筆談文獻整理與研究"順利結項,鑒定等級爲“優秀”。

劉操南《〈詩經〉探索》（《劉操南全集》一種）由浙江大學出版社出版。

9月17日至18日，王雲路應邀參加“漢語形音義關係研究”高端學術論壇，並作了題爲“論中古注疏對複音詞産生的巨大影響”的報告。

9月30日，博士後計曉雲申報的“敦煌講經文與東亞講經文獻研究”入選國家社科基金一般項目。

博士後陳瑞峰申報的“元前比丘尼碑志塔銘輯録與研究”入選國家社科基金青年項目。

9月，招收博士研究生7人：廉皓晨、吳慧欣、周思敏、伍海欣、陳思婷、鄧明霞、霍坤；碩士研究生10人：梅豔玲、趙一銘、徐嘉曼、王軼男、楊凱琳、倪陸冰、俞晨燁、李倩雯、王珂銀、鄒卓林。

王雲路當選中國語言學會第十一屆理事會副會長。

王雲路承擔的教育部人文社會科學重點研究基地重大項目“漢語歷史詞彙語義專題研究”順利結項，鑒定等級爲優秀。

經新一輪換屆，王雲路連任浙江大學學位評定委員會委員、人文學部學位評定委員會主任和語言文學學科學位評定委員會主任。

竇懷永獲2021年度“服務國家戰略”就業工作獎教金，他所指導的碩士生馬金花畢業後響應國家加快中西部地區發展、實施西部大開發戰略號召，赴中共青海西寧市委統戰部工作。

博士後趙江紅申報的“宋夏曆書文獻整理與研究”獲浙江省哲學社會科學規劃年度常規課題（青年）立項。

博士生吳宗輝彙編校注的《調腔傳統珍稀劇目集成》（合撰）由浙江工商大學出版社出版。該書入選“十四五”時期國家重點圖書出版專項規劃項目、2021—2035年國家古籍工作規劃（第一批）項目，並獲2020年度國家出版基金項目資助。

10月7日，王雲路、束景南、龔延明、張涌泉、馮國棟以及博士生吳宗輝的共計9項古籍整理成果入選《2021—2035年國家古籍工作規劃重點出版項目（第一批）》。

10月8日，余欣應邀在上海圖書館作題爲“中古敦煌的園宅與蔬菜”的專場講座。

10月11日，王勇任主編的《新中日文化交流史大系》（9卷）獲評第31屆樹人出版獎。

10月13日，舉行博士後吳小萱出站論文報告會，題目是《清抄曲本用字研究》。

　　10月28日，復旦大學中文系主任朱剛教授應邀擔任“宋學大講堂”第三講主講嘉賓，講座題目是“唐宋視野下的宋代文學”。龔延明主持。

　　10月29日，龔延明應邀爲寧波天一閣博物館“天一論壇”作題爲“我與寧波科舉文化研究之緣”的報告。

　　10月30日，王勇應邀參加寧波天一閣博物院主辦的“海上書籍之路國際學術研討會”，作爲“書籍之路”理論的首倡者作了題爲“東亞的‘書籍之路’”的演講。

　　10月，梁霄雲等點校的《中華禮藏·禮俗卷·歲時之屬·月令采奇(外六種)》由浙江大學出版社出版。

　　11月15日，張涌泉任主編之一的《蘭溪魚鱗圖册合集》(全250册)在杭首發，這是第一次系統出版的以縣爲單位的完整的魚鱗圖册，也是我國地方檔案文獻整理的標誌性成果，填補了大宗魚鱗册出版的空白。

　　11月4日，龔延明應邀參加杭州城市研究中心“第七屆宋史優秀研究成果評審會”，並在“兩宋論壇”作了題爲“我與城市文化研究之緣”的報告。

　　11月4日至6日，王雲路、盧鷺參加由浙江大學漢語史研究中心主辦的第十五屆“漢文佛典語言學國際學術研討會”。王雲路作了題爲《佛經翻譯“住持”探源》(與盧鷺合作)的大會報告，盧鷺報告了論文《舊詞義退場的表現與證據——以“雇”在漢唐之際的詞義變化爲例》。

　　王勇應邀參加由北京大學中文系主辦、歷史學系和外國語學院協辦的“使行録與東亞學術文化交流研討會”，作了題爲“19世紀東亞話語體系芻論”的主題報告。

　　11月6日，張涌泉應邀擔任“浙大東方論壇·成均講堂”第五講的主講嘉賓，作了題爲“敦煌殘卷綴合：連結斷裂的絲路文明”的專場講座。

　　11月12日至13日，由浙江大學中國語文研究中心等主辦、我所與其他兩家單位共同承辦的“浙江大學中國語文研究中心第八屆學術研討會暨王維賢先生百年誕辰紀念”在杭州召開。王雲路、賈海生、關長龍、王誠和盧鷺參加會議，分別報告了論文《詞典編纂與古注的研究和利用》《“永”字在傳本、簡本〈詩經〉中產生不同異文的原因》《“意”字本義說》《語義學視角下的漢字研究》。

　　11月18日至19日，余欣以綫上方式參加在臺灣大學舉行的第十五屆“唐代文化國際學術研討會”，作了題爲“中古墓幢的宗教景觀與情感世界”的報告。

　　11月18日至24日，我所通過綫上或綫下方式組織開展“成均國學講壇”五次，由余欣主持，分別邀請中國社會科學院古代史研究所劉子凡副研究員、清華大學文科資深教授張國剛老師、首都師範大學歷史學院游自勇教授和院長劉屹教授、北京大學考古文博學院院長沈睿文教授講學，五位老師分別作了題爲"北庭文書與唐代西域經營""重新認識《通典》的意義""唐代漢地堪輿觀念在吐魯番地區的傳播——以出土文書爲中心""中古中國對印度佛教世界觀的接受與改造""陶弘景墓葬式及其影響"的講座。

11 月 20 日，王勇應邀擔任西湖博物總館舉辦"2022 年度名人講座"第三講主講嘉賓，作了題爲"吴人渡來——東亞的蠶桑之路"的講座，該講座視頻在嗶哩嗶哩平臺公開。

11 月 26 日，王勇應邀參加由復旦大學日本研究中心主辦、日本國際交流基金會資助的"留日學人和中日關係——紀念中日邦交正常化 50 周年"國際學術研討會，作了題爲"朱舜水的教育理念與筆語傳道"的主題報告。

11 月 27 日，北京大學歷史學系趙冬梅教授應邀擔任"宋學大講堂"第四講主講嘉賓，講座題目爲"華夏群星閃耀時"。龔延明主持。

11 月，張涌泉的《拼接絲路文明——敦煌殘卷綴合研究》入選 2022 年度《國家哲學社會科學成果文庫》，該書爲國家社科基金重點項目"敦煌殘卷綴合研究"（以優秀等級結項）的最終成果，也是國家社科基金冷門絕學團隊項目"敦煌殘卷綴合總集"的中期成果。

賈海生申報的"出土文獻與禮樂文明研究"獲國家社科基金冷門絕學研究專項學者個人項目立項資助。

2021 年度國家古籍數字化工程專項經費資助項目"中華禮學文獻資料庫（一期）"通過驗收，順利結項。

龔延明《宋史職官志補正》（第三版）由浙江古籍出版社出版。

12 月 10 日，浙江大學文學院（籌）首屆學術委員會第一次全體會議舉行。張涌泉擔任學院第一屆學術委員會主任，馮國棟任副主任，王雲路任委員。

12 月 13 日，金少華應四川大學中國俗文化研究所邀請，作了題爲"西域出土《文選》寫本的概況與價值"的綫上講座。

12 月 18 日，賈海生應邀擔任南京師範大學文學院養新講壇的主講嘉賓，作了題爲"由巫鼎、巫簠銘文看爲舅作器反映的禮制"的綫上講座。

12 月 22 日，舉行博士後計曉雲出站論文報告會，題目是《敦煌講經文五篇匯校》。

12 月 29 日，觀通學社·古籍研究所"鎔今鑄古　綜貫博通"系列講座的第二講順利舉辦。講座主題爲"傳抄古文研究二題"，中國美術學院段凱老師主講，盧鷥主持。

12 月 31 日，《中華禮藏·禮經卷·禮記之屬·禮記正義》（郜同麟點校，許建平爲分卷主編）獲第三届宋雲彬古籍整理青年獎·圖書獎。

12月,余欣主持申報的"敦煌吐魯番出土漢文與民族語文數術文獻綜合研究"獲國家社科基金重大項目立項資助。

龔延明任主編的《宋學研究叢書》首批兩本專著（張劍《宋代文學與文獻考論》、平田茂樹《宋代的政治空間與結構》）由浙江古籍出版社出版。

本年度,王勇、馮國棟以各自在研的國家社科基金重大項目爲主題,組織研究生開展論文交流會、讀書會活動等40餘次。

（整理者:王誠、劉禹同、徐燕南、吳慧欣）